# 财报炼金

## 发现财报背后的投资秘密

黄玺印◎著

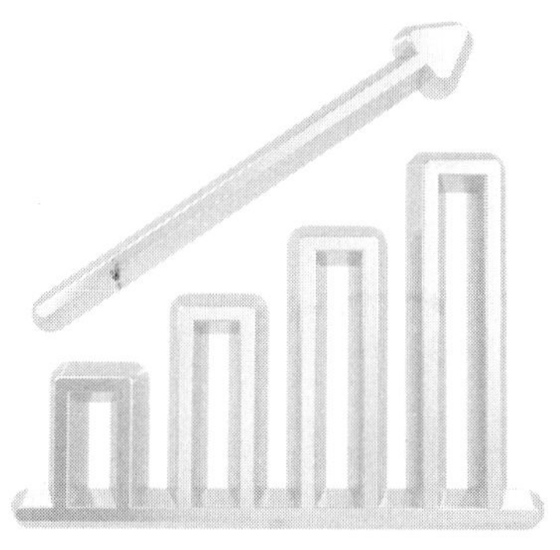

中国纺织出版社有限公司

## 内 容 提 要

本书分为两个部分：第一部分基础知识，以价值投资理念为基础，力求教会普通投资者学会读懂财务报表，帮助普通投资者建立一套正确的投资观。第二部分案例分析，结合不同行业上市公司的特点，以平实的语言讲解财报，通过财报、数据回顾企业历史，进而展望企业未来，内容详实。力求通过财报分析，帮投资者建立起适合自己的一套比较完整的投资体系。

**图书在版编目（CIP）数据**

财报炼金：发现财报背后的投资秘密 / 黄玺印著
. -- 北京：中国纺织出版社有限公司，2022. 9
ISBN 978-7-5180-9599-5

Ⅰ. ①财… Ⅱ. ①黄… Ⅲ. ①会计报表—基本知识
Ⅳ. ① F231. 5

中国版本图书馆 CIP 数据核字（2022）第 099017 号

---

责任编辑：顾文卓　　责任校对：高　涵　　责任印制：储志伟

---

中国纺织出版社有限公司出版发行
地址：北京市朝阳区百子湾东里A407号楼　邮政编码：100124
销售电话：010—67004422　传真：010—87155801
http: //www.c-textilep.com
中国纺织出版社天猫旗舰店
官方微博 http: //weibo.com/2119887771
三河市宏盛印务有限公司印刷　各地新华书店经销
2022年 9 月第1版第1次印刷
开本：787×1092　1/16　印张：22
字数：434千字　定价：88.00元

---

# 前 言

本书是我近几年不成体系的一些零散的投资札记和年报分析的总结。其实说到出版图书，我内心不免有些惶恐，但转念一想，虽然文章某些观点或许算不上成熟，但是这些内容都是自己学习思考的过程。简单而言，它是基于目前我的认知，在分析大量数据基础上做出的严谨判断。从这个角度来讲，或许有一定的价值和意义。如果这样的分享，能让和我一样的投资者养成独立思考的习惯，并能用数据与逻辑构建出自身的一套价值投资分析体系，那么这本书的出版就是有价值的。

如果现在有人问我，如何做投资？我会告诉他：**买股票就是买公司，股票就是企业的所有权。不懂不做。**

生活中，有些人还习惯于听消息、看K线、观均线、研究其他技术指标，时时刻刻盯着大盘和自己手中的个股，作出所谓的投资“决策”。这样的操作对吗？其实无关对错，但是这与“投资”两字还相距甚远。我回忆起自己最初接触投资时，也曾花上两三个月的时间，如饥似渴地学习，把技术分析类的书都看了一遍。但2008年金融危机，让我发现所有的技术分析，在危机面前都显得不堪一击。

股票市场并非赌场，只要你有正确的价值观、正确的心态，你就会发现其实价值投资并非艰难，它是一件很快乐的事情。我们不断地去研究企业的发展史，就会发现原来这一切是那么生动、有趣，还能通过报表的方式去展示，用数据逻辑去推演，整个过程就是在寻找答案或真相的一个过程。并非像大多数人认为的那样枯燥无味。2017年，我开始研究企业年报，这是上市公司发布信息量最大的载体，所有企业生产经营数据都可以在年报里找到。鉴往而知来，当我认真把企业过去的历史进行回顾，那么我对企业未来的发展也会有一个初步的判断。一名合格的投资者，首先要学会正确评估公司的价值。而评估公司的价值，只有两个维度：一是企业的竞争力，二是行业的市场空间。如果你能够找到一家竞争力特别强，且市场空间非常大的企业，那么恭喜你找到了一家可以长期投资的企业。

我把这本书定位为一本股票投资的入门书，全书共13章。前四章为基础理论知识，主要介绍如何读懂财务报表以及如何对企业进行研究；第五到第十三章为案例分析，涉及 9 家上市公司的年报分析。本书内容不构成买卖股票的建议。一直以来，我很喜欢一句话：“这世界唯一不变的事情就是所有的事物都在变化中发展。”所以，这些内容只是我在事物发展的某一个节点上对其做的研究和思考，我把我对行业、企业的观察与理解分享给大家。

价值分析之父格雷厄姆在他的著作《证券分析》中这样写道：“在现实中，商品的价格与价值相一致是偶然的，不一致是经常发生的……商品的价格虽然以价值为基础，但还受许多因素影响，而发生波动……在金融市场上，特别是在牛市上，一个典型的特征是心理因素控制着市场。”也许这个世界上最不可捉摸的就是人心。

十几年的投资经历告诉我，无论人心如何，把企业的基本面分析清楚是我们做出一切判断的基础。投资不易，且行且珍惜，希望这本书能够帮助到你，找到属于自己的投资方法，并最终通往价值之路。

我要感谢我的妻子默默给予的支持。她用柔弱而坚定的肩膀替我扛下很多，让我潜心研究那些看似枯燥的年报数据，让我心无旁骛地写文章，可以说我的家人是我前行路上的原动力。

最后，感谢编辑部的邀请，感谢我的朋友（刘晶晶、刘艳群）给予我的帮助！

黄玺印

# 目录

## 上篇　基础理论

# 下篇　案例分析

上篇

# 基础理论

# 第1章　如何正确理解价值投资

很多朋友认为价值投资就是买入白马股然后长期持有。

**第一个问题，买入白马股就算价值投资吗？**

其实不然。我们来简单回顾一下历史：

“漂亮 50”（Nifty Fifty）是 20 世纪 60 和 70 年代在纽约证券交易所交易的 50 只备受追捧的大盘股，在美国证券发展史上具有较强的代表意义。

具体来讲，“漂亮 50”行情的持续期是 1968 年 12 月至 1982 年 7 月。这期间，美股是一个震荡的行情。其行情可以分为三个阶段：1968 年 12 月至 1970 年 6 月的萌芽阶段、1970 年 7 月至 1972 年 12 月的爆发阶段和 1973 年 1 月至 1982 年 7 月的持续阶段。

在爆发阶段，“漂亮 50”股票全线上涨，累计平均收益率高达 142.9%，其中 MGIC 投资公司、麦当劳收益率最高，分别为 673.3%、585.4%。第三个阶段的前期（1973 年至 1974 年）“漂亮 50”公司的股价平均下跌 45.2%。但从 1974 年开始，“漂亮 50”股票的平均收益率重新回升，并且远远跑赢标普 500 指数。

20 世纪 70 年代初，美国政府开始通过总量宽松的货币政策以及扩张的财政政策来刺激美国经济的增长。1971 ～ 1972 年，美国联邦基准利率在 3% 的低位徘徊，低利率环境也提升了美国股市的繁荣。

而随后 1972 年的粮食危机和 1973 年爆发的石油战争，推动美国国内的通胀水平迅速上升。当时美国经济增速动力不足，很快就陷入了“滞涨”的境地。高通胀、低增长的背景下，美联储在一定程度上控制货币供给的速度，试图通过抬升利率来遏制通胀。

利率的快速提升首先冲击的就是当时估值已经非常高的“漂亮 50”标的。1972 年，“漂亮 50”的 PE 中值为 42 倍，高出同期标普 500 的 19 倍；而 1980 年末，“漂亮 50”的 PE 估值下行至 17 倍（表 1-1）。

**表1-1　“漂亮50”不再漂亮**

| 股票名称 | 1972 年市盈率（倍） | 1980 年市盈率（倍） |
|---|---|---|
| 索尼 | 92 | 17 |
| 宝丽来 | 90 | 16 |
| 麦当劳 | 83 | 9 |
| 国际香料 | 81 | 12 |
| 迪士尼 | 76 | 11 |
| 惠普 | 65 | 8 |

从上面例子中我们可以看出“漂亮 50”的崩盘主要是由于企业的高估值和市场流动性收紧造成的。

**第二个问题，关于持有时间的长短。**

很多投资者朋友们喜欢引用股神巴菲特的名言：“如果一只股票你不想持有它十年，那么你一分钟也不该持有。”大多数投资者朋友们就理解为长期持有就是价值投资的主要方式。

那么下面我们来统计一下，巴菲特持有股票的时间（表 1–2）。

**表1–2　截至2005年巴菲特的持股时间**

| 公司 | 开始买入 | 售出 | 持股时间（年） |
|---|---|---|---|
| 华盛顿邮报 | 1973 | 至今 | 32 |
| 吉利 | 1991 | 至今 | 14 |
| 美国运通 | 1994 | 至今 | 11 |
| 可口可乐 | 1988 | 至今 | 17 |
| 威尔斯法歌银行 | 1990 | 至今 | 15 |
| 首都 / 美国广播 | 1984 | 1996 | 12 |
| GEICO | 1976 | 至今 | 29 |
| 匹兹堡国民银行 | 1994 | 1995 | 1 |
| 甘纳特 | 1994 | 1995 | 1 |
| 美国广播 | 1978 | 1980 | 2 |
| 首都传播 | 1977 | 1978 | 1 |
| 凯塞铝业化学 | 1977 | 1981 | 4 |
| 骑士报 | 1977 | 1981 | 4 |
| SAFECO 公司 | 1978 | 1982 | 4 |
| 沃尔沃斯 | 1979 | 1981 | 2 |
| 阿梅拉克拉 – 赫斯 | 1979 | 1981 | 2 |
| 平克顿 | 1980 | 1982 | 2 |
| 克里夫兰 – 克里夫钢铁 | 1980 | 1982 | 2 |
| 底特律全国银行 | 1980 | 1981 | 1 |
| 时代镜报 | 1980 | 1981 | 1 |
| 全国学生贷款 | 1980 | 1981 | 1 |
| 阿卡他 | 1981 | 1982 | 1 |
| GATX | 1981 | 1982 | 1 |
| 克郎佛斯特 | 1982 | 1983 | 1 |
| 奥美广告 | 1977 | 1984 | 7 |
| 大众媒体 | 1979 | 1984 | 5 |
| 雷诺烟草 | 1980 | 1984 | 4 |
| 联众集团 | 1977 | 1985 | 8 |
| 通用食品 | 1979 | 1985 | 6 |
| 埃克森 | 1984 | 1985 | 1 |
| 西北工业 | 1984 | 1985 | 1 |
| 联合出版 | 1979 | 1986 | 7 |
| 时代 | 1982 | 1986 | 4 |
| 比队员特丽斯 | 1985 | 1986 | 1 |
| 里尔西格莱尔 | 1986 | 1987 | 1 |
| 哈迪哈曼 | 1979 | 1987 | 8 |
| 吉尼斯 | 1991 | 1994 | 3 |
| 通用动力 | 1992 | 1994 | 2 |

* 数据来源：伯克希尔·哈撒韦公司年报

从表 1-2 中，我们至少可以得出这样几个观点：

第一，巴菲特并非像大多传记小说写的那样，每次投资都持有很长一段时间（10年以上），或者说寻找的都是10年翻10倍的股票。他同样有短期（1～3年）投资，而且数量不少。因此，我们不应过于教条地看待巴菲特的长期持有策略。

第二，众所周知，巴菲特最钟爱 3 大行业：金融保险、生活消费品、传媒广告。不过在表中我们也看到了很多其他行业，有些甚至是价值型投资人远避的周期性行业，如航空和钢铁行业。

第三，巴菲特的长期持有让人敬佩，他曾多次表示，像华盛顿邮报、GEICO、吉利这样的公司会永远持有，从表 1-2 中我们也能看到，他真的会做到"永远持有"。

第四，巴菲特在 1980 年持有股票数量最多，年报中列出了 18 只，而 1987 年持有的公司数量最少，只有 3 只。从中你也可以发现巴菲特对买卖时机同样有着惊人的判断力。20 世纪 70 年代初期，美国经济出现"滞胀"，股市持续低迷，1965 ～ 1975 年，道琼斯指数一个点也没涨。这期间巴菲特只做了几件事：1969 年解散合伙公司，之后接近 5 年的时间里没进行任何投资操作；然后在 1974 年逐渐开始大量购入股票；到 1980 年购买了多达 18 只股票；直到 1987 年美国股市大崩盘之前抛光之前持有的大多数股票（只剩 3 只）。

2020 年，有人又做了这样的统计：

第一，巴菲特的持股时间中位数大概为一年。

第二，巴菲特的总持仓中，只有 20% 持股超过 2 年，但却有 30% 股票持股时间小于 6 个月，剩下 50% 在 6 个月到 2 年之间，总之长不到哪里去。

第三，巴菲特在近 26 年间，最"安静"的时候同时持有 5 只股票，最狂躁的时候同时持有 95 只股票，年平均持股数一般都在 10 ～ 30 个。

由此可见，价值投资并不是大多数投资者所理解的"买入白马股然后长期持有"。

而股神巴菲特所说的"不打算持有十年就不要持有一分钟"，这只是一种思维方式。他是劝告投资者，买入之前要深思熟虑，做好企业价值的全面评估。当公司基本面发生变化的时候股神巴菲特也会立刻止损卖出。

所以价值投资，就是投资那些内在价值远远大于目前公司市值的企业，是股票外在价格与内在价值的关系，它不取决于时间的长短，也不取决于所谓的"白马股"。

其实企业是有息票的，这些息票未来会发生变化，只不过没有印在股票上。企业未来的息票要由投资者来估计，内在价值完全与未来现金流有关。投资者的工作就是要弄清楚未来现金流是什么样的。

那么，未来现金流又该如何理解呢？

未来现金流我称之为：未来创造自由现金流的能力。

我们先来看看自由现金流的定义：企业产生的、在满足了再投资需要之后剩余的现金流量，这部分现金流量是在不影响公司持续发展的前提下可供分配给企业资本供应者（股东）的最大现金额。

我们用一个简单的例子来解释下：如果你花了 100 万买了一套房子，已经装修好的，每年租金 5 万，这 5 万是扣除水电费等其他费用之后剩余的，那么这 5 万现金就叫作自由现金流，可以自由支配；但是如果期间房子有漏水，电器发生损坏，或者墙壁掉了瓷砖等，需要从这 5 万里支出 1 万来维修，那最后实际可供支配的现金只剩下 4 万，那么该自由现金流也变成了 4 万。

那么，什么叫作未来现金流呢？

如果你出租的房子，之前租金 5 万是自由支配的，明年变成租金 6 万，后年再变成租金 8 万，再后后年变成租金 10 万，这个未来的“租金”我们就称之为未来自由现金流。

那么，我们应该如何对这套房子进行估值呢？

巴菲特对企业的内在价值做过这样的表述：“公司的价值在于未来现金流的折现。”这句话是什么意思呢？什么叫作折现率？

举个例子，如果你购买了 100 万银行理财产品，一年期约定收益率为 4%，明年此时这个 100 万就变成 104 万了，这个 4% 我们就称为折现率；如果折现率为 8%，明年这个 100 万就变成 108 万了。这句话的意思是说明年今天的 104 万相当于今天的 100 万；明年今天的 108 万相当于今天的 100 万。这是因为时间是有价值的。理解了折现率，下面的问题就变得比较简单。

还是用租金作为例子，折现率取值 5%；

第一年租金 5 万，相当于基期的 4.76（=5/（1+5%））万。

第二年租金 6 万，相当于基期的 5.44（=6/（1+5%）$^{2}$）万。

第三年租金 8 万，相当于基期的 6.91（=8/（1+5%）$^{3}$）万。

第四年租金 10 万，相当于基期的 8.23（=10/（1+5%）$^{4}$）万。

最后一年这套房子可以卖 200 万。这个 200 万相当于 4 年前的 164.54（=200/（1+5%）$^{4}$）万。

那么这套房子目前价值 = 最后一年卖出价格的折现值 + 各个年度租金的折现值 = 164.54+4.76+5.44+6.91+8.23=189.88（万）。

你说你的房子是不是变得很值钱了呢？这个房子我们就称作企业价值。

再举个例子：如果你开了一家饭店，投入 100 万，扣除员工工资及所有的水电费还有其他杂费，剩余 10 万，这个 10 万就是纯盈利。如果你觉得饭店哪个地方不好，需要重新装修，花了 4 万，剩下 6 万，这笔钱可以给你本人自由支配，怎么花都不会影响饭店的运营，这个 6 万我们就叫作自由现金流。

这家饭店，年纯利是 10 万，如果明年年纯利增加到 14 万，后年年纯利增加到 20 万，最后一年这家饭店出售 300 万，如果折现率取值 6%：

第一年纯利 10 万，相当于基期的 9.43（=10/（1+6%））万。

第二年纯利 14 万，相当于基期的 12.46（=14/（1+6%）$^{2}$）万。

第三年纯利 20 万，相当于基期的 16.79（=20/（1+6%）$^{3}$）万。

最后一年这家饭店出售 300 万，相当于基期的 251.89（=300/（1+6%）$^{3}$）万。

那么目前这家饭店的价值 = 最后一年这家饭店出售价格的折现值 + 各个年度纯利润的折现值 =251.89+9.43+12.46+16.79=290.57（万）。

你说这家饭店的价值是不是变得很值钱了呢？这个也称为企业价值。

那么如何预测公司未来的现金流，是作为价值投资者评估企业内在价值最为关键的所在。

在这里留个问题给读者思考：这套房子或是这家饭店你愿意出价多少你才觉得是一笔非常划算的投资？

**资料卡：**

自由现金流的计算公式：自由现金流 = 经营现金流 − 资本支出。

我们来看一下如何计算自由现金流，下面就举两个例子，如下表所示：

**爱美客的自由现金流**

单位：亿元

| 年份 | 2016 | 2017 | 2018 | 2019 | 2020 |
|---|---|---|---|---|---|
| 经营活动现金流 | 0.55 | 0.84 | 1.35 | 3.1 | 4.26 |
| 购建固定资产、无形资产和其他长期资产支付的现金 | 0.54 | 0.43 | 0.4 | 0.32 | 0.32 |
| 自由现金流 | 0.01 | 0.41 | 0.95 | 2.78 | 3.94 |

**分众传媒的自由现金流**

单位：亿元

| 年份 | 2016 | 2017 | 2018 | 2019 | 2020 |
|---|---|---|---|---|---|
| 经营活动现金流 | 48 | 41.6 | 37.8 | 34.3 | 52.2 |
| 购建固定资产、无形资产和其他长期资产支付的现金 | 0.9 | 2.6 | 17.1 | 3.4 | 0.6 |
| 自由现金流 | 47.1 | 39 | 20.7 | 30.9 | 51.6 |

# 第2章　普通投资者价值投资的正确姿势

> **普通投资者价值投资的正确的姿势：**
> **第一，不懂不做。**
> **第二，做自己能力圈范围内的投资。**
> **第三，在自己能力圈范围内进行组合投资。**

### 不懂不做

在金融圈里，我有不少朋友，他们经常跟我谈论某某股票，当我问他为什么看好，大多数朋友会这样回答：

“这只股票连续下跌，跌了好几个月，跌幅较深，成交量非常低迷，地量见地价，可以考虑抄底。”

“这只股票已经横盘几个月，只要来一根大阳线放量突破横盘区，就会迎来大涨。”

“这只股票中报业绩大幅超预期，跳空高开放量大涨，已经形成净利润断层，看涨。”

“这只股票估值非常低，市盈率只有 5 倍，持续下跌空间不大。”

“这只股票有重组预期，近期大幅下跌，可以考虑慢慢买入，静待重组。”

“这只股票目前是国家重点支持的项目，这几天连续大涨，表示有资金已经介入，看涨。”

“这只股票呈现 45 度角缓慢上涨，成交量稳步放大，表示主力已经进场。”

“这只股票筹码连续几个季度都在集中，股东户数一直在减少，表明有主力正在收集筹码，跟着主力走，有肉吃。”

“这只股票是明星基金经理重仓股，社保、保险基金都已经介入，看涨。”

“这只股票是某某行长、某某上市公司的老总介绍的，有消息，买入。”

听到这些他们看好的“原因”，我都会问他们几个小问题，通常他们都是自信满满地等着我的问题，他们自以为自己掌握了非常多的知识。但当我问出这几个非常小的问题时，他们却个个都哑口无言。

这几个小问题分别是：

第一，这家公司是做什么的？

第二，公司利润最重要的来源是哪些业务？

第三，公司的竞争力怎么样？

第四，这个行业的空间大不大？

这样几个小问题，一般的会回答一二，甚至回答不了的也很多，后面三四我是没见过有几个能够回答得的了。

我想说的是，我的问题难吗？或许在他们的投资中，他们是从来没想过要如何分析研究企业这些问题，他们的买卖无非是听消息，看图形和技术指标，就以为掌握了事情的真相，所以他们的决策时间是非常短的。这些朋友，如果你跟他们谈论股票，他们往往可以把自己吹到天上去，如果你是投资小白，你就会充满敬佩和羡慕，他们怎么会懂那么多。他们“上知天文、下知地理”“纵古论今”“国家政策、国家大事”都会讲得头头是道；对着电脑屏幕的K线图形，他会告诉你什么样的图形是有庄家控盘，是可以投资的，什么样的K线组合预示着后市即将迎来大涨，或什么样的K线组合预示着即将迎来大跌；他还会告诉你，什么是波浪理论，然后教你如何数“浪”，目前处于第几浪，未来还要经历几浪，才会迎来主升浪等。他们恨不得把他毕生所学都教给你，而他心里也充满了自豪感、成就感。但如果问起他们赚了多少钱时，大多数都是摇摇头，有些自恋的，是永远不会说自己亏了多少的，他们的记忆里往往只会记住自己赚的，而经常忘记自己曾经大亏的历史，而赚的永远都是蝇头小利。一旦行情不好，股票被套牢，他们就会把亏损的原因都归结到外部条件上，很少把原因归结在自己身上。这样的投资者如果不马上觉悟过来，这一生注定是要亏的，因为他把股票市场当成了赌场。

**做自己能力圈范围内的投资**

巴菲特曾说过：“知道自己能力圈有多大或者说知道自己能力圈的边界在哪里要远远重要过能力圈有多大。”芒格也曾说过：“承认自己的无知就是启迪智慧的开始。”

什么是知道自己的能力圈呢？我们很难准确定义，但在投资中我们可以尽量做自己认知范围内的投资。如果你是便利店的老板，你应该知道哪种食品饮料卖得好吧；如果你是银行的职员，哪家银行比较好，应该知道吧；如果你是做房地产的，哪家房企房子卖得好，应该知道吧；如果你是在证券行业里，哪家券商做得比较好，应该知道吧；如果你是在医院里上班，哪种药不但效果好还用得多，应该知道吧；如果你是在一家车企里上班，哪家车企比较强应该知道吧；如果你从事家电行业，家电行业里哪家产品的质量好、卖得好，应该知道吧等。在投资中我们要坚持我们最熟悉的领域，在熟悉的领域里寻找最有潜力的企业，把它的产品竞争力研究透，让自己变成这个行业的半个专家之后，我们对数据变化的敏感度就会非常强。当然，有些领域可以让某些投资人获得非常辉煌的成就，有些领域让某些投资人只获得市场的平均收益。关于这一点，我想说的是，有时运气很重要，选到最有前景的赛道，有很大一部分来于运气，我经常喜欢把它称之为“命”或者“财运”。所以关于收益率的高低，我一般不建议过多地去比较，保持自己的初心，只要我们的资产能够持续保值增值，复利下去，十年二十年之后我们都能获得非常高的成就。表 2-1 是复利终值图，各位读者朋友们有兴趣可以仔细看看。

**表2-1　复利终值图**

| 复利终值系(F/P, i, n)表 | | | | | | | | | | | | | | | | | | | | |
|---|---|---|---|---|---|---|---|---|---|---|---|---|---|---|---|---|---|---|---|---|
| 期数 | 1% | 2% | 3% | 4% | 5% | 6% | 7% | 8% | 9% | 10% | 11% | 12% | 13% | 14% | 15% | 16% | 17% | 18% | 19% | 20% |
| 1 | 1.0100 | 1.0200 | 1.0300 | 1.0400 | 1.0500 | 1.0600 | 1.0700 | 1.0800 | 1.0900 | 1.1000 | 1.1100 | 1.1200 | 1.1300 | 1.1400 | 1.1500 | 1.1600 | 1.1700 | 1.1800 | 1.1900 | 1.2000 |
| 2 | 1.0201 | 1.0404 | 1.0609 | 1.0816 | 1.1025 | 1.1236 | 1.1449 | 1.1664 | 1.1881 | 1.2100 | 1.2321 | 1.2544 | 1.2769 | 1.2996 | 1.3225 | 1.3456 | 1.3689 | 1.3924 | 1.4161 | 1.4400 |
| 3 | 1.0303 | 1.0612 | 1.0927 | 1.1249 | 1.1576 | 1.1910 | 1.2250 | 1.2597 | 1.2950 | 1.3310 | 1.3676 | 1.4049 | 1.4429 | 1.4815 | 1.5209 | 1.5609 | 1.6016 | 1.6430 | 1.6852 | 1.7280 |
| 4 | 1.0406 | 1.0824 | 1.1255 | 1.1699 | 1.2155 | 1.2625 | 1.3108 | 1.3605 | 1.4116 | 1.4641 | 1.5181 | 1.5735 | 1.6305 | 1.6890 | 1.7490 | 1.8106 | 1.8739 | 1.9388 | 2.0053 | 2.0736 |
| 5 | 1.0510 | 1.1041 | 1.1593 | 1.2167 | 1.2763 | 1.3382 | 1.4026 | 1.4693 | 1.5386 | 1.6105 | 1.6851 | 1.7623 | 1.8424 | 1.9254 | 2.0114 | 2.1003 | 2.1924 | 2.2878 | 2.3864 | 2.4883 |
| 6 | 1.0615 | 1.1262 | 1.1941 | 1.2653 | 1.3401 | 1.4185 | 1.5007 | 1.5869 | 1.6771 | 1.7716 | 1.8704 | 1.9738 | 2.0820 | 2.1950 | 2.3131 | 2.4364 | 2.5652 | 2.6996 | 2.8398 | 2.9860 |
| 7 | 1.0721 | 1.1487 | 1.2299 | 1.3159 | 1.4071 | 1.5036 | 1.6058 | 1.7138 | 1.8280 | 1.9487 | 2.0762 | 2.2107 | 2.3526 | 2.5023 | 2.6600 | 2.8262 | 3.0012 | 3.1855 | 3.3793 | 3.5832 |
| 8 | 1.0829 | 1.1717 | 1.2668 | 1.3686 | 1.4775 | 1.5938 | 1.7182 | 1.8509 | 1.9926 | 2.1436 | 2.3045 | 2.4760 | 2.6584 | 2.8526 | 3.0590 | 3.2784 | 3.5115 | 3.7589 | 4.0214 | 4.2998 |
| 9 | 1.0937 | 1.1951 | 1.3048 | 1.4233 | 1.5513 | 1.6895 | 1.8385 | 1.9990 | 2.1719 | 2.3579 | 2.5580 | 2.7731 | 3.0040 | 3.2519 | 3.5179 | 3.8030 | 4.1084 | 4.4355 | 4.7854 | 5.1598 |
| 10 | 1.1046 | 1.2190 | 1.3439 | 1.4802 | 1.6289 | 1.7908 | 1.9672 | 2.1589 | 2.3674 | 2.5937 | 2.8394 | 3.1058 | 3.3946 | 3.7072 | 4.0456 | 4.4114 | 4.8068 | 5.2338 | 5.6947 | 6.1917 |
| 11 | 1.1157 | 1.2434 | 1.3842 | 1.5395 | 1.7103 | 1.8983 | 2.1049 | 2.3316 | 2.5804 | 2.8531 | 3.1518 | 3.4786 | 3.8359 | 4.2262 | 4.6524 | 5.1173 | 5.6240 | 6.1759 | 6.7767 | 7.4301 |
| 12 | 1.1268 | 1.2682 | 1.4258 | 1.6010 | 1.7959 | 2.0122 | 2.2522 | 2.5182 | 2.8127 | 3.1384 | 3.4985 | 3.8960 | 4.3345 | 4.8179 | 5.3503 | 5.9360 | 6.5801 | 7.2876 | 8.0642 | 8.9161 |
| 13 | 1.1381 | 1.2936 | 1.4685 | 1.6651 | 1.8856 | 2.1329 | 2.4098 | 2.7196 | 3.0658 | 3.4523 | 3.8833 | 4.3635 | 4.8980 | 5.4924 | 6.1528 | 6.8858 | 7.6987 | 8.5994 | 9.5964 | 10.6993 |
| 14 | 1.1495 | 1.3195 | 1.5126 | 1.7317 | 1.9799 | 2.2609 | 2.5785 | 2.9372 | 3.3417 | 3.7975 | 4.3104 | 4.8871 | 5.5348 | 6.2613 | 7.0757 | 7.9875 | 9.0075 | 10.1472 | 11.4198 | 12.8392 |
| 15 | 1.1610 | 1.3459 | 1.5580 | 1.8009 | 2.0789 | 2.3966 | 2.7590 | 3.1722 | 3.6425 | 4.1772 | 4.7846 | 5.4736 | 6.2543 | 7.1379 | 8.1371 | 9.2655 | 10.5387 | 11.9737 | 13.5895 | 15.4070 |
| 16 | 1.1726 | 1.3728 | 1.6047 | 1.8730 | 2.1829 | 2.5404 | 2.9522 | 3.4259 | 3.9703 | 4.5950 | 5.3109 | 6.1304 | 7.0673 | 8.1372 | 9.3576 | 10.7480 | 12.3303 | 14.1290 | 16.1715 | 18.4884 |
| 17 | 1.1843 | 1.4002 | 1.6528 | 1.9479 | 2.2920 | 2.6928 | 3.1588 | 3.7000 | 4.3276 | 5.0545 | 5.8951 | 6.8660 | 7.9861 | 9.2765 | 10.7613 | 12.4677 | 14.4265 | 16.6722 | 19.2441 | 22.1861 |
| 18 | 1.1961 | 1.4282 | 1.7024 | 2.0258 | 2.4066 | 2.8543 | 3.3799 | 3.9960 | 4.7171 | 5.5599 | 6.5436 | 7.6900 | 9.0243 | 10.5752 | 12.3755 | 14.4625 | 16.8790 | 19.6733 | 22.9005 | 26.6233 |
| 19 | 1.2081 | 1.4568 | 1.7535 | 2.1068 | 2.5270 | 3.0256 | 3.6165 | 4.3157 | 5.1417 | 6.1159 | 7.2633 | 8.6128 | 10.1974 | 12.0557 | 14.2318 | 16.7765 | 19.7484 | 23.2144 | 27.2516 | 31.9480 |
| 20 | 1.2202 | 1.4859 | 1.8061 | 2.1911 | 2.6533 | 3.2071 | 3.8697 | 4.6610 | 5.6044 | 6.7275 | 8.0623 | 9.6463 | 11.5231 | 13.7435 | 16.3665 | 19.4608 | 23.1056 | 27.3930 | 32.4294 | 38.3376 |
| 21 | 1.2324 | 1.5157 | 1.8603 | 2.2788 | 2.7860 | 3.3996 | 4.1406 | 5.0338 | 6.1088 | 7.4002 | 8.9492 | 10.8038 | 13.0211 | 15.6676 | 18.8215 | 22.5745 | 27.0336 | 32.3238 | 38.5910 | 46.0051 |
| 22 | 1.2447 | 1.5460 | 1.9161 | 2.3699 | 2.9253 | 3.6035 | 4.4304 | 5.4365 | 6.6586 | 8.1403 | 9.9336 | 12.1003 | 14.7138 | 17.8610 | 21.6447 | 26.1864 | 31.6293 | 38.1421 | 45.9233 | 55.2061 |
| 23 | 1.2572 | 1.5769 | 1.9736 | 2.4647 | 3.0715 | 3.8197 | 4.7405 | 5.8715 | 7.2579 | 8.9543 | 11.0263 | 13.5523 | 16.6266 | 20.3616 | 24.8915 | 30.3762 | 37.0062 | 45.0076 | 54.6487 | 66.2474 |
| 24 | 1.2697 | 1.6084 | 2.0328 | 2.5633 | 3.2251 | 4.0489 | 5.0724 | 6.3412 | 7.9111 | 9.8497 | 12.2392 | 15.1786 | 18.7881 | 23.2122 | 28.6252 | 35.2364 | 43.2973 | 53.1090 | 65.0320 | 79.4968 |
| 25 | 1.2824 | 1.6406 | 2.0938 | 2.6658 | 3.3864 | 4.2919 | 5.4274 | 6.8485 | 8.6231 | 10.8347 | 13.5855 | 17.0001 | 21.2305 | 26.4619 | 32.9190 | 40.8742 | 50.6578 | 62.6686 | 77.3881 | 95.3962 |
| 26 | 1.2953 | 1.6734 | 2.1566 | 2.7725 | 3.5557 | 4.5494 | 5.8074 | 7.3964 | 9.3992 | 11.9182 | 15.0799 | 19.0401 | 23.9905 | 30.1666 | 37.8568 | 47.4141 | 59.2697 | 73.9490 | 92.0918 | 114.4755 |
| 27 | 1.3082 | 1.7069 | 2.2213 | 2.8834 | 3.7335 | 4.8223 | 6.2139 | 7.9881 | 10.2451 | 13.1100 | 16.7387 | 21.3249 | 27.1093 | 34.3899 | 43.5353 | 55.0004 | 69.3455 | 87.2598 | 109.5893 | 137.3706 |
| 28 | 1.3213 | 1.7410 | 2.2879 | 2.9987 | 3.9201 | 5.1117 | 6.6488 | 8.6271 | 11.1671 | 14.4210 | 18.5799 | 23.8839 | 30.6335 | 39.2045 | 50.0656 | 63.8004 | 81.1342 | 102.9666 | 130.4112 | 164.8447 |
| 29 | 1.3345 | 1.7758 | 2.3566 | 3.1187 | 4.1161 | 5.4184 | 7.1143 | 9.3173 | 12.1722 | 15.8631 | 20.6237 | 26.7499 | 34.6158 | 44.6931 | 57.5755 | 74.0085 | 94.9271 | 121.5005 | 155.1893 | 197.8136 |
| 30 | 1.3478 | 1.8114 | 2.4273 | 3.2434 | 4.3219 | 5.7435 | 7.6123 | 10.0627 | 13.2677 | 17.4494 | 22.8923 | 29.9599 | 39.1159 | 50.9502 | 66.2118 | 85.8499 | 111.0647 | 143.3706 | 184.6753 | 237.3763 |

连续 30 年复合收益率 10%，就有 17.4 倍；连续 30 年复合收益率 15%，就有 66.2 倍；连续 30 年复合收益率 20%，就有 237.4 倍。慢即是快！

### 在自己能力圈范围内进行组合投资

为什么要组合投资？在我的理解里全压单只个股，很大概率就是一种投机，股神除外。为什么全压单只个股，很大概率就是一种投机呢？很多时候，一家企业的发展甚至连创始人本身都不知道能够成长到什么程度，有时在创始人非常自信的时候，企业就夭折了；有时在企业陷入困境的时候，就迎来了行业景气度大幅提升，公司的盈利很快就水涨船高。所以一般情况下，全压单只个股很大程度上是一种投机的表现。所以作为普通投资者应该要进行组合投资，并且是在自己能力圈范围内进行投资，获得一个相对可靠、高于市场的平均收益率。

于是这又产生了一个新的问题，既然要进行组合投资，要持仓多少只企业为宜呢？有些人说要有 5 只，有些人说要有 10 只，持仓数量多少我认为不是关键。投资大师彼得·林奇在 1988 年，麦哲伦基金资产规模到达 90 亿美元，持仓 1400 只股票。以此就引发了我对投资本质的思考。

投资的本质是要寻找内在价值远远大于目前公司的价格，越确定那么仓位就越重，但也要讲究适当分散。因为企业的内在价值它不是静态的，而是动态的，有时它变化很慢，有时它变化很快，从上一章统计股神巴菲特的持股时间不同也可以看得出来。

曾经有人信誓旦旦地告诉我：这只股票未来能涨 5 ～ 10 倍，然后列出了很多数据，以此来证明他的逻辑是正确的。但是我想说的是，企业的发展是非线性的，有时甚至连公司领导者也有看错的时候，并且还会发生非常低级的错误，你到底凭什么确信这只股票未来能涨 5 ～ 10 倍，你的经验？你的数据？所以你告诉我：我非常看好它，我就只买这一只，我会陪着它走下去，直到它不断地成长。面对这种信誓旦旦，又单一持股，我只能祝他好运。因为在我的认知里：单一持股，无异于赌博，除非你是股神。就算他曾经有很多辉煌的战绩，我都会把他列为幸存者偏差里的一员。

我们来看一组 2020 年的数据统计：据统计，中国每年约有 100 万家企业倒闭，平均每分钟就有 2 家！中小微企业，存活 5 年的不到 7%，10 年的不到 2%！

所以我想，如果你能够研究透单只个股，为什么不能够再深度研究多一只呢？或多几只呢？这样就可以平衡你的投资风险，让你的组合更稳健、更具成长性，而不是脆弱性。

有人说：投资的本质是认知的变现！你所赚的每一分钱，都是你对这个世界认知的变现；同样你所亏的每一分钱，都是因为你对这个世界认知有缺陷。你永远赚不到超出你认知范围之外的钱，除非你是靠运气，但是靠运气赚到的钱，最后往往又会靠“实力”亏掉，这可以说是一种必然的结局。这个世界最大的公平就在于：当一个人的财富大于自己认知的时候，这个世界就有 100 种方法，甚至是 1000 种方法收割你，直到你的认知和财富相匹配为止。

这段话用在资本市场是最合适不过的了。关于认知与财富之间的关系，套用市场最常用的指标那就是均值回归。同样我们所投资的企业也跟均值回归有着非常大的联系，我们只投我们认为非常低估的企业，然后慢慢等待均值回归。

下面我们再来思考：投资的本质是认知的变现，它在二级市场如何变现？它的方法论又是什么？

我认为，投资的方法论其实就是概率思维与统计学合二为一的过程。为什么会这怎么讲？

举个例子：一个年级共有 200 号人，我想压中下次考试能够排在第一位的同学，怎么选？第一步我们筛选下过往考试排名前 20 名同学；然后把不太稳定的同学剔除，剩下 15 名；最后发现有 5 位同学成绩一直都保持前五，但经常不分你我，而其中有一位经常是排在前一二名。以上就是统计学。

但是你敢确定下一次考试这位经常排在前一二名的同学就一定能够排到前一二名吗？我是不敢确定的，万一考试当天家里出了什么状况，万一考试当天他的身体不太舒服，万一考试当天他来学校途中发生了一些事情，等等。作为投资者要如何化解这种风险，那就是压前五名或前十名非常稳定的同学。下次考试排在第一的，基本上可以说 99% 以上的概率出现在这些学生当中。这就是概率学。

在对企业分析的过程中，我们是如何应用统计学呢？其实在分析的过程中，统计学的应用是无处不在的，比如当你分析同一行业，企业的竞争力的问题，如何用数据来说明公司的竞争力较强呢？

同行业毛利率对比，哪家企业毛利率比较高？

同行业应收账款及应收账款周转天数、预收账款对比，哪家企业对下游客户的话语权较强？

同行业预付款及应付账款对比，哪家企业对上游客户话语权比较强？

同行业存货周转率对比，哪家企业存货周转率较快？

同行业研发费用对比，哪家企业研发费用占比较高？

同行业营业收入对比，哪家企业成长潜力较大？

同行业利润对比，哪家企业利润释放较快？

同行业现金流对比，哪家企业利润含金量十足？

同行业品牌价值对比，哪家品牌美溢度较高？

同行业市占率对比，哪家占市率较高？

这就是无所不在的统计学。

从这个简单的案例进行推演，在投资中我们要选择盈利性好、竞争力强、估值比较合理的企业进行投资，而不是只压其中一个，这说的是概率学。

作为投资者的你，你认为这种投资方法论会不可靠吗？我相信这适合绝大多数投资者。所以我说：既然你有深度研究的本事，那就应该在自己的认知的范围内进行广泛研究，寻找更确定的、估值合理的，然后进行投资组合。通过这样的方式我认为持续跑赢大盘的机会是非常大的，属于大概率事件，这种投资组合本质就是概率论、统计学的结合。

所以关于持仓多少只的问题，我认为持仓多少只不是主要问题，主要问题是要看你研究的深度跟广度。

# 第3章　如何读懂财务报表

## 3.1　手把手教你查找资料

股票资讯及财务报表常用网站：

- 深圳证券交易所 http：//www.szse.cn/
- 上海证券交易所 http：//www.sse.com.cn/
- 巨潮资讯 http：//www.cninfo.com.cn/new/index
- 雪球 https：//xueqiu.com/
- 慧博投研资讯 http：//hibor.net/
- 萝卜投研 https：//rs.datayes.com/
- 东方财富网研报中心 http：//data.eastmoney.com/report/
- 东方财富网 http：//data.eastmoney.com/
- 集思录 https：//www.jisilu.cn/
- 同花顺 http：//data.10jqka.com.cn/
- 和讯 http：//stockdata.stock.hexun.com/ggzjc/history.shtml
- 看财报 http：//kancaibao.com
- 爱股说 http：//igushuo.com/
- 挖优狗 https：//wayougou.com/
- 亿牛网：https：//eniu.com/
- 小乐财报：https：//www.leetab.com/
- 乐晴智库：http：//www.767stock.com/
- 理杏仁：https：//www.lixinger.com/
- 财经日历：https：//zh.tradingeconomics.com/
- 投资数据网：https：//www.touzid.com/
- 大视野 http：//www.dashiyetouzi.com/
- 解析投资 https：//www.jiexitz.com/users

那么应该如何查找公司年报呢？通常情况下我会通过深圳证券交易所网站、上海证券交易所网站查询。

以洋河股份为例。首先打开深圳证券交易所网站 http：//www.szse.cn/，在搜索框里输入“洋河股份”或“代码 002304”（图 3-1）。

深圳证券交易所
SHENZHEN STOCK EXCHANGE
洋河股份
首页
党的建设
发行上市
信息披露
市场数据
法律规则
市场服务
关于本所
我的定制

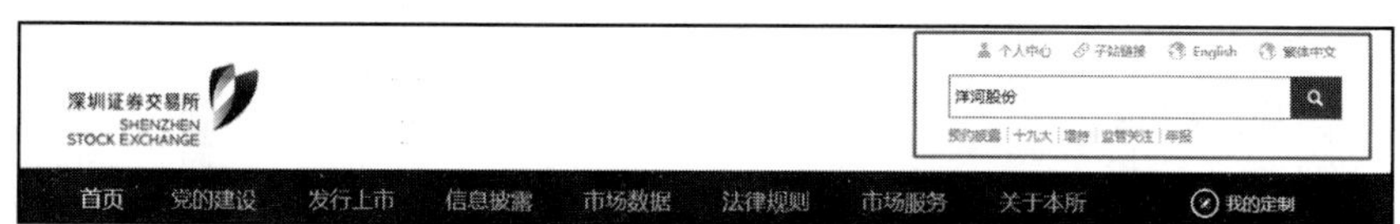

图3-1　搜索洋河股份

就会跳转到图 3-2 所示的界面，点击“更多”。

全站检索
标题
洋河股份
搜索
搜索结果
证券产品推荐结果
002304 洋河股份
183.77
更多
最新公告
洋河股份：关于第一期核心骨干持股计划非交易过户完成的...
2021-09-11
洋河股份：独立董事关于控股股东及其他关联方占用公司资...
2021-08-28
洋河股份：2021年半年度报告
2021-08-28
洋河股份：2021年半年度财务报告
2021-08-28
洋河股份：2021年半年度报告摘要
2021-08-28

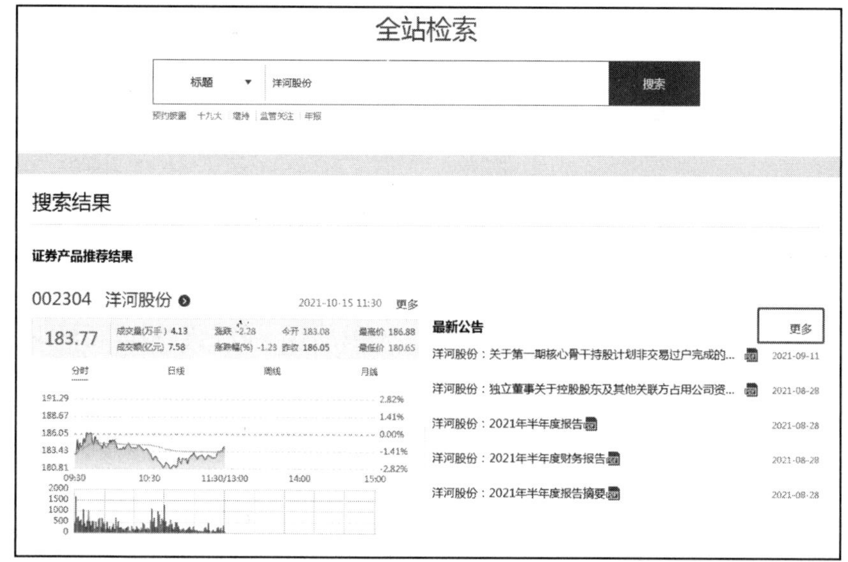

图3-2　检索界面

继续跳转到图 3-3 所示的界面，点击“请选择公告类别”。

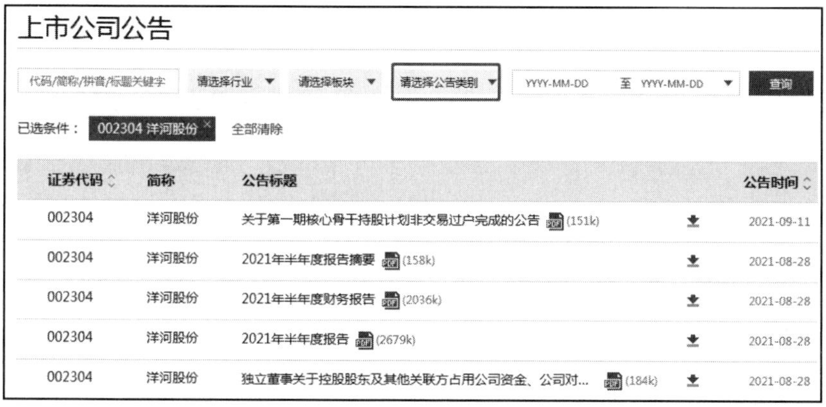

上市公司公告
代码/简称/拼音/标题关键字
请选择行业
请选择板块
请选择公告类别
YYYY-MM-DD
至
YYYY-MM-DD
查询
已选条件：
002304 洋河股份
全部清除
证券代码
简称
公告标题
公告时间
002304
洋河股份
关于第一期核心骨干持股计划非交易过户完成的公告 (151k)
2021-09-11
002304
洋河股份
2021年半年度报告摘要 (158k)
2021-08-28
002304
洋河股份
2021年半年度财务报告 (2036k)
2021-08-28
002304
洋河股份
2021年半年度报告 (2679k)
2021-08-28
002304
洋河股份
独立董事关于控股股东及其他关联方占用公司资金、公司对... (184k)
2021-08-28

图3-3　上市公司公告

里面可供选择的菜单非常多：年度报告、半年度报告、一季度报告、三季度报告、首次公开发行、配股等信息（图 3-4）。如果是看年报的话，就点下年度报告。

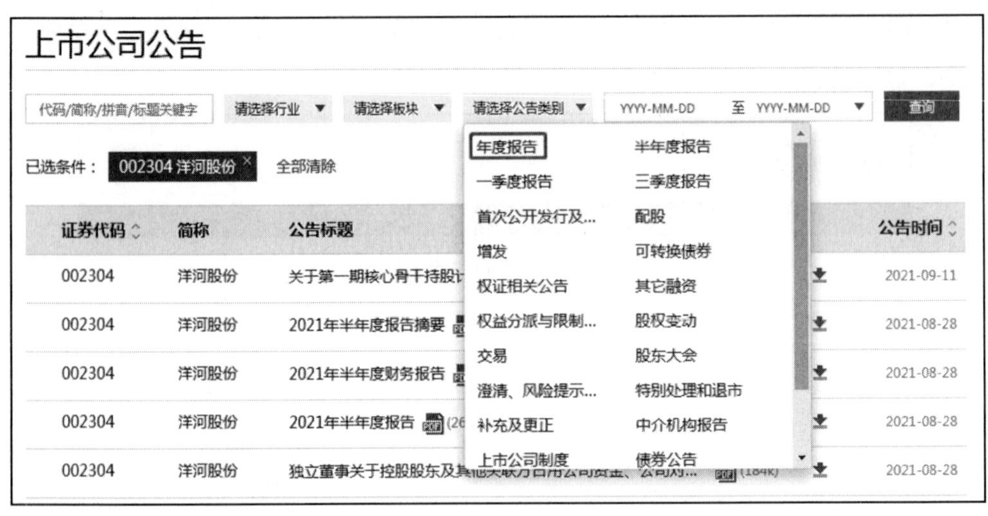


图3-4　选项菜单

一般情况下，如果我看中一家企业，我基本上会阅读这家企业过往十年以上的年报，直到心里对这家公司有所了解。阅读十年以上的年报到底意味着什么？阅读十年以上的年报光是字数差不多就有上百万字，一般的投资者把它阅读完最少要花一个月，甚至半年。所以投资可不是那么容易的一件事。

如果觉得这些年报信息还不够，可以登录雪球官网 https：//xueqiu.com/，在搜索框里输入股票名称或代码，查找相关资讯。

如果还想进一步了解公司情况，就要下载券商研报。有很多收费的券商研报，比如万德 Wind、同花顺 ifind、东方财富 choice、萝卜投研、芝士财富等。这里仅以东方财富免费研报举例。

登录东方财富网首页 https：//www.eastmoney.com/，在网站导航点击“研报”（图 3-5）。

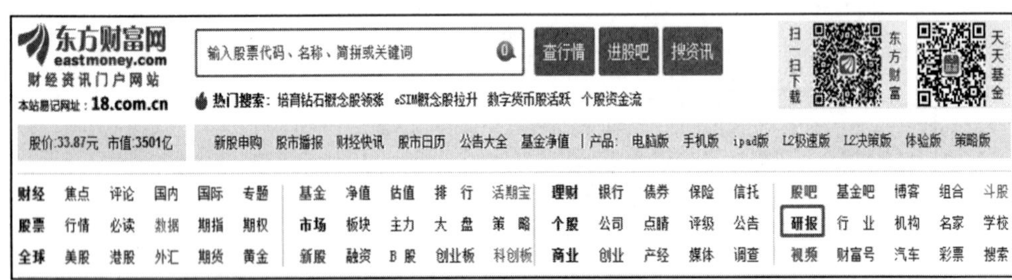


图3-5　东方财富网

在个股研报搜索输入洋河股份代码：002304（图 3-6）。

东方财富网 > 数据中心 > 研报中心　　个股研报搜索：002304 查询

研报中心　　行业研报：查看更多行业研报　　机构研报：查看更多机构研报

个股研报　　更多

最新研报　自选股研报

| 序号 | 股票代码 | 股票简称 | 相关 | 报告名称 | 东财评级 | 评级变动 | 机构 | 近一月个股研报数 | 2021盈利预测 |  | 2022盈利预测 |  | 行业 | 日期 |
|---|---|---|---|---|---|---|---|---|---|---|---|---|---|---|
|  |  |  |  |  |  |  |  |  | 收益 | 市盈率 | 收益 | 市盈率 |  |  |
| 1 | 002920 | 德赛西威 | 详细 股吧 | 2021年三季度业绩预告点评：业绩同比高增长 | 买入 | 维持 | 东吴证券 | 4 | 1.370 | 66.02 | 1.860 | 48.63 | 汽车行业 | 2021-10-15 |
| 2 | 300896 | 爱美客 | 详细 股吧 | 2021年三季报点评：业绩超预期，濡白天使上市销售、多款明星产品共促持续增长 | 买入 | 维持 | 光大证券 | 12 | 4.360 | 147.00 | 6.260 | 102.00 | 医疗行业 | 2021-10-15 |
| 3 | 002078 | 太阳纸业 | 详细 股吧 | 三季度基本面触底，四季度有望温和复苏 | 买入 | 维持 | 东方证券 | 5 | 1.180 |  | 1.270 |  | 造纸印刷 | 2021-10-15 |
| 4 | 601101 | 昊华能源 | 详细 股吧 | 价格弹性充分释放，业绩有望大幅增长 | 买入 | 维持 | 安信证券 | 1 | 2.580 | 4.10 | 2.790 | 3.80 | 煤炭行业 | 2021-10-15 |
| 5 | 002261 | 拓维信息 | 详细 股吧 | 业绩符合预期，拥抱鸿蒙开启新篇章 | 买入 | 维持 | 安信证券 | 1 | 0.140 | 65.30 | 0.190 | 46.40 | 软件服务 | 2021-10-15 |

点击查看全部>>

图3-6　个股研报

然后尽量找到些深度研究报告（图 3-7）。

东方财富网 > 数据中心 > 研究报告 > 个股研报　　个股研报搜索：输代码、名称或简拼 查询

洋河股份(002304)　最新价 184.24　涨跌 -1.81　涨跌幅 -0.97%　换手 0.49%　总手 6.14万手　金额 11.27亿　行情 股吧 数据

| 资金流向 | 千股千评 | 公告 | 个股日历 | 财务数据 | 核心题材 | 主力持仓 | 股东分析 | 股东户数 | 分红送配 |
|---|---|---|---|---|---|---|---|---|---|
| 龙虎榜单 | 大宗交易 | 沪深港通持股 | 融资融券 | 高管持股 | 股东大会 | 个股研报 | 股本结构 | 机构调研 | 限售解禁 |

研报明细　酿酒行业研报　酿酒行业盈利预测　　时间：两年内

| 序号 | 报告名称 | 东财评级 | 评级变动 | 作者 | 机构 | 日期 |
|---|---|---|---|---|---|---|
| 1 | 洋河酒业媒体交流座谈会内容点评：首提"四个主义"着眼长远，经营拐点初显 | 买入 | 维持 | 王言海 李啸 姚启璠 | 民生证券 | 2021-10-13 |
| 2 | 产品结构持续优化，改革效果逐步体现 | 增持 | 维持 | 万鑫 | 华鑫证券 | 2021-09-02 |
| 3 | 洋河股份：环比改善明显，前瞻指标优异 | 买入 | 维持 | 蔡雪昱 李鑫鑫 黄付生 | 太平洋 | 2021-09-01 |
| 4 | 延续调整，趋势向好 | 买入 | 维持 | 马晗 | 信达证券 | 2021-08-31 |
| 5 | 基本面持续向好，改革效果长期可期 | 增持 | 维持 | 赖婧瑜 | 华福证券 | 2021-08-31 |
| 6 | 收入业绩符合预期，调整期接近尾声 | 买入 | 维持 | 寇星 | 华西证券 | 2021-08-31 |
| 7 | 公司信息更新报告：战略调整成效显著，多品牌共同发力 | 增持 | 维持 | 张宇光 逄晓娟 | 开源证券 | 2021-08-31 |
| 8 | 利润超预期，基本面环比加速改善 | 买入 | 维持 | 刘宸倩 | 国金证券 | 2021-08-31 |
| 9 | 2021年半年报点评：产品换代取得成功，收入恢复较快增长 | 买入 | 维持 | 王杰 熊航 | 民生证券 | 2021-08-30 |
| 10 | 2021年半年度业绩点评：Q2业绩环比改善，改革调整稳步推进 | 买入 | 维持 | 魏红梅 | 东莞证券 | 2021-08-30 |
| 11 | 中报点评：多品牌战略初见成效，改革、激励并举开启"二次创业" | 买入 | 维持 | 花小伟 邓周贵 | 德邦证券 | 2021-08-30 |
| 12 | 收入连续四个季度加速增长，拐点持续验证 | 买入 | 维持 | 范劲松 房昭强 熊欣慰 | 中泰证券 | 2021-08-30 |
| 13 | 边际提速逐步验证，经营新周期可期 | 买入 | 维持 | 文献 姚启璠 | 华安证券 | 2021-08-30 |
| 14 | 业绩加速复苏，经营正循环建立 | 买入 | 维持 | 曹旭特 | 申港证券 | 2021-08-30 |
| 15 | 2021年中报点评："二次创业"，未来可期 | 买入 | 维持 | 何长天 | 东吴证券 | 2021-08-30 |
| 16 | 业绩符合预期，双沟全面发力 | 买入 | 维持 | 符蓉 杨传忻 | 国盛证券 | 2021-08-29 |
| 17 | 中报点评：业绩符合预期，拐点已现 | 买入 | 维持 | 孙山山 | 国海证券 | 2021-08-29 |
| 18 | 2021年半年报点评：业绩表现亮眼，经营向上趋势持续 | 买入 | 维持 | 叶倩瑜 陈彦彤 | 光大证券 | 2021-08-29 |
| 19 | 投资价值分析报告：改革见成效，蓄力再回归 | 买入 | 维持 | 叶倩瑜 陈彦彤 | 光大证券 | 2021-07-29 |

图3-7　研报明细

再如果资料仍然不够多，还可以看看公司的微信公众号。

通过阅读大量的信息、资料、产品、数据，投资者慢慢就会对一家上市公司有较为深刻的见解。关键问题是，你能否花那么多时间去阅读、理解呢？

## 3.2 如何看资产负债表

财务报表的世界里有三张报表，一张是资产负债表，一张是利润表，一张是现金流量表。

其中，资产负债表是反映企业在某一特定日期（如月末、季末、年末）全部资产、负债和所有者权益情况的会计报表，是企业经营活动的静态体现，根据“资产＝负债＋所有者权益”这一平衡公式，依照一定的分类标准和一定的次序，将某一特定日期的资产、负债、所有者权益的具体项目予以适当的排列编制而成。它表明企业在某一特定日期所拥有或控制的经济资源、所承担的现有义务和所有者对净资产的要求权。它是一张揭示企业在一定时点财务状况的静态报表。

简单来讲：资产负债表就是资产与负债、所有者权益之间的关系。

它的公式是：资产＝负债＋所有者权益。

那么，什么叫作所有者权益呢？所有者权益也称为股东权益，通俗来讲就是企业的净资产，也可以说成企业出资的“本金”。

我们先来看下资产负债表的样子（表 3-1）。

**表3-1　资产负债表**

单位：万元

| 资产 | 金额 | 负债和股东权益 | 金额 |
|---|---|---|---|
| 货币资金 | 95 | 短期借款 | 300 |
| 交易性金额资产 | 5 | 应付账款 | 400 |
| 应收账款 | 400 | 应付职工薪酬 | 25 |
| 预付款 | 50 | 应付利息 | 15 |
| 存货 | 400 | 合同负债 | 135 |
| 其他流动资产 | 50 | 流动负债合计 | 875 |
| 流动资产合计 | 1000 | 长期借款 | 600 |
| 可供出售金额资产 | 10 | 长期应付款 | 425 |
| 固定资产 | 1900 | 非流动负债合计 | 1025 |
| 其他非流动资产 | 90 | 负债合计 | 1900 |
| 非流动资产合计 | 2000 | 股本 | 500 |
|  |  | 未分配利润 | 600 |
|  |  | 股东权益合计 | 1100 |
| 资产总计 | 3000 | 负债和股东权益合计 | 3000 |

资产（3000）= 负债（1900）+ 股东权益（1100），记住：左边是资产，右边是负债跟股东权益。

资产里面有几个比较重要的科目：货币资金、应收账款、预付款、存货、固定资产。

什么是应收账款呢？举个简单的例子：一家饮料厂为了扩大自己的产品，找到一家便利店，先把货品让这家便利店拿去卖，由于这家饮料厂知名度不高，不能立刻“钱货两清”，这家便利店老板告诉饮料厂的老板，要先把产品卖出一大部分，才能把货款还清，于是便利店的老板写了一张“欠条”给这位饮料厂的老板。对饮料厂老板来说，这个“欠条”就称为应收账款。

预付款顾名思义，你向原材料商购买原材料，此时原材料供应偏紧，如果不提前打款预定，这批原材料有可能预定不到；或者你要定制某种机械设备，如果不能预交一部分定金，机械设备厂有可能也不会帮你定制这套设备；再或者房地产开发商购买土地，也要预交一部分土地价款。

负债里面有几个比较重要的科目：短期借款、长期借款、应付账款、预收款。

什么是应付账款呢？还是举上面的例子，还是那张“欠条”，对便利店老板来说，这个“欠条”就称为应付账款。

预收款顾名思义，由于你的产品供不应求，你的客户要想购买你的产品，如果不提前预交一部分定金，这笔货就会给其他客户抢先购买。

所以应收账款、应付账款，他们是同一个概念，只不过是身份不同，所处的位置不同，一个是“收钱”，一个是“欠钱”；同样预付款、预收款也是同一个概念，身份不同，位置不同，一个是提前打款，一个是提前收款。

我们以海天味业 2020 年年报为例，来看一下实际的资产负债表（表 3-2）。

**表3-2　海天味业2020年合并资产负债表**

单位:元　币种:人民币

| 项目 | 附注 | 2020 年 12 月 31 日 | 2019 年 12 月 31 日 |
|---|---|---|---|
| **流动资产：** | | | |
| 货币资金 | | 16,957,675,015.45 | 13,455,532,720.24 |
| 结算备付金 | | | |
| 拆出资金 | | | |
| 交易性金融资产 | | 5,054,735,186.75 | 4,878,142,342.48 |
| 衍生金融资产 | | | |
| 应收票据 | | | |
| 应收账款 | | 41,492,650.30 | 2,463,315.07 |
| 应收款项融资 | | | |
| 预付款项 | | 15,623,255.46 | 18,577,720.22 |
| 应收保费 | | | |
| 应收分保账款 | | | |
| 应收分保合同准备金 | | | |

续表

| 项目 | 附注 | 2020 年 12 月 31 日 | 2019 年 12 月 31 日 |
|---|---|---|---|
| 其他应收款 | | 11,185,829.20 | 89,751,214.54 |
| 其中：应收利息 | | | 78,920,578.58 |
| 应收股利 | | | |
| 买入返售金融资产 | | | |
| 存货 | | 2,099,920,921.86 | 1,802,760,746.44 |
| 合同资产 | | | |
| 持有待售资产 | | | |
| 一年内到期的非流动资产 | | | |
| 其他流动资产 | | 19,503,828.31 | 22,139,073.03 |
| 流动资产合计 | | 24,200,136,687.33 | 20,269,367,132.02 |
| **非流动资产：** | | | |
| 发放贷款和垫款 | | | |
| 债权投资 | | | |
| 其他债权投资 | | | |
| 长期应收款 | | | |
| 长期股权投资 | | | |
| 其他权益工具投资 | | | |
| 其他非流动金融资产 | | 100,000.00 | 100,000.00 |
| 投资性房地产 | | 4,912,608.29 | 5,424,533.82 |
| 固定资产 | | 3,913,914,242.44 | 3,448,256,519.87 |
| 在建工程 | | 368,803,829.98 | 493,515,429.53 |
| 生产性生物资产 | | | |
| 油气资产 | | | |
| 使用权资产 | | | |
| 无形资产 | | 385,298,787.75 | 138,370,580.99 |
| 开发支出 | | | |
| 商誉 | | 30,578,355.42 | 15,090,466.13 |
| 长期待摊费用 | | 4,550,870.63 | 87,059.73 |
| 递延所得税资产 | | 625,324,656.82 | 383,676,376.59 |
| 其他非流动资产 | | | |
| 非流动资产合计 | | 5,333,483,351.33 | 4,484,520,966.66 |
| 资产总计 | | 29,533,620,038.66 | 24,753,888,098.68 |
| **流动负债：** | | | |
| 短期借款 | | 92,600,000.00 | 19,600,000.00 |
| 向中央银行借款 | | | |
| 拆入资金 | | | |
| 交易性金融负债 | | | |
| 衍生金融负债 | | | |
| 应付票据 | | 413,368,683.31 | 397,525,371.80 |
| 应付账款 | | 1,001,363,367.54 | 900,946,325.38 |
| 预收款项 | | | 4,097,996,215.03 |
| 合同负债 | | 4,451,535,500.47 | |
| 卖出回购金融资产款 | | | |
| 吸收存款及同业存放 | | | |
| 代理买卖证券款 | | | |
| 代理承销证券款 | | | |

续表

| 项目 | 附注 | 2020 年 12 月 31 日 | 2019 年 12 月 31 日 |
|---|---|---|---|
| 代理承销证券款 | | | |
| 应付职工薪酬 | | 828,424,042.65 | 700,536,530.75 |
| 应交税费 | | 716,772,010.27 | 645,119,763.32 |
| 其他应付款 | | 1,239,133,371.41 | 1,216,716,912.76 |
| 其中：应付利息 | | | |
| 应付股利 | | | |
| 应付手续费及佣金 | | | |
| 应付分保账款 | | | |
| 持有待售负债 | | | |
| 一年内到期的非流动负债 | | | |
| 其他流动负债 | | 337,145,880.46 | |
| 流动负债合计 | | 9,080,342,856.11 | 7,978,441,119.04 |
| **非流动负债：** | | | |
| 保险合同准备金 | | | |
| 长期借款 | | | |
| 应付债券 | | | |
| 其中：优先股 | | | |
| 永续债 | | | |
| 租赁负债 | | | |
| 长期应付款 | | | |
| 长期应付职工薪酬 | | | |
| 预计负债 | | | |
| 递延收益 | | 270,361,510.27 | 177,740,197.81 |
| 递延所得税负债 | | 16,881,127.32 | |
| 其他非流动负债 | | | |
| 非流动负债合计 | | 287,242,637.59 | 177,740,197.81 |
| 负债合计 | | 9,367,585,493.70 | 8,156,181,316.85 |
| **所有者权益（或股东权益）：** | | | |
| 实收资本（或股本） | | 3,240,443,208.00 | 2,700,369,340.00 |
| 其他权益工具 | | | |
| 其中：优先股 | | | |
| 永续债 | | | |
| 资本公积 | | 790,587,443.39 | 1,330,661,311.39 |
| 减：库存股 | | | |
| 其他综合收益 | | | |
| 专项储备 | | | |
| 盈余公积 | | 1,638,797,219.90 | 1,368,760,285.90 |
| 一般风险准备 | | | |
| 未分配利润 | | 14,398,588,292.06 | 11,182,164,121.35 |
| 归属于母公司所有者权益（或股东权益）合计 | | 20,068,416,163.35 | 16,581,955,058.64 |
| 少数股东权益 | | 97,618,381.61 | 15,751,723.19 |
| 所有者权益（或股东权益）合计 | | 20,166,034,544.96 | 16,597,706,781.83 |
| 负债和所有者权益（或股东权益）总计 | | 29,533,620,038.66 | 24,753,888,098.68 |

看完这样一张资产负债表，你会感到头疼吗？这张资产负债表是非常简单清晰的了，还有更为复杂的资产负债表，以中国平安2020年年报为例（表3-3）。

**表3-3　中国平安2020年合并资产负债表**

# 合并资产负债表

2020年12月31日

（除特别注明外，金额单位为人民币百万元）

| | 附注八 | 2020年12月31日 | 2019年12月31日 |
|---|---|---|---|
| **资产** | | | |
| 货币资金 | 1 | **526,301** | 449,909 |
| 结算备付金 | 2 | **10,959** | 6,203 |
| 拆出资金 | 3 | **70,996** | 79,569 |
| 买入返售金融资产 | 4 | **122,765** | 96,457 |
| 应收保费 | 5 | **94,003** | 82,416 |
| 应收账款 | | **26,176** | 28,579 |
| 应收分保账款 | 6 | **11,840** | 11,495 |
| 衍生金融资产 | 7 | **37,661** | 18,957 |
| 应收分保合同准备金 | 8 | **20,219** | 17,703 |
| 保户质押贷款 | 9 | **161,381** | 139,326 |
| 长期应收款 | 10 | **202,050** | 183,957 |
| 发放贷款及垫款 | 11 | **2,599,510** | 2,240,396 |
| 定期存款 | 12 | **253,518** | 216,810 |
| 金融投资： | | | |
| 以公允价值计量且其变动计入当期损益的金融资产 | 13 | **1,231,331** | 961,073 |
| 债权投资 | 14 | **2,624,848** | 2,281,225 |
| 其他债权投资 | 15 | **511,386** | 458,165 |
| 长期股权投资 | 17 | **267,819** | 204,135 |
| 商誉 | 18 | **23,031** | 20,927 |
| 存出资本保证金 | 19 | **12,561** | 12,501 |
| 投资性房地产 | 20 | **57,154** | 54,467 |
| 固定资产 | 21 | **41,849** | 42,650 |
| 无形资产 | 22 | **27,490** | 27,787 |
| 使用权资产 | 23 | **16,172** | 16,553 |
| 递延所得税资产 | 24 | **61,901** | 50,301 |
| 其他资产 | 25 | **184,489** | 193,052 |
| 独立账户资产 | 26 | **53,059** | 46,131 |
| **资产总计** | | **9,527,870** | 8,222,929 |

续表

| 负债及股东权益 | | | |
|---|---|---|---|
| **负债** | | | |
| 短期借款 | 28 | **134,753** | 112,285 |
| 向中央银行借款 | | **124,587** | 113,331 |
| 银行同业及其他金融机构存放款项 | 29 | **453,677** | 355,051 |
| 拆入资金 | 30 | **41,334** | 26,271 |
| 以公允价值计量且其变动计入当期损益的金融负债 | | **37,217** | 39,458 |
| 衍生金融负债 | 7 | **48,579** | 24,527 |
| 卖出回购金融资产款 | 31 | **276,602** | 176,523 |
| 代理买卖证券款 | 32 | **59,472** | 38,645 |
| 应付账款 | | **5,148** | 4,821 |
| 预收保费 | 33 | **48,442** | 42,473 |
| 应付手续费及佣金 | | **10,001** | 11,038 |
| 应付分保账款 | 34 | **15,991** | 14,012 |
| 应付职工薪酬 | 35 | **43,495** | 39,717 |
| 应交税费 | 36 | **26,060** | 20,841 |
| 应付赔付款 | 37 | **65,094** | 58,732 |
| 应付保单红利 | 38 | **63,806** | 59,082 |
| 吸收存款 | 39 | **2,634,361** | 2,393,068 |
| 保户储金及投资款 | 40 | **768,975** | 701,635 |
| 保险合同准备金 | 41 | **2,218,007** | 1,921,907 |
| 长期借款 | 42 | **205,824** | 217,087 |
| 应付债券 | 43 | **901,285** | 699,631 |
| 租赁负债 | 23 | **15,620** | 15,986 |
| 递延所得税负债 | 24 | **19,267** | 22,282 |
| 其他负债 | 44 | **269,309** | 216,025 |
| 独立账户负债 | 26 | **53,059** | 46,131 |
| **负债合计** | | **8,539,965** | 7,370,559 |
| **股东权益** | | | |
| 股本 | 45 | **18,280** | 18,280 |
| 资本公积 | 46 | **134,474** | 128,651 |
| 减：库存股 | 47 | **(5,995)** | (5,001) |
| 其他综合收益 | 70 | **(6,829)** | 13,459 |
| 盈余公积 | 48 | **12,164** | 12,164 |
| 一般风险准备 | 49 | **88,789** | 71,964 |
| 未分配利润 | 50 | **521,677** | 433,644 |
| **归属于母公司股东权益合计** | | **762,560** | 673,161 |
| 少数股东权益 | 51 | **225,345** | 179,209 |
| **股东权益合计** | | **987,905** | 852,370 |
| **负债和股东权益总计** | | **9,527,870** | 8,222,929 |

下面，我们以海天味业为例，来详细解读资产负债表。

### 3.2.1 资产

流动资产：流动资产（Current Assets）是指企业可以在一年或者超过一年的一个营业周期内变现或者运用的资产，是企业资产中必不可少的组成部分。从上面的资产负债表就可以看出公司的流动资产有：货币资金、交易性金融资产、应收账款、预付款项、存货等。海天味业的流动资产 242 亿，公司总资产 295 亿，流动资产占总资产 82%（=242/295）。

（1）货币资金：2020 年海天味业货币资金接近 170 亿，公司总资产 295 亿，那么公司账上现金占总资产比例为 58%（=170/295）。

（2）交易性金融资产：2020 年海天味业交易性金融资产 50 亿左右，公司总资产 295 亿，交易性金融资产占总资产 17%（=50/295）。

那么，什么是交易性金融资产呢？交易性金融资产是指企业以赚差价为目的持有，准备近期内出售而持有的债券投资、股票投资和基金投资。

在本例中，海天味业的交易性金融资产是债券？股票？还是基金？为了找到答案，我们打开海天味业 2020 年公司年报，以“交易性金融资产”为关键词进行搜索。在第 113 页我们看到交易性金融资产主要是以公允价值计量且其变动计入当期损益的金融资产（表 3-4）。

表3-4 交易性金融资产

**2、 交易性金融资产**

√适用 □不适用

单位：元 币种：人民币

| 项目 | 期末余额 | 期初余额 |
|---|---|---|
| 以公允价值计量且其变动计入当期损益的金融资产 | 5,054,735,186.75 | 4,878,142,342.48 |
| 其中： | | |
| 债务工具投资 | 5,054,735,186.75 | 4,878,142,342.48 |
| 合计 | 5,054,735,186.75 | 4,878,142,342.48 |

其他说明：

□适用 √不适用

**3、 衍生金融资产**

□适用 √不适用

“以公允价值计量且其变动计入当期损益的金融资产”，这句话如果不太明白，不要紧，我们暂时先跳过，继续查找。在第 162 页，我们找到关于交易性金融资产为一年期保本浮动收益的银行理财产品（图 3-8）。

**3、 持续和非持续第二层次公允价值计量项目，采用的估值技术和重要参数的定性及定量信息**

√适用 □不适用

本集团持有的交易性金融资产为一年期保本浮动收益的银行理财产品，其公允价值是采用约定的预期收益率计算的未来现金流量折现的方法来确定。

本集团持有的其他非流动金融资产的公允价值与账面成本之间无重大差异。

图3-8　交易性金融资产的解释

那我们就能了解到，以公允价值计量且其变动计入当期损益的金融资产，是公司年初买了银行一年期保本浮动收益的理财产品，购买金额为 48.8 亿，到了年底这个理财产品涨了，变成 50.5 亿，公司持有这一年保本浮动收益的理财产品，收益 1.7（=50.5−48.8）亿，年化收益率为 3.4%（=1.7/48.8），这份保本浮动收益的理财产品年化收益率不高。

（3）应收账款：2020 年公司应收账款 0.41 亿，公司总资产 295 亿，那么应收账款占总资产 0.1%（0.41/295），应收账款占总资产非常少，基本可以说成一手交钱一手交货，这是公司竞争力的体现。

为什么应收账款少是一种竞争力的体现呢？在真实的商业场景中，很少有一手交钱一手交货、立刻结款的，做过实业的读者应该能够体会到。假如你是水泥供应商，有个建筑企业找到你，要你提供水泥，前提是这批水泥货款一年后结款；假如你是装修公司，有个房地产开发商找你，整个楼盘让你装修，前提是装修款一年后才可以慢慢结款等，这样的例子非常多。所以如果有家企业没有应收账款，那么这家企业也是我们重点研究的对象。

那么这笔应收账款是怎么来的呢？我们在年报里搜索“应收账款”：在 19 页里我们看到本期增加的应收账款主要是新收购的合肥燕庄产生的应收账款（表 3-5）。

表3-5　应收账款

| 项目名称 | 本期期末数 | 本期期末数占总资产的比例（%） | 上期期末数 | 上期期末数占总资产的比例（%） | 本期期末金额较上期期末变动比例（%） | 情况说明 |
|---|---|---|---|---|---|---|
| 应收帐款 | 41,492,650.30 | 0.14 | 2,463,315.07 | 0.01 | 1,584.42 | 主要是本期对新收购的合肥燕庄应收账款并入所致 |

如果要继续研究应收账款，在年报 114 页（表 3-6），我们就可以看到这些应收账款账龄都是在 1 年以内，1 年以上都没有，1 年以上没有，有两种原因：一是没有客户欠款，二是如果有客户欠款公司会把坏账核销、清零。

对于应收账款的坏账公司怎么计提呢？从表 3-7 就可以看出账面余额 0.43 亿，计提了坏账准备 0.02 亿，最后账面价值变成 0.41 亿，计提了 3.89%。

表3-6　应收账款账龄

**5、 应收账款**

**(1). 按账龄披露**

√适用 □不适用

单位：元　币种：人民币

| 账龄 | 期末账面余额 |
|---|---|
| 1年以内 | |
| 其中：1年以内分项 | |
| 1年以内小计 | 43,173,490.38 |
| 1至2年 | |
| 2至3年 | |
| 3年以上 | |
| 3至4年 | |
| 4至5年 | |
| 5年以上 | |
| 合计 | 43,173,490.38 |

表3-7　坏账计提

**(2). 按坏账计提方法分类披露**

√适用 □不适用

单位：元　币种：人民币

| 类别 | 期末余额 | | | | | 期初余额 | | | | |
|---|---|---|---|---|---|---|---|---|---|---|
| | 账面余额 | | 坏账准备 | | 账面价值 | 账面余额 | | 坏账准备 | | 账面价值 |
| | 金额 | 比例(%) | 金额 | 计提比例(%) | | 金额 | 比例(%) | 金额 | 计提比例(%) | |
| 按单项计提坏账准备 | | | | | | | | | | |
| 其中： | | | | | | | | | | |
| 按组合计提坏账准备 | 43,173,490.38 | 100.00 | 1,680,840.08 | 3.89 | 41,492,650.30 | 2,463,315.07 | 100.00 | | | 2,463,315.07 |
| 其中： | | | | | | | | | | |
| 组合1 | 26,299,565.05 | 60.92 | 1,490,648.74 | 5 | 24,808,916.31 | 2,463,315.07 | | | | 2,463,315.07 |
| 组合2 | 16,873,925.33 | 39.08 | 190,191.34 | 1 | 16,683,733.99 | | | | | - |
| 合计 | 43,173,490.38 | / | 1,680,840.08 | / | 41,492,650.30 | 2,463,315.07 | / | | / | 2,463,315.07 |

（4）预付款项：2020年公司预付款项0.16亿，公司总资产295亿，那么预付款项占总资产0.05%（=0.16/295）。预付款项占总资产非常少，公司购买原材料不用提前打款，表明市场上的原材料供应充足。由于购买原材料不用提前打款，公司的资金也不会被上游供应商占用，表明公司在上游供应商有着较强的话语权。

（5）其他应收款：2020年公司其他应收款款项0.11亿，公司总资产295亿，那么其他应收款项占总资产0.04%（=0.11/295），其他应收款占总资产非常少，可以忽略不计。

其他应收款有两个子菜单（表3-8）：一是应收利息，二是应收股利。今年其他应收款大幅减少主要是本期应收利息大幅减少所致。

**表3-8　其他应收款**

| 其他应收款 | 11,185,829.20 | 0.04 | 89,751,214.54 | 0.36 | -87.54 | 主要是本期应收利息减少所致 |
|---|---|---|---|---|---|---|

**8、 其他应收款**

**项目列示**

√适用 □不适用

单位：元　币种：人民币

| 项目 | 期末余额 | 期初余额 |
|---|---|---|
| 应收利息 | | 78,920,578.58 |
| 应收股利 | | |
| 其他应收款 | 11,185,829.20 | 10,830,635.96 |
| 合计 | 11,185,829.20 | 89,751,214.54 |

公司应收利息主要是来于公司的定期存款（表 3-9）。

**表3-9　应收利息**

**应收利息**

**(1). 应收利息分类**

√适用 □不适用

单位：元　币种：人民币

| 项目 | 期末余额 | 期初余额 |
|---|---|---|
| 定期存款 | | 78,920,578.58 |
| 委托贷款 | | |
| 债券投资 | | |
| 合计 | | 78,920,578.58 |

那么剩下的其他应收款是什么呢？还是继续点“查找”，从表 3-10 就可以看出其他应收款包含：出口退税 560 万、保证金 400 万、第三方支付平台 50 万、员工备用金 28 万、其他 87 万。

**表3-10　其他应收款分类**

**(2). 按款项性质分类情况**

√适用 □不适用

单位：元　币种：人民币

| 款项性质 | 期末账面余额 | 期初账面余额 |
|---|---|---|
| 出口退税 | 5,592,203.81 | 4,086,511.97 |
| 保证金 | 3,948,972.86 | 3,478,664.04 |
| 第三方支付平台 | 492,458.80 | 2,928,225.36 |
| 员工备用金 | 278,600.00 | 179,500.00 |
| 其他 | 873,593.73 | 157,734.59 |
| 合计 | 11,185,829.20 | 10,830,635.96 |

（6）存货：2020 年公司存货 21 亿，公司总资产 295 亿，那么存货占总资产 7.1%（=21/295），存货占总资产比例不高。

存货在会计科目里，包含了什么？

存货在会计科目包括：在途物资、原材料、材料成本差异、库存商品、发出商品、商品进销差价、委托加工物资、周转材料企业的包装物、低值易耗品。

现在我们也来看看公司 2020 年的存货到底是包含了哪几个？点“查找”输入“存货”在第 120 页找到存货分类（表 3–11）：公司的存货包含了原材料、在产品、产成品、包装物、低值易耗品。从存货明细里我们看到公司 2020 年的产成品（5.3 亿）较 2019 年（7.5 亿）大幅下降，在产品（10 亿）较去年（4.7 亿）大幅上升，表明公司产成品库存较小，正赶紧补库存。

**表3–11　存货分类**

**9、 存货**

**(1). 存货分类**

√适用 □不适用

单位：元　币种：人民币

| 项目 | 期末余额 | | | 期初余额 | | |
|---|---|---|---|---|---|---|
| | 账面余额 | 存货跌价准备/合同履约成本减值准备 | 账面价值 | 账面余额 | 存货跌价准备/合同履约成本减值准备 | 账面价值 |
| 原材料 | 482, 912, 094. 85 | | 482, 912, 094. 85 | 524, 609, 457. 02 | | 524, 609, 457. 02 |
| 在产品 | 1, 020, 321, 502. 03 | | 1, 020, 321, 502. 03 | 473, 467, 399. 33 | | 473, 467, 399. 33 |
| 产成品 | 532, 559, 783. 77 | | 532, 559, 783. 77 | 747, 029, 709. 12 | | 747, 029, 709. 12 |
| 包装物 | 41, 225, 367. 20 | | 41, 225, 367. 20 | 34, 139, 016. 98 | | 34, 139, 016. 98 |
| 低值易耗品 | 22, 902, 174. 01 | | 22, 902, 174. 01 | 23, 515, 163. 99 | | 23, 515, 163. 99 |
| 合计 | 2, 099, 920, 921. 86 | | 2, 099, 920, 921. 86 | 1, 802, 760, 746. 44 | | 1, 802, 760, 746. 44 |

（7）其他流动资产：2020 年公司其他流动资产 0.19 亿，公司总资产 295 亿，那么其他流动资产占总资产 0.06%（=0.19/295），其他流动资产占总资产非常低。

这个其他流动资产又是什么呢？还是点“查找”这个菜单，输入“其他流动资产”，搜索到第 120 页，我们就可以看到这个其他流动资产主要是可抵扣进项税（表 3–12）。

**表3–12　其他流动资产**

**13、 其他流动资产**

√适用 □不适用

单位：元　币种：人民币

| 项目 | 期末余额 | 期初余额 |
|---|---|---|
| 合同取得成本 | | |
| 应收退货成本 | | |
| 可抵扣进项税 | 18, 734, 686. 44 | 11, 900, 149. 49 |
| 预付保险费 | | 10, 000, 000. 00 |
| 预缴税费 | | 238, 923. 54 |
| 其他 | 769, 141. 87 | |
| 合计 | 19, 503, 828. 31 | 22, 139, 073. 03 |

非流动资产：非流动性资产是指不能在 1 年或者超过 1 年的一个营业周期内变现或者耗用的资产。非流动资产是指流动资产以外的资产，主要包括持有到期投资、长期应收款、长期股权投资、工程物资、投资性房地产、固定资产、在建工程、无形资产、长期待摊费用、可供出售金融资产等。

公司的非流动资产 53 亿，公司总资产 295 亿，非流动资产占总资产 18%（=53/295）。

（1）其他非流动金融资产：这个其他非流动金融资产只有 10 万，几乎可以忽略不计（表 3–13）。

那么什么叫作其他非流动金融资产？我们前面讲过，交易性金融资产是指企业以赚差价为目的持有，准备近期内出售而持有的债券投资、股票投资和基金投资，如以赚取差价为目的从二级市场购买的股票、债券、基金等，通常情况下是指一年内准备卖出的金融产品。而其他非流动金融资产是指持有一年以上的金融产品。

**表3–13　其他非流动金融资产**

**19、 其他非流动金融资产**

√适用 □不适用

单位：元　币种：人民币

| 项目 | 期末余额 | 期初余额 |
|---|---|---|
| 以公允价值计量且其变动计入当期损益的金融资产 | 100,000.00 | 100,000.00 |
| 其中：权益工具投资 | 100,000.00 | 100,000.00 |
| 合计 | 100,000.00 | 100,000.00 |

（2）投资性房地产：投资性房地产，是指为赚取租金或资本增值（房地产买卖的差价），或两者兼有而持有的房地产。投资性房地产应当能够单独计量和出售。投资性房地产主要包括：已出租的土地使用权、持有并准备增值后转让的土地使用权和已出租的建筑物。

2020 年公司投资性房地产 490 万，总资产 295 亿，那么投资性房地产占总资产 0.016%（=0.049/295），投资性房地产占总资产比例非常低，几乎可以忽略不计。

（3）固定资产：在财务报表的世界里，固定资产是指企业为生产产品、提供劳务、出租或者经营管理而持有的、使用时间超过 12 个月的，价值达到一定标准的非货币性资产，包括房屋、建筑物、机器、机械、运输工具以及其他与生产经营活动有关的设备、器具、工具等。固定资产是企业的劳动手段，也是企业赖以生产经营的主要资产。

2020 年公司固定资产 39 亿，总资产 295 亿，那么固定资产占总资产 13%（=39/295），固定资产占总资产比例不高，表明公司属于轻资产。

那么公司的固定资产包含了哪些呢？公司的固定资产有：房屋及建筑物、机器设备、运输工具、办公设备及其他（表 3–14）。其中机器设备期末账面价值 24.8 亿占固定资产 64%（=24.8/39），也就是说固定资产里，机器设备占了大多数。

表3-14　固定资产

固定资产

(1). 固定资产情况

√适用 □不适用

单位：元　币种：人民币

| 项目 | 房屋及建筑物 | 机器设备 | 运输工具 | 办公设备及其他 | 合计 |
|---|---|---|---|---|---|
| 一、账面原值： | | | | | |
| 1. 期初余额 | 1,919,055,212.95 | 4,070,078,269.22 | 5,151,331.59 | 26,647,950.91 | 6,020,932,764.67 |
| 2. 本期增加金额 | 209,717,464.10 | 835,663,384.59 | 1,422,890.27 | 3,942,793.55 | 1,050,746,532.51 |
| （1）购置 | 109,332.35 | 1,931,859.77 | 740,646.02 | 1,055,744.89 | 3,837,583.03 |
| （2）在建工程转入 | 72,501,210.75 | 808,047,284.82 | 65,044.25 | 226,118.66 | 880,839,658.48 |
| （3）企业合并增加 | 137,106,921.00 | 25,684,240.00 | 617,200.00 | 2,660,930.00 | 166,069,291.00 |
| 3. 本期减少金额 | 852,761.66 | 61,781,875.56 | 38,750.00 | 21,800,034.75 | 84,473,421.97 |
| （1）处置或报废 | 852,761.66 | 61,781,875.56 | 38,750.00 | 21,800,034.75 | 84,473,421.97 |
| 4. 期末余额 | 2,127,919,915.39 | 4,843,959,778.25 | 6,535,471.86 | 8,790,709.71 | 6,987,205,875.21 |
| 二、累计折旧 | | | | | |
| 1. 期初余额 | 595,307,614.55 | 1,951,514,372.36 | 3,778,448.94 | 22,075,808.95 | 2,572,676,244.80 |
| 2. 本期增加金额 | 100,390,576.53 | 461,866,655.24 | 1,052,302.61 | 1,906,226.31 | 565,215,760.69 |
| （1）计提 | 100,390,576.53 | 461,866,655.24 | 1,052,302.61 | 1,906,226.31 | 565,215,760.69 |
| 3. 本期减少金额 | 581,403.40 | 44,504,707.43 | 34,875.00 | 19,479,386.89 | 64,600,372.72 |
| （1）处置或报废 | 581,403.40 | 44,504,707.43 | 34,875.00 | 19,479,386.89 | 64,600,372.72 |
| 4. 期末余额 | 695,116,787.68 | 2,368,876,320.17 | 4,795,876.55 | 4,502,648.37 | 3,073,291,632.77 |
| 三、减值准备 | | | | | |
| 1. 期初余额 | | | | | |
| 2. 本期增加金额 | | | | | |
| （1）计提 | | | | | |
| 3. 本期减少金额 | | | | | |
| （1）处置或报废 | | | | | |
| 4. 期末余额 | | | | | |
| 四、账面价值 | | | | | |
| 1. 期末账面价值 | 1,432,803,127.71 | 2,475,083,458.08 | 1,739,595.31 | 4,288,061.34 | 3,913,914,242.44 |
| 2. 期初账面价值 | 1,323,747,598.40 | 2,118,563,896.86 | 1,372,882.65 | 4,572,141.96 | 3,448,256,519.87 |

（4）在建工程：在建工程是指正在建设尚未竣工投入使用的建设项目。

在建工程科目一般在公司建造办公楼、厂房、需要安装的机器设备时所用，也就是说在固定资产完成以前需要经过一段时间的建造安装，等所建项目达到预可使用状态后再转入固定资产。

2020 年公司在建工程 3.7 亿，总资产 295 亿，在建工程占总资产 1.3%（=3.7/295），表明公司当年资本支出非常少。

那么，公司的在建工程又包含哪些呢？

我们继续使用“查找”功能，搜索“在建工程”，找到第 126 页（表 3-15）：

有高明海天调味品产能扩建项目、高明海天调味品产能扩建二期项目、江苏海天调味品产能扩建项目、江苏海天调味品产能配套项目、江苏海天研发综合楼项目、其他工程。其中高明海天调味品产能扩建二期项 2020 年正式启动，1.3 亿占在建工程的 35%；高明海天调味品产能扩建项目一期 2019 年 1.72 亿，2020 年 0.93 亿，一年时间已经完成了一半左右，所以才有了公司产能扩建二期项目。

（5）无形资产：无形资产有一个严格的定义专指专利权、商标权、版权、专营权、商誉、土地使用权、专有技术等类似的资产。

**表3-15　在建工程**

**在建工程**

**(1). 在建工程情况**

√适用 □不适用

单位：元　币种：人民币

| 项目 | 期末余额 | | | 期初余额 | | |
|---|---|---|---|---|---|---|
| | 账面余额 | 减值准备 | 账面价值 | 账面余额 | 减值准备 | 账面价值 |
| 高明海天调味品产能扩建项目 | 93,497,086.30 | | 93,497,086.30 | 172,059,841.54 | | 172,059,841.54 |
| 高明海天酱油扩建工程 | - | | - | 32,102,540.35 | | 32,102,540.35 |
| 高明海天酿造设备升级工程 | - | | - | 3,686,073.84 | | 3,686,073.84 |
| 高明海天酱油工艺优化工程 | 137,289.10 | | 137,289.10 | 101,755,208.49 | | 101,755,208.49 |
| 高明海天行政大楼项目 | - | | - | 5,335,559.06 | | 5,335,559.06 |
| 高明海天调味品产能扩建二期项目 | 132,677,788.41 | | 132,677,788.41 | - | | - |
| 江苏海天调味品产能扩建项目 | 1,067,240.78 | | 1,067,240.78 | 79,949,056.74 | | 79,949,056.74 |
| 江苏海天调味品产能配套项目 | 25,080,889.63 | | 25,080,889.63 | 12,463,686.57 | | 12,463,686.57 |
| 江苏海天研发综合楼项目 | 17,598,989.86 | | 17,598,989.86 | 11,978,404.25 | | 11,978,404.25 |
| 其他工程 | 98,744,545.90 | | 98,744,545.90 | 74,185,058.69 | | 74,185,058.69 |
| 合计 | 368,803,829.98 | | 368,803,829.98 | 493,515,429.53 | | 493,515,429.53 |

它具备无实物形态和长期性两个基本特性并表现为以下三个具体特征：一是，其未来收益具有高度的不确定性；二是，由于竞争环境的影响，其价值易于波动；三是，其是否有价值只针对某一特定企业而言。根据不同标准可对无形资产作不同的分类。从存在形式，可分为可辨认无形资产与不可辨认无形资产。前者是可以脱离企业单独辨认的，如专利权、版权、商标权、专营权等；后者是由不可脱离企业单独辨认和计价的因素所形成的，典型的就是商誉。

2020 年公司无形资产 3.85 亿，总资产 295 亿，无形资产占总资产 1.3%（=3.85/295），无形资产占总资产非常少。

公司的无形资产又是什么呢？我们还是继续使用“查找”功能，搜索“无形资产”，找到第 19 页（表 3-16），2020 年新增的无形资产主要是南宁海天新购土地款及收购合肥燕庄无形资产所致。

**表3-16　无形资产**

| | | | | | | |
|---|---|---|---|---|---|---|
| 无形资产 | 385,298,787.75 | 1.30 | 138,370,580.99 | 0.56 | 178.45 | 主要是本期南宁海天新购土地确认为无形资产及对新收购的合肥燕庄无形资产并入所致 |

那么公司完整的无形资产又是由什么构成的呢？在第 129 页（表 3-17），我们就可以看到土地使用权期末账面价值为 3.64 亿，占无形资产 95%（=3.64/3.85），也就是说，公司的无形资产基本是土地使用权。

**表3-17　无形资产项目**

**26、无形资产**

**(1). 无形资产情况**

√适用 □不适用

单位：元　币种：人民币

| 项目 | 土地使用权 | 专利权 | 非专利技术 | ERP 系统 | 其他计算机软件 | 商标及其他 | 合计 |
|---|---|---|---|---|---|---|---|
| 一、账面原值 | | | | | | | |
| 1. 期初余额 | 171,917,033.60 | | | 15,577,723.00 | 4,216,052.48 | 9,439,935.04 | 201,150,744.12 |
| 2. 本期增加金额 | 236,149,752.05 | | | | 165,468.18 | 20,767,430.00 | 257,082,650.23 |
| (1) 购置 | 174,600,999.05 | | | | 115,427.16 | | 174,716,426.21 |
| (2) 内部研发 | | | | | | | |
| (3) 企业合并增加 | 61,548,753.00 | | | | 50,041.02 | 20,767,430.00 | 82,366,224.02 |
| 3. 本期减少金额 | | | | | | | |
| (1) 处置 | | | | | | | |
| 4. 期末余额 | 408,066,785.65 | | | 15,577,723.00 | 4,381,520.66 | 30,207,365.04 | 458,233,394.35 |
| 二、累计摊销 | | | | | | | |
| 1. 期初余额 | 34,907,039.05 | | | 15,411,685.26 | 3,483,100.68 | 8,978,338.14 | 62,780,163.13 |
| 2. 本期增加金额 | 9,270,311.25 | | | 166,037.74 | 482,478.43 | 235,616.05 | 10,154,443.47 |
| (1) 计提 | 9,270,311.25 | | | 166,037.74 | 482,478.43 | 235,616.05 | 10,154,443.47 |
| 3. 本期减少金额 | | | | | | | |
| (1) 处置 | | | | | | | |
| 4. 期末余额 | 44,177,350.30 | | | 15,577,723.00 | 3,965,579.11 | 9,213,954.19 | 72,934,606.60 |
| 三、减值准备 | | | | | | | |
| 1. 期初余额 | | | | | | | |
| 2. 本期增加金额 | | | | | | | |
| (1) 计提 | | | | | | | |
| 3. 本期减少金额 | | | | | | | |
| (1) 处置 | | | | | | | |
| 4. 期末余额 | | | | | | | |
| 四、账面价值 | | | | | | | |
| 1. 期末账面价值 | 363,889,435.35 | | | - | 415,941.55 | 20,993,410.85 | 385,298,787.75 |
| 2. 期初账面价值 | 137,009,994.55 | | | 166,037.74 | 732,951.80 | 461,596.90 | 138,370,580.99 |

（6）商誉：商誉是指能在未来期间为企业经营带来超额利润的潜在经济价值，或一家企业预期的获利能力超过可辨认资产正常获利能力的资本化价值。商誉是企业整体价值的组成部分。在企业合并时，它是购买企业投资成本超过被并企业净资产公允价值的差额。

商誉是不可确认指的是无形资产，其特点是：第一，没有实物形态。第二，商誉融入企业整体，因而它不能单独存在，也不能与企业其他各种可辨认资产分开来单独出售。第三，有助于形成商誉的个别因素，难以用一定的方法或公式进行单独的计价。商誉的价值，只有在把企业作为一个整体来看待时才能按总额加以确定。第四，在企业合并时，可确认商誉的实际价值，但它与建立商誉过程中所发生的成本没有直接的联系。商誉的存在，未必一定有为建立它而发生的各种成本。

通俗来讲，商誉就是购买企业成本与企业净资产的差额。举个例子，一家企业净资产 10 亿，全部把这家企业收购过来 25 亿，中间差额 15 亿，这个差额就叫作商誉。

2020 年公司商誉 0.3 亿，占总资产比例非常低，忽略不计。

但 2020 年公司的商誉较 2019 年出现大幅增长，主要是收购合肥燕庄产生的商誉（表 3-18）。

表3-18　商誉

| 商誉 | 30,578,355.42 | 0.10 | 15,090,466.13 | 0.06 | 102.63 | 主要是本期收购合肥燕庄形成的商誉所致 |
|---|---|---|---|---|---|---|

公司的商誉又包括哪几家企业？我们继续使用“查找”功能，搜索“商誉”，在第129页（表 3-19）可以看到，公司商誉包括：收购开平广中皇与调味品生产相差的业务、丹和醋业和 2020 年收购合肥燕庄。

表3-19　商誉账面原值

**28、 商誉**

**(1). 商誉账面原值**

√适用 □不适用

单位：元　币种：人民币

| 被投资单位名称或形成商誉的事项 | 期初余额 | 本期增加 | | 本期减少 | | 期末余额 |
|---|---|---|---|---|---|---|
| | | 企业合并形成的 | | 处置 | | |
| 收购开平广中皇与调味品生产相关的业务 | 17,177,837.38 | | | | | 17,177,837.38 |
| 收购丹和醋业 | 15,090,466.13 | | | | | 15,090,466.13 |
| 收购合肥燕庄 | | 15,487,889.29 | | | | 15,487,889.29 |
| 合计 | 32,268,303.51 | 15,487,889.29 | | | | 47,756,192.80 |

（7）长期待摊费用：长期待摊费用是指企业已经支出，但摊销期限在 1 年以上（不含 1 年）的各项费用，包括租入固定资产的改良支出以及摊销期在 1 年以上的固定资产大修理支出、股票发行费用等。

如果对长期待摊费用不太理解，那我们就举个小例子：一家工厂购买了一套机械设备，期间发生了一笔非常大的维修费用共计 5 万，修理间隔 5 年，那么每年长期待摊费用就是 1 万。

2020 年公司长期待摊费用 455 万，占总资产非常少，几乎可以忽略不计。

我们使用“查找”功能，搜索“长期待摊费用”，在第 18 页附注里，我们看到公司今年新增的长期待摊费用主要是收购合肥燕庄长期待摊费用并入所致（表 3-20）。

表3-20　长期待摊费用

| 长期待摊费用 | 4,550,870.63 | 0.02 | 87,059.73 | 0.00 | 5,127.30 | 主要是本期对新收购的合肥燕庄长期待摊费用并入所致 |
|---|---|---|---|---|---|---|

我们继续搜索，在第 97 页里我们可以看到公司的长期待摊费用，如果是装修改良，摊销期限为 3 年，如果是“其他”，摊销期限是 3 ～ 5 年（表 3-21）。

表3-21　长期待摊费用摊销期限

**31. 长期待摊费用**

√适用 □不适用

长期待摊费用在受益期限内分期平均摊销。各项费用的摊销期限分别为：

| 项目 | 摊销期限 |
|---|---|
| 装修改良支出 | 3 年 |
| 其他 | 3-5 年 |

我们再继续搜索，在第 132 页我们看到公司“装修改良支出”210 万，“其他”245 万，2019 年是没有这笔费用，笔者猜测应该是收购了合肥燕庄所致（表 3-22）。

表3-22　长期待摊费用金额

**29、 长期待摊费用**

√适用 □不适用

单位：元　币种：人民币

| 项目 | 期初余额 | 本期增加金额 | 本期摊销金额 | 其他减少金额 | 期末余额 |
|---|---|---|---|---|---|
| 装修改良支出 | 87,059.73 | 2,075,765.71 | 64,992.54 | | 2,097,832.90 |
| 其他 | | 2,850,741.82 | 397,704.09 | | 2,453,037.73 |
| 合计 | 87,059.73 | 4,926,507.53 | 462,696.63 | | 4,550,870.63 |

（8）递延所得税资产：递延所得税资产（Deferred Tax Asset），就是未来预计可以用来抵税的资产，递延所得税是时间性差异对所得税的影响，在纳税影响会计法下才会产生递延税款。是根据可抵扣暂时性差异及适用税率计算、影响（减少）未来期间应交所得税的金额。

通俗来讲，这个递延所得税资产，就是税务局计算的利润与公司财务计算的利润不一致而产生了，举个例子，有些公司应收账款非常保守，计提了大量的坏账准备，显然公司是有隐藏利润的做法，但税务局只看当年有没有坏账损失，如果没有那么多的坏账损失，那么税务局计算的利润是大于公司财务所计算的利润，此时公司要多交税，这个多交税的科目叫作递延所得税资产。那么这个递延所得税资产算是有利于公司，还是不利于公司？

从某种程度上来讲，递延所有税资产越多越不利于公司，因为“钱”已经提前上缴了“税务局”，如果你是企业的老板你愿意提前上缴税收吗？我想我肯定不愿意，我还想继续把“钱”捂一捂，放到银行理财产品，也还是有些利息的。但是作为投资者的你，也可以从递延所有税资产了解下公司是否有无隐藏利润的做法。

2020 年公司递延所得税资产 6.25 亿，公司总资产 295 亿，递延所得税资产占总资产 2.1%（=6.25/295）。

于是，我们得到：公司总资产 = 流动资产 + 非流动资产 =242 亿 +53 亿 =295 亿。

### 3.2.2　负债

流动负债：流动负债是指在 1 年或者 1 年以内的一个营业周期内偿还的债务。从理论上说，流动负债与流动资产是密切相关的，通过两者的比较可以大致了解企业的短期偿债能力和清算能力。流动负债包括：短期借款、应付账款、应付票据、应付工资、应付福利费、应交税金、应付股利、预提费用、其他应付款、其他应交款等。

公司的流动负债 90.8 亿，公司总资产 295 亿，流动负债占总资产 30.8%。

（1）短期借款：2020 年公司短期借款 0.92 亿，公司总资产 295 亿，短期借款占总资产 0.3%，非常低，公司经营十分稳健。

公司的短期借款又是由什么组成的呢？我们继续使用“查找”功能，输下“短期借款”，在第 19 页里我们看到公司今年新增的短期借款主要是收购了合肥燕庄取得的短期借款所致（表 3–23）。

表3–23　短期借款

| 短期借款 | 92,600,000.00 | 0.31 | 19,600,000.00 | 0.08 | 372.45 | 主要是本期收购的合肥燕庄取得的短期借款所致 |
|---|---|---|---|---|---|---|

我们再继续搜索，在第 133 页我们找到公司的短期借款主要是抵押借款（表 3–24）。那么公司抵押的利率是多少呢？

表3–24　短期借款分类

**32、 短期借款**

**(1). 短期借款分类**

√适用 □不适用

单位：元　币种：人民币

| 项目 | 期末余额 | 期初余额 |
|---|---|---|
| 抵押借款 | 92,600,000.00 | 19,600,000.00 |
| 合计 | 92,600,000.00 | 19,600,000.00 |

短期借款分类的说明：

于 2020 年，本集团子公司丹和醋业向交通银行股份有限公司借入一年期短期借款人民币 7,500,000.00 元和人民币 7,100,000.00 元，到期日分别为 2021 年 10 月 15 日和 2021 年 11 月 8 日，年利率均为 3.85%，每月付息到期一次还本。该等短期借款以丹和醋业的自有土地使用权和厂房作为抵押，详见附注七、81。

于 2020 年，本集团子公司合肥燕庄向合肥科技农村商业银行股份有限公司借入一年期短期借款人民币 28,000,000.00 元，到期日为 2021 年 3 月 3 日，年利率为 2.05%，按季付息到期一次还本。该等短期借款以合肥燕庄的自有厂房作为抵押，详见附注七、81。

于 2020 年，本集团子公司合肥燕庄向中国工商银行股份有限公司借一年期短期借款人民币 30,000,000.00 元和 20,000,000.00 元，到期日分别为 2021 年 6 月 23 日和 2021 年 5 月 20 日，年利率均为 4.35%，每月付息到期一次还本。该等短期借款以合肥燕庄的自有的土地使用权和厂房作为抵押，详见附注七、81。

本集团于 2020 年末无已逾期未偿还的短期借款。

公司对短期借款作出了解释：1460 万借款利率 3.85%；2800 万借款利率 2.05%；5000 万借款利率 4.35%。这个借款利率最低仅为 2.05%，我想很少有企业会有这个待遇吧，公司借款利率非常低，就可以表明公司在银行里的信用是非常高的，也进一步表明公司的资质非常不错！

（2）应付票据：应付票据是指由出票人出票，并由承兑人允诺在一定时期内支付一定款项的书面证明。在我国，应付票据是在商品购销活动中由于采用商业汇票结算方式而发生的。商业汇票分为银行承兑汇票和商业承兑汇票。

如果不太理解这个票据，笔者认为可直接理解成支票就行（当然它们是有区别的，这里是为了方便理解），开一张借据，到期付款。银行承兑汇票，信用等级最高，因为是由银行担保，商业承兑汇票可就不是银行担保，是由企业担保，信用等级较低。

2020 年公司应付票据 4.13 亿，公司总资产 295 亿，应付票据占总资产 1.4%。

公司的应付票据里是银行承兑汇票还是商业承兑汇票？我们还是使用“查找”功能，搜索“应付票据”，在第 134 页我们看到公司的应付票据都是商业承兑汇票（表 3-25），这表明公司对上游供应商的话语权较强。

**表3-25　应付票据**

**35、 应付票据**

**(1).应付票据列示**

√适用 □不适用

单位：元　币种：人民币

| 种类 | 期末余额 | 期初余额 |
|---|---|---|
| 商业承兑汇票 | 413,368,683.31 | 397,525,371.80 |
| 合计 | 413,368,683.31 | 397,525,371.80 |

（3）应付账款：应付账款是会计科目的一种，用以核算企业因购买材料、商品和接受劳务供应等经营活动应支付的款项。通常是指因购买材料、商品或接受劳务供应等而发生的债务，这是买卖双方在购销活动中由于取得物资与支付货款在时间上不一致而产生的负债。

应付账款跟应付票据有什么不同？应付账款只能凭有关凭证（比如发票），应付票据还有汇票凭证，是有时间周期的。所以从这方面来看，应付账款比应付票据在对上游供应商话语权更强。

2020 年公司应付账款 10 亿，公司总资产 295 亿，应付账款占总资产 3.4%。

那么公司的应付账款里面包含了什么呢？我们使用“查找”功能，搜索“应付账款”，在第 135 页看到公司的应付账款包含了原材料、包装物（表 3-26）。

**表3-26　应付账款**

**36、 应付账款**

**(1). 应付账款列示**

√适用 □不适用

单位：元　币种：人民币

| 项目 | 期末余额 | 期初余额 |
| --- | --- | --- |
| 原材料 | 615,687,513.52 | 518,074,041.25 |
| 包装物 | 385,675,854.02 | 382,872,284.13 |
| 合计 | 1,001,363,367.54 | 900,946,325.38 |

（4）预收款项：顾名思义就是提前收取的款项，比如卖出商品，在商品还没卖出时，提前收取购买商的钱。

2020 年公司的预收账款没有列出，主要是公司执行新收入准则，将预收款项调整至合同负债和其他流动负债（表 3-27）。

**表3-27　预收账款**

| 预收账款 | - | 0.00 | 4,097,996,215.03 | 16.55 | - | 主要是本期执行新收入准则，将预收款项调整至合同负债和其他流动负债所致 |
| --- | --- | --- | --- | --- | --- | --- |

（5）合同负债：是指企业已收或应收客户对价而应向客户转让商品的义务。如企业在转让承诺的商品之前已收取的款项。

2020 年公司合同负债 44.5 亿，公司总资产 295 亿，合同负债占总资产 15%。

公司的合同负债包含了什么？我们使用“查找”功能，搜索“合同负债”，在第 135 页看到合同负债包含了预收经销商货款、预收经销商运输费、其他（表 3-28）。

**表3-28　合同负债**

**38、 合同负债**

**(1). 合同负债情况**

√适用 □不适用

单位：元　币种：人民币

| 项目 | 期末余额 | 期初余额 |
| --- | --- | --- |
| 预收经销商货款 | 4,377,755,715.16 | 3,688,420,914.86 |
| 预收经销商运输费 | 60,178,509.82 | 67,230,362.18 |
| 其他 | 13,601,275.49 | 7,430,903.05 |
| 合计 | 4,451,535,500.47 | 3,763,082,180.09 |

公司预收经销商货款，去年 37 亿左右，今年 44 亿左右，表明公司产品需求旺盛，经销商积极提前打款，也进一步表明了公司产品的竞争力非常强。

（6）应付职工薪酬：2020 年公司应付职工薪酬 8.28 亿，公司总资产 295 亿，应付职工薪酬占总资产 2.8%。

那么公司应付职工薪酬包括了哪些？我们使用“查找”功能，搜索“应付职工薪酬”，在第 136 页可以看到，应付职工薪酬包括了短期薪酬、离职后福利－设定提存计划、辞退福利、一年内到期的其他福利（表 3-29）。

表3-29　应付职工薪酬

**39、 应付职工薪酬**

**(1). 应付职工薪酬列示**

√适用 □不适用

单位：元　币种：人民币

| 项目 | 期初余额 | 本期增加 | 本期减少 | 期末余额 |
| --- | --- | --- | --- | --- |
| 一、短期薪酬 | 698, 833, 532. 11 | 1, 297, 059, 285. 36 | 1, 168, 801, 427. 62 | 827, 091, 389. 85 |
| 二、离职后福利-设定提存计划 | 1, 702, 998. 64 | 28, 998, 517. 54 | 29, 368, 863. 38 | 1, 332, 652. 80 |
| 三、辞退福利 |  | 1, 756, 480. 99 | 1, 756, 480. 99 |  |
| 四、一年内到期的其他福利 |  |  |  |  |
| 合计 | 700, 536, 530. 75 | 1, 327, 814, 283. 89 | 1, 199, 926, 771. 99 | 828, 424, 042. 65 |

（7）应交税费：2020 年公司应交税费 7.17 亿，公司总资产 295 亿，应交税费占总资产 2.4%。

那么公司应交税费包括了哪些？我们使用“查找”功能，搜索“应交税费”，在第 137 页可以看出，应交税费包括了增值税、企业所得税、个人所得税、城市维护建设税、土地使用税、教育费附加、其他（表 3-30）。

表3-30　2020年年报第137页摘录

**40、 应交税费**

√适用 □不适用

单位：元　币种：人民币

| 项目 | 期末余额 | 期初余额 |
| --- | --- | --- |
| 增值税 | 47, 453, 738. 07 | 111, 634, 435. 81 |
| 消费税 |  |  |
| 营业税 |  |  |
| 企业所得税 | 653, 950, 262. 54 | 522, 845, 678. 47 |
| 个人所得税 | 4, 506, 484. 10 | 3, 698, 802. 07 |
| 城市维护建设税 | 3, 585, 423. 27 | 2, 240, 506. 79 |
| 土地使用税 | 631, 912. 86 | 222, 028. 23 |
| 教育费附加 | 2, 568, 065. 20 | 1, 602, 606. 07 |
| 其他 | 4, 076, 124. 23 | 2, 875, 705. 88 |
| 合计 | 716, 772, 010. 27 | 645, 119, 763. 32 |

（8）其他应付款：是指应付、暂收其他单位或个人的款项，如应付经营租入固定资产租金、应付租入包装物租金、存入保证金等。其他应付款核算的范围包括：存入保证金，应付、暂收所属单位、个人的款项，经营租入固定资产和包装物的租金，其他应付、暂收款项。

2020 年公司其他应付款 12.4 亿，公司总资产 295 亿，其他应付款占总资产 4.2%。

那么公司的其他应付款包括了什么？我们使用“查找”功能，搜索“应交税费”，在第 137 页，可以看出其他应付款包括了保证金及押金、工程设备款、运费、广告费、促销费、其他（表 3–31）。

**表3–31　其他应付款**

**其他应付款**

**(1). 按款项性质列示其他应付款**

√适用 □不适用

单位：元　币种：人民币

| 项目 | 期末余额 | 期初余额 |
|---|---|---|
| 保证金及押金 | 142,450,984.47 | 132,485,593.58 |
| 工程设备款 | 106,842,422.62 | 83,893,427.54 |
| 运费 | 205,425,935.02 | 228,033,577.81 |
| 广告费 | 288,147,886.00 | 293,935,674.23 |
| 促销费 | 438,353,541.16 | 421,082,456.50 |
| 其他 | 57,912,602.14 | 57,286,183.10 |
| 合计 | 1,239,133,371.41 | 1,216,716,912.76 |

（9）其他流动负债：是指不能归属于短期借款、应付短期债券、应付票据、应付账款、应付所得税、其他应付款、预收账款这七款项目的流动负债。

那么公司的其他流动负债包括了什么？我们使用“查找”功能，搜索“其他流动负债”，在第 137 页，可以看到公司其他流动负债是待转销项税额（表 3–32）。

**表3–32　其他流动负债**

**44、 其他流动负债**

其他流动负债情况

√适用 □不适用

单位：元　币种：人民币

| 项目 | 期末余额 | 期初余额 |
|---|---|---|
| 短期应付债券 | | |
| 应付退货款 | | |
| 待转销项税额 | 337,145,880.46 | 334,914,034.94 |
| 合计 | 337,145,880.46 | 334,914,034.94 |

### 3.2.3 所有者权益

（1）实收资本：实收资本指的是公司的总股本。2020 年公司总股本 32.4 亿股。

（2）资本公积：是指企业在经营过程中由于接受捐赠、股本溢价以及法定财产重估增值等原因所形成的公积金。公司目前的资本公积是 7.9 亿。

**资料卡：**

股本溢价是指股份有限公司溢价发行股票时实际收到的款项超过股票面值总额的数额（企业上市前注册资本基本都是 1 元每股，企业上市就会溢价发行股票，这部分溢价就称为股本溢价）。

公司的资本公积是由哪几部分组成的？我们还是使用“查找”功能，搜索“资本公积”，在第 141 页可以看到，公司的资本公积主要是由资本溢价构成，也就是股本溢价，期初是 12.8 亿，2020 年由于实施了资本公积转增股本，减少了 5.4 亿，期末余额就变成了 7.9 亿（表 3-33）。

表3-33　资本公积

**55、 资本公积**

√适用 □不适用

单位：元　币种：人民币

| 项目 | 期初余额 | 本期增加 | 本期减少 | 期末余额 |
|---|---|---|---|---|
| 资本溢价（股本溢价） | 1,284,022,122.26 | | 540,073,868.00 | 743,948,254.26 |
| 其他资本公积 | 46,639,189.13 | | | 46,639,189.13 |
| 合计 | 1,330,661,311.39 | | 540,073,868.00 | 790,587,443.39 |

其他说明，包括本期增减变动情况、变动原因说明：

根据本公司 2020 年 4 月 16 日 2019 年年度股东大会决议，本公司以 2019 年 12 月 31 日的股本总数 2,700,369,340 股为基数，向全体股东按每 10 股转增 2 股的比例实施资本公积转增注册资本（股本），合计以资本公积人民币 540,073,868.00 元转增注册资本（股本）人民币 540,073,868.00 元。

（3）盈余公积：盈余公积是指企业从税后利润中提取形成的、存留于企业内部、具有特定用途的收益积累。其中又分为两种：一是法定盈余公积。上市公司的法定盈余公积按照税后利润的 10% 提取，法定盈余公积累计额已达注册资本的 50% 时可以不再提取。二是任意盈余公积。任意盈余公积主要是上市公司按照股东大会的决议提取。法定盈余公积和任意盈余公积的区别就在于其各自计提的依据不同。前者以国家的法律或行政规章为依据提取，后者则由公司自行决定提取。2020 年公司盈余公积 16.4 亿左右。

（4）未分配利润：是企业留待以后年度分配或待分配的利润。简单来讲就是企业的利润扣除盈余公积、分配股利剩下的。

（5）归属于母公司所有者权益：指的是母公司企业资产扣除负债后，由所有者享有的剩余权益。公司归属于母公司所有者权益 200 亿左右。

（6）少数股东权益：简称少数股权。在母公司拥有子公司股份不足 100%，即只拥有子公司净资产的部分产权时，子公司股东权益的一部分属于母公司所有，即多数股权，其余一部分仍属外界其他股东所有，后者在子公司全部股权中不足半数，对子公司没有控制能力，故被称为少数股东权益。公司少数股东权益 0.98 亿。

（7）所有者权益：所有者权益就是归属于母公司所有者权益 + 少数股东权益。公司所有者权益也就是净资产为 201.7 亿。

总资产 = 负债 + 所有者权益 =93.7+201.7=295.4 亿。

各位读者朋友们，你们从这张资产负债表获得了哪些信息？

## 3.3　如何看利润表

表 3-34 是海天味业合并利润表。

**表3-34　海天味业2020年合并利润表**

单位:元　币种:人民币

| 项目 | 附注 | 2020 年度 | 2019 年度 |
|---|---|---|---|
| 一、营业总收入 | | 22,791,873,936.49 | 19,796,889,800.07 |
| 其中：营业收入 | | 22,791,873,936.49 | 19,796,889,800.07 |
| 利息收入 | | | |
| 已赚保费 | | | |
| 手续费及佣金收入 | | | |
| 二、营业总成本 | | 15,438,560,038.05 | 13,751,478,014.86 |
| 其中：营业成本 | | 13,180,788,066.91 | 10,800,720,678.76 |
| 利息支出 | | | |
| 手续费及佣金支出 | | | |
| 退保金 | | | |
| 赔付支出净额 | | | |
| 提取保险责任准备金净额 | | | |
| 保单红利支出 | | | |
| 分保费用 | | | |
| 税金及附加 | | 211,339,161.22 | 203,349,591.81 |
| 销售费用 | | 1,365,533,071.16 | 2,162,819,226.68 |
| 管理费用 | | 361,389,131.13 | 289,903,386.14 |
| 研发费用 | | 711,748,662.76 | 587,425,290.51 |
| 财务费用 | | -392,238,055.13 | -292,740,159.04 |
| 其中：利息费用 | | 5,289,288.72 | 1,087,729.30 |
| 利息收入 | | 399,908,034.97 | 294,715,462.91 |

续表

| 项目 | 附注 | 2020 年度 | 2019 年度 |
| --- | --- | --- | --- |
| 其中：利息费用 | | 5,289,288.72 | 1,087,729.30 |
| 利息收入 | | 399,908,034.97 | 294,715,462.91 |
| 加：其他收益 | | 122,379,388.50 | 122,367,594.38 |
| 投资收益（损失以“—”号填列） | | 35,803,114.96 | 59,691,020.82 |
| 其中：对联营企业和合营企业的投资收益 | | | |
| 以摊余成本计量的金融资产终止确认收益 | | | |
| 汇兑收益（损失以“—”号填列） | | | |
| 净敞口套期收益(损失以“—”号填列) | | | |
| 公允价值变动收益（损失以“—”号填列） | | 138,909,941.49 | 172,686,041.08 |
| 信用减值损失（损失以“—”号填列） | | -1,680,840.08 | |
| 资产减值损失（损失以“—”号填列） | | | -17,177,837.38 |
| 资产处置收益（损失以“—”号填列） | | -4,856,278.40 | -3,538,763.86 |
| 三、营业利润（亏损以“—”号填列） | | 7,643,869,224.91 | 6,379,439,840.25 |
| 加：营业外收入 | | 12,021,411.10 | 1,319,059.42 |
| 减：营业外支出 | | 13,468,361.30 | 3,560,220.90 |
| 四、利润总额（亏损总额以“—”号填列） | | 7,642,422,274.71 | 6,377,198,678.77 |
| 减：所得税费用 | | 1,233,392,261.00 | 1,020,956,084.25 |
| 五、净利润（净亏损以“—”号填列） | | 6,409,030,013.71 | 5,356,242,594.52 |
| （一）按经营持续性分类 | | | |
| 1. 持续经营净利润（净亏损以“—”号填列） | | 6,409,030,013.71 | 5,356,242,594.52 |
| 2. 终止经营净利润（净亏损以“—”号填列） | | | |
| （二）按所有权归属分类 | | | |
| 1. 归属于母公司股东的净利润（净亏损以“—”号填列） | | 6,402,859,991.91 | 5,353,185,029.35 |
| 2. 少数股东损益(净亏损以“—”号填列) | | 6,170,021.80 | 3,057,565.17 |
| 六、其他综合收益的税后净额 | | | |
| （一）归属母公司所有者的其他综合收益的税后净额 | | | |
| 1. 不能重分类进损益的其他综合收益 | | | |
| （1）重新计量设定受益计划变动额 | | | |
| (2)权益法下不能转损益的其他综合收益 | | | |
| （3）其他权益工具投资公允价值变动 | | | |
| （4）企业自身信用风险公允价值变动 | | | |
| 2. 将重分类进损益的其他综合收益 | | | |
| （1）权益法下可转损益的其他综合收益 | | | |
| （2）其他债权投资公允价值变动 | | | |
| (3)金融资产重分类计入其他综合收益的金额 | | | |
| （4）其他债权投资信用减值准备 | | | |
| （5）现金流量套期储备 | | | |
| （6）外币财务报表折算差额 | | | |
| （7）其他 | | | |
| （二）归属于少数股东的其他综合收益的税后净额 | | | |
| 七、综合收益总额 | | 6,409,030,013.71 | 5,356,242,594.52 |
| （一）归属于母公司所有者的综合收益总额 | | 6,402,859,991.91 | 5,353,185,029.35 |
| （二）归属于少数股东的综合收益总额 | | 6,170,021.80 | 3,057,565.17 |
| 八、每股收益: | | | |
| （一）基本每股收益(元/股) | | 1.98 | 1.65 |
| （二）稀释每股收益(元/股) | | 1.98 | 1.65 |

利润表的计算方式如下：

2020 年公司营业总收入是 227.92 亿。

公司总成本（154.44 亿）= 营业成本（131.81 亿）+ 税金及附加（2.11 亿）+ 销售费用（13.66 亿）+ 管理费用（3.61 亿）+ 研发费用（7.11 亿）－财务费用（3.92 亿）。

公司的营业利润（76.44 亿）= 营业总收入（227.92 亿）- 公司总成本（154.44 亿）+ 其他收益（1.22 亿）+ 投资收益（0.36 亿）+ 公允价值变动收益（1.39 亿）+ 信用减值损失（-168 万）+ 资产处置收益（-486 万）。

利润总额（76.42 亿）= 营业利润（76.44 亿）+ 营业外收入（0.12 亿）－营业外支出（0.14 亿）。

净利润（64.09 亿 ）= 利润总额（76.42 亿）－所得税费用（12.33 亿）。

净利润（64.09 亿）= 归属于母公司的净利润（64.03 亿）+ 少数股东权益（0.06 亿）。

这张合并利润表，最终的利润我们是要看归属于母公司的净利润，因为公司的净利润还包含了少数股东权益，如果公司所控股的子公司全部都持有 100% 的股权，那么公司的净利润也等于归属于母公司的净利润，可惜公司所控股的子公司有些并没有持有 100% 的股权，于是就有了少数股东权益。

## 3.4　如何看现金流量表

合并现金流量表分成三部分（表 3-35）：经营活动产生的现金流量、投资活动产生的现金流量、筹资活动产生的现金流量。

### 3.4.1　经营活动产生的现金流量

公司经营活动产生的现金流量 = 经营活动现金流入－经营活动现金流出。

（1）经营活动现金流入：包括销售商品、提供劳务收到的现金，收到的税费返还，收到其他与经营活动有关的现金等。

“销售商品、提供劳务收到的现金”计算公式非常复杂，我们知道其大概原理就行，主要包括以下内容：本期销售商品和提供劳务本期收到的现金；前期销售商品和提供劳务（含应收账款和应收票据）本期收到的现金；本期预收的商品款和劳务款等；本期收回前期核销的坏账损失；本期发生销货退回而支付的现金（从本项目中扣除）。

公司本年销售商品、提供劳务收到的现金是 267 亿，公司的营收是 228 亿，表明公司营收含金量十足。为什么销售商品、提供劳务收到的现金会大于其营收呢？主要是公司的预收款引起的，公司“货”还没“卖”就已经有人提前“打款”了。

表3-35 海天味业2020年合并现金流量表

单位：元 币种：人民币

| 项目 | 附注 | 2020年度 | 2019年度 |
|---|---|---|---|
| **一、经营活动产生的现金流量：** | | | |
| 销售商品、提供劳务收到的现金 | | 26,730,426,331.93 | 23,458,432,379.73 |
| 客户存款和同业存放款项净增加额 | | | |
| 向中央银行借款净增加额 | | | |
| 向其他金融机构拆入资金净增加额 | | | |
| 收到原保险合同保费取得的现金 | | | |
| 收到再保业务现金净额 | | | |
| 保户储金及投资款净增加额 | | | |
| 收取利息、手续费及佣金的现金 | | | |
| 拆入资金净增加额 | | | |
| 回购业务资金净增加额 | | | |
| 代理买卖证券收到的现金净额 | | | |
| 收到的税费返还 | | 11,804,852.11 | 11,043,693.38 |
| 收到其他与经营活动有关的现金 | | 288,548,540.26 | 198,472,179.83 |
| 经营活动现金流入小计 | | 27,030,779,724.30 | 23,667,948,252.94 |
| 购买商品、接受劳务支付的现金 | | 13,992,984,691.51 | 12,039,415,284.50 |
| 客户贷款及垫款净增加额 | | | |
| 存放中央银行和同业款项净增加额 | | | |
| 支付原保险合同赔付款项的现金 | | | |
| 拆出资金净增加额 | | | |
| 支付利息、手续费及佣金的现金 | | | |
| 支付保单红利的现金 | | | |
| 支付给职工及为职工支付的现金 | | 1,199,926,771.99 | 946,858,493.22 |
| 支付的各项税费 | | 2,957,262,971.66 | 2,653,304,804.76 |
| 支付其他与经营活动有关的现金 | | 1,930,173,274.16 | 1,460,800,181.94 |
| 经营活动现金流出小计 | | 20,080,347,709.32 | 17,100,378,764.42 |
| 经营活动产生的现金流量净额 | | 6,950,432,014.98 | 6,567,569,488.52 |
| **二、投资活动产生的现金流量：** | | | |
| 收回投资收到的现金 | | 7,085,000,000.00 | 11,100,107,500.00 |
| 取得投资收益收到的现金 | | 192,620,212.18 | 206,648,007.09 |
| 处置固定资产、无形资产和其他长期资产收回的现金净额 | | 1,620,103.97 | 3,367,507.29 |
| 处置子公司及其他营业单位收到的现金净额 | | | |
| 收到其他与投资活动有关的现金 | | 416,016,728.16 | 261,467,939.97 |
| 投资活动现金流入小计 | | 7,695,257,044.31 | 11,571,590,954.35 |
| 购建固定资产、无形资产和其他长期资产支付的现金 | | 906,995,127.40 | 582,632,086.23 |
| 投资支付的现金 | | 8,579,500,000.00 | 10,900,107,500.00 |
| 质押贷款净增加额 | | | |
| 取得子公司及其他营业单位支付的现金净额 | | 57,787,351.70 | |
| 支付其他与投资活动有关的现金 | | 70,550,695.66 | |
| 投资活动现金流出小计 | | 9,614,833,174.76 | 11,482,739,586.23 |
| 投资活动产生的现金流量净额 | | -1,919,576,130.45 | 88,851,368.12 |

续表

| 项目 | 附注 | 2020年度 | 2019年度 |
|---|---|---|---|
| **三、筹资活动产生的现金流量：** | | | |
| 吸收投资收到的现金 | | | |
| 其中：子公司吸收少数股东投资收到的现金 | | | |
| 取得借款收到的现金 | | 107,200,000.00 | 19,600,000.00 |
| 收到其他与筹资活动有关的现金 | | | |
| 筹资活动现金流入小计 | | 107,200,000.00 | 19,600,000.00 |
| 偿还债务支付的现金 | | 130,700,000.00 | 19,600,000.00 |
| 分配股利、利润或偿付利息支付的现金 | | 2,921,184,860.63 | 2,647,449,682.50 |
| 其中：子公司支付给少数股东的股利、利润 | | | |
| 支付其他与筹资活动有关的现金 | | 4,290,097.51 | |
| 筹资活动现金流出小计 | | 3,056,174,958.14 | 2,667,049,682.50 |
| 筹资活动产生的现金流量净额 | | -2,948,974,958.14 | -2,647,449,682.50 |

什么叫作“收到的与经营活动有关的其他现金”？这一项目反映的是企业除了上述各项目外，与经营活动有关的其他现金流入：企业收到的各种罚款收入，比如员工迟到或者损坏公物交纳的罚款等；其他业务收入相关的收入，比如收到的废品收入等；其他应收款相关，比如收回的前期员工借走的备用金等；其他应付款相关，比如收到的包装物押金等。

经营活动现金流入（270.31 亿）= 销售商品、提供劳务收到的现金（267.3 亿）+ 收到的税费返还（0.12 亿）+ 收到其他与经营活动有关的现金（2.89 亿）。

（2）经营活动现金流出：包括购买商品、接受劳务支付的现金，支付给职工及为职工支付的现金，支付的各项税费，支付其他与经营活动有关的现金等。

“购买商品、接受劳务支付的现金”项目反映企业购买商品、接受劳务实际支付的现金。“购买商品、接受劳务支付的现金”计算公式非常复杂，我们知道其大概原理就行，主要包括购买材料支付货款、支付的进项税额、偿还应付账款、预付购货款。

“支付的与经营活动有关的其他现金”项目反映企业支付的除上述各项目外，与经营活动有关的其他现金流出，如捐赠现金支出、罚款支出、支付的差旅费、业务招待费现金支出、支付的保险费等，其他现金流出如价值较大的，应单列项目反映。本项目可以根据“管理费用”“经营费用”“制造费用”“营业外支出”“其他应收款”等科目的记录分析填列。

经营活动现金流出（200.8 亿）= 购买商品、接受劳务支付的现金（140 亿）+ 支付给职工及为职工支付的现金（12 亿）+ 支付的各项税费（29.5 亿）+ 支付其他与经营活动有关的现金（19.3 亿）。

经营活动产生的现金流量净额（69.5 亿）= 经营活动现金流入（270.3 亿）- 经营活动现金流出（200.8 亿）。

经营活动产生的现金流量净额是评估企业利润是否为“真”的重要方式之一。简单来说，经营活动产生的现金流量净额如果大于公司的净利润，那么基本就可以说明公司的利润为“真”。比如公司今年经营活动产生的现金流量净额是 69.5 亿，公司今年的净利润 64 亿，很明显经营活动产生的现金流量净额是大于公司的净利润，所以公司的利润含金量十足。

### 3.4.2 投资活动产生的现金流量

投资活动产生的现金流量是指企业长期资产的购建和不包括现金等价物范围在内的投资及其处置活动产生的现金流量。包括购建固定资产、长期投资现金流量和处置长期资产现金流量，并按其性质分项列示。

（1）“收回投资所收到的现金”项目：反映企业出售、转让或到期收回除现金等价物以外的短期投资、长期股权投资而收到的现金，以及收回长期债权投资本金而收到的现金。不包括长期债权投资收回的利息，以及收回的非现金资产。

（2）“取得投资收益所收到的现金”项目：反映企业因各种投资而分得的现金股利、利润、利息等。

（3）“处置固定资产、无形资产和其他长期资产而收到的现金净额”项目：反映企业处置固定资产、无形资产和其他长期资产所取得的现金，扣除为处置这些资产而支付的有关费用后的净额。由于自然灾害所造成的固定资产等长期资产损失而收到的保险赔偿收入，也在本项目反映。

（4）“收到的其他与投资活动有关的现金”项目：反映企业除了上述各项以外，收到的其他与投资活动有关的现金流入。其他现金流入如价值较大的，应单列项目反映。

（5）“购建固定资产、无形资产和其他长期资产所支付的现金”项目：反映企业购买、建造固定资产，取得无形资产和其他长期资产所支付的现金，不包括为购建固定资产而发生的借款利息资本化的部分，以及融资租入固定资产支付的租赁费，借款利息和融资租入固定资产支付的租赁费，在筹资活动产生的现金流量中单独反映。企业以分期付款方式购建的固定资产，其首次付款支付的现金作为投资活动的现金流出，以后各期支付的现金作为筹资活动的现金流出。

（6）“投资所支付的现金”项目：反映企业进行各种性质的投资所支付的现金，包括企业取得的除现金等价物以外的短期股票投资、长期股权投资支付的现金、长期债券投资支付的现金，以及支付的佣金、手续费等附加费用。

（7）“支付的其他与投资活动有关的现金”项目：反映企业除了上述各项以外，支付的其他与投资活动有关的现金流量。其他现金流出如价值较大的，应单列项目反映。

观察现金流量表中投资活动产生的现金流量中的项目，各位读者能否看得明白？首先，我们回忆下公司资产负债表，公司没有长期股权投资，只有交易性金融产品也就是银行的理财产品，也就是投资活动产生的现金流量表里“收回投资收到的现金、投资支付的现金”基本上都是公司购买银行的理财产品。其次，公司购建固定资产、无形资产和其他长期投资产支付的现金 9.06 亿（其中公司购建固定资产当年增加 5 个亿左右，无形资产增加 2.5 亿），这个指的是公司的资本支出，这个资本支出是投资者比较关注的指标之一，也是计算自由现金流的关键所在。那么什么叫作自由现金流量呢?

自由现金流量，就是企业产生的、在满足了再投资需要之后剩余的现金流量，这部分现金流量是在不影响公司可持续发展的前提下可供分配给企业资本供应者的最大现金额。简单地说，自由现金流量（FCF）是指企业经营活动产生的现金流量扣除资本性支出（Capital Expenditures，CE）的差额。

我们可以简单理解为，当年公司由于经营产生的经营活动现金流（利润 + 固定资产折旧），为了满足经营的需要，公司不得不持续投入（资本支出），比如机械设备老化了，公司要更新设备；产能跟不上了，必须新建产能等，剩余的资金（可供自由支配的资金）就叫作自由现金流。

自由现金流的计算方式非常复杂，在实际应用中，我们采用相对较对简单的方式：

自由现金流 = 经营活动产生的现金流量 - 购建固定资产、无形资产和其他长期资产支付的现金 =69.5 亿 -9.06 亿 =60.44 亿。

公司 2020 年净利润 64 亿，自由现金流 60.44 亿，公司所创造的利润基本上可以说成自由分配了，不需要再投入多少，就能满足生产的需要，这就是一台印钞机，而且是超级印钞机。

### 3.4.3　筹资活动产生的现金流量

筹资活动产生的现金流量是指导致企业资本及债务的规模和构成发生变化的活动所产生的现金流量。包括筹资活动的现金流入和归还筹资活动的现金流出，并按其性质分项列示。

（1）“吸收投资所收到的现金”项目：反映企业收到的投资者投入的现金，包括以发行股票方式筹集的资金实际收到股款净额（发行收入减去支付的佣金等发行费用后的净额）、发行债券实际收到的现金（发行收入减去支付的佣金等发行费用后的净额）等。以发行股票方式等筹集资金而由企业直接支付的审计、咨询等费用，以及发行债券支付的发行费用在“支付的其他与筹资活动有关的现金”项目反映，不得从本项目内扣除。

（2）“借款所收到的现金”项目：反映企业举借各种短期、长期借款所收到的现金。

（3）“收到的其他与筹资活动有关的现金”项目：反映企业除上述各项目外，收到的其他与筹资活动有关的现金流入，如接受现金捐赠等。其他现金流入如价值较大的，应单列项目反映。

（4）“偿还债务所支付的现金”项目：反映企业以现金偿还债务的本金，包括偿还金融企业的借款本金、偿还债券本金等。企业偿还的借款利息、债券利息，在“偿债利息所支付的现金”项目反映，不包括在本项目内。

（5）“分配股利、利润和偿还利息所支付的现金”项目：反映企业实际支付的现金股利、利润，以及支付给其他投资的利息。

（6）“支付的其他与筹资活动有关的现金”项目：反映企业除了上述各项外，支付的其他与筹资活动有关的现金流出，如捐赠现金支出等。其他现金流出如价值较大的，单独列项目反映。

观察现金流量表中筹资活动产生的现金流量的项目，我们看到公司当年取得借款收到的现金只有 1.07 亿左右，回忆下资产负债表，我们就能从资产负债表短期借款找到差不多的金额，这部分借款主要是收购合肥燕庄向银行抵押借款所致，借款利率非常低。

分配股利、利润或偿付息支付的现金共 29 亿，主要是公司 2019 年分红 29 亿，这个分配股利计算的时候为什么是 2019 年，而不是 2020 年呢？因为分配股利通常是年报之后（4 ～ 7 月），还要董事会制定分红预案，再通过股东大会或临时股东大会表决。所以这部分分配股利是来于 2019 年的股利，向股东们分配了 29 亿现金股息。

当年公司筹资活动产生的现金流量净额为 -29.5 亿，表明公司不需要从外界融资，每年赚取的大部分利润都用来分红，回馈股东。

## 3.5 财务报表中几个要点的说明

### 3.5.1 应收账款

在投资中我们要警惕应收账款金额巨大，特别是应收账款计提不太保守的企业。

**案例 1：金螳螂（002081）**

公司是一家以室内装饰为主体，融幕墙、景观、软装、家具、机电设备安装等为一体的综合性专业化装饰集团。公司承接的项目包括公共建筑装饰和住宅装饰等，涵盖酒店装饰、文体会展建筑装饰、商业建筑装饰、交通运输基础设施装饰、住宅装饰等多种业务形态。

2016 ～ 2020 年，金螳螂应收账款占总资产基本保持在 50% 左右（剔除 2020 年），也就是说公司有一半的资产属于应收账款。做过实业的朋友对于应收账款应该会有比较深刻的认识。应收账款，就是向客户讨要“货款”，是属于理所当然的事情，但在现实生活中，讨还货款是非常艰难的事情。所以应收账款金额过大，表示公司对下游客户基本没有多少话语权（表 3-36）。

**表3-36　应收账款 / 总资产**

| | 2016 | 2017 | 2018 | 2019 | 2020 |
|---|---|---|---|---|---|
| 应收账款（亿元） | 179 | 180 | 186 | 220 | 135 |
| 总资产（亿元） | 268 | 282 | 333 | 395 | 450 |
| 应收账款 / 总资产 | 0.66 | 0.64 | 0.56 | 0.56 | 0.3 |

2016 ～ 2020 年，金蝗螂应收账款占营收过去四年基本保持在 70% 以上（剔除 2020 年），也就是说公司有七成以上的营收是来于应收账款。想想都觉得有点可怕，应收账款的回款已经成为公司最重要、最核心的问题（表 3-37）。

**表3-37　应收账款 / 营业收入**

| | 2016 | 2017 | 2018 | 2019 | 2020 |
|---|---|---|---|---|---|
| 应收账款（亿元） | 179 | 180 | 186 | 220 | 135 |
| 营业收入（亿元） | 196 | 210 | 251 | 308 | 312 |
| 应收账款 / 营业收入 | 0.91 | 0.86 | 0.74 | 0.71 | 0.43 |

从而造成公司的利润含金量非常不足，除了 2017 年，基本上都是远大于 1（表 3-38）。

**表3-38　净利润 / 经营活动产生的现金流**

| | 2016 | 2017 | 2018 | 2019 | 2020 |
|---|---|---|---|---|---|
| 净利润（亿元） | 17 | 19 | 21 | 24 | 24 |
| 经营活动产生的现金流（亿元） | 11 | 18 | 16 | 18 | 18 |
| 净利润 / 经营活动产生的现金流 | 1.5 | 1.05 | 1.3 | 1.3 | 1.3 |

公司股价震荡往下不见底（图 3-9）。

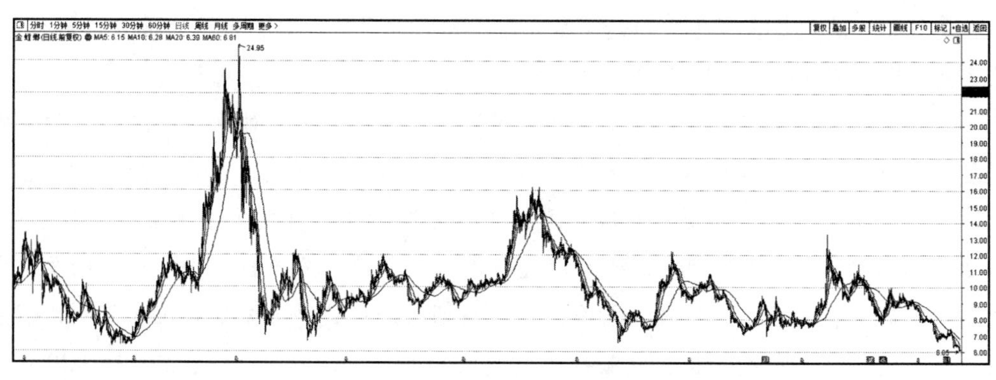


**图3-9　金螳螂K线图**

案例 2：欣泰电气（300372）

公司主要从事节能型输变电设备和无功补偿装置等电网性能优化设备的开发、生产及销售，是电网供、配、用电系统中提供安全、高效、环保用电的设备及技术解决方案的电力综合服务供应商。主营业务是节能型变压器等输变电设备和无功补偿装置等系列电网性能优化设备的研发、设计、生产和销售，产品广泛运用于电网、风力发电、石油化工、冶金、煤炭、电气化铁路、光伏发电等领域。主要产品为：树脂浇注干式变压器、油浸式变压器、节能型铁心、智能箱式变电站、电容器及成套装置、限流电抗器、磁控电抗器及成套装置、磁控消弧线圈等。

表3-39　公司数据

| | 2012 | 2013 | 2014 | 2015 | 2016 |
|---|---|---|---|---|---|
| 应收账款（亿元） | 1.69 | 2.08 | 4.39 | 4.94 | 3.99 |
| 营业收入（亿元） | 4.62 | 4.73 | 4.19 | 3.72 | 1.41 |
| 应收账款 / 营业收入 | 0.36 | 0.44 | 1.05 | 1.33 | 2.83 |
| 应收账款周转天数（天） | 119 | 143 | 257 | 428 | 1138 |

各位投资者朋友们看到表 3-39 的数据你们做何感想？如果是我看到上面这些数字，我一秒钟都不想再多看一下这家公司。2014 年公司的营业收入基本都是由应收账款构成，2015 年公司的应收账款竟然超过营业收入，更不用说 2016 年了。一家企业的营业收入基本都是应收账款构成的，这类企业你敢投吗？应收账款周转天数 2015 年已经高达 428 天，如果你是企业的老板，做了一年的生意，收回来的都是一些“欠条”，没有现金，你的企业该如何经营？这类公司到底有什么竞争优势可言？

之前有朋友问我，读财报真的对投资有帮助吗？我只能告诉他：如果你有一点点财报知识的话，你就能避免很多坑、很多雷，而且是大坑、大雷。欣泰电气在停牌前每天的成交量还算是不错的（图 3-10），一只没有多少价值的企业有那么多的成交量，实在是可怕。这类投资者你说他是不是在赌，而且有可能他自己也不知道自己是在赌，因为他没有这方面的常识！

欣泰电气财务舞弊过程：欣泰电气为了达到上市融资的目的，时任总会计师的刘明胜向董事长温德乙提出通过期末借入款项伪造应收账款回收，并于下个会计期初还款冲回的方案。两人共同谋划后决定通过银行汇票背书转让的方法来减少应收余额。从 2011 年期末到 2013 年期中，欣泰电气将借入的款项、公司自身银行存款以及虚假的银行单据伪装成客户应收账款清偿，一般在期末采取这种方式虚减应收账款，然后在下期初进行红字冲销，将应收账款余额调回。上市后，欣泰电气在 2013 ～ 2014 年的年度和半年度财务报告中均有财务造假行为，其中 2014 年度财务报告中还有应披露未披露事项。2013 年期末至下期末的一年时间内，也就是上市后的第一年，该公司仍旧利用借入款项和银行单据造假的手法伪造客户应收账款清偿，选择在期末采取上述手法造假，来粉饰该期的财务报告。另外，欣泰电气还存在高管侵占的现象，董事长温德乙占用公司大量资金，到 2014 年期末，合计侵占欣泰电气资金 6388 万。该关联事项并未在年度报告中对外披露，导致该年度报告违反了信息披露条例。

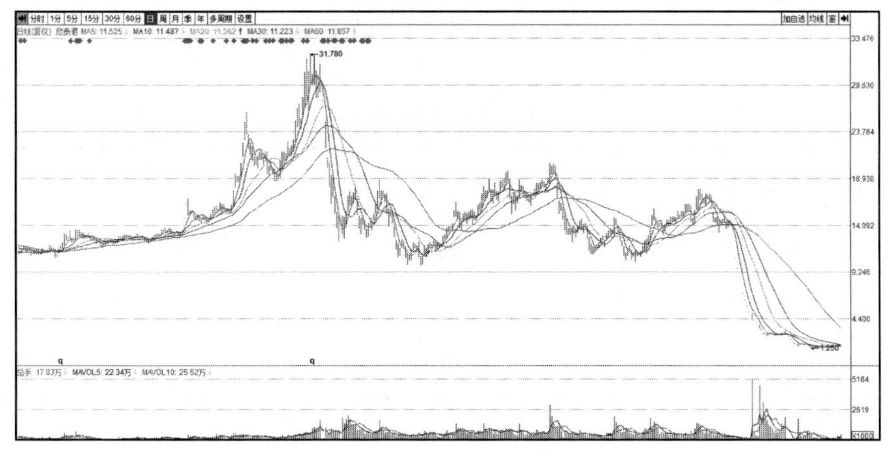

图3-10　欣泰电气K线图

## 3.5.2　预付账款

在投资中，预付账款数据巨大的企业也是我们需要警惕的对象。试想一想，为了购买原材料，提前支付一大笔巨款，难道对公司的资金链不会有影响吗？关键是这些原料供应非常紧张时，上游原材料厂商有可能趁火打劫，而你的成本又不敢转嫁给下游客户，到时你的利润在哪？如果碰到一些诚信有问题的企业，也有可能通过预付账款来个体外循环，实施造假。

案例 1：惠程科技（002168）

公司互联网游戏业务以控股子公司哆可梦为核心载体，从事基于大数据精细化营销的流量经营业务和移动游戏的研发、发行及游戏平台的运营等业务。哆可梦拥有完善的网络游戏发行渠道，坚持精细营销策略，自建移动互联网流量平台提供手机娱乐资讯、产品下载、客户服务，旗下拥有 9187.cn（国内）和 YahGame（海外）两大游戏运营平台，全面覆盖海内外移动互联网用户。

公司高端智能制造业务以电气设备业务为基础，全力推进传统制造业务向网络化、数字化、智能化方向转型升级，涉足新能源汽车智慧快充解决方案、户内外通用小型移动机器人的制造等高新技术领域。公司电气设备业务主要产品包括智能成套开关设备、全密闭绝缘中低压电缆分接箱、电缆对接箱、硅橡胶电缆附件、可分离连接器、外置母线连接器、避雷器、电气接点防护罩等硅橡胶绝缘制品、APG 环氧树脂产品、管型母线、SMC 电气设备箱体等，公司主打产品以新型高分子电气绝缘材料技术为核心，具有高可靠、全密闭、全绝缘、小型化的特点，产品整体技术性能及质量稳定可靠。

2020 公司预付账款占公司总资产达 22%，预付账款占营业收入 54%，这是一个非常夸张的数字。试想，一家企业的总资产光是预付账款就占了 20%，特别是占比营收达到惊人的 54%（表 3-40），你说，公司的运营质量能好到哪里去？

表3-40 公司数据

| | 2019 | 2020 |
|---|---|---|
| 预付账款（亿元） | 4 | 4.3 |
| 总资产（亿元） | 36.7 | 20 |
| 预付账款 / 总资产 | 0.11 | 0.22 |
| 营业收入（亿元） | 10.9 | 7.9 |
| 预付账款 / 营业收入 | 0.37 | 0.54 |

公司股价震荡往下不见底（图 3-11）。

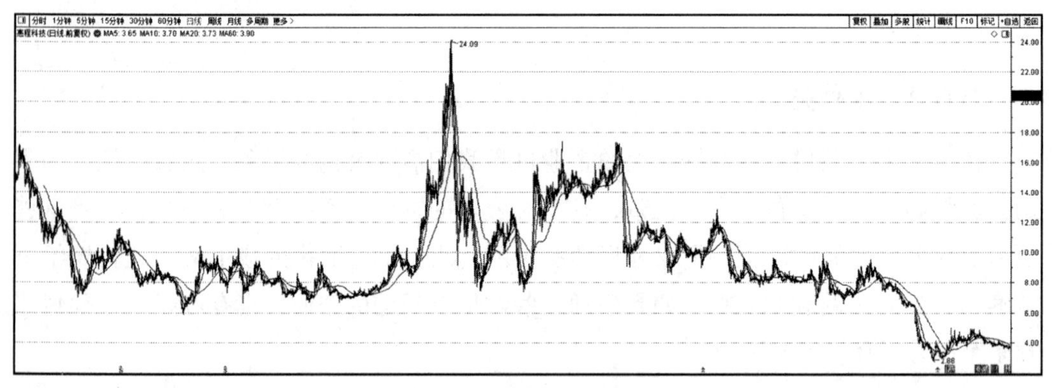

图3-11 惠程科技K线图

案例 2：神雾环保（300156）

公司主营业务包括“乙炔化工”“煤炭温和热解提质”“水环境综合治理”“炼油与化工”和“特色装置”五大板块，以自主创新技术和先发竞争优势，面向全球煤化工、石油化工客户提供节能环保综合解决方案，是国内工业领域绿色低碳发展的先行者和引领者。

2017 年公司的预付款 15.5 亿，而 2016 年公司预付款仅 1.5 亿，一年时间预付款增加了十倍左右；2016 年公司营业收入 31.3 亿，2017 年营业收入下滑了 10% 左右，关键是 2017 年公司的营业收入有一半左右是预付款，这一点就应该值得投资者警惕了。（2018 年公司已经暴雷了，营业收入仅为 0.5 亿，预付款仍然继续挂着）（表 3-41）。

表3-41　预付账款 / 营业收入

| | 2014 | 2015 | 2016 | 2017 | 2018 |
|---|---|---|---|---|---|
| 预付账款（亿元） | 0.9 | 1.3 | 1.5 | 15.5 | 16.6 |
| 营业收入（亿元） | 6.4 | 12.2 | 31.3 | 28.1 | 0.5 |
| 预付账款 / 营业收入 | 0.14 | 0.1 | 0.05 | 0.56 | 33.2 |

再来看看 2017 年公司净利润 3.6 亿，公司经营活动现金流是 -13.6 亿，公司当年的利润都是账面的利润，公司现金流已经在恶化了（表 3-42）。

表3-42　公司数据

| | 2014 | 2015 | 2016 | 2017 | 2018 |
|---|---|---|---|---|---|
| 净利润（亿元） | 0.9 | 1.8 | 7.1 | 3.6 | -14.9 |
| 经营活动现金流（亿元） | 2.8 | 1.1 | 2.2 | -13.6 | -3.8 |

2016 年营业收入 31.3 亿，公司前五大客户就占了 94.38%。而且，营业收入中的 74.32% 都是神雾环保的“自己人”贡献的。在 2017 年的审计报告中也因预付款项被事务所出具保留意见的审计报告，连事务所都无法获得审计证据，预付款项八成是有猫腻的。

公司由于造假，被勒令退市，于 2020 年 8 月 24 日暂停交易。从图 3-12 中我们注意到，在最后的 K 线图下面还有不少成交量。面对一家造假的企业有多少投资者都在“赌”，如果他们有一点常识，就会躲得远远的。

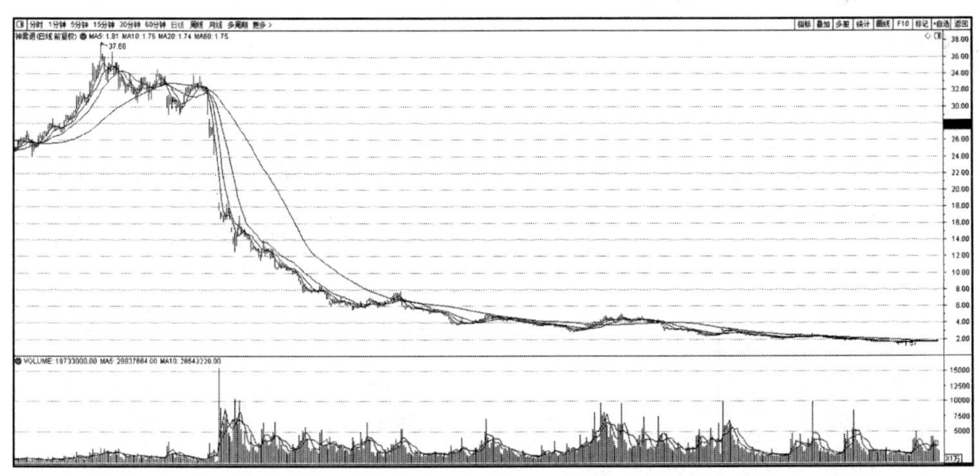

图3-12　神雾环保K线图

### 3.5.3 存货

在现实生活，有些存货是存着越久，越保值，像白酒，越存酒越香；而有些存货是存着越久，越贬值，比如手机、电视。研究这类企业，存货是投资者重点关注的指标之一。

案例 1：欧菲光（002456）

公司主营业务产品包括微摄像头模组、触摸屏和触控显示全贴合模组、指纹识别模组和智能汽车电子产品，广泛应用于以智能手机、平板电脑、智能汽车和可穿戴电子产品等为代表的消费电子和智能汽车领域。

2019 年 4 月 25 日欧菲光公布年报，净利润亏损 5.2 亿，扣非净利润亏损 8.7 亿（表 3-43）。

表3-43 欧菲光2018年年报

| | 2018 年 | 2017 年 | 本年比上年增减 | 2016 年 |
|---|---|---|---|---|
| 营业收入（元） | 43,042,809,935.58 | 33,791,031,433.68 | 27.38% | 26,746,418,937.61 |
| 归属于上市公司股东的净利润（元） | -519,008,316.35 | 822,521,428.67 | -163.10% | 718,825,886.71 |
| 归属于上市公司股东的扣除非经常性损益的净利润（元） | -870,858,434.96 | 687,779,678.44 | -226.62% | 594,192,705.36 |
| 经营活动产生的现金流量净额（元） | 644,506,274.07 | 329,330,346.06 | 95.70% | 810,682,489.05 |
| 基本每股收益（元/股） | -0.1934 | 0.3072 | -162.96% | 0.2757 |
| 稀释每股收益（元/股） | -0.1934 | 0.3029 | -163.85% | 0.2757 |
| 加权平均净资产收益率 | -5.88% | 9.71% | -15.59% | 10.87% |

在资产减值损失里，存货跌价损失高达 16 亿，去年同期存货跌价损失仅 0.6 亿（表 3-44）。

表3-44 资产减值损失

单位：元

| 项目 | 本期发生额 | 上期发生额 |
|---|---|---|
| 一、坏账损失 | 205,462,593.60 | 453,387,044.64 |
| 二、存货跌价损失 | 1,559,625,358.25 | 60,961,244.35 |
| 三、可供出售金融资产减值损失 | 8,369,850.00 | |
| 七、固定资产减值损失 | 28,394,910.84 | 20,701,122.72 |
| 十三、商誉减值损失 | 21,953,447.61 | 203,254,335.40 |
| 十四、其他 | 15,776,522.16 | 4,507,577.76 |
| 合计 | 1,839,582,682.46 | 742,811,324.87 |

公司业绩暴雷，公布年报次日开盘，公司股价连续四个交易日跌停（图 3-13）！

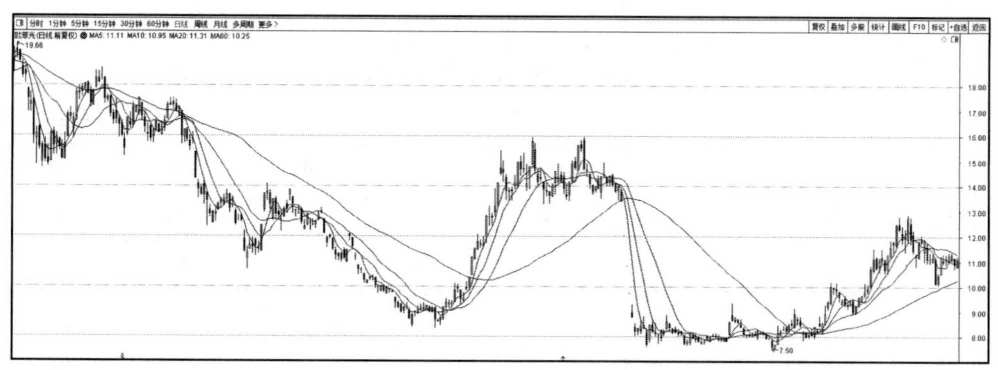

图3-13　欧菲光 K 线图

案例 2：獐子岛（002069）

公司是以海珍品种业、海水增养殖、海洋食品为主业，集冷链物流、渔业装备等相关产业为一体的综合型海洋企业，公司已构建起育种、育苗、养殖、暂养、加工、仓储、流通、贸易的一体化供应链保障体系。

2012 年、2013 年公司存货基本等于营业收入，如果这些存货是白酒类的，问题就不大，但公司的存货大部分扇贝，养殖类的，如何清点这些存货，是非常不容易的一件事。这就容易给造假者提供了一个非常好的造假机会（表 3-45）。

表3-45　存货 / 营业收入

| | 2012 | 2013 | 2014 | 2015 | 2016 | 2017 | 2018 | 2019 | 2020 |
|---|---|---|---|---|---|---|---|---|---|
| 存货（亿元） | 24.49 | 26.84 | 17.07 | 13.96 | 14.73 | 12.09 | 11.39 | 7.05 | 5.62 |
| 营业收入（亿元） | 26.08 | 26.21 | 26.62 | 27.27 | 30.52 | 32.06 | 27.98 | 27.29 | 19.27 |
| 存货 / 营业收入 | 0.94 | 1.02 | 0.64 | 0.5 | 0.48 | 0.38 | 0.4 | 0.26 | 0.29 |

结果 2014 年公司就来了个资产减值损失，存货计提损失，一次性把存货消灭得干干净净（图 3-14）。

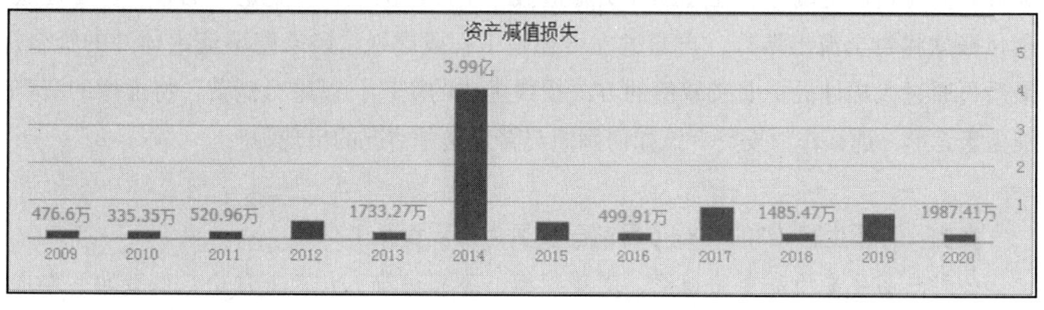


图3-14　资产减值损失

公司当年巨额亏损 11.89 亿，一次性把公司的老底给亏完（表 3-46）。

**表3-46　净利润、营业收入**

单位：亿元

| | 2011 | 2012 | 2013 | 2014 | 2015 | 2016 |
|---|---|---|---|---|---|---|
| 净利润 | 4.98 | 1.06 | 0.97 | −11.89 | −2.43 | −0.52 |
| 营业收入 | 29.37 | 26.08 | 26.21 | 26.62 | 27.27 | 30.52 |

从 2014 年开始，獐子岛的扇贝连续发生 4 次“跑路”事件，分别发生在 2014 年 10 月、2018 年 2 月、2019 年 4 月以及 2020 年 5 月，且计提巨额资产减值，如此反复的戏码，引起了社会的广泛质疑。2018 年 2 月，中国证监会对獐子岛进行立案调查。经过两年多的调查取证，2020 年 6 月，证监会下发行政处罚决定书，揭露了獐子岛 2016 年和 2017 年财务造假的事实，并对其处顶格罚款 60 万元，公司董事长及有关高层领导受到警告和罚款处罚，董事长被处以终身市场禁入。

不知各位投资者朋友们能从獐子岛里得到什么启发呢？

首先看到 2012 ～ 2013 年存货基本等于营业收入，如果是职业投资者的话，第一眼一看基本上就可以排除了，不管里面的机会有多大。因为职业投资者通常都是非常保守的，不能确定的，感觉有风险的，基本上是不碰的，这是自律；农林牧渔这类行业基本上可以说是造假高发区，现在公司存货巨大，为什么要冒这类风险去投资？因为谨慎所以排除，就算是错过了也没什么可后悔的，资本市场根本不缺机会！想通了这点，心态永远是平静的。

### 3.5.4　固定资产、在建工程

有人说财务造假最好的科目是“固定资产、在建工程”，因为这些非流动性资产科目比流动性资产科目在造假上更隐蔽，更难以发现。流动性资产科目造假，比如上文说的应收账款，如果公司的利润含金量非常低，常常会引起投资者的警惕，非常明显。那么如何通过固定资产、在建工程实施造假？正常情况下，实施造假的第一步是通过预付账款将资金流出体外，再通过虚增在建工程或虚增采购来隐藏流出体外的资金，最后再通过大幅计提折旧或减值的方式损毁虚增的资产，以进行掩盖，将虚增的资产消失于无形，那么作为投资者该如何判断与警惕这种情况的出现呢？

**案例：万福生科（300268）（目前已变更为佳沃食品）**

公司产品主要为高麦芽糖浆、麦芽糊精、葡萄糖粉、大米蛋白粉、米糠油、食用米（普米和精米）等。

打开公司 2011 年资产负债表（表 3-47），我们很清楚看到 2011 年公司的预付款项 1.2 亿较 2010 年 0.2 亿，大幅增加了 1 个亿。

**表3-47　资产负债表**

**资产负债表（资产）**

2011 年 12 月 31 日

编制单位：万福生科（湖南）农业开发股份有限公司　　　　金额单位：人民币元

| 资产 | 行次 | 附注号 | 期末余额 | 期初余额 |
|---|---|---|---|---|
| *流动资产* | 1 | | | |
| 货币资金 | 2 | 五、1 | 388,666,614.30 | 57,563,162.25 |
| 交易性金融资产 | 3 | 五、2 | | 7,783,481.00 |
| 应收票据 | 4 | | | |
| 应收账款 | 5 | 五、3 | 36,992,705.84 | 8,093,368.24 |
| 预付款项 | 6 | 五、4 | 119,378,847.66 | 21,727,227.92 |

报告期末，公司预付账款同比增长 449.44%，主要原因系公司募集资金投资项目全面启动，增加预付设备款项所致；

公司的解释：增加预付设备款。这个是体外循环的第一步。

然后再虚增在建工程，2011 年在建工程 0.87 亿，较 2010 年 0.47 亿增长了接近一倍（表 3-48）。

**表3-48　流动资产**

| | | | | |
|---|---|---|---|---|
| **流动资产合计** | 13 | | 793,587,792.45 | 285,880,087.52 |
| *非流动资产* | 14 | | | |
| 可供出售金融资产 | 15 | | | |
| 持有至到期投资 | 16 | | | |
| 长期应收款 | 17 | | | |
| 长期股权投资 | 18 | | | |
| 投资性房地产 | 19 | 五、7 | 1,126,305.12 | 1,192,353.84 |
| 固定资产 | 20 | 五、8 | 142,300,097.72 | 141,875,626.08 |
| 在建工程 | 21 | 五、9 | 86,750,113.38 | 47,425,895.55 |

报告期末，公司在建工程同比增长 82.92%，主要原因系公司提前实施募投项目，募投资金到帐后及时增加募投项目资金投入所致。

公司的解释：在建工程大幅增加是募集资金到账后增加募投项目所致。

在现金流量表里我们看到（表 3-49）：2011 年购建固定资产、无形资产和其他长期资产支付的现金 1.46 亿较 2010 年 1.03 亿增加了 0.43 亿。

**表3-49　现金流量表**

**现金流量表**

2011 年度

编制单位：万福生科（湖南）农业开发股份有限公司　　　　金额单位：人民币元

| 项目 | 行次 | 附注号 | 本期金额 | 上期金额 |
|---|---|---|---|---|
| **一、经营活动产生的现金流量：** | | | | |
| 销售商品、提供劳务收到的现金 | 1 | | 622,884,177.90 | 493,429,034.46 |
| 收到的税费返还 | 2 | | | |
| 收到其他与经营活动有关的现金 | 3 | 五、37 | 10,235,992.70 | 23,509,283.57 |
| **经营活动现金流入小计** | 4 | | 633,120,170.60 | 516,938,318.03 |
| 购买商品、接受劳务支付的现金 | 5 | | 533,889,963.60 | 384,724,934.36 |
| 支付给职工以及为职工支付的现金 | 6 | | 10,860,039.47 | 9,994,169.70 |
| 支付的各项税费 | 7 | | 25,715,503.87 | 25,238,316.58 |
| 支付其他与经营活动有关的现金 | 8 | 五、37 | 29,250,550.20 | 25,346,956.05 |
| **经营活动现金流出小计** | 9 | | 599,716,057.14 | 445,304,376.69 |
| **经营活动产生的现金流量净额** | 10 | | 33,404,113.46 | 71,633,941.34 |
| **二、投资活动产生的现金流量：** | 11 | | | |
| 收回投资收到的现金 | 12 | | 13,767,530.00 | |
| 取得投资收益收到的现金 | 13 | | | 537,590.00 |
| 处置固定资产、无形资产和其他长期资产收回的现金净额 | 14 | | | |
| 处置子公司及其他营业单位收到的现金净额 | 15 | | | |
| 收到其他与投资活动有关的现金 | 16 | | | |
| **投资活动现金流入小计** | 17 | | 13,767,530.00 | 537,590.00 |
| 购建固定资产、无形资产和其他长期资产支付的现金 | 18 | | 145,926,921.68 | 103,128,214.62 |
| 投资支付的现金 | 19 | | 4,000,000.00 | 9,012,861.00 |

最后再看看 2013 年的年报（表 3-50）：通过在建工程减值的方式把虚增的资产一次性损毁，以达到不可告人的目的。

**表3-50　资产减值**

单位：元

| 项目 | 期初账面余额 | 本期增加 | 本期减少 | | 期末账面余额 |
|---|---|---|---|---|---|
| | | | 转回 | 转销 | |
| 一、坏账准备 | 1,115,880.84 | 1,909,023.41 | | | 3,024,904.25 |
| 二、存货跌价准备 | | 3,853,451.57 | | | 3,853,451.57 |
| 七、固定资产减值准备 | | 9,628,474.45 | | | 9,628,474.45 |
| 九、在建工程减值准备 | | 114,625,884.25 | | | 114,625,884.25 |
| 合计 | 1,115,880.84 | 130,016,833.68 | | | 131,132,714.52 |

（6）资产减值损失本年金额为130,016,833.68元，比上年金额增加10,290.02%，其主要原因是：本年计提存货跌价准备3,853,451.57元，固定资产减值准备9,628,474.45元，在建工程减值准备114,625,884.25元。

我们来做个简单的梳理：2011 年预付款 1.2 亿较 2010 年 0.2 亿增加了 1 个亿，通过预付款（购买设备）的方式把资金流出体外；2011 年在建工程 0.87 亿较 2010 年 0.47 亿增加了 0.4 亿，在建工程虚增了 0.4 亿。

而现金流量表：2011 年购建固定资产、无形资产和其他长期资产支付的现金 1.46 亿，这个 1.46 亿流出分两部分，一部分通过购买设备约 1 亿进入预付账款这个科目流出体外，另一部分虚增在建工程 0.4 亿左右。

最后再通过资产减值的方式把虚增的资产一次性损毁。

作为投资者该如何辨别？

万福生科是个粮食加工企业，购买的都是农户的稻谷，与农户的交易都是现款现结，在资产负债表出现大量预付账款不太符合逻辑，还有在建工程虚增了大量的预付设备款，与公司曾停产的事实有着较大的矛盾。

而对于笔者来讲，看到 2011 ～ 2013 年公司营业收入不到 3 个亿，预付账款高达 1.2 亿（表 3-51），光是这一点就已经足够让人警惕，出于宁愿错过，不要做错的心理，这类企业一般情况下笔者都会绕道走。大 A 股几千只企业，为什么不选择更有竞争力、更干净的企业？这是笔者避雷的重要方式：碰到有问题，躲开，绕道走。

**表3-51　成长能力指标**

| 科目\年度 | « 2015 | 2014 | 2013 | 2012 | 2011 | 2010 » |
|---|---|---|---|---|---|---|
| **成长能力指标** | | | | | | |
| 净利润(元) | **-9944.32万** | **510.76万** | **-1.88亿** | **-341.62万** | **114.17万** | **5555.40万** |
| 净利润同比增长率 | -2046.95% | 102.72% | -5396.48% | -399.21% | -97.94% | 40.42% |
| 扣非净利润(元) | -9962.43万 | -821.30万 | -1.90亿 | -693.61万 | -455.98万 | 4974.54万 |
| 扣非净利润同比增长率 | -1113.01% | 95.67% | -2637.63% | -52.11% | -109.17% | 31.39% |
| 营业总收入(元) | 692.49万 | 7749.76万 | 2.20亿 | 2.96亿 | 2.73亿 | 4.34亿 |
| 营业总收入同比增长率 | -91.06% | -64.78% | -25.71% | 8.39% | -36.98% | 32.33% |

## 3.6　企业最强竞争力——“空手套白狼”

在财务报表的世界里有一种说法：有一种竞争优势叫作“没有应收账款”。如果我们把这种竞争优势继续升级呢？我会这样表述：在财务报表的世界里，有个非常强大的竞争优势叫作“拥有大量预收款”。这就是为什么那些投资大佬老是这样说：白酒的商业模式是最顶级的，因为它拥有大量预收款，没有应收账款。

现在我们回归下主题吧，什么叫作“空手套白狼”。

据战国时魏国的史书《竹书纪年》记载：“有神牵白狼衔钩而入商朝。”《帝王世纪》也记载：“汤得天下，有神獐、白狼衔钩入殿朝。”唐朝编成的《艺文类聚》解释白狼说：“白狼，王者仁德明哲则见。”据《国语·周语》记载：周穆王征伐犬戎，得到了四头白狼、四头白鹿，非常高兴地凯旋了。可见白狼是祥瑞的征兆，每个得到它的国君都认为自己的道德高尚，获得了白狼的青睐。所以“空手套白狼”原意是褒奖那些能够空手把祥瑞象征的白狼套住的有道国君和勇士。

不过“空手套白狼”在现代的社会里，却是比喻那些不做任何投资到处行骗的骗子所用的欺骗手段，成了彻彻底底的贬义词。

今天我们用财务报表来解释什么叫作“空手套白狼”。在我个人的认知里（不一定是对的），“空手套白狼”就是不用自己的钱去生产，然后销售，所赚的利润都归自己（公司）。在这里应该会有不少读者朋友们表示惊讶，不用自己的钱去生产，然后销售，所赚的利润都归自己？还有这样的企业？不可能吧？其实这类企业虽然不多，但也不是很少，大多数集中在白酒行业，所以说白酒行业的商业模式是最顶级的。但今天我们不以白酒行业为例子，依然选取海天味业这家企业作为例子。

在这里我先引入一个概念：净营运周期。

净营运周期 =（预付款周转天数 + 存货周转天数 + 应收账款周转天数）-（应付账款周转天数 + 预收账款周转天数）

作为企业经营者如果能够从上游客户获得一定数额的资金并能够获得一定的账款还款期限，表明公司对上游客户有一定的话语权，公司质地不错。

计算公式如下：

应付账款周转率 = 营业成本 / 应付账款期初期末平均值

应付账款周转天数 =365/ 应付账款周转率

预收账款周转天数同样如此，如果公司能够让下游客户提前打款，表明公司产品竞争力非常强，产生了供不应求的情况，下游客户愿意主动提前打款来获得一定数量的货品配额。

计算公式如下：

预收账款周转率 = 营业收入 / 预收账款期初期末平均值

预收账款周转天数 =365/ 预收账款周转率

上面的应付账款周转天数 + 预收账款周转天数，就是公司从上下游客户中获得资金的“期限”。

那么一家企业要去购买原材料，也要支付一定的现金，这个叫预付款，如果这个预付款数额巨大，而且需要提前一段时间打款，表明公司购买的原材料非常短缺，这个叫作原材料风险。投资时要注意。

计算公式如下：

预付款周转率 = 营业成本 / 预付账款期初期末平均值

预付款周转天数 =365/ 预付款周转率

同样存货也是如此，从上游客户买来了原材料，经过加工、存放，才能把货品卖出去，这个过程所需要的天数叫作存货周转天数。

计算公式如下：

存货周转率 = 营业成本 / 存货期初期末平均值

存货周转天数 =365/ 存货周转率

公司把货品卖出去了，但是“钱”还不一定立刻能够收得回来，说不定客户还打了个“欠条”给你，叫你多少天之后过来取。这个“多少天之后过来取”叫作应收账款周转天数。如果这个应收账款数额巨大，欠款周期过长，表明公司产品没有多少竞争力，在产业链中处于弱势地位，所以我们要警惕这些数额巨大的“欠款”能不能要得回来。

计算公式如下：

应收款周转率 = 营业收入 / 应收账款期初期末平均值

应收款周转天数 =365/ 应收款项周转率

上面就是公司从上游客户拿货、加工、销售出去，所花费的全过程。

现在我们把这些简单的关系搞清楚了，那么只要这个净营运周期为负，表明公司就不太需要用自己的本金来从事生产、加工、销售。

> 这里有个小问题，里面有个营业收入及营业成本之间对应的关系。产品销售出去的（应收账款）、提前打款（预收款）对应的是营业收入；购买原材料（预付款）、占用供应商货款（应付款）、货品存放时间（存货）对应的是营业成本。

现在我们来计算下 2020 年海天味业的净营运周期是多少？

预付款周转率 = 营业成本 / 预付款期初期末平均值 =131.8/（0.15+0.19）/2=775

预付款周转天数 =365/775=0.47

存货周转率 = 营业成本 / 存货期初期末平均值 =131.8 /（21+18）/2=6.8

存货周转天数 =365 / 存货周转率 =365/6.8=53.7

应收款周转率 = 营业收入 / 应收款期初期末平均值 =227.9 /（0.42+0.02）/2=1036

应收款周转天数 =365/1036=0.35

应付款周转率 = 营业成本 / 应付款期初期末平均值 =131.8/（14.2+12.9）/2=9.7

应付款周转天数 =365/9.7=37.6

预收款周转率 = 营业收入 / 预收款期初期末平均值 =227.9/（44.5+41）/2=5.3

预收款周转天数 =365/5.3=68.9

2020 年：净营运周期 =（0.47+53.7+0.35）-（37.6+68.9）=-51.98

如果把 2014 ～ 2020 年做下统计（表 3-52）：我们看到这几年公司的净营运周期为负的时间越来越长，表明公司充分利用了上下游的资金为自己生产、销售，体现了公司在这个产业链中拥有非常强大的竞争力。

**表3-52　净营运周期**

| | 2014 | 2015 | 2016 | 2017 | 2018 | 2019 | 2020 |
|---|---|---|---|---|---|---|---|
| 净营运周期 | -34.09 | -22.94 | -21.88 | -35.74 | -43.73 | -51.05 | -51.98 |

股价也就水涨船高了（图 3-15）。不过近期公司股价回撤较大，主要是由于估值过高所引起的。

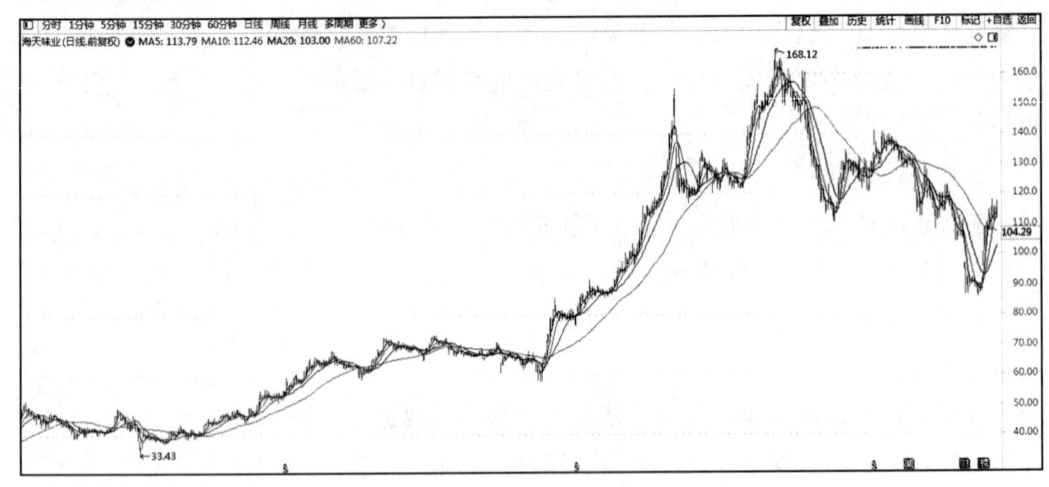


图3-15 海天味业K线图

在大 A 股还有多少净营运周期为负的，如果有条件，读者朋友们可以多找找，只要估值不太贵，还有成长潜力，这类企业就是我们重点寻找的对象。

# 第4章　如何对企业进行研究

## 4.1　盈利能力分析

研究公司第一步首先是要先研究其盈利能力如何。一家年年亏损的企业，你敢买吗？一家不怎么赚钱的企业，你敢买吗？一家盈利能力非常平庸的企业，你很想买吗？笔者是一个非常保守的投资者，是一个非常讲究确定性的投资者，面对资质平庸的企业，我是连看都不想看一眼。因为市场上的平庸企业实在是太多了，你根本没有时间，也看不过来，也没有意义把时间花在平庸的公司上面，就算你错过了黑马，那也只能是错过。在资本市场里，错过了并不代表什么，因为资本市场最不缺的就是"机会"，如果你有本事挖掘出一只"牛股"，那么就有本事继续挖掘第二只"牛股"，除非你是靠运气蒙的。在投资领域里，其实最重要的不是挖掘"牛股"，而是你不能犯大错，有些错误一旦犯了，有时连起来的机会都没有，几十年"本金"有可能一次消失殆尽。所以在投资的世界里后悔是一个"无用且没有意义"的东西，但如果你能够吸取并总结经验教训，保证下次不能犯同样的错误，那么恭喜你，你的投资之路将越走越宽。

回归正题，分析盈利能力最重要的指标是什么？

1979 年巴菲特致股东的信中这样写着："我们判断一家公司经营好坏的主要依据，取决于其净资产收益率 ROE（排除不当的财务杠杆或会计做账），而且是 ROE 常年维持在 15% 左右且不需要追加任何融资就可以盈利的企业。"

净资产收益率 ROE 是我们判断公司最重要，也是最核心的指标，其标准是 ROE 大于 15%，并且是常年维持，而不能是某个年份好，某个年份差，最后是不用追加多少资金就能够持续盈利的企业。

所以，巴菲特这句经典名言可以说是直达投资的本质，里面包含着企业的盈利能力、企业的竞争力、企业的抗风险能力、企业的成长空间。

### 4.1.1　ROE 的故事

什么是净资产收益率 ROE？净资产收益率 ROE（Rate of Return on Common Stockholders' Equity），又称股东权益报酬率 / 净值报酬率 / 权益报酬率 / 权益利润率 / 净资产利润率，是净利润与平均股东权益的百分比，是公司税后利润除以净资产得到的百分比率，该指标反映股东权益的收益水平，用以衡量公司运用自有资本的效率。指标值越高，说明投资带来的收益越高。该指标体现了自有资本获得净收益的能力。

用公式表示为：净资产收益率 = 净利润 / 净资产

巴菲特多次说到这句话："公司能够创造并维持高水平的净资产收益率 ROE 是可遇而不可求的，因为这样的事情实在太少了！"因为当公司的规模扩大时，维持高水平的净资产收益率 ROE 是极其困难的事。曾经有记者问巴菲特，如果只能用一种指标去投资，会选什么，巴菲特毫不犹豫地说出了净资产收益率 ROE。他老人家曾经还说过："我所选择的公司，都是净资产收益率 ROE 超过 20% 的好公司。"

芒格曾说过："从长期来看（比如二十年）投资者的回报非常接近公司的 ROE 水平，而此时买价对投资回报的影响变得不再那么重要。"

既然 ROE 是如此重要，那么我们应该要以什么样的视角去看待呢？下面，我将用一则小故事来引发一些思考：

有一位商人想要投资一些生意，某一天来到一条商业街，里面应有尽有。这位商人来到一家古董店，古董店的老板我们称他为李老板，这位商人向古董店李老板请教了这样的几个问题："古董店每年的营业额多少？投入的自有资金有多少？有没有负债，营业成本多少？员工数量多少？"这位李老板答道："每年的营收 30 万，成本 10 万，投入 100 万，没有负债，每年的利润 20 万，员工数量 1 名。"这位商人算了下，其 ROE=20/100=20%，生意不错。然后指着一个花瓶，问了下老板："这个花瓶成本多少？卖出价多少？"李老板笑着说："这个成本，不知道你信不信，进价 100，我能够卖到 1000。"这位商人嘿嘿一笑，这是个不用多少资本支出，就能获取高毛利、高净利率的古董店啊。

接着来到一家饭店，吃起晚饭来，碰见了饭店的老板，我们称他为张老板，这位商人向张老板问了同样的问题。张老板向这位商人表示：饭店每年营收 100 万，营业成本 80 万，投入 100 万，没有负债，每年的利润 20 万，员工数量 10 名。那么这位商人算了下，ROE=20/100=20%，生意也还不错。这位商人指着一个餐桌，问道："平均一个餐桌收入多少？成本多少？赚到多少？"这位饭店张老板表示："一个餐桌，平均收入 100，成本 70，扣掉杂七杂八的（比如员工工资、水电费）20，纯利大概是 10。"这位商人对张老板竖起拇指，能把这个低毛率、低净利率的饭店经营成这样子，需要什么样的管理水平啊，真心不容易。

这位商人离开了饭店，来到了一个贷款公司，贷款公司的老板，我们称他为黄老板吧，这位商人还是问了同样的问题。这位黄老板表示：每年营收 50 万，成本为 30 万，投入 100 万（里面有 50 万是借的，自有资金为 50 万），每年的利润 20 万。这位商人算了下其 ROE=20/50=40%，非常不错，让人眼前一亮。不过这位商人也只是笑笑，再细问这位黄老板："如果贷款 10 万，每年可以收到多少利息？"这位黄老板表示："贷款 10 万，可以收到 3 万的利息。"

通过这个小故事，我们应该能理解 ROE 的三种商业模式：第一，高毛利率、高净利率；第二，低毛率、高周转率；第三，高杠杆。

这三种生意模式就是经典的杜邦分析（图 4-1）：ROE= 销售净利率 × 总资产周转率 × 权益乘数。对应这三种模式的优劣及风险作为投资者我们要如何评估呢？

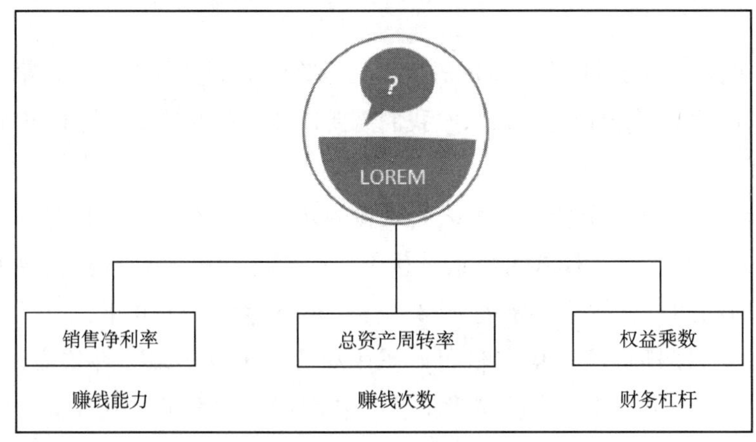


图4-1　杜邦分析

这位商人离开这条商业街，他需要时间静下心来思考，然后通过用杜邦分析法把 ROE 来进行拆解，看看不同的商业模式能够承受多大的风险。

从杜邦分析可以看出，上面的三个公司，分别对应不同的生意模式：

第一类：古董店属于高利润率低周转率的生意，虽然单价很贵，利润丰厚，但是销量一般。用财务指标表示就是以高净利润率和低周转率为特征。

第二类：饭店属于低利润率高周转率的生意，用财务指标来表示就是以低利润率和高周转率为特征。更简单地说，就是我们经常听到的薄利多销。

第三类：贷款公司属于高杠杆生意，属于投入本金少，借钱生蛋，要求风控好。

这三者资产回报率相同（ROA= 净利润 / 总资产 =20%）。因为古董店跟饭店没有任何负债，所以 ROE= 净利润 / 净资产 =20/100=20%；而贷款公司的 ROE= 净利润 / 净资产 =20/50=40%，想不让人动心都不行啊，但是世上有那么好的生意，可以做得长久的吗？

话说回来，这位商人不是简简单单的商人，他从风云变幻的世界里看出：未来即将有一场金融风暴。经过再三思考，这位商人选择了投资古董店，以防止自己的资产将来不会受到太大的波及。

2008 年金融危机，一场可怕的危机已经袭来：总资产高达 1.5 万亿美元的世界两大顶级投行雷曼兄弟和美林相继爆出问题，前者被迫申请破产保护，后者被美国银行收购；总资产高达 1 万亿美元的全球最大保险商美国国际集团（AIG）也难以为继，美国政府在选择接管 AIG 以稳定市场的同时却对其他金融机构“爱莫能助”。

金融风暴也卷袭了这个商业小镇。那个曾经让人眼馋的贷款公司却是第一个倒下的，真让人唏嘘不已。紧接着就是饭店，苦苦坚持了好长一段时间，也没能顶着住这场持久的风暴。最后只剩下这家古董店了，还在苦苦煎熬着，等待着黎明前的那一缕曙光。

故事讲到这里，我们是否需要反思下，为什么让人眼馋的贷款公司第一个就倒下了？而古董店却为什么可以存活最久？我们需要以什么样的角度看待 ROE 这个指标里面暗藏的含义呢？

下面我们从 ROE 这个指标里面谈谈风险的认知。在经济运行良好的时候，贷款公司可是万人迷啊，生意模式可以借钱生钱，借鸡生蛋，把杠杆尽量放大，这样就能获得更大的利润，就像当年雷曼兄弟一样，虽然存活了 150 年，但是经济一出现危机，曾经因为杠杆负债获得的利润，现在却变成了毒药，一针致命，见血封喉。为什么呢？因为公司贷款出去就是为了获得利润，现在由于金融危机，贷出去的现金已经很难收回来了，已经变成了坏账，而公司负债端却要承担大量的负债，每天都要承担巨额的利息支出，企业很快面临着较大的经营风险，这种商业模式已经注定了这种结局，想要避免这种可怕的结局，当局者必须要有非常强烈的危机意识、风控能力及有很强的市场预见能力，在危机到来之前，降低负债，加强贷款质量审核。而古董店为什么可以存活最久？古董店属于低周转高毛利的商业特性，一般情况下支出非常小（员工只有一名），无负债等特征，在金融风暴肆虐的年代里，较少的资本支出却是活着的最关键的一个指标。你试想一下，在一个战争的年代里，一家有八口人，一家只有两口人，口粮一样多，谁能活得更长久点。同理，那个饭店坚持了一段时间，虽然没有负债，但是最后以关门收场，一方面跟金融危机持续的时间长，另一方面与较多的支出有关。难怪巴菲特投资各种类型的企业，他却回避同一个类型——高资本支出企业。

查理芒格说：“我最厌恶那些高资本支出的企业，我们把大部分赚来的利润都用来更新维护设备，年复一年，最后指着这些破铜烂铁说：这是我赚的。”

所以从风险的角度看 ROE 的三种经营模式，风险程度从低到高，高毛利率低周转率＜低毛利率高周转率＜某些高杠杆。

在金融风暴肆虐的几年之后，经济也渐渐有了起色，这位商人也看到了未来经济发展将会越来越强劲，他就又开始琢磨了，在经济前景越来越明朗的年代里，什么样的资产增值最快。这位商人很快明白经营高杠杆的风险与机会，利用经济前景的明朗，加上合理的风控，几年时间生意风生水起。但是一遇到经济前景不明朗的情况，就要加倍小心，这位商人心里像明镜一样。

下面，我们再简单介绍一下权益乘数。

权益乘数对于股权的投资收益率具有加速和放大作用，是一个相对“外部性”的参数。一方面企业杠杆加速了企业投资收益率的扩张，但另一方面，也增加了企业经营风险。如果企业可以用相对低廉的债务成本保持高财务杠杆，说明充分利用了杠杆对于企业盈利能力的放大效应。权益乘数里面特别强调了“外部性”指的是资金不是从利润产生的，而是从外面融资或者借款而来。在经济运行良好的时候或者自身所处的行业处于景气期，投资回报率远大于融资或借款利率，公司就可以运用高杠杆迅速提高 ROE。还是以贷款公司作为例子，本金只有 50 万，借款年利率 5%，贷款公司贷款出去年利率达到 30%，贷款公司借来了 100 万，贷款公司总资产就有了 150 万，全部放贷出去，利息共收得 150 × 30%=45 万，而借了 100 万产生的利息 100 × 5%=5 万，那么贷款公司一年共获得 45 万 − 5 万 =40 万，ROE= 净利润 / 净资产 =40/50=80%，大家想想这样的生意可持续吗？

但是有些高杠杆行业的风险并非风险巨大，比如像水电行业，由于是国家垄断，融资利率较低，一旦大坝建成，每年产生的现金流远远高于资本支出，这类行业才是我们关注的对象，这也是为什么巴菲特喜欢公用事业的原因。

对于某些高杠杆的行业（这里的高杠杆都是指有息负债），我只用一句话：踩着钢丝蝇，跳着舞蹈。

下面来谈谈高净利润率低周转率与低利润率高周转率的成长性如何。

首先来看销售净利率（净利润 / 营业收入），这个指标反映的是公司单位销售收入所能带来的利润率，体现业务利润的丰厚程度。高利润率低周转型企业一般来自能够提供差异化的产品，但是与之带来的是只能吸引到小部分的客户群体，销售面较窄，很难通过高周转提高 ROE。就从上面古董店来说吧，喜欢古董的这部分群体，与大众群体相比是非常少的，因为喜欢古董，不但要有知识、文化，内心还要会欣赏，它不是生活的必需品，但是会随着人民文化水平与生活水平不断地提高慢慢提升占比，这个过程相当缓慢。但是如果古董店 ROE 能够常年维持 20% 左右，远高于社会回报率 5%，这未尝不是个好生意。此时我们是否需要继续思考古董店为什么 ROE 可以常年维持 20% 左右？是不是这个古董店在这个行业中逐渐积累的信誉度、美誉度，让人觉得只有它的东西才是比较可靠，不会作假。对于高利润率低周转率的行业我们一般需要思考：是否掌握着独特的稀缺资源，这里的稀缺资源可以指行政许可、独特的技术、网络效应或规模效应、原材料、品牌等。

低毛利率高周转率通常来说，较高的总资产周转率往往伴随着低利润率，我们称为低利润率高周转率的生意，与上一类刚好相反，它的特征表现为产品差异化不高，行业竞争程度较高，主要靠规模效应取胜。

如何提高总资产周转率呢？

一方面我们要转变思路，从这家企业是否具有成本优势的角度来思考问题，通过平均每件产品的低成本低售价，扩大销售额，扩大规模。

另一方面，就要从分母的角度来考虑问题，如果公司的生意特征不需要在扩张中频繁的融资和资本支出（增加总资产），随着销售规模的扩大，资产的利用率水平也会逐渐提高（每一元资产对应的销售收入）。

我们仍以上面的饭店为例，做饭店的基本满街都是，门槛不高，如何提高饭店的经营水平呢？首先这个饭店要有自己的品牌，物美价廉或者服务好、品质好，顾客客似云来，这个饭店张老板马上扩张把隔壁的门面也租下来了，加大采购额，采购规模一上去，对上游采购商的议价权也会有所增强，单位采购成本也会有所降低，这样这个饭店每年的营业收入从 100 万,一下子增加到 200 万，由于采购成本降低，单张餐桌的平均成本由 70 元变成 65 元，其他不变，那么纯利大概就是 15 元，也就是每单位净利润率从 10% 提高到 15%，总资产周转率是不变的，那么 ROE=15%×2=30%，也就是说当饭店营收变成 200 万了，那么这个饭店的利润从 20 万的净利润变成 60 万了，是多么夸张啊，从这一点看低净利润率高周转率的成长性应优于高净利润率低周转率。

从成长性来看，成长性从低到高为：高净利润率低周转率 < 低净利润高周转率 < 高杠杆。

时光荏苒，这位商人积累了大量的财富，不能再像从前那样，发现一个行业有不错的机会就马上介入，过段时间以较高价格卖出获利。现在他的一举一动已经受到极大的关注，跟风太多，很容易抬高成本，要想让巨额的资产继续增值非常不易，这位商人必须以更长期的视角去看待生意的本质，什么样的生意模式具有非常强的竞争优势，可以让自己存活更为持久。

下面我们来看看这三种模式的经营特性。

（1）低毛利润率高周转率：我们先以饭店为例，随着人民生活水平的提高，工资不会再是以前的工资，物价也不会再是以前的物价，这个饭店虽然也有了规模优势带来的高 ROE，但这个高 ROE 可以一直这样保持下去吗？很显然是有难度，当这个规模优势不能覆盖成本上升带来的压力，那么这个高 ROE 将会从高位慢慢往下滑。现在由于员工工资、水电费、材料成本都在上升，一个餐桌，平均收入 100，综合成本 95，纯利 5 元，也就是每单位净利润率降到了 5%，ROE= 销售净利率 × 总资产周转率 =5%×2=10%，营业收入已经是 200 万，那么这个饭店的净利润也就是 20 万了。规模变大了，由于生产成本的上升，导致 ROE 下滑较快。如果这个饭店由于规模变大，运营管理能力又跟不上，公司综合隐性成本必然又会抬高，那么 ROE 将又会再下降一个台阶。

（2）高净利润率低周转率：我们还以古董店为例，随着人民生活水平的提高，员工工资不会再是以前的工资，进货成本也不再是以前的进货成本，每单位成本从 100 元，涨到目前 150 元，这个算是涨得非常高的，营收还是 30 万，那么 ROE=（30 −15）/100=15%，而毛利率从（1000−100）/1000=90% 到现在变成（1000−150）/1000=85%，从这个例子可以看出，虽然每单位成本增长 50%，非常快，但是对应的毛利率却只从 90% 下降到 85%，只下降了一点，而 ROE 从 20% 下滑到 15%，下降幅度并不会太大，从这一点我们可以看出高毛利低周转率的企业能够应付成本短期上升的压力，对这样的企业我们最重要的是要判断它为什么可以保持高毛利率，高净利润率，是否掌握着独特的稀缺资源？

（3）高杠杆：高杠杆可以分为两种：一种是竞争优势不足，只单纯通过杠杆来提高 ROE，风险较高；另一种是竞争优势非常突出，本身回报率非常高，可以通过高杠杆来提升 ROE，这种企业一般是指国家政府垄断。第一类高杠杆 ROE 的竞争优势是十分弱的，第二类由于是国家政府所垄断的，竞争优势特别突出。

从上面的例子，我们是否可以简单判断这三种模式的竞争优势从低到高：

高杠杆（无竞争力）< 低净利率高周转率 < 高净利率低周转率 < 高杠杆（国家垄断）。

### 4.1.2　从 ROE 判断管理层

从 ROE 判断管理层我会分成两部分解读，一是投资者如何看待 ROE，二是经营者如何管理 ROE。

（1）投资者如何看待 ROE。

时间是 ROE 最大的敌人。

曾经有人问巴菲特，如果只有一种指标去投资，会选什么？巴菲特毫不犹豫地说出了 ROE，在他看来那些 ROE 常年可以维持在 15% 左右，并且不需要股东追加投资就可以盈利的企业，就是非常好的投资项目。

在这里有几个关键词，为什么投资最重要的要选 ROE，为什么要用“常年”，为什么“15%”就是优秀？我们举个例子：假如你有 100 万去投资一家工厂，你希望这

100 万能够带给你多少回报率，如果 20 万，那么回报率就是 20%，如果是 30 万，那么回报率就是 30%，这个回报率就是我们所说的 ROE，是最能体现这家工厂的盈利指标，是我们投资人最看中的指标。为什么要选择“15%”而不是“5%”，现在社会无风险收益率也就是目前的理财产品收益率一年期大约是 4%，那么作为投资人会觉得 5% 的回报率会是优势吗？我们辛辛苦苦地去寻找，花费大量精力应该不会觉得 5% 的回报率就是我们的目标吧，为什么 15% 的回报率会是优秀呢？我们要注意前面加了个“常年”这个词，下面看看这些图表。

我们登录同花顺问财首页，在对话框里输入“2006 ～ 2017 ROE 大于 15%”( 图 4–2 )。

图4–2　登录问财首页

2006 ～ 2017 年 ROE 大于 15%，共有 20 只 ( 表 4–1 )。

表4–1　ROE＞15% ( 2006～2017 )

| 序号 | ☐ | 股票代码 | 股票简称 | 现价(元) | 涨跌幅(%) | 加权净资产收益率(%) ? | | | | | | | | | |
|---|---|---|---|---|---|---|---|---|---|---|---|---|---|---|---|
| | | | | | | 2017.12.31 | 2016.12.31 | 2015.12.31 | 2014.12.31 | 2013.12.31 | 2012.12.31 | 2011.12.31 | 2010.12.31 | 2009.12.31 | 2008.12.31 |
| 1 | ☐ | 002304 | 洋河股份 | 185.50 | -0.63 | 24.08 | 24.01 | 25.37 | 24.53 | 31.44 | 50.53 | 49.16 | 37.13 | 54.31 | 72.51 |
| 2 | ☐ | 601877 | 正泰电器 | 55.58 | -2.20 | 15.35 | 20.62 | 26.37 | 32.17 | 31.11 | 24.16 | 18.39 | 17.16 | 44.31 | 44.57 |
| 3 | ☐ | 002242 | 九阳股份 | 23.57 | -3.44 | 18.40 | 21.36 | 19.72 | 17.79 | 16.38 | 17.06 | 18.07 | 21.62 | 24.98 | 37.53 |
| 4 | ☐ | 002294 | 信立泰 | 30.14 | -0.30 | 25.94 | 28.68 | 30.82 | 30.75 | 29.49 | 27.13 | 20.52 | 20.62 | 32.86 | 57.20 |
| 5 | ☐ | 002146 | 荣盛发展 | 4.08 | -2.86 | 22.44 | 18.74 | 16.49 | 26.08 | 30.51 | 29.89 | 28.26 | 24.06 | 22.29 | 19.35 |
| 6 | ☐ | 002081 | 金螳螂 | 5.62 | -0.88 | 17.88 | 18.11 | 20.29 | 29.52 | 32.36 | 30.80 | 45.30 | 37.36 | 23.93 | 21.72 |
| 7 | ☐ | 600048 | 保利发展 | 12.24 | -3.01 | 16.32 | 15.53 | 18.63 | 21.65 | 22.95 | 21.84 | 20.20 | 18.02 | 18.64 | 17.25 |
| 8 | ☐ | 002236 | 大华股份 | 24.47 | 6.48 | 25.47 | 24.80 | 23.59 | 24.44 | 35.09 | 38.51 | 28.36 | 26.40 | 15.10 | 19.40 |
| 9 | ☐ | 000538 | 云南白药 | 89.32 | -0.72 | 18.55 | 20.03 | 22.43 | 24.86 | 28.94 | 25.16 | 24.29 | 23.07 | 17.98 | 29.40 |
| 10 | ☐ | 600519 | 贵州茅台 | 1,819.94 | 0.87 | 32.95 | 24.44 | 26.23 | 31.96 | 39.43 | 45.00 | 40.39 | 30.91 | 33.55 | 39.01 |
| 11 | ☐ | 601166 | 兴业银行 | 18.14 | -0.49 | 15.35 | 17.28 | 18.89 | 21.21 | 22.39 | 26.65 | 24.67 | 24.64 | 24.54 | 26.06 |
| 12 | ☐ | 002142 | 宁波银行 | 37.30 | -1.48 | 19.02 | 17.74 | 17.68 | 19.45 | 20.41 | 19.97 | 18.81 | 20.53 | 15.79 | 15.91 |
| 13 | ☐ | 000651 | 格力电器 | 36.36 | -0.16 | 37.44 | 30.41 | 27.31 | 35.23 | 35.77 | 31.38 | 34.00 | 36.51 | 33.48 | 30.36 |
| 14 | ☐ | 000069 | 华侨城A | 5.92 | -1.00 | 18.05 | 16.84 | 15.35 | 18.40 | 20.16 | 21.35 | 21.58 | 25.71 | 17.08 | 17.65 |
| 15 | ☐ | 600036 | 招商银行 | 51.56 | -0.37 | 16.54 | 16.27 | 17.09 | 19.28 | 23.12 | 24.78 | 24.17 | 21.75 | 21.18 | 27.41 |
| 16 | ☐ | 600066 | 宇通客车 | 11.48 | 1.32 | 22.15 | 31.24 | 30.19 | 25.54 | 22.80 | 25.86 | 40.58 | 37.68 | 29.27 | 27.72 |
| 17 | ☐ | 000963 | 华东医药 | 35.18 | -3.51 | 23.02 | 22.19 | 42.98 | 30.34 | 25.15 | 26.64 | 28.49 | 28.12 | 40.20 | 25.31 |
| 18 | ☐ | 600276 | 恒瑞医药 | 51.81 | 1.17 | 23.28 | 23.24 | 24.37 | 21.28 | 21.22 | 22.91 | 23.11 | 24.45 | 28.61 | 22.87 |
| 19 | ☐ | 600271 | 航天信息 | 12.24 | -0.08 | 16.16 | 17.97 | 22.04 | 18.04 | 19.07 | 20.08 | 22.09 | 23.78 | 18.29 | 19.09 |
| 20 | ☐ | 600511 | 国药股份 | 30.84 | 0.33 | 16.06 | 16.70 | 18.91 | 24.44 | 21.12 | 19.92 | 19.48 | 26.40 | 24.53 | 25.46 |



2005 ～ 2017 年 ROE 大于 15%，共有 14 只 ( 表 4–2 )。

2004 ～ 2017 年 ROE 大于 15%，共有 10 只 ( 表 4–3 )。

2006 ～ 2017 年 ROE 大于 20%，共有 4 只 ( 表 4–4 )。

表4-2　ROE＞15%（2005～2017）

| 序号 | □ | 股票代码 | 股票简称 | 现价(元) | 涨跌幅(%) | 加权净资产收益率(%) 2017.12.31 | 2016.12.31 | 2015.12.31 | 2014.12.31 | 2013.12.31 | 2012.12.31 | 2011.12.31 | 2010.12.31 | 2009.12.31 | 2008.12.31 |
|---|---|---|---|---|---|---|---|---|---|---|---|---|---|---|---|
| 1 | □ | 002242 | 九阳股份 | 23.57 | -3.44 | 18.40 | 21.36 | 19.72 | 17.79 | 16.38 | 17.06 | 18.07 | 21.62 | 24.98 | 37.53 |
| 2 | □ | 600048 | 保利发展 | 12.24 | -3.01 | 16.32 | 15.53 | 18.63 | 21.65 | 22.95 | 21.84 | 20.20 | 18.02 | 18.64 | 17.25 |
| 3 | □ | 002236 | 大华股份 | 24.47 | 6.48 | 25.47 | 24.80 | 23.59 | 24.44 | 35.09 | 38.51 | 28.36 | 26.40 | 15.10 | 19.40 |
| 4 | □ | 002081 | 金螳螂 | 5.62 | -0.88 | 17.88 | 18.11 | 20.29 | 29.52 | 32.36 | 30.80 | 45.30 | 37.36 | 23.93 | 21.72 |
| 5 | □ | 002146 | 荣盛发展 | 4.08 | -2.86 | 22.44 | 18.74 | 16.49 | 26.08 | 30.51 | 29.89 | 28.26 | 24.06 | 22.29 | 19.35 |
| 6 | □ | 000538 | 云南白药 | 89.32 | -0.72 | 18.55 | 20.03 | 22.43 | 24.86 | 28.94 | 25.16 | 24.29 | 23.07 | 17.98 | 29.40 |
| 7 | □ | 002142 | 宁波银行 | 37.30 | -1.48 | 19.02 | 17.74 | 17.68 | 19.45 | 20.41 | 19.97 | 18.81 | 20.53 | 15.79 | 15.91 |
| 8 | □ | 600519 | 贵州茅台 | 1,819.94 | 0.87 | 32.95 | 24.44 | 26.23 | 31.96 | 39.43 | 45.00 | 40.39 | 30.91 | 33.55 | 39.01 |
| 9 | □ | 601166 | 兴业银行 | 18.14 | -0.49 | 15.35 | 17.28 | 18.89 | 21.21 | 22.39 | 26.65 | 24.67 | 24.64 | 24.54 | 26.06 |
| 10 | □ | 000069 | 华侨城A | 5.92 | -1.00 | 18.05 | 16.84 | 15.35 | 18.40 | 20.16 | 21.35 | 21.58 | 25.71 | 17.08 | 17.65 |
| 11 | □ | 000651 | 格力电器 | 36.36 | -0.16 | 37.44 | 30.41 | 27.31 | 35.23 | 35.77 | 31.38 | 34.00 | 36.51 | 33.48 | 30.36 |
| 12 | □ | 600036 | 招商银行 | 51.56 | -0.37 | 16.54 | 16.27 | 17.09 | 19.28 | 23.12 | 24.78 | 24.17 | 21.75 | 21.18 | 27.41 |
| 13 | □ | 600276 | 恒瑞医药 | 51.81 | 1.17 | 23.28 | 23.24 | 24.37 | 21.28 | 21.22 | 22.91 | 23.11 | 24.45 | 28.61 | 22.87 |
| 14 | □ | 600066 | 宇通客车 | 11.48 | 1.32 | 22.15 | 31.24 | 30.19 | 25.54 | 22.80 | 25.86 | 40.58 | 37.68 | 29.27 | 27.72 |



表4-3　ROE＞15%（2004～2017）

| 序号 | □ | 股票代码 | 股票简称 | 现价(元) | 涨跌幅(%) | 加权净资产收益率(%) 2017.12.31 | 2016.12.31 | 2015.12.31 | 2014.12.31 | 2013.12.31 | 2012.12.31 | 2011.12.31 | 2010.12.31 | 2009.12.31 | 2008.12.31 |
|---|---|---|---|---|---|---|---|---|---|---|---|---|---|---|---|
| 1 | □ | 002142 | 宁波银行 | 37.30 | -1.48 | 19.02 | 17.74 | 17.68 | 19.45 | 20.41 | 19.97 | 18.81 | 20.53 | 15.79 | 15.91 |
| 2 | □ | 002146 | 荣盛发展 | 4.08 | -2.86 | 22.44 | 18.74 | 16.49 | 26.08 | 30.51 | 29.89 | 28.26 | 24.06 | 22.29 | 19.35 |
| 3 | □ | 600048 | 保利发展 | 12.24 | -3.01 | 16.32 | 15.53 | 18.63 | 21.65 | 22.95 | 21.84 | 20.20 | 18.02 | 18.64 | 17.25 |
| 4 | □ | 002081 | 金螳螂 | 5.62 | -0.88 | 17.88 | 18.11 | 20.29 | 29.52 | 32.36 | 30.80 | 45.30 | 37.36 | 23.93 | 21.72 |
| 5 | □ | 000538 | 云南白药 | 89.32 | -0.72 | 18.55 | 20.03 | 22.43 | 24.86 | 28.94 | 25.16 | 24.29 | 23.07 | 17.98 | 29.40 |
| 6 | □ | 600519 | 贵州茅台 | 1,819.94 | 0.87 | 32.95 | 24.44 | 26.23 | 31.96 | 39.43 | 45.00 | 40.39 | 30.91 | 33.55 | 39.01 |
| 7 | □ | 000069 | 华侨城A | 5.92 | -1.00 | 18.05 | 16.84 | 15.35 | 18.40 | 20.16 | 21.35 | 21.58 | 25.71 | 17.08 | 17.65 |
| 8 | □ | 601166 | 兴业银行 | 18.14 | -0.49 | 15.35 | 17.28 | 18.89 | 21.21 | 22.39 | 26.65 | 24.67 | 24.64 | 24.54 | 26.06 |
| 9 | □ | 000651 | 格力电器 | 36.36 | -0.16 | 37.44 | 30.41 | 27.31 | 35.23 | 35.77 | 31.38 | 34.00 | 36.51 | 33.48 | 30.36 |
| 10 | □ | 600036 | 招商银行 | 51.56 | -0.37 | 16.54 | 16.27 | 17.09 | 19.28 | 23.12 | 24.78 | 24.17 | 21.75 | 21.18 | 27.41 |



表4-4　ROE＞20%（2006～2017）

| 序号 | □ | 股票代码 | 股票简称 | 现价(元) | 涨跌幅(%) | 加权净资产收益率(%) 2017.12.31 | 2016.12.31 | 2015.12.31 | 2014.12.31 | 2013.12.31 | 2012.12.31 | 2011.12.31 | 2010.12.31 | 2009.12.31 | 2008.12.31 | 2007.12.31 |
|---|---|---|---|---|---|---|---|---|---|---|---|---|---|---|---|---|
| 1 | □ | 002304 | 洋河股份 | 185.50 | -0.63 | 24.08 | 24.01 | 25.37 | 24.53 | 31.44 | 50.53 | 49.16 | 37.13 | 54.31 | 72.51 | 69.17 |
| 2 | □ | 002294 | 信立泰 | 30.14 | -0.30 | 25.94 | 28.68 | 30.82 | 30.75 | 29.49 | 27.13 | 20.52 | 20.62 | 32.86 | 57.20 | 61.96 |
| 3 | □ | 600519 | 贵州茅台 | 1,819.94 | 0.87 | 32.95 | 24.44 | 26.23 | 31.96 | 39.43 | 45.00 | 40.39 | 30.91 | 33.55 | 39.01 | 39.30 |
| 4 | □ | 000651 | 格力电器 | 36.36 | -0.16 | 37.44 | 30.41 | 27.31 | 35.23 | 35.77 | 31.38 | 34.00 | 36.51 | 33.48 | 30.36 | 31.94 |



从这些表中可以看出，随着时间的拉长，ROE 大于 15%，2006 ～ 2017 年几千只个股只有 20 只符合条件，2005 ～ 2017 年只有 14 只，2004 ～ 2017 年只有 10 只，时间越长，ROE 能够持续保持 15% 的就越少。更不用说取 20% 了，2006 ～ 2017 年选取 ROE 大于 20%，符合条件的也就只有 4 只。所以 ROE 能够常年保持 15% 的都是凤毛麟角，毕竟任何行业和任何公司都有周期，有周期就有波动。

（2）经营者如何管理 ROE。

①好的管理层。不同的行业属性对应着不同程度的 ROE，不能拿互联网的 ROE 跟制造业的 ROE 相比。用最近 10 年的数据去统计不同行业 ROE 平均值的话，你会发现，某些行业可以长期维持在比较高的 ROE 水平（比如互联网、医药、白酒），而另外一些行业则只能保持着低 ROE 水平（诸如铁路、造纸、货运等）。所以不能面对低 ROE 的行业指着管理层作出激烈的批评与指责，但是我们却可以通过同行业的对比来看待管理者如何通过管理，进而有效提升 ROE。

在同花顺问财首页的对话框里输入“2012 ～ 2017 水泥行业 ROE 大于 3%”。

2012 ～ 2017 年水泥行业 ROE 大于 3%，有 9 家（表 4-5）。

**表4-5　水泥行业ROE＞3%（2012～2017）**

| 序号 | ☐ | 股票代码 | 股票简称 | 现价(元) | 涨跌幅(%) | 加权净资产收益率(%) | | | | | |
|---|---|---|---|---|---|---|---|---|---|---|---|
| | | | | | | 2017.12.31 | 2016.12.31 | 2015.12.31 | 2014.12.31 | 2013.12.31 | 2012.12.31 |
| 1 | ☐ | 600668 | 尖峰集团 | 11.06 | -0.27 | 13.94 | 12.56 | 9.47 | 14.86 | 12.42 | 11.17 |
| 2 | ☐ | 600585 | 海螺水泥 | 37.82 | -0.53 | 19.12 | 11.59 | 11.03 | 18.47 | 18.05 | 13.50 |
| 3 | ☐ | 600720 | 祁连山 | 9.44 | -1.46 | 11.24 | 3.43 | 3.72 | 12.81 | 11.82 | 5.97 |
| 4 | ☐ | 601992 | 金隅集团 | 2.72 | -1.80 | 6.26 | 6.72 | 6.24 | 8.24 | 12.35 | 13.82 |
| 5 | ☐ | 000789 | 万年青 | 11.15 | -2.02 | 15.61 | 8.44 | 9.70 | 23.95 | 23.13 | 12.10 |
| 6 | ☐ | 002233 | 塔牌集团 | 9.87 | -2.28 | 13.36 | 10.10 | 8.90 | 15.24 | 11.11 | 5.94 |
| 7 | ☐ | 002742 | 三圣股份 | 6.24 | -2.35 | 13.33 | 9.37 | 11.10 | 15.96 | 18.80 | 22.69 |
| 8 | ☐ | 000672 | 上峰水泥 | 17.00 | -2.52 | 42.62 | 8.31 | 3.52 | 22.82 | 19.85 | 3.54 |
| 9 | ☐ | 000546 | 金圆股份 | 9.38 | -3.50 | 13.80 | 15.20 | 15.06 | 13.08 | 12.87 | 3.40 |



2012 ～ 2017 年水泥行业 ROE 大于 5%，只有 6 家（表 4-6）。

**表4-6　水泥行业ROE＞5%（2012～2017）**

| 序号 | ☐ | 股票代码 | 股票简称 | 现价(元) | 涨跌幅(%) | 加权净资产收益率(%) | | | | | |
|---|---|---|---|---|---|---|---|---|---|---|---|
| | | | | | | 2017.12.31 | 2016.12.31 | 2015.12.31 | 2014.12.31 | 2013.12.31 | 2012.12.31 |
| 1 | ☐ | 600668 | 尖峰集团 | 11.06 | -0.27 | 13.94 | 12.56 | 9.47 | 14.86 | 12.42 | 11.17 |
| 2 | ☐ | 600585 | 海螺水泥 | 37.82 | -0.53 | 19.12 | 11.59 | 11.03 | 18.47 | 18.05 | 13.50 |
| 3 | ☐ | 601992 | 金隅集团 | 2.72 | -1.80 | 6.26 | 6.72 | 6.24 | 8.24 | 12.35 | 13.82 |
| 4 | ☐ | 000789 | 万年青 | 11.15 | -2.02 | 15.61 | 8.44 | 9.70 | 23.95 | 23.13 | 12.10 |
| 5 | ☐ | 002233 | 塔牌集团 | 9.87 | -2.28 | 13.36 | 10.10 | 8.90 | 15.24 | 11.11 | 5.94 |
| 6 | ☐ | 002742 | 三圣股份 | 6.24 | -2.35 | 13.33 | 9.37 | 11.10 | 15.96 | 18.80 | 22.69 |



2012 ～ 2017 年水泥行业 ROE 大于 10%，只有 1 家（表 4-7）。

**表4-7　水泥行业ROE＞10%（2012～2017）**

| 序号 | ☐ | 股票代码 | 股票简称 | 所属同花顺行业 | 加权净资产收益率(%) | | | | | |
|---|---|---|---|---|---|---|---|---|---|---|
| | | | | | 2017.12.31 | 2016.12.31 | 2015.12.31 | 2014.12.31 | 2013.12.31 | 2012.12.31 |
| 1 | ☐ | 600585 | 海螺水泥 | 建筑材料-建筑材料-水泥 | 19.12 | 11.59 | 11.03 | 18.47 | 18.05 | 13.50 |

从 2012 年到 2017 年整个水泥行业共有 27 家企业，ROE 保持 10% 以上的就只有海螺水泥了，期间海螺水泥股价也表现最为强劲（图 4-3）。

为什么只有海螺成为水泥行业的优秀者呢？下面我们简单通过杜邦分析来拆解下（图 4-4）。

首先从权益乘数来看。

在同花顺问财首页的对话框里输入：“2012 ～ 2017 年 水泥行业 资产负债率”。

剔除博闻科技，我们发现海螺水泥负债率是最低的，不依靠高杠杆是值得赞许的（表 4-8）。

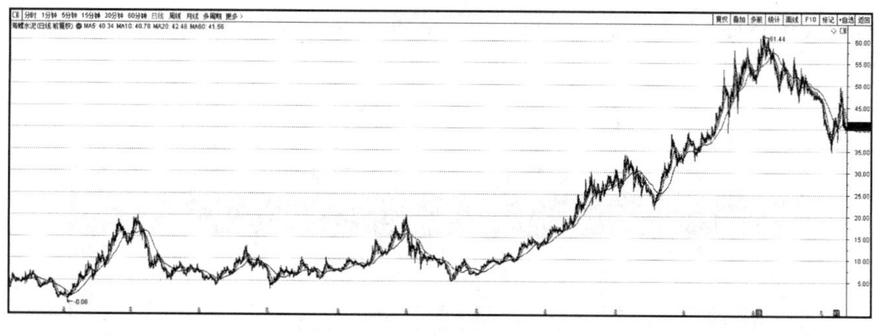

图4-3　海螺水泥K线图

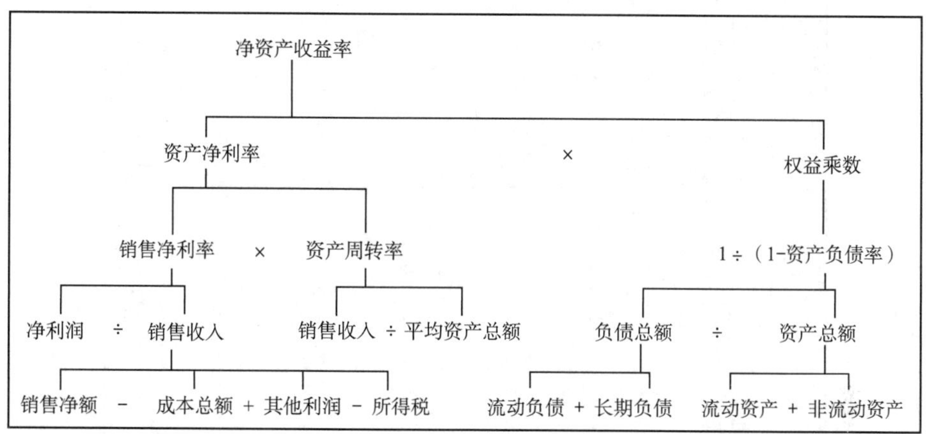


图4-4　杜邦分析

表4-8　资产负债率

| 股票代码 | 股票简称 | 资产负债率(%) | | | | | |
|---|---|---|---|---|---|---|---|
| | | 2017.12.31 | 2016.12.31 | 2015.12.31 | 2014.12.31 | 2013.12.31 | 2012.12.31 |
| 000023.SZ | 深天地A | 75.4666 | 69.9066 | 71.4821 | 71.1966 | 69.1395 | 66.5814 |
| 000401.SZ | 冀东水泥 | 72.5263 | 73.0765 | 72.5467 | 69.4987 | 67.7456 | 67.7956 |
| 000546.SZ | 金圆股份 | 51.6107 | 54.4929 | 54.3304 | 58.1223 | 30.1097 | 57.3679 |
| 000672.SZ | 上峰水泥 | 60.7327 | 72.4193 | 60.1407 | 53.8752 | 55.5556 | 72.7805 |
| 000789.SZ | 万年青 | 44.6705 | 48.2544 | 54.6393 | 52.43 | 54.7725 | 60.2432 |
| 000877.SZ | 天山股份 | 55.2349 | 63.294 | 63.7895 | 62.6193 | 62.8498 | 60.3513 |
| 000935.SZ | 四川双马 | 41.394 | 38.5493 | 40.0878 | 27.7294 | 28.6761 | 31.7421 |
| 002233.SZ | 塔牌集团 | 16.3825 | 30.4332 | 27.4122 | 21.3263 | 29.8451 | 32.2074 |
| 002302.SZ | 西部建设 | 63.1751 | 67.1744 | 65.1992 | 62.9903 | 58.7786 | 56.9359 |
| 002596.SZ | 海南瑞泽 | 53.297 | 44.8054 | 33.7938 | 37.9452 | 42.8466 | 32.5471 |
| 002671.SZ | 龙泉股份 | 42.6996 | 39.8107 | 40.3752 | 36.5886 | 41.2071 | 37.5725 |
| 002742.SZ | 三圣股份 | 61.4301 | 51.6574 | 42.4907 | 52.6174 | 53.7521 | 43.0928 |
| 600326.SH | 西藏天路 | 56.8661 | 53.8863 | 47.185 | 54.7727 | 54.2812 | 50.4234 |
| 600425.SH | 青松建化 | 58.3296 | 58.6902 | 56.4513 | 51.3133 | 48.6007 | 49.7553 |
| 600449.SH | 宁夏建材 | 34.4008 | 42.7096 | 42.8188 | 44.6523 | 43.6607 | 45.9442 |
| 600585.SH | 海螺水泥 | 24.7076 | 26.6772 | 30.128 | 31.9226 | 36.8758 | 41.5288 |
| 600668.SH | 尖峰集团 | 32.3646 | 36.1142 | 36.0075 | 40.5425 | 40.8455 | 40.7409 |
| 600678.SH | 四川金顶 | 93.3303 | 98.8959 | 92.0262 | 92.3297 | 81.3871 | 72.2816 |
| 600720.SH | 祁连山 | 41.7969 | 47.977 | 48.6908 | 51.4923 | 57.2044 | 59.8919 |
| 600724.SH | 宁波富达 | 82.5832 | 77.8386 | 81.9881 | 75.9755 | 76.0831 | 79.1601 |
| 600801.SH | 华新水泥 | 56.866 | 58.5306 | 56.9283 | 57.58 | 61.5907 | 63.5073 |
| 600802.SH | 福建水泥 | 74.0914 | 70.9036 | 68.6633 | 60.7044 | 61.721 | 56.5849 |
| 600883.SH | 博闻科技 | 6.5801 | 8.268 | 10.7708 | 9.7656 | 7.1536 | 7.397 |
| 601992.SH | 金隅集团 | 69.8899 | 69.8127 | 67.7377 | 68.6672 | 69.6222 | 69.9084 |
| 603616.SH | 韩建河山 | 57.6946 | 52.1741 | 43.6873 | 67.6995 | 73.2816 | 67.2534 |
| 003037.SZ | 三和管桩 | -- | -- | -- | -- | -- | -- |
| 605122.SH | 四方新材 | -- | -- | -- | -- | -- | -- |

数据来源于：i问财网站（iwencai.com）

再来看看销售净利润率与资产周转率（表 4-9）。

**表4-9　销售净利率、总资产周转率**

| A | B | C | D | E | F | G | H |
|---|---|---|---|---|---|---|---|
| 股票代码 | 股票简称 | 销售净利率（%） | | | | | |
| | | 2017.12.31 | 2016.12.31 | 2015.12.31 | 2014.12.31 | 2013.12.31 | 2012.12.31 |
| 000023.SZ | 深天地A | 2.334 | 1.5672 | 2.5664 | 1.3793 | 1.1054 | 0.5844 |
| 000401.SZ | 冀东水泥 | 0.8577 | -0.1918 | -19.3581 | -1.7714 | 1.2649 | 0.9442 |
| 000546.SZ | 金圆股份 | 7.9226 | 15.1479 | 15.5611 | 17.8369 | 23.2051 | 4.5532 |
| 000672.SZ | 上峰水泥 | 16.7374 | 4.7683 | 2.9658 | 13.4997 | 10.2473 | 1.2344 |
| 000789.SZ | 万年青 | 11.8698 | 6.8331 | 6.1421 | 13.1086 | 11.2961 | 6.0322 |
| 000877.SZ | 天山股份 | 3.9767 | 0.3798 | -13.271 | 3.8938 | 4.8237 | 6.2596 |
| 000935.SZ | 四川双马 | 8.9861 | 4.8387 | -5.3508 | 8.306 | 9.7813 | 3.8736 |
| 002233.SZ | 塔牌集团 | 15.8127 | 12.5283 | 9.9241 | 13.633 | 10.413 | 5.7603 |
| 002302.SZ | 西部建设 | 0.9546 | 2.7841 | 3.5618 | 3.5797 | 5.2389 | 6.3234 |
| 002596.SZ | 海南瑞泽 | 6.2991 | 3.9537 | 4.9598 | 2.0192 | 3.9308 | 6.487 |
| 002671.SZ | 龙泉股份 | 4.7937 | 3.0343 | 4.2131 | 12.7239 | 13.0889 | 12.9816 |
| 002742.SZ | 三圣股份 | 9.9733 | 7.9664 | 8.7356 | 7.9654 | 8.7171 | 9.6522 |
| 600326.SH | 西藏天路 | 16.1269 | 13.922 | 9.6362 | 7.8544 | 1.9112 | -1.1608 |
| 600425.SH | 青松建化 | -2.892 | -41.3306 | -53.0758 | -4.3349 | 3.5348 | 4.7909 |
| 600449.SH | 宁夏建材 | 8.6854 | 2.5882 | 1.7242 | 8.4739 | 8.899 | 3.1545 |
| 600585.SH | 海螺水泥 | 21.8146 | 16.0028 | 14.9638 | 19.0716 | 17.7545 | 14.1201 |
| 600668.SH | 尖峰集团 | 13.6954 | 12.9824 | 9.8774 | 14.1592 | 11.0063 | 11.3959 |
| 600678.SH | 四川金顶 | 15.5884 | -32.4911 | 3.5901 | -69.7466 | 14.7742 | 3426.989 |
| 600720.SH | 祁连山 | 8.8633 | 2.6438 | 2.7874 | 9.0415 | 9.284 | 4.0823 |
| 600724.SH | 宁波富达 | -21.3677 | 4.8711 | -40.6495 | 5.1268 | 9.8866 | 10.3083 |
| 600801.SH | 华新水泥 | 10.588 | 4.59 | 1.6999 | 9.3383 | 8.7243 | 5.4333 |
| 600802.SH | 福建水泥 | -14.0238 | -4.2234 | -35.1249 | 3.5428 | 1.725 | 1.6022 |
| 600883.SH | 博闻科技 | 96.5581 | 98.5746 | 580.8713 | -322.0551 | 18.9553 | 12.6241 |
| 601992.SH | 金隅集团 | 4.6332 | 5.6356 | 4.7674 | 6.5686 | 7.2408 | 9.2507 |
| 603616.SH | 韩建河山 | -7.1682 | 2.0538 | 3.4424 | 6.4559 | 8.7325 | 9.2924 |
| 003037.SZ | 三和管桩 | -- | -- | -- | -- | -- | -- |
| 605122.SH | 四方新材 | -- | -- | -- | -- | -- | -- |

数据来源于：i问财网站（iwencai.com）

| 股票代码 | 股票简称 | 总资产周转率（次） | | | | | |
|---|---|---|---|---|---|---|---|
| | | 2017.12.31 | 2016.12.31 | 2015.12.31 | 2014.12.31 | 2013.12.31 | 2012.12.31 |
| 000023.SZ | 深天地A | 0.7094 | 0.6559 | 0.6828 | 0.775 | 0.8343 | 0.7593 |
| 000401.SZ | 冀东水泥 | 0.3706 | 0.2981 | 0.2603 | 0.3595 | 0.3714 | 0.3673 |
| 000546.SZ | 金圆股份 | 0.7739 | 0.4559 | 0.4408 | 0.6272 | 0.2509 | 0.2804 |
| 000672.SZ | 上峰水泥 | 0.7775 | 0.5559 | 0.475 | 0.7643 | 1.493 | 0.7674 |
| 000789.SZ | 万年青 | 0.8418 | 0.647 | 0.6257 | 0.8012 | 0.8219 | 0.6553 |
| 000877.SZ | 天山股份 | 0.3833 | 0.2565 | 0.2394 | 0.3047 | 0.3908 | 0.4464 |
| 000935.SZ | 四川双马 | 0.4772 | 0.4121 | 0.3887 | 0.4192 | 0.4154 | 0.3791 |
| 002233.SZ | 塔牌集团 | 0.5524 | 0.5684 | 0.6701 | 0.8212 | 0.7225 | 0.6738 |
| 002302.SZ | 西部建设 | 0.9217 | 0.8634 | 0.8788 | 1.0285 | 1.4317 | 0.7729 |
| 002596.SZ | 海南瑞泽 | 0.6455 | 0.5188 | 0.6754 | 0.6049 | 0.7449 | 0.8721 |
| 002671.SZ | 龙泉股份 | 0.2742 | 0.2679 | 0.2026 | 0.5642 | 0.55 | 0.7126 |
| 002742.SZ | 三圣股份 | 0.5407 | 0.6125 | 0.7854 | 0.9277 | 1.0806 | 1.3111 |
| 600326.SH | 西藏天路 | 0.4725 | 0.427 | 0.5131 | 0.4651 | 0.6197 | 0.6501 |
| 600425.SH | 青松建化 | 0.2124 | 0.1701 | 0.1509 | 0.2285 | 0.2101 | 0.2677 |
| 600449.SH | 宁夏建材 | 0.5737 | 0.4729 | 0.4007 | 0.4827 | 0.5361 | 0.4167 |
| 600585.SH | 海螺水泥 | 0.6502 | 0.5196 | 0.4901 | 0.6221 | 0.6119 | 0.5336 |
| 600668.SH | 尖峰集团 | 0.6919 | 0.6239 | 0.611 | 0.6479 | 0.7191 | 0.6088 |
| 600678.SH | 四川金顶 | 0.4734 | 0.2467 | 0.1432 | 0.1589 | 0.1263 | 0.0216 |
| 600720.SH | 祁连山 | 0.5738 | 0.4757 | 0.4468 | 0.5647 | 0.552 | 0.4505 |
| 600724.SH | 宁波富达 | 0.2788 | 0.3344 | 0.1506 | 0.2738 | 0.2461 | 0.2502 |
| 600801.SH | 华新水泥 | 0.7212 | 0.5112 | 0.515 | 0.6166 | 0.6509 | 0.5562 |
| 600802.SH | 福建水泥 | 0.4313 | 0.2792 | 0.2918 | 0.4085 | 0.4027 | 0.4071 |
| 600883.SH | 博闻科技 | 0.0385 | 0.0181 | 0.0175 | 0.0209 | 0.0472 | 0.1033 |
| 601992.SH | 金隅集团 | 0.289 | 0.2815 | 0.3321 | 0.3845 | 0.4922 | 0.4255 |
| 603616.SH | 韩建河山 | 0.4085 | 0.4243 | 0.4181 | 0.8765 | 0.7635 | 0.6215 |
| 003037.SZ | 三和管桩 | -- | -- | -- | -- | -- | -- |
| 605122.SH | 四方新材 | -- | -- | -- | -- | -- | -- |

数据来源于：i问财网站（iwencai.com）

剔除博闻科技，我们发现海螺净利润率是全行业最高的，总资产周转率是属于中上，所以海螺水泥 ROE 高于全行业是由于高净利润率和较高资产周转率，而不是依靠高杠杆，从竞争优势来说，是非常具有竞争力的。如果各位读者喜欢继续挖，那么我们再思考下为什么海螺水泥净利润率那么高呢？

**表4-10　销售毛利率、销售净利率**

| 股票代码 | 股票简称 | 销售毛利率(%) | | | | | |
|---|---|---|---|---|---|---|---|
| | | 2017.12.31 | 2016.12.31 | 2015.12.31 | 2014.12.31 | 2013.12.31 | 2012.12.31 |
| 000023.SZ | 深天地A | 11.0985 | 12.9775 | 18.0151 | 12.5324 | 13.1514 | 10.7968 |
| 000401.SZ | 冀东水泥 | 29.8273 | 24.1735 | 15.3239 | 20.9618 | 25.4801 | 23.6565 |
| 000546.SZ | 金圆股份 | 18.5648 | 36.9582 | 33.3522 | 28.7559 | 19.8643 | 30.8079 |
| 000672.SZ | 上峰水泥 | 34.6881 | 20.2465 | 16.7131 | 29.1595 | 24.185 | 16.1908 |
| 000789.SZ | 万年青 | 26.3636 | 23.5206 | 21.0585 | 27.2392 | 26.0977 | 19.6245 |
| 000877.SZ | 天山股份 | 29.0014 | 21.5382 | 13.1417 | 20.5677 | 21.3086 | 20.3109 |
| 000935.SZ | 四川双马 | 21.6913 | 16.9764 | 10.5397 | 19.9979 | 17.3707 | 9.0208 |
| 002233.SZ | 塔牌集团 | 29.5177 | 26.1022 | 23.3184 | 29.5085 | 25.8583 | 21.8898 |
| 002302.SZ | 西部建设 | 8.9379 | 11.0094 | 12.879 | 12.0116 | 12.829 | 15.6799 |
| 002596.SZ | 海南瑞泽 | 19.1172 | 21.3696 | 18.7973 | 16.0564 | 15.8415 | 16.9796 |
| 002671.SZ | 龙泉股份 | 38.7843 | 34.5541 | 40.4746 | 32.5587 | 35.1956 | 34.9916 |
| 002742.SZ | 三圣股份 | 23.6335 | 24.2002 | 21.6375 | 19.2816 | 19.1243 | 20.2105 |
| 600326.SH | 西藏天路 | 29.1546 | 27.5478 | 26.5681 | 26.4035 | 16.0467 | 11.5725 |
| 600425.SH | 青松建化 | 18.233 | 13.404 | -8.2035 | 4.1249 | 13.1174 | 16.4111 |
| 600449.SH | 宁夏建材 | 31.4068 | 28.9437 | 24.4081 | 28.4773 | 28.4043 | 20.1543 |
| 600585.SH | 海螺水泥 | 35.0854 | 32.4715 | 27.6369 | 33.7305 | 33.0131 | 27.7591 |
| 600668.SH | 尖峰集团 | 34.0747 | 24.3408 | 20.786 | 23.109 | 20.5488 | 19.621 |
| 600678.SH | 四川金顶 | 27.1372 | 15.9133 | -5.5265 | 16.0452 | 13.5432 | -3.3302 |
| 600720.SH | 祁连山 | 30.8655 | 28.237 | 21.9763 | 29.5229 | 29.5204 | 21.2022 |
| 600724.SH | 宁波富达 | 24.9745 | 32.5788 | 35.0842 | 40.8968 | 26.6555 | 43.5548 |
| 600801.SH | 华新水泥 | 29.5501 | 26.2814 | 23.6552 | 29.4924 | 27.9268 | 24.397 |
| 600802.SH | 福建水泥 | 15.261 | 7.9801 | 2.1347 | 16.5864 | 12.0638 | 8.1932 |
| 600883.SH | 博闻科技 | 2.0672 | -13.5321 | -20.4083 | -12.2762 | 2.3946 | 11.5723 |
| 601992.SH | 金隅集团 | 25.1943 | 23.4542 | 25.4104 | 24.1714 | 22.3039 | 24.4593 |
| 603616.SH | 韩建河山 | 19.539 | 24.0312 | 26.6018 | 26.9583 | 31.4112 | 31.9259 |
| 003037.SZ | 三和管桩 | -- | -- | -- | -- | -- | -- |
| 605122.SH | 四方新材 | -- | -- | -- | -- | -- | -- |

数据来源于：i问财网站（iwencai.com）

| 股票代码 | 股票简称 | 销售净利率(%) | | | | | |
|---|---|---|---|---|---|---|---|
| | | 2017.12.31 | 2016.12.31 | 2015.12.31 | 2014.12.31 | 2013.12.31 | 2012.12.31 |
| 000023.SZ | 深天地A | 2.334 | 1.5672 | 2.5664 | 1.3793 | 1.1054 | 0.5844 |
| 000401.SZ | 冀东水泥 | 0.8577 | -0.1918 | -19.3581 | -1.7714 | 1.2649 | 0.9442 |
| 000546.SZ | 金圆股份 | 7.9226 | 15.1479 | 15.5611 | 17.8369 | 23.2051 | 4.5532 |
| 000672.SZ | 上峰水泥 | 16.7374 | 4.7683 | 2.9658 | 13.4997 | 10.2473 | 1.2344 |
| 000789.SZ | 万年青 | 11.8698 | 6.8331 | 6.1421 | 13.1086 | 11.2961 | 6.0322 |
| 000877.SZ | 天山股份 | 3.9767 | 0.3798 | -13.271 | 3.8938 | 4.8237 | 6.2596 |
| 000935.SZ | 四川双马 | 8.9861 | 4.8387 | -5.3508 | 8.306 | 9.7813 | 3.8736 |
| 002233.SZ | 塔牌集团 | 15.8127 | 12.5283 | 9.9241 | 13.633 | 10.413 | 5.7603 |
| 002302.SZ | 西部建设 | 0.9546 | 2.7841 | 3.5618 | 3.5797 | 5.2389 | 6.3234 |
| 002596.SZ | 海南瑞泽 | 6.2991 | 3.9537 | 4.9598 | 2.0192 | 3.9308 | 6.487 |
| 002671.SZ | 龙泉股份 | 4.7937 | 3.0343 | 4.2131 | 12.7239 | 13.0889 | 12.9816 |
| 002742.SZ | 三圣股份 | 9.9733 | 7.9664 | 8.7356 | 7.9654 | 8.7171 | 9.6522 |
| 600326.SH | 西藏天路 | 16.1269 | 13.922 | 9.6362 | 7.8544 | 1.9112 | -1.1608 |
| 600425.SH | 青松建化 | -2.892 | -41.3306 | -53.0758 | -4.3349 | 3.5348 | 4.7909 |
| 600449.SH | 宁夏建材 | 8.6854 | 2.5882 | 1.7242 | 8.4739 | 8.899 | 3.1545 |
| 600585.SH | 海螺水泥 | 21.8146 | 16.0028 | 14.9638 | 19.0716 | 17.7545 | 14.1201 |
| 600668.SH | 尖峰集团 | 13.6954 | 12.9824 | 9.8774 | 14.1592 | 11.0063 | 11.3959 |
| 600678.SH | 四川金顶 | 15.5884 | -32.4911 | 3.5901 | -69.7466 | 14.7742 | 3426.989 |
| 600720.SH | 祁连山 | 8.8633 | 2.6438 | 2.7874 | 9.0415 | 9.284 | 4.0823 |
| 600724.SH | 宁波富达 | -21.3677 | 4.8711 | -40.6495 | 5.1268 | 9.8866 | 10.3083 |
| 600801.SH | 华新水泥 | 10.588 | 4.59 | 1.6999 | 9.3383 | 8.7243 | 5.4333 |
| 600802.SH | 福建水泥 | -14.0238 | -4.2234 | -35.1249 | 3.5428 | 1.725 | 1.6022 |
| 600883.SH | 博闻科技 | 96.5581 | 98.5746 | 580.8713 | -322.0551 | 18.9553 | 12.6241 |
| 601992.SH | 金隅集团 | 4.6332 | 5.6356 | 4.7674 | 6.5686 | 7.2408 | 9.2507 |
| 603616.SH | 韩建河山 | -7.1682 | 2.0538 | 3.4424 | 6.4559 | 8.7325 | 9.2924 |
| 003037.SZ | 三和管桩 | -- | -- | -- | -- | -- | -- |
| 605122.SH | 四方新材 | -- | -- | -- | -- | -- | -- |

从表 4-10 的数据中，我们发现海螺水泥是毛利率最高的一个，三费占比是最低的一个（净利润率 = 毛利率 - 三费占比），在水泥行业里，由于同质化严重，我们不可能通过提高销售价格来提升毛利率，那么问题只能是降低单位成本了。海螺水泥是如何降低单位成本？这是海螺水泥管理层的管理能力与运营能力的体现。

②差的管理层。我可以忍受 ROE 短期的波动，但绝不允许 ROE 平庸化（这是我个人的认知，不一定正确），这句话怎么理解呢？企业是如何创造价值，就是以高于融资成本的资本回报率来实现增长，并且最终转化为现金。一家成长型的公司要想快速发展就必须大量融资，这笔融资的钱短时间不可能产生效益，它会转为新建厂房，扩大生产，需要一段时间来消化，这时 ROE 会从比较高的水平慢慢下降，因为短期支出增加，而利润并不会随着增加，此时 ROE 的下降并不是因为公司经营出现问题。这个就像你开饭店装修期间，营业收入短期会受到影响，实质是为了后期能够产生更多的利润作出了短期牺牲，对其竞争力而言，不但没减弱甚至还有所增强，如果这段时间股价由于短期业绩的影响大幅下跌，我们就应该关注了，关系式这样表述：

拿到融资→建新的生产线、厂房→资产或所有者权益（分母）变大→ ROE 变小→开始转化收益→ ROE 重新上升到原有水平→甚至因为成本优势 ROE 可以继续提升。

我们仍以之前故事里的饭店为例，如果这家饭店更换了一个厨师，味道没有之前那么好了，那么这家饭店的生意将会大打折扣，由于资产不变，净利润下降，ROE 也就跟着下降，如果下降到低于社会平均回报率的话，那么这家饭店绝不是我们所要投资的。这里的厨师就是指公司管理层，不能创造更好的产品，导致经营出现问题，这样的管理层我们就要小心了。

还有一种情况关于外延并购，我们以上市公司省广集团（002400）为例（表 4-11）：

**表4-11　净资产收益率**

| | 2012 | 2013 | 2014 | 2015 | 2016 | 2017 |
|---|---|---|---|---|---|---|
| 净资产收益率 | 15.37% | 20.95% | 26.46% | 23.90% | 17.77% | -3.65% |
| 净利润（亿元） | 1.81 | 2.88 | 4.25 | 5.48 | 6.11 | -18.84 |
| 营业收入（亿元） | 46.27 | 55.91 | 63.38 | 96.29 | 109.15 | 112.95 |

省广集团在这几年间为了把规模做大，不断的收购公司，公司的营收、净利表现出不错的增长，推动 ROE 不断抬高，但是一遇到外界环境的变化，公司 ROE 马上发生突变，下降非常厉害，甚至为负。当年融资的钱，都在一夜之间随风而散。面对这样的管理层我们需要警惕。

通过 ROE 的变化我们就可以观察管理层是否在做对的事，这是一个很重要观察指标，同时还需要向优秀公司学习，最好不要通过杠杆来提高 ROE，因为那是一条无比危险的路。

### 4.1.3　如何从 ROE 发现投资机会

前面通过对 ROE 的风险、成长、企业竞争优势，投资者或是经营者如何看待 ROE，作了一系列的分析，目的是想让大家从不同的角度去看待去理解，而且要知道，ROE 的分析并非是唯一衡量公司的标准，它只是一种分析工具。

我特别喜欢段永平的一句话："对于公司，我要理解它是怎么赚钱的，又是怎么花钱的，目前正在做什么，对公司未来发展是不是变得更好，把这个想清楚了，投资就变得简单了。"

言归正题，如何从 ROE 发现机会，我把 ROE 分成三种类型：

（1）成长型 ROE。

以涪陵榨菜为例（表 4-12）。

**表4-12　公司数据**

| 年度 | 2012 | 2013 | 2014 | 2015 | 2016 | 2017 |
|---|---|---|---|---|---|---|
| 净资产收益率（%） | 13.94 | 14.26 | 12.12 | 12.85 | 17.56 | 23.76 |
| 净利润（亿元） | 1.26 | 1.41 | 1.32 | 1.57 | 2.57 | 4.14 |
| 净利润增长率（%） | 43.04 | 11.22 | -6.15 | 19.26 | 63 | 61 |
| 净资产（亿元） | 9.52 | 10.39 | 11.4 | 13.75 | 15.66 | 19.28 |
| 净资产增长率（%） | 8.21 | 9.07 | 9.72 | 20.66 | 13.91 | 23.08 |
| 营业收入（亿元） | 7.13 | 8.46 | 9.06 | 9.31 | 11.21 | 15.2 |
| 营业收入增长率（%） | 1.14 | 18.74 | 7.12 | 2.67 | 20.43 | 35.64 |

我们发现 2014 年公司净利润为 1.32 亿，净利润增长率下滑了 -6.15%，ROE12.12% 低于 2012 年的 13.94%，但是 2014 的净利润 1.32 亿却高于 2012 年的 1.26 亿，为什么会产生这种情况？我们再看看分母净资产，2012 年公司净资产 9.52 亿到了 2014 年公司净资产增长到 11.4 亿，净资产增加导致 ROE 的降低，此时我们还需要担心吗？

再来看看营业收入、营业收入增长率，都在增长，很健康。那么我们就要考虑影响净利润率的降低是否来于毛利率的下降还是来于三费的上升。

从表 4-13 中可以看出 2014 年毛利率还上升了，证明产品竞争力非常不错，再来看下三费情况。

表4-13　财务比率

| 财务比率 | 2012 | 2013 | 2014 | 2015 | 2016 | 2017 |
|---|---|---|---|---|---|---|
| 销售毛利率（%） | 42.44 | 39.6 | 42.39 | 44.03 | 45.78 | 48.22 |
| 销售净利率（%） | 17.74 | 16.62 | 14.56 | 16.91 | 22.95 | 27.24 |

从表 4-14 中可以看出从 2013 年到 2014 年三费占比突然大幅增长，如果还有兴趣继续深挖的话，我们就要了解三费占比大幅增长的原因（图 4-5）：

表4-14　财务比率

| 财务比率 | 2012 | 2013 | 2014 | 2015 | 2016 | 2017 |
|---|---|---|---|---|---|---|
| 应收账款周转率（次） | 359.02 | 201.48 | 173.98 | 297.34 | 553.49 | 990.38 |
| 存货周转率（次） | 3.39 | 4.49 | 4.08 | 3.29 | 3.5 | 3.75 |
| 总资产周转率（次） | 0.65 | 0.7 | 0.68 | 0.61 | 0.62 | 0.69 |
| 三项费用占比（%） | 20.93 | 20.22 | 25.56 | 24.43 | 20.19 | 17.47 |

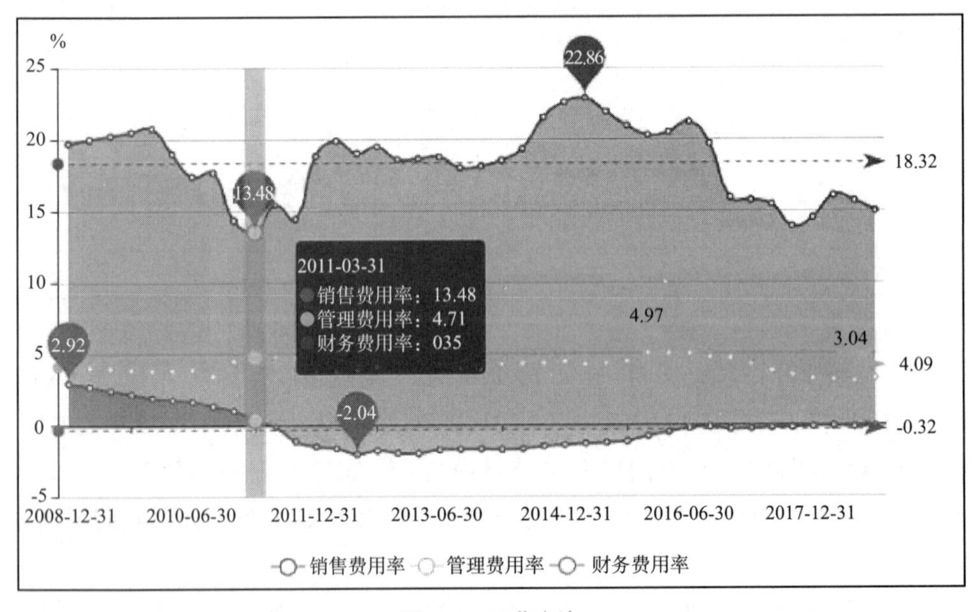


图4-5　三费占比

2014 年 12 月 31 日，销售费用占比最高，之后开始往下滑，财务费用占比非常少。我们能从这些数据中梳理出来引起 ROE 的变化原因：首先涪陵榨菜财务费用非常少，就可以判断出涪陵榨菜是不太依赖杠杆，总资产周转率一直都维持在 0.65 左右波动，变化不大，那么唯一的变量就在于净利润率的变化了，净利润率从 2014 年之后开始就一直稳步上升，是受到毛利率的上升与销售费用的下降导致的结果，我们就可以判断2014年是涪陵榨菜最为关键的一年，这一年公司所做的事是为了公司长期的利益，牺牲了短期的利益，我们看看涪陵榨菜 2014 年做了哪些事情。

①强榨菜。举措有：

a. 抓原料收购。作为龙头企业，本着保护菜农利益的原则，坚持以保护价收购青菜头，全年共收购青菜头近 10 万吨，收购榨菜原料 15 万多吨，合理协调收购萝卜、海带原料。同时还精心策划特殊原料的收购与加工，有效保证生产需要。既保障了公司原料供给，又促进农民增收。

b. 抓技术改造。完成了海带丝、萝卜干等新产品技术设备改造，并制定了作业标准。对自动装箱机、筋皮分离机、自动撒盐机及翻池机等设备进行研发技改，提高了劳动生产率。

c. 抓管理调整。根据销售年度、月度计划，按自动化设备满负荷运行原则，精心布局榨菜产品产能和新产品产能，配置生产资源，提高生产效率。坚持以效益为中心的调度管理原则，对生产企业进行重新定位、创新升级生产企业管理模式。

d. 抓市场拓展与品牌传播。大力度开发空白市场，进一步拓展市场网络，全年开发县级空白市场 800 多个；在央视和全国各大卖场传播乌江品牌；积极开展公关宣传及新媒体传播，提升公司品牌形象；通过“脆口风暴”“看世界杯品乌江榨菜”“旺季攻坚战”三大活动，将榨菜品牌时尚化，引导多元化消费。

②推广新品。举措有：以小乌江到大乌江战略为指导，公司把乌江品牌延伸到萝卜干、海带丝两个品类，成功开发推出萝卜干、海带丝两个战略性新品。策划新品青花龙品牌形象，在央视多个频道传播。同时，在全国开展萝卜干、海带丝新品招商，成效显著。新品推广，为公司的进一步发展拓展了空间。

③探索购并。举措有：推动公司投资发展工作。并购重组工作取得突破。全年摸排、考察比选目标企业多家；与四川某目标企业签订合作收购意向协议，开展资产审计、评估、法律尽职调查等工作。同时还储备了部分合作标的企业，为集团公司未来并购发展打下了基础。

④推进项目。举措有：积极推动“垫江 20000 立方米榨菜原料储藏池项目”及“垫江坪山榨菜原料整理、淘洗和切分加工生产厂房及配套工程”建设，加紧建设“珍溪榨菜原料加工贮藏基地项目”和“好味源榨菜原料加工贮藏池建设项目一期工程”，为公司来年的发展打下了基础。

通过采取以上措施，公司生产、供应、销售等各项工作有序进行，稳步推进，克服宏观经济增长放缓，整体消费需求乏力的不利因素，实现公司经营业绩稳步增长。

但是在工作中也存着一些问题和不足，如销售管理需要创新、集团体制仍需进一步改革，生产工作还需要加快调整等。

从公司 2014 年报中，我们可以看到公司这一年做了多少事：抓原料收购、抓技术改造、抓管理调整、抓市场拓展与品牌传播、推广新品、探索购并、推进项目等下足了功夫，为今后的利润释放打下了坚实的基础。公司股价长期走牛（图 4-6）。

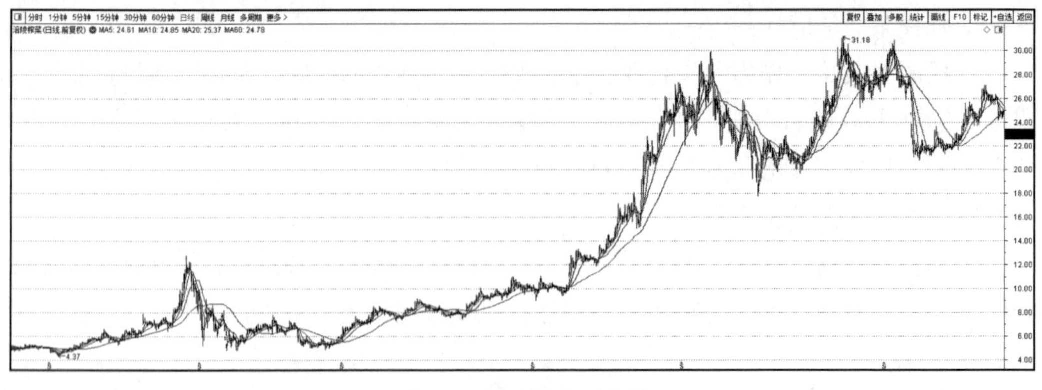

图4-6　涪陵榨菜K线图

总的来说，我理解的成长型 ROE，是从较高慢慢往下降，从某个节点发现变化，随着净资产不断地增长，公司净利润也能得到较快的释放，ROE 逐渐稳步上升，最后形成相对稳定的 ROE。

（2）相对稳定的 ROE。

以洽洽食品为例（表 4-15）。

表4-15　公司数据

| 年度 | 2012 | 2013 | 2014 | 2015 | 2016 | 2017 |
|---|---|---|---|---|---|---|
| 销售毛利率（%） | 30.85 | 27.74 | 30.96 | 32.54 | 31.07 | 29.89 |
| 销售净利率（%） | 10.74 | 8.58 | 9.39 | 11.03 | 10.22 | 8.93 |
| ROE（%） | 11.17 | 9.84 | 11.01 | 13.04 | 12.19 | 10.62 |
| 应收账款周转率（次） | 31.61 | 33.88 | 33.71 | 30.16 | 25.71 | 21.21 |
| 存货周转率（次） | 3.41 | 3.17 | 2.41 | 2.09 | 2.13 | 2.34 |
| 总资产周转率（次） | 0.86 | 0.83 | 0.76 | 0.75 | 0.8 | 0.81 |
| 三项费用占比（%） | 16.77 | 17.85 | 19.44 | 19.34 | 18.26 | 19.67 |

我们看到 ROE 相对稳定，在 11% 左右变动，销售净利率、毛利率也变动不大，总资产周转率也变动不大，可以判断权益系数变动也不大。

**表4-16　净利润、净资产**

| 年度 | 2012 | 2013 | 2014 | 2015 | 2016 | 2017 |
|---|---|---|---|---|---|---|
| 净利润（亿） | 2.83 | 2.55 | 2.93 | 3.64 | 3.54 | 3.19 |
| 净资产（亿） | 25.85 | 26.03 | 27.27 | 28.54 | 29.49 | 30.63 |

从表 4-16 中我们发现公司 2012 ～ 2017 年净利润保持在 3 个亿左右，净资产虽有所增长，但增长有限，所以 ROE 变动不大，这种类型称为稳定的 ROE。

公司股价表现出宽幅震荡（图 4-7）：

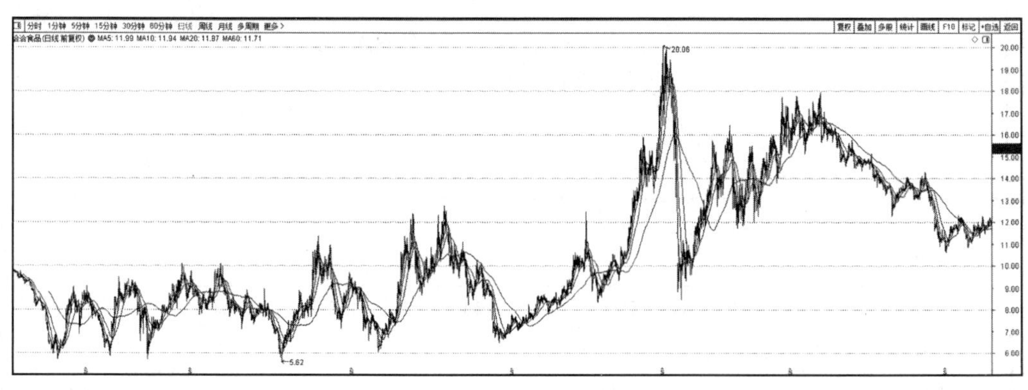


**图4-7　洽洽食品K线图**

（3）下滑的 ROE。

奥飞娱乐

| 年度 | 2012 | 2013 | 2014 | 2015 | 2016 | 2017 |
|---|---|---|---|---|---|---|
| 销售毛利率（%） | 38.11 | 44.15 | 49.83 | 53.38 | 49.42 | 42.54 |
| 销售净利率（%） | 14.5 | 15.03 | 16.98 | 18.57 | 14.2 | 1.88 |
| ROE（%） | 12.69 | 14.55 | 20.23 | 17.57 | 12.74 | 1.88 |

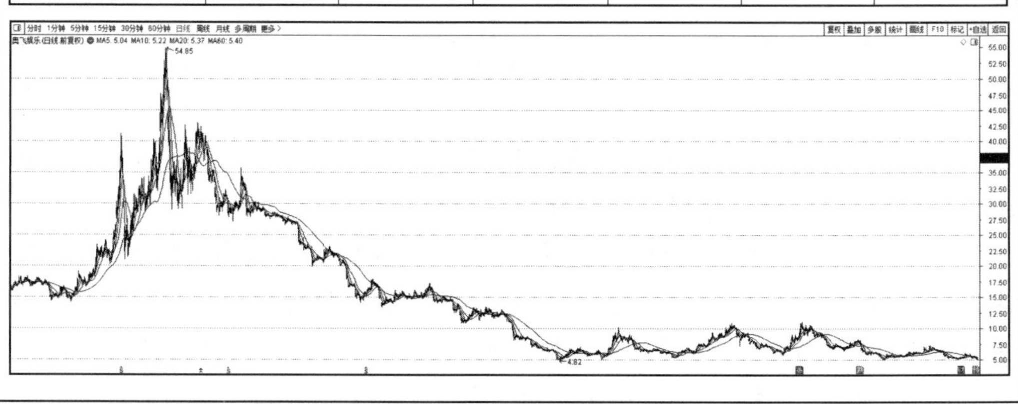

省广股份

| 年度 | 2012 | 2013 | 2014 | 2015 | 2016 | 2017 |
|---|---|---|---|---|---|---|
| 销售毛利率（%） | 15.81 | 19.04 | 20.01 | 17.97 | 18.12 | 12.21 |
| 销售净利率（%） | 4.62 | 6.2 | 7.69 | 6.3 | 6.39 | -0.9 |
| ROE（%） | 15.36 | 20.91 | 24.84 | 25.1 | 16.03 | -3.61 |

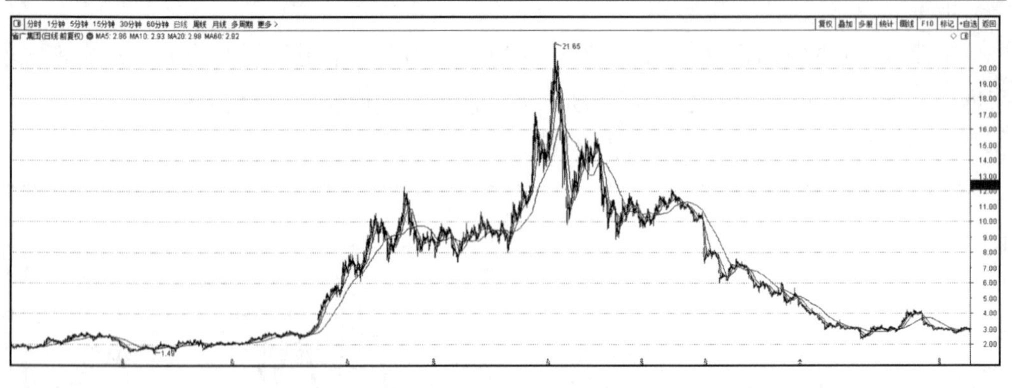

中科金财

| 年度 | 2012 | 2013 | 2014 | 2015 | 2016 | 2017 |
|---|---|---|---|---|---|---|
| 销售毛利率（%） | 44.74 | 26.15 | 24.32 | 28.83 | 27.52 | 28.81 |
| 销售净利率（%） | 11.56 | 5.49 | 7.18 | 12.16 | 12.88 | -21.05 |
| ROE（%） | 13.77 | 8.22 | 7.05 | 10.17 | 8.05 | -8.95 |

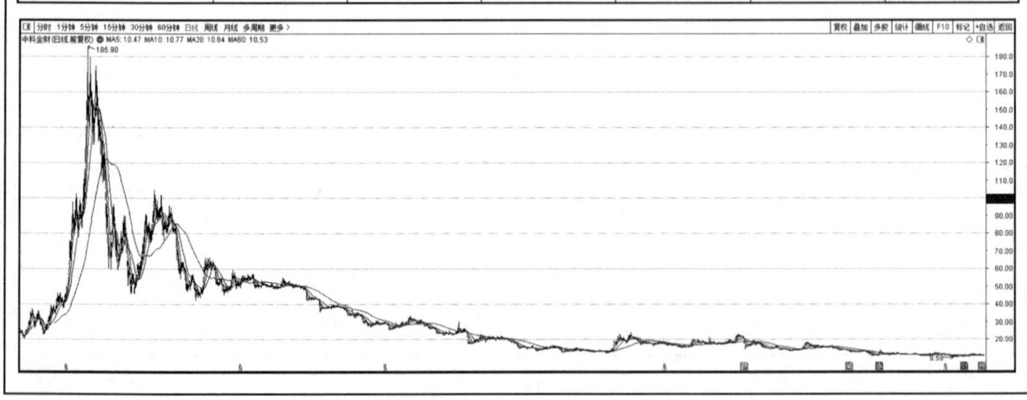

图4-8　下滑的ROE

图 4-8 中所列这种 ROE 在某个节点突然发生大幅下降，分析的难度是非常大的，这里就不再做具体分析了。导致的结果就是股价长期走熊。

作为投资者所要寻找的 ROE，是能够发现 ROE 稳步上升，这种上升是随着净资产的增长而上升，主要是因为利润得到更多的释放，公司股价正常会表现相当不错；或是 ROE 保持较为稳定，净资产增长相对缓慢，净利润变动不大，股价也会表现相对平稳。作为投资者需要回避的是，ROE 突然下降且下降幅度特别大，有可能公司是发生了某些重大问题，影响了公司正常经营，此时公司股价表现，正常是十分糟糕的，要想抄底，就要三思而后行了。

## 4.2　竞争力分析

我们之前也提到过 1979 年巴菲特致股东的信："我们判断一家公司经营好坏的主要依据，取决于其净资产收益率 ROE（排除不当的财务杠杆或会计做账），ROE 需常年维持在 15% 左右且不需要追加任何融资就可以盈利的企业。"

竞争力分析指的就是这个 ROE 为什么可以常年维持在 15% 左右，它凭什么来维持？

这个竞争力也可以称为竞争优势或是护城河，关于如何寻找伟大的公司与护城河之间的关系，巴菲特在致股东信中曾有这样表述："有的企业有高耸的护城河，里头还有凶猛的鳄鱼、海盗与鲨鱼守护着，这才是你应该投资的企业。"

分析企业竞争力有一种模型叫作波特五力分析模型，是笔者目前了解到的非常有效、非常实用的分析模型。波特五力分析模型是迈克尔 • 波特（Michael Porter）在 20 世纪 80 年代初提出的，是波特管理思想的精华，即便现在处于互联网经济时代，波特的管理思想仍然对大多数企业的战略选择产生了深远影响。

那么波特五力分析模型指的是什么？

五力分别是：供应商的讨价还价能力、购买者的讨价还价能力、潜在竞争者进入的能力、替代品的替代能力、行业内竞争者现有的竞争能力（图 4–9）。

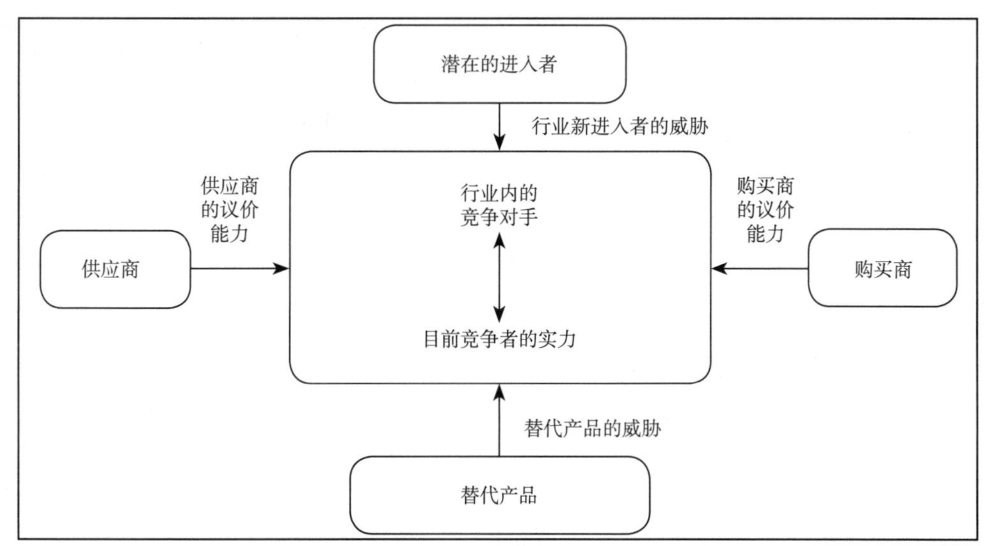


**图4–9　波特五力分析模型**

这张波特五力模型图可以说概括了企业发展过程所面临着种种问题。

### 4.2.1 行业内竞争对手、潜在进入者

企业发展过程中最直接、最首要的问题就是行业内竞争对手，如果一家企业生产同类型的产品，没有任何差异性可言，那么企业要想持续稳健发展最关键的因素是什么？我想主要是产品的性价比：同样的产品，质量一样，谁卖得便宜，就买谁的。目前，互联网如此发达，信息如此透明，产品定价已经没有秘密可言，企业要想保持持续盈利，只有降低成本，才能获得一定的利润。一家企业如果能把成本做到极致，让其他竞争对手难以匹敌，即便行业面临大幅亏损，虽然公司本身利润也会受到较大的影响，但依然能够保持持续盈利，并且在低迷时期能够把市场做得更大，那么这个公司的成本优势就能够抵挡住潜在的进入者。就像巴菲特所说的有些企业有高耸的护城河，里面有凶猛的鳄鱼、海盗和鲨鱼。那就可以说明公司在这个行业里拥有非常强大的成本优势，这个成本优势就是企业的竞争力，也是公司持续发展壮大的最关键因素。

案例 1：海螺水泥

产线优势：公司产线自建为主，平均单线规模为 4867tpd，远优于同行，综合能耗电耗及折旧占优。基于此，成本上有 15 元以上优势。

资源优势：公司早期低成本积累大量矿山，目前账目价值仅 43 亿，而小企业矿山储量和拿矿成本难与之媲美。基于此，原料端有 15 元以上优势。

成本优势：海螺 2019 年自产品吨成本约 177 元，和同区域企业比有 20 ～ 30 元优势；和北方比更明显。成本优势在当前景气周期体现或不显著，一旦市场步入下行期，公司成本优势将极大转化为对市场份额争夺和盈利安全边际的强支撑。

公司的成本优势得益于公司实施“T 型战略”。所谓“T 型战略”，即是在石灰石资源丰富的沿江流域建造熟料产能之后利用长江的低成本水运物流，与东南沿海等水泥需求旺盛的地区进行对接，在当地建立水泥粉磨站。这样，就一举实现了产品销售的低成本、高价格，同时也不会受到水泥运输半径短的问题困扰。应该说，“T 型战略”的实施一举奠定了海螺水泥在业内无与伦比的竞争优势，且该模式具有不可复制性，因此说海螺水泥的护城河是长期存在的（图 4-10）。

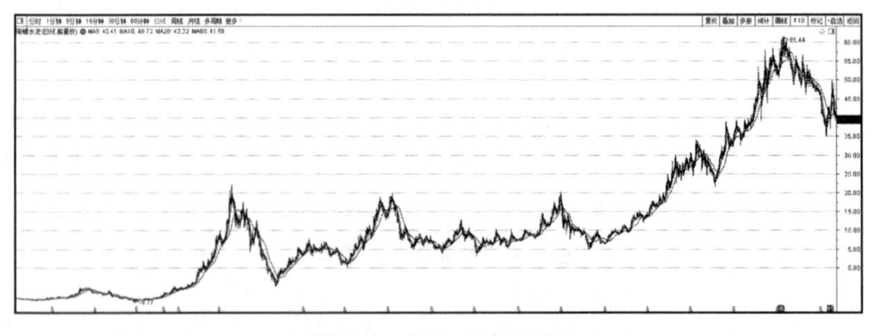

图4-10 海螺水泥K线图

案例 2：中国巨石

成本优势：为了降低原材料成本，公司在 2012 年收购了公司上游企业公司桐乡磊石、桐乡金石、湖北红嘉。其次利用公司的规模优势采取“统一谈判，分别签约”。

采购模式：公司对浙江桐乡、四川成都、江西九江、埃及、美国五大生产基地的大宗原材料实行统一采购制度，对下属公司的采购主要通过“统一谈判，分别签约”方式进行管理。原料采购按照“年度招标、公开招标”原则，采取包括公开竞标、参照价竞标等方式，在原材料市场价格处于上行通道时，采用签订长期合同的方式，减弱原材料采购成本的波动性；辅料采购则采用订单价，根据生产计划采购。公司同时制订了供应商考评制度，针对合作过程中发现的问题，要求供应商加以改进，建立完善的成本管理体系。

由于规模化带来的强大集采议价能力，公司叶蜡石和天然气的采购价格皆远低于竞争对手（图 4-11，图 4-12）。

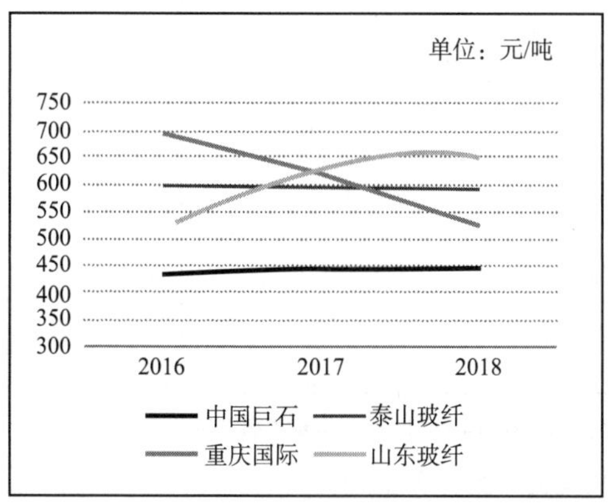


*资料来源：wind，各公司债券募集说明书，东兴证券研究所

图4-11　巨石叶蜡石采购成本为同业中最低

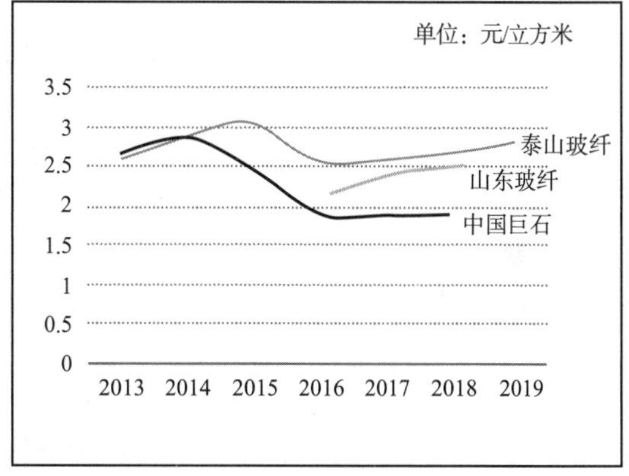


*资料来源：wind，各公司债券募集说明书，东兴证券研究所

图4-12　巨石天然气采购成本为同业中最低

中国巨石玻纤的生产成本构成中，由叶蜡石、石灰石等组成的玻璃原辅料约占 34%，天然气等燃料能源约占 27%，人工成本及其他成本约占到 39%（图 4-13）。

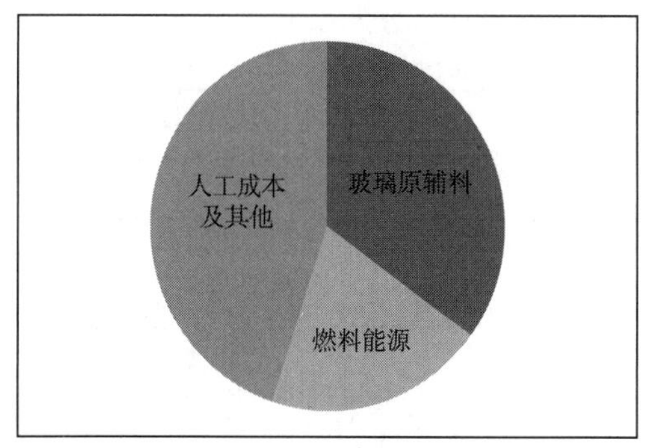


图4-13　生产成本构成

所以在原材料采购上中国巨石拥有非常强大的成本优势，这个成本优势也是公司产能不断扩张的一个结果。公司不但在成本上拥有非常强大的竞争优势，而且在费用管控上也体现出非常强大的管控能力。

中国巨石吨成本为同业最低且不断下降，毛利率同行业最高（图 4-14，图 4-15）。

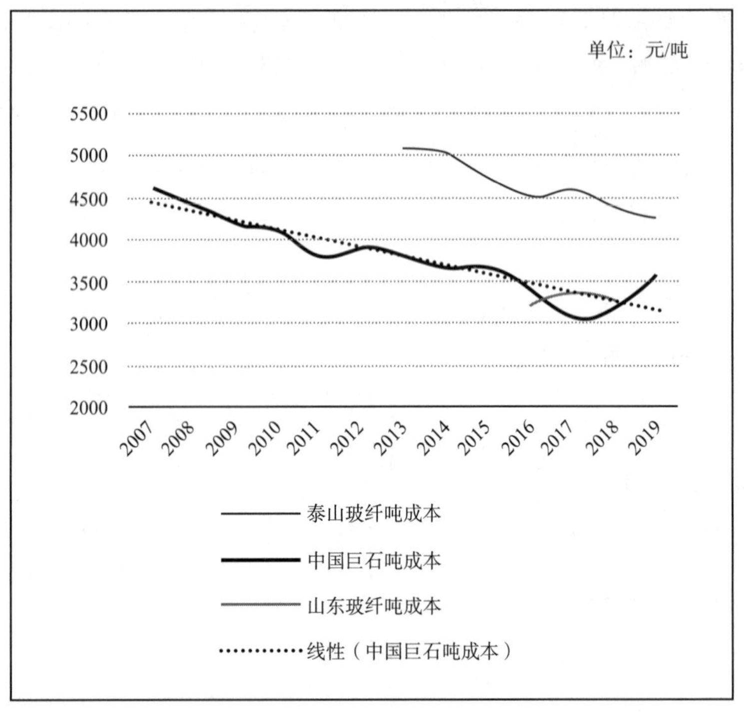


*资料来源：wind，各公司债券募集说明书，东兴证券研究所

图4-14　中国巨石吨成本为同业最低且不断下降

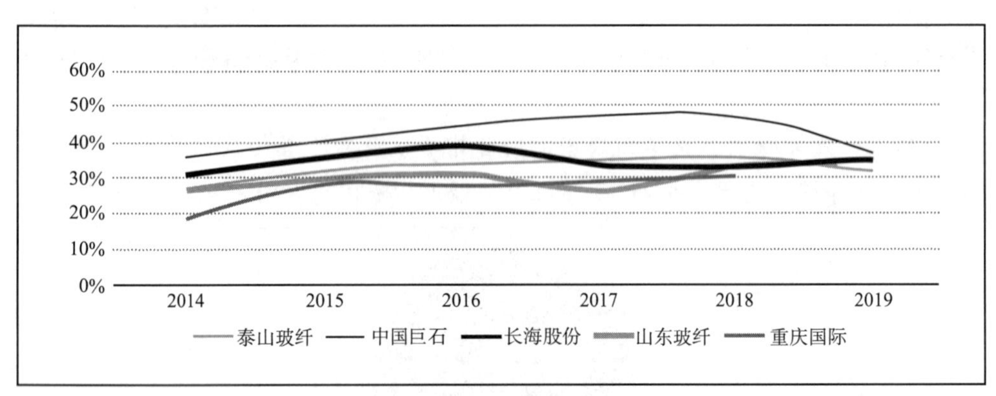


*资料来源：wind，东兴证券研究所

图4-15　巨石销售毛利率保持在高位

期间费用自 2012 年持续下降（图 4-16）。

由于成本优势与良好的费用管控，公司吨净利水平领先于国内行业（图 4-17）。

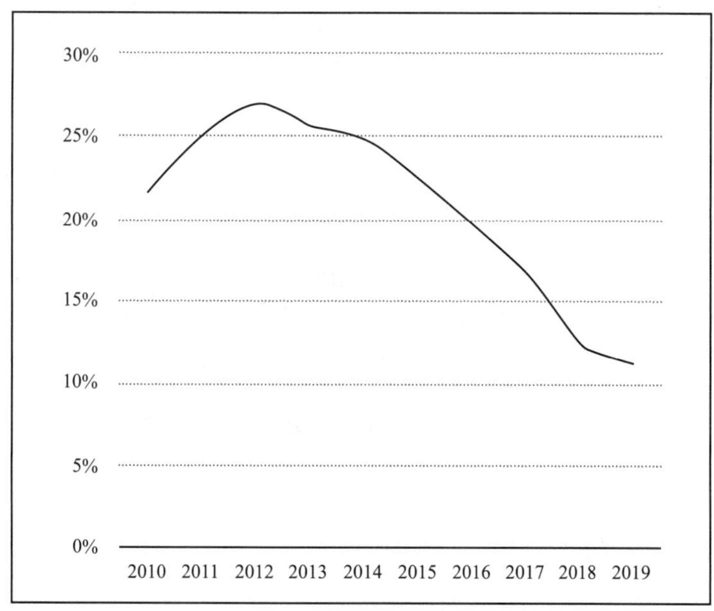


*资料来源：wind，东兴证券研究所

**图4-16　中国巨石期间费用率自2012年以来不断下降**

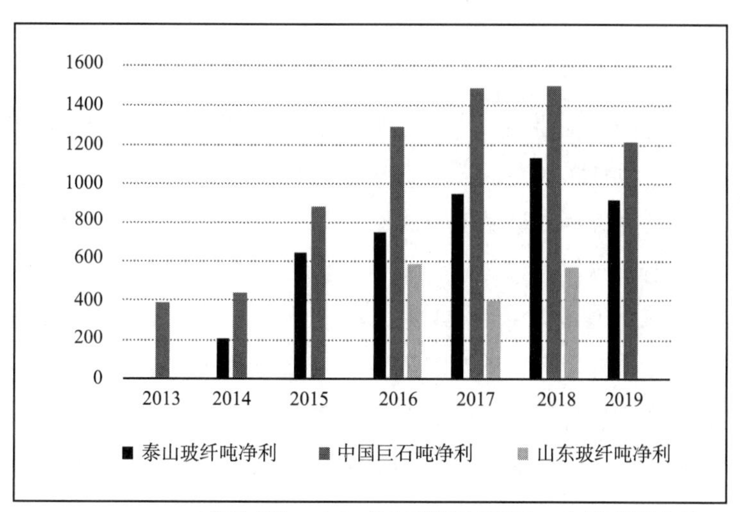


*资料来源：wind，各公司债券评级报告，东兴证券研究所

**图4-17　中国巨石吨净利水平领先国内同业**

正是由于规模优势带来的成本下降使得公司产品具有更高的性价比，再加上公司拥有过硬的产品质量，从而在下游需求方中获得更高的客户黏性，在行业周期下行时，公司具备更大的降价空间以保持甚至扩大自身的市场份额，将产能利用率维持在高位，进而继续保有规模优势，摊薄成本，使公司在行业周期底部仍能够维持较为稳定的盈利水平，并有能力逆势扩张，进而在行业周期上行时充分享受到行业景气度提升带来的红利。这也就是为什么公司的营收每年保持一定增长的重要原因（除了2009年，是

因为周期性行业，在行业不景气、较为低迷时，营收能够保持增长，非常不容易）。

公司股价长期向上（图 4-18）：

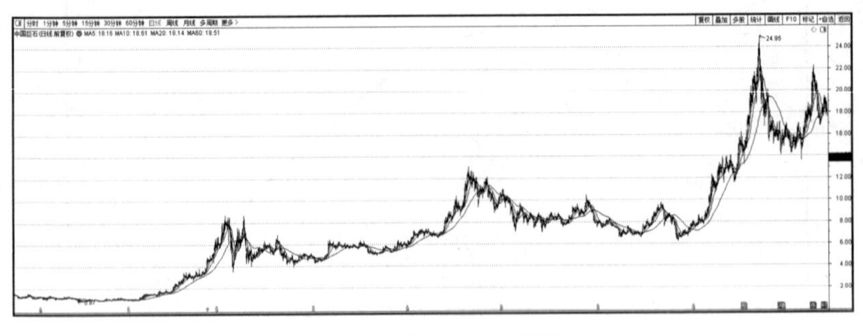

图4-18 中国巨石K线图

### 4.2.2 替代产品的威胁

替代产品的威胁更多指的是行业的变化快慢，特别是行业变化特别快，比如科技行业。想当年诺基亚成为手机霸主之后，然后迅速消失，主要原因是被智能机所代替；胶卷王者柯达则是被数字技术所终结。

案例 1：诺基亚

1991 年前，诺基亚只是芬兰一个地区性的公司，其市场主要分布在其国内和东欧国家，由于苏联解体和东欧剧变，诺基亚公司一下子失去了大半个市场并陷入了困境。但是，经过 7 年的奋力拼搏，诺基亚成为全球最大的手机生产商，1999 年诺基亚手机全球市场占有率高达 27%。

2000 年，诺基亚市值是苹果的 24 倍。与苹果主打一款 iPhone 产品不同，诺基亚有数条生产线，产品横跨十几个系列，在低中高三个市场，诺基亚都有着非常庞大的份额。2006 年，诺基亚更是创下了让手机厂商艳羡的 72.8% 的全球市场份额。2007 年，诺基亚公司实现净销售额 511 亿欧元（约合 761 亿美元），利润高达 72 亿欧元（约合 106 亿美元）。

华尔街一位科技分析师曾提醒诺基亚的高管："我想诺基亚只是碰巧满足了用户的需求，从长远来看，提供哪些应用程序应当由用户决定，而不是由诺基亚公司。"但诺基亚的高管们忙于喝庆功酒，并没有注意到这个微弱的声音。

2007 年是诺基亚的分水岭，这个全球最大的手机商开始从进攻转向全线防守。从 2007 年开始，诺基亚的每款新品几乎都是在跟随苹果 iPhone 的风向，诺基亚的科研人员再也没有研发出能够引领世界手机潮流的新技术了。而此时苹果 iPhone 的销售量虽是诺基亚全球销售量的零头，但却占据着手机市场总利润的 40%。2009 年苹果在只有两款手机的情况下，第二季度的销售收入达到了 48 亿美元。同是那个季度的诺基亚，在财务报表中披露，诺基亚亏损高达 8.34 亿美元。面对诺基亚史上的首次巨亏，CEO 康培凯表达了自己对几年前形势错误判断的遗憾：“一夜之间，全球最成功的公司苹果、谷歌、微软突然都成了我们的竞争对手。”康培凯至今都觉得这种市场的变化来得太突然。

案例 2：柯达

1964 年，立即自动相机上市，当年销售 750 万架，创下了照相机销量的世界最高纪录。

1966 年，柯达海外销售额达 21.5 亿美元，当时位于感光界第 2 的爱克发销量仅及它的 1/6。

1990 年、1996 年，在品牌顾问公司排名的 10 大品牌中，柯达位居第 4，是感光界当之无愧的霸主。

2003 年，因为胶卷销售开始萎缩，柯达传统影像部门当年销售利润就从 2000 年的 143 亿美元锐减至 41.8 亿美元，跌幅达 71%。

2012 年 1 月 3 日，因平均收盘价连续 30 个交易日位于 1 美元以下，纽交所已向柯达发出退市警告。

2012 年 1 月 19 日早间柯达提交了破产保护申请，此前该公司筹集新资金进行业务转型的努力宣告失败。

2013 年 5 月，伊士曼—柯达公司正式提交退出破产保护的计划，如果计划获批，该公司无担保债权人可获得重组后公司总值 22 亿美元的股份。

2013 年 8 月 20 日，美国联邦破产法院批准美国柯达公司脱离破产保护、重组为一家小型数码影像公司的计划。

柯达破产原因：首先是来自市场激烈的价格竞争。自加标签（或零售商品牌）将柯达产品的价格压低了 40%。在东欧和发展中国家市场上，价格便宜的胶卷也给柯达造成极大的威胁，因为低收入水平的人更注意价格而非品牌和质量。柯达实施了一系列价格反击策略，曾经在一定程度上起了作用，但仍无法彻底清除价格战带来的恶劣影响。柯达面临的另一个挑战来自数字成像技术对传统成像技术造成的冲击。高昂的成本、笨重的设备、严重的污染是底片与相纸生产和冲印过程中难以解决的问题，体积大、不能永久保存、查找困难是使用底片和相纸给人们带来的不便。

### 4.2.3　供应商的议价能力

供应商议价能力是指供应商讨价还价的行为和程度，他们可能通过提价或降低所购产品或服务，以此向某个产业中的企业施加压力。供方压力可以使一个产业因无法使销售价格跟上生产成本的增长而失去利润。

供应商的讨价还价能力：供方主要通过其提高投入要素价格与降低单位价值质量

的能力，来影响行业中现有企业的盈利能力与产品竞争力。供方力量的强弱主要取决于他们所提供给买主的是什么投入要素，当供方所提供的投入要素其价值构成了买主产品总成本的较大比例、对买主产品生产过程非常重要或者严重影响买主产品的质量时，供方对于买主的潜在讨价还价力量就大大增强。

供应商威胁买方的手段：一是提高供应价格，二是降低供应产品或服务质量。

在下列情况下，供应商的议价能力较强：

①市场中没有替代品，因而没有其他供货商。

②该产品或服务是独一无二的，且转换成本非常高。

③供应商所处的行业由少数几家公司主导并面向大多数客户销售。

④供应商的产品对于客户的生产业务很重要。

⑤企业的采购量占供应商产量的比例很低。

⑥供应商能够直接销售产品并与企业抢占市场。

⑦劳动力也应作为一种供方来考虑，当劳工组织程度很高或稀缺劳动力的供应商受到某些限制时，劳务供应商的势力会很强大。

买方决定供应商议价能力的因素包括：

①供应商集中程度。市场上有大量的供应商，还是只有少数几个占支配地位的供应商？

②品牌。供应商的品牌是否很知名？

③供应商的收益率。供应商是否是被迫要提高价格？

④供应商是否有前向威胁的可能（例如：品牌生产商建立自己的零售网点）？

⑤客户是否有后向威胁的可能？

⑥质量和服务的角色地位在行业界内是否被大多数人认可？

⑦在本行业是否是供应商的核心顾客群？

⑧转换成本。供应商是否能够轻易转至新客户？

在企业的生产过程中，如果你向客户提供的产品是没有差异性，而你的客户又有不少供应商可供选择，在销售过程中你只能通过降低产品的销售价格或者通过放宽公司的销售信用政策来刺激销售。那么这就很容易存在问题，如果这个销售信用政策较为宽松，那么是否会影响公司的正常运营，如果万一客户欠款不还，这笔应收账款如何来收回？

所以一般情况下，通过降低产品的销售价格，放宽公司的销售信用政策来增加公司营收，严重时会影响公司正常运营，就可以表明公司在这条产业链中处于非常弱小的地位，对下游客户是没有多少话语权的。

**案例：上海电气**

上海电气是一家大型综合性高端装备制造企业。公司主导产业聚焦能源装备、工业装备、集成服务三大板块，形成了比较完整的工业自动化和工业装备系统，为众多高端设备提供全生命周期服务，引领多能互补能源互联的发展方向，致力于为全球客户提供绿色、环保、智能、互联于一体的技术集成和系统解决方案。

公司应收账款占公司营业收入 20% 以上，这个比例算是比较高的（表 4-17）。

**表4-17　应收账款 / 营业收入**

| 年度 | 2020 | 2019 | 2018 | 2017 | 2016 |
|---|---|---|---|---|---|
| 应收账款（亿元） | 328 | 293 | 188 | 279 | 265 |
| 营业收入（亿元） | 1372 | 1275 | 1012 | 795 | 885 |
| 应收账款 / 营业收入 | 0.24 | 0.23 | 0.19 | 0.35 | 0.29 |

2021 年上海电气中报暴雷：8 月 17 日晚间，上海电气发布公告称，经公司初步测算，预计公司 2021 年半年度归属于上市公司股东的净利润为：亏损人民币 47.90 亿元至 49.90 亿元（表 4-18）。扣除非经常性损益后，公司预计 2021 年半年度归属于上市公司股东的净利润，亏损人民币 56.00 亿元至 58.00 亿元。对于业绩变动原因，上海电气表示，公司 2021 年半年度业绩出现亏损的主要原因是公司的控股子公司上海电气通讯技术有限公司（以下简称“通讯公司”）应收账款和存货计提大额减值损失所致，对公司 2021 年半年度归属于上市公司股东的净利润的影响金额为人民币 -64.00 亿元至 -66.00 亿元。

**表4-18　业绩暴雷**

单位：亿元

| | 2021 中报 |
|---|---|
| 应收账款 | 375 |
| 营业收入 | 625 |
| 净利润 | -50 |

公司股价长期走熊（图 4-19）：

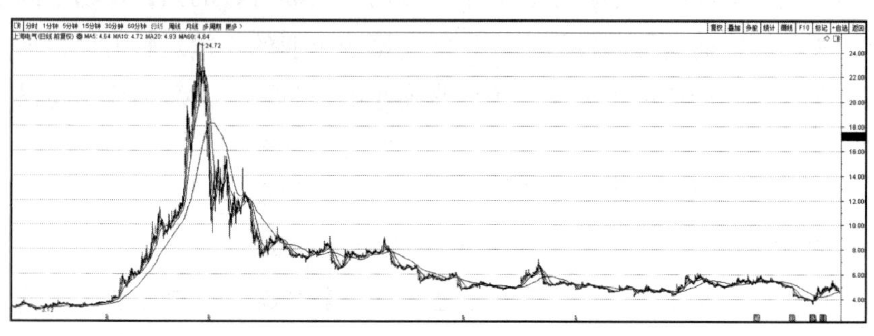

图4-19　上海电气K线图

### 4.2.4 购买商的议价能力

购买者议价能力是指购买者讨价还价的行为和程度。对于行业中的企业来讲，购买者议价能力是一个不可忽视的竞争力量。购买者所采取的手段主要有：设法压低价格，对产品质量和服务提出更高的要求，并且使竞争者互相斗争，所有这些都会使销售商的利润受到损失。其次，购买者主要通过其压价与要求提供较高的产品或服务质量的能力，来影响行业中现有企业的盈利能力。一般来说，满足如下条件的购买者可能具有较强的讨价还价力量：

①购买者的总数较少，而每个购买者的购买量较大，占了卖方销售量的很大比例。

②卖方行业由大量相对来说规模较小的企业所组成。

③购买者所购买的基本上是一种标准化产品，同时向多个卖主购买产品在经济上也完全可行。

④购买者有能力实现后向一体化，而卖主不可能前向一体化（所谓前向一体化是指收购下游企业，后向一体化是指收购上游企业）。

最后从本质上来说，购买者的议价能力与供应商的议价能力是相反的。在以下情况中，购买者处于有利的谈判地位：

①购买者从卖方购买的产品占了卖方销售量的很大比例。

②购买者所购买的产品对其生产经营来说不是很重要，而且该产品缺少唯一性，导致购买商不需要锁定一家供应商。

③转换其他供应商购买的成本较低。

④购买者所购买的产品或服务占其成本的比例较高，在这种情况下，购买者更有可能进行谈判以获得最佳价格。

⑤购买者所购买的产品或服务容易被替代，在市场上充满供货商的竞争者。

⑥购买者的采购人员具有高超的谈判技巧。

⑦购买者有能力自行制造或提供供应商的产品或服务。

在企业的生产过程中，如果你所购买的原材料，市场供应非常紧缺，为了拿到原材料，你不惜代价提前下大额订金，如果不提前下大额订金的话，市场中的原材料你有可能会购买不到，而这笔大额订金有可能会影响企业的正常运转的话，那么就可以表示这家公司在这条产业链中处于一个非常弱小的地位，对上游供应商是没有任何话语权的。

**案例：东旭光电**

公司是一家以光电显示材料、高端装备制造、新能源汽车制造为主营业务的智能制造综合服务商。

**表4-19　公司业绩**

单位：亿元

| 年度 | 2020 | 2019 | 2018 |
| --- | --- | --- | --- |
| 预付款 | 90 | 88 | 52 |
| 营业收入 | 70 | 175 | 282 |
| 净利润 | -34 | -15 | 22 |

2020 年公司营业收入 70 亿，光是预付款就达到 90 亿（表 4-19）。这样的企业你敢投资吗，一年的营业收入 70 亿，就要提前向供应商预付 90 亿的设备款，公司的利润可想而知，是非常糟糕的。

2021 年 6 月 22 日，有投资者向东旭蓝天的董秘提问：请问公司一些项目都还没有敲定，预付款就付出这么多？其中一年期的都不少。这些资金能收回吗？

公司回答表示：我公司的预付款项类主要包括光伏电站建设 EPC 工程款、光伏组件采购款、SPV 公司注资款，其中 EPC 工程款、组件采购款是根据公司当时项目及业务发展规模的需要签订的，公司为立足新能源环保行业，为尽快推进各自持新能源电站和新能源 EPC 工程项目落地，自 2018 年 4 月至 2019 年 12 月陆续签订了各类项目的采购合同。受公司客户要求不同、各项目客观资源环境不同等因素影响，部分风电及光伏类项目所需设备需进行差异化设计并专项定制，因此优质的设备供应商具备一定的谈判优势。为保障公司项目建设所需设备能够持续稳定供应，且综合考虑规模化效应能够降低建设成本等因素，公司甄选了部分优质供应商进行集中采购，结合采购市场价格波动及项目计划工期进度等，确定或调整结算方式及预付额度，预付比例大概在 30% 至 80% 之间，采购价格均参考当时行业交易水平，符合商业逻辑、行业惯例；另外其中 SPV 公司的注资款为 PPP 项目设立的专门项目公司，由政府和社会资本共同出资设立，负责 PPP 项目的设计、投融资、建设、运营维护与移交等工作，符合商业逻辑、行业惯例；其余少量预付款为股权收购款、土地款、供应链采购款均是根据合同约定支付，并参考当地及行业内交易水平进行签订，符合商业逻辑、行业惯例。

作为投资者，从上面的公司回答中我们应该留意这句话“优质的设备供应商具备一定的谈判优势”，如果要选择投资品种，那么这些优质的设备供应商就是我们首先要考虑的，因为这些优质的设备供应商可以让下游客户提前预付 30%～80% 的货款。

公司股价长期走熊（图 4-20）：

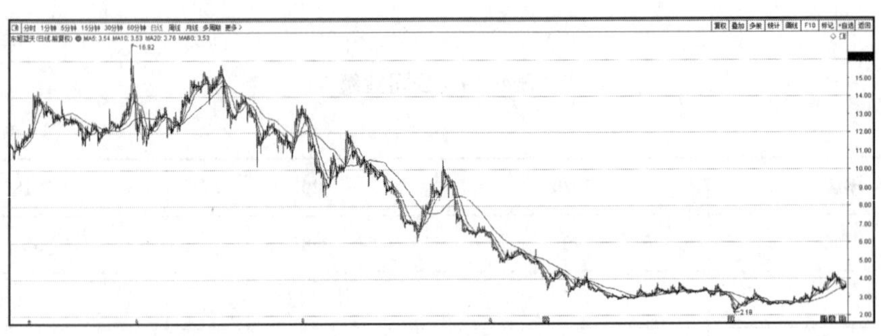

图4-20　东旭光电K线图

**五力分析模型清单：**

（1）如何阻止潜在进入者？

①是否有规模经济？规模经济是指通过扩大生产规模而引起经济效益增加的现象。举个例子，一条生产电视机的生产线，如果只是生产有限的几台电视机，那么这几台电视机的生产成本就非常昂贵；如果一条生产面包的生产线，每天只生产非常有限的面包，那么这些有限面包的生产成本就非常昂贵；所以一条生产线满产满销，才能提高产能利用率，进而有效降低生产成本，这就是规模经济的体现。再比如，你开发了一套软件，只卖了几个客户，那么你开发的这套软件研发成本就非常贵了；如果你开发了这套软件卖了几万个客户甚至几十万个客户，那么你这套软件的研发成本有可能可以说忽略不计，也就是边际成本递减，这也是规模效应的体现。

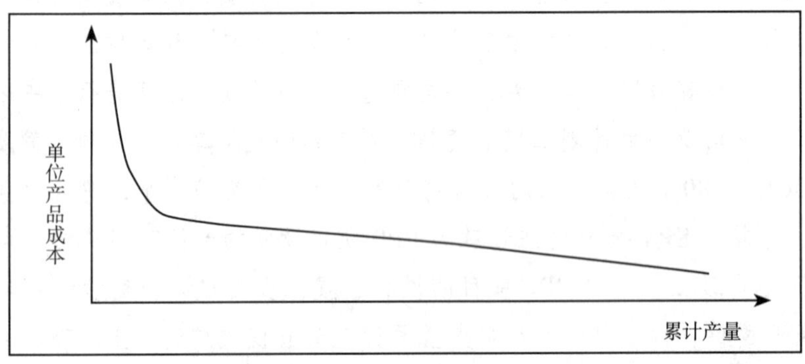


②产品差异化程度是否较高？所谓产品差异化，是指企业在其提供给顾客的产品上，通过各种方法造成足以引发顾客偏好的特殊性，使顾客能够把它同其他竞争性企业提供的同类产品有效地区别开来，从而达到使企业在市场竞争中占据有利地位的目的。企业对于那些与其他产品存在差异的产品拥有绝对的垄断权，这种垄断权构筑了其他企业进入该市场或行业的壁垒，形成竞争优势。同时，企业在形成产品实体的要素上或在提供产品过程中，造成足以区别于其他同类产品以吸引购买者的特殊性，从而导致消费者的偏好和忠诚。举个

例子，在手机的世界里，只有两种手机，一种是苹果手机，另一种是其他手机；在白酒的世界里，世上只有两种酒，一种是茅台酒，另一种其他白酒；在新能源车里，只有两种，一种是叫特斯拉，另一种叫其他新能源车。一家企业能够做到差异化，并且能够让大众所熟识，就已经证明了公司拥有非常强大的竞争力，这就是公司护城河的体现。

③转换成本是否较高？转换成本是指客户从购买一家供应商的产品转向购买另一家供应商的产品时所增加的费用，如增加新设备、重新设计产品、调整检测工具、对使用者进行再培训等发生的费用。"转换成本"（Conversion Cost）最早是由迈克·波特在 1980 年提出，指的是当消费者从一个产品或服务的提供者转向另一个提供者时所产生的一次性成本。这种成本不仅仅是经济上的，也是时间、精力和情感上的，它是构成企业竞争壁垒的重要因素。如果顾客从一家企业转向另一家企业，可能会损失大量的时间、精力、金钱和关系，那么即使他们对企业的服务不是完全满意，也会三思而行。举个例子，我们平时所用的通讯工具：微信，我想现在我们的生活中应该离开不了微信吧，如果有哪个通讯软件能够取代微信，所要花费的成本将会是十分巨大的；如操作系统，要把安卓手机换苹果手机，这也需要耐心和勇气，因为这两种操作系统完全不同，在弄明白之前，就得用几天的时间来学习，一谈到学习，很多人就放弃了；还有公司的财务软件，要把 SAP 换用友软件，转换过程中数据易丢失，转换后文件不兼容，可想而知，硬要转换的结果一定是一地鸡毛，而且更换财务软件也要有重新学习的过程，所以，更换财务软件的成本是十分高的。

④进入门槛要求是否较高？

进入门槛分为很多种：

资金门槛，有些行业的进入需要大量的资本投资，如钢铁、铁路等行业。

技术门槛，有些行业的进入有很高的技术要求，如飞机制造、高端设备制造、生物医药、航空航天等。

行政审批的门槛，有些行业的进入需要行政审批，国内需要行政审批才能进入的行业太多了，从大到金融、电信业，小到出租车、自来水等。

无形资产形成的门槛，主要是指秘密配方、特殊工艺、商誉、品牌文化等。餐饮、食品饮料、奢侈品、品牌服装等行业中的企业，容易产生无形资产，形成很高的进入门槛。

上面提到的进入门槛很多，哪种进入门槛的行业最值得我们考虑呢？

资金门槛的护城河最浅，很难阻止竞争对手进入。因为只要有利可图，新的资本就会进入，资本永不眠，只要有钱赚谁都可以干。

技术门槛是有一定的护城河，但也不保险，老技术容易被复制，也容易被新技术替代。比如柯达、UT 斯达康、诺基亚等都是被新技术替代的典型，投资者不小心持有这类企业，结果有可能是致命的。巴菲特投资数十年，对技术型企业始终保持着很高的警惕，尽量避而远之。

行政审批门槛有一定优势，但受政策影响大，取决于政府的态度，而且这类行业大多是公共事业，盈利空间经常被政府限制或打压。

无形资产形成的门槛护城河最深，最不容易被新进入者攻破。因为秘密配方、特殊工艺、商誉、品牌文化等无形资产，一般很难被复制，甚至无法复制。从投资的角度看，容易形成无形资产进入门槛的行业，是我们重点考察研究的方向。比如片仔癀拥有国家绝密配方，可口可乐拥有非常强大的品牌美誉度。

⑤政府关系是否过硬？在企业发展过程中，企业与政府的关系也是相当重要的，政府可以设定一些条件或制定某些条款来抬高新公司进入成本，比如美国波音公司获得本国政府的支持，就能够使企业利用外部机会或减少外部威胁；如果企业与政府关系不合，那么企业的发展过程中肯定会受到越来越多的限制。

⑥有无预期报复措施？报复指的是已进入市场的现有企业根据新公司的进入做分析后所采取的行动。这种报复可以包括侵略性的宣传活动或价格的急剧下跌，用来消灭这些刚进入市场获取低利润的新进公司。这种方式很有可能摧毁新进公司。新进公司进入市场的数量多寡取决于市场里先行公司之间的竞争关系。

⑦进入渠道是否较窄？这个进入渠道是非常重要的，因为最终消费者若未看到销售点，则不会有机会购买产品。对新进公司而言，在市场里取得一席之地是不容易的，因为大部分的销售管道已被知名的先行公司所占据。此外，新进公司与最终销售者之间并无信任关系，以至于无法在销售场所里占据一席之地。比如超级市场，超市放置产品的货架空间有限，并且已被先行公司的产品占据。这对新进公司造成了进入市场的阻碍，更降低了成功的可能性；比如电梯广告，一些最重要最核心的写字楼被分众传媒签下了排他协议，新的进入者进入成本非常高昂；比如北新建材布局脱硫石膏，在石膏资源上提前布局好各地主要火电站，抢占资源优势，新的进入者进入成本非常高昂。

（2）供货商讨价还价的能力。

①供应行业是否由少数几家企业所主宰？如果一个行业里由少数几家企业所主宰，我们就称之为寡头垄断，在上下游产业链中这类企业拥有非常强的定价权，而下游客户却不得不依赖于供应商的产品，话语权非常弱。比如半导体芯片行业就集中在少数企业，存储以三星、SK 海力士、美光为代表，逻辑电路以 Intel、博通、高通为代表，晶圆代工以台积电为代表，模拟和分立器件以 TI、英飞凌、NXP 为代表。比如铁矿石行业，在行业享有四大矿山之称的四大铁矿石生产和出品商，分别是巴西的淡水河谷，澳洲的力拓、必和必拓以及 FMG，而中国钢铁受制于进口铁矿石的压迫，大量的利润被这些寡头所赚取。

②供应商的产品有无替代产品？如果市场上有很多替代品，则产品的需求可能对价格相对敏感，因为购买者很可能因价格升高（或竞争者的价格降低）而转换供应商。因此，替代品价格或价值定位的提升会对给定供应市场中的供应商形成很大的威胁。比如快递行业，谁的销售价格低就选哪家快递；比如证券行业，哪家的佣金低就选哪家券商；比如银行业，哪家服务好就选哪家银行。当然这不是绝对的。

③顾客对供应商重不重要？有些企业非常依赖某家企业，如果这家企业没有下订单给其依赖于他的企业，那么这类依赖于他人的企业，经营将会受到非常大的影响。想当年苹果宣布将在两年内解除与其 GPU 供应商 Imagination 的合作，使得 Imagination 股价暴跌了 70%。随后业内又传出消息称苹果还将在 2019 年之前解除与其电源管理芯片供应商 Dialog 的合作，而这也使得 Dialog 的股价一度大幅下跌了 36%。

④供应商的产品有无差异性？上文已经分析，不做重复。

⑤前向一体化的能力是否较强？当供应商能够前向一体化，即供应商能够控制销售环节，比如说供应商能够自己用原材料生产产品自己销售，这样如果下游中间商的购买价格比供应商自己生产产品的成本还低，供应商就宁愿自己来销售，比卖给中间商能获得更多利润，这样中间商购买供应商的价格就不可能太低，所以供应商会拥有较强的议价能力。

（3）购货的议价能力。

①顾客购买对供应商是否是大宗交易？

②购买对供应商是否非常重要？

③产品本身有无差异性？

④顾客有无转换成本？

> ⑤顾客可向上垂直一体化？
>
> ⑥产品质量重不重要？
>
> （4）替代产品。关于有无替代产品，更多的应该关注行业的变化速度是否够快？比如马车被汽车取代，汽车被新源车取代；传呼机被手机取代，手机被智能机取代；零售、便利店、超市被电商取代。

### 4.2.5 案例分析

**案例1：啤酒行业波特五力分析模型**

（1）新进入者的威胁：

由于历史文化因素，青岛和燕京等一系列品牌具有一定的品牌影响力。当有新进入者出现时，往往会采用高额回扣、低价倾销等手段，扰乱市场，以造成市场的混乱与无序，竞争非常激烈，市场竞争激烈的主要原因是行业的准入门槛太低，所以说啤酒行业中新进入者的威胁是较高的。

（2）现有竞争者之间的竞争程度：

该行业是否有同等量级的竞争者？是否会出现为了抢占市场份额而突破行业价格成本线来打击、排斥和报复其他竞争者？

> 注：重庆啤酒被嘉士伯收购，有望上第一阶梯，在啤酒行业中也是盈利性最好的，而燕京啤酒则有所退化，目前已经沦为第二阶梯，盈利能力较差。

我国啤酒企业基本分为三大阶梯。

第一阶梯是青岛、华润雪花和燕京三大全国品牌，基本全国布局，且在全国的扩张仍在进行。

第二阶梯是珠江、重庆、哈尔滨，它们在区域地区具有一定的品牌影响力，以中端品牌为主，保持行业平均的利润率。

第三梯队是各地的中小啤酒厂，它们的竞争力体现在低成本和地方保护主义，长期来看这类企业的生命力不强，容易被市场所淘汰或被收购。

该行业现有产品的差别是否较大？

啤酒行业的同质化还是非常明显，很难做到较大的差异化，这是行业的现状，盈利性较好的，慢慢探索高端啤酒，寻求差异性。

（3）替代品威胁：

替代品的价格是否具有优势？

啤酒行业的替代品主要是白酒、葡萄酒、红酒、黄酒、米酒等含酒精的酒，在这几种酒中只有米酒的价格可以和啤酒的价格产生竞争力，但啤酒的消费群体远大于米酒的消费群体，且啤酒有其自己独特的风味，是其他品类酒无法代替的，所以替代品威胁并不大。

（4）购买者讨价还价的能力：

购买商的转换成本是否较高？如果是，那么购买商的议价能力较弱，反之亦然。

由于啤酒行业竞争非常激烈，产品同质化非常明显，所以购买者转换成本并不高，只要价格较低，就会马上变更供应商。

供应商对购买者的行业来说构成向前一体化的威胁是否较大？

降低渠道成本，自主掌握分销渠道已成为企业增加利润的必然途径。越来越多的啤酒厂家将开始“跃”过代理商，直接与下线的分销商和终端零售商联系，甚至在各个乡镇都设立自己的总经销商或专卖点。所以对购买者的威胁较高。

（5）供应商的讨价还价能力：

啤酒行业供应商是否集中？

啤酒行业主要供应商为欧洲和美洲的大麦，集中度较高，所以供应商的议价能力较强。

啤酒供应商的产品是否差别大、购买者的转换成本是否高？

啤酒供应商中尤其是澳洲小麦的品质非常好，因此供应商之间的产品差异较大，所以供应商的威胁较高。

小结：啤酒行业由于门槛低，竞争非常激烈，供应商和购买者的议价能力较强，对于新进入者而言，投资成本大，周期长，所以风险较高。如果没有雄厚的资本，没有研发出产品的差异性，贸然进入啤酒业，成功概率并不大。

**案例 2：白酒行业波特五力分析模型**

（1）潜在的进入者：白酒行业的门槛如何？是如何抵御潜在进入者？

①白酒行业属于限制类投资项目。

②生产白酒需要生产许可证。

③白酒的生产周期较长，从原料采购到成品酒销售需要占用大量的资金，优质白酒陈酿老熟周期更长，占用的资金量更多。

④“水乃酒之血”“酿好酒必有好水”，在生产优质白酒过程中的制曲、糖化发酵、陈酿老熟等环节对气候、土壤、水质等生态环境有非常高的要求，目前适宜酿造优质白酒的生态环境日益稀缺。

⑤随着人民的生活水平提高，越来越注重食品安全，白酒行业从价格的竞争已经演变为品牌的竞争，而品牌的建立需要长时间的培育。

（2）行业内同行的竞争：高端白酒行业笔者认为是一个寡头垄断的行业，寡头垄断不同于完全竞争行业，打价格战，没有任何提价能力，哪怕是提价一分钱，用户都十分敏感。寡头垄断好于完全垄断，因为完全垄断没有竞争对手，无法在一个良性的竞争环境里为这个行业带来更多的发展。

在高端白酒行业里，竞争环境非常温和，一提价大家一起提，并且大多数都采用控量提价战略，让高端白酒市场始终保持供应偏紧的状态。随着消费升级，人民对美好生活的向往，“少喝酒、喝好酒”已经成为共识，此时品牌认知度成为白酒最大的竞争优势。

（3）产品替代者：白酒的替代品主要是洋酒、啤酒、葡萄酒等含酒精的酒。白酒一直是各类宴会场合的主要饮品，其中进口高度蒸馏酒对白酒替代作用特别明显，因为白酒政务需求泡沫破裂以后，高端白酒着力点集中在商务用酒这一块，这一块要求必须酒精度数高，只有国内的白酒和进口蒸馏酒能满足这种要求，而且进口蒸馏酒因为它的“洋性”，更能被年轻一代青睐。

随着居民对于红酒的认识逐渐增加，人们对红酒的接受程度也不断加大。葡萄酒在我国的消费群体依然较小，该类产品需求提高速度较慢，主打健康和优雅品位为主要品类联想，红酒度数较低，可以作为日常餐酒，但很难满足商务需求，所以对高端白酒替代不明显。

啤酒在朋友聚餐中消费频率较高，因为其低价格和低度数，表现出很强的随意性和休闲性，商务和正式宴请不合时宜，对白酒替代不明显。

（4）供应商议价能力：白酒行业原材料主要以高粱等粮谷为主，这类供应商企业数量众多且都以中小型企业为主，同时还包括农户供给，市场原材料非常充足。所以白酒行业对供应商的议价能力较强。

（5）客户议价能力：在高端白酒市场里，由于中高档白酒行业内企业掌握了特定的资源优势又有品牌号召力，而且消费中高档白酒的用户群体对其价格敏感度非常低，因此中高档白酒对客户的议价能力较强。

小结：用波特五力模型来看中国高端白酒市场，我们会发现在中国制造业中，你很难再找到像白酒行业这么好的行业，因为在波特五力模型里没有一个是弱项。这是一条满足巴菲特所说的“被需要、有定价权、很难被替代”的行业。

## 4.3　行业及行业市场空间分析

在研究企业价值的时候，为什么要进行行业分析？很简单，如果不进行行业分析，你不知道企业目前发展处于什么样的阶段，是属于投入期？成长期？成熟期？衰退期？万一如果你买了一家处于衰退期的企业，那么你的投资很大可能会是失败的。如果不进行行业分析，你不知道行业里竞争格局是怎么样，是属于完全竞争？垄断竞争？寡头垄断？还是完全垄断？如果是处于完全竞争，行业本身没有什么门槛可言，竞争者众多，同质化严重，如果公司不能形成产品差异性，公司能否在竞争非常激烈的环境里持续生存下去？如果不进行行业分析，我们不能判断整个行业的市场空间，也就不能判断公司能够成长到什么程度。所以行业分析也是研究企业价值最重要的一个步骤之一。我们可以通过行业分析来发现近年来增长最快的行业，如果这些行业内的龙头公司没有被高估，那么这类公司有可能就是我们要投资的品种；有些行业由于没有被市场充分认知，但是未来很多年有可能会持续保持较高速的增长，这也是我们可以考虑长期投资的行业。

进行行业分析的时候，就有个行业分析框架（图 4-21）。

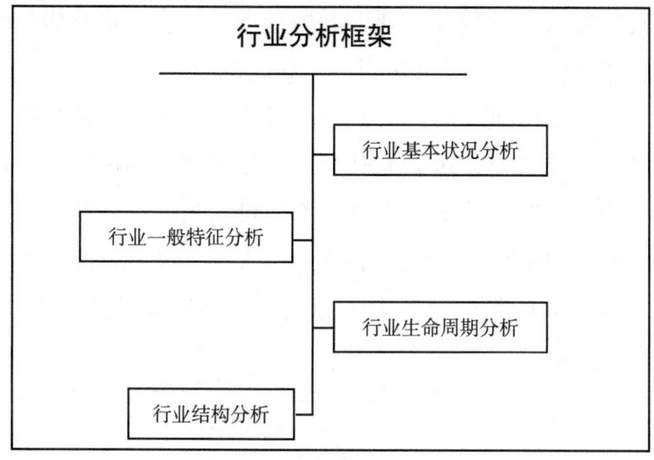


图4-21　行业分析框架

## 4.3.1　行业基本状况分析

行业基本状况包括这个行业的过往历史及未来发展状况，包括它的发展历程、目前现状以及对未来发展的预测（图 4-22）。

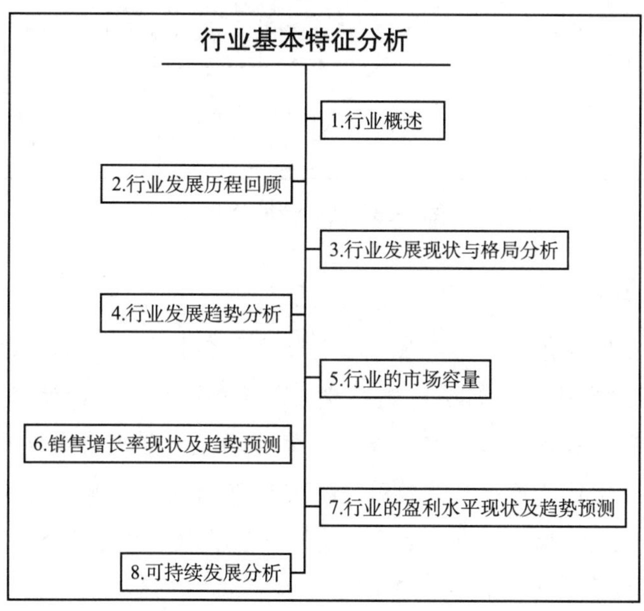


图4-22　行业基本特征分析

有些企业规模做不上去，有可能并不是企业本身的出现问题，而是行业的发展空间本身就不大，这些企业要想持续发展，只能通过多元化，进行产业链的延伸。

### 4.3.2 行业一般特征分析

行业特征是影响企业投资价值的重要因素之一，不同企业之间其特征差异比较大（图 4-23）。比如说零售行业，该行业进入门槛不高，企业竞争激烈，整个行业呈现出经营品种多、周转速度快以及行业毛利率低的特点；还有建筑装修行业，进入门槛不高，企业竞争异常激烈，整个行业的市场集中度非常低，毛利率非常低，资产负债率较高；而医药行业，进入门槛较高，国家对该行业历来实施非常严格的准入和监管制度，由于医药产品生产经营要经过研究开发、临床研究、临床试验、试生产、规模化生产到产品销售等多个环节，技术要求高，资金投入大，其间的审批与研究环节周期较长，新药产品的开发更需要投入大量的资金、人才、设备。因此医药行业可以说是高技术、高风险、高投入的行业。正因为高技术、高风险、高投入，所以其毛利率、净利润率远高于多数行业。

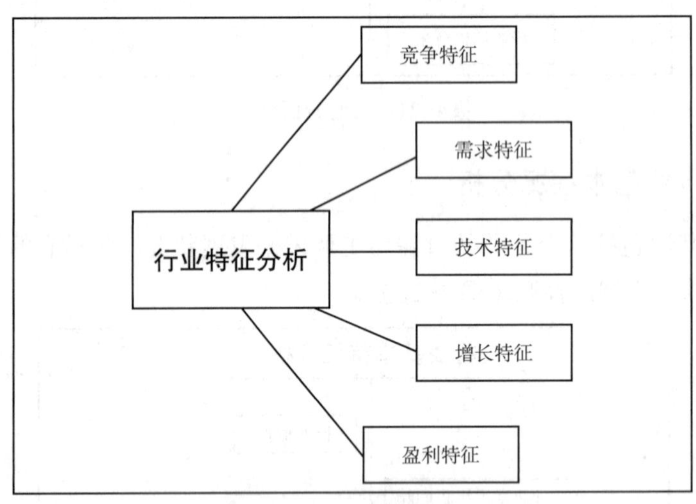


图4-23 行业特征分析

案例：检测行业

第一，行业发展具有长期成长性。近年来行业整体保持较高增长态势，增速远高于 GDP 增速。面对严峻复杂的国内外环境特别是新冠肺炎疫情严重冲击，国内检验检测市场呈现逆势上扬的发展态势。根据国家市场监督管理总局发布的 2020 年度全国检验检测服务业统计信息：从数量看，截至 2020 年底，全国检验检测机构达到 48, 919 家，较上年增长 11.16%，检验检测机构实现营业收入共计 3, 586 亿元，较上年增长 11.19%。从机构规模上看，绝大多数检验检测机构规模偏小，2020 年从业人数在 100 人以下的检验检测机构数量为 47, 173 家，占机构总数的 96.43%，“本地化小机构”

色彩仍占主流。从集约化程度看，检验检测机构集约化发展势头显著，规模以上机构数量稳步增长，2020 年规模以上（年收入 1, 000 万元以上）检验检测机构数量仅占全行业的 13.11%，但营业收入占比达到 77.36%，营业收入同比增长 11.91%，且近三年来规模以上检验检测机构年均增幅超过 12%。从资本市场看，自 2009 年第一家行业机构上市以来，截至 2020 年底，全国检验检测服务业上市企业数量 102 家，其中，沪深主板、创业板、中小板上市 17 家，检验检测行业进入资本市场的速度进一步加快。

第二，市场具有鲜明的区域性和行业性特点。由于品牌影响力、运输半径及部分资质的地域保护措施，导致检验认证机构业务的开展具有一定的区域性特征。

从服务半径来看，大多数检验检测机构是“本地化”检验检测机构，缺乏在全国开展服务的能力，2020 年国内检验检测机构仅在本省区域内开展检验检测服务的比例达到 73.38%。在不同的行业细分领域内，由于检验认证行业服务于国民经济的“全过程”“全领域”，使其市场呈现条块分割的特征，各个细分领域的检验认证业务相对独立，一方面，难以通过资本快速复制，所以采取并购手段进入新领域是国际检验认证行业巨头的通行做法；另一方面，单一细分领域机构难以满足客户综合技术服务需求，因此具备“一站式”服务能力的大型检验认证机构将具有绝对领先优势。

第三，行业具有显著提升国内大循环效率、有效推动国内国际双循环的属性。作为独立第三方，检验认证行业在国内大循环中具有明显的为市场经济和产品（服务）质量提供信用担保和背书的内涵，承担“信用证”职责；在国内国际双循环中是对内有效减少贸易壁垒、对外彰显民族品牌的美誉度、提高国际市场准入度的重要手段，承担国际贸易“通行证”职责，此外，检验认证行业通过业务开展推动企业管理水平和产品、服务质量提升，进而推动产业优化升级，是国民经济中各行业技术升级的“先导者”，对检验认证机构品牌、技术和公信力具有较高的要求。“十四五”时期我国检验检测行业的发展思路和目标任务，要努力推动到 2025 年基本建立适应高质量发展需要的检验检测体系，努力实现支撑国民经济与社会发展的检测能力显著增强，行业规范运行水平和社会公信力明显提升，涌现一批规模大、水平高、信誉好、服务广的检验检测集团，形成一批检验检测高技术服务业集中连片发展的特色区域，培育一批有国际影响力的检验检测知名品牌。到 2035 年，建立形成适应现代化市场经济发展需要的检验检测高质量发展新格局。因此，信誉越好、技术实力雄厚、规模越大的集团化检验检测机构越容易获得市场认可，社会相关资源也将优先向上述机构倾斜。

### 4.3.3　行业生命周期分析

行业生命周期分为：投入期（导入期）、成长期、成熟期、衰退期。

（1）投入期：这一时期的产品设计尚未成熟，行业利润率较低，市场增长率较高，需求增长较快，技术变动较大，行业中的用户主要致力于开辟新用户、占领市场，但此时技术上有很大的不确定性，在产品、市场、服务等策略上有很大的余地，对行业特点、行业竞争状况、用户特点等方面的信息掌握不多，企业进入壁垒较低。

（2）成长期：这一时期的市场增长率很高，需求高速增长，技术渐趋定型，行业特点、行业竞争状况及用户特点已比较明朗，企业进入壁垒提高，产品品种及竞争者数量增多。

（3）成熟期：这一时期的市场增长率不高，需求增长率不高，技术上已经成熟，行业特点、行业竞争状况及用户特点非常清楚和稳定，买方市场形成，行业盈利能力下降，新产品和产品的新用途开发更为困难，行业进入壁垒很高。

（4）衰退期：这一时期的行业生产能力会出现过剩现象，技术被模仿后出现的替代产品充斥市场，市场增长率严重下降，需求下降，产品品种及竞争者数目减少。

从衰退的原因来看，可能有四种类型的衰退，它们分别是：一是资源型衰退，即由于生产所依赖的资源枯竭所导致的衰退。二是效率型衰退，即由于效率低下而引起的行业衰退。三是收入低弹性衰退，即因需求—收入弹性较低而引起的行业衰退。四是聚集过度性衰退，即因经济过度聚集的弊端所引起的行业衰退。

如何判断行业生命周期，如表4-20、表4-21所示。

**表4-20　行业生命周期的判断**

| 阶段 | 特点 | 销售年增长率 |
|---|---|---|
| 投入期 | 技术发展不确定，创办成本较高，缺乏清晰的发展规划，新公司不断加入 | 30%～100% |
| 成长期 | 技术趋于先进和成熟，产品竞争力强，市场需巨大 | 10%～30% |
| 成熟期 | 技术标准形成，市场竞争激烈但有序，竞争焦点由价格转向售后服务，顾客对产品有较丰富的知识 | 10%以下 |
| 衰退期 | 技术老化，市场逐步萎缩 | 负值 |

**表4-21　行业生命周期分析**

| | 投入期 | 成长期 | 成熟期 | 衰退期 |
|---|---|---|---|---|
| 顾客 | 需要培训早期采购者 | 更广泛地接受模仿购买 | 巨大市场、重复购买、品牌选择 | 有见识挑剔 |
| 产品 | 处于试验阶段，产品质量没有标准，也没有稳定的设计 | 产品的可靠性、质量、技术和设计产生了差异 | 标准化产品 | 产品范围骤减<br>质量不稳定 |
| 风险 | 高 | 增长掩盖了错误的决策 | 重大 | 广泛被动 |
| 利润率 | 高价格<br>高毛利率<br>高投资<br>低利润 | 利润最高<br>公司的高价和高利润率 | 价格下降<br>毛利率下降<br>净利润下降 | 利润下降 |
| 竞争者 | 少 | 参与者增加 | 价格竞争 | 一些竞争者退出 |
| 投资需求 | 最大 | 适中 | 减少 | 最少 |
| 战略 | 市场扩张，研发是关键 | 市场扩张，市场营销是关键 | 保持市场份额 | 最好成本控制或选择退出 |

行业周期一定要结合产品周期。比如前几年非常火的共享单车，由于共享单车的出现为本已饱和的单车生产商带来新的活力；传统燃油车已经发展成熟，但新能源车正处于风口；碳中和让这些新兴赛道如光伏、风电、电动车、充电桩等行业迎来新的发展机会。元宇宙未来 3 ～ 5 年，进入雏形探索期，VR/AR、NFT、AI、云、PUGC 游戏平台、数字人、数字孪生城市等领域渐进式技术突破和商业模式创新将层出不穷，中长期看，元宇宙的投资机会包括：GPU、3D 图形引擎、云计算和 IDC、高速无线通信、互联网和游戏公司平台、数字孪生城市、产业元宇宙、太阳能等可持续能源等。

**案例 1：智能家电行业所处的生命周期**

1997 年探索期：前期主要存在部分高端用户中，2010 年后，由于移动互联网、物联网等技术发展的推动，新产品出现。

2013 年市场启动期：伴随着技术快速发展，市场需求日益增加，中国智能家居市场出现一批智能硬件创业企业，该阶段家电制造商与互联网企业齐头并进，开发智能家居产品。

2018 年高速发展期：行业经过洗牌，市场寡头产生，智能家居系统平台及服务平台搭建完毕，产品被市场所接受，行业标准逐步统一，巨头之间竞争加剧，市场快速发展。

2022 年市场成熟期：智能家居市场趋于成熟，进入门槛较高，市场集中度向巨头进一步提升。

**案例 2：制造业子行业发展阶段的划分（图 4-24）**

导入期：大飞机产业、半导体设备，国产化率 0 ～ 10%，基本不出口。

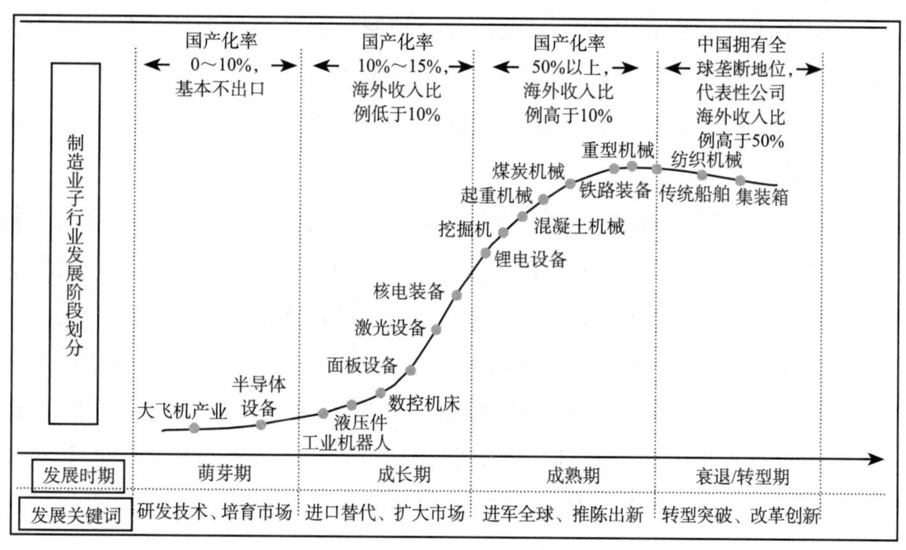


图4-24　制造业子行业发展阶段划分

成长期：工业机器人、液压件、数控机床、面板设备、激光设备、核电装备、锂电设备，国产化率 10% ～ 50%，海外收入比例低于 10%。

成熟期：挖掘机、混凝土机械、起重机械、煤炭机械、铁路装备、重型机械，国产化率 50% 以上，海外收入比例高于 10%。

衰退期：纺织机械、传统船舶集装箱，中国拥有全球垄断地位，代表性公司海外收入比例高于 50%。

行业周期可以说成是产品周期，因为一个行业的出现都是由产品构成的，任何产品都有它的周期，从幼儿、成长、成熟、衰落，甚至是消失，如同人的生命过程一样。作为投资者如何去分析、研究，进而进行预测？其实分析行业最简单的一点，就是如何去分析行业需求与行业供给这两者之间的关系，不管是什么行业分析，都不可能脱离这两者之间的关系。

而分析的侧重点，最核心、最重要的就是行业的需求有没有持续高增长的可能。一个新生的事物出现，这个“新生事物的出现”我们就可以称之为“幼儿期”“导入期”“投入期”，如果这个“新生事物的出现”未来能够满足人们的生活需要或者是行业的痛点，就有可能从“幼儿期”进入“成长期”；有些行业从“幼儿期”进入“成长期”有可能会过早的夭折，比如共享单车。一个行业进入“成长期”，由于需求已经得到满足，市场空间面临天花板，就意味着这个行业已经步入“成熟期”，空调行业就是一个非常典型的例子，空调百户保有量已经超过 120 台了，需求要想大幅增长，已经不太可能成为现实。一个行业进入“成熟期”之后，由于市场上已经对这类产品的需求不再增加，有可能会萎缩，那么这个行业很有可能进入“衰退期”也可以说成“老人期”，比如城镇化进行得差不多的时候，市场对钢筋水泥的需求是处于逐年减少的。有些行业有可能还没成长到多少年，很快就会被取代，这类行业通常处于一个容易变革的行业，比如曾经的“传呼机”只存在几年就消失了；工业的进步取代了传统，比如汽车取代了马车；产品的不断升级，比如曾经的“大哥大”升级为“传统手机”再升级为“智能机”。

其次是分析供给端，如果一个处于需求爆发的行业，这类行业里的本大多数公司在需求爆发的时候都能活得相当不错，但由于供给端进入门槛不高，资本看到有着非常高的回报率，资本是不可能错过这么好的赛道，没过多久，供给就已经远远超过需求，行业的竞争不断加剧，利润率不断降低，此类行业容易陷入困境，比如快递行业、影视行业，投资时要非常警惕。但如果是供给端进入门槛非常高，且需求持续增长，那么这类行业的竞争是十分温和的，赛道非常长，竞争格局非常清晰，此类行业我们要作为重点关注的，长牛股基本都是在这里，医药行业就是例子。

## 4.4　如何评估企业价值

公司估值方法很多，有 PE 估值、PB 估值、PS 估值、PEG 估值、绝对估值法（未来自由现金流折现）。下面我们就大概介绍下这几种方法。

### 4.4.1　PE 估值

PE 中文指的是市盈率。

其计算方式：市盈率 = 每股市价 / 每股盈余 = 市值 / 净利润。

那么如何理解这个市盈率呢？举个例子，如果你买了一套房子 100 万，年租金收入 5 万，那么要通过 20 年才能收回 100 万的投资款，这里不计算货币的贬值；如果是年租金收入是 10 万，那么只要通过 10 年就能收回 100 万的投资款。所以它的计算方式，100 万指的是市值，租金收入指的是利润，如果年利润是 5 万，那么 PE=100/5=20；如果年利润是 10 万，那么 PE=100/10=10。从这里可以看出，租金越高，市盈率就越低。市盈率越低，也就代表着其回报率越高。

一般来说，市盈率水平为：

<0 ：指该公司盈利为负

0 ～ 15 ：即价值被低估

15 ～ 25：即正常水平

25 ～ 35：即价值被高估

35+ ：反映股价出现投机性泡沫

案例 1：贵州茅台

2021 年 10 月 25 日股价 1873 元，公司总股本 12.6 亿股，公司总市值 =1873 × 12.6 亿 =23600 亿元，公司 2020 年净利润 467 亿元，那么公司的市盈率 PE=23600/467=50.5。

这个 PE 指的是静态 PE，是相对去年的。贵州茅台 50PE 倍如果按公式来理解就有可能反映出投机性泡沫，但只是“有可能”，因为估值本身就是一种艺术。

案例 2：绿地控股

2021 年 10 月 25 日股价 4.49 元，公司总股本 128 亿股，公司总市值 = 4.49×128 亿 = 574 亿元，公司 2020 年净利润 150 亿元，那么公司的市盈率 PE=574/150=3.8。

3.8 倍的静态 PE，按公式来理解是处于非常低估的。

教科书所谓的低估、高估，并不见得是对的，为什么市场会给予茅台较高的估值溢价？那就说明茅台好，为什么好？茅台酒在市场供不应求，公司未来的发展潜力仍非常大；为什么市场对绿地控股给予那么低的估值，因为绿地控股经营质量不怎么好，未来发展空间有限，而且负债率非常高，公司的两大主业，一个是房地产行业，另一个是建筑行业，这两块业务对于公司未来的发展来说存在着非常大的不确定，所以市场给了绿地控股非常低的估值。但市场一定是对的吗？也未必见得是对的。不确定性才是资本市场的本质，也是资本市场的魅力所在。

### 4.4.2 PB 估值

PB 估值指的是目前公司股价与每股净资产的比率。

其计算公式为：PB= 每股股价 / 每股净资产。

举个例子：2021 年 10 月 25 日，贵州茅台股价 1873 元，每股净资产 139 元，那么贵州茅台的 PB=1873/139=13.5。而绿地控股当时的股价 4.49 元，其净资产为 7.08 元，那么绿地控股的 PB=4.49/7.08=0.6。

一般情况下，PB 越小，安全边际越高，如果 PB 小于 1 倍，甚至低于 0.8 倍，那是非常划算的。为什么PB越小，安全边际越高呢？举个例子，一家企业净资产1个亿，PB 为 0.5 倍，就表示你可以用 5000 万去购买净资产值一个亿的企业，这样的企业你说值还是不值，毫无疑问，大多数投资者会认为这是一笔非常划算的投资。其实有些企业的净资产是非常虚的，企业的资产构成里，有存货、有固定资产、有商誉、有应收账款等，万一里面的存货都是一些非常不值钱的货物，但在财报里是显示不出来的；万一里面的固定资产都是废弃的、无用的，但在财报里是没有显示出来的；万一里面的商誉非常巨大，而且并购的企业经营存在着非常大的问题，但在财报里没有立刻显示出来；万一里面有着大量的应收账款，而且这些应收账款是已经永远追讨不回来的欠款，但在财报里也是没有立刻显示出来的。所以要研究 PB 的真实大小，还是要做仔细的分析，就算其 PB 是真实的，也不能说明公司未来存在着非常大的获利机会，因为公司的某些资产永远是不可能出售，只能永远待在那里。

所以 PB 估值法它是没有考虑企业未来的盈利能力，只单纯从公司的清算价值角度出发，我以现在的价格买下这家公司，然后退市清盘，把这些资产全部出售，到底划不划算。

**案例：**

PB 估值法也可以称之为清算估值法，类似于格雷厄姆净估值法，这类估值的主要意义在于：如果公司马上破产清算到底值多少钱？基于这类假设，这类估值的方式就是要计算公司的资产到底可以值多少钱，说到资产到底值多少钱，就只能看资产负债表了；由于这类方法只计算公司目前的资产，对于公司是否有更大的发展潜力，则完全不在乎，所以公司的利润表、现金流量表也就没有分析的意义，唯一看重的只有资产负债表，公司哪些资产比较值钱，哪些资产不值钱，不值钱的要打多少折，关于资产要打多少折的问题，在实际操作中，就是一种主观的认知，很难有一个比较可靠的参数可供选择。在此也只能以表 4-22 的数据作为案例来简单地说明。

货币资金：货币资金是实打实的资金，按 100% 计算。

应收账款：行业不同、公司客户群体不同、经济环境不同，导致回款质量如何很难评定。

存货：产品差异较大，有些产品保存期不久就会变质，此类产品折扣要大；有些产品越放越值钱，这类产品不计提折扣；有些产品保值期较长，贬值较小，这类产品折扣要小。

**表4-22　资产负债表**

单位：万元

| | 资产 | 资产折扣 | 折扣后的资产 |
|---|---|---|---|
| 货币资金 | 300 | 100% | 300 |
| 应收账款 | 100 | 50% | 50 |
| 存货 | 50 | 60% | 30 |
| 流动资产合计 | 450 | | 380 |
| 固定资产 | 100 | 40% | 40 |
| 商誉 | 150 | 0 | 0 |
| 非流动资产 | 250 | | 40 |
| 总资产 | 700 | | 420 |
| 短期借款 | 50 | 100% | 50 |
| 应付账款 | 80 | 100% | 80 |
| 流动负债合计 | 130 | | |
| 长期借款 | 50 | 100% | 50 |
| 非流动负债合计 | 50 | | |
| 负债合计 | 180 | | 180 |
| 股东权益合计 | 520 | | 240 |
| 负债及股东权益合计 | 700 | | 420 |

固定资产包括地皮、厂房和设备等。

地皮：较值钱。地皮如果是很多年前购入，当时购买价 50 万的话，如果是以成本记账的话，这 50 万就一定记在资产负债表中，这个地皮的价值按现在目前的市场价可能远远不止 50 万了，不过在资产负债表中是显示不出来的。

厂房：可以改造下卖给其他企业，或改为商用、民用住宅。贬值正常不会太大。

设备：有些旧设备可能一文不值，有些设备还能值一些，评估设备的价值只能具体问题具体分析。

负债：所欠的负债，这个是一定要还的，而且是 100% 要还。

最后得出折扣后的总资产。

如果公司市值已经跌到清算价值以下，最好是清算价值的六七成左右，而且公司仍然还在赚钱，也不可能倒闭，那么很大可能就是投资机会。注意，这只是很大可能而且并不代表一定是机会，因为股市的风险无处不在，总会有你看不清的地方。

### 4.4.3 PS 估值

P 指的是股价（Price），S 是每股销售收入（Sales）。

计算公式：PS=P/S= 股价 / 每股销售收入 =（股价 × 总股本）/（每股销售收入 × 总股本）= 总市值 / 销售额。

PS 市销率估值法的优点是：销售收入较为稳定，收入不会出现负值，也就不会出现没有意义的情况，即使净利润为负也不会有太大的影响；其次公司的营业收入不受公司折旧、存货、非经常性收支的影响，不像利润那么易操控，所以市销率估值可以与市盈率估值形成良好的补充。但市销率估值的缺点也非常明显，因为它不反映公司的经营能力，也就是说如果公司的经营成本不断上升、利润持续下降，但其营业收入不受影响，市销率仍然不会发生改变。

市销率越低说明什么？市销率越低，说明该公司股票目前的投资价值越大。

举个例子：2018 年 10 月 26 日，三全食品 2018 年营业收入 55 亿元，公司股价 4 元，公司总股本 8 亿股，那么公司的市值为 32 亿元，PS= 总市值 / 销售额 =32/55=0.6 倍；2020 年 4 月 9 日，三全食品 2019 年营业收入 60 亿，公司股价 20 元，公司总股本 8 亿股，其市值为 160 亿元，PS= 总市值 / 销售额 =160/60=2.7。

从这个例子可以看出市销率越低就越能反映公司的投资价值越大，但这也是教科书的说法，实际答案仍然是未知的。如果销售额保持不变，PS 越低，就说明公司的市值越小，那么市值越小，能够说明什么问题？我们再继续推导，市值 = 净利润 × 市盈率，如果市盈率保持不变，市值越小，只能说明公司的净利润越低。所以如果保持市盈率不变，销售额不变，PS 从小到大的过程，其本质是由于公司的净利润发生了重大的变化。

再来看下三全食品 2018 年的净利润 1 个亿，2019 年的净利润是 2.2 亿，增长了 100% 以上，这里又产生了一个问题，2018 年公司的营业收入 55 亿，2019 年公司的营业收入 60 亿，营业收入只增长 10% 不到，为什么净利润会大幅增长 100% 以上呢？其背后的原因是净利率的提升，55 亿的营业收入，净利润才 1 个亿，表示公司的净利率仅为 0.018（=1/55）；60 亿的营业收入，净利润 2.2 亿，表示公司的净利润率为

0.036（=2.2/60）。所以研究 PS，就要研究公司的销售净利率趋势，如果销售净利率趋势是下降的，或者为负，那么表明营收增长越多，亏得越多；反之，如果销售净利润率趋势是上升的，那么营收的增长，利润释放得越快，之前公司的亏损，有可能是为公司未来的盈利做好准备，这个过程我们称之为打好基础，提高市占率，积累沉淀，厚积薄发。

所以评估 PS 的重要意义在于：

①市销率更看重销售规模，所以生意应该在较大规模的市场中，各个企业之间的竞争更多的是直接性竞争，比的是各自的占有率或者规模多大。

②净利率不稳定或者说费用敏感度较高。背后的逻辑是规模较小时需要较高费用去提升规模导致净利率较低，所以看净利润给估值是不太靠谱；而等到规模很大的时候均摊的单位费用就会降低，也就是费用率会下来，这样净利率反倒会上升，回归正常净利率水平。

③通常不会是高净利率，根据公式：市值 = 市销率 × 收入，以及市值 = 市盈率 × 净利润 = 市盈率 × 收入 × 净利率，可以得出市销率 = 市盈率 × 净利率，如果具有较高净利率的企业，譬如 20% 净利率，那么“1 倍 PS=5 倍 PE”，很显然如果出现 2 倍以下较低的 PS 就意味着出现个位数的 PE，这种情况是非常少见的，为什么？因为净利率高达 20% 以上的，表明公司的盈利水平非常不错，正常是属于高毛率、高净利率，而高毛率、高净利率的企业通常情况下其竞争力是属于较强的，所以一个具有良好盈利水平及有竞争力的企业 PE 很难给得非常低，如果有的话就要好好研究了，有可能大的机会就在眼前。

### 4.4.4 PEG 估值

PEG 估值法最早是由英国投资大师史莱特提出，并由彼得·林奇发扬光大，主要用于对成长股的估值。

PEG 估值是指一家企业的“市盈率与盈利增长速度的比率”，其计算公式：PEG=PE/G/100，PE 指的是企业的市盈率，而 G 是指企业的潜在盈利增长率。这里就有一个十分明显的误区，许多人在使用 PEG 这个指标时，会用过去的增长率或目前的增长率来进行计算，这是对 PEG 最常见的误解。

PEG 的应用：如果 PEG ＞ 1，可以得出企业被高估，如果 PEG ＜ 1，可以得出企业被低估。

举个例子，如果目前企业的市盈率是 20 倍，如果你预期未来 3 年左右企业的增长率为 40%，那么 PEG=0.5，就可以得出该企业是低估的；如果预期未来 3 年左右企业的增长率为 10%，那么 PEG=2，就可以得出该企业是高估的结论。如果 PEG=1，那么可以判断该企业估值合理，即 20 PE 对应未来 3 年左右 20% 的增长。

PEG 越低，要么说明公司的市盈率越低，要么说明公司的利润增速非常快，所以 PEG 越低表明公司的投资价值越大。

这里就有一个问题了，如果一家企业未来增长率 5% 左右，那又应该怎么用 PEG 估值，难道只给 5 倍市盈率吗？更夸张点，如果企业未来增长率是 1%，那难道只给 1 倍市盈率吗？

如果一家企业市盈率达到 100 倍了，PEG 估值好像也不太合适，因为未来 3 年增长在 100% 的企业并不多。

再如果利润亏损的企业，是没有市盈率的，怎么应用 PEG 呢？

所以，PEG 估值应用的范围是比较窄的，因为里面有个“G”，这个“G”指的是未来潜在的增长率，如何判断未来的利润增长率，是使用 PEG 的重点与难点，在实际应用中我们把 PEG 归结为只适用于业绩可预测性比较强，并且业绩增速在 10% ～ 35% 的企业。对低速增长企业、业绩波动较大的周期性企业、市盈率超过 35 倍的企业等都不太适用了，这个取值范围也是因人可异，没有特别的规定。

### 4.4.5 自由现金流折现法

估值的方法有很多种，其中被认为最具权威、最科学的估值法是自由现金流折现法（DCF）。

巴菲特认为，现金流量贴现模型是唯一正确的估值模型，“内在价值简单的定义如下：它是一家企业在其余下寿命中，可以产生的现金流量贴现值”，经常被翻译为“上市公司的内在价值就是该企业在其未来生涯中所能产生的现金流量的折现值”。

巴菲特并不认为市盈率是正确的估值标准：“一般的评估标准，诸如股利收益率、市盈率或市价净值比，甚至是成长率，与价值评估毫不相关，除非它们能够在一定程度上，提供一家企业未来现金流入流出的线索。”巴菲特在 2013 年股东大会上说：“我们并不是运用定量指标筛选股票，寻找的并不是那些具有低市盈率或低市净率的股票。”

自由现金流折现法 DCF 的计算方法非常复杂。

永续自由现金流现值 $V_0$：

$$V_0=\sum_{t=1}^{\infty}\frac{D_t}{(1+r)^t}=\sum_{t=1}^{\infty}\frac{D_0(1+g)^t}{(1+r)^t}$$

$$V_0=\frac{D_0(1+g)}{r-g}=\frac{D_1}{r-g}$$

其中，$D_t$ 为当期自由现金流，$r$ 为折现率，在 FCFE 模型中折现率取股权资本成本，在 FCFF 模型中取 WACC（加权平均资本成本），$g$ 为增长率假设。

一般情况下看到那么复杂的计算公式我是直接一眼跳过去的，对于投资者来说公式本身的意义并不大，巴菲特的搭档芒格曾说：自己从来没见过巴菲特计算企业的自由现金流。

下面我们用简单的方式来计算一下，关键有三点：计算企业目前的自由现金流、估算企业未来的增长率、选择一个较为合适的折现率。

自由现金流 = 经营现金流 - 长期资本支出，通过已有的财报数据可以计算出过去的和目前的自由现金流；

未来增长率：预期未来几年企业的增长率，然后给一个永续增长率；

折现率：通常用 10 年期国债利率，再加上风险溢价率（一般给 2% ～ 3%）。

在给出了这 3 个关键的数据后，然后开始一步步的计算，计算未来增长之后的每年自由现金流量水平；把计算后的结果按照确定的折现率折现；计算永续价值折现值。

最后，企业内在价值 = 几年折现总和 + 永续价值折现值。

下面我们以贵州茅台作为例子来进行讲解。为什么要选用贵州茅台作例子，因为贵州茅台的业绩可以说是明牌了，也就是说未来业绩增长是非常确定的。

首先是计算自由现金流：

科普兰教授（1990）更是比较详尽地阐述了自由现金流量的计算方法："自由现金流量等于企业的税后净营业利润（即将公司不包括利息收支的营业利润扣除实付所得税税金之后的数额）加上折旧及摊销等非现金支出，再减去营运资本的追加和物业厂房设备及其他资产方面的投资。它是公司所产生的税后现金流量总额，可以提供给公司资本的所有供应者，包括债权人和股东。"

FCF【自由现金流量】= EBIT【息税前利润】×（1 - Tax【税率】）+Depreciation & Amortization【折旧和摊销】- Changes in Working Capital【营运资本变动】- Capital expenditure【资本支出】

这个计算自由现金流看起来非常复杂，一般情况下我都把它简化成：自由现金流 = 经营现金流 - 资本支出。

那么现在我们一步步来具体操作下：2020 年公司的经营现金流 517 亿（表 4-23）。

**表4-23　贵州茅台的经营现金流**

| 科目\年度 | 2020 | 2019 | 2018 | 2017 | 2016 » |
|---|---|---|---|---|---|
| 一、经营活动产生的现金流量(元) | | | | | |
| 销售商品、提供劳务收到的现金(元) | 1070.24亿 | 949.80亿 | 842.69亿 | 644.21亿 | 610.13亿 |
| 收到的税费与返还(元) | -- | -- | -- | -- | -- |
| 收到其他与经营活动有关的现金(元) | 2.21亿 | 12.34亿 | 6.22亿 | 5.42亿 | 1.89亿 |
| 经营活动现金流入小计(元) | 1135.11亿 | 994.44亿 | 893.46亿 | 673.69亿 | 672.79亿 |
| 购买商品、接受劳务支付的现金(元) | 72.31亿 | 55.22亿 | 52.99亿 | 48.76亿 | 27.73亿 |
| 支付给职工以及为职工支付的现金(元) | 81.62亿 | 76.70亿 | 66.53亿 | 54.90亿 | 46.74亿 |
| 支付的各项税费(元) | 416.23亿 | 398.41亿 | 320.32亿 | 230.66亿 | 175.11亿 |
| 支付其他与经营活动有关的现金(元) | 40.47亿 | 53.15亿 | 29.36亿 | 29.40亿 | 23.71亿 |
| 经营活动现金流出小计(元) | 618.42亿 | 542.34亿 | 479.60亿 | 452.16亿 | 298.28亿 |
| 经营活动产生的现金流量净额(元) | 516.69亿 | 452.11亿 | 413.85亿 | 221.53亿 | 374.51亿 |

资本支出，计算的时候就用投资活动现金流出里的购建固定资产、无形资产和其他长期资产支付的现金代替，2020 年公司的资本支出为 21 亿（表 4-24）。

**表4-24　贵州茅台的资本支出**

| 二、投资活动产生的现金流量(元) | 2020 | 2019 | 2018 | 2017 | 2016 » |
|---|---|---|---|---|---|
| 收回投资收到的现金(元) | 3.15亿 | -- | -- | -- | -- |
| 取得投资收益收到的现金(元) | -- | -- | -- | -- | -- |
| 处置固定资产、无形资产和其他长期资产收回的现金净额(元) | 49.59万 | 3.81万 | -- | 1.65万 | 9.21万 |
| 收到其他与投资活动有关的现金(元) | 667.53万 | 732.11万 | 1124.42万 | 2143.07万 | 556.24万 |
| **投资活动现金流入小计(元)** | 3.22亿 | 735.92万 | 1124.42万 | 2144.71万 | 565.44万 |
| 购建固定资产、无形资产和其他长期资产支付的现金(元) | **20.90亿** | **31.49亿** | **16.07亿** | **11.25亿** | **10.19亿** |
| 投资支付的现金(元) | 2000.00万 | -- | -- | -- | -- |
| 支付其他与投资活动有关的现金(元) | 1753.54万 | 2418.02万 | 3345.67万 | 1707.51万 | 8897.71万 |
| **投资活动现金流出小计(元)** | 21.27亿 | 31.73亿 | 16.40亿 | 11.42亿 | 11.08亿 |
| **投资活动产生的现金流量净额(元)** | -18.05亿 | -31.66亿 | -16.29亿 | -11.21亿 | -11.03亿 |

那么 2020 年公司的自由现金流 = 经营现金流 - 购建固定资产、无形资产和其他长期资产支付的现金 =517-21=496 亿。

考虑计算方便，未来增长率就取值为 3 年，增长率 12%，永续增长率 4%，折现率取 8%。

我们在前面讲过折现率，折现率是指将未来有限期预期收益折算成现值的比率，是根据资金具有时间价值这一特性，按复利计息原理把未来一定时期的预期收益折合成现值的一种比率。通俗来讲，折现率就是资本金的时间价值，也就是说时间是有价值的。

永续价值 = 最后那年的自由现金流 ×（1+ 永续增长率）/（折现率 - 永续增长率），然后折现。

下面我们就来计算下未来自由现金流的折现值：

2021 年公司自由现金流 =496 × 1.12=555.52 亿，这个 555.52 亿折现到 2020 年就是 514.37（555.52/1.08）亿。

2022 年公司自由现金流 =555.52 × 1.12=622.18 亿，这个 622.18 亿折现到 2020 年就是 533.42（$622.18/1.08^2$）亿。

2023 年公司自由现金流 =622.18 × 1.12=696.84 亿，这个 696.84 亿折现到 2020 年就是 553.17（$696.84/1.08^3$）亿。

永续价值 =696.84 ×（1+4%）/（8%-4%）=18117 亿。

永续价值折现 =$18117/1.08^3$=14381.86 亿。

未来三年公司的内在价值 = 公司过去三年自由现金折现值 + 永续价值 =514.37+533.42+

553.17+14381.86=15982.82 亿。

如果永续增长值取值 6% 呢？

永续价值 =696.84×（1+6%）/（8%-6%）=36932 亿

从这里来看，参数发生变化，公司的内在价值就相差非常大了。未来自由现金流折现如何正确取值是个非常艺术的东西，所以通过计算一家企业的内在价值主观性太强，指导意义也就没那么强了，但是未来自由现金流折现它提供了我们对公司如何进行估值的正确方式。

首先，使用这种方法要求公司未来的业绩指向性是非常可靠，是比较好预测的那种（业绩好预测，指向性非常可靠，通常情况下就可以表明公司的管理层非常可靠或是公司的护城河非常宽也就是说公司的竞争力非常强）。其次，公司的商业模式非常突出，不用多少资本支出就能创造大量的自由现金流，可以说成是一台印钞机，现金奶牛。如果估值合理的话，这就是我们投资者一辈子所要寻找的企业。股神巴菲特从“捡烟蒂”到后期购买“优秀企业”所得出一个非常令人深刻的常识：**“以合理的价格买入一家优秀的企业远胜过以便宜的价格买入一家平庸的企业。”**

如果让你创办一家企业，除了满足企业的发展之外，你是否希望公司所创造的利润能够分配给各位股东的手里。我想大多数股东除了希望看到自己的企业发展较快之外，更希望公司留存的大量利润可用于股东的分红。如果一家企业账面利润可以，但是为了企业发展，需要持续从股东融资或从市场融资，这类企业你真的可以放心吗？把这个问题想清楚了，也就明白巴菲特所说好公司的标准：不需要多少资本支出，就能持续创造大量的自由现金流。

## 4.5　手把手教你选白马股

关于如何筛选“白马股”的问题，首先我们先解决一个非常“小白”的问题，但却又是一个不那么容易回答得了的问题，什么叫作“白马股”？

对于白马股，每个人都有不同的认识。我对“白马股”的理解是：过往业绩优良，有着稳定的经营历史，产品竞争力较强。

过往业绩优良指的是什么呢？

下面我们就引用巴菲特的说法吧：

曾经有人问巴菲特，如果只能用一种指标去投资，会选什么？巴菲特毫不犹豫地说出了 ROE，在他看来那些 ROE 可以持续维持在 15% 左右，并且不需要股东追加投资就可以盈利的企业，就是非常好的投资对象。

所以这个业绩优良，我认为指的净资产收益率 ROE 大于 15%。

稳定的经营历史呢？如何算是“稳定”呢？笔者个人的理解 ROE >15%，最少保持五年以上，正常情况下，我都会尽量选择十年以上，因为时间拉长一点，观测的信息有可能会更准确。

下面我们来具体地操作下：

登录同花顺问财平台（图 4-25），输入“2010-2020 年 ROE>15%”。

图4-25　登录问财平台

结果共有 30 条（图 4-26）。

| 序号 | ☐ | 股票代码 | 股票简称 | 现价(元) | 涨跌幅(%) | 加权净资产收益率(%) | | | | | | | | | | | 预测净资产收益率(%) | | | |
|---|---|---|---|---|---|---|---|---|---|---|---|---|---|---|---|---|---|---|---|---|
| | | | | | | 2020.12.31 | 2019.12.31 | 2018.12.31 | 2017.12.31 | 2016.12.31 | 2015.12.31 | 2014.12.31 | 2013.12.31 | 2012.12.31 | 2011.12.31 | 2010.12.31 | 2023.12.31 | 2022.12.31 | 2021.12.31 | 2019.12.31 |
| 4 | ☐ | 000651 | 格力电器 | 41.24 | -0.53 | 18.88 | 25.72 | 33.36 | 37.44 | 30.41 | 27.31 | 35.23 | 35.77 | 31.38 | 34.00 | 36.51 | 19.82 | 20.01 | 19.73 | 246.97亿 |
| 5 | ☐ | 000596 | 古井贡酒 | 229.85 | -0.06 | 19.53 | 25.55 | 24.03 | 19.09 | 15.88 | 15.91 | 15.05 | 17.47 | 23.80 | 31.65 | 34.17 | 20.01 | 19.54 | 18.48 | 20.99亿 |
| 6 | ☐ | 600519 | 贵州茅台 | 1,662.58 | 1.74 | 31.41 | 33.09 | 34.46 | 32.95 | 24.44 | 26.23 | 31.96 | 39.43 | 45.00 | 40.39 | 30.91 | 26.75 | 27.56 | 28.21 | 412.06亿 |
| 7 | ☐ | 603288 | 海天味业 | 90.77 | 0.86 | 36.13 | 33.69 | 32.66 | 31.12 | 32.00 | 32.00 | 33.00 | 45.00 | 38.00 | 35.00 | 29.00 | 28.13 | 28.83 | 29.31 | 53.53亿 |
| 8 | ☐ | 000963 | 华东医药 | 30.79 | -2.04 | 20.95 | 25.29 | 24.87 | 23.02 | 22.19 | 42.98 | 30.34 | 25.15 | 26.64 | 28.40 | 28.12 | 17.38 | 17.09 | 17.24 | 28.13亿 |
| 9 | ☐ | 002415 | 海康威视 | 53.72 | 3.39 | 27.72 | 30.53 | 33.99 | 34.96 | 34.56 | 35.28 | 36.27 | 30.92 | 27.70 | 23.98 | 27.35 | 25.61 | 26.07 | 26.29 | 124.15亿 |
| 10 | ☐ | 002236 | 大华股份 | 24.75 | 4.34 | 22.09 | 22.74 | 22.16 | 25.47 | 24.60 | 23.59 | 24.44 | 35.09 | 38.51 | 28.36 | 26.40 | 19.40 | 19.25 | 19.22 | 31.88亿 |
| 11 | ☐ | 603989 | 艾华集团 | 32.77 | 3.54 | 15.57 | 15.59 | 15.17 | 16.32 | 15.22 | 16.52 | 26.00 | 26.36 | 19.36 | 22.98 | 26.37 | 15.60 | 16.45 | 16.50 | 3.38亿 |
| 12 | ☐ | 000069 | 华侨城A | 7.25 | -0.41 | 17.47 | 19.33 | 18.98 | 18.05 | 16.84 | 15.35 | 18.40 | 20.16 | 21.35 | 21.58 | 25.71 | 15.24 | 15.23 | 15.63 | 123.40亿 |
| 13 | ☐ | 600276 | 恒瑞医药 | 47.45 | 0.02 | 22.51 | 24.02 | 23.60 | 23.28 | 23.24 | 24.37 | 21.28 | 21.22 | 22.91 | 23.11 | 24.45 | 19.16 | 18.89 | 19.28 | 53.28亿 |
| 14 | ☐ | 600690 | 海尔智家 | 28.19 | 1.44 | 17.67 | 19.12 | 21.00 | 23.59 | 20.41 | 16.22 | 27.58 | 32.84 | 33.78 | 31.33 | 24.28 | 17.09 | 17.28 | 16.85 | 82.06亿 |
| 15 | ☐ | 002146 | 荣盛发展 | 5.12 | -0.19 | 15.97 | 21.86 | 24.89 | 22.44 | 18.74 | 16.49 | 26.08 | 30.51 | 29.89 | 28.26 | 24.06 | 12.81 | 13.52 | 14.37 | 91.20亿 |
| 16 | ☐ | 000848 | 承德露露 | 12.87 | -0.62 | 20.90 | 24.55 | 21.99 | 21.52 | 24.83 | 31.16 | 38.13 | 36.53 | 28.06 | 26.25 | 23.92 | 23.98 | 22.73 | 21.55 | 4.65亿 |
| 17 | ☐ | 600563 | 法拉电子 | 176.00 | 2.33 | 20.46 | 18.23 | 19.48 | 19.56 | 19.51 | 17.87 | 18.28 | 18.74 | 17.31 | 22.31 | 22.37 | 24.54 | 24.05 | 22.66 | 4.56亿 |
| 18 | ☐ | 600436 | 片仔癀 | 341.43 | 0.27 | 23.07 | 23.64 | 24.98 | 21.16 | 16.20 | 15.43 | 16.79 | 21.92 | 27.47 | 22.91 | 22.17 | 21.51 | 22.20 | 22.00 | 13.74亿 |
| 19 | ☐ | 600036 | 招商银行 | 54.12 | 3.88 | 15.73 | 16.84 | 16.57 | 16.54 | 16.27 | 17.09 | 19.28 | 23.12 | 24.78 | 24.17 | 21.75 | 17.10 | 16.77 | 16.28 | 928.67亿 |
| 20 | ☐ | 002242 | 九阳股份 | 21.96 | -2.23 | 23.83 | 21.22 | 20.70 | 18.40 | 21.36 | 19.72 | 17.79 | 16.38 | 17.06 | 18.07 | 21.62 | 23.18 | 22.38 | 21.80 | 8.24亿 |
| 21 | ☐ | 600612 | 老凤祥 | 47.92 | -0.31 | 21.03 | 21.16 | 20.26 | 21.13 | 21.83 | 26.09 | 25.56 | 26.71 | 24.56 | 28.20 | 21.36 | 18.52 | 19.24 | 20.54 | 14.08亿 |
| 22 | ☐ | 600763 | 通策医疗 | 239.50 | 0.77 | 24.39 | 29.87 | 28.66 | 23.39 | 18.17 | 26.52 | 19.17 | 21.40 | 24.38 | 23.89 | 21.20 | 24.92 | 25.47 | 25.69 | 4.66亿 |
| 23 | ☐ | 600887 | 伊利股份 | 36.40 | 1.08 | 25.18 | 26.38 | 24.33 | 25.22 | 26.58 | 23.87 | 23.66 | 23.15 | 25.97 | 35.33 | 20.28 | 25.26 | 25.34 | 24.88 | 69.34亿 |
| 24 | ☐ | 000661 | 长春高新 | 245.72 | -0.91 | 31.22 | 28.54 | 20.85 | 15.99 | 15.62 | 23.90 | 23.55 | 26.50 | 38.47 | 18.90 | 18.06 | 25.71 | 27.16 | 28.22 | 17.75亿 |
| 25 | ☐ | 002262 | 恩华药业 | 13.85 | -0.72 | 18.42 | 20.22 | 19.48 | 17.36 | 15.68 | 16.13 | 23.77 | 23.26 | 22.70 | 20.94 | 18.02 | 18.98 | 18.91 | 18.44 | 6.63亿 |
| 26 | ☐ | 600048 | 保利地产 | 12.46 | 3.15 | 17.10 | 21.01 | 16.63 | 16.32 | 15.53 | 16.63 | 21.65 | 22.95 | 21.84 | 20.20 | 18.02 | 14.34 | 14.65 | 15.18 | 279.59亿 |
| 27 | ☐ | 000002 | 万科A | 20.40 | 0.99 | 20.13 | 22.47 | 23.24 | 22.80 | 19.68 | 19.14 | 19.17 | 21.54 | 21.45 | 19.83 | 17.79 | 15.05 | 15.50 | 16.45 | 388.72亿 |
| 28 | ☐ | 002032 | 苏泊尔 | 49.71 | 0.26 | 26.97 | 30.54 | 28.84 | 26.87 | 22.79 | 21.90 | 19.63 | 18.54 | 16.24 | 18.38 | 17.58 | 23.48 | 24.18 | 24.68 | 19.20亿 |
| 29 | ☐ | 601877 | 正泰电器 | 53.30 | 1.73 | 23.98 | 16.29 | 17.16 | 15.35 | 20.62 | 26.37 | 32.17 | 31.11 | 24.16 | 18.39 | 17.16 | 14.89 | 14.47 | 14.03 | 37.62亿 |
| 30 | ☐ | 300357 | 我武生物 | 51.70 | -1.17 | 20.55 | 26.04 | 26.63 | 25.55 | 21.02 | 21.96 | 21.63 | 32.57 | 34.81 | 34.17 | 15.20 | 22.70 | 21.54 | 20.06 | 2.98亿 |

图4-26　搜索结果（ROE＞15%）

关于参数的选择，只能看读者朋友们自己的喜好了，有人觉得 ROE 大于 15%，太高了，就会选择 ROE 大于 10%；或觉得时间跨度太长，也可以选择跨度五年。

然后在估值上取个范围，我一般会选择 PE＜30 倍。结果只剩下下面 20 家了（图 4-27）。

再从这 20 家公司中选择有没有成长性的，对于这个指标，我一般用 PEG，只要 PEG<1% 的，表明公司的增速大于目前的 PE，具备一定的投资价值（不是绝对的）。

经过这一系列的筛选，就只剩下 18 家（图 4-28）。

**条件说明**　添加条件

问财通过精准语义解析和关键词匹配，将您的问句解析为如下条件。

2010年到2020年的净资产收益率roe(加权,公布值)>15%(30个)　　市盈率(pe)<30倍(2191个)

**选出A股 20**　结果不是想要的？去"选股交流平台"看看

+加自选　+加板块　导数据　搜索：我的自选股　我的板块股　设置表头　股票代码/名称快速搜



| 序号 | | 股票代码 | 股票简称 | 现价(元) | 涨跌幅(%) | 加权净资产收益率(%) | | | | | | | | | | | 动态市盈率 | 预测净资产收益率(%) | | | |
|---|---|---|---|---|---|---|---|---|---|---|---|---|---|---|---|---|---|---|---|---|---|
| | | | | | | 2020.12.31 | 2019.12.31 | 2018.12.31 | 2017.12.31 | 2016.12.31 | 2015.12.31 | 2014.12.31 | 2013.12.31 | 2012.12.31 | 2011.12.31 | 2010.12.31 | 2021.09.10 | 2023.12.31 | 2022.12.31 | 2021.12.31 | 2018.12 |
| 1 | | 000921 | 海信家电 | 14.07 | -0.21 | 16.99 | 22.21 | 19.79 | 35.12 | 24.23 | 15.49 | 21.65 | 58.16 | 61.95 | 33.72 | 293.26 | 15.58 | 15.36 | 15.66 | 15.76 | 13.77 |
| 2 | | 000049 | 德赛电池 | 36.88 | -0.16 | 26.92 | 25.47 | 25.54 | 23.63 | 24.60 | 27.75 | 37.05 | 45.62 | 40.09 | 45.41 | 41.24 | 20.60 | 21.25 | 23.90 | 25.40 | 4.01 |
| 3 | | 002304 | 洋河股份 | 171.06 | 2.75 | 20.20 | 21.21 | 25.95 | 24.08 | 24.01 | 26.37 | 24.53 | 31.44 | 50.53 | 49.16 | 37.13 | 22.77 | 21.54 | 20.73 | 19.37 | 81.15 |
| 4 | | 000651 | 格力电器 | 41.24 | -0.53 | 18.88 | 25.72 | 33.36 | 37.44 | 30.41 | 27.31 | 35.23 | 35.77 | 31.38 | 34.00 | 36.51 | 13.12 | 19.82 | 20.01 | 19.73 | 262.03 |
| 5 | | 000963 | 华东医药 | 30.79 | -2.04 | 20.95 | 25.29 | 24.87 | 23.02 | 22.19 | 42.93 | 30.34 | 25.15 | 26.64 | 26.49 | 26.12 | 20.72 | 17.38 | 17.09 | 17.24 | 22.67 |
| 6 | | 002236 | 大华股份 | 24.75 | 4.34 | 22.09 | 22.74 | 22.16 | 25.47 | 24.80 | 23.59 | 24.44 | 35.09 | 38.51 | 26.36 | 26.40 | 22.56 | 19.40 | 19.25 | 19.22 | 25.29 |
| 7 | | 603989 | 艾华集团 | 32.77 | 3.54 | 15.57 | 15.59 | 15.17 | 16.32 | 15.22 | 16.52 | 26.00 | 26.36 | 19.36 | 22.98 | 26.37 | 28.22 | 15.60 | 16.45 | 16.50 | 2.96 |
| 8 | | 000069 | 华侨城A | 7.25 | -0.41 | 17.47 | 19.33 | 18.98 | 18.05 | 16.84 | 15.35 | 18.40 | 20.16 | 21.35 | 21.58 | 25.71 | 18.77 | 15.24 | 15.23 | 15.63 | 105.75 |
| 9 | | 600690 | 海尔智家 | 28.19 | 1.44 | 17.67 | 19.12 | 21.00 | 23.59 | 20.41 | 16.22 | 27.58 | 32.84 | 33.78 | 31.33 | 24.28 | 19.32 | 17.09 | 17.28 | 16.85 | 74.84 |
| 10 | | 002146 | 荣盛发展 | 5.12 | -0.19 | 15.97 | 21.88 | 24.89 | 22.44 | 18.74 | 16.49 | 26.08 | 30.51 | 29.89 | 28.26 | 24.06 | 4.39 | 12.81 | 13.52 | 14.37 | 75.65 |
| 11 | | 000848 | 承德露露 | 12.87 | -0.62 | 20.90 | 24.55 | 21.99 | 21.52 | 24.83 | 31.16 | 38.13 | 36.53 | 28.06 | 26.25 | 23.92 | 24.43 | 23.98 | 22.73 | 21.55 | 4.13 |
| 12 | | 600036 | 招商银行 | 54.12 | 3.88 | 15.73 | 16.84 | 16.57 | 16.54 | 16.27 | 17.09 | 19.28 | 23.12 | 24.78 | 24.17 | 21.75 | 11.16 | 17.10 | 16.77 | 16.28 | 805.60 |
| 13 | | 002242 | 九阳股份 | 21.96 | -2.23 | 23.83 | 21.22 | 20.70 | 18.40 | 21.36 | 19.72 | 17.79 | 16.33 | 17.06 | 16.07 | 21.62 | 16.66 | 23.18 | 22.38 | 21.80 | 7.54 |
| 14 | | 600612 | 老凤祥 | 47.92 | -0.31 | 21.03 | 21.16 | 20.26 | 21.13 | 21.83 | 26.09 | 25.56 | 26.71 | 24.58 | 26.20 | 21.36 | 12.03 | 18.52 | 19.24 | 20.54 | 12.05 |
| 15 | | 600887 | 伊利股份 | 36.40 | 1.08 | 25.18 | 26.38 | 24.33 | 25.22 | 26.58 | 23.87 | 23.66 | 23.15 | 25.97 | 35.33 | 20.28 | 20.80 | 25.26 | 25.34 | 24.88 | 64.40 |
| 16 | | 000661 | 长春高新 | 245.72 | -0.91 | 31.22 | 28.54 | 20.85 | 15.99 | 15.62 | 23.90 | 23.55 | 26.50 | 38.47 | 18.99 | 18.06 | 25.85 | 25.71 | 27.16 | 28.22 | 10.06 |
| 17 | | 002262 | 恩华药业 | 13.65 | -0.72 | 18.42 | 20.22 | 19.48 | 17.38 | 15.88 | 18.13 | 23.77 | 23.26 | 22.70 | 20.94 | 18.02 | 16.98 | 18.98 | 18.91 | 18.44 | 5.25 |
| 18 | | 600048 | 保利地产 | 12.46 | 3.15 | 17.10 | 21.01 | 16.63 | 16.32 | 15.53 | 18.63 | 21.65 | 22.95 | 21.84 | 20.20 | 18.02 | 7.24 | 14.34 | 14.65 | 15.18 | 189.04 |
| 19 | | 000002 | 万科A | 20.40 | 0.99 | 20.13 | 22.47 | 23.24 | 22.80 | 19.68 | 19.14 | 19.17 | 21.54 | 21.45 | 19.83 | 17.79 | 10.73 | 15.05 | 15.50 | 16.45 | 337.73 |
| 20 | | 002032 | 苏泊尔 | 49.71 | 0.26 | 26.97 | 30.54 | 28.84 | 26.87 | 22.79 | 21.90 | 19.63 | 18.54 | 16.24 | 18.38 | 17.58 | 23.46 | 23.48 | 24.18 | 24.68 | 16.79 |

图4-27　搜索结果（PE＜30）

**条件说明**　添加条件

问财通过精准语义解析和关键词匹配，将您的问句解析为如下条件。

2010年到2020年的净资产收益率roe(加权,公布值)>15%(30个)　　市盈率(pe)<30倍(2191个)　　历史peg值<1(3393个)

**选出A股 18**　结果不是想要的？去"选股交流平台"看看

+加自选　+加板块　导数据　搜索　我的自选股　我的板块股　设置表头　股票代码/名称快速搜



| 序号 | | 股票代码 | 股票简称 | 现价(元) | 涨跌幅(%) | 加权净资产收益率(%) | | | | | | | | | | | 动态市盈率 | peg | 预测净资产收益率(%) | | | | |
|---|---|---|---|---|---|---|---|---|---|---|---|---|---|---|---|---|---|---|---|---|---|---|---|
| | | | | | | 2020.12.31 | 2019.12.31 | 2018.12.31 | 2017.12.31 | 2016.12.31 | 2015.12.31 | 2014.12.31 | 2013.12.31 | 2012.12.31 | 2011.12.31 | 2010.12.31 | 2021.09.10 | 2021.09.10 | 2023.12.31 | 2022.12.31 | 2021.12.31 | 2017.12.31 | 2016.12 |
| 1 | | 000921 | 海信家电 | 14.07 | -0.21 | 16.99 | 22.21 | 19.79 | 35.12 | 24.23 | 15.49 | 21.65 | 58.16 | 61.95 | 33.72 | 293.26 | 15.58 | -0.71 | 15.36 | 15.66 | 15.76 | 20.18亿 | 18.8 |
| 2 | | 000049 | 德赛电池 | 36.88 | -0.16 | 26.92 | 25.47 | 25.54 | 23.63 | 24.60 | 27.75 | 37.05 | 45.62 | 40.09 | 45.41 | 41.24 | 20.60 | -1.05 | 21.25 | 23.90 | 25.40 | 3.01亿 | 2.5 |
| 3 | | 002304 | 洋河股份 | 171.06 | 2.75 | 20.20 | 21.21 | 25.95 | 24.08 | 24.01 | 26.37 | 24.53 | 31.44 | 50.53 | 49.16 | 37.13 | 22.77 | 0.44 | 21.54 | 20.73 | 19.37 | 66.27亿 | 58.2 |
| 4 | | 000651 | 格力电器 | 41.24 | -0.53 | 18.88 | 25.72 | 33.36 | 37.44 | 30.41 | 27.31 | 35.23 | 35.77 | 31.38 | 34.00 | 36.51 | 13.12 | -0.99 | 19.82 | 20.01 | 19.73 | 224.00亿 | 154.8 |
| 5 | | 000963 | 华东医药 | 30.79 | -2.04 | 20.95 | 25.29 | 24.87 | 23.02 | 22.19 | 42.93 | 30.34 | 25.15 | 26.64 | 26.49 | 26.12 | 20.72 | -2.67 | 17.38 | 17.09 | 17.24 | 17.80亿 | 14.4 |
| 6 | | 002236 | 大华股份 | 24.75 | 4.34 | 22.09 | 22.74 | 22.16 | 25.47 | 24.80 | 23.59 | 24.44 | 35.09 | 38.51 | 26.36 | 26.40 | 22.56 | -1.43 | 19.40 | 19.25 | 19.22 | 23.79亿 | 18.2 |
| 7 | | 000069 | 华侨城A | 7.25 | -0.41 | 17.47 | 19.33 | 18.98 | 18.05 | 16.84 | 15.35 | 18.40 | 20.16 | 21.35 | 21.58 | 25.71 | 18.77 | -0.25 | 15.24 | 15.23 | 15.63 | 86.43亿 | 68.8 |
| 8 | | 600690 | 海尔智家 | 28.19 | 1.44 | 17.67 | 19.12 | 21.00 | 23.59 | 20.41 | 16.22 | 27.58 | 32.84 | 33.78 | 31.33 | 24.28 | 19.32 | 0.36 | 17.09 | 17.28 | 16.85 | 89.08亿 | 60.4 |
| 9 | | 002146 | 荣盛发展 | 5.12 | -0.19 | 15.97 | 21.88 | 24.89 | 22.44 | 18.74 | 16.49 | 26.08 | 30.51 | 29.89 | 28.26 | 24.06 | 4.39 | -0.14 | 12.81 | 13.52 | 14.37 | 57.61亿 | 41.4 |
| 10 | | 000848 | 承德露露 | 12.87 | -0.62 | 20.90 | 24.55 | 21.99 | 21.52 | 24.83 | 31.16 | 38.13 | 36.53 | 28.06 | 26.25 | 23.92 | 24.43 | 0.78 | 23.98 | 22.73 | 21.55 | 4.14亿 | 4.5 |
| 11 | | 600036 | 招商银行 | 54.12 | 3.88 | 15.73 | 16.84 | 16.57 | 16.54 | 16.27 | 17.09 | 19.28 | 23.12 | 24.78 | 24.17 | 21.75 | 11.16 | 0.44 | 17.10 | 16.77 | 16.28 | 701.50亿 | 620.8 |
| 12 | | 002242 | 九阳股份 | 21.96 | -2.23 | 23.83 | 21.22 | 20.70 | 18.40 | 21.36 | 19.72 | 17.79 | 16.38 | 17.08 | 18.07 | 21.62 | 16.66 | -4.72 | 23.18 | 22.38 | 21.80 | 6.89亿 | 6.9 |
| 13 | | 600612 | 老凤祥 | 47.92 | -0.31 | 21.03 | 21.16 | 20.26 | 21.13 | 21.83 | 26.09 | 25.56 | 28.71 | 24.58 | 28.20 | 21.36 | 12.03 | 0.38 | 18.52 | 19.24 | 20.54 | 11.36亿 | 10.5 |
| 14 | | 600887 | 伊利股份 | 36.40 | 1.08 | 25.18 | 26.38 | 24.33 | 25.22 | 26.58 | 23.87 | 23.66 | 23.15 | 25.97 | 35.33 | 20.28 | 20.80 | 0.41 | 25.26 | 25.34 | 24.88 | 80.01亿 | 56.6 |
| 15 | | 000661 | 长春高新 | 245.72 | -0.91 | 31.22 | 28.54 | 20.85 | 15.99 | 15.62 | 23.90 | 23.55 | 26.50 | 36.47 | 18.99 | 18.06 | 25.85 | 0.98 | 25.71 | 27.16 | 28.22 | 5.62亿 | 4.8 |
| 16 | | 600048 | 保利地产 | 12.46 | 3.15 | 17.10 | 21.01 | 16.63 | 16.32 | 15.53 | 18.63 | 21.65 | 22.95 | 21.84 | 20.20 | 18.02 | 7.24 | -0.25 | 14.34 | 14.65 | 15.18 | 150.34亿 | 124.2 |
| 17 | | 000002 | 万科A | 20.40 | 0.99 | 20.13 | 22.47 | 23.24 | 22.80 | 19.68 | 19.14 | 19.17 | 21.54 | 21.45 | 19.83 | 17.79 | 10.73 | -0.23 | 15.05 | 15.50 | 16.45 | 280.52亿 | 210.2 |
| 18 | | 002032 | 苏泊尔 | 49.71 | 0.26 | 26.97 | 30.54 | 28.84 | 26.87 | 22.79 | 21.90 | 19.63 | 18.54 | 16.24 | 18.38 | 17.58 | 23.46 | -3.76 | 23.48 | 24.18 | 24.68 | 13.26亿 | 16.7 |

图4-28　搜索结果（PEG＜1%）

各位读者朋友们，如果有时间，就去试一试吧，关于这些指标的参数，可以自己去定义。我的参数只是一种参考，希望能够对你们有所帮助，有所启发！

下篇

# 案例分析

# 第5章　分众传媒

## 5.1　超级印钞机的坠落与崛起

初识分众传媒的时候我为分众的盈利能力所惊叹！2018 年之前接近 70% 的净资产收益率（表 5-1）。

表5-1　分众传媒净资产收益率

| 年度 | 2015 | 2016 | 2017 | 2018 | 2019 | 2020 |
|---|---|---|---|---|---|---|
| 净资产收益率（%） | 73.2 | 70.7 | 67.7 | 46.9 | 13.8 | 26.2 |

而同期的贵州茅台净资产收益率才 30% 左右（表 5-2）。

表5-2　贵州茅台净资产收益率

| 年度 | 2015 | 2016 | 2017 | 2018 | 2019 | 2020 |
|---|---|---|---|---|---|---|
| 净资产收益率（%） | 26.2 | 24.4 | 32.9 | 34.5 | 33.1 | 31.4 |

分众传媒跟贵州茅台一样，属于高毛利率、高净利率（表 5-3）。

表5-3　分众传媒的毛利率和净利率

| 年度 | 2015 | 2016 | 2017 | 2018 | 2019 | 2020 |
|---|---|---|---|---|---|---|
| 销售毛利率（%） | 70.6 | 70.4 | 72.7 | 66.2 | 45.2 | 63.2 |
| 销售净利率（%） | 39.2 | 43.6 | 49.7 | 39.8 | 15.3 | 33.1 |

公司是一个不用多少资本支出就能创造大量自由现金流的企业（表 5-4）。

表5-4　分众传媒的自由现金流

单位：亿元

| 年度 | 2016 | 2017 | 2018 | 2019 | 2020 |
|---|---|---|---|---|---|
| 经营活动现金流 | 48 | 41.6 | 37.8 | 34.3 | 52.2 |
| 购建固定资产、无形资产和其他长期资产支付的现金 | 0.9 | 2.6 | 17.1 | 3.4 | 0.6 |
| 自由现金流 | 47.1 | 39 | 20.7 | 30.9 | 51.6 |

从表 5-4 我们可以看出分众传媒 2016 年自由现金流 47.1 亿，到了 2020 年自由现金流才 51.6 亿，过去几年自由现金流没有多少增长，这是为什么呢？

带着这个问题我们先来回顾下分众传媒的发展史：

分众传媒成立于 2003 年，其创始人江南春开创了电梯媒体这一商业模式。

2003 ～ 2004 年，分众传媒相继获得软银、鼎辉、高盛超过 4000 万美元投资。

2005 年 7 月赴美在纳斯达克上市（NASDAQ：FMCN），成为在纳斯达克上市的首只中国广告传媒股，IPO 融资 1.7 亿美元创下当年中概股融资规模纪录。

2006 年收购聚众传媒、框架传媒，成为电梯媒体绝对领导者，同年并购央视三维进军影院视频广告市场。

2007 年 12 月入选纳斯达克 100 指数，成为首只入选该指数的中国广告传媒股，当时分众的股价最高达到 66 美元。伴随着次贷危机，分众买买的资产在金融危机中损失惨重，紧接着大额计提。

2009 年分众股价跌至 4.8 美元，最大跌幅近 93%，成为人们眼中的垃圾股，由于之前大量并购，被做空机构浑水盯上了。浑水于 2011 年 11 月发布报告，指责分众资产造假及内部交易掏空公司。报告发布当日，分众股价最大跌幅 60%，收盘下跌 40% 左右。

2013 年 5 月分众从纳斯达克私有化退市（主要是由于公司在美国市场没什么表现），当时市值 26.46 亿美元，折合人民币约 165 亿元，对应 2013 年 8 倍市盈率。

2015 年 8 月 31 日发布重组预案借壳七喜控股回归 A 股市场，12 月 28 日完成交易，成为首家回归 A 股的传媒中概股。

2016 年 4 月正式变更证券简称为分众传媒（002027.SZ）（图 5-1）。当时的资本市场对分众传媒的追捧是非常狂热的，因为当时中国的 A 股市场正处于崩盘状态：千股跌停、熔断，市场失去流动性，4 万亿救市（图 5-2）。

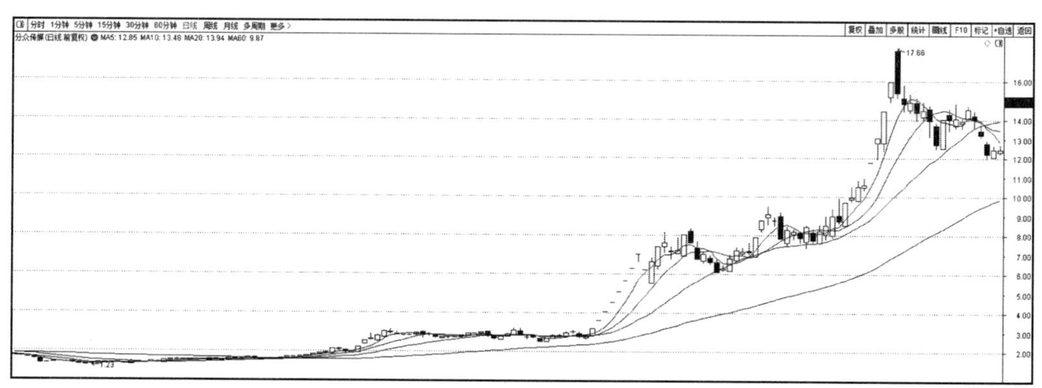


图5-1　分众传媒

分众传媒登陆 A 股市场之后的两年时间里业绩是非常不错的，营业收入，净利润都增长不错（表 5-5）。

图5-2　上证指数

表5-5　分众传媒2015～2017年业绩

| | 2017 年 | 2016 年 | 本年比上年增减 | 2015 年 |
|---|---|---|---|---|
| 营业收入（元） | 12,013,553,185.42 | 10,213,134,291.73 | 17.63% | 8,627,411,561.61 |
| 归属于上市公司股东的净利润（元） | 6,004,706,786.08 | 4,451,211,722.61 | 34.90% | 3,389,142,023.94 |
| 归属于上市公司股东的扣除非经常性损益的净利润(元) | 4,851,996,085.18 | 3,631,698,548.22 | 33.60% | 3,069,331,836.65 |
| 经营活动产生的现金流量净额（元） | 4,156,254,605.06 | 4,800,012,042.70 | -13.41% | 2,630,453,814.88 |
| 基本每股收益（元/股） | 0.49 | 0.37 | 32.43% | 3.78 |
| 稀释每股收益（元/股） | 0.49 | 0.37 | 32.43% | 3.78 |
| 加权平均净资产收益率 | 67.65% | 70.73% | -3.08% | 73.20% |
| | 2017 年末 | 2016 年末 | 本年末比上年末增减 | 2015 年末 |
| 总资产（元） | 15,554,602,846.85 | 12,129,059,829.52 | 28.24% | 12,501,668,046.03 |
| 归属于上市公司股东的净资产（元） | 10,372,574,413.65 | 7,990,926,198.40 | 29.80% | 4,598,731,084.44 |

但是由于上市初期分众估值被炒得太高，市值被炒到最高达 2646 亿，PE80 倍左右，随之引来了长时间的下跌（图 5-3）。

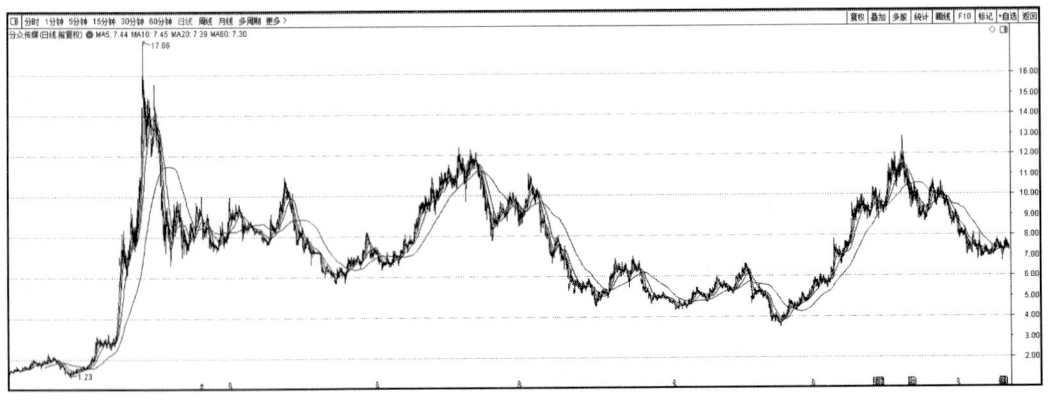

图5-3　分众传媒股价下跌

2017 年，公司覆盖约 300 城，不到 200 万的终端，不到 3 亿的中产为受众人群。随着公司经营的持续向好，公司对自己的竞争力也充满着非常强大的信心：一方面，公司拥有阿里、腾讯、京东、宝洁、联合利华、宝马、通用等数千优质客户群体，具有持续稳定的收入来源；另一方面，作为行业的领导者，公司拥有超高的市场占有率、强大的市场定价和议价能力，充分把握着行业市场的主导权。在 2017 年公司年报中，分众传媒透露出了要大幅扩张的野心：覆盖 500 城、500 万终端和 5 亿新中产。

"500 城、500 万终端和 5 亿新中产。"作为一名价值投资者，看到这条信息，就像发现了新大陆一样让人欣喜若狂，心里一定要盘算一下，一个屏可以赚多少钱，现在要覆盖 500 城、500 万终端，马上用计算器算一算公司未来可以赚到多少利润！

2018 年 7 月 19 日阿里巴巴也加进来了，当天分众涨停，"千人千面"的概念让主流分析师都纷纷调高分众的估值，可谁曾想到，阿里巴巴的入主，目前来看就是一个大"顶"啊（图 5-4）！

图5-4　分众传媒的大"顶"

回顾过去，站在当年的角度，我们同管理层一样，当你信心满满，你说拥有世界 500 强公司的认可，在国内市场拥有超高的市占率，还有非常强的定价权与议价能力，那么公司未来肯定是充满"阳光灿烂的日子"，在这种极度充满自信的时候，管理层马上实施向覆盖 500 城、500 万终端和 5 亿新中产的新目标快速前进，这好像不会错。

经过 2018 年的大幅扩张，公司的营收虽然有所增长，但利润已经跟不上去了，到了 2019 年公司营业收入下滑，利润更是大幅下滑（表 5-6）。

表5-6　成长能力指标

| 科目\年度 | 2020 | 2019 | 2018 | 2017 | 2016 | 2015 |
|---|---|---|---|---|---|---|
| 成长能力指标 | | | | | | |
| 净利润(元) | 40.04亿 | 18.75亿 | 58.23亿 | 60.05亿 | 44.51亿 | 33.89亿 |
| 净利润同比增长率 | 113.51% | -67.80% | -3.03% | 34.90% | 31.34% | 40.35% |
| 扣非净利润(元) | 36.46亿 | 12.82亿 | 50.26亿 | 48.52亿 | 36.32亿 | 30.69亿 |
| 扣非净利润同比增长率 | 184.41% | -74.49% | 3.58% | 33.60% | 18.32% | 288228.82% |
| 营业总收入(元) | 120.97亿 | 121.36亿 | 145.51亿 | 120.14亿 | 102.13亿 | 86.27亿 |
| 营业总收入同比增长率 | -0.32% | -16.60% | 21.12% | 17.63% | 18.38% | 15.07% |

此时公司已经意识到，大幅扩张，并不能给公司带来业绩上的增长和竞争力的持续提升，还可能会导致竞争力的下降与业绩的低迷。2019 年年报中显示：受宏观经济影响，中国广告市场需求疲软，行业景气欠佳，公司客户结构中互联网广告主因市场融资环境等原因调减广告预算，互联网行业广告收入大幅缩减构成了公司业绩下滑的主要原因（图 5-5）。

> 1、2019 年度，公司实现营业收入 1,213,594.8 万元，较 2018 年的营业收入 1,455,128.5 万元同比下滑 16.6%。受宏观经济影响，2019 年中国广告市场需求疲软，行业景气度欠佳。公司客户结构中互联网类广告主因市场融资环境等原因调减广告预算，互联网行业广告收入的大幅缩减构成了报告期内公司营业收入下滑的主要原因。报告期内，以日用消费品为代表的传统行业广告主对公司媒体价值认可度不断提升，传统行业客户的收入持续增长，下半年以来营业收入下滑幅度呈收窄态势。
>
> 2、公司自 2018 年二季度起大幅扩张电梯类媒体资源，导致公司 2019 年主营业务成本较 2018 年上涨 35.3%，其中楼宇媒体主营业务成本较 2018 年上涨 45.3%。报告期内，公司在增加优质资源点位的同时，优化和梳理楼宇媒体资源网络。相较于 2018 年末，2019 年末公司境内自营的电梯电视媒体和电梯海报媒体分别减少低效点位 3.3 万和 15.8 万个。
>
> 3、报告期内受宏观经济影响，客户回款速度普遍放缓，导致账龄结构恶化，风险增加，故公司的信用减值损失的计提和拨备也相应增加了 85.0%。
>
> 4、综上原因，2019 年全年实现营业利润 236,601.6 万元，较 2018 年的 695,328.8 万元下滑 66.0%。

图5-5　2019年年报

此时的投资者才恍然大悟：原来分众是周期股，而不是人们眼中的白马股。它的周期股体现在它受宏观因素的影响，而其客户结构里的互联网行业更是如此（图 5-6）。

注：公司2005年赴美上市，2013年从纳斯达克退市，2015年返回A股借壳上市，缺少13、14年季度数据

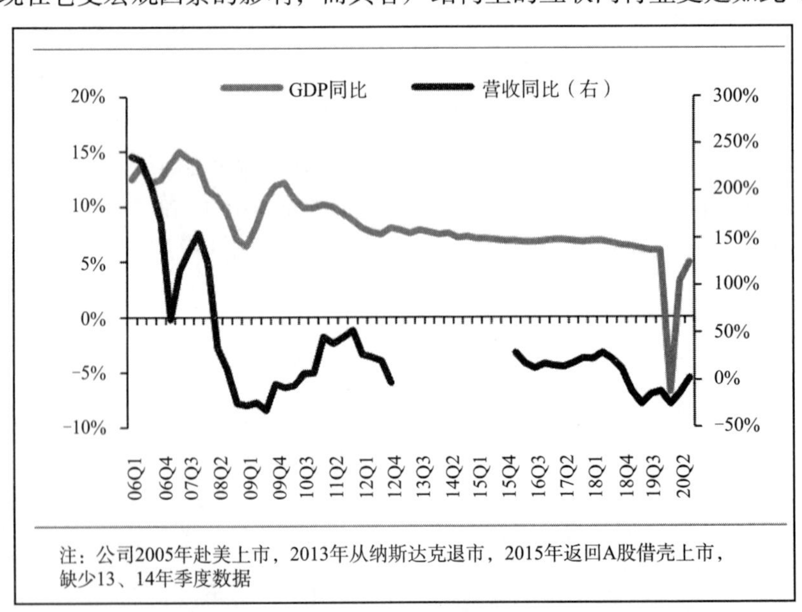

*资料来源：公司公告，华泰证券研究所

图5-6　06Q1−20Q3公司营收增速与我国GDP增速呈强正相关

公司管理层也意识到了这个问题的严重性，到 2019 年下半年，公司马上掉转枪头，不再持续扩张，对存量的电梯电视和电梯海报媒体资源进行了点位梳理和优化（图 5–7）。

报告期内，公司在增加优质资源点位的同时，对存量的电梯电视和电梯海报媒体资源进行了点位梳理和优化，截至2019年末，公司自营电梯电视媒体覆盖及自营电梯海报媒体覆盖的国内城市具体情况如下：

| 媒体类型 | 境内覆盖城市 | 境内自营部分媒体资源数量（万台） | | 本年末比上年末增减（万台） | 变动比例 |
|---|---|---|---|---|---|
| | | 2019-12-31 | 2018-12-31 | | |
| 电梯电视媒体 | 一线城市 | 19.3 | 19.6 | -0.3 | -1.5% |
| | 二线城市 | 38.3 | 40.2 | -1.9 | -4.7% |
| | 三线及以下城市 | 9.2 | 10.3 | -1.1 | -10.7% |
| 电梯海报媒体 | 一线城市 | 43.6 | 49.7 | -6.1 | -12.3% |
| | 二线城市 | 95.8 | 102.3 | -6.5 | -6.4% |
| | 三线及以下城市 | 38.6 | 41.8 | -3.2 | -7.7% |

图5–7　公司经营调整

随着对存量电梯电视和电梯海报媒体资源进行优化，公司的股价似乎也有了点起色（图 5–8）。

图5–8　股价向好

但好景不长，2020 年的新冠肺炎疫情让全世界股市崩了一次盘，但分众却崩了两次，第二次是由于瑞幸咖啡的造假让分众持续创出新低（瑞幸咖啡一直以来是分众的“成功案例”）（图 5–9）。

图5–9　股价创出新低

此时的分众让人唯恐避之不及。而对深埋在里面的价投人士来讲更是一种考验与煎熬，因为瑞幸咖啡的造假很容易让人联想到分众曾经被浑水机构做空的种种疑点，这种疑点被持续放大，谁敢说：“分众一定没有造假！”从股东户数可以看出，2017 年 6 月 30 日股东户数 5.8 万，到了 2020 年 3 月 31 日股东户数增加到 20 万（表 5–7），分众已经被机构投资者所抛弃！留下的都是“小散”。

**表5–7　股东户数变化**

【2.股东户数变化】

| 截止日期 | 股东户数(户) | 变动户数(户) | 变动幅度(%) | 股价(元) | 户均流通股(股) | 较上期变化(%) |
|---|---|---|---|---|---|---|
| 2020-03-31 | 19.9951万 | 2.97万 | 17.41 | 4.42 | 7.3407万 | -14.83 |
| 2019-12-31 | 17.0298万 | -2.81万 | -14.15 | 6.26 | 8.6189万 | 16.49 |
| 2019-09-30 | 19.8372万 | -2.61万 | -11.62 | 5.25 | 7.3991万 | 13.14 |
| 2019-06-30 | 22.4446万 | -2.41万 | -9.69 | 5.29 | 6.5396万 | 10.74 |
| 2019-03-31 | 24.8542万 | 6.78万 | 37.48 | 6.27 | 5.9055万 | 53.29 |
| 2018-12-31 | 18.0780万 | 4.65万 | 34.61 | 5.24 | 3.8526万 | -25.71 |
| 2018-09-30 | 13.4296万 | 5.55万 | 70.34 | 8.51 | 5.1862万 | -41.30 |
| 2018-06-30 | 7.8838万 | 8874 | 12.68 | 9.57 | 8.8344万 | 6.49 |
| 2018-03-31 | 6.9964万 | 1.48万 | 26.90 | 12.89 | 8.2958万 | -21.20 |
| 2017-12-31 | 5.5132万 | -383 | -0.69 | 14.08 | 10.5271万 | 0.69 |
| 2017-09-30 | 5.5515万 | -3024 | -5.17 | 10.05 | 10.4545万 | 51.17 |
| 2017-06-30 | 5.8539万 | -4.95万 | -45.80 | 13.76 | 6.9156万 | 110.79 |
| 2017-03-31 | 10.8000万 | 6.59万 | 156.59 | 12.17 | 3.2808万 | -61.03 |
| 2016-12-31 | 4.2091万 | 2329 | 5.86 | 14.27 | 8.4181万 | 560.14 |
| 2016-09-30 | 3.9762万 | -4231 | -9.62 | 14.26 | 1.2752万 | 10.65 |
| 2016-06-30 | 4.3993万 | -6849 | -13.47 | 16.51 | 1.1525万 | 185.98 |
| 2016-03-31 | 5.0842万 | -1.02万 | -16.71 | 30.86 | 4030.0000 | 20.08 |
| 2015-12-31 | 6.1043万 | 2.28万 | 59.48 | 42.55 | 3356.0000 | -37.29 |
| 2015-09-30 | 3.8277万 | 1.08万 | 39.48 | 23.40 | 5352.0000 | -28.29 |
| 2015-06-30 | 2.7443万 | -7703 | -21.92 | 13.68 | 7463.0000 | 28.92 |
| 2015-03-31 | 3.5146万 | 7777 | 28.42 | 12.25 | 5789.0000 | -22.14 |
| 2014-12-31 | 2.7369万 | 3336 | 13.88 | 7.30 | 7435.0000 | -12.19 |
| 2014-09-30 | 2.4033万 | -7601 | -24.03 | 9.60 | 8467.0000 | 38.03 |
| 2014-06-30 | 3.1634万 | - | - | 7.14 | 6134.0000 | - |

当分众传媒被质疑造假，引来了交易所问询函，分众对深交所的问询函进行了回复，非常详细，也让投资者的心稍微平复了些。

随后公司股价慢慢企稳，一季度大幅下滑之后，二季度大幅好转，紧接着三季度、四季度超预期大幅增长（表 5–8），2020 年分众股价涨幅三倍左右（图 5–10），这就是传说中的“王者归来”吗？

**表5–8　成比能力指标**

| 科目\年度 | « 2020-12-31 | 2020-09-30 | 2020-06-30 | 2020-03-31 | 2019-12-31 | 2019-09-30 » |
|---|---|---|---|---|---|---|
| **成长能力指标** | | | | | | |
| 净利润(元) | **18.01亿** | **13.79亿** | **7.86亿** | **3788.72万** | **5.15亿** | **5.82亿** |
| 净利润同比增长率 | 249.84% | 136.77% | 79.53% | -88.87% | -49.18% | -60.18% |
| 扣非净利润(元) | 17.16亿 | 13.08亿 | 6.47亿 | -2421.84万 | 4.03亿 | 4.97亿 |
| 扣非净利润同比增长率 | 325.76% | 163.16% | 142.72% | -120.94% | -51.27% | -63.99% |
| 营业总收入(元) | 42.22亿 | 32.65亿 | 26.72亿 | 19.38亿 | 32.30亿 | 31.89亿 |
| 营业总收入同比增长率 | 30.70% | 2.37% | -13.95% | -25.76% | -12.10% | -15.33% |

图5-10　股价大幅提升

反思过去，我们对瑞幸咖啡的造假殃及分众传媒，能够得到什么启示？

每个人都会讲危机：危中有机。当真正处于危机的时候你能否真正看到了机会呢？瑞幸咖啡就是例子，当人们都在谈论分众传媒是否造假，机构投资者大量出逃，大量的所谓价投人士似乎也不再那么淡定，因为分众传媒曾经有那么一段“无法言说、无法证实的过去”，当这种“无法言说、无法证实的过去”被无限放大，谁敢说“分众没有造假”，谁又能够如此淡定与从容呢？可事实是随着带血筹码的大量出逃，分众传媒没过多久就止跌反弹，然后就一路高歌猛进。此时的投资者才真正深刻的意识到原来“瑞幸咖啡是分众传媒的福音”，是分众传媒把瑞幸咖啡从一个名不见经传的小公司“打造”成千亿市值的大公司。分众传媒最强大的核心竞争力——“最具引爆主流人群”，再一次向世人展示：主流人群、必经、高频、低干扰。要想引爆品牌投分众，已经是大多数公司首选！

## 5.2　分众传媒2020年年报解读——隐藏的利润在哪里

### 5.2.1　经营分析

2020 年公司主要收入来源是楼宇媒体，广告按行业划分：日用消费品占比营收 37%、互联网占比 28%（表 5-9）。

2020 年公司的业绩如何？

2020 年公司营业收入较 2019 年变化不大，但净利润大幅回升，公司经营活动现金流更是大幅增长 52%，是公司经营业绩最大的亮点（表 5-10）。

**表5-9 营业收入**

2020-12-31　2020-06-30　2019-12-31　　注：通常在中报、年报时披露

| | 业务名称 | 营业收入(元) | 收入比例 | 营业成本(元) | 成本比例 | 利润比例 | 毛利率 |
|---|---|---|---|---|---|---|---|
| 按行业 | 日用消费品 | 44.98亿 | 37.18% | - | - | - | - |
| | 互联网 | 33.36亿 | 27.58% | - | - | - | - |
| | 交通 | 11.04亿 | 9.12% | - | - | - | - |
| | 娱乐及休闲 | 7.85亿 | 6.49% | - | - | - | - |
| | 其他 | 7.38亿 | 6.10% | - | - | - | - |
| | 房产家居 | 6.21亿 | 5.13% | - | - | - | - |
| | 商业及服务 | 6.17亿 | 5.10% | - | - | - | - |
| | 通讯 | 3.98亿 | 3.29% | - | - | - | - |
| 按产品 | 楼宇媒体 | 115.76亿 | 95.69% | 41.52亿 | 100.00% | 100.00% | 64.13% |
| | 影院媒体 | 4.78亿 | 3.96% | - | - | - | - |
| | 其他媒体及其他 | 4290.29万 | 0.35% | - | - | - | - |

**表5-10 经营情况**

| | 2020 年 | 2019 年 | 本年比上年增减 | 2018 年 |
|---|---|---|---|---|
| 营业收入（元） | 12,097,106,052.76 | 12,135,948,050.91 | -0.32% | 14,551,285,132.73 |
| 归属于上市公司股东的净利润（元） | 4,003,835,613.29 | 1,875,276,692.44 | 113.51% | 5,822,974,766.98 |
| 归属于上市公司股东的扣除非经常性损益的净利润（元） | 3,646,173,547.71 | 1,282,022,237.62 | 184.41% | 5,025,532,327.24 |
| 经营活动产生的现金流量净额（元） | 5,223,411,676.72 | 3,429,869,870.39 | 52.29% | 3,782,842,145.12 |
| 基本每股收益（元/股） | 0.2774 | 0.1296 | 114.04% | 0.3972 |
| 稀释每股收益（元/股） | 0.2774 | 0.1296 | 114.04% | 0.3972 |
| 加权平均净资产收益率 | 26.16% | 13.76% | 12.40% | 46.92% |
| | 2020 年末 | 2019 年末 | 本年末比上年末增减 | 2018 年末 |
| 总资产（元） | 21,646,165,070.03 | 18,687,079,233.62 | 15.83% | 19,021,510,376.18 |
| 归属于上市公司股东的净资产（元） | 17,016,986,250.45 | 13,778,408,776.65 | 23.50% | 14,201,141,091.65 |

| 项目 | 2020 年金额 | 2019 年金额 | 2018 年金额 |
|---|---|---|---|
| 非流动资产处置损益（包括已计提资产减值准备的冲销部分） | 1,068,729.44 | -20,479,112.11 | -21,891,085.06 |
| 计入当期损益的政府补助（与企业业务密切相关，按照国家统一标准定额或定量享受的政府补助除外） | 301,162,100.68 | 722,900,777.89 | 854,450,230.60 |
| 计入当期损益的对非金融企业收取的资金占用费 | 23,490,722.82 | 26,555,957.66 | 26,103,945.13 |
| 企业取得子公司、联营企业及合营企业的投资成本小于取得投资时应享有被投资单位可辨认净资产公允价值产生的收益 | 27,382.43 | 27,462,764.78 | 103,655,136.11 |
| 委托他人投资或管理资产的损益 | 0.00 | 0.00 | 102,628,776.82 |
| 除同公司正常经营业务相关的有效套期保值业务外，持有交易性金融资产、衍生金融资产、交易性金融负债、衍生金融负债产生的公允价值变动损益，以及处置交易性金融资产、衍生金融资产、交易性金融负债、衍生金融负债和其他债权投资取得的投资收益 | 169,103,432.75 | 36,952,713.42 | 0.00 |
| 除上述各项之外的其他营业外收入和支出 | -32,666,708.17 | -17,850,713.29 | -11,355,538.65 |
| 减：所得税影响额 | 103,638,407.72 | 182,305,689.54 | 256,069,654.39 |
| 少数股东权益影响额（税后） | 885,186.65 | -17,756.01 | 79,370.82 |
| 合计 | 357,662,065.58 | 593,254,454.82 | 797,442,439.74 |

注：这个政府补助是政府招商引资时和分众签的招商合同，公司只要在该地设立公司经营，每年给当地缴纳的税额，当地政府会按一定比例返还给分众传媒，这不算是来自政府的财政补贴。分众传媒的扣非净利润并不能够完整的体现公司的主营业务盈利能力，所以笔者认为直接看净利润就行。

### 5.2.2　资产

（1）类现金：2020 年公司账上类现金 95.6（= 47.3+14.8+3.5+30）亿占总资产（216 亿）的 44%，公司账上现金富得流油（图 5-11）。

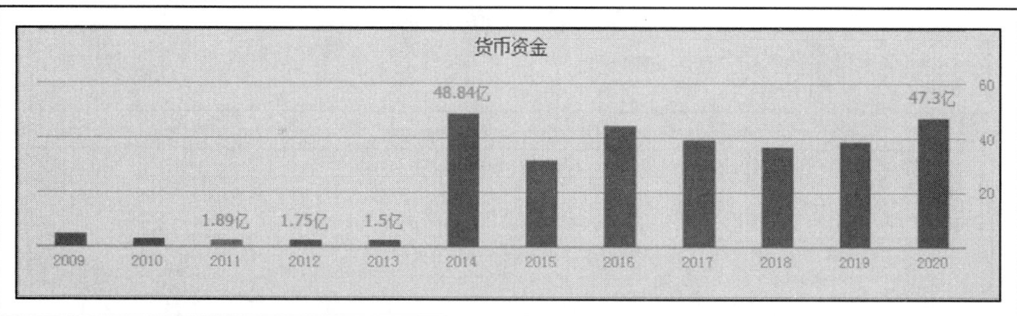


**2、交易性金融资产**

单位：元

| 项目 | 期末余额 | 期初余额 |
|---|---|---|
| 以公允价值计量且其变动计入当期损益的金融资产 | 1,475,959,904.22 | 2,341,983,125.78 |
| 合计 | 1,475,959,904.22 | 2,341,983,125.78 |

其他说明：交易性金融性资产余额为公司购买的理财产品。

**13、其他流动资产**

单位：元

| 项目 | 期末余额 | 期初余额 |
|---|---|---|
| 期限一年以内的定期存款及利息 | 352,505,616.42 | 0.00 |
| 增值税留抵税额等 | 52,230,206.98 | 65,685,752.61 |
| 合计 | 404,735,823.40 | 65,685,752.61 |

**31、其他非流动资产**

单位：元

| 项目 | 期末余额 | | | 期初余额 | | |
|---|---|---|---|---|---|---|
| | 账面余额 | 减值准备 | 账面价值 | 账面余额 | 减值准备 | 账面价值 |
| 一年以上的关联方资金借款 | 393,174,409.73 | | 393,174,409.73 | 623,249,390.00 | | 623,249,390.00 |
| 期限一年以上的定期存款及利息 | 3,048,430,754.52 | | 3,048,430,754.52 | | | |
| 合计 | 3,441,605,164.25 | | 3,441,605,164.25 | 623,249,390.00 | | 623,249,390.00 |

图5-11　类现金

（2）应收账款、应收账款周转天数：2020 年公司营收变化不大，应收账款及应收账款周转天数 2020 年较 2019 年有所下降，表明公司对下游的话语权得到增强（图 5-12）。

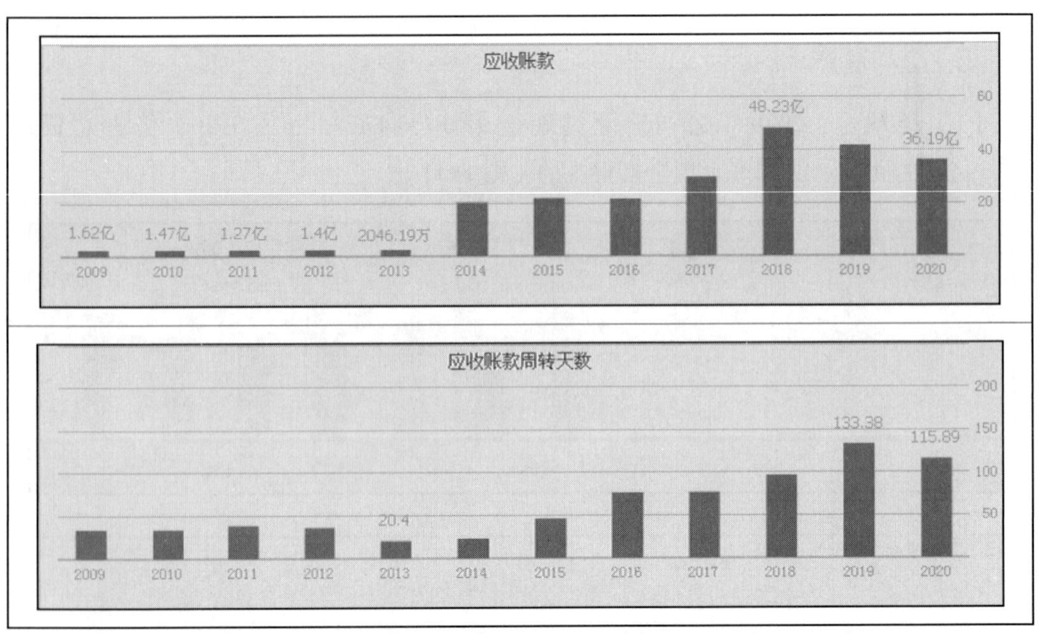


图5-12 应收账款及周转天数

下面我们来研究下应收账款（表 5-11）。

表5-11 应收账款分类披露

（1）应收账款分类披露

单位：元

| 类别 | 期末余额 | | | | | 期初余额 | | | | |
|---|---|---|---|---|---|---|---|---|---|---|
| | 账面余额 | | 坏账准备 | | 账面价值 | 账面余额 | | 坏账准备 | | 账面价值 |
| | 金额 | 比例 | 金额 | 计提比例 | | 金额 | 比例 | 金额 | 计提比例 | |
| 按单项计提坏账准备 | | | | | | | | | | |
| 按组合计提坏账准备的应收账款 | 5,592,715,934.94 | 100.00% | 1,973,802,923.53 | 35.29% | 3,618,913,011.41 | 5,587,266,429.99 | 100.00% | 1,671,446,041.27 | 29.92% | 3,915,820,388.72 |
| 其中： | | | | | | | | | | |
| 按行业分类的客户 | 4,246,668,301.69 | 75.93% | 680,825,316.82 | 16.03% | 3,565,842,984.87 | 4,919,465,865.59 | 88.05% | 1,070,765,383.61 | 21.77% | 3,848,700,481.98 |
| 已呈现风险特征的客户 | 1,346,047,633.25 | 24.07% | 1,292,977,606.71 | 96.06% | 53,070,026.54 | 667,800,564.40 | 11.95% | 600,680,657.66 | 89.95% | 67,119,906.74 |
| 合计 | 5,592,715,934.94 | 100.00% | 1,973,802,923.53 | 35.29% | 3,618,913,011.41 | 5,587,266,429.99 | 100.00% | 1,671,446,041.27 | 29.92% | 3,915,820,388.72 |

2020 年公司坏账准备计提比例 35.29%，累计坏账准备接近 20 个亿左右，统计过去几年应收账款计提比例：

2019 年：坏账准备计提比例 29.1%。

2018 年：坏账准备计提比例 19.16%。

从 2018 年开始公司应收账款坏账准备的标准逐年提高，再结合公司的经营现金流来看：2020 公司的经营现金流创出历史新高，净利润没有创出历史新高，其中的主要原因是公司大量计提了应收账款，隐藏些利润（图 5-13）。

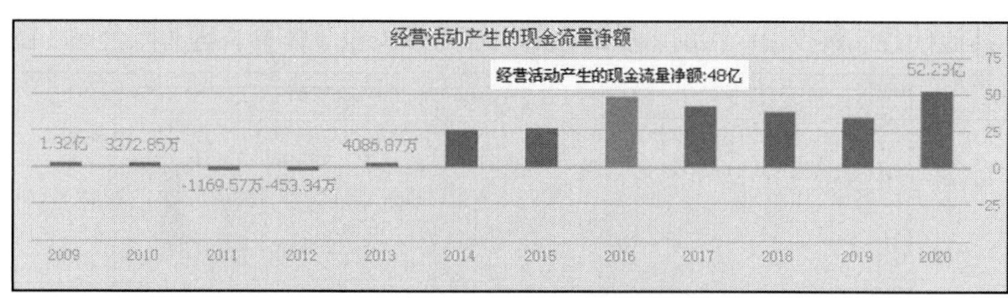


图5-13　经营活动产生的现金流量

（3）预付款项：2020 年公司的预付款项较 2019 年有所下降，表明公司没有大幅扩张，仍以优化点位为主。从这个预付款项来看已经保持 2018 年之前的数额，未来这个预付款继续下降的可能性较低（图 5-14）。

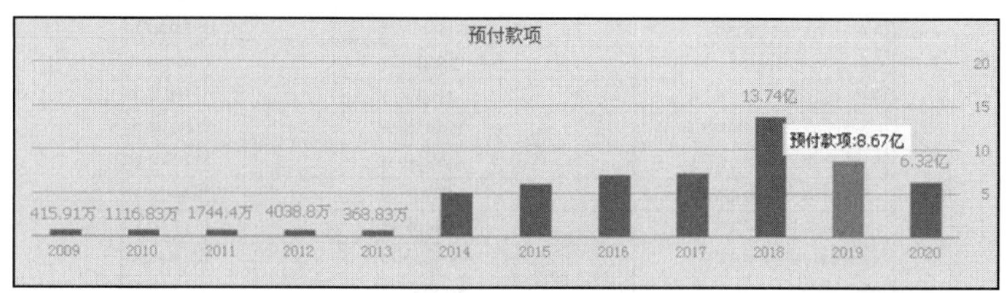


图5-14　预付款项

（4）长期股权投资：目前来看最大的看点是上海数禾信息科技有限公司（图 5-15）。

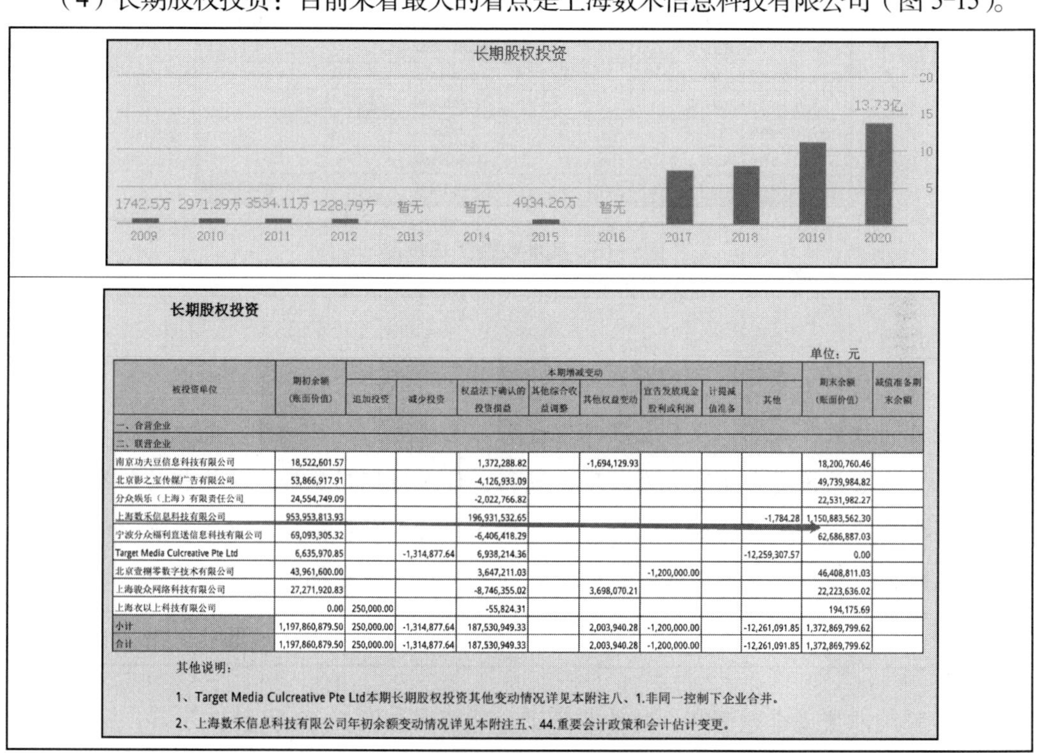


**长期股权投资**

单位：元

| 被投资单位 | 期初余额（账面价值） | 本期增减变动 | | | | | | | | 期末余额（账面价值） | 减值准备期末余额 |
|---|---|---|---|---|---|---|---|---|---|---|---|
| | | 追加投资 | 减少投资 | 权益法下确认的投资损益 | 其他综合收益调整 | 其他权益变动 | 宣告发放现金股利或利润 | 计提减值准备 | 其他 | | |
| 一、合营企业 | | | | | | | | | | | |
| 二、联营企业 | | | | | | | | | | | |
| 南京功夫豆信息科技有限公司 | 18,522,601.57 | | | 1,372,288.82 | | -1,694,129.93 | | | | 18,200,760.46 | |
| 北京影之宝传媒广告有限公司 | 53,866,917.91 | | | -4,126,933.09 | | | | | | 49,739,984.82 | |
| 分众娱乐（上海）有限责任公司 | 24,554,749.09 | | | -2,022,766.82 | | | | | | 22,531,982.27 | |
| 上海数禾信息科技有限公司 | 953,953,813.93 | | | 196,931,532.65 | | | | | -1,784.28 | 1,150,883,562.30 | |
| 宁波分众福利直送信息科技有限公司 | 69,093,305.32 | | | -6,406,418.29 | | | | | | 62,686,887.03 | |
| Target Media Culcreative Pte Ltd | 6,635,970.85 | | -1,314,877.64 | 6,938,214.36 | | | | | -12,259,307.57 | 0.00 | |
| 北京壹捌零数字技术有限公司 | 43,961,600.00 | | | 3,647,211.03 | | | -1,200,000.00 | | | 46,408,811.03 | |
| 上海骁众网络科技有限公司 | 27,271,920.83 | | | -8,746,355.02 | | 3,698,070.21 | | | | 22,223,636.02 | |
| 上海衣以上科技有限公司 | 0.00 | 250,000.00 | | -55,824.31 | | | | | | 194,175.69 | |
| 小计 | 1,197,860,879.50 | 250,000.00 | -1,314,877.64 | 187,530,949.33 | | 2,003,940.28 | -1,200,000.00 | | -12,261,091.85 | 1,372,869,799.62 | |
| 合计 | 1,197,860,879.50 | 250,000.00 | -1,314,877.64 | 187,530,949.33 | | 2,003,940.28 | -1,200,000.00 | | -12,261,091.85 | 1,372,869,799.62 | |

其他说明：

1、Target Media Culcreative Pte Ltd本期长期股权投资其他变动情况详见本附注八、1.非同一控制下企业合并。

2、上海数禾信息科技有限公司年初余额变动情况详见本附注五、44.重要会计政策和会计估计变更。

图5-15　长期股权投资

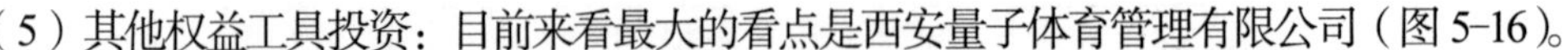

（5）其他权益工具投资：目前来看最大的看点是西安量子体育管理有限公司（图5-16）。

**18、其他权益工具投资**

单位：元

| 项目 | 期末余额 | 期初余额 |
|---|---|---|
| INKE LIMITED | 58,621,125.28 | 63,487,787.70 |
| 上海客非科贸有限公司 | 1,080,905.00 | 15,831,410.00 |
| Yixia Tech Co., Ltd | 208,875,454.83 | 224,901,287.28 |
| 上海万丁信息科技有限公司 | 300,000.00 | 300,000.00 |
| 西安量子体育管理有限公司 | 393,649,317.88 | 231,220,047.89 |
| Butler Bunny Holdings Inc | 88,582,269.71 | 68,452,519.85 |
| 宁波分众咕咚体育广告有限公司 | 750,000.00 | 750,000.00 |
| 星光物语（北京）电子商务有限公司 | 13,088,000.00 | 13,088,000.00 |
| 苏州晴雨智能科技有限公司 | 41,083,540.68 | 39,772,711.80 |
| 北京芭莎能量文化活动有限公司 | 5,527,249.50 | 16,244,184.34 |
| 上海景栗信息科技有限公司 | 81,056,353.24 | 68,370,031.71 |
| 点米网络科技股份有限公司 | 9,690,000.00 | 24,548,000.00 |
| 北京品新传媒文化有限公司 | 14,292,694.27 | 40,476,169.12 |
| 千城数智（北京）网络科技有限公司 | 32,419,884.55 | 32,233,025.47 |
| 上海东衡网络科技有限公司 | 5,000,000.00 | 5,000,000.00 |
| 上海哇咔体育文化发展有限公司 | 1,300,000.00 | 1,300,000.00 |
| 上海时众搜药文化传播有限公司 | 199,000.00 | 199,000.00 |
| 述源文化创意（上海）有限公司 | 6,580,000.00 | 3,290,000.00 |
| 北京大眼星图文化传媒有限公司 | 100,000,000.00 | |
| 四川鑫框视界文化传播有限公司 | 1,500,000.00 | |
| 北京正和岛信息科技有限公司 | 15,000,000.00 | |
| 宁波冀众广告有限公司 | 48,522.80 | |
| 上海墨伽体育科技有限公司 | 200,000.00 | |
| 合计 | 1,078,844,317.74 | 849,464,175.16 |

图5-16　其他收益工具投资

**资料卡：**

其他权益工具投资：企业对外不构成控制、共同控制、重大影响，且非交易性目的的权益性投资，应当在"其他权益工具投资"科目核算。其他权益工具投资，除了被投资企业宣告发放现金股利，计入当期损益外，其他相关的利得和损失均应当计入其他综合收益，且后续不得转入当期损益。当金融资产终止确认时，之前计入其他综合收益的累计利得或损失应当把其他综合收益反向转到留存收益。

（6）其他非流动金融资产：其他非流动金融资产如图5-17所示。

（7）固定资产、在建工程：2020年公司固定资产11.6亿占总资产（216亿）5%，非常少，表明公司属于轻资产公司，固定资产近两年逐年下降，表明公司扩张幅度放缓。而公司基本也没有什么在建工程（图 5-18）。

**资料卡：**

其他非流动金融资产是对合伙企业投资，按照各合伙企业对外投资的底层资产情况分别进行估值确定公允价值。公司根据各合伙企业提供对外投资的底层资产情况结合各合伙企业提供的资产负债表日净值报告进行估值，确认公允价值。

**其他非流动金融资产**

单位：元

| 项目 | 期末余额 | 期初余额 |
| --- | --- | --- |
| Focus Media Fountain Vest Sports JV, L.P. | 502,539,104.10 | 620,858,038.06 |
| 珠海光控众盈产业投资基金合伙企业（有限合伙） | 230,359,467.20 | 196,673,168.13 |
| 苏州琨玉金舵分众生态产业投资企业（有限合伙） | 45,244,918.81 | 42,963,581.54 |
| 珠海众衡管理咨询合伙企业（有限合伙） | 2,000,000.00 | 2,000,000.00 |
| 上海大宇鸿意文化传媒合伙企业（有限合伙） | 139,476,781.75 | 129,561,494.71 |
| 重庆沸点新媒股权投资基金合伙企业（有限合伙） | 16,278,226.89 | 10,500,060.00 |
| 宁波梅山保税港区方源创盈股权投资合伙企业（有限合伙） | 80,000,000.00 | 85,569,725.20 |
| 源星昱瀚股权投资基金合伙企业（有限合伙） | 207,108,339.37 | 95,284,544.74 |
| 宁波梅山保税港区众兴卓悦股权投资合伙企业（有限合伙） | 121,291,494.12 | 147,545,152.56 |
| 北京星实投资管理中心（有限合伙） | 21,061,207.11 | 19,297,657.49 |
| 兰溪分众恒盈投资合伙企业（有限合伙） | 94,651,477.09 | 101,356,282.55 |
| 上海云锋麒泰投资中心（有限合伙） | 301,156,809.98 | 200,960,941.88 |
| 宁波梅山保税港区知春股权投资合伙企业（有限合伙） | 55,911,278.28 | 54,833,276.03 |
| 东莞市达晨创景股权投资合伙企业（有限合伙）（注） | 323,809,700.20 | 135,106,278.80 |
| 北京影之宝国际广告传媒中心（有限合伙） | 1.00 | 1.00 |
| 合计 | 2,140,888,805.90 | 1,842,510,202.69 |

其他说明：自资产负债表日起超过一年到期且预期持有超过一年的以公允价值计量且其变动计入当期损益的非流动金融资产的期末账面价值，在“其他非流动金融资产”项目反映。

注：东莞市达晨创景股权投资合伙企业（有限合伙）原名为：宁波市达晨创景投资管理合伙企业（有限合伙）。

图5-17　其他非流动金融资产

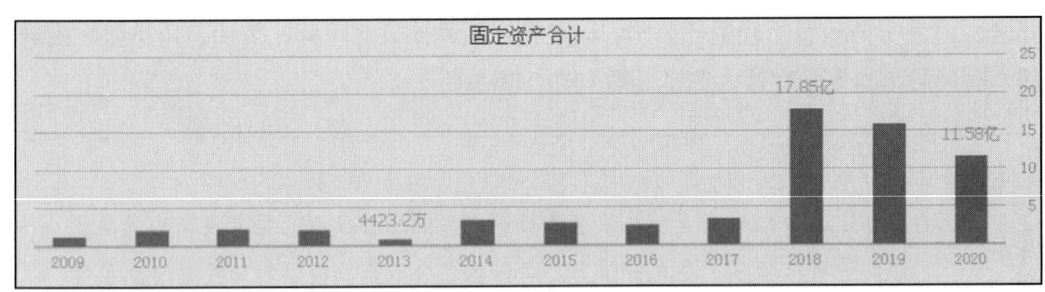


图5-18 固定资产

## 5.2.3 负债

（1）有息负债：2020年公司短期借款只有0.5亿，经营十分稳健。

（2）应付账款：2020年应付账款较2019年有所下降，应付账款的降低跟公司持续优化点位资源有很大的关系（图5-19）。

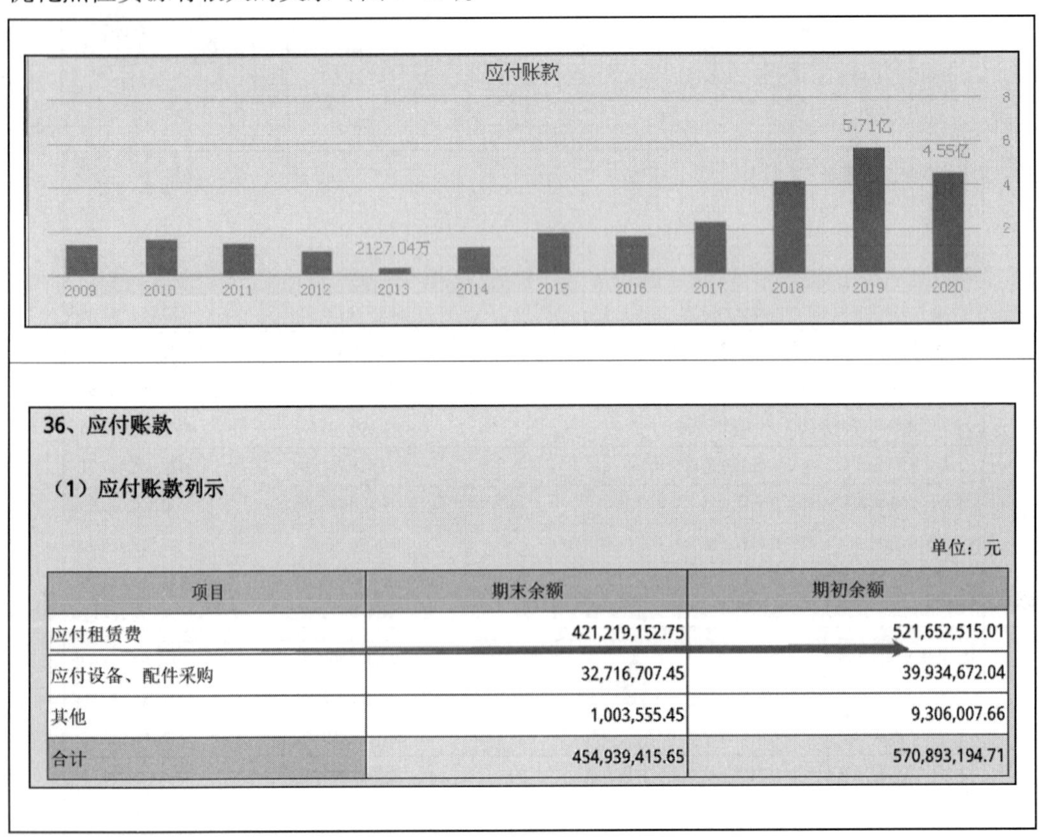


**36、应付账款**

**（1）应付账款列示**

单位：元

| 项目 | 期末余额 | 期初余额 |
|---|---|---|
| 应付租赁费 | 421,219,152.75 | 521,652,515.01 |
| 应付设备、配件采购 | 32,716,707.45 | 39,934,672.04 |
| 其他 | 1,003,555.45 | 9,306,007.66 |
| 合计 | 454,939,415.65 | 570,893,194.71 |

图5-19 应付账款

（3）预收款、合同负债：2020年公司预收广告款大幅增加，增长幅度达48%，表明公司对下游客户的话语权得到增强（图5-20）。

（4）其他应付款：其他应付款最大的金额是销售业务费（图5-21）。

**38、合同负债**

单位：元

| 项目 | 期末余额 | 期初余额 |
| --- | --- | --- |
| 预收广告款 | 717,480,712.38 | 485,258,087.39 |
| 合计 | 717,480,712.38 | 485,258,087.39 |

图5-20　合同负债

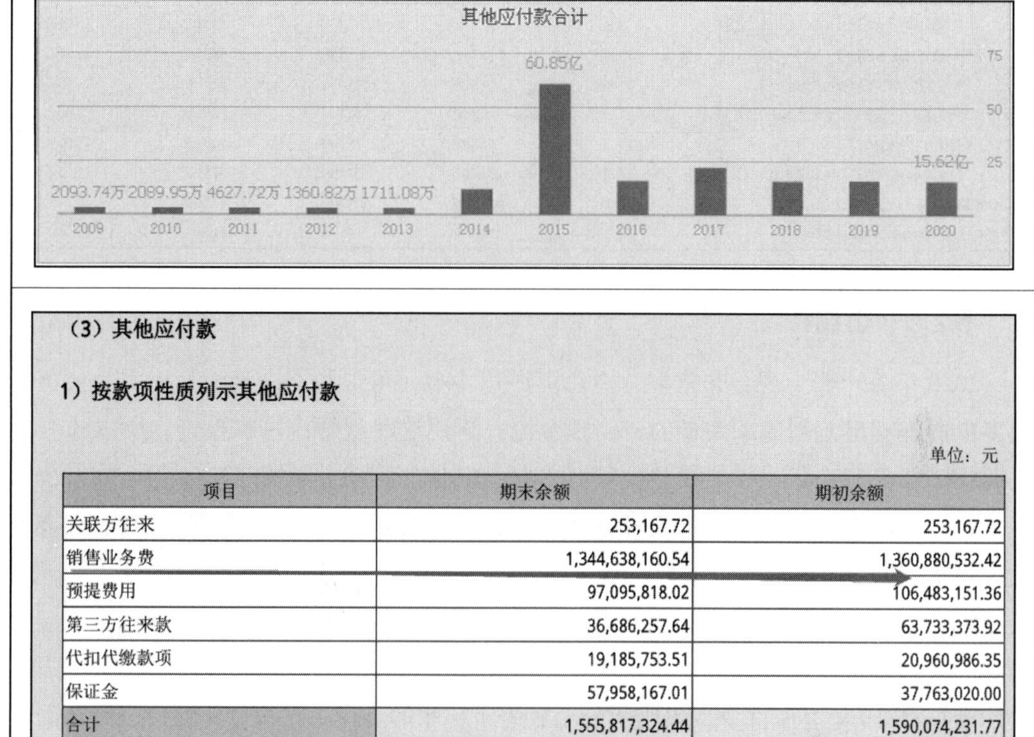


**（3）其他应付款**

**1）按款项性质列示其他应付款**

单位：元

| 项目 | 期末余额 | 期初余额 |
| --- | --- | --- |
| 关联方往来 | 253,167.72 | 253,167.72 |
| 销售业务费 | 1,344,638,160.54 | 1,360,880,532.42 |
| 预提费用 | 97,095,818.02 | 106,483,151.36 |
| 第三方往来款 | 36,686,257.64 | 63,733,373.92 |
| 代扣代缴款项 | 19,185,753.51 | 20,960,986.35 |
| 保证金 | 57,958,167.01 | 37,763,020.00 |
| 合计 | 1,555,817,324.44 | 1,590,074,231.77 |

图5-21　其他应付款

## 5.2.4　现金流量表分析

2020年公司销售商品、提供劳务收到的现金131.5亿，较2019年相差不多。2020年营收121亿，收现比大于1，表明公司销售出去的商品能够及时回款，这时我们再看看我之前说的应收账款计提比例非常保守，计提了35%的应收账款坏账准备，累计接近20个亿，从这个角度来讲公司已经有了隐藏利润的做法。下面再看下公司2020年经营现金流流出较2019年少了接近20个亿，主要是购买商品、接受劳务支付的现金大幅减少，另一方面是支付给职工以及为职工支付的现金也减少了不少，表明公司大幅放缓了扩张节奏，主要以优化点位为主，并优化人员结构，提升单位网点经营效益。随着网点、人员的优化，2020 年的公司经营活动现金流量创出历史新高标志着公司即将进入一个新的成长期（表 5-12）。

表5-12　经营活动产生的现金流量

| 科目\年度 | 2020 | 2019 | 2018 | 2017 | 2016 » |
|---|---|---|---|---|---|
| 一、经营活动产生的现金流量(元) | | | | | |
| 销售商品、提供劳务收到的现金(元) | 131.50亿 | 132.20亿 | 133.58亿 | 123.69亿 | 109.38亿 |
| 收到的税费与返还(元) | 3560.03万 | -- | -- | -- | -- |
| 收到其他与经营活动有关的现金(元) | 3.58亿 | 8.17亿 | 13.69亿 | 8.46亿 | 13.74亿 |
| 经营活动现金流入小计(元) | 135.44亿 | 140.37亿 | 147.27亿 | 132.15亿 | 123.11亿 |
| 购买商品、接受劳务支付的现金(元) | 31.40亿 | 44.92亿 | 44.79亿 | 32.76亿 | 31.08亿 |
| 支付给职工以及为职工支付的现金(元) | 11.20亿 | 16.38亿 | 11.66亿 | 9.39亿 | 8.86亿 |
| 支付的各项税费(元) | 13.30亿 | 14.48亿 | 21.61亿 | 20.17亿 | 17.60亿 |
| 支付其他与经营活动有关的现金(元) | 27.30亿 | 30.29亿 | 31.38亿 | 28.27亿 | 17.56亿 |
| 经营活动现金流出小计(元) | 83.21亿 | 106.07亿 | 109.44亿 | 90.59亿 | 75.11亿 |
| 经营活动产生的现金流量净额(元) | 52.23亿 | 34.30亿 | 37.83亿 | 41.56亿 | 48.00亿 |

### 5.2.5　小结

2020 年公司账上现金非常多，占总资产达 44%，可以说富得流油，正因为公司不用多少资本支出，创造了大量的自由现金流，再用这些现金流用来投资，所以才有了长期股权投资 13.7 亿、其他权益投资 10.8 亿、其他非流动金融资产 21.4 亿，如果公司不把这些自由现金流用来投资或者分红的话，我想公司应该是“穷”得只剩下现金了吧，当然还剩下了些屏幕、框架。从应收账款较 2019 年有所减少、应收账款周转天数较 2019 年有所下降，预收款大幅增加来看，公司对下游客户的话语权得到增强，应收账款的大幅计提，收现比大于 1，表明公司应该是隐藏了些利润；预付款、应付账款 2020 年较 2019 年有所减少，表明了公司放缓了扩张的步伐，持续优化点位资源，固定资产占总资产 5% 左右，表明公司属于轻资产，是非常轻的那种。

## 5.3　分众传媒的竞争力分析与未来发展空间的思考

从上一节的小结中，我们可以判断出公司的资产有两块，一块是屏幕、框架，就是固定资产，占总资产比例 5%，非常低；另一块是股权投资，共 45.9 亿，占总资产（216 亿）21%，这块股权投资在公司的资产里可谓不低，公司在 2016 年年报里对公司未来的定位主要概括为三个圈：生活圈、娱乐圈和生态圈。

但是在这之后的几年里公司也没再披露未来关于这三个圈的定位，在资产负债表我只列出了那些比较重要的公司，因为公司投资了大量的股权投资，这块目前不太好了解。关键是近年来公司也没有再重复提这个战略定位，由此可以看出公司目前聚焦主营业务，股权投资目前对于公司还只是处于尝试、探索，所以这块解读暂时先放放。

现在我们来看看公司的核心竞争力。在年报中公司已经把核心竞争力写着很清楚了：第一，开创了“楼宇电梯”这个核心场景，在主流城市主流人群必经的楼宇电梯空间中每天形成高频次的有效到达 。第二，媒体资源规模大、覆盖面广、渗透率高。第三，产品差异化布局，数字化、智能化营销能力优势显著。第四，拥有优质的客户资源，客户结构不断优化。第五，具有极高的品牌知名度及强大的市场主导权。第六，媒体价值持续获得国际权威和行业协会的充分认可。第七，企业文化获得员工高度认同，团队战斗力领先业界。

虽然在年报里公司把核心竞争力写着很清楚，但是我还是想用我对分众传媒的理解来说明下分众传媒的核心竞争力：一是领先优势，二是策划能力，三是江南春本人。

领先优势体现在电梯媒体是江南春本人独创的商业模式，早期公司就已经牢牢占领了中国最具核心的点位资源，这些核心点位资源，从目前来看是非常稀缺，拥有最大的消费群体——中产。这些非常核心的点位资源再加上分众团队非常具有策划能力与营销能力，才拥有众多引爆品牌的经典案例，也经常被评为“中国广告最具品牌引爆力媒体”。楼宇电梯这个最日常的生活场景代表着四个词：主流人群、必经、高频、低干扰，而这四个词正是今天引爆品牌的核心资源。所以从这个角度来讲，分众最核心的竞争优势就是领先优势，占领了中国最具核心的点位资源，如果没有这些点位资源，再怎么策划，也难有引爆品牌的效果。

下面就引申出我对分众未来空间的思考：分众从 2018 年大幅扩张之后，新增的占位资源并没有带来有效的利润，所以在之后的几年时间里只有不断优化这些点位资源，500 万城、500 万终端这个战略只能在未来很多年才能实现。未来，优质的点位资源会更加稀缺，只能不断地去寻找优质的点位资源，甚至在全球寻找优质的点位资源，把这个模式复制下去。

海外公司中，韩国电梯电视媒体广告业务分众持股 50.4%，新加坡电梯电视媒体广告业务分众持股 27%。韩国、新加坡目前发展较为顺利，其他子公司仍需再接再厉，由于这些子公司规模尚小，对公司的利润目前贡献还不是很大，只能多观察。

那么我们要如何评估分众传媒未来的发展空间呢？江南春在他的《抢占心智》一书里就有他对分众传媒未来的思考：“未来，分众仍可以心无旁骛地将业绩做到 300 亿、500 亿，成为全球最大的电梯媒体集团。我们定位于此，专注于此，我们想把这件事做到极致。”

实现这个业绩可能性高吗？目前分众传媒已经从困境中崛起，重新进入了提价周期，客户结构不断优化，以日用消费为主的客户占比不断提升，将进一步提升公司客户的稳定性，为公司未来业绩带来持久的动力（图 5-22）。

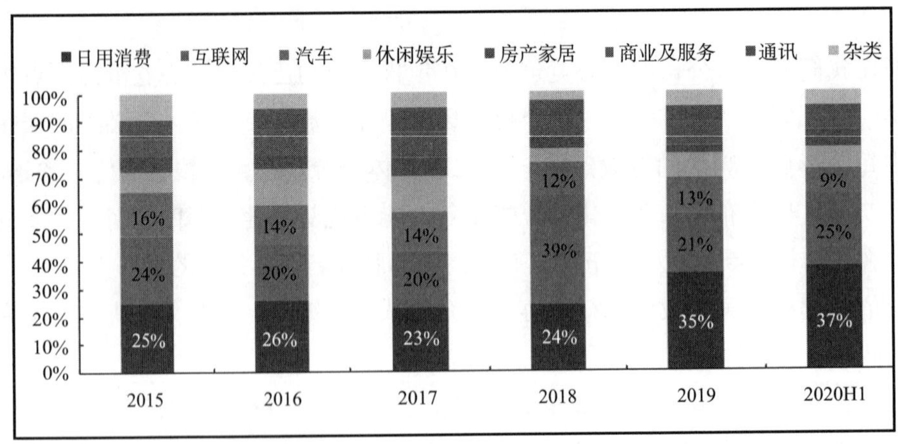


图5-22 2015～2020H1 公司客户结构

我们复盘下分众进入提价周期的时期 2015 ～ 2017 年（表 5-13）。

表5-13 经营情况

| 年度 | 2015 | 2016 | 2017 |
|---|---|---|---|
| 净利润（亿元） | 33.89 | 44.51 | 60.05 |
| 净利润同比增长率 | 40.35% | 31.34% | 34.90% |
| 营业收入（亿元） | 86.27 | 102.13 | 120.14 |
| 营业收入同比增长率 | 15.07% | 18.38% | 17.63% |

营业收入增长 15% 以上，利润增长 30% 以上。未来三到五年（指的是 2021 年之后的三到五年），如果未来的经济环境不会有太大的变化，实现这个业绩的可能性还是非常大的。目前公司的静态 PE40 倍左右，考虑到公司未来几年仍有不错的成长性，这个估值我认为比较合理，并不算贵，但也不见得有多便宜。

投资是一种选择，如果我们有生之年，能够找到非常湿的雪还带有一条非常长的坡（分众的坡够不够长，从未来十年甚至更长的时间周期里，这个坡是不太确定的），再加上非常可靠的管理层，那么我们的选择就是对的，我们的资产也将可以得到丰厚的回报。

# 第6章　北新建材

## 6.1　北新建材发展历程

说起北新建材，很早之前有朋友提起过，我却一直没有时间研究，主要是对这个行业不太感兴趣，做石膏板的。经过好多年之后，我才觉得，作为一个研究者，应该涉猎更广一点，这样才能快速提高自己的认知，进而才能对事物的本质有更好的判断。古话说得好：不博观何以约取，不厚积何以薄发。带着这种信念我又重新出发，今天我们就来研究下北新建材。

石膏板行业历史：石膏板行业从 20 世纪 70 年代发展至今，有四十多年的发展历史。从发展历程的角度来看，行业经历了起步——发展——快速增长——稳步增长四个阶段，目前仍处于稳步增长阶段（图 6-1）。

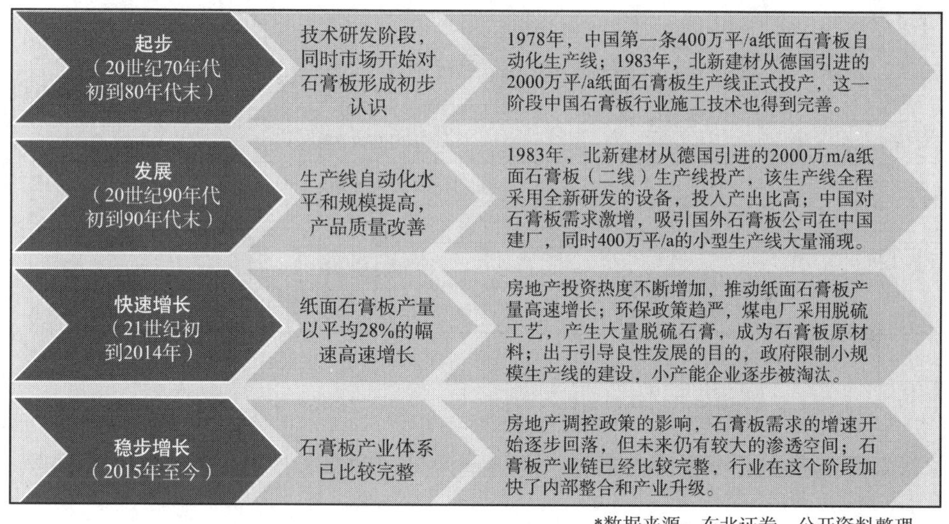


*数据来源：东北证券，公开资料整理

图6-1　石膏板行业发展历程

北新建材董事长王兵生于 1972 年，2009 年执掌北新建材，算得上意气风发，年少有为，而且不持股。王兵应该是位“理想主义者”，因为他心中有一个“理想”：成为全球第一。

王兵上任没多久，就制定了战略目标：到 2015 年，发展核心业务成为世界第一、有自主品牌、有自主知识产权、有国际竞争力的世界级新型建材产业集团。

到了 2012 年，公司的石膏板产能规模已是全球第一。

但王兵带领下的北新建材并不满足于此，再定下战略目标：2015 年石膏板产能扩大到 20 亿立方米，并且发展矿棉板作为第二个核心拳头产品，用三年时间发展成为亚洲最大的矿棉板企业。

当时公司对未来发展已经有了非常清晰的认识，并定下了远景目标：“巩固全球最大石膏板地位，再发展成为中国最大的节能型工厂化房屋及相关部品材料制造商，最终成为最有国际竞争力的世界级新型建材产业集团。”这也为 2019 年公司提出“一体两翼”埋下了伏笔。

公司在国内发展顺风顺水，那么在国外呢？

2009 年公司进军美国市场，结果却引来了旷日持久的官司，这一打就打到现在。公司也为此花费了大量的人力物力。从 2009 年到 2019 年公司为此共花费了接近 27 亿，特别是在 2019 年就计提了营业外支出近 21 亿。

而在 2009 年，公司在美国的业务就只有区区的 4788 万，净利率 14% 左右，也就是说在美国这块业务只赚了 500 万左右（表 6-1）。

表6-1 营业收入

单位：万元

| 地区 | 营业收入 | 营业收入比上年增减（%） |
|---|---|---|
| 国内 | 318,279.69 | 34.27 |
| 其中：北方大区 | 120,038.28 | -5.86 |
| 南方大区 | 150,426.40 | 88.06 |
| 西部大区 | 47,815.01 | 61.84 |
| 国外 | 4,788.01 | 73.72 |
| 合 计 | 323,067.70 | 34.72 |

可以说进军美国市场，公司是赔了夫人又折兵，损失巨大。每次公司年报都会提上：“认真研究美国石膏板诉讼案件，聘请国内外律师事务所制定有效的应对方案，积极维护公司权益。”

这个案件是这样子的：2009 年开始，美国多家房屋业主、房屋建筑公司等针对包括北新集团建材股份有限公司（以下简称北新建材）、泰山石膏有限公司（以下简称泰山石膏）在内的数十家中资、外资石膏板生产商提起多起诉讼，以石膏板存在质量问题为由，要求赔偿其宣称因石膏板质量问题产生的各种损失（以下简称美国石膏板诉讼）。

那么石膏板质量有没有问题呢？在国内，北新建材的石膏板被大量使用，而且从来没有听说过有什么问题，偏偏到了美国就说质量有问题了？我想，大概是石膏板也会有“水土不服”吧。

所以我们看公司净利润的时候，不要看到 2019 年净利润大幅下滑，以为公司要崩盘了（图 6–2）。

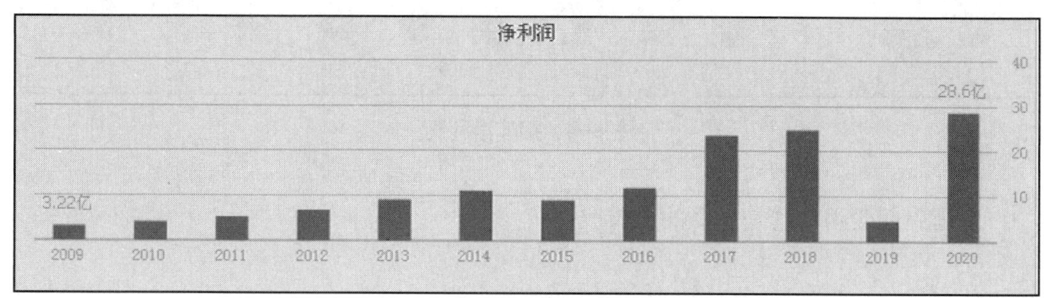


图6–2　公司净利润

在评估公司盈利能力的时候，这个 ROE 也是不太准的（表 6–2）。

表6–2　净资产收益率

| | 2015 | 2016 | 2017 | 2018 | 2019 | 2020 |
|---|---|---|---|---|---|---|
| 净资产收益率 | 11.95% | 13.75% | 20.66% | 18.61% | 3.15% | 18.71% |

因为公司从 2009 年开始每年都要支付一定的律师费、和解费等，所以事实上，公司的净资产收益率要远高于这个数字。

话说回来，一般的企业会因为这样的诉讼而一蹶不振，但北新建材不是，在王兵的带领下，公司厉兵秣马、一路披荆斩棘。

公司营业收入从 2009 年 32.75 亿增长到 2020 年的 168 亿，11 年间营收增长了 5 倍左右（图 6–3）。

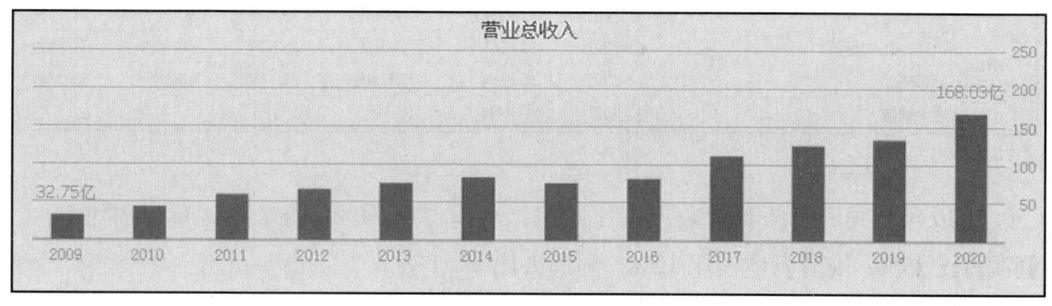


图6–3　营业总收入

扣非净利润从 2009 年 3 亿增长到 2020 年的 28 亿，11 年间扣非净利润增长了 9 倍左右（图 6–4）。

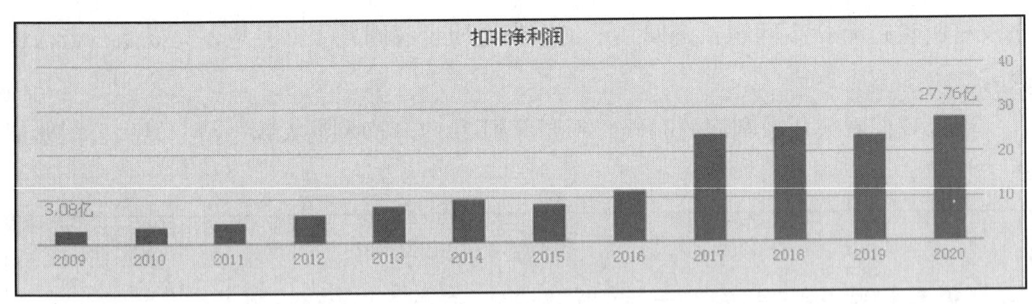


图6–4 扣非净利润

这是周期股吗？这是妥妥的成长股。

## 6.2 北新建材2020年年报解读

我们对北新建材的发展历程有了一些了解，下面我们来解读北新建材2020年年报。

### 6.2.1 主营业务分析

表6–3 主营业务分析

2020-12-31 2020-06-30 2019-12-31 注：通常在中报、年报时披露

| 业务名称 | | 营业收入(元) | 收入比例 | 营业成本(元) | 成本比例 | 利润比例 | 毛利率 |
|---|---|---|---|---|---|---|---|
| 按行业 | 轻质建材 | 135.16亿 | 80.44% | 89.78亿 | 80.57% | 80.18% | 33.58% |
| | 防水建材 | 32.87亿 | 19.56% | 21.65亿 | 19.43% | 19.82% | 34.13% |
| 按产品 | 石膏板 | 109.42亿 | 65.12% | 70.13亿 | 69.83% | 73.97% | 35.90% |
| | 防水卷材 | 24.48亿 | 14.57% | 15.50亿 | 15.43% | 16.91% | 36.68% |
| | 龙骨 | 19.64亿 | 11.69% | 14.79亿 | 14.73% | 9.13% | 24.68% |
| | 其他 | 6.15亿 | 3.66% | - | - | - | - |
| | 防水涂料 | 4.28亿 | 2.55% | - | - | - | - |
| | 防水工程 | 4.05亿 | 2.41% | - | - | - | - |
| 按地区 | 南方地区 | 71.27亿 | 42.41% | 48.14亿 | 43.45% | 40.93% | 32.45% |
| | 其中：北方地区 | 61.92亿 | 36.85% | 39.25亿 | 35.43% | 40.12% | 36.60% |
| | 西部地区 | 34.10亿 | 20.29% | 23.39亿 | 21.11% | 18.95% | 31.39% |
| | 国外销售 | 7397.78万 | 0.44% | - | - | - | - |

2020年公司石膏板营业收入占比65%，利润占比74%；防水卷材营收占比15%，利润占比17%；龙骨营收占比12%，利润占比9%（表6–3）。

2020年公司业绩如何？

2020年公司营业收入增长26%，扣非净利润增长17%，不错。不过经营现金流下滑了7%左右，而且经营现金流远低于净利润（表6–4），好像并不是太好，这是为什么呢？带着这个问题，我们继续往下看看公司的资产与负债情况。

表6-4　2020年年报

| | 2020 年 | 2019 年 | 本年比上年增减 | 2018 年 |
|---|---|---|---|---|
| 营业收入（元） | 16,802,628,033.34 | 13,323,011,974.00 | 26.12% | 12,564,910,662.48 |
| 归属于上市公司股东的净利润（元） | 2,859,866,558.78 | 441,144,299.54 | 548.28% | 2,465,980,208.44 |
| 归属于上市公司股东的扣除非经常性损益的净利润（元） | 2,775,747,780.16 | 2,371,690,463.72 | 17.04% | 2,549,015,359.46 |
| 经营活动产生的现金流量净额（元） | 1,838,587,009.88 | 1,984,992,469.70 | -7.38% | 2,782,675,391.18 |
| 基本每股收益（元/股） | 1.693 | 0.261 | 548.66% | 1.460 |
| 稀释每股收益（元/股） | 1.693 | 0.261 | 548.66% | 1.460 |
| 加权平均净资产收益率 | 18.71% | 3.15% | 15.56% | 18.61% |
| | 2020 年末 | 2019 年末 | 本年末比上年末增减 | 2018 年末 |
| 总资产（元） | 22,915,217,101.54 | 21,463,592,265.96 | 6.76% | 17,908,040,872.26 |
| 归属于上市公司股东的净资产（元） | 16,667,163,374.07 | 13,951,628,531.22 | 19.46% | 14,282,886,769.61 |

## 6.2.2　资产

（1）货币资金：2020年公司账上现金22.07亿（=5.9亿+16.17亿）占总资产（230亿）10%，公司账上现金不多（图 6-5）。

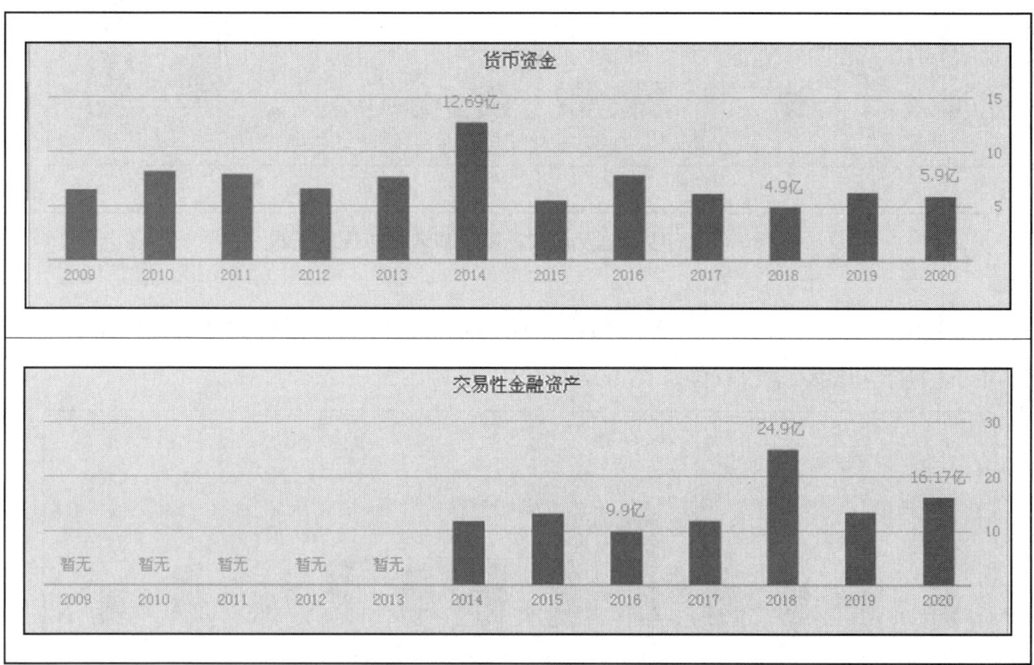


图6-5　货币资金、交易性金融资产

（2）应收票据及应收账款、应收账款周转天数：2019 年开始公司应收账款、应收账款周转天数大幅增加，2020 年继续保持大幅增长（图 6-6），公司的经营管理在恶化吗？打开 2019 年年报我们看到应收账款的大幅增加是因为公司收购了防水建材企业所致。

2019 年公司确定了“一体两翼、全球布局”的发展战略目标，进军防水行业，培育新的业绩增长点。公司通过联合重组四川蜀羊防水材料有限公司、北新禹王防水科技集团有限公司等 8 家企业以及河南金拇指防水科技股份有限公司，形成覆盖全国的十大防水产业基地布局。

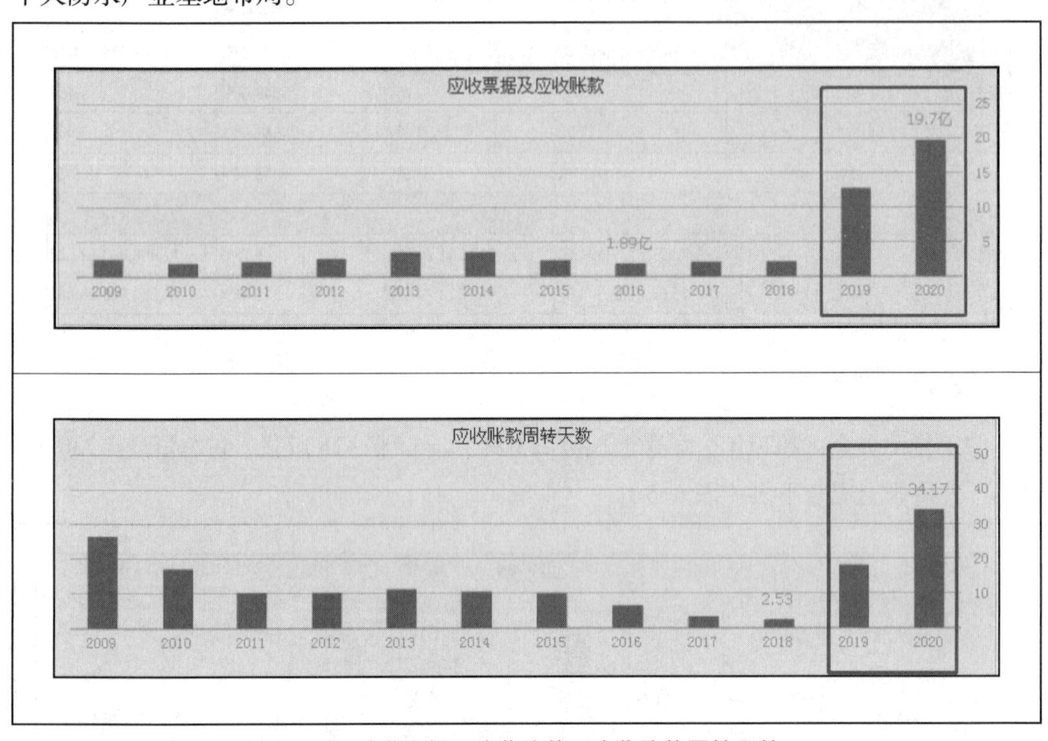


图6-6　应收票据及应收账款、应收账款周转天数

（3）预付款项：2020 年公司的预付款项不高，没有随着营收的增长而增加，表明公司对上游客户的话语权较强（图 6-7）。

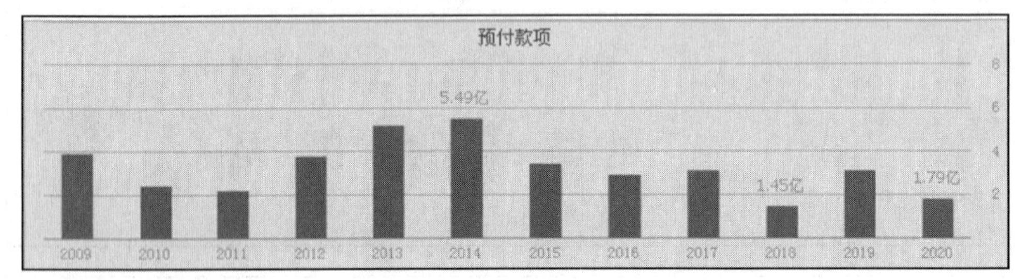


图6-7　预付款项

（4）存货：2020 年公司存货 17.5 亿占总资产比例 7.6% 左右。存货余额从 2019 年大幅增加，存货周转率没有太大的变化（图 6-8）。

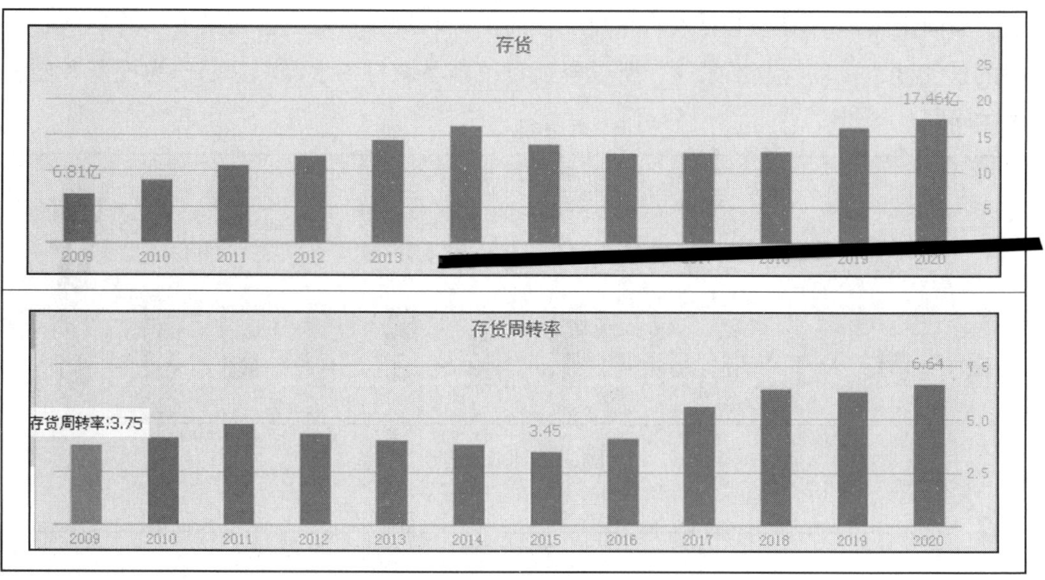


图6–8　存货及存货周转率

下面看看存货明细：存货中原材料与库存商品各占一半左右，但 2020 年公司原材料较 2019 年大幅增长，表明公司原材料储备充足（表 6–5）。

表6–5　存货分类

**（1）存货分类**

单位：元

| 项目 | 期末余额 | | | 期初余额 | | |
|---|---|---|---|---|---|---|
| | 账面余额 | 存货跌价准备或合同履约成本减值准备 | 账面价值 | 账面余额 | 存货跌价准备或合同履约成本减值准备 | 账面价值 |
| 原材料 | 908,010,714.03 | | 908,010,714.03 | 744,028,889.34 | | 744,028,889.34 |
| 在产品 | 2,722,919.08 | | 2,722,919.08 | 2,113,473.14 | | 2,113,473.14 |
| 库存商品 | 818,670,341.43 | 449,881.87 | 818,220,459.56 | 855,432,243.20 | 449,881.87 | 854,982,361.33 |
| 自制半成品 | 6,308,113.87 | | 6,308,113.87 | 4,109,637.45 | | 4,109,637.45 |
| 外购商品 | 10,982,139.78 | | 10,982,139.78 | 7,153,584.50 | | 7,153,584.50 |
| 合计 | 1,746,694,228.19 | 449,881.87 | 1,746,244,346.32 | 1,612,837,827.63 | 449,881.87 | 1,612,387,945.76 |

（5）固定资产：2020 年公司固定资产 108 亿占总资产 47%。表明公司属于重资产行业。公司的固定资产逐年增长，表明公司每年都有在建工程，并且每年都有转固（图 6–9）。

现在我们来对比下营业收入：我们从图 6–9、图 6–10 中可以看出公司的营业收入与固定资产呈正向相关，这是重资产公司的属性，公司的成长非常依赖固定资产的增长，而固定资产的增长主要来于在建工程的扩张。研究重资产公司最重要的是判断行业的景气度，一旦行业不景气，所投资项目很容易就打了水漂。这是作为投资者要思考的问题。

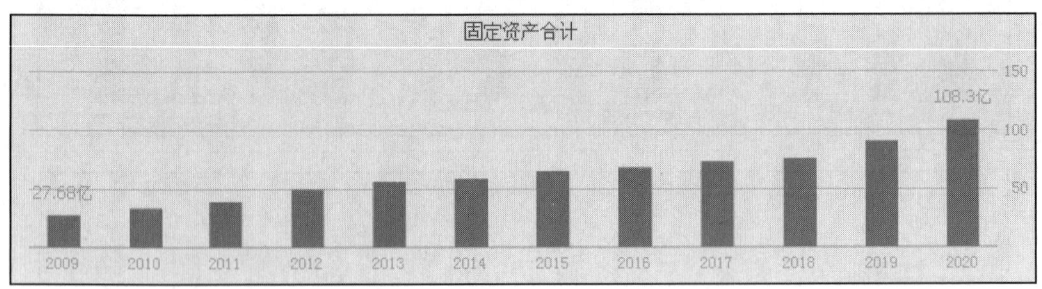


图6-9　固定资产

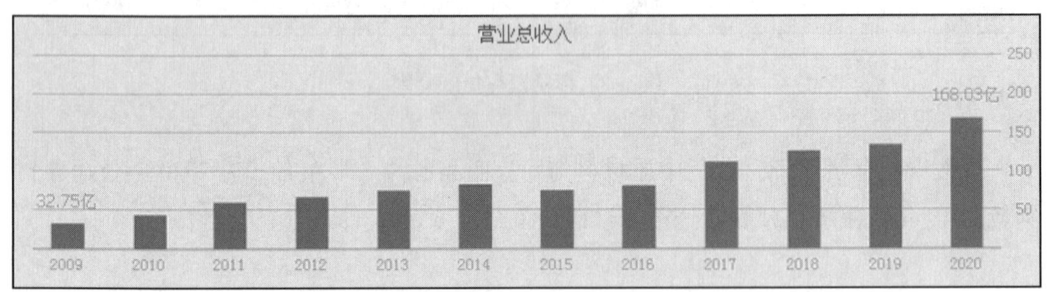


图6-10　营业总收入

（6）在建工程：公司自2018年出现在建工程的大幅扩张，基本上都集中在主业石膏板项目（图6-11）。

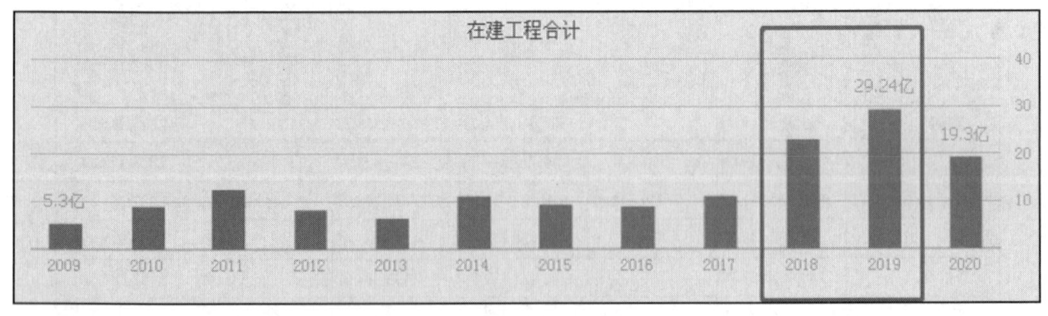


图6-11　在建工程

### 6.2.3　负债

（1）有息负债：2020年公司长短期借款共14.5亿占总资产6%，有息负债占比不高，经营十分稳健（图6-12）。

（2）应付票据及应付账款：2019年应付款大幅增长，主要是公司收购了防水建材所致（图6-13）。

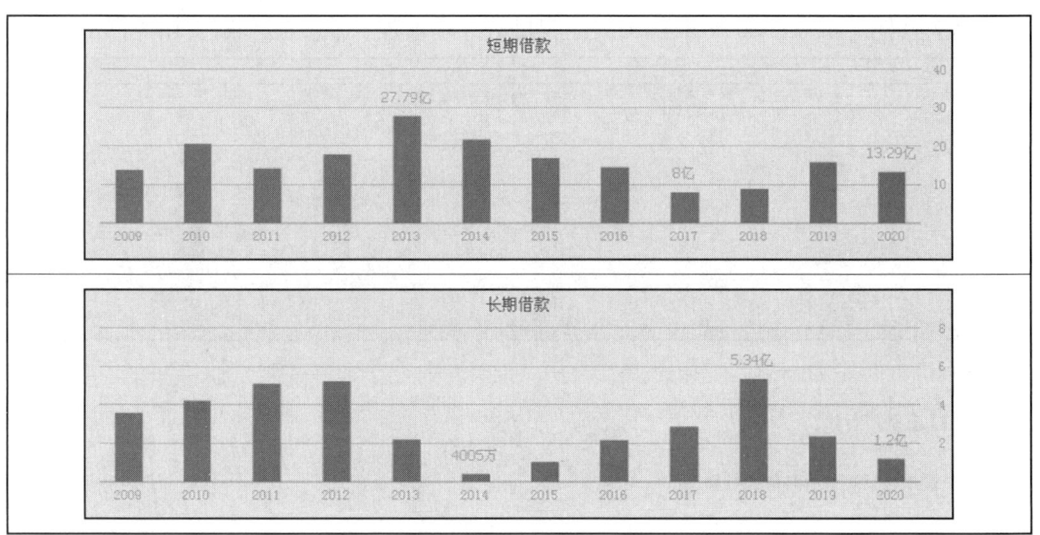


图6-12　有息负债

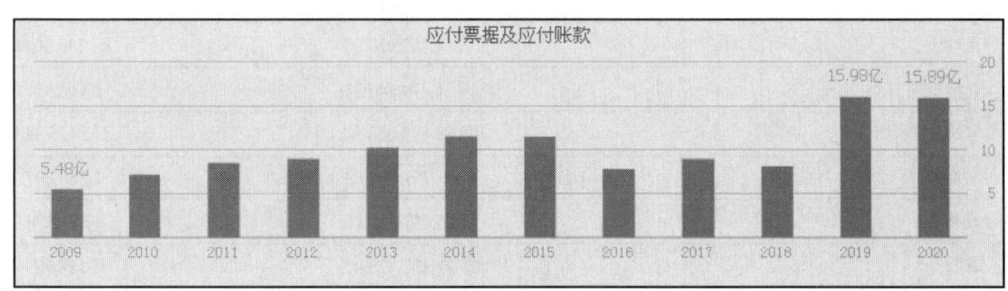


图6-13　应付票据及应付账款

（3）预收款项、合同负债：年报里有注明，2019 年合同负债大幅增长，主要原因公司收购了防水建材企业及预收货款所致（图 6-14）。

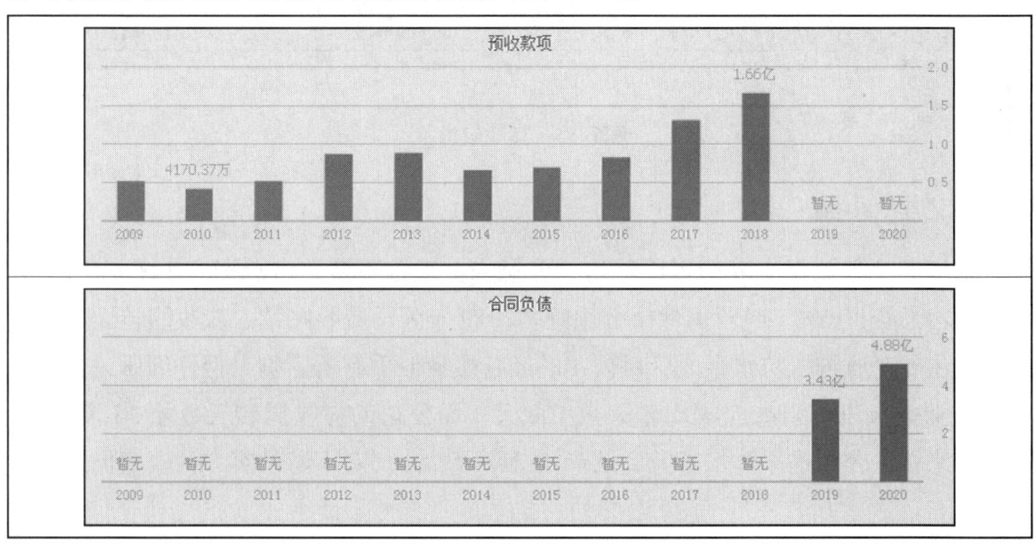


图6-14　预收款项、合同负债

（4）其他应付款：2019 年公司其他应付款大幅增加，主要是和解费用（图 6–15）。

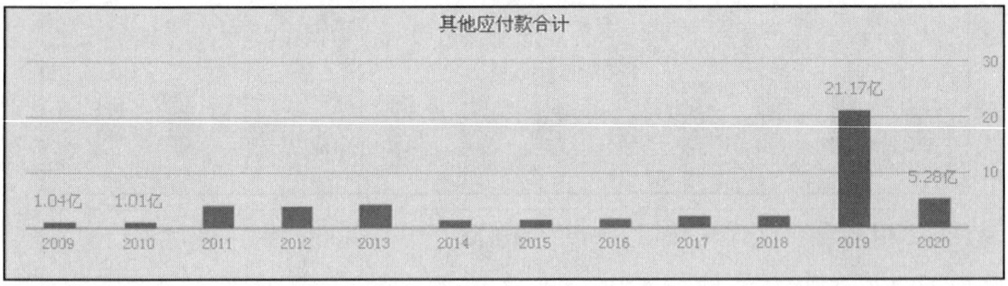

**（3）其他应付款**

**1）按款项性质列示其他应付款**

单位：元

| 项目 | 期末余额 | 期初余额 |
| --- | --- | --- |
| 应付保证金及押金 | 144,050,299.70 | 77,656,679.71 |
| 业务风险金 | 18,165,950.00 | 22,886,604.62 |
| 职工社保费用 | 4,279,243.21 | 5,646,551.69 |
| 销售奖励金 | 65,618,515.19 | 27,917,734.62 |
| 应付水电费 | 792,033.89 | 1,368,697.50 |
| 应付代垫款 | 85,417,830.46 | 1,081,578.31 |
| 代收款项 | 22,837,126.90 | 4,188,723.42 |
| 应付股权款 | 534,130,038.04 | 41,468,046.85 |
| 成本节约奖 | | 20,035,000.00 |
| 应付和解费 | 1,063,820,606.01 | |
| 拆借本金及利息 | 110,005,974.00 | |
| 其他 | 24,018,102.78 | 7,195,195.80 |
| 合计 | 2,073,135,720.18 | 209,444,812.52 |

图6–15　其他应付款

## 6.2.4　小结

从资产负债数据中我们可以看出，公司账上现金不多，占总资产 14% 左右；有息负债占总资产 6%，经营仍然十分稳健。2019 年公司应收账款、应收周转天数大幅增加，主要是收购了防水企业，对公司的经营质量似乎有所影响，但仔细研究，对比防水行业龙头东方雨虹应收周转天数 100 天，而公司的应收周转天数才 34 天左右，从这点来看，公司进军防水行业，从产业链来看，公司对下游的客户话语权仍然十分强大。

从收现比大于 1 来看，公司所销售出去的商品回款问题不大（表 6–6）。

表6-6　收现比

| 年度 | 2019 | 2020 |
| --- | --- | --- |
| 销售商品、提供劳务收到的现金（亿元） | 148 | 175 |
| 营业收入（亿元） | 133 | 168 |
| 收到的现金 / 营业收入 | 1.13 | 1.04 |

从存货明细来看，公司储备了大量的原材料，2021 年公司受到上游原材料涨价的影响并不太大。由于公司属于重资产行业，要想获得更快的发展，必须大量新建工程，然后不断地转固定资产，从固定资产与营业收入的关系可以看出，营业收入的增长非常依赖固定资产的增长。但是公司的经营现金流为什么这两年远小于净利润呢（图 6-16、图 6-17）？

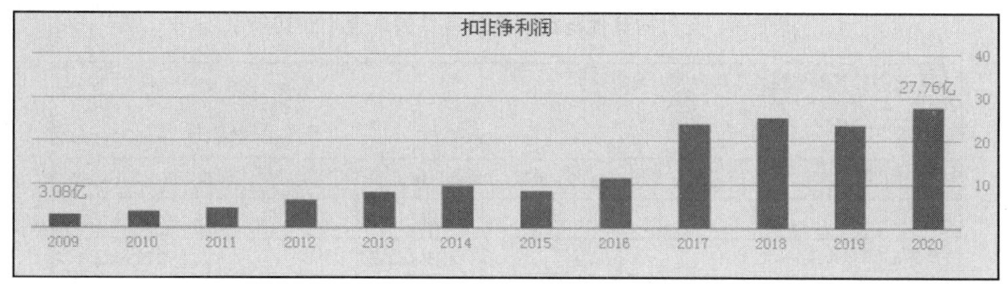


图6-16　扣非净利润

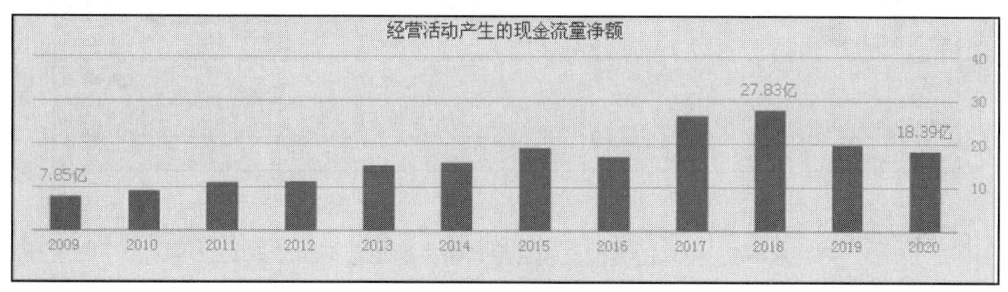


图6-17　经营现金流

在支付其他与经营活动有关的现金项中看到，2019 年增加到 15.25 亿，2020 年增加到 18.19 亿（表 6-7）。

这个支付其他与经营活动有关的现金到底是什么呢？

在 2019 年年报看到这个支付其他与经营活动有关的现金主要来于营业外支出大幅增加了 9.2 亿左右（表 6-8）。

2020 年支付的其他与经营活动有关的现金 11 亿左右（表 6-9）。

在 2019 年年报里我们看到营业外支出 20.9 亿，主要是与美国石膏板事项和解费（表 6-10）。

表6-7　经营活动产生的现金流量

| 按报告期 | 按年度 | 按单季度 | | 显示同比 |
|---|---|---|---|---|

| 科目\年度 | 2020 | 2019 | 2018 | 2017 | 2016 |
|---|---|---|---|---|---|
| 一、经营活动产生的现金流量(元) | | | | | |
| 销售商品、提供劳务收到的现金(元) | 174.62亿 | 147.98亿 | 140.59亿 | 125.56亿 | 91.31亿 |
| 收到的税费与返还(元) | 3.25亿 | 3.38亿 | 4.83亿 | 4.21亿 | 3.40亿 |
| 收到其他与经营活动有关的现金(元) | 3.44亿 | 1.48亿 | 2.01亿 | 1.53亿 | 1.49亿 |
| 经营活动现金流入小计(元) | 181.31亿 | 152.84亿 | 147.43亿 | 131.30亿 | 96.20亿 |
| 购买商品、接受劳务支付的现金(元) | 118.87亿 | 96.49亿 | 90.55亿 | 80.52亿 | 58.58亿 |
| 支付给职工以及为职工支付的现金(元) | 13.51亿 | 10.99亿 | 9.72亿 | 8.70亿 | 7.71亿 |
| 支付的各项税费(元) | 12.36亿 | 10.25亿 | 13.34亿 | 10.70亿 | 9.15亿 |
| 支付其他与经营活动有关的现金(元) | 18.19亿 | 15.25亿 | 6.00亿 | 4.82亿 | 3.68亿 |
| 经营活动现金流出小计(元) | 162.93亿 | 132.99亿 | 119.61亿 | 104.76亿 | 79.12亿 |
| 经营活动产生的现金流量净额(元) | 18.39亿 | 19.85亿 | 27.83亿 | 26.54亿 | 17.08亿 |

表6-8　支付的其他与经营活动有关的现金（2019年）

（2）支付的其他与经营活动有关的现金

单位：元

| 项目 | 本期发生额 | 上期发生额 |
|---|---|---|
| 销售费用 | 151,482,146.79 | 161,697,725.95 |
| 管理费用及研发费用 | 185,503,526.97 | 170,960,311.22 |
| 财务费用 | 1,911,538.14 | 4,043,792.27 |
| 制造费用 | 48,611,660.03 | 45,590,202.93 |
| 营业外支出 | 1,060,483,722.70 | 76,970,662.19 |
| 其他应收和其他应付 | 76,778,399.71 | 140,556,802.33 |
| 其他 | 79,908.17 | 190,679.80 |
| 合计 | 1,524,850,902.51 | 600,010,176.69 |

支付的其他与经营活动有关的现金说明：

表6-9　支付的其他与经营活动有关的现金（2020年）

（2）支付的其他与经营活动有关的现金

单位：元

| 项目 | 本期发生额 | 上期发生额 |
|---|---|---|
| 销售费用 | 182,118,791.74 | 151,482,146.79 |
| 管理费用及研发费用 | 220,138,915.41 | 185,503,526.97 |
| 财务费用 | 3,115,041.37 | 1,911,538.14 |
| 制造费用 | 81,717,569.70 | 48,611,660.03 |
| 营业外支出 | 1,123,836,838.25 | 1,060,483,722.70 |
| 其他应收和其他应付 | 186,809,266.84 | 76,778,399.71 |
| 受限保证金 | 21,054,739.61 | |
| 其他 | | 79,908.17 |

表6-10　营业外支出

| 营业外支出 | 2,091,210,123.03 | 318.48% | 形成的主要原因是公司所属子公司发生的美国石膏板事项和解费。详见第十二节财务报告"十五、2、或有事项" | 否 |
|---|---|---|---|---|

从现金流量表可以看出，这个和解费在 2019 年已经全部计提，实际上是 2019 年支付了 9.2 亿，2020 年支付了 11 个亿，是由两个时间段组成的。所以 2019 年、2020 年经营现金流大幅下滑的背后主要是这个和解费。这个和解费从目前来看也将告一段落，预计 2021 年公司的经营现金流应该会比较不错。

## 6.3　北新建材的竞争力分析

（1）规模化优势。由于石膏板是标准品，单价低，行业龙头企业往往可以通过规模化生产控制成本。石膏板的主要成本来自原材料。公司早在 2006 年就布局脱硫石膏，在石膏资源上提前布局好各地主要火电站，抢占资源优势。石膏单价低，运输费用相对较为高昂，公司布局兼顾了原料产地与主要消费地，降低了运输费用。目前公司的石膏板产品已投产产能达到 28.24 亿平方米，世界第一。

（2）品牌优势。公司产品拥有极高的品牌知名度（龙牌、泰山）和美誉度（图 6-18）。这一点体现在公司对下游客户拥有较强的溢价权：应收账款、应收账款周转天数逐年减少，2018 年 2.5 天基本上就可以回款，可以算是一手交钱一手交货，这个非常强的溢价权在制造行业中是非常罕见的（图 6-19、图 6-20）。

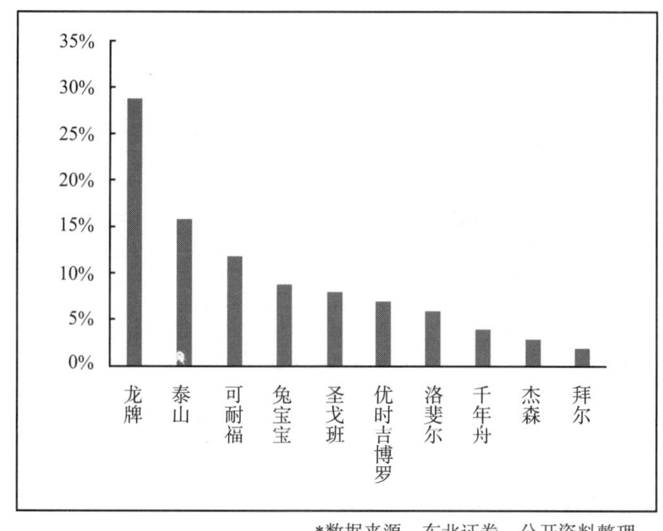


*数据来源：东北证券，公开资料整理

图6-18　地产五百强石膏板首选率

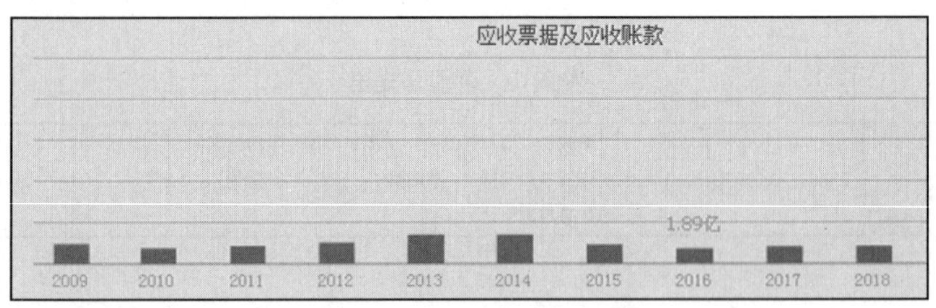


图6-19　应收票据及应收账款

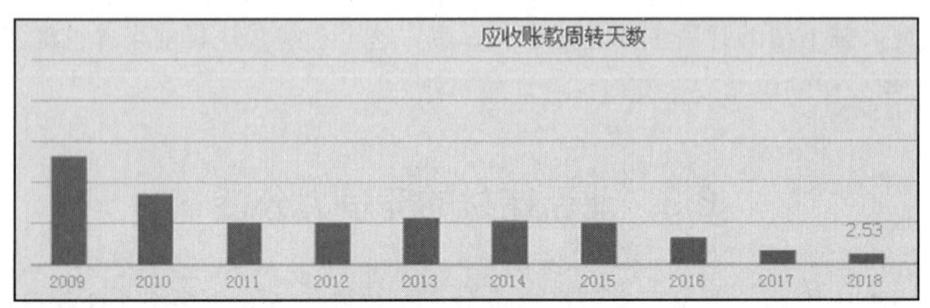


图6-20　应收账款周转天数

为什么公司会形成那么高的品牌度与美誉度呢？答案就是公司拥有非常强的研发优势。

（3）研发优势。我统计了过去10年北新建材投入的研发费用，从2011年研发投入0.79亿增长到2020年6.7亿，过去10年研发投入增长了8倍多，远高于营业收入、利润增长。这是公司核心竞争力的最重要来源。2014年非公开发行研发中心建设项目就占了募集金额的五分之一（表6-11）。

表6-11　研发投入

| 年度 | 2011 | 2012 | 2013 | 2014 | 2015 | 2016 | 2017 | 2018 | 2019 | 2020 |
|---|---|---|---|---|---|---|---|---|---|---|
| 研发投入（亿） | 0.79 | 0.84 | 0.98 | 1.25 | 1.36 | 2.16 | 2.65 | 3.65 | 4.2 | 6.7 |

| 序号 | 项目名称 | 募集资金拟投入金额 |
|---|---|---|
| 1 | 建材基地建设项目 | 5.23 |
| 2 | 结构钢骨建设项目 | 3.80 |
| 3 | 研发中心建设项目（一期） | 4.30 |
| 4 | 平台建设项目 | 1.50 |
| 5 | 偿还银行贷款 | 6.35 |
| 合计 | | **21.18** |

为什么公司如此重视研发投入：

2009 年："以脱硫石膏为原料的大型纸面石膏板生产线关键技术"和"零石棉复合纤维增强外墙板"两个项目均达到国际先进水平，大大提高了产品质量、降低生产成本。

2010 年：新建石膏板生产线全部按采用 100% 的电厂脱硫石膏为原料来设计和建设，已有纸面石膏板生产线原料系统全面实施 100% 电厂脱硫石膏改造。新建石膏板生产线都采用余热利用措施及先进的燃煤沸腾炉燃烧技术，大大提高系统热能利用率，降低了煤耗。公司通过技术创新，在降低成本和节能减排上取得良好效果。

2014 年：公司在产品方面，研发推出的"双防板"（防裂缝、防下陷）已经成为全国畅销的重点工程市场石膏板新产品；研发成功并向市场成功推出的"净醛"系列环保石膏板，在应用于 APEC 会场后进入家装市场；防霉抗菌石膏板、高隔声防辐射石膏板等多功能石膏板、钢霸系列高强龙骨等新产品的研发都极大提升了产品的市场竞争力和溢价能力。北新建材和泰山石膏自主研发成功的高强低密度石膏板大大节约了原料和能耗成本。

通过不断的研发投入，节约了公司大量的成本，大大提高了产品质量，慢慢建立起非常强大的品牌度与美誉度，才拥有了对市场较高的溢价权。

（4）营销优势。泰山石膏一贯坚持"渠道为王"的销售理念，营销网络已深入全国各大城市及发达地区县级市。通过密集的独家专营经销商销售网络和扁平化的管理，并重点开展与房地产开发商、工装公司和家装公司的全方位深度合作，实现了对终端市场的有效掌握。此外，泰山石膏自建了分布于全国的生产厂和强大的物流配送体系，可迅速提供产品供应。同时配有专职的售后服务队伍、专业的施工作业指导书，可为消费者提供良好的施工技术支持。因此北新建材应收账款周转率一直维持在较高水平，主要是由于公司在销售端的议价能力较强，大部分销售采取现金结算。

（5）管理优势。公司不断强化目标管理、精细管理、对标管理和"双线择优"精益化管理，实现向管理要效益。

国内石膏板行业竞争格局基本稳定，北新建材实行"价本利"策略。在国内，公司石膏板市占率已达 60%，且拥有全国性的石膏板经销和服务网络，公司对下游客户议价能力较强，实行"价本利"策略为公司利润稳定增长提供了保证。

从公司发展历史来看，可以分为以下几个阶段：

2005 ～ 2010 年：石膏板行业高速发展，公司抢占脱硫石膏资源，在全国大规模扩产，规模效应提升公司盈利能力。此段时间房地产高速发展，石膏板渗透率快速提升，全国石膏板产量 CAGR+21.4%，公司石膏板产能 CAGR+22.7%，2010 年公司石膏板产量占全国市场份额达到 33%。

2011 ～ 2016 年：石膏板行业需求放缓，公司市场份额大幅提升，同时加强成本管控，公司石膏板方毛利保持稳定。2011 ～ 2015 年地产投资增速放缓，2011 ～ 2016 年全国石膏板产量 CAGR+4%，公司持续推进产能扩张，石膏板产能 5 年 CAGR+11.1%，另一方面，由于上游原材料废纸价格下跌，公司降价抢占市场份额，2016 年公司市场份额大幅上升至 56%。

2017 年至今："供给侧"改革加快小企业退出，行业竞争格局改善，公司实行"价本利"策略，公司盈利中枢大幅抬升。2017 ～ 2019 年全国石膏板产量 CAGR+2.8%，公司石膏板产能 CAGR+12.3%，2019 年公司市场份额提升至 60%。2017 年由于环保淘汰落后产能出局，石膏板行业供需格局改善，公司市占率提升，也增强了对下游客户的议价能力，在上游废纸价格大幅上涨的情况下，公司大幅上调石膏板价格，石膏板毛利率大幅提升。2018 年 6 月公司设立投资并购公司，收购石膏板企业山东万佳建材。公司将加快实施"走出去"战略，新建与并购相结合，推进石膏板业务的国际化布局。

上面分析了公司的竞争优势，我们可以清楚地看到公司的竞争优势非常突出，而最本质的竞争力是来自于公司的研发优势，正是由于公司研发不断地投入，产生效益，才能节约单位成本，提高生产效率，产品质量得到非常大的提高，正是产品质量过硬，才有了公司非常强大的品牌度与美誉度，进而对下游客户才有了溢价权，再加上公司的"三精"管理，双线择优等管理体系，使公司如虎添翼，狼性十足。在营收增长放缓的情况下，2019 年公司提出了"一体两翼，全球布局"。

## 6.4 北新建材的发展空间及未来展望

通过前面的分析，各位读者朋友应该对北新建材有了相对比较深的理解，特别是北新建材的竞争力，那么现在，判断北新建材的成长性，就只有一个变量了，那就是这个市场的空间大不大，能不能让北新建材持续保持成长。

首先先来解释一部分读者的问题：公司目前石膏板的产能 28 亿平方米，产能利用率约 76%，2020 年公司制定了新一轮石膏板产能布局规则，将石膏板产能布局扩大至 50 亿平方米。不少读者有这样一个疑问：产能利用率才 76% 左右，那么快扩大产能有什么意义呢?

提出这个问题的读者有不少，我先来解释下：首先石膏板这个行业是有运输半径的，运输半径约为 300 ～ 500 公里，同时由于工业副产石膏目前为石膏板生产的主要原料，因此，石膏板生产的主要聚集在能生产出工业副产石膏且更加贴近市场的城市大型火电厂附近。那么这个区域如果已经把石膏板产能建设好，不管产能利用率是多少，只要能够过了盈亏平衡点，这个项目就算是成功的，这个区域已经满足了这部分产能；由于运输半径的限制，公司要想持续发展，只能在另一个区域新建产能，而产能利用率是多少，不是关键，只要到了盈亏平衡点就可以，当然如果产能利用率能够持续提高，公司生产的单位成本也就越低，公司的毛利率也就越高，所赚的利润也就越多，这是最好不过了，不过这个要看区域需求。

我们再来看看石膏板产业链（图 6-21）：

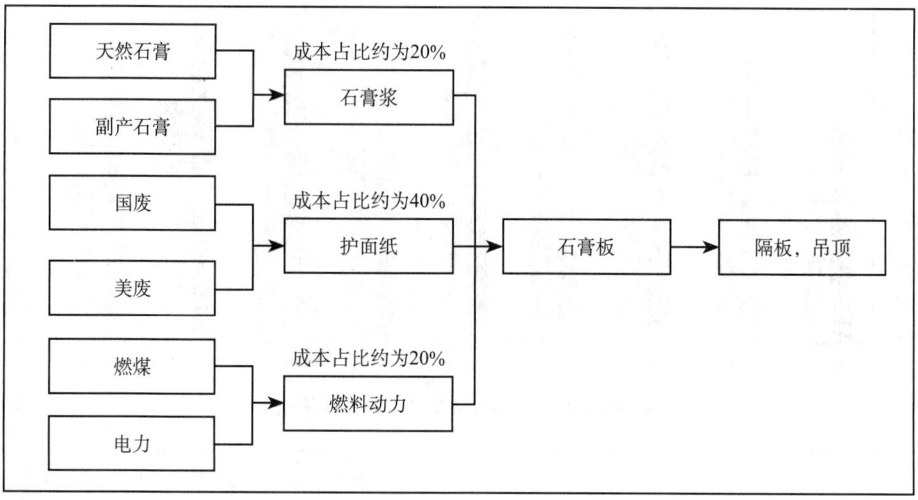

天然石膏
副产石膏
成本占比约为20%
石膏浆
国废
美废
成本占比约为40%
护面纸
燃煤
电力
成本占比约为20%
燃料动力
石膏板
隔板，吊顶

*数据来源：东北证券，公开资料整理

**图6-21　石膏板产业链**

### 6.4.1　成本端

目前公司原材料是石膏料浆与护面纸，占总成本约 20% ～ 40%。

在石膏成本方面，脱硫石膏性价比优于天然石膏，由于脱硫石膏是废渣利用，属于工业副产品，价格比天然石膏价格便宜。同时，脱硫石膏享受国家政策优惠，经济效益优于天然石膏，且解决了天然石膏地区分布带来的运输困难问题，为石膏板制造行业带来了新的发展机会。全国 80% 以上脱硫石膏均源自于火电厂，利用脱硫石膏制作石膏板解决了生产市场远离消费市场的行业痛点。另外，脱硫石膏价格低廉，纯度高，杂质易处理，是生产石膏板的理想材料。脱硫石膏作为原材料中性价比最高的石膏品种，每年产量相对稳定。根据中国无机盐协会统计数据，国内 2018 年石膏板生产需要消耗石膏 2210 万吨，同期脱硫石膏的产量为 7160 万吨，考虑到 76% 的利用率，用于生产石膏板的脱硫石膏是行业内的宝贵资源（图 6-22）。

护面纸呢？护面纸自给率提升，成本有望进一步降低。石膏板的主要成本来于原材料。以 2020 年为例，原材料占成本比重为 63.77%。在原材料成本中，约 66% 来源于护面纸。因此从总体来看，护面纸约占总成本的 42%。公司 2020 年石膏板产量 20.3 亿平米，按照每平米石膏板消耗 0.39kg 护面纸来计算，公司的护面纸消耗量约 79.29 万吨。截至 2019 年底，公司护面纸产能为 26 万吨，自给率达到 33%。根据公司中报和年报，子公司泰山石膏年产 40 万吨护面纸生产线分别步入试生产和投产阶段。完全投产以后，公司将合计拥有 66 万吨 / 年的护面纸产能，可以满足 16.9 亿平米石膏板的生产，护面纸自给率将进一步提升（表 6-12）。

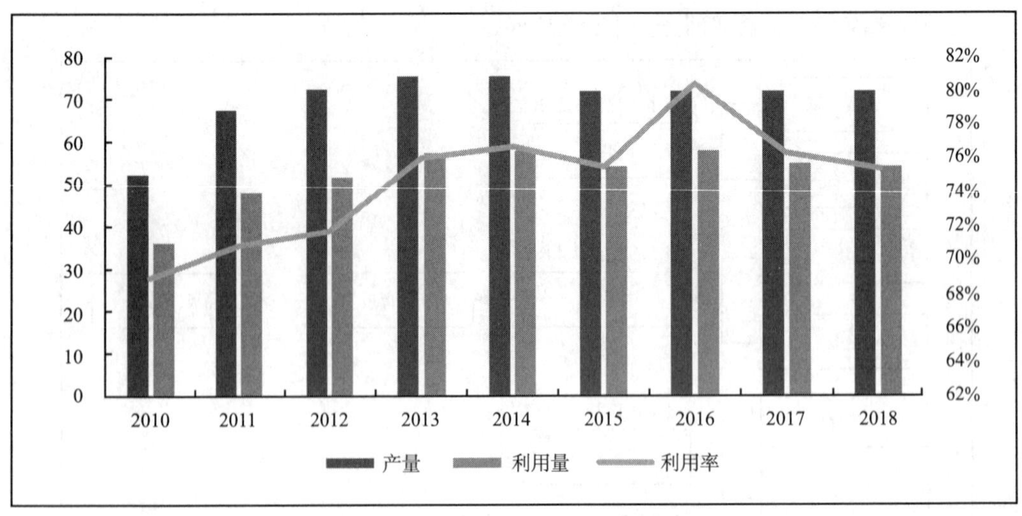


*数据来源：东北证券，中国无机盐工业协会

图6-22　2010～2018年我国脱硫石膏产量和利用率（百万吨）

表6-12　在建工程

（1）在建工程情况

单位：元

| 项目 | 期末余额 | | | 期初余额 | | |
|---|---|---|---|---|---|---|
| | 账面余额 | 减值准备 | 账面价值 | 账面余额 | 减值准备 | 账面价值 |
| 泰山石膏护面纸项目 | 87,676,267.71 | | 87,676,267.71 | 987,912,543.13 | | 987,912,543.13 |

再来看看公司的存货：公司存货原材料储备丰富（表 6-13）。

表6-13　存货分类

（1）存货分类

单位：元

| 项目 | 期末余额 | | | 期初余额 | | |
|---|---|---|---|---|---|---|
| | 账面余额 | 存货跌价准备或合同履约成本减值准备 | 账面价值 | 账面余额 | 存货跌价准备或合同履约成本减值准备 | 账面价值 |
| 原材料 | 908,010,714.03 | | 908,010,714.03 | 744,028,889.34 | | 744,028,889.34 |
| 在产品 | 2,722,919.08 | | 2,722,919.08 | 2,113,473.14 | | 2,113,473.14 |
| 库存商品 | 818,670,341.43 | 449,881.87 | 818,220,459.56 | 855,432,243.20 | 449,881.87 | 854,982,361.33 |
| 自制半成品 | 6,308,113.87 | | 6,308,113.87 | 4,109,637.45 | | 4,109,637.45 |
| 外购商品 | 10,982,139.78 | | 10,982,139.78 | 7,153,584.50 | | 7,153,584.50 |
| 合计 | 1,746,694,228.19 | 449,881.87 | 1,746,244,346.32 | 1,612,837,827.63 | 449,881.87 | 1,612,387,945.76 |

从这几方面来看，公司的成本端受到上游涨价影响不会太大。

### 6.4.2　需求端

竣工有望回暖，拉动石膏板需求石膏板产量与竣工面积具有相关性。我国石膏板主要应用于吊顶的装修工程，从房地产开发周期来看：对于毛坯房和精装修房而言，吊顶安装分别位于竣工后和竣工前。因此石膏板产量与竣工面积具有一定的相关性（图 6-23）。

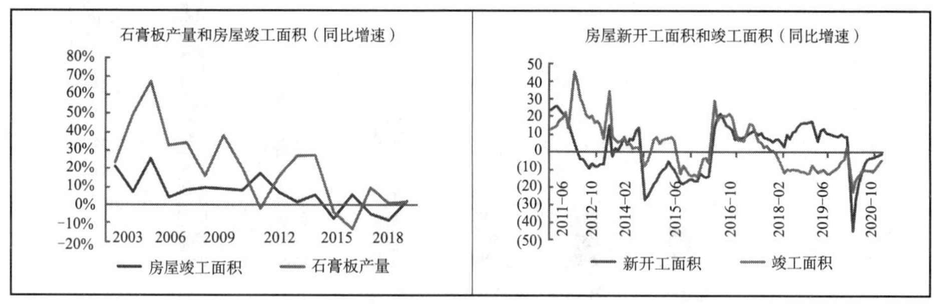


* 数据来源：东北证券，Wind

图6-23　石膏板产量与房屋竣工面积正相关

2009 ～ 2014 年商业营业用房 + 办公楼的竣工增速在 10% 以上，而公共建筑的翻新周期大约为 5 ～ 8 年，因此未来几年公共建筑的翻新规模将有望得到大幅度提高，从而拉动石膏板的需求（图 6-24）。

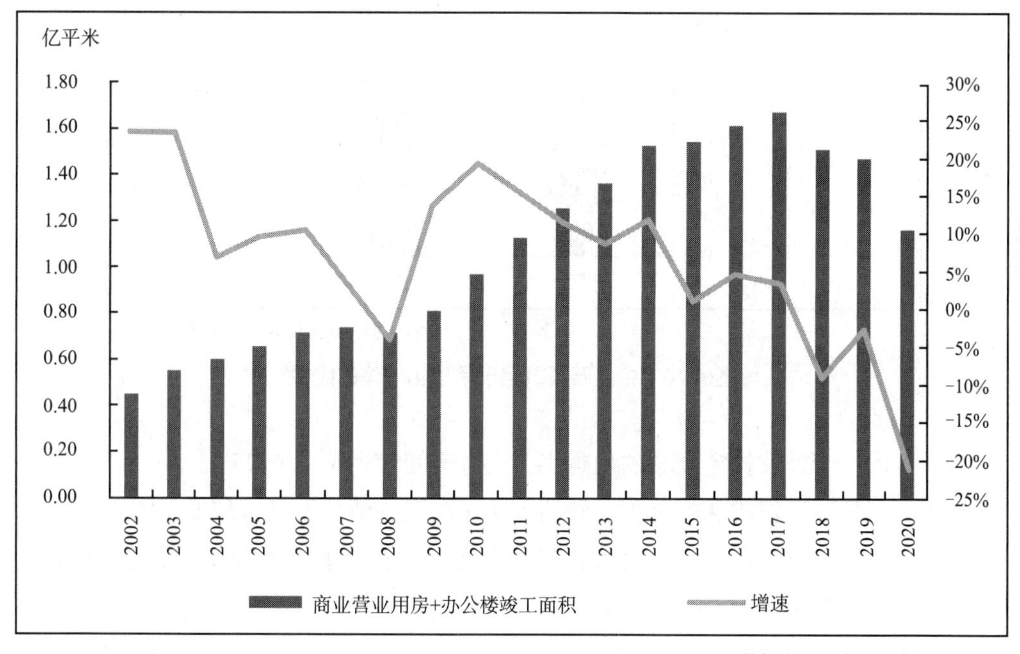


*数据来源：东北证券，Wind

图6-24　商业营业用房+办公楼竣工面积

装配式建筑政策利好，石膏板在隔墙应用有望提高（图 6-25）。

随着装配式建筑的发展，石膏板在墙体的使用率有望提高，目前中国石膏板用于墙体远远小于美国（图 6-26）。

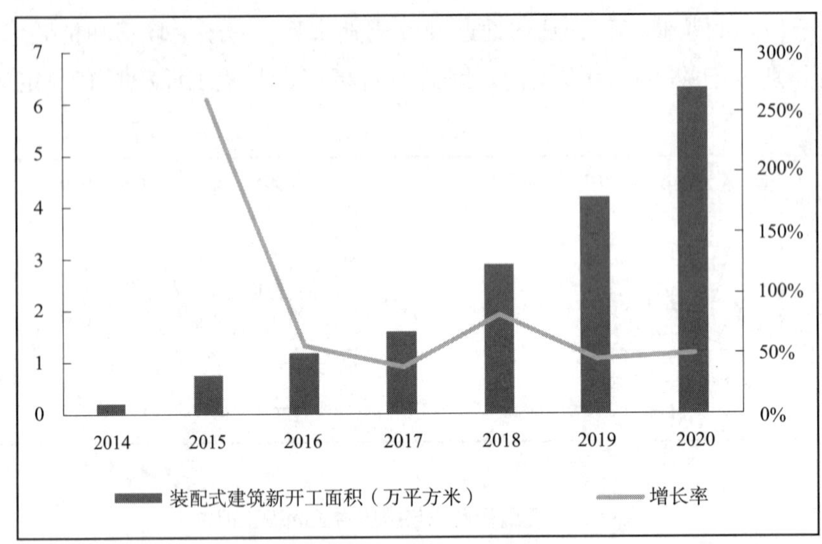


*数据来源：东北证券，公开资料整理

图6-25　装配式建筑新开工面积

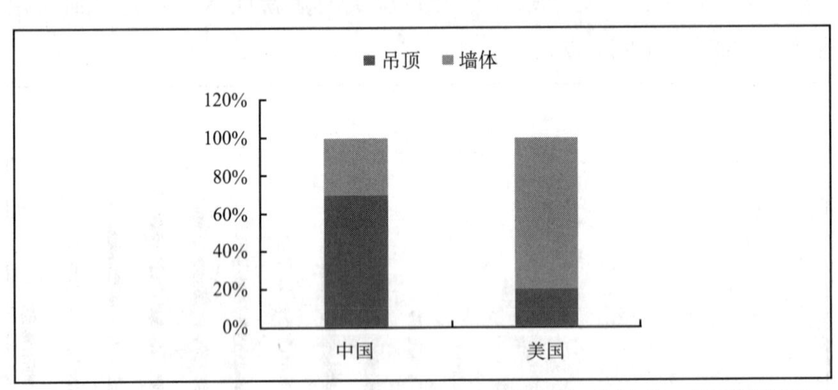


*数据来源：东北证券，公开资料整理

图6-26　中美石膏板用于吊顶和墙体的比重

目前我国石膏板在住宅领域的比重小，提升空间较大（图 6-27）。

我国石膏板市场较成熟的美国、欧洲等市场，人均消费石膏板较低（图 6-28）。

上面分析了石膏板的市场空间及需求，可实际上石膏板这个行业目前的增速较低，短期似乎进入了瓶颈（图 6-29）。

而公司过去几年石膏板增速快于行业增速，主要是受益于行业集中度的提升，也表明了公司在石膏板行业具有非常强大的竞争优势（图 6-30）。

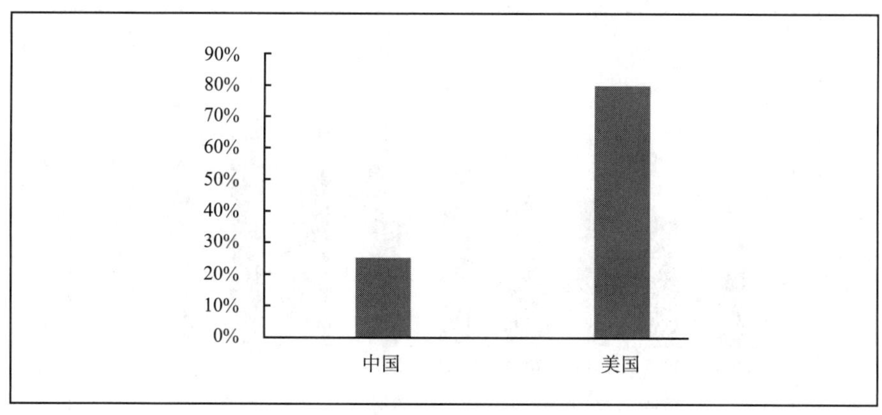


*数据来源：东北证券，公开资料整理

图6-27　中美石膏板住宅领域应用占比

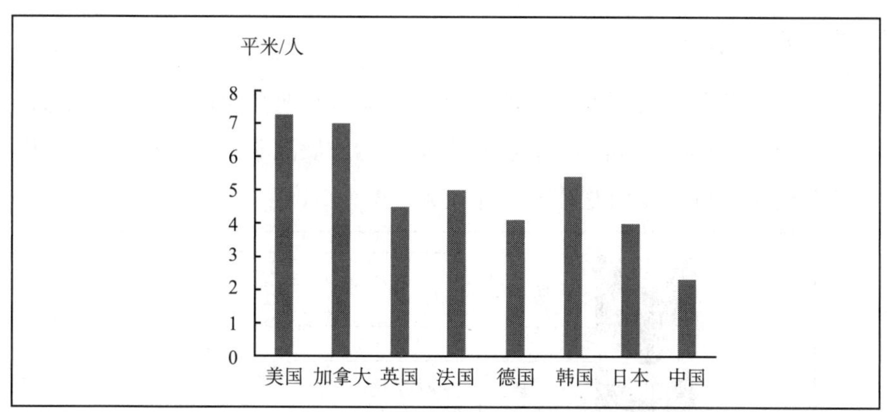


*数据来源：东北证券，公开资料整理

图6-28　2018年部分国家人均石膏板消费面积

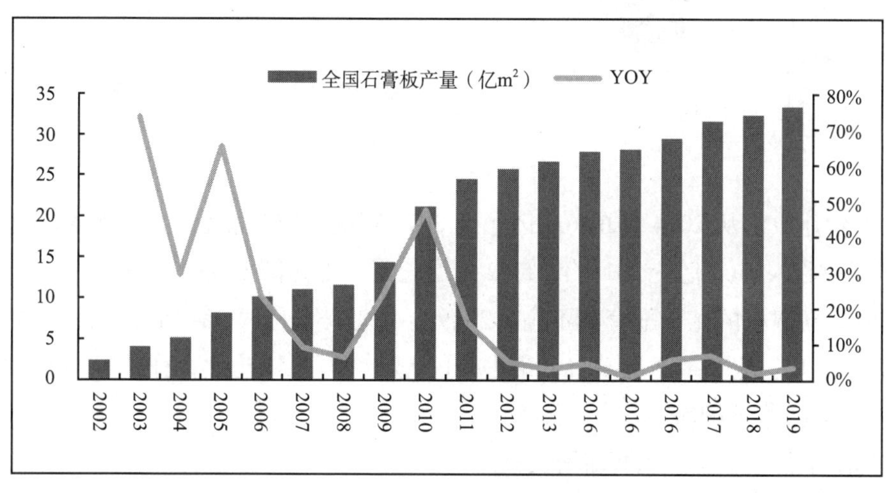


*数据来源：石膏板协会，平安证券研究所

图6-29　全国石膏板需求趋于稳定

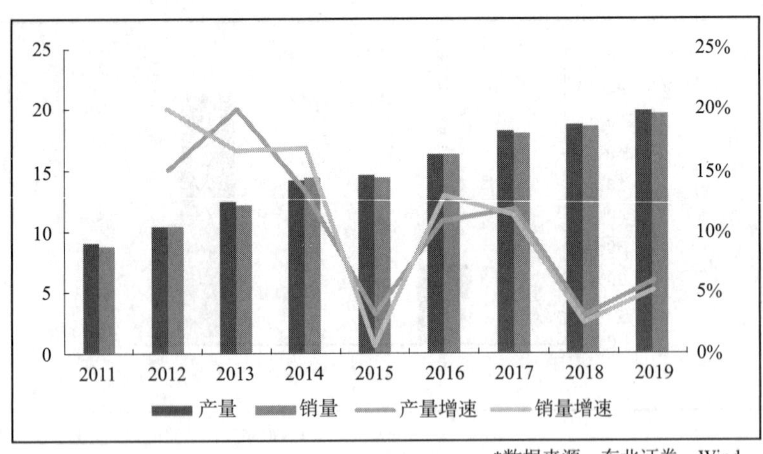


*数据来源：东北证券，Wind

图6-30　2011～2019年公司石膏板产销量（亿平方米）

### 6.4.3　布局未来

公司如果单单依靠石膏板业务，那么公司未来的发展空间将会受到非常大的限制，2019 年 8 月，公司提出“一体两翼，全球布局”的发展战略和“358”计划，以石膏板为核心，拓展防水卷材、轻钢龙骨等延伸业务（图 6-31）。

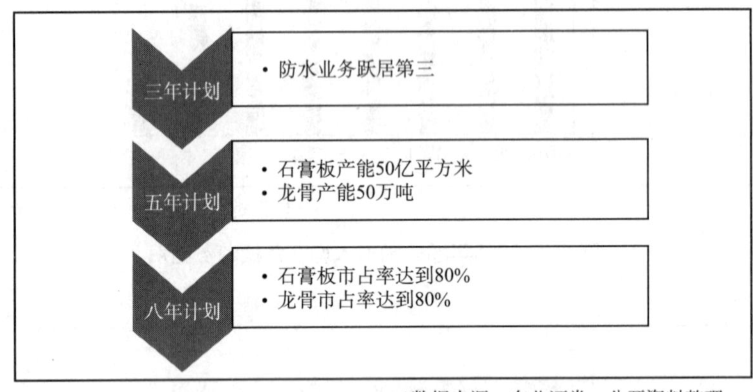


*数据来源：东北证券，公开资料整理

图6-31　“358”计划

龙骨营业收入从 2014 年的 6.1 亿元到 2019 年的 15.52 亿元，复合增长率达 20%。2020 年营业收入 19.6 亿较 2019 年 15.52 亿增长了 27%（图 6-32）。

目前北新建材的龙骨配套率不高，2019 年龙骨需求量约 324 万吨，公司龙骨销量仅达到 25 万吨，配套率不足 10%，市占率仅 5%。公司目前轻钢龙骨产能 42 万吨。龙骨业务未来发展空间非常大。

布局防水行业，打造利润新增长点。

2012～2019 年全国建筑防水材料产量稳步提升，年复合平均增速为 8.6%（图 6-33）。

目前国内防水材料市场规模超 2000 亿，但行业集中度低。2019 年防水材料行业龙头企业东方雨虹市占率达 12%。公司收购蜀羊、金拇指、禹王三家防水企业后，北新建材系市占率仅为 1.5%，排第五（图 6-34）。近年来，国家相关政策推动防水行业逐步规范，落后产能逐步淘汰，生产工艺技术落后的企业将会相继退出市场，行业将逐步向龙头企业集中，市场集中度加速提升，行业生态不断改善。

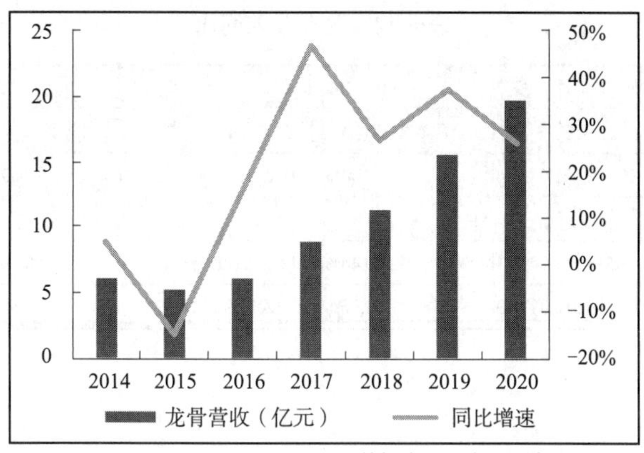


*数据来源：东北证券，Wind

图6-32　北新龙骨业务营收

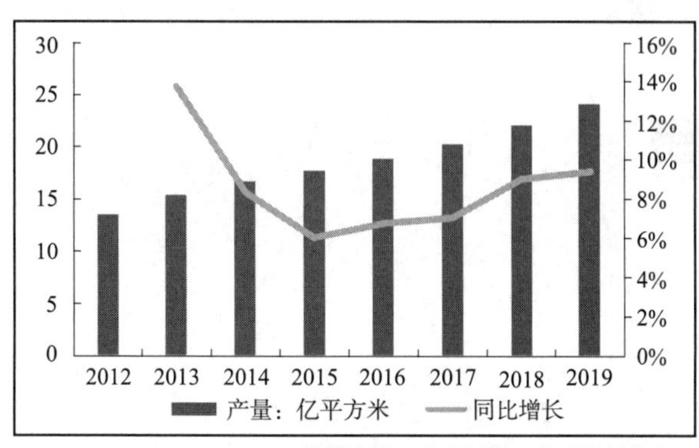


*数据来源：东北证券，公开资料整理

图6-33　全国建筑防水材料产量及增速

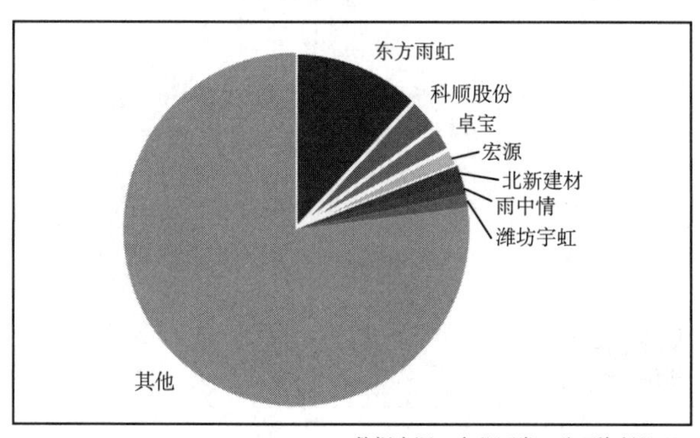


*数据来源：东北证券，公开资料整理

图6-34　2019年防水行业市场集中度

公司近年来防水材料业务增长快速，占总营业收入比例不断上升。2020 年，公司防水业务营业收入 32.87 亿元，占总营业收入的 19.56%，若将公司 2019 年防水业务并入报表，则该项业务营业收入增速为 30% ～ 35%，业绩增长较为显著（表 6–14）。

**表6–14　营业收入同比**

| | 2020 年 | | 2019 年 | | 同比增减 |
|---|---|---|---|---|---|
| | 金额 | 占营业收入比重 | 金额 | 占营业收入比重 | |
| 营业收入合计 | 16,802,628,033.34 | 100% | 13,323,011,974.00 | 100% | 26.12% |
| 分行业 | | | | | |
| 轻质建材 | 13,515,711,941.91 | 80.44% | 13,117,618,355.51 | 98.46% | 3.03% |
| 防水建材 | 3,286,916,091.43 | 19.56% | 205,393,618.49 | 1.54% | 1,500.30% |

## 6.4.4　估值

公司估值处于历史估值上方（图 6–35）。

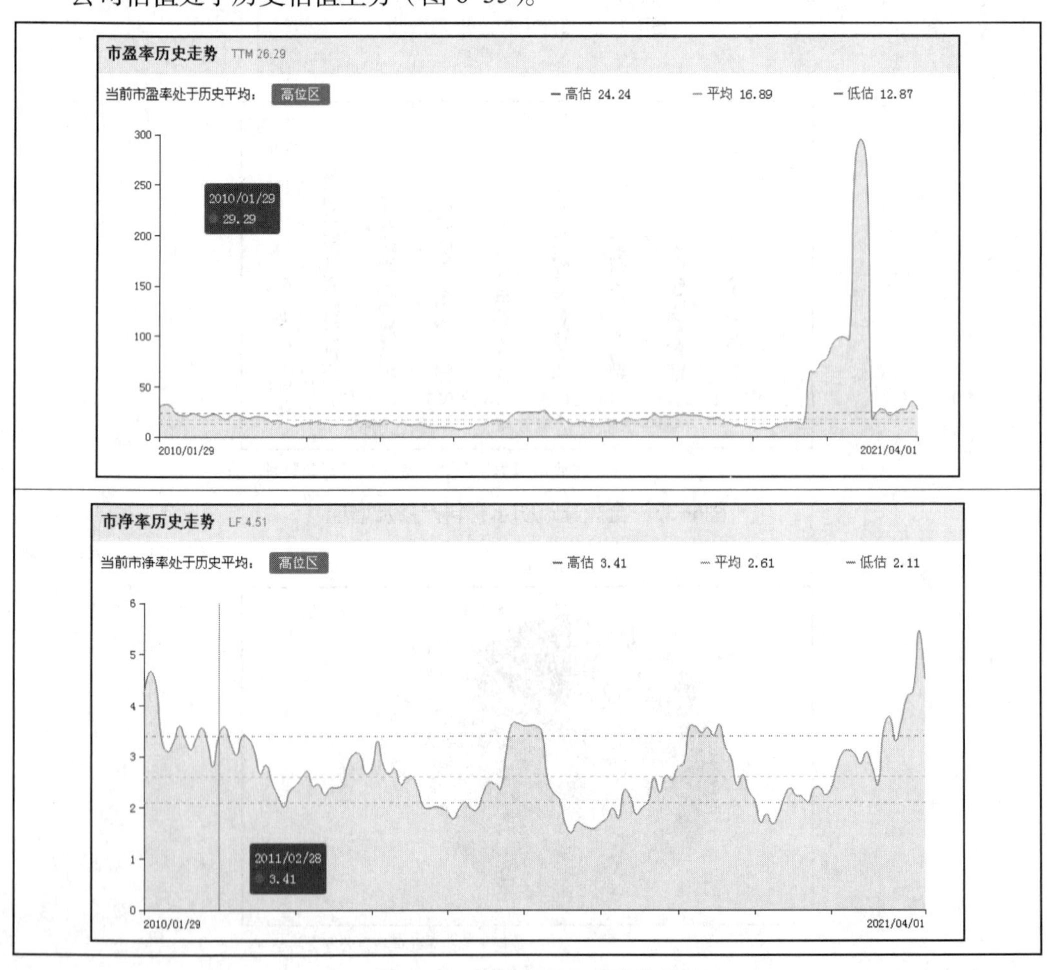


图6–35　市盈率、市净率走势

### 6.4.5　小结

北新建材的管理层十分优秀，由于石膏板这个行业目前发展不快，公司提出了“一体两翼、全球布局”寻找第二条增长曲线，而这第二条增长曲线目前来看，发展较为顺利，之所以发展顺利，主要由于公司的石膏板客户与龙骨、防水行业客户是重合的，也就是说协合优势巨大，为公司快速发展打下了基础，再加上公司的研发优势，产品质量过硬，口硬不错，才形成了非常强大的品牌度与美誉度。

从目前来看，占主要利润的石膏板业务目前增长较慢，虽然龙骨、防水业务增长很快但基数不大，未来公司能否保持较高速的增长，很难判断。考虑到公司目前的估值处于历史估值上方，这个位置没有便宜可以占。但公司这个估值在我眼里算是比较合理，并不算有多贵，只是不便宜罢了。

## 6.5　北新建材毛估估及补充

在 2020 年年报中（表 6-3），我们看到防水建材 2020 年的营收 32.87 亿，利润占比 19.82%，防水建材 2020 年的净利润 28.6 亿 ×19.82%=5.7 亿，那么可以推算出其净利率为 17%（=5.7/32.87）左右。

而防水行业龙头东方雨虹的净利率是多少呢？目前净利率 11% 左右。

排名第二的科顺股份净利率是多少呢？净利率不到 10%。

由此可见，北新建材进军防水业务是非常具有协同效应的，因为客户的重合度节约的大量的期间费用。

前面写到公司的研发优势，这里也做个补充：公司进军防水业务。2020 年底和 2021 年初，北新联合重组中建材苏州防水研究院和上海台安。苏州防水研究院是我国唯一的建材行业的防水材料检测中心，全国建筑防水材料分标委会秘书处承担单位，防水行业现有的标准中有 60% 以上是苏州防水所主编和参编。上海台安与苏州防水研究院成立了“防水材料与应用研发中心”，围绕着技术创新和合作开展了一系列工作，获得多项专利。联合重组后，北新建材的防水产品研发能力持续增强，产品创新性将持续提高。

关于产品涨价与市场竞争问题，不少读者朋友们喜欢说石膏板销售均价目前才 5 元多每平方米，未来涨价的空间非常大，但是当你看到图 6-36 的时候，会发现过去十几年石膏板的销售均价也是呈周期波动的，销售均价而不是逐年提升的，你还会再确定未来一定会涨价吗？

也有读者朋友表示未来通胀来了，销售均价肯定会上升，但是如果你仔细思考下，你是如何判断通胀一定会来的，这个“一定”可不是那么容易判断的，这又是一个宏观视角，如果能够判断通胀一定会来，那么直接做期货，周期品种盈利更快！

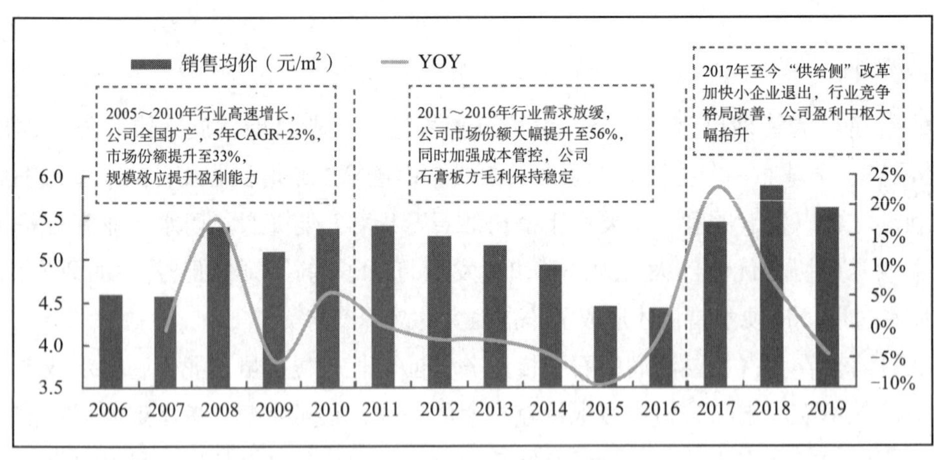


*数据来源：公司公告、平安证券研究所

图6-36　公司石膏板销售均价

现在我们来看看实际上石膏板行业的竞争程度：虽然目前北新石膏板市占率60%，非常高，但是提价权可没有我们想象中的那么强。我们来研究表6-15、表6-16：2020年石膏板销售量20.15亿平米较2019年19.66亿平米，增长2.49%；但是石膏板的销售金额2020年109.42亿较2019年110.06亿下降了0.58%，这就说明了过去一年石膏板的价格是处于小幅下降的，也进一步表明市场的竞争环境还是相当激烈的。可不能认为北新市占率达到60%以后就一统江湖哦，想涨价就涨价，这可不是一件非常简单的事。

表6-15　石膏板销售、生产量

| 行业分类 | 项目 | 单位 | 2020年 | 2019年 | 同比增减 |
|---|---|---|---|---|---|
| 建材行业—石膏板 | 销售量 | 亿平米 | 20.15 | 19.66 | 2.49% |
| | 生产量 | 亿平米 | 20.33 | 19.94 | 1.96% |

那么我们如何对北新建材进行毛估估呢？

2019年8月，公司提出"一体两翼，全球布局"的发展战略和"358"计划，以石膏板为核心，拓展防水卷材、轻钢龙骨等延伸业务。

国内防水材料市场规模2000亿，2012～2019年全国建筑防水材料产量稳步提升，年复合平均增速为8.6%。我们假设未来也将保持这个8.6%增长率，做个简单毛估估，未来三年防水行业规模大约2560亿（$=2000\times1.086^3$）。

而2019年防水材料行业龙头企业东方雨虹市占率达12%，科顺股份、卓宝、宏源紧随其后，市占率分别为3.1%、2.3%、1.7%。收购蜀羊、金拇指、禹王三家防水企业后，北新建材系市占率为1.5%，排第五。未来三年如果市占率做到前三，我们毛估估下，这个市占率大约 2.6% 左右，那么北新建材的防水业务规模 2560 亿 ×2.6%=66 亿左右。2020 年北新建材防水业务规模 33 亿，未来三年即 2023 年北新建材防水业务规模三年翻一倍。

龙骨业务：未来龙骨产能 50 万吨。2019 年为例，公司石膏板销量为 19.66 亿平方米，公司龙骨需求量约 324 万吨，公司龙骨销量仅达到 25 万吨，配套率不足 10%。2019 年公司龙骨营收是 15 亿，对应的产能是 25 万吨；那么如果产能是 50 万吨，那么对应的营收是 30 亿左右了。

**表6-16　营业收入同比**

| | 2020 年 | | 2019 年 | | 同比增减 |
|---|---|---|---|---|---|
| | 金额 | 占营业收入比重 | 金额 | 占营业收入比重 | |
| 营业收入合计 | 16,802,628,033.34 | 100% | 13,323,011,974.00 | 100% | 26.12% |
| 分行业 | | | | | |
| 轻质建材 | 13,515,711,941.91 | 80.44% | 13,117,618,355.51 | 98.46% | 3.03% |
| 防水建材 | 3,286,916,091.43 | 19.56% | 205,393,618.49 | 1.54% | 1,500.30% |
| 分产品 | | | | | |
| 石膏板 | 10,941,838,271.89 | 65.12% | 11,005,521,439.74 | 82.61% | -0.58% |
| 龙骨 | 1,964,047,621.63 | 11.69% | 1,551,504,819.19 | 11.65% | 26.59% |
| 防水卷材 | 2,447,959,541.33 | 14.57% | 137,796,630.09 | 1.03% | 1,676.50% |
| 防水涂料 | 428,189,158.27 | 2.55% | 15,800,909.49 | 0.12% | 2,609.90% |
| 防水工程 | 405,351,214.24 | 2.41% | 51,545,097.91 | 0.39% | 686.40% |
| 其他 | 615,242,225.98 | 3.66% | 560,843,077.58 | 4.20% | 9.70% |

石膏板：管理层未来的目标是未来八年石膏板市占率 80% 左右，目前市占率为 60% 左右，“358”这个计划是 2019 年提出的，假设到了 2023 年，市占率 70% 左右吧。

2019 年全国石膏板产销量约 33.2 亿平方米，比上年增长 3.4%，石膏板销量 19.66 亿平米，比上年增长 5.19%

2020 年全国石膏板产销量约 33.5 亿平方米，比上年增长 0.9%，2020 年石膏板销量 20.15 亿平米，比上年增长 2.49%（图 6-37）。

2020 年行业规模是 33.5 亿平方米，假设行业规模未来三年复合增速 2% 左右，那么 2023 年行业规模大约为 35.5 亿平方米，北新的市占率 70%，大约 24.9 亿平方米。

如果不考虑石膏板涨价的因素，2023 年石膏板的营收大约是 136 亿。

那么不考虑涨价因素，2023 年毛估估营收：石膏板 136 亿 + 龙骨 30 亿 + 防水 33 亿 = 199 亿。净利率 18%，对应净利润 35.8 亿。如果我们要给北新建材 20 倍 PE 的话，市值对应 716 亿；如果要给北新建材 30 倍 PE 的话，市值对应 1074 亿。

目前的北新建材 750 亿的市值，你愿意接受吗？

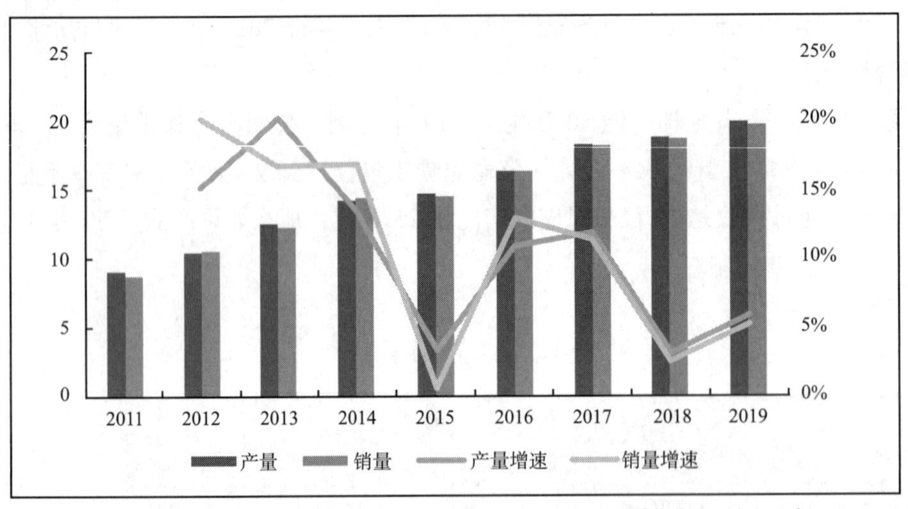


*数据来源：东北证券，Wind

图6-37　2011～2019年公司石膏板产销量（亿平方米）

以上毛估估，参数自己设定，关于是否涨价，涨多少，净利率能够提升多少，还是时间段的选择，各位读者朋友也可以动手去算算。股价贵与否取决于自己对未来的判断，如果公司未来能够持续涨价或是石膏板行业增速突然加速或是龙骨配套率大幅提高或是防水业务超预期增长，那么我们就捡到宝了。但这个涨价因素、市场空间能否大幅度提升、超预期增长是属于不可知因素，只存在概率问题。从概率问题来说，市场空间仍然存在较大提升。但是对于一个本分的投资者，如果我们把数据做得保守点，这样我们常常会有惊喜。

# 第7章　洋河股份

## 7.1　曾经最强ROE、曾经最具成长性、曾经最高高价股

最近看到有些股票涨得非常好，业绩也非常不错，而我总喜欢复盘那些企业曾经非常辉煌的日子，站在当时的角度来看，我们也曾自以为这些企业就是我们一生所要寻找的，但后来发现很多时候并不一定是正确的，就算是正确的，幸存者偏差又占了几分？对于沾沾自喜的人，只记得自己是正确的人，将来会在某个时刻也会遇到挫折、失落与迷茫。对于我来讲，可以通过复盘企业发展历史，一方面是要增加自己的认知，提高对企业的认知度，还有另一方面是要保持对市场的敬畏，说不定我们的成功也只不过是幸存者的偏差而已。

今天我们讲的主角是洋河股份，说它是“曾经最强 ROE、曾经是最具成长性、曾经是最高高价股”，这个标题可不是什么标题党，人家曾经是确确实实拥有过这些。可时过境迁，洋河股份好像已经慢慢失去它曾经辉煌的历史，未来能否重现？是我们作为投资者所需要思考的。

最强 ROE：2009 年公司上市，净资产收益率 ROE 达到 54%，由于募集了不少资金，2010 年净资产收益率 ROE 大幅下降，2011 年净资产收益率 ROE 回升，表明公司赚钱能力特别出色（图 7-1）！

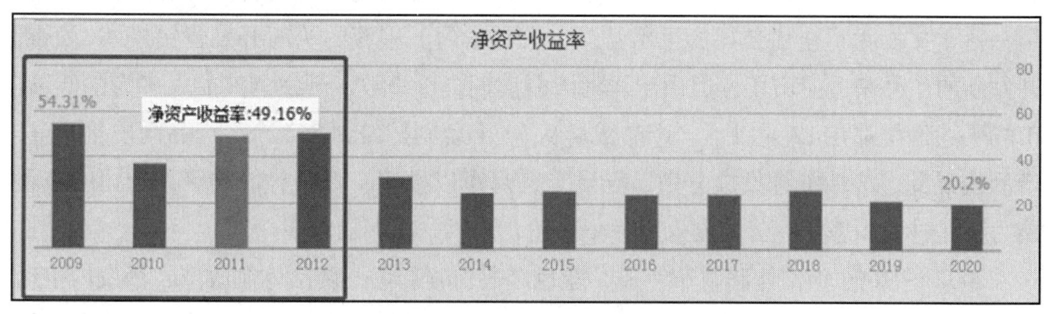


图7-1　净资产收益率

最具成长性：当我看到下面几组数据我都惊呆了，原来洋河曾经的成长速度是多么惊人啊！营业收入从 2006 年 10.7 亿增长到 2011 年 127 亿，5 年时间增长了 12 倍；净利润从 2006 年 1.8 亿左右增长到 2011 年 40 亿，5 年时间增长了 22 倍；经营现金流

从 2006 年 1.4 亿增长到 2011 年 55.6 亿，5 年时间增长了近 40 倍（表 7-1）。在这段时间里，洋河创造了属于它的时代：洋河速度！

**表7-1　成长能力指标**

| 科目\年度 | « 2011 | 2010 | 2009 | 2008 | 2007 | 2006 » |
| --- | --- | --- | --- | --- | --- | --- |
| 成长能力指标 | | | | | | |
| 净利润(元) | 40.21亿 | 22.05亿 | 12.54亿 | 7.43亿 | 3.75亿 | 1.75亿 |
| 净利润同比增长率 | 82.39% | 75.86% | 68.71% | 98.29% | 114.16% | 224.88% |
| 扣非净利润(元) | 40.02亿 | 22.06亿 | 12.44亿 | 7.41亿 | 3.75亿 | 1.76亿 |
| 扣非净利润同比增长率 | 81.45% | 77.36% | 67.87% | 97.71% | 113.32% | -- |
| 营业总收入(元) | 127.41亿 | 76.19亿 | 40.02亿 | 26.82亿 | 17.62亿 | 10.71亿 |
| 营业总收入同比增长率 | 67.22% | 90.38% | 49.21% | 52.22% | 64.45% | 56.71% |

| 年度 | 2011 | 2010 | 2009 | 2008 | 2007 | 2006 |
| --- | --- | --- | --- | --- | --- | --- |
| 经营现金流（亿元） | 55.6 | 38.4 | 14.3 | 6.7 | 4.8 | 1.4 |

洋河股份历史介绍[1]：

1980 ～ 2001 年，内忧外患，洋河大曲逐渐落伍：川东进，鲁南下，皖豫渗透逼入，苏酒面临严重的现实危机。90 年代后期，面对外来白酒对江苏市场来势汹汹的掠夺，江苏本土白酒产销逐渐被蚕食。曾经白酒行业产销两旺的江苏白酒，在此时期，产销下滑至 7 成左右。纵使在江苏本地市场，市占率也仅略高于 1/3（1997 年，江苏白酒市场的销售额为 40 亿，而苏酒仅占 13 亿）。究其原因，在此时期江苏白酒企业赋税较重，企业管理体制落后，企业没能及实现从计划经济到市场经济经营的自我变革，在企业积累和市场应对等方面均难以和川、徽酒等抗衡。洋河在此期间不断谋变，但收效甚微。随着外部市场环境的极大改变，洋河原有的优势瞬间转换为劣势，以致业绩一落千丈。为了止住公司的下滑势头，公司学习五粮液的买断开发营销模式，不断开发新的产品来适应市场。但由于洋河大曲前期提价失败，开发的产品大多为中低端，市场平均价位都在 12 元以下。产品数量从 71 个急剧扩增到 364 个，产品同质化严重，产品线混乱，终端资源投放分散，导致了产品难以推广，营销势能难聚，公司的获利能力更是进一步恶化，营业收入进一步萎缩，酒厂一度濒临倒闭。

2002 ～ 2006 年，体制改革完成，蓝色经典引领新潮：两次体制改革，激发内生动力。2002 年，洋河酒厂完成了历史上真正意义上的股份制改革。由江苏国资委拿出优质资产洋河酒产，联合上海海烟、综艺投资、上海捷强、江苏高投、中食发酵等 5 家法人以及杨廷栋、张雨柏、丛学年、范文来等 14 位自然人，共同发起设立洋河集团。

[1] 此部分内容摘自信达证券研发中心。

此次改制对公司影响深远，洋河国有企业的体制问题得以初步解决，同时引入管理层持股，统一了公司与个人利益之间的关系，保证了公司治理的有效性和一致性，激发了公司内生发展动力。2006 年，公司实施增资扩股，向蓝色同盟和蓝海贸易（均为管理层持股平台）定增 2200 万股。至此，管理层持股总计达到 30.7%，江苏国资委持股下降至 38.6%，管理层持股比例进一步提升，公司股权架构趋于合理。激励机制的到位，充分地调动了管理层和经销商的发展积极性，经营管理效率在行业内首屈一指。绵柔型口味创新，蓝色经典差异化打开市场。

2003 年，洋河蓝色经典系列横空出世，一时激起千层浪，为洋河日后的发展立下了汗马功劳。作为公司的全新系列，蓝色经典在品质、外形，定位上均进行了全面创新。公司创新地提出以味定型，首创绵柔型白酒，打破了白酒行业按香气分型的惯例，在保持了洋河传统“甜、绵、软、净、香”的风格特点的基础上，突出了酒体绵柔、淡雅的独特风格，贴合了现代人健康舒适饮酒的消费需求。包装方面，未采用传统白酒的红黄包装颜色，另辟蹊径地选用了代表现代开放纯净的蓝色作为包装的主基调，彰显了品牌的“时尚感”，契合了现代人追求时尚简约的精神内核。采用文学家雨果的经典名言的改编——“世界上最宽广的是海，比海更高远的是天空，比天空更博大的是男人的情怀”作为广告语，凸显了蓝色经典“情怀”层面的文化内涵，迎合了消费者在“情怀”的精神诉求。品牌的差异化定位使得品牌迅速得到消费者共鸣，作为全国八大老名酒之一的洋河大曲，也为蓝色经典系列品牌提供了强有力的品牌背书。差异化的卖点表现出了超强的市场竞争优势和品牌区隔竞争力。在业界形成了“酱香看茅台，绵柔数洋河”的新格局（图 7-2）。

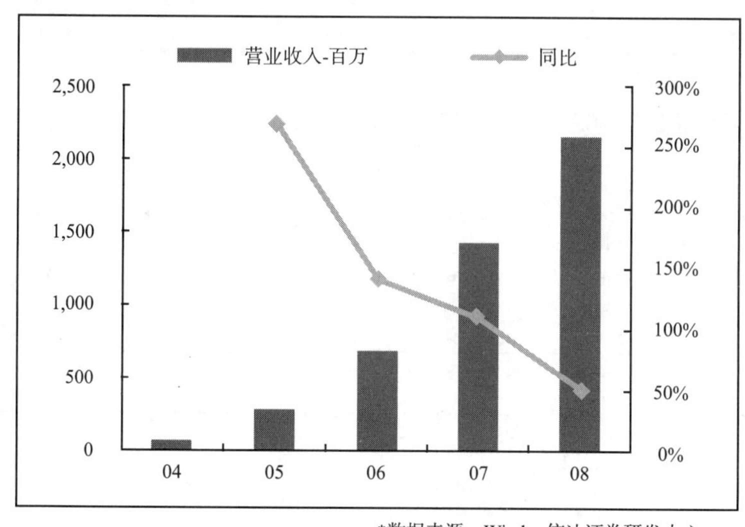


*数据来源：Wind，信达证券研发中心

图7-2　蓝色经典系列上市后发展迅猛

创新渠道模式，渠道建设迅速发展。2002 年，公司在酒店渠道建设学习了口子窖的“盘中盘”模式，即以中高端白酒核心消费场所——酒店为营销起点，集中资源将公司产品推荐给核心消费者，逐渐在目标消费群中培养强烈的消费偏好，以此带动整个市场的启动，实现营销渠道小盘（酒店辐射到商超、团购）的迅速扩张。随着品牌知名度的提升，其他酒企逐渐意识到酒店渠道的重要性，核心酒店的开发费用过高，公司创新地提出“4×3 后终端”模式，资源投放紧紧围绕核心消费者，进一步加强了团购酒店等渠道的建设。2004 年，洋河在终端渠道管理上创新地提出了“1+1”模式，即由公司（分公司 + 办事处）直接向终端市场投入促销资源，承担开发风险，经销商主要负责物流和资金周转。“1+1”模式简化了经销商的盈利模式，降低了其经营风险，使双方能够专注于市场增长而实现双赢。

突破香型界限，以味定型，洋河的绵柔型白酒质量新风格，被正式写入国家标准，成为洋河的独有风格和专有标志，借势白酒黄金十年，洋河股份开启了近 10 年的高速增长，成为白酒行业继茅台、五粮液后第三个销售过百亿的全国型白酒公司，缔造了洋河速度。

**表7-2　成长能力指标对比**

五粮液

| 科目\年度 | « 2012 | 2011 | 2010 | 2009 | 2008 | 2007 » |
|---|---|---|---|---|---|---|
| **成长能力指标** | | | | | | |
| 净利润(元) | 99.35亿 | 61.57亿 | 43.95亿 | 32.45亿 | 18.11亿 | 14.69亿 |
| 净利润同比增长率 | 61.35% | 40.09% | 35.46% | 79.20% | 23.27% | 25.83% |
| 扣非净利润(元) | 99.25亿 | 61.80亿 | 44.44亿 | 32.32亿 | 18.33亿 | 14.46亿 |
| 扣非净利润同比增长率 | 60.59% | 39.07% | 37.52% | 76.29% | 26.77% | 23.65% |
| 营业总收入(元) | 272.01亿 | 203.51亿 | 155.41亿 | 111.29亿 | 79.33亿 | 73.29亿 |
| 营业总收入同比增长率 | 33.66% | 30.95% | 39.64% | 40.29% | 8.25% | -0.93% |

贵州茅台

| 科目\年度 | « 2012 | 2011 | 2010 | 2009 | 2008 | 2007 » |
|---|---|---|---|---|---|---|
| **成长能力指标** | | | | | | |
| 净利润(元) | 133.08亿 | 87.63亿 | 50.51亿 | 43.12亿 | 37.99亿 | 28.31亿 |
| 净利润同比增长率 | 51.86% | 73.49% | 17.13% | 13.50% | 34.22% | 83.25% |
| 扣非净利润(元) | 134.01亿 | 87.65亿 | 50.50亿 | 43.08亿 | 38.03亿 | 28.33亿 |
| 扣非净利润同比增长率 | 52.90% | 73.55% | 17.23% | 13.29% | 34.22% | 89.19% |
| 营业总收入(元) | 264.55亿 | 184.02亿 | 116.33亿 | 96.70亿 | 82.42亿 | 72.37亿 |
| 营业总收入同比增长率 | 43.76% | 58.19% | 20.30% | 17.33% | 13.88% | 47.60% |

洋河股份

| 科目\年度 | « 2012 | 2011 | 2010 | 2009 | 2008 | 2007 » |
|---|---|---|---|---|---|---|
| **成长能力指标** | | | | | | |
| 净利润(元) | 61.54亿 | 40.21亿 | 22.05亿 | 12.54亿 | 7.43亿 | 3.75亿 |
| 净利润同比增长率 | 53.05% | 82.39% | 75.86% | 68.71% | 98.29% | 114.16% |
| 扣非净利润(元) | 60.30亿 | 40.02亿 | 22.06亿 | 12.44亿 | 7.41亿 | 3.75亿 |
| 扣非净利润同比增长率 | 50.65% | 81.45% | 77.36% | 67.87% | 97.71% | 113.32% |
| 营业总收入(元) | 172.70亿 | 127.41亿 | 76.19亿 | 40.02亿 | 26.82亿 | 17.62亿 |
| 营业总收入同比增长率 | 35.55% | 67.22% | 90.38% | 49.21% | 52.22% | 64.45% |

从表 7-2 的对比来看，我们就能明显感受到什么叫作“洋河速度”。我们也可以从对比表中了解到，原来在 2009 年，五粮液（营业收入 111.3 亿）才是老大，贵州茅台（营业收入 96.7 亿）是老二，洋河股份是老三。

2009 年洋河股份上市，在年报里我们都能感受到洋河股份的那种自信、那种底气：“公司在发展速度上具有压倒性的绝对优势，是继续领跑中国白酒、领军江苏白酒，创造了持续高增长的‘洋河速度’。”

最高高价股：2010 年，洋河在资本市场创下第一高价股（图 7-3）。

图7-3　洋河股份

## 7.2　洋河速度：2009～2011年

2009 年 11 月 6 日洋河股份正式登陆资本市场，不过当时洋河股份首日表现一般。高开低走，当时涨幅 45%，收盘价 87.9 元。

按 4.5 亿总股本，2008 年公司净利润 7.4 亿，静态 PE53 倍左右，这个价格贵吗？看一下洋河的成长能力指标（表 7-3），洋河股份静态 PE53 倍，动态 PE32 倍，是一点都不贵的。如果是按照目前的估值，这样的成长速度，加上其超强的盈利能力，基本上就要 100 倍 PE 起步了，爱美客、片仔癀、通策医疗就是例子。

表7-3　成长能力指标

| 科目\年度 | 2010 | 2009 | 2008 | 2007 | 2006 | 2005 |
|---|---|---|---|---|---|---|
| **成长能力指标** | | | | | | |
| 净利润(元) | 22.05亿 | 12.54亿 | 7.43亿 | 3.75亿 | 1.75亿 | 5386.00万 |
| 净利润同比增长率 | 75.86% | 68.71% | 98.29% | 114.16% | 224.88% | -- |
| 扣非净利润(元) | 22.06亿 | 12.44亿 | 7.41亿 | 3.75亿 | 1.76亿 | -- |
| 扣非净利润同比增长率 | 77.36% | 67.87% | 97.71% | 113.32% | -- | -- |
| 营业总收入(元) | 76.19亿 | 40.02亿 | 26.82亿 | 17.62亿 | 10.71亿 | 6.84亿 |
| 营业总收入同比增长率 | 90.38% | 49.21% | 52.22% | 64.45% | 56.71% | -- |

上市后的第一年，洋河给出了一份非常不错的年报（表 7-4）：营业收入、净利润、经营现金流都非常优秀！

**表7-4　利润表（2009年年报）**

| | 2009 年 | 2008 年 | 本年比上年增减 | 2007 年 |
|---|---|---|---|---|
| 营业总收入 | 4,002,048,450.63 | 2,682,203,715.00 | 49.21% | 1,762,014,975.70 |
| 利润总额 | 1,673,308,162.66 | 992,837,876.65 | 68.54% | 579,568,424.16 |
| 归属于上市公司股东的净利润 | 1,253,620,006.49 | 743,057,507.69 | 68.71% | 374,736,701.30 |
| 归属于上市公司股东的扣除非经常性损益的净利润 | 1,243,697,761.56 | 740,872,646.67 | 67.87% | 374,731,886.56 |
| 经营活动产生的现金流量净额 | 1,428,351,767.09 | 664,903,883.23 | 114.82% | 477,162,163.45 |
| | 2009 年末 | 2008 年末 | 本年末比上年末增减（%） | 2007 年末 |
| 总资产 | 6,490,720,609.23 | 2,182,725,143.48 | 197.37% | 1,469,182,189.23 |
| 归属于上市公司股东的所有者权益 | 5,074,811,567.48 | 1,382,862,060.99 | 266.98% | 720,804,553.30 |
| 股本 | 450,000,000.00 | 405,000,000.00 | 11.11% | 135,000,000.00 |

对于公司当时来讲，公司穷得也只剩下“现金”了（表 7-5），货币资金占总资产 72%，存货占总资产 14%，固定资产占总资产 7.6%。

**表7-5　资产负债表**

| 项　目 | 2009 年 12 月 31 日 | | 2008 年 12 月 31 日 | | 本年占总资产比例较上年增减 |
|---|---|---|---|---|---|
| | 金额（元） | 占总资产比例 | 金额（元） | 占总资产比例 | |
| 货币资金 | 4, 676, 420, 533. 20 | 72. 05% | 1, 032, 114, 498. 26 | 47. 29% | 24. 76% |
| 应收票据 | 4, 670, 000. 00 | 0. 07% | 2, 838, 121. 52 | 0. 13% | -0. 06% |
| 应收账款 | 26, 673, 220. 86 | 0. 41% | 4, 035, 025. 76 | 0. 18% | 0. 23% |
| 预付款项 | 140, 167, 259. 08 | 2. 16% | 32, 618, 390. 49 | 1. 49% | 0. 67% |
| 其他应收款 | 15, 845, 581. 61 | 0. 24% | 8, 468, 846. 99 | 0. 39% | -0. 15% |
| 存货 | 914, 046, 028. 01 | 14. 08% | 594, 971, 211. 86 | 27. 26% | -13. 18% |
| 长期股权投资 | 6, 800, 000. 00 | 0. 10% | 7, 746, 052. 86 | 0. 35% | -0. 25% |
| 固定资产 | 493, 362, 599. 02 | 7. 60% | 236, 061, 460. 61 | 10. 81% | -3. 21% |
| 在建工程 | 56, 952, 123. 10 | 0. 88% | 112, 810, 861. 33 | 5. 17% | -4. 29% |
| 短期借款 | | 0. 00% | 7, 000, 000. 00 | 0. 32% | -0. 32% |
| 长期借款 | 400, 000. 00 | 0. 01% | 400, 000. 00 | 0. 02% | -0. 01% |
| 资产总额 | 6, 490, 720, 609. 23 | | 2, 182, 725, 143. 48 | | |

2010 年公司营业收入、净利润、经营现金流，一如既往的优秀（表 7-6）。

公司这个净利润占整个宿迁市财政总收入的近八分之一份额，是个纳税超级大户。

为了做大做强江苏白酒产业，抢占白酒行业竞争制高点，市委市政府决定实现洋河、双沟强强联合。公司只花了 5.4 亿左右就获得了江苏双沟酒业 40.6% 的股权。这个价格相当于市净率 PB1.8，市盈率 PE27 倍左右，这个价格买得不贵，事后来看，这个价格相当于把双沟送给洋河一样，请看 2011 年双沟酒业绩：8.8 亿的净利润（表 7-7）。

**表7-6　利润表（2010年年报）**

| 项目 | 2010 年 | 2009 年 | 本年比上年增减 | 2008 年 |
|---|---|---|---|---|
| 营业总收入 | 7,619,092,696.22 | 4,002,048,450.63 | 90.38% | 2,682,203,715.00 |
| 利润总额 | 3,076,216,704.64 | 1,673,308,162.66 | 83.84% | 992,837,876.65 |
| 归属于上市公司股东的净利润 | 2,204,667,836.96 | 1,253,620,006.49 | 75.86% | 743,057,507.69 |
| 归属于上市公司股东的扣除非经常性损益的净利润 | 2,205,816,740.85 | 1,243,697,761.56 | 77.36% | 740,872,646.67 |
| 经营活动产生的现金流量净额 | 3,839,746,226.50 | 1,428,351,767.09 | 168.82% | 664,903,883.23 |
| 项目 | 2010 年末 | 2009 年末 | 本年末比上年末增减 | 2008 年末 |
| 总资产 | 11,480,070,462.44 | 6,490,720,609.23 | 76.87% | 2,182,725,143.48 |
| 归属于上市公司股东的所有者权益 | 6,919,479,404.44 | 5,074,811,567.48 | 36.35% | 1,382,862,060.99 |
| 股本 | 450,000,000.00 | 450,000,000.00 | | 405,000,000.00 |

**表7-7　双沟酒业经营情况及业绩**

| 8、公司主要子公司、参股公司的经营情况及业绩　　单位：万元 | | | | | | |
|---|---|---|---|---|---|---|
| 公司名称 | 控(参)股比例 | 主要产品或者服务 | 注册资本 | 总资产 | 净资产 | 归属于上市公司所有者的净利润 |
| 江苏洋河酒业有限公司 | 100% | 销售洋河系列白酒 | 11,440.00 | 147,370.97 | 105,088.07 | 88,026.30 |
| 江苏苏酒实业股份有限公司 | 100% | 预包装食品批发与零售 | 20,000.00 | 353,912.08 | 109,506.11 | 89,506.11 |
| 江苏双沟酒业股份有限公司 | 40.60% | 白酒生产及销售 | 11,000.00 | 134,952.34 | 72,843.64 | 5,309.18 |

此时的白酒行业受到消费升级的影响，高端化慢慢成为趋势。公司也加大产能建设：在建工程从 2009 年 0.57 亿增加到 3.78 亿（图 7-4）。

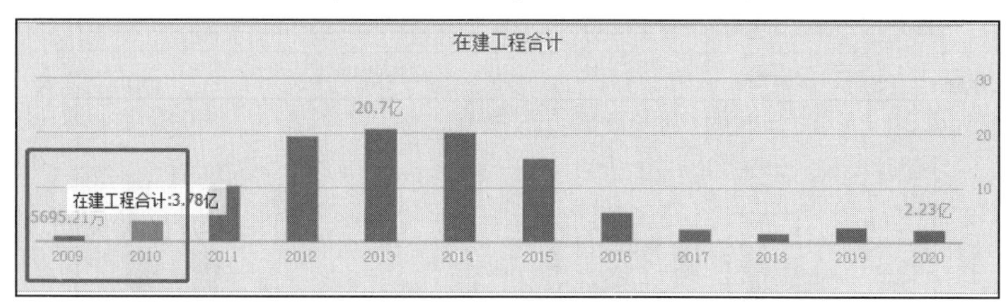


图7-4　在建工程

2011 年洋河股份还是保持“洋河速度”增长，营业收入破百亿，成为白酒行业第三个销售超百亿的企业。自 2005 年以来，公司连续 7 年保持 50% 以上的增长，高于行业平均增幅近 30%，创造了令人瞩目的苏酒速度（表 7-8）。

表7-8　经营情况

| | 2011 年 | 2010 年 | 本年比上年增减（%） | 2009 年 |
|---|---|---|---|---|
| 营业总收入（元） | 12,740,921,687.60 | 7,619,092,696.22 | 67.22% | 4,002,048,450.63 |
| 营业利润（元） | 5,524,600,710.80 | 3,079,869,112.86 | 79.38% | 1,665,688,795.07 |
| 利润总额（元） | 5,530,717,513.49 | 3,076,216,704.64 | 79.79% | 1,673,308,162.66 |
| 归属于上市公司股东的净利润（元） | 4,020,992,149.04 | 2,204,667,836.96 | 82.39% | 1,253,620,006.49 |

在全国 34 个省级市场中，有 22 个省级市场全年销售超亿元，亿元县级市场从 2010 年的 4 个增加到 33 个。河南省成为首个销售突破 10 亿元的省外市场。中高端品牌呈现爆发式增长，梦之蓝全年实现销售同比增长 187.87%，天之蓝同比增长 107.08%。

2011 年，是公司发展历史上，也是目前白酒行业内最大规模技改工程的全面开建之年（图 7-5）。

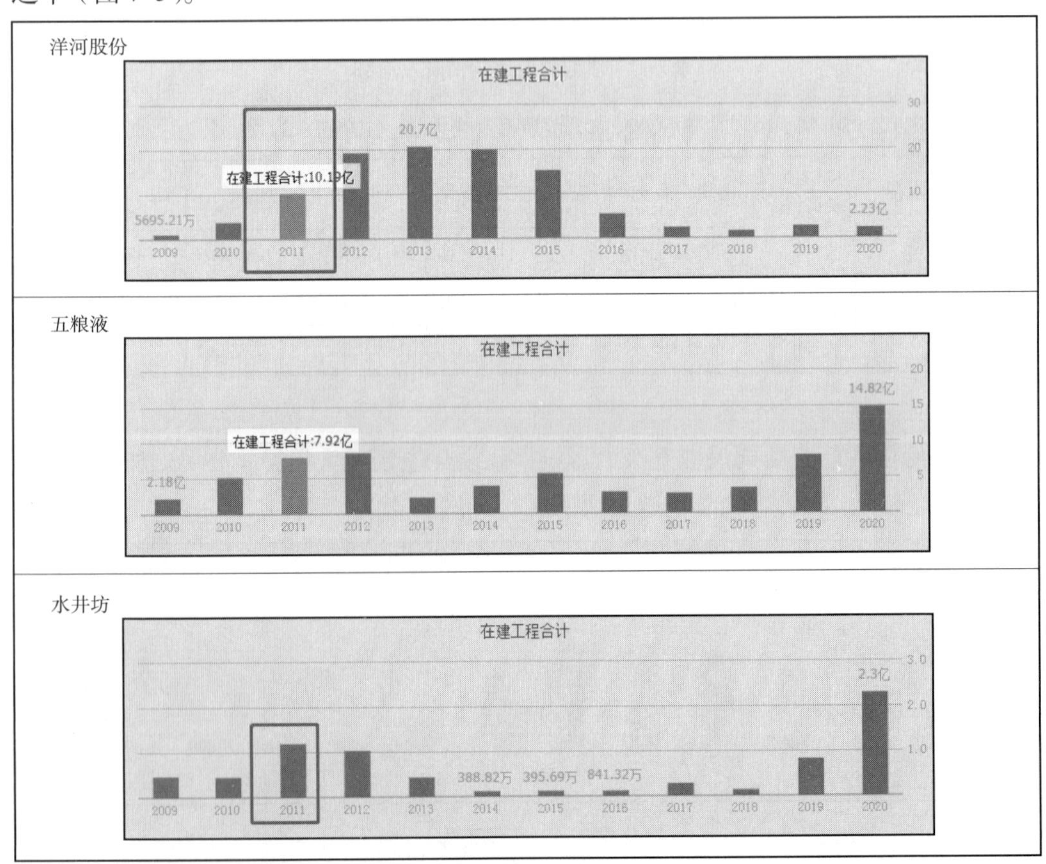


图7-5　2011年，白酒行业最大规模技改工程全面开建

就在这一年，洋河股份收购了双沟酒业剩余股权，共花费 12 亿左右。这个价格贵吗？

下面我们来看看双沟酒业 2011 年的经营业绩（表 7-9）：净资产 16 亿，净利润 8 个亿，ROE50%；营业收入 21 亿，净利润 8 个亿，净利率 40%；双沟酒业也算是妥妥的超级印钞机啊。2010 年花了 5.4 亿收购了 41% 左右的股权，现在花了 12 亿收购了剩下的股权，共花了 17.4 亿左右，就买了一台超级印钞机，这笔交易太划算了。

**表7-9　双沟酒业经营业绩**

单位：万元

| 公司名称 | 控(参)股比例 | 主要产品或者服务 | 注册资本 | 总资产 | 净资产 | 归属于上市公司所有者的净利润 |
|---|---|---|---|---|---|---|
| 江苏洋河酒业有限公司 | 100% | 销售洋河系列白酒 | 11,440.00 | 43,065.26 | 29,007.91 | 11,847.91 |
| 江苏苏酒实业股份有限公司 | 100% | 预包装食品批发与零售 | 20,000.00 | 1,141,363.63 | 381,767.13 | 352,816.52 |
| 江苏双沟酒业股份有限公司 | 100% | 白酒生产及销售 | 11,000.00 | 269,213.00 | 159,539.02 | 81,882.72 |

| 名　称 | 主营业务收入（万元） | 营业利润（万元） | 净利润（万元） |
|---|---|---|---|
| 江苏苏酒实业股份有限公司 | 1,244,358.63 | 469,631.39 | 352,816.52 |
| 江苏双沟酒业股份有限公司 | 212,174.36 | 92,341.71 | 81,882.72 |

从上面对洋河股份 2009 ～ 2011 年进行历史回顾：2009 年营业收入 40 亿，净利润 12.5 亿，到了 2011 年营业收入 127 亿，净利润 40.2 亿，这三年公司营业收入增长 3.2 倍，净利润增长 3.2 倍，三年三倍，这就是洋河速度！

## 7.3　有韧性的洋河：2012～2015年

### 7.3.1　2012 年

2012 年公司营业收入、净利润有所放缓，表现仍然非常不错，但经营现金流却是负增长了（表 7-10），这是为什么呢？

**表7-10　经营情况**

| | 2012 年 | 2011 年 | 本年比上年增减(%) | 2010 年 |
|---|---|---|---|---|
| 营业收入（元） | 17,270,481,272.53 | 12,740,921,687.60 | 35.55% | 7,619,092,696.22 |
| 归属于上市公司股东的净利润（元） | 6,154,302,874.52 | 4,020,992,149.04 | 53.05% | 2,204,667,836.96 |
| 归属于上市公司股东的扣除非经常性损益的净利润（元） | 6,029,676,194.00 | 4,002,468,269.74 | 50.65% | 2,205,816,740.85 |
| 经营活动产生的现金流量净额（元） | 5,499,699,623.10 | 5,557,084,502.88 | -1.03% | 3,839,746,226.50 |
| 基本每股收益（元/股） | 5.7 | 3.72 | 53.23% | 2.04 |
| 稀释每股收益（元/股） | 5.7 | 3.72 | 53.23% | 2.04 |
| 净资产收益率（%） | 50.53% | 49.16% | 1.37% | 37.13% |

2012 年 11 月 9 日，酒鬼酒被爆塑化剂超标 260%，这个消息引发了整个白酒板块全线暴跌，也正是由于这个事件让人们对白酒产生的恐惧感，从而导致了白酒行业慢慢进入了熊市。

当时冲击最大的是高端白酒，而公司在行业处于大幅调整时，表现仍相对不错。那么这个表现不错在哪里呢？有三个方面：

一是价格保持稳定。在其他高端产品价格暴跌情况下，公司产品价格保持稳定。

二是结构逆势调优。在白酒行业高端酒遭受冲击，增速远低于中低档酒的大环境下，公司仍然实现了高端酒增幅远高于中低端酒增幅的骄人业绩。

三是库存基本合理。在销售稳健增长的同时，商业库存量基本合理。

我们从当时的预收款项来看，白酒行业的冬天似乎正慢慢靠近（图 7-6）。

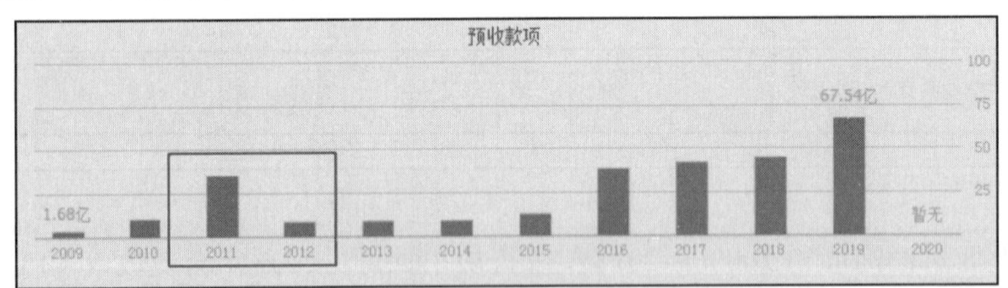


**图7-6　预收款项**

而公司的产能扩张仍继续保持着跃进的姿态（图 7-7）。

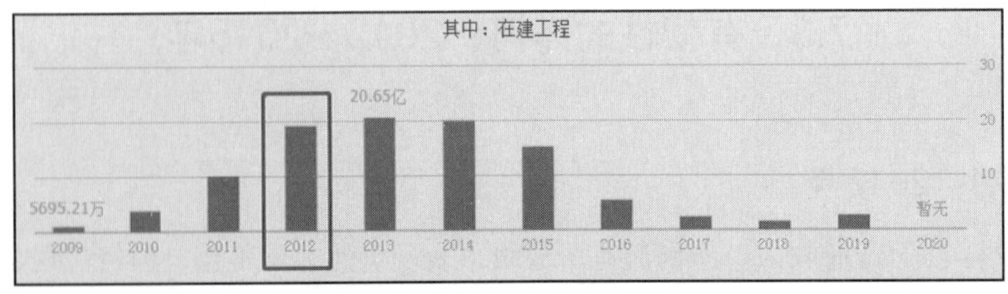


**图7-7　2012年，公司产能扩张**

## 7.3.2　2013 年

2013 年白酒行业的冬天已经来临，公司业绩从高增长的态势，变成负增长了（表 7-11）。

表7-11　2013年出现负增长

| | 2013 年 | 2012 年 | 本年比上年增减 | 2011 年 |
|---|---|---|---|---|
| 营业收入（元） | 15,023,624,944.56 | 17,270,481,272.53 | -13.01% | 12,740,921,687.60 |
| 归属于上市公司股东的净利润（元） | 5,002,071,835.86 | 6,154,302,874.52 | -18.72% | 4,020,992,149.04 |
| 归属于上市公司股东的扣除非经常性损益的净利润（元） | 4,987,990,458.76 | 6,029,676,194.00 | -17.28% | 4,002,468,269.74 |
| 经营活动产生的现金流量净额（元） | 3,180,013,940.28 | 5,499,699,623.10 | -42.18% | 5,557,084,502.88 |
| 基本每股收益（元/股） | 4.63 | 5.7 | -18.77% | 3.72 |
| 稀释每股收益（元/股） | 4.63 | 5.7 | -18.77% | 3.72 |
| 加权平均净资产收益率（%） | 31.44% | 50.53% | -19.09% | 49.16% |

股价也一反常态（图 7-8）。你想想从高预期增长，到负增长，这个落差有多大啊，关键当时公司的估值还不算贵，静态市盈率 PE 才 28 倍左右。当时的洋河股份经历了三杀——杀估值杀业绩杀逻辑。就算是估值不贵又怎样？股价照样可以跌去一半，甚至可以跌去 90%（当时是全行业的问题，没一个是幸存，行业不好，想投资找到好的投资标的非常难）。

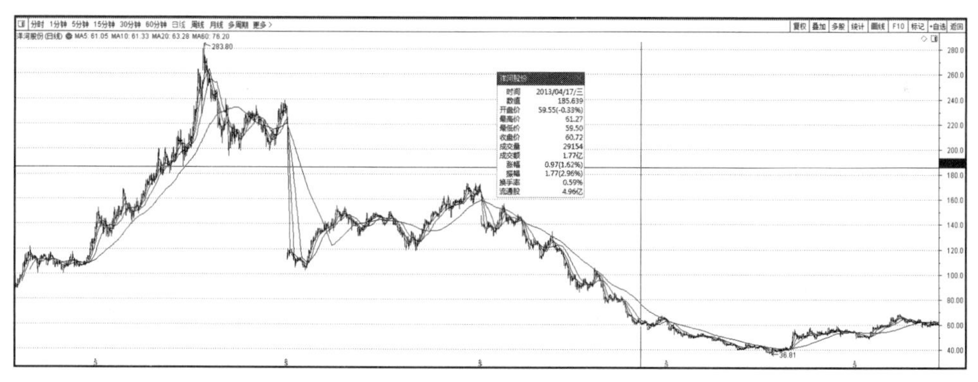

图7-8　洋河股份K线图

而公司对营业收入下降的解释显得并不够有力度："由于受宏观政策和市场环境的影响，市场竞争加剧，拓展难度加大，导致公司营业收入出现下降。"还有叠加酒鬼酒塑化剂的影响，这是一个谈"酒"色变的时期，也是白酒行业危机的缩影！

从公司的销售量来看，2013 年公司的销售量并没有下滑，表明公司的中高端受到的影响非常大，而低端酒却影响并不大（表 7–12）。

**表7–12 2013年公司的销售量**

| 行业分类 | 项目 | 2013 年 | 2012 年 | 同比增减 |
|---|---|---|---|---|
| 白酒 | 销售量 | 217,868 | 216,472 | 0.64% |
| | 生产量 | 203,914 | 216,251 | -5.7% |
| | 库存量 | 19,826 | 33,780 | -41.31% |

从预收款项来看：对即将来到的 2014 年，我们很难对公司有所期待（图 7–9）。

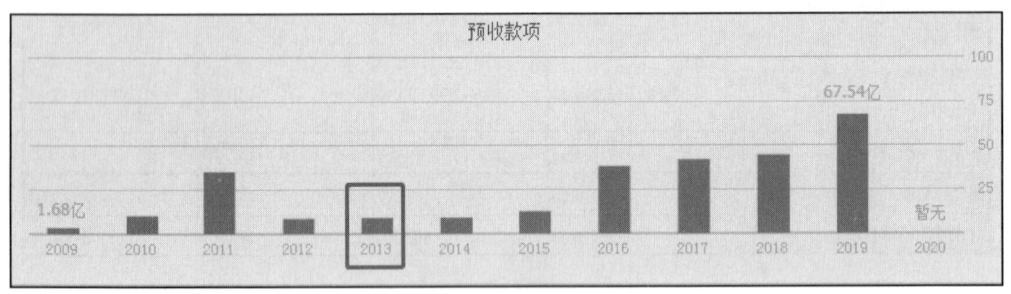


图7–9 预收款项

2013 年公司产能扩张也持续保持着跃进的姿态（图 7–10）。

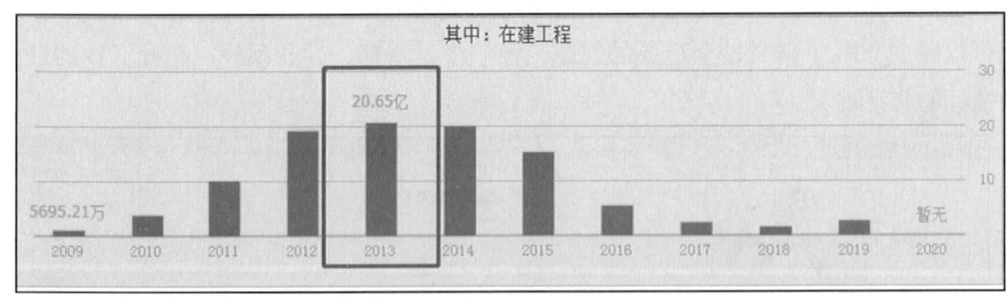


图7–10 在建工程

所以对于整个白酒行业危机，公司管理层对 2014 年的业绩要求也不会太高，提出的是 2014 年营业收入与上年基本持平的目标。

### 7.3.3 2014 年

2014 年公司营业收入小幅下滑，净利润下降较多，经营现金流仍然表现不好（表 7–13）。

表7-13　2014年公司经营情况

| | 2014 年 | 2013 年 | 本年比上年增减 | 2012 年 |
|---|---|---|---|---|
| 营业收入（元） | 14,672,214,730.18 | 15,023,624,944.56 | -2.34% | 17,270,481,272.53 |
| 归属于上市公司股东的净利润（元） | 4,507,497,244.21 | 5,002,071,835.86 | -9.89% | 6,154,302,874.52 |
| 归属于上市公司股东的扣除非经常性损益的净利润（元） | 4,467,875,727.45 | 4,987,990,458.76 | -10.43% | 6,029,676,194.00 |
| 经营活动产生的现金流量净额（元） | 2,711,804,132.16 | 3,180,013,940.28 | -14.72% | 5,499,699,623.10 |
| 基本每股收益（元/股） | 4.19 | 4.63 | -9.50% | 5.70 |
| 稀释每股收益（元/股） | 4.19 | 4.63 | -9.50% | 5.70 |
| 加权平均净资产收益率 | 24.53% | 31.44% | -6.91% | 50.53% |

净利润下降较多，主要是费用大幅上涨所致（表 7-14）。

表7-14　费用指标

| 报表项目 | 本报告期 | 上年同期 | 变动比例 |
|---|---|---|---|
| 营业收入 | 14,672,214,730.18 | 15,023,624,944.56 | -2.34% |
| 营业成本 | 5,777,412,894.21 | 5,945,715,709.35 | -2.83% |
| 归属于上市公司股东的净利润 | 4,507,497,244.21 | 5,002,071,835.86 | -9.89% |
| 销售费用 | 1,679,836,848.12 | 1,387,705,065.64 | 21.05% |
| 管理费用 | 1,267,056,865.29 | 1,037,405,567.90 | 22.14% |
| 财务费用 | -236,686,300.28 | -196,472,477.19 | -20.47% |

2014 年是白酒市场持续恶化、充满挑战之年，面对白酒行业的持续深度调整洋河股份在强力转型中平稳着陆，实现了价格稳定、库存合理。

销售量与营收保持较为同步，实现了价格稳定（表 7-15）。

表7-15　数量指标

| 行业分类 | 项目 | 单位 | 2014 年 | 2013 年 | 同比增减 |
|---|---|---|---|---|---|
| 白酒 | 销售量 | 吨 | 210,765.43 | 217,868 | -3.26% |
| | 生产量 | 吨 | 201,788.55 | 203,914 | -1.04% |
| | 库存量 | 吨 | 10,848.57 | 19,826 | -45.28% |

2014 年公司对白酒的判断：白酒市场竞争趋于理性，行业调整已走过降价无底线、促销无节制、压货无条件的恐慌阶段，目前正在走向冷静和理性的应对阶段。

从预收款来看：白酒行业强烈复苏表现不是特别明显（表 7-16）。

表7-16　预收款

| 年度 | 2012 | 2013 | 2014 | 2015 |
|---|---|---|---|---|
| 预收款（亿元） | 8.6 | 8.9 | 9 | 12.6 |

2014 年公司产能扩张持续保持着跃进的姿态（图 7-11）。

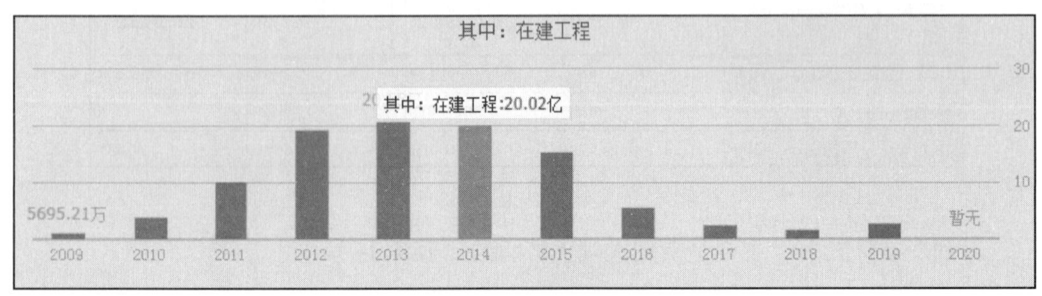


图7-11　在建工程

对于 2015 年公司管理层的目标也只定 5% 左右的增长。

## 7.3.4　2015 年

2015 年营业收入、净利润、经营现金流大幅改善（表 7-17）。

表7-17　经营情况

| | 2015 年 | 2014 年 | 本年比上年增减 | 2013 年 |
|---|---|---|---|---|
| 营业收入（元） | 16,052,444,099.28 | 14,672,214,730.18 | 9.41% | 15,023,624,944.56 |
| 归属于上市公司股东的净利润（元） | 5,365,185,534.99 | 4,507,497,244.21 | 19.03% | 5,002,071,835.86 |
| 归属于上市公司股东的扣除非经常性损益的净利润（元） | 4,915,933,247.98 | 4,467,875,727.45 | 10.03% | 4,987,990,458.76 |
| 经营活动产生的现金流量净额（元） | 5,836,355,328.67 | 2,711,804,132.16 | 115.22% | 3,180,013,940.28 |
| 基本每股收益（元/股） | 3.56 | 2.99 | 19.06% | 3.32 |
| 稀释每股收益（元/股） | 3.56 | 2.99 | 19.06% | 3.32 |
| 加权平均净资产收益率 | 25.37% | 24.53% | 0.84% | 31.44% |

白酒行业在经历黄金十年的快速增长后，受国家宏观经济以及政策因素的影响，白酒行业自 2012 年出现断崖式调整和快速下滑，经过将近四年的周期性调整，行业已

经走过了因宏观政策变化所带来的矫枉过正阶段，白酒消费正在逐步理性回归，进入健康、理性的发展新阶段。目前白酒行业呈现出探底弱复苏的发展态势，中低速平稳增长成为白酒行业发展新常态。

公司预收款为 12.6 亿元，已经有所好转。

销售量小幅下滑，营业收入增长 9.41%，表明次高端产品已经站稳，并小幅反弹（表 7-18）。

**表7-18　数量指标**

| 行业分类 | 项目 | 单位 | 2015 年 | 2014 年 | 同比增减 |
|---|---|---|---|---|---|
| 白酒 | 销售量 | 吨 | 209,058.1 | 210,765.43 | -0.81% |
| | 生产量 | 吨 | 215,061.53 | 201,788.55 | 6.58% |
| | 库存量 | 吨 | 16,852 | 10,848.57 | 55.34% |

2015 年公司产能扩张继续保持着扩张的势态（图 7-12）。

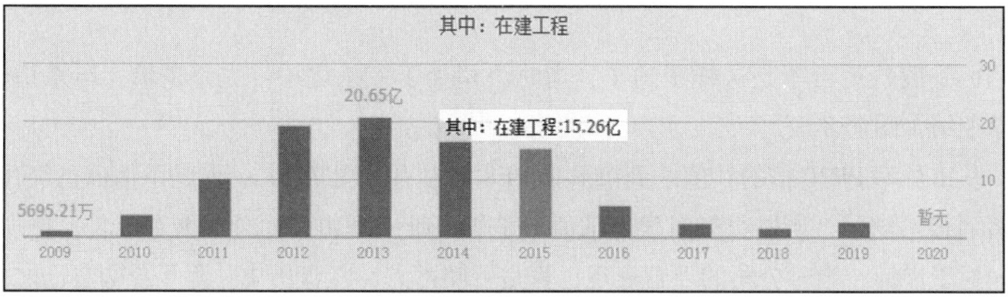

**图7-12　在建工程**

公司管理层对未来有何看法？

经过将近 4 年的周期性调整，2015 年的白酒行业走向冷静和理性应对阶段，稳定产品价格体系，销售渠道继续下沉，经销商信心逐步恢复，受益于供给侧改革、稳增长等政策刺激下的商务活动增加和消费升级等有利因素，白酒行业复苏预计将平稳进行。2016 年的经营谋划是实现全年营业收入 10% 的增长。

### 7.3.5　小结

2012 ～ 2015 年，面对行业的困境，公司的困境，洋河股份的表现也是可圈可点的：在此期间由于经济下行及政府限制三公消费等因素，白酒行业陷入深度调整。在行业调整的背景下，洋河提出数字化转型，于 2013 年推出白酒行业第一个卖酒电商 APP 洋河 1 号，成立互联网创新中心，搭建电商平台及微信服务号，运用大数据对客户实现精准营销。在行业深度调整的背景下，公司 2013 ～ 2014 年营业收入分别同比下滑 13%、2.3%，净利润分别同比下滑 18.7%、9.9%，相对同行而言公司表现较为平稳（图 7-13）。

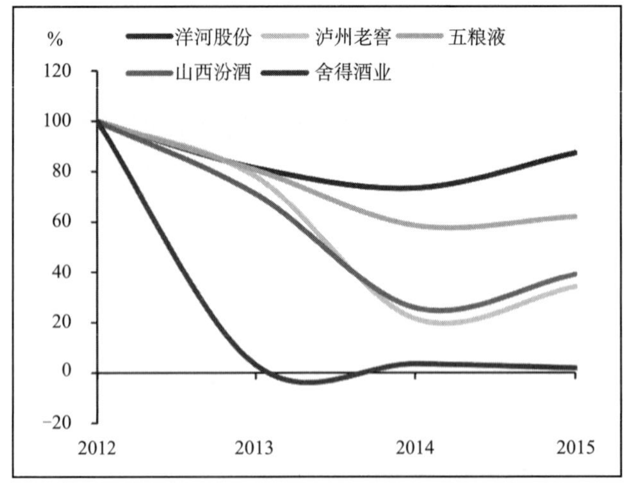


*注：图中2012年净利润标准化为100%
*资料来源：野村东方国际证券

图7-13　在行业调整期间洋河净利润表现优于同行

但是股价就可不是这样子的了，当时公司处于三杀之中：先杀逻辑、再杀估值、再杀业绩（图 7-8）。

从市盈率 PE30 倍的估值杀到市盈率 PE8 倍左右（图 7-14），光是杀估值已经让投资者痛苦不堪了，所以很多时候低估值不是买入唯一理由，而公司能否成长，更加关键。对于洋河，当时公司的经营表现也算是可圈可点，复盘历史，除了警醒自己之外，也希望读者朋友们能够对市场保持多一分敬畏之心，千万不要在赚钱的时候得意扬扬，而忘记了风险的存在！因为它一直在你的身边！

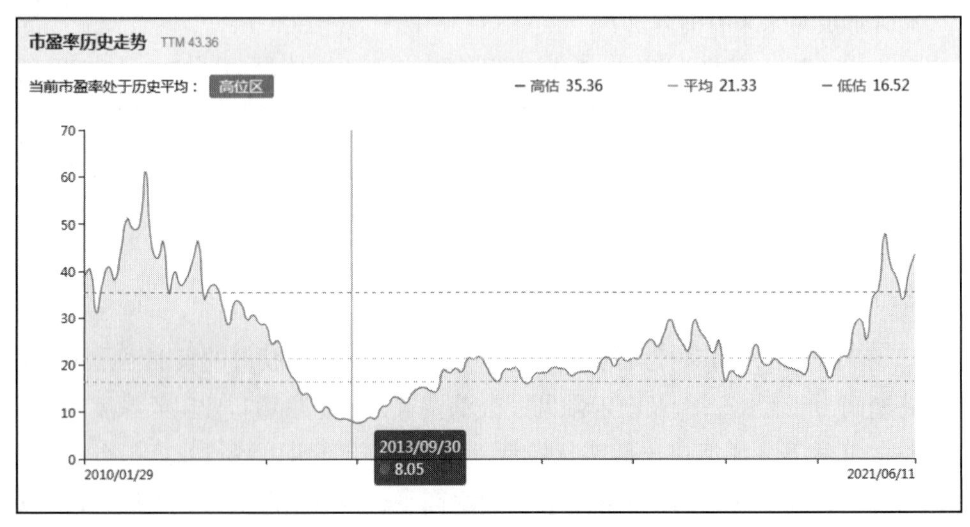


图7-14　市盈率走势

## 7.4 失去的四年：2016～2019年

### 7.4.1 2016 年

2016 年公司利润与行业增长相符，营业收入增长也低于年初定的 10% 增长，从 2016 年起我们很难再看到洋河股份远高于行业的增速增长，不管是利润还是营业收入（表 7-19）。

表7-19 经营情况

| | 2016 年 | 2015 年 | 本年比上年增减 | 2014 年 |
|---|---|---|---|---|
| 营业收入（元） | 17,183,109,620.08 | 16,052,444,099.28 | 7.04% | 14,672,214,730.18 |
| 归属于上市公司股东的净利润（元） | 5,827,168,870.88 | 5,365,185,534.99 | 8.61% | 4,507,497,244.21 |
| 归属于上市公司股东的扣除非经常性损益的净利润（元） | 5,406,580,095.74 | 4,915,933,247.98 | 9.98% | 4,467,875,727.45 |
| 经营活动产生的现金流量净额（元） | 7,405,044,600.62 | 5,836,355,328.67 | 26.88% | 2,711,804,132.16 |
| 基本每股收益（元/股） | 3.87 | 3.56 | 8.71% | 2.99 |
| 稀释每股收益（元/股） | 3.87 | 3.56 | 8.71% | 2.99 |
| 加权平均净资产收益率 | 24.01% | 25.37% | -1.36% | 24.53% |

行业增速：2016 年 1 ～ 12 月，纳入国家统计局范畴的规模以上白酒企业 1578 家，其中亏损企业 113 个，企业亏损面为 7.16%（《中国白酒》最新统计）。1 ～ 12 月，规模以上白酒企业累计完成销售收入 6125.74 亿元，与上年同期相比增长 10.07%；累计实现利润总额 797.15 亿元，与上年同期相比增长 9.24%；亏损企业累计亏损额 10.54 亿元，比上年同期下降 15.92%。

从销售量来看，公司销售量 2016 年持续下滑，营业收入增长，表明次高端增速较快（表 7-20）。

表7-20 销售量指标

| 行业分类 | 项目 | 单位 | 2016 年 | 2015 年 | 同比增减 |
|---|---|---|---|---|---|
| 白酒 | 销售量 | 吨 | 198,198.83 | 209,058.1 | -5.20% |
| | 生产量 | 吨 | 204,470.02 | 215,061.53 | -4.93% |
| | 库存量 | 吨 | 23,123.19 | 16,852 | 37.22% |

但是公司的预收款就已经远远落后于前一、二名，也预示着公司未来的成长将落后于前一、二名（表 7-21）。

表7-21 预收款

茅台

| 年度 | 2014 | 2015 | 2016 |
|---|---|---|---|
| 预收款（亿元） | 14.8 | 82.6 | 175.4 |

五粮液

| 年度 | 2014 | 2015 | 2016 |
|---|---|---|---|
| 预收款（亿元） | 8.6 | 19.9 | 62.99 |

洋河股份

| 年度 | 2014 | 2015 | 2016 |
|---|---|---|---|
| 预收款（亿元） | 9 | 12.6 | 38.47 |

### 7.4.2 2017 年

2017 年公司营业收入算过得去，净利润似乎也还行，但如果对比行业的营业收入增速、净利润增速的话，2017 年公司取得这个业绩就表现一般，利润增速远远跑输行业的增速（表 7-22）。

表7-22 经营情况

| | 2017 年 | 2016 年 | 本年比上年增减 | 2015 年 |
|---|---|---|---|---|
| 营业收入（元） | 19,917,942,238.16 | 17,183,109,620.08 | 15.92% | 16,052,444,099.28 |
| 归属于上市公司股东的净利润（元） | 6,627,169,959.16 | 5,827,168,870.88 | 13.73% | 5,365,185,534.99 |
| 归属于上市公司股东的扣除非经常性损益的净利润（元） | 6,136,386,923.71 | 5,406,580,095.74 | 13.50% | 4,915,933,247.98 |
| 经营活动产生的现金流量净额（元） | 6,883,169,799.31 | 7,405,044,600.62 | -7.05% | 5,836,355,328.67 |
| 基本每股收益（元/股） | 4.40 | 3.87 | 13.70% | 3.56 |
| 稀释每股收益（元/股） | 4.40 | 3.87 | 13.70% | 3.56 |
| 加权平均净资产收益率 | 24.08% | 24.01% | 0.07% | 25.37% |

白酒行业 2017 年销售增长 14.4%，净利润增长 35.8%。从这里可以判断出，高端酒正在放量增长。

而公司当年的销售量增长了 9% 左右，营业收入增长 16%，次高端增长没有那么快（表 7-23）。

**表7-23　销售量指标**

| 行业分类 | 项目 | 单位 | 2017 年 | 2016 年 | 同比增减 |
|---|---|---|---|---|---|
| 白酒 | 销售量 | 吨 | 215,950.8 | 198,198.83 | 8.96% |
| | 生产量 | 吨 | 220,136.14 | 204,470.02 | 7.66% |
| | 库存量 | 吨 | 27,308.53 | 23,123.19 | 18.10% |

2017 年毛利率较 2016 年提升 2.53%，实际上不是由于产品提价所产生的，更多的是由于成本构成会计准则发生了点变化所导致的（表 7-24）。

**表7-24　毛利率提升**

单位：元

| | 营业收入 | 营业成本 | 毛利率 | 营业收入比上年同期增减 | 营业成本比上年同期增减 | 毛利率比上年同期增减 |
|---|---|---|---|---|---|---|
| 分行业 | | | | | | |
| 酒类行业 | 19,468,365,663.88 | 6,285,763,095.97 | 67.71% | 16.00% | 7.87% | 2.43% |
| 分产品 | | | | | | |
| 白酒 | 19,183,149,960.51 | 6,152,292,657.65 | 67.93% | 16.27% | 7.78% | 2.53% |
| 分地区 | | | | | | |
| 省内 | 10,229,347,294.39 | 3,458,623,474.91 | 66.19% | 11.18% | 9.15% | 0.63% |
| 省外 | 9,239,018,369.49 | 2,827,139,621.06 | 69.40% | 21.86% | 6.34% | 4.47% |

| 产品分类 | 项目 | 2017 年 | | 2016 年 | | 同比增减 |
|---|---|---|---|---|---|---|
| | | 金额 | 占营业成本比重 | 金额 | 占营业成本比重 | |
| 酒类 | 直接材料 | 4,243,329,762.51 | 63.51% | 3,453,636,775.70 | 55.68% | 22.87% |
| 酒类 | 直接人工 | 541,519,432.79 | 8.11% | 453,949,036.71 | 7.32% | 19.29% |
| 酒类 | 燃料动力 | 212,403,387.26 | 3.18% | 164,151,899.51 | 2.65% | 29.39% |
| 酒类 | 制造费用 | 263,652,646.09 | 3.95% | 242,199,036.34 | 3.90% | 8.86% |
| 酒类 | 消费税及附加 | 1,024,857,867.32 | 15.34% | 1,513,169,438.22 | 24.39% | -32.27% |

说明

酒类营业成本中消费税及附加同比下降32.37%，主要原因系公司白酒消费税的缴纳方式自2017年9月1日起由受托方代扣代缴改为由白酒生产企业直接缴纳，消费税的核算方式由委托加工计入白酒生产成本，改为由白酒生产企业自行生产销售计入税金及附加所致。

### 7.4.3 2018 年

2018 年公司营业收入、净利润，经营现金流都还不错，但是对比同行业，净利润似乎仍然还差了不少。白酒行业利润增长 30%，公司利润增长才 20%，说明公司仍以中端为主，利润释放仍然不够快（表 7–25）。

**表7–25 经营情况**

| | 2018 年 | 2017 年 | 本年比上年增减 | 2016 年 |
|---|---|---|---|---|
| 营业收入（元） | 24,159,801,994.68 | 19,917,942,238.16 | 21.30% | 17,183,109,620.08 |
| 归属于上市公司股东的净利润（元） | 8,115,189,794.69 | 6,627,169,959.16 | 22.45% | 5,827,168,870.88 |
| 归属于上市公司股东的扣除非经常性损益的净利润（元） | 7,369,331,605.77 | 6,136,386,923.71 | 20.09% | 5,406,580,095.74 |
| 经营活动产生的现金流量净额（元） | 9,056,748,816.28 | 6,883,169,799.31 | 31.58% | 7,405,044,600.62 |
| 基本每股收益（元/股） | 5.3850 | 4.3976 | 22.45% | 3.8668 |
| 稀释每股收益（元/股） | 5.3850 | 4.3976 | 22.45% | 3.8668 |
| 加权平均净资产收益率 | 25.95% | 24.08% | 1.87% | 24.01% |

行业利润增速：根据国家统计局公布的统计数据，全年全国规模以上白酒企业总产量 871.2 万千升，同比增长 3.14%；累计完成销售收入 5363 亿元，同比增长 12.86%；累计实现利润总额 1250 亿元，同比增长 29.98%。而龙头企业更是增长迅速：前三家龙头企业合计实现的营业收入、利润总额，分别占规模以上白酒企业营业收入和利润总额的 25.70%、64.22%，同比 2017 年分别提升 2.9%、0.81%。

2018 年公司的毛利率大幅增长，这个毛利率大幅增长仍然还是跟 2017 年类似，有部分是由于产品提价所致，更多的是由于成本会计准则发生变化所致（表 7–26）。

### 7.4.4 2019 年

2019 年公司的营业收入、净利润、经营现金流全面失速（表 7–27）！而行业规模仍然保持一定的增长，行业利润总额还保持两位数的增长。至此，洋河股份的风险问题暴露了出来，也拉开了渠道改革这一幕。

2019 年全国规模以上白酒企业累计实现销售收入 5617.82 亿元，同比增长 8.24%；累计实现利润总额 1404.09 亿元，同比增长 14.54%。

公司在二级市场的股价接近腰斩（图 7–15）。

表7-26　公司数据

单位：元

| | 营业收入 | 营业成本 | 毛利率 | 营业收入比上年同期增减 | 营业成本比上年同期增减 | 毛利率比上年同期增减 |
|---|---|---|---|---|---|---|
| 分行业 | | | | | | |
| 酒类行业 | 23,186,902,149.00 | 5,527,417,445.92 | 76.16% | 19.10% | -12.06% | 8.45% |
| 分产品 | | | | | | |
| 白酒 | 22,913,294,724.76 | 5,392,639,632.08 | 76.47% | 19.44% | -12.35% | 8.54% |
| 分地区 | | | | | | |
| 省内 | 11,612,135,696.98 | 2,984,613,499.51 | 74.30% | 13.52% | -13.71% | 8.11% |
| 省外 | 11,574,766,452.02 | 2,542,803,946.41 | 78.03% | 25.28% | -10.06% | 8.63% |

| 行业分类 | 项目 | 单位 | 2018 年 | 2017 年 | 同比增减 |
|---|---|---|---|---|---|
| 白酒 | 销售量 | 吨 | 214,051.34 | 215,950.8 | -0.88% |
| | 生产量 | 吨 | 211,606.75 | 220,136.14 | -3.87% |

| 产品分类 | 项目 | 2018 年 | | 2017 年 | | 同比增减 |
|---|---|---|---|---|---|---|
| | | 金额 | 占营业成本比重 | 金额 | 占营业成本比重 | |
| 酒类 | 直接材料 | 4,397,294,002.46 | 69.21% | 4,243,329,762.51 | 63.51% | 3.63% |
| 酒类 | 直接人工 | 597,717,848.21 | 9.41% | 541,519,432.79 | 8.11% | 10.38% |
| 酒类 | 燃料动力 | 246,871,521.50 | 3.89% | 212,403,387.26 | 3.18% | 16.23% |
| 酒类 | 制造费用 | 280,144,635.22 | 4.41% | 263,652,646.09 | 3.95% | 6.26% |
| 酒类 | 消费税及附加 | 5,389,438.53 | 0.08% | 1,024,857,867.32 | 15.34% | -99.47% |

说明

公司白酒消费税的缴纳方式从2017年9月1日起由受托方代扣代缴改为由白酒生产企业直接缴纳，消费税的核算方式由委托加工计入白酒生产成本，改为由白酒生产单位自行生产销售计入税金及附加，致使本报告期酒类营业成本中消费税及附加占比大幅度下降。

表7–27　公司经营情况

| | 2019 年 | 2018 年 | 本年比上年增减 | 2017 年 |
|---|---|---|---|---|
| 营业收入（元） | 23,126,476,885.07 | 24,159,801,994.68 | -4.28% | 19,917,942,238.16 |
| 归属于上市公司股东的净利润（元） | 7,382,822,726.87 | 8,115,189,794.69 | -9.02% | 6,627,169,959.16 |
| 归属于上市公司股东的扣除非经常性损益的净利润（元） | 6,555,890,029.81 | 7,369,331,605.77 | -11.04% | 6,136,386,923.71 |
| 经营活动产生的现金流量净额（元） | 6,797,891,871.41 | 9,056,748,816.28 | -24.94% | 6,883,169,799.31 |
| 基本每股收益（元/股） | 4.8991 | 5.3850 | -9.02% | 4.3976 |
| 稀释每股收益（元/股） | 4.8991 | 5.3850 | -9.02% | 4.3976 |
| 加权平均净资产收益率 | 21.21% | 25.95% | -4.74% | 24.08% |

| 行业分类 | 项目 | 单位 | 2019 年 | 2018 年 | 同比增减 |
|---|---|---|---|---|---|
| 白酒 | 销售量 | 吨 | 186,022.52 | 214,051.34 | -13.09% |
| | 生产量 | 吨 | 179,315.33 | 211,606.75 | -15.26% |
| | 库存量 | 吨 | 18,156.75 | 24,863.94 | -26.98% |
| 红酒 | 销售量 | 吨 | 4,854.36 | 5,288.96 | -8.22% |
| | 生产量 | 吨 | 4,137.99 | 6,315.57 | -34.48% |
| | 库存量 | 吨 | 644.25 | 1,360.62 | -52.65% |

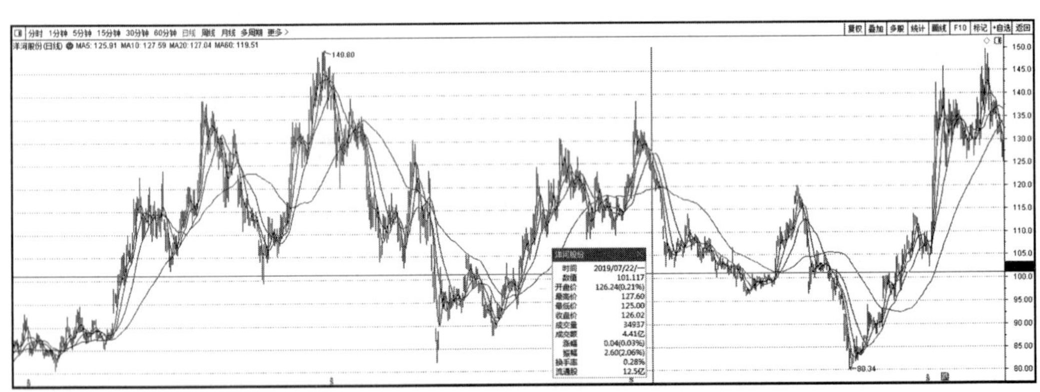

图7–15　洋河股份K线图

关于渠道问题，年报并没有写，我们也只能通过机构调研得知。关于这块问题后面会讲到。不过2020年公司年报就有提道：进一步构建“厂商一体化”新型厂商关系，逐步优化“一商为主，多商配称”的经销商布局。

# 7.5　洋河2020年年报解读

看完了前面的内容，相信大家应该对过往洋河股份的历史有了较为深刻的理解，今天我们来研究下公司 2020 年年报。

## 7.5.1　公司业绩

2020 年公司业绩表现非常一般（表 7–28），因为整个行业仍然保持增长的态势：2020 年全国规模以上白酒企业总产量 740.73 万千升，同比下降 2.46%；实现销售收入 5836.39 亿元，同比增长 4.61%；利润总额 1585.41 亿元，同比增长 13.35%。

表7–28　经营情况

| | 2020 年 | 2019 年 | 本年比上年增减 | 2018 年 |
|---|---|---|---|---|
| 营业收入（元） | 21,101,051,131.79 | 23,126,476,885.07 | -8.76% | 24,159,801,994.68 |
| 归属于上市公司股东的净利润（元） | 7,482,228,633.63 | 7,382,822,726.87 | 1.35% | 8,115,189,794.69 |
| 归属于上市公司股东的扣除非经常性损益的净利润（元） | 5,652,068,941.98 | 6,555,890,029.81 | -13.79% | 7,369,331,605.77 |
| 经营活动产生的现金流量净额（元） | 3,978,790,835.80 | 6,797,891,871.41 | -41.47% | 9,056,748,816.28 |
| 基本每股收益（元/股） | 4.9843 | 4.8991 | 1.74% | 5.3850 |
| 稀释每股收益（元/股） | 4.9843 | 4.8991 | 1.74% | 5.3850 |
| 加权平均净资产收益率 | 20.20% | 21.21% | -1.01% | 25.95% |
| | 2020 年末 | 2019 年末 | 本年末比上年末增减 | 2018 年末 |
| 总资产（元） | 53,866,259,306.59 | 53,455,037,840.98 | 0.77% | 49,563,767,816.22 |
| 归属于上市公司股东的净资产（元） | 38,484,583,983.54 | 36,508,835,491.47 | 5.41% | 33,644,530,266.23 |

现在我们再来研究下公司的资产与负债情况。

## 7.5.2　资产

（1）类现金：2020 年公司账上类现金 217.8(=74.82+143.02）亿占总资产（538 亿）40%(图 7–16)，公司账上现金非常多！如果再加上其他非流动资产，更不止这个比例了。

（2）应收账款：2020 年公司应收账款较 2019 年大幅减少，而且非常低，也表明了公司对下游客户拥有较强的话语权，也表明公司在渠道改革方面进展非常顺利（图 7–17）。

（3）预付款项：预付款项期末比起初下降 95.32%，主要是本期末预付广告费减少所致（图 7–18）。

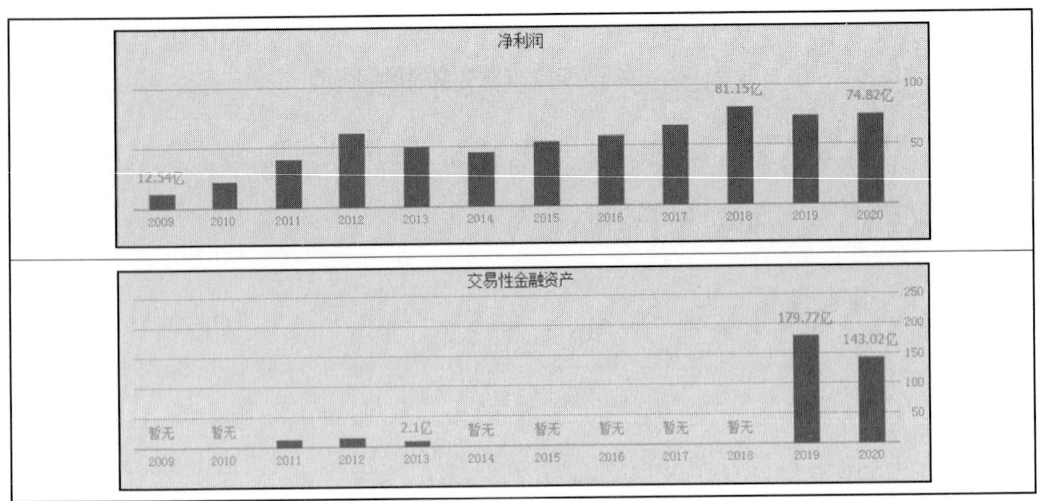


图7-16　净利润、交易性金融资产

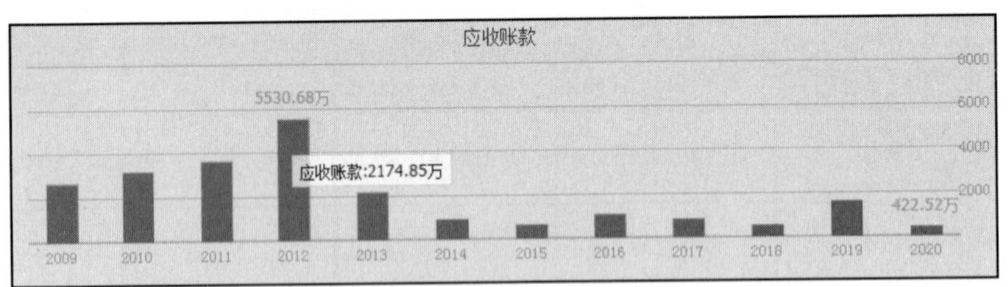


图7-17　应收账款

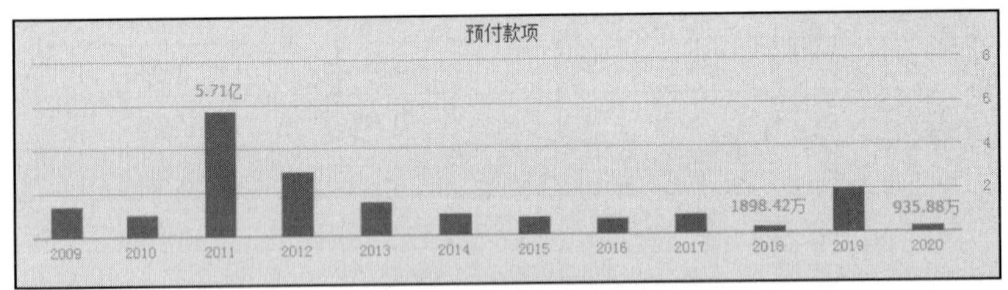


图7-18　预付款项

（4）存货：2020 年公司存货 148 亿占总资产（538 亿）28%，对于白酒行业，这个存货是最值得研究的（图 7-19）。

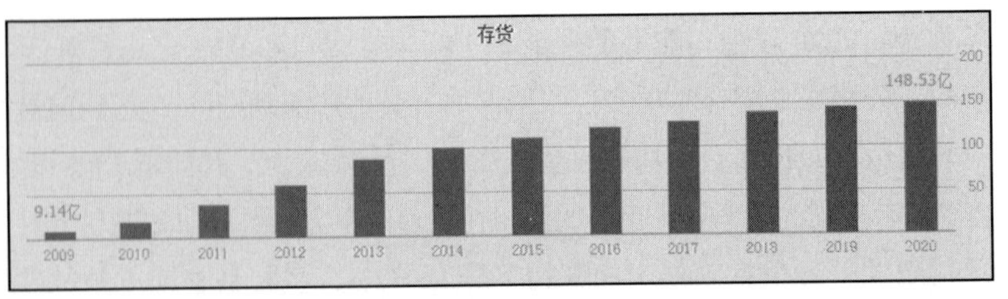


图7-19　存货

我们先大概看下存货明细（表 7-29）：

**表7-29　存货明细**

| 项目 | 期末余额 | | | 期初余额 | | |
|---|---|---|---|---|---|---|
| | 账面余额 | 存货跌价准备或合同履约成本减值准备 | 账面价值 | 账面余额 | 存货跌价准备或合同履约成本减值准备 | 账面价值 |
| 原材料 | 326,289,956.43 | 9,565,908.51 | 316,724,047.92 | 394,844,178.61 | 6,710,130.33 | 388,134,048.28 |
| 在产品 | 557,314,618.19 | | 557,314,618.19 | 551,503,829.41 | | 551,503,829.41 |
| 库存商品 | 1,582,637,195.62 | | 1,582,637,195.62 | 1,704,339,664.69 | | 1,704,339,664.69 |
| 半成品 | 12,396,018,284.57 | | 12,396,018,284.57 | 11,789,267,153.89 | | 11,789,267,153.89 |
| 合计 | 14,862,260,054.81 | 9,565,908.51 | 14,852,694,146.30 | 14,439,954,826.60 | 6,710,130.33 | 14,433,244,696.27 |

从这个明细我们简单了解下，白酒行业最好的地方，那就是存货不会贬值，只有原材料才会计提减值，公司存货里最多的是半成品，占比 83%，这是公司未来增长最大的潜力所在！

60 万吨的基酒（表 7-30），非常惊人，这些基酒就是洋河未来发展动力所在！也是洋河最宝贵的资产。洋河，白酒企业中基酒存储能力第一！产能规模第一！

**表7-30　期末库存量**

2、期末成品酒、半成品酒的库存量

单位：吨

| 成品酒库存量 | 半成品酒（含基础酒）库存量 |
|---|---|
| 24,324.62 | 609,146.56 |

（5）其他非流动金融资产：基本是股权投资与债券投资共 63.7 亿左右（表 7-31）。

**表7-31　其他非流动金融资产**

| 项目 | 期末余额 | 期初余额 |
|---|---|---|
| 分类为以公允价值计量且其变动计入当期损益的金融资产 | | |
| 其中：权益工具投资 | 4,519,967,688.33 | 3,353,861,013.63 |
| 债务工具投资 | 1,846,990,537.48 | 1,696,990,657.53 |
| 合计 | 6,366,958,225.81 | 5,050,851,671.16 |

（6）固定资产：公司固定资产 69 亿占总资产（538 亿）13%，资产非常轻（图 7-20）。正是这个 69 亿的固定资产创造了目前 75 亿的净利润，你说这个固定资产值钱吗？当然这绝不仅仅是这个固定资产所创造的，还有公司所处的地理位置、品牌等。

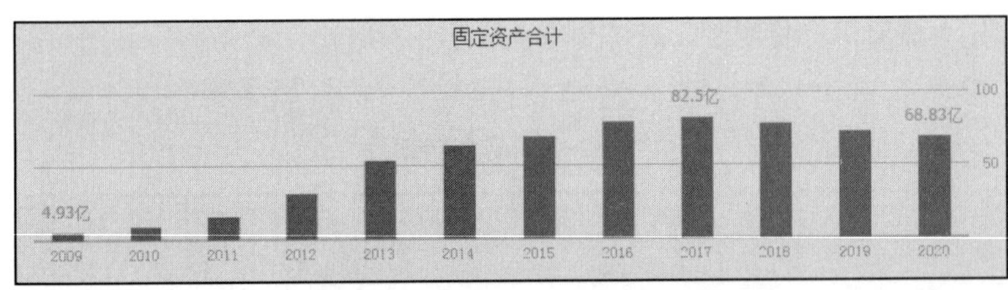


图7-20　固定资产

（7）在建工程：在建工程，之前系列已经写过，这几年基本没有什么扩张（图 7-21）。

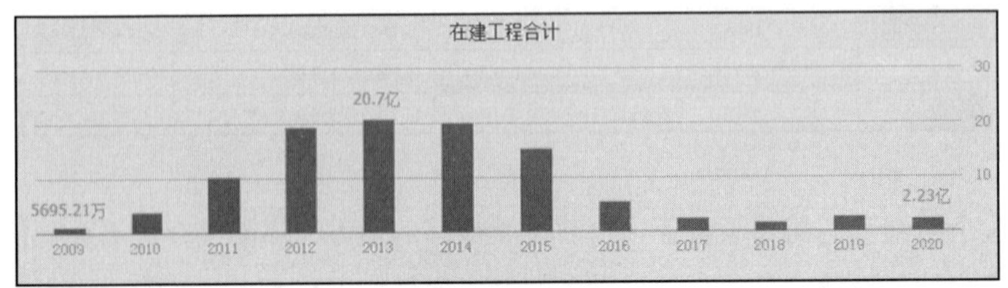


图7-21　在建工程

## 7.5.3　负债

（1）有息负债：公司只有几万的有息负债，经营十分稳健！

（2）应付账款：2020 年应付账款较 2019 年小幅下降（图 7-22）。

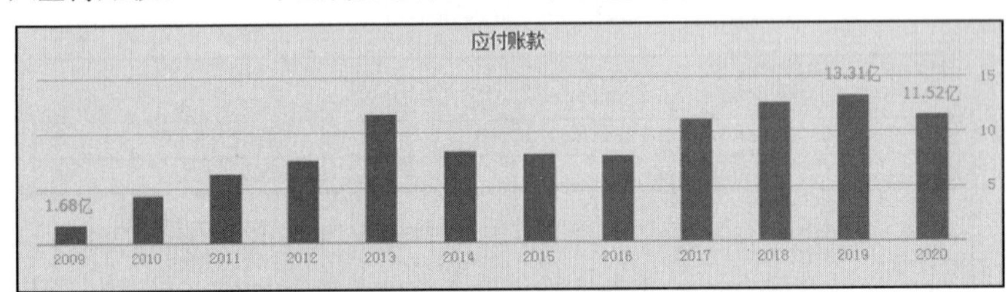


图7-22　应付账款

（3）合同负债：预收货款 2020 年较 2019 年有所增长，虽然增长幅度并不大，但对于困境中的洋河已经算是非常不错的了（表 7-32）。

表7-32　合同负债

**19、合同负债**

单位：元

| 项目 | 期末余额 | 期初余额 |
| --- | --- | --- |
| 预收货款 | 6,191,149,791.32 | 6,066,802,409.08 |
| 应付经销商尚未结算的折扣与折让 | 2,610,197,100.00 | 2,558,631,122.51 |
| 合计 | 8,801,346,891.32 | 8,625,433,531.59 |

（4）其他应付款：其他应付款里经销商保证金从 2019 年 27 亿，到了 2020 年减少到 2.8 亿，表明公司在疫情时刻与经销商共渡难关，通过大幅减少经销商保证金来缓解经销商的资金压力（图 7-23）。

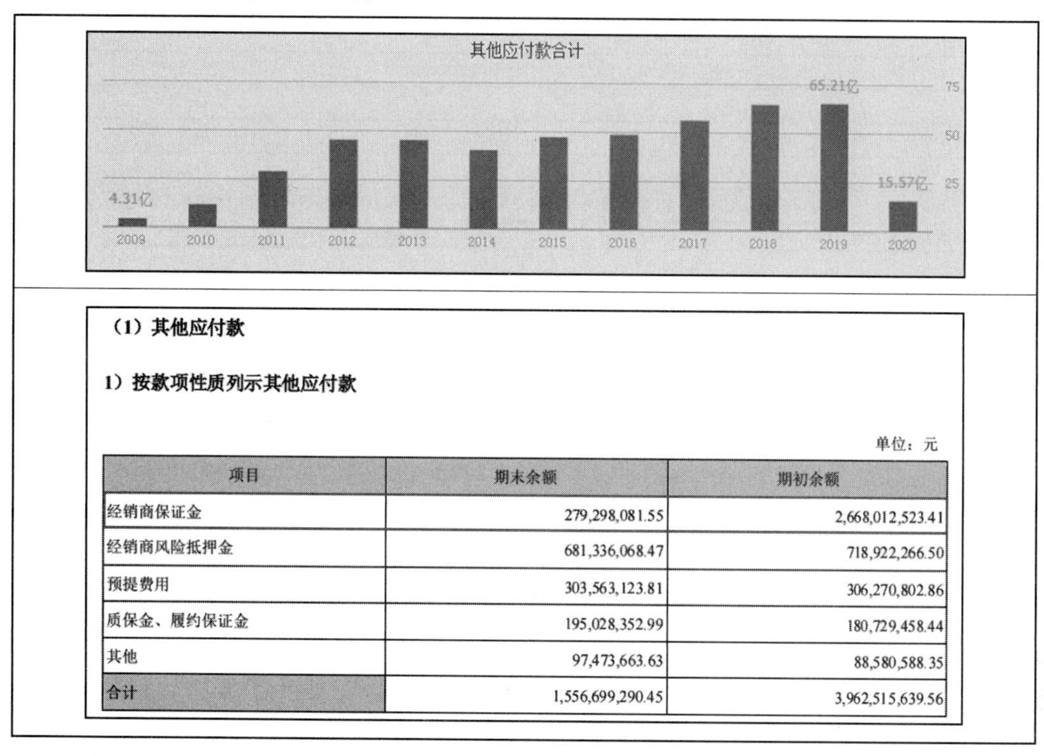


（1）其他应付款

1）按款项性质列示其他应付款

单位：元

| 项目 | 期末余额 | 期初余额 |
|---|---|---|
| 经销商保证金 | 279,298,081.55 | 2,668,012,523.41 |
| 经销商风险抵押金 | 681,336,068.47 | 718,922,266.50 |
| 预提费用 | 303,563,123.81 | 306,270,802.86 |
| 质保金、履约保证金 | 195,028,352.99 | 180,729,458.44 |
| 其他 | 97,473,663.63 | 88,580,588.35 |
| 合计 | 1,556,699,290.45 | 3,962,515,639.56 |

图7-23　其他应付款

## 7.5.4　小结

从 2020 年公司经营业绩来看，非常一般，仍然落后于行业的增长速度，属于在队伍里拖后腿的角色，但通过资产负债分析，其实公司也已经慢慢从困境中走了出来，未来的发展潜力仍然十分巨大！从账上类现金来看，账上类现金占比总资产 40%，如果再加上股权、债权，占比 52% 左右，公司资产超过一半是现金，非常富有；从负债角度来看，公司有息负债只有几十万，经营十分稳健；从占款能力来看，应付账款 + 预收款 - 预付款 - 应收账款 =11.5 亿 +62 亿 -0.04 亿 -0.09 亿 =73.37 亿，公司占款能力非常强！在上下游产业链中公司拥有绝对的话语权！这也是公司改革有所成效的地方：深化转型思路落地，进一步构建“厂商一体化”新型厂商关系，逐步优化“一商为主，多商配称”的经销商布局（表 7-33）。

从发展眼光来看：那就是公司里的存货，拥有 60 万吨基酒储存，同时公司的产能利用率还没有充分利用出来（表 7-34），这也就是说未来很多年公司不用再持续扩张产能建设；从创造自由现金流来看，公司所创造的大量利润基本可以说是自由现金流了，因为不用太大的资本支出。

**表7-33　经销商数量**

2、按照区域分类披露经销商数量

单位：家

| 区域名称 | 报告期末经销商数量 | 报告期内增加数量 | 报告期内减少数量 |
| --- | --- | --- | --- |
| 省内 | 3116 | 227 | 413 |
| 省外 | 5935 | 976 | 1887 |
| 总计 | 9051 | 1203 | 2300 |

2019年以来，公司进行营销调整转型，围绕"一商为主、多商配称"，互补协调发展的指导思想进行经销商体系构建，经销商数量有一定减少。

**表7-34　产能状况**

3、公司产能状况

单位：吨

| 生产主体名称 | 设计产能 | 2020年实际产能 |
| --- | --- | --- |
| 洋河股份（含公司洋河分公司、泗阳分公司） | 222,545 | 122,366 |
| 双沟酒业 | 97,040 | 38,127 |

## 7.6　投资白酒的逻辑与洋河未来的思考

现在我们来研究下投资白酒行业的主要逻辑：

投资白酒行业的主要逻辑就在下面几张图里：白酒产量从 2016 年 1358 万千升下降到 2019 年 786 万千升（图 7-24）。

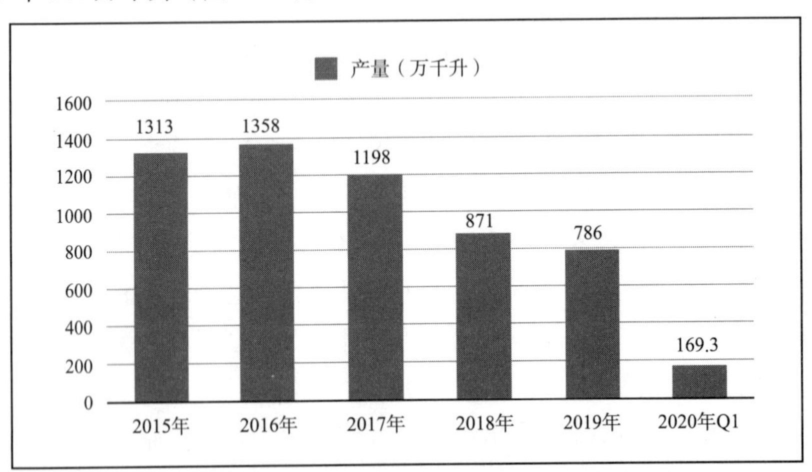


*数据来源：中商产业研究院整理

图7-24　2015～2020年Q1国内白酒产量统计情况

产量下降带动销量下降（图 7-25），这个比较好理解，但销售收入可不是这样子的。

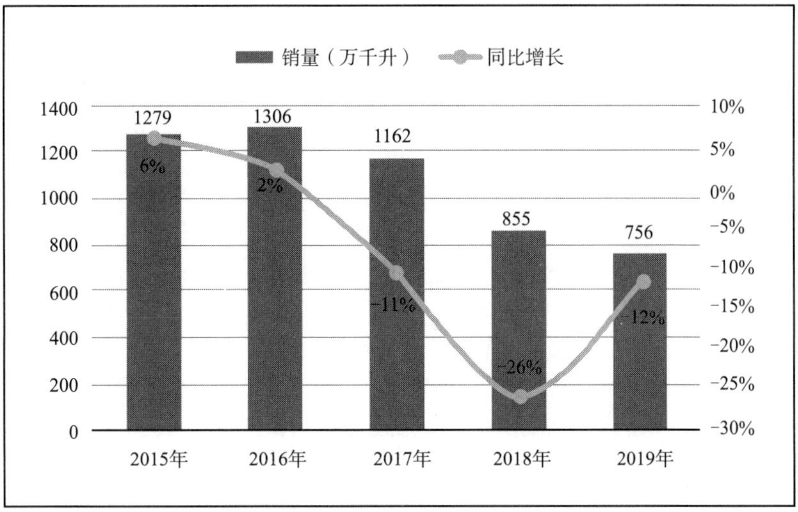

销量（万千升）
同比增长
1400
1200
1000
800
600
400
200
0
10%
5%
0%
-5%
-10%
-15%
-20%
-25%
-30%
1279
1306
1162
855
756
6%
2%
-11%
-26%
-12%
2015年
2016年
2017年
2018年
2019年


*数据来源：中商产业研究院整理

**图7-25　2015～2019年中国白酒销量及增长变化情况**

销售收入 2016 年创出新高之后，一路下滑，到了 2018 年见底回升，2019 年销售收入增长 5%。2020 年全国规模以上白酒企业总产量 740.73 万千升，同比下降 2.46%；实现销售收入 5836.39 亿元，同比增长 4.61%；利润总额 1585.41 亿元，同比增长 13.35%（图 7-26），这是为什么呢？下面继续看行业利润增长情况。

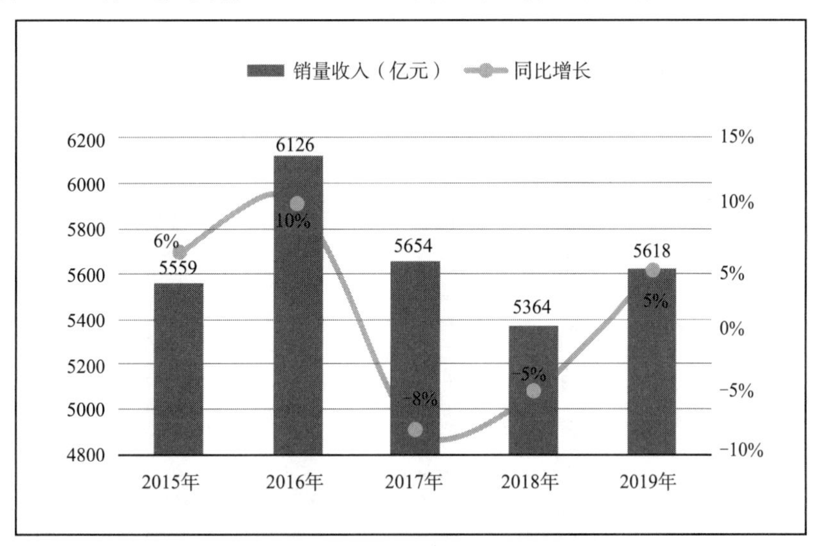

销量收入（亿元）
同比增长
6200
6000
5800
5600
5400
5200
5000
4800
15%
10%
5%
0%
-5%
-10%
5559
6126
5654
5364
5618
6%
10%
-8%
-5%
5%
2015年
2016年
2017年
2018年
2019年


*数据来源：中商产业研究院整理

**图7-26　2015～2019年白酒企业销售收入及增长变化情况**

白酒行业从 2012 年 820 亿利润顶峰下滑到 2014 年 699 亿，2015 年行业利润小幅回升，2016 年行业利润增长有所加快，2017 年行业利润加速释放（图 7-27）！

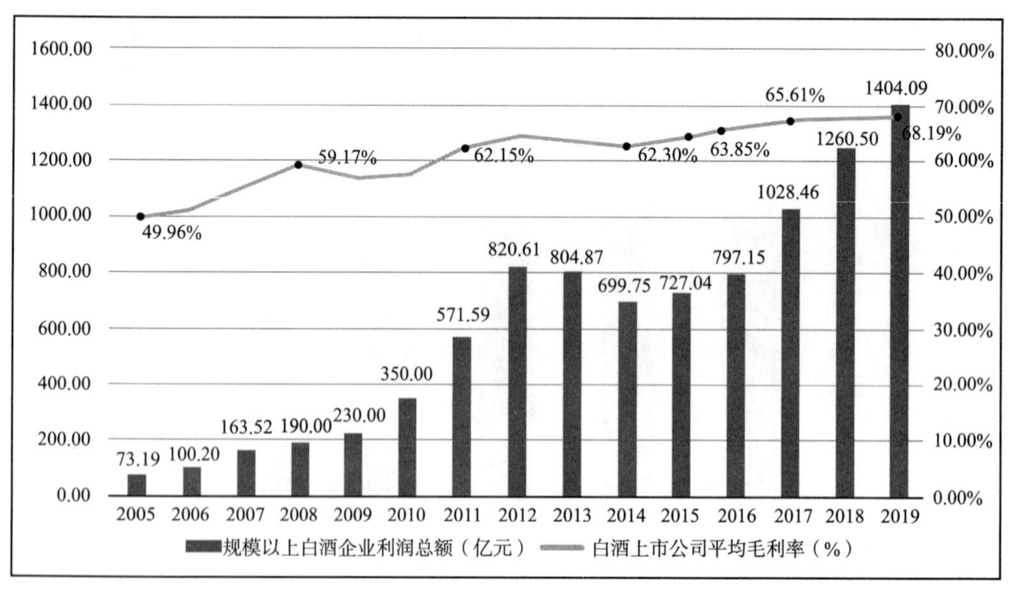


*注：数据来源于国家统计局、Wind统计数据。

图7-27　2005～2019年白酒行业利润情况

仔细观察，2016～2018年销量增长2%、-11%、-26%，而销售收入10%、-8%、-5%，可以看出销量大幅下滑，销售收入小幅下滑，表明市场向高端化延伸，谁拥有高端白酒产能谁就是这个行业的赢家，从利润增速近几年大幅增长就可以看出，活得非常滋润，但这滋润背后却是大量规模较小的白酒企业退出，淘汰落后产能，市场集中度持续提升。

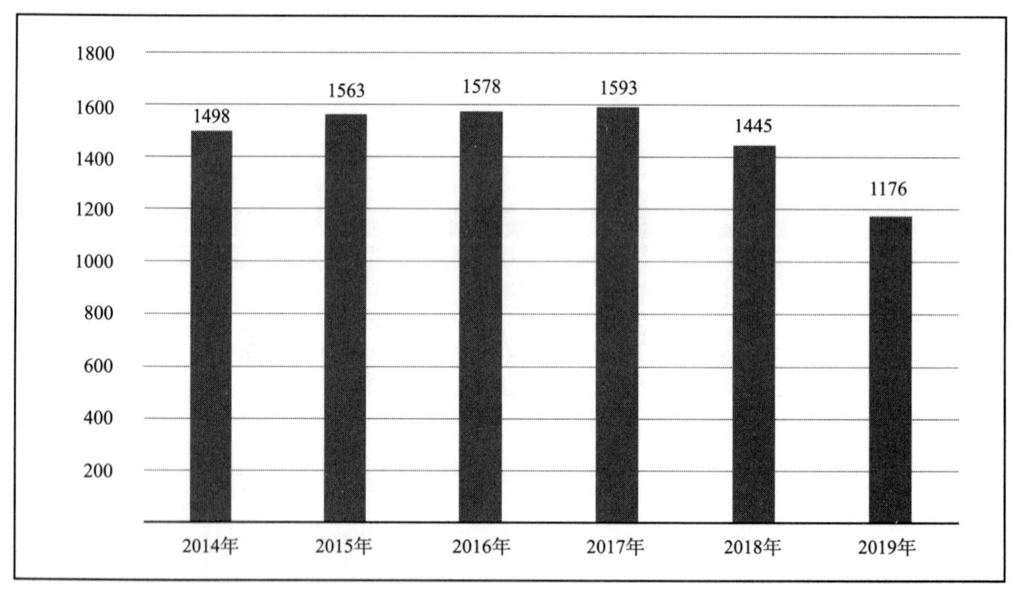


*注：数据来源于国家统计局

图7-28　2014年～2019年全国规模以上白酒企业数量

根据国家统计局的数据，2020 年规模以上白酒企业数量减少到 1040 家，相较于 2016 年减少了 538 家（图 7-28）。

白酒行业为什么会走向高端化？我想了想，应该是“少喝酒、喝好酒”已经成为社会认知共识，这种社会认知共识的形成是人们生活条件大幅改善进而驱动消费升级所形成的行为。所以投资白酒行业，最重要的是看谁拥有高端白酒产能，这是核心逻辑之一。而高端白酒产能，按行业说法，一口窖池，没有 20 ～ 30 年时间的沉淀，真正高端的出酒率，是非常低的。这也是高端酒最深的护城河，不是有资本就可以的，还需要大量的时间。除了时间，还需要有良好的地理位置：白酒核心产区在地理位置、气候、优质水源保障、优质原粮供应、酿酒技艺传承等方面均具有优势，才可以保障优质白酒的酿造。所以白酒这个行业，特别是高端酒，是一个不容易被改变的行业，如果某一天白酒行业落幕了，那一定是由需求引起的，未来喝白酒的人是否会越来越少，也是我们所需要思考的重要方向之一，但就目前来说，这个问题还没有一个确切的答案。

上面讲到投资白酒行业的主要逻辑，下面我们再来讲讲洋河股份的主要投资逻辑。一样的道理，自从 2019 年洋河股份渠道出了问题之后，经过一年半时间的努力，公司在渠道梳理方面进展较为顺利（图 7-29）。

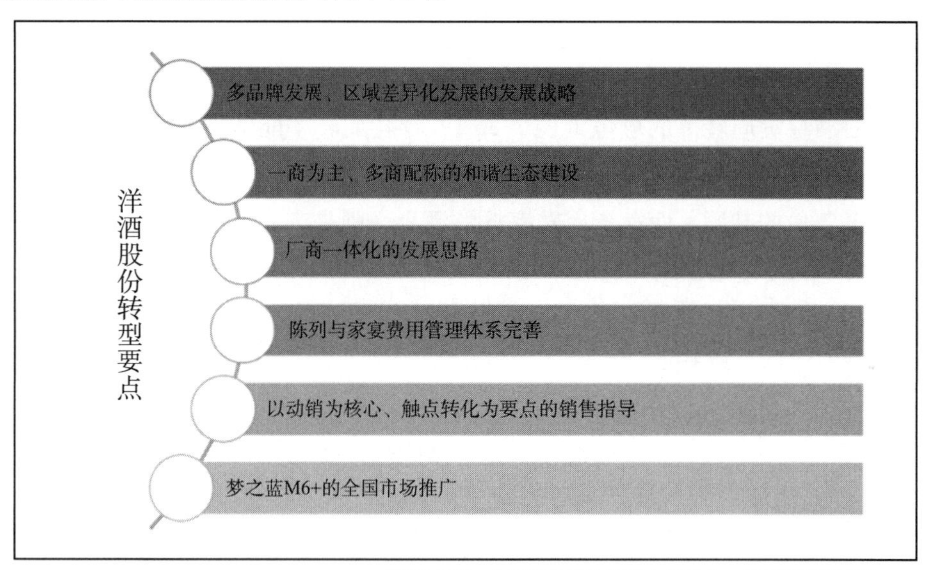


*资料来源：公司2019年业绩网上说明会，天风证券研究所

图7-29　洋河2020年七项转型调整

渠道梳理进展较为顺利体现在应收账款大幅减少与合同负债保持稳定（图 7-17、表 7-32），体现了公司对下游客户有着较强的掌控力。

公司渠道进展顺利，接着就是公司发展问题，而公司未来发展的潜力就在存货上，是否具备高端产能。

**表7-35　浓香型系列存货及周转天数的对比**

洋河股份

| 年度 | 2016 | 2017 | 2018 | 2019 | 2020 |
|---|---|---|---|---|---|
| 存货（亿元） | 122.2 | 128.6 | 138.9 | 144.3 | 148.5 |
| 存货周转天数 | 624.6 | 677.5 | 758 | 769.4 | 900.9 |

五粮液

| 年度 | 2016 | 2017 | 2018 | 2019 | 2020 |
|---|---|---|---|---|---|
| 存货（亿元） | 92.6 | 105.6 | 118 | 136.8 | 132.3 |
| 存货周转天数 | 422 | 422 | 384 | 358 | 327 |

泸州老窖

| 年度 | 2016 | 2017 | 2018 | 2019 | 2020 |
|---|---|---|---|---|---|
| 存货（亿元） | 25.1 | 28.1 | 32.3 | 36.4 | 47 |
| 存货周转天数 | 308.6 | 327 | 370.1 | 403.5 | 531.5 |

关于白酒存货周转率的思考（表7-35）：存货周转率能体现一个酒企的基酒年份以及基酒品质。存货周转率高的酒企，产品在较短的时间内销售出去，说明企业无法存下大量老年份的基酒。而存货周转率低的酒企，则是产品需在较长的时间里进行销售，大量的基酒慢慢累积成为老酒。

所以通过以上简单数据的对比，应该可以作出一个简单的一个判断，洋河股份未来的发展潜力还是非常大的。

**表7-36　2019年、2020年研发费用**

2019 年研发费用

| | 2019 年 | 2018 年 | 变动比例 |
|---|---|---|---|
| 研发人员数量（人） | 396 | 393 | 0.76% |
| 研发人员数量占比 | 2.51% | 2.57% | -0.06% |
| 研发投入金额（元） | 166,917,025.32 | 32,880,110.63 | 407.65% |
| 研发投入占营业收入比例 | 0.72% | 0.14% | 0.58% |
| 研发投入资本化的金额（元） | 6,951,431.44 | 5,314,893.00 | 30.79% |
| 资本化研发投入占研发投入的比例 | 4.16% | 16.16% | -12.00% |

续表

| 2020 年研发费用 | | | |
|---|---|---|---|
| | 2020 年 | 2019 年 | 变动比例 |
| 研发人员数量（人） | 549 | 396 | 38.64% |
| 研发人员数量占比 | 3.47% | 2.51% | 0.96% |
| 研发投入金额（元） | 269,360,145.63 | 166,917,025.32 | 61.37% |
| 研发投入占营业收入比例 | 1.28% | 0.72% | 0.56% |
| 研发投入资本化的金额（元） | 9,265,854.60 | 6,951,431.44 | 33.29% |
| 资本化研发投入占研发投入的比例 | 3.44% | 4.16% | -0.72% |

这两年公司研发费用大幅增长，“酿好酒、选好酒、存好酒、用好酒”为公司未来快速发展打下了坚实的基础（表 7-36）。

估值：PE 处于历史估值上方，PB 处于合理偏上（图 7-30）。

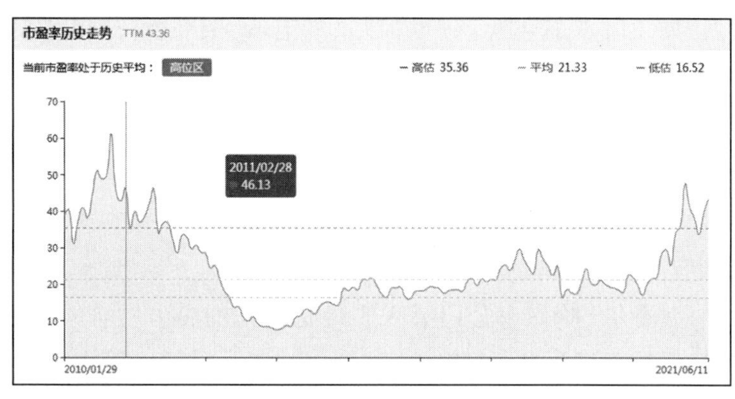


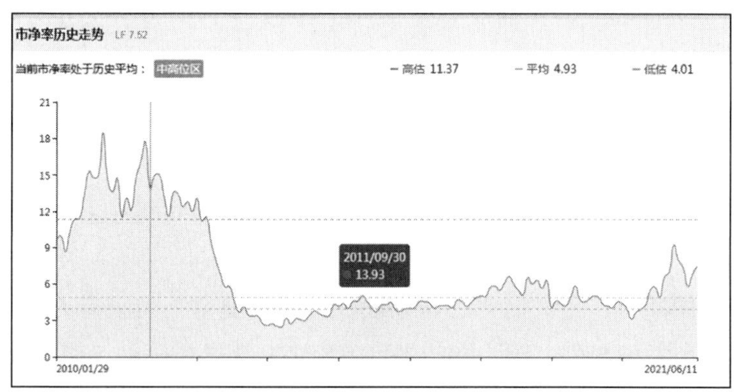


图7-30　市盈率、市净率走势

洋河股份 2020 年利润 74 亿，现在市值 3200 亿，静态 PE43 倍左右；公司管理层定的目标是年增长 10% 左右，2021 年利润大约 82 亿左右，动态 PE40 倍左右。这个估值从目前来看，是不太具备非常强的吸引力。当然已经持有的，笔者是不太建议抛售的，因为洋河未来的发展还是可以期待，但能够成长到多大，这个判断可就不容易了。

# 第8章　春秋航空

## 8.1　低成本航空公司的复利神话

说起航空股大多数价值投资者是不感兴趣的，因为它是重资产行业，又是周期性行业，很难有超额收益，或者更应该说确定性很难把握。重资产行业要想快速发展就必须不断地投入，现金流就很难得到保证，万一投资的项目失败了，损失可不是一丁半点的了。老巴也曾发誓永远不买航空股（但也有买卖的记录，还曾低位割肉航空股）。

关于航空股，老巴最经典的名言：在莱特兄弟发明的飞机在北卡罗来纳州的小鹰镇第一次试飞成功之前，如果有个资本家把它击落的话，那么全球各地的投资者也许会有更好的投资局面。

在巴菲特眼里，航空股是典型的"价值毁灭者"。

巴菲特购买航空股历史：

1989 年，伯克希尔•哈撒韦公司买入 3.58 亿美元的美国航空的优先股，当时美国航空连续多年保持良好盈利，1981 ～ 1988 年净资产收益率平均达到 14%。然而，1990 年，伊拉克入侵科威特，油价上涨。加上 1989 ～ 1994 年，公司发生五起重大事故，公司经营陷入困境，原先应允于 1994 年付给伯克希尔的优先股股息也予以递延。1994 年，伯克希尔将投资美国航空的账面价值，调低为 0.89 亿美元。到了 1998 年，美国航空公司经营转好，伯克希尔总算可以成功退出。

为什么股神巴菲特把航空股定义为：典型的价值毁灭者呢？下面来看看航空股的"典型特征"：

第一，产品同质化严重。航空公司（现在美国的航空公司只有 6 家，前四家占市场份额 85%）竞争非常激烈，因为它们提供的服务几乎是相同的，而且价格非常透明。这意味着这个行业的任何公司都没有加价的能力，只能靠低价吸引顾客。另外，飞机一到起飞则空余座位价值为 0，为提高上座率容易引发价格战。

第二，顾客无品牌意识。绝大多数的乘客都不会绝对忠诚地仅选择某家特定的航空公司。大多数人在坐飞机的时候，基本上不会专门选择某个特定的航空公司，而是每次都选择票价最优惠的那家。这导致的一种后果就是航空公司会陷入一场无休止的价格战之中。

第三，固定成本非常高。航空公司运营的固定成本非常高。首先，航空公司购买飞机和燃油（航空煤油）的成本都不低，而且，通常来说，燃油成本占一家航空公司总成本的 1/3（春秋航空 2018 年年报中航油成本为 40 亿元）。此外，飞行员、机组人员及其他受雇员工的薪资、飞机的维护成本，也会增大航空公司的运营成本。而且这些成本非常难削减。这就导致成本项非常庞大，而且是接近于固定的成本。

与庞大的固定资产相对应的是航空公司资产产生的收益也是极其不稳定的。航空行业有很强的周期性，利润随着国家经济波动而波动，高昂的固定成本导致在行业低谷时，航空公司也很难削减这些成本。

产品同质化、顾客无品牌意识、固定成本非常高已经成了航空股价值毁灭者的代名词了。但是如果我们看看美国的西南航空（图 8–1），你又会有什么想法？

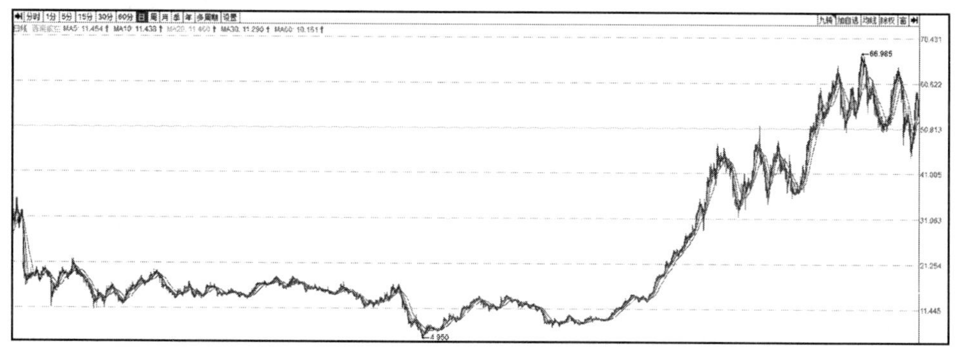


图8–1　美国西南航空K线

下面我们来回顾下美国西南航空的发展史[1]：

美国西南航空公司（Southwest Airlines）——差异化竞争稳步扩展的 LCA（低成本航空公司）鼻祖。西南航空作为全球第一家低成本航空公司于 1971 年设立，是航空运输业的低成本革命的开拓者。美国西南航空公司从 1973 年至今，连续 40 多年盈利，成为全球民航业中持续盈利时间最长的公司。美国西南航空成立时立足得克萨斯州的达拉斯基地，初创时期只经营达拉斯、圣安东尼奥和休斯敦这三条德州内的短途航线，避开了与联航、达美和美航等巨头的正面竞争。航点扩张上，70 年代西南航空全部业务都是德州内的短途航线；80 年代，业务扩展到德州周边 4 个州；90 年代增加到 29 个州；2010 年收购美国穿越航司大幅扩充版图；2012 年进驻世界第一的亚特兰大机场并于 2014 年开通了亚特兰大出发的国际航线。西南航空是差异化竞争、经营利基市场的典范，始终避免与大的航空公司正面冲突，也不追求在核心枢纽机场的份额，而是从中小城市点对点的城际交通切入市场，在建立了客户口碑、达到较高的渗透率后再开拓下一个区域市场，最后再入驻核心枢纽机场。起初它只有中短途的点对点航线，时

[1] 此部分内容摘自西南证券研报。

间短、班次密集，提供“空中公共汽车”性质的高密度航班服务，充分挖掘了美国潜力巨大廉价航空市场需求，营业收入从1974年0.15亿美元到2019年的224亿美元，净利润从1974年的214万美元到2019年的23亿美元，成功书写了LCA发展的神话（图8-2）。

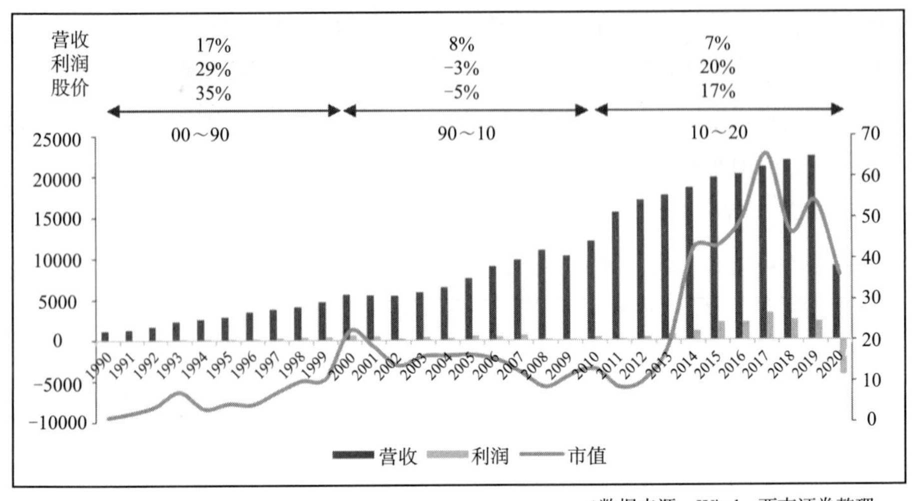


图8-2　美国西南航空历史市值（十亿美元），营收与利润（百万美元）以及区间涨幅（%）

下面我们再来看下全球低成本航空过去十年发展状况：

根据亚太航空中心统计，2011年至2020年十年间，全球低成本航空的区域内航线市场份额从27.5%提高至35.1%，国际航线市场份额从7.6%提升至16.6%；亚太地区的国内航线市场份额从20.5%攀升至31.5%，国际航线市场份额从4.6%提升至13.3%（图8-3、图8-4）。

虽然亚太地区低成本市场整体发展速度较快，但区域差异较大，东南亚仍然是亚太地区低成本市场份额最高的区域，其他地区低成本航空公司具有较大的发展空间，以中国、日本为代表的东北亚地区市场潜力正在逐渐显现。

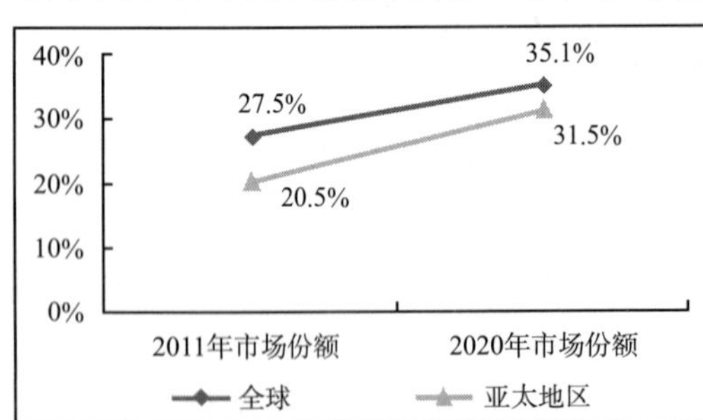


图8-3　2011年VS2020年低成本航空国内航线市场份额

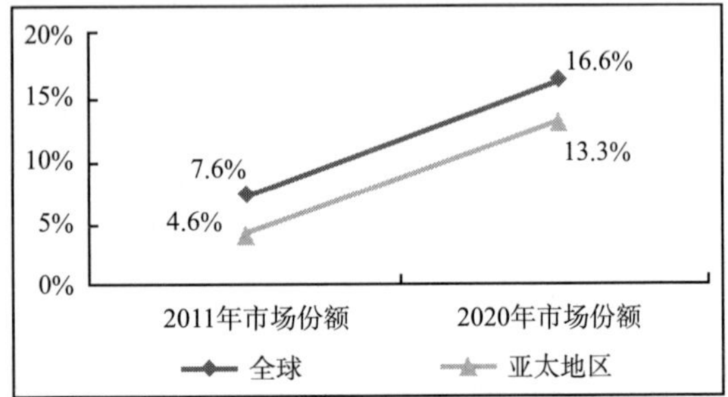


图8-4　2011年VS2020年低成本航空国际航线市场份额

LCA 是民航市场中发展最快的子行业和航空出行需求增量的最大来源，低成本高周转的经营模式对于宏观经济波动的抗性更强。在中国，消费升级对二三线城市航空需求及短途出境游的拉动，定位于平民出行的 LCA 在中国将长期享受渗透率提升的行业红利。

那么 A 股有哪只是低成本航空公司呢？低成本航空公司又是如何做到“低成本”呢？

## 8.2　民航的巨头

在 A 股，低成本航空公司是哪家呢？是春秋航空，它跟其他航空有什么不同呢？下面我们来对比下在 A 股上市的几家航空股（表 8-1）。

**表8-1　上市航空公司对比**

春秋航空

| 科目\年度 | 2019 | 2018 | 2017 | 2016 | 2015 | 2014 | 2013 | 2012 | 2011 |
|---|---|---|---|---|---|---|---|---|---|
| 成长能力指标 | | | | | | | | | |
| 净利润(元) | 18.41亿 | 15.03亿 | 12.62亿 | 9.51亿 | 13.28亿 | 8.84亿 | 7.32亿 | 6.25亿 | 4.83亿 |
| 净利润同比增长率 | 22.50% | 19.12% | 32.73% | -28.42% | 50.18% | 20.75% | 17.23% | 29.26% | -- |
| 扣非净利润(元) | 15.88亿 | 12.18亿 | 10.93亿 | 2.05亿 | 6.53亿 | 3.78亿 | 3.16亿 | 2.25亿 | 1.04亿 |
| 扣非净利润同比增长率 | 30.42% | 11.44% | 433.81% | -68.63% | 72.81% | 19.34% | 40.94% | 116.05% | -- |
| 营业总收入(元) | 148.04亿 | 131.14亿 | 109.71亿 | 84.29亿 | 80.94亿 | 73.28亿 | 65.63亿 | 56.32亿 | 44.63亿 |
| 营业总收入同比增长率 | 12.88% | 19.54% | 30.15% | 4.15% | 10.45% | 11.64% | 16.54% | 26.19% | -- |

中国国航

| 科目\年度 | 2019 | 2018 | 2017 | 2016 | 2015 | 2014 | 2013 | 2012 | 2011 |
|---|---|---|---|---|---|---|---|---|---|
| 成长能力指标 | | | | | | | | | |
| 净利润(元) | 64.09亿 | 73.36亿 | 72.40亿 | 68.14亿 | 67.74亿 | 38.17亿 | 33.19亿 | 49.10亿 | 74.77亿 |
| 净利润同比增长率 | -12.65% | 1.33% | 6.26% | 0.59% | 77.45% | 15.03% | -32.41% | -34.33% | -38.75% |
| 扣非净利润(元) | 61.74亿 | 66.20亿 | 72.27亿 | 61.72亿 | 63.44亿 | 29.54亿 | 28.92亿 | 36.33亿 | 67.84亿 |
| 扣非净利润同比增长率 | -6.74% | -8.40% | 17.10% | -2.71% | 114.76% | 2.13% | -20.38% | -46.45% | -32.44% |
| 营业总收入(元) | 1361.81亿 | 1367.74亿 | 1213.63亿 | 1126.77亿 | 1089.29亿 | 1048.88亿 | 976.28亿 | 998.41亿 | 971.39亿 |
| 营业总收入同比增长率 | -0.43% | 12.70% | 7.71% | 4.62% | 3.85% | 7.37% | -2.22% | 2.78% | 19.98% |

中国东航

| 科目\年度 | 2019 | 2018 | 2017 | 2016 | 2015 | 2014 | 2013 | 2012 | 2011 |
|---|---|---|---|---|---|---|---|---|---|
| 成长能力指标 | | | | | | | | | |
| 净利润(元) | 31.95亿 | 27.09亿 | 63.52亿 | 45.08亿 | 45.41亿 | 34.17亿 | 23.58亿 | 31.73亿 | 48.87亿 |
| 净利润同比增长率 | 17.94% | -57.35% | 40.91% | -0.73% | 32.89% | 44.91% | -25.69% | -35.06% | -9.18% |
| 扣非净利润(元) | 25.67亿 | 19.34亿 | 44.93亿 | 34.00亿 | 31.92亿 | -2.30亿 | 12.15亿 | 23.77亿 | 46.21亿 |
| 扣非净利润同比增长率 | 32.73% | -56.96% | 32.15% | 6.52% | 1487.83% | -118.93% | -48.90% | -48.56% | -13.64% |
| 营业总收入(元) | 1208.60亿 | 1149.30亿 | 1017.21亿 | 985.60亿 | 938.44亿 | 897.46亿 | 881.09亿 | 864.09亿 | 839.75亿 |
| 营业总收入同比增长率 | 5.16% | 12.99% | 3.21% | 5.03% | 4.57% | 1.86% | 1.85% | 1.90% | 12.03% |

除了春秋航空，对比这几家公司，你会发觉原来股神巴菲特说的并没有太大的错误，航空股真的是价值毁灭者！

中国国航营业收入从 2011 年 971 亿增长到 2019 年 1361 亿，9 年时间营业收入仅增长 40% 左右，净利润从 2011 年 74 亿增长到 2019 年 64 亿，9 年时间下降了 14%。

中国东航营业收入 2011 年 839 亿增长到 2019 年 1149 亿，9 年时间营业收入仅增长 37%，净利润从 2011 年 49 亿增长到 2019 年 32 亿，9 年时间下降了 35%。

如果再加上 2020 年的数据，这些航空股基本上可以说是惨不忍睹。

春秋航空成立于 2004 年，定位于低成本航空业务模式，是国内首批民营航空公司之一。2015 年，公司于上交所 A 股上市，发展至今，春秋航空已发展成为国内载运旅客人次、旅客周转量最高的民营航空公司之一。

春秋航空营业收入从 2011 年 44.63 亿增长到 2019 年 148 亿，9 年时间增长了 3.3 倍，净利润 2011 年 4.83 亿到 2019 年 18.41 亿，9 年时间增长了 3.8 倍，期间只有 2016 年下降了 28.42%。那么 2016 年为什么会下降？

主要是由于毛利率的大幅下滑所致（图 8-5）。

图8-5　销售毛利率

打开 2016 年的年报，我们发现主要是由于 2015 年业绩增长太快：

经历了 2015 年全民航业业绩井喷的收获之年后，2016 年公司在运力引进、基地运行、国际航线运营等方面都遭遇了重大变化和挑战。

运力引进方面，因为多种原因导致原本应于 2016 年上半年计划引进的 8 架飞机延迟至 2016 年 6 月交付，并于当年 6 月末至 8 月初之间大约 7 周时间内集中引进了合计 10 架 A320 飞机，飞机集中引进使得公司的运力投放、航线排班以及机票销售等经营方面都面临了巨大压力。

基地运行方面，2016 年主基地上海浦东机场和虹桥机场由于机场方面的航班正常率不达标相继遭民航局处罚停止受理其加班、包机和新增航线航班申请，这也使得公司航线网络在一段时间内被动向其他区域基地调整运力。

国际航线运营方面，2016 年公司遭遇压力，较 2015 年爆发式高收益水平出现较大下滑：

第一，由于 2015 年二、三季度期间中日航线需求爆发，较国内航线及其他境外航线产生了超额收益，公司作为较早布局日本航线的行业先行者，在 2015 年二、三季度获得了较高的收益。而从 2015 年四季度以来，中日航线较高的收益率和较低的准入门槛，加之不断下行的油价和各地政府的一次性补贴使得全行业中日运力供应大幅上升，导致中日航线客座率和收益水平大幅下降，于 2016 年二季度达到最低点。此后随着油价回升以及政府一次性补贴到期，行业运力逐步出清，客座率和收益水平逐渐回升，但距离回归至较高的利润水平仍需时日调整，截至2016年年末，日本线票价水平仍同比下降。

第二，中日航线收益率下降后，公司将新增运力重点投放于中泰航线，获得了较高收益，很好地弥补了中日线收益率下降的影响。但2016年9月中旬泰国政府出台的限制零负团费旅游团入境以及泰王去世后的禁娱期都对赴泰旅游产生了重大影响。尤其在短期内团队游客数量大幅下降，票价、客座率水平和航班数量均出现了一定程度的下滑，12月开始出现环比回升，但票价及客座率水平仍同比下降。

第三，中韩航线一直以来是公司收益率最高的航线之一，但韩国政府决策部署萨德反导弹系统后，中韩旅游热潮也逐步消退，尤其是团队游客受到影响较大，从2016年10月开始，中韩航线票价和客座率水平均出现下滑。

春秋航空过去十年有没有赚到真金白银?

2011年公司经营现金流6.98亿增长到2019年34.36亿，9年时间增长了4.9倍，比公司净利润增长更快，而且净现比远远大于1，表明公司所赚到的都是真金白银（图8-6）。

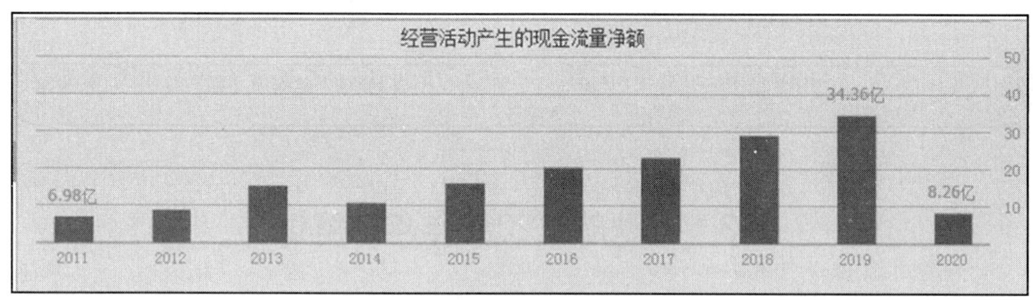


图8-6 经营活动产生的现金流量净额

资料卡

### 中国民航的发展历史

中国民航发展历史中有两个重要的转折点，即1987年和2002年的民航体制改革。1987年，民航总局将航空公司、机场及行政管理按性质分离，陆续成立了6个地区管理局、6家骨干航空公司和6大机场，实现政企分离。2002年，民航总局直属的9家航空公司进行了联合重组，形成3家大型航空集团公司，并鼓励其他航空公司联合重组或加入三大集团，奠定了当下市场格局的基础。海南航空把握住了联合重组的机遇，先后收购重组多家航空公司，实现全系列航空产品覆盖，跻身第四大集团行列。

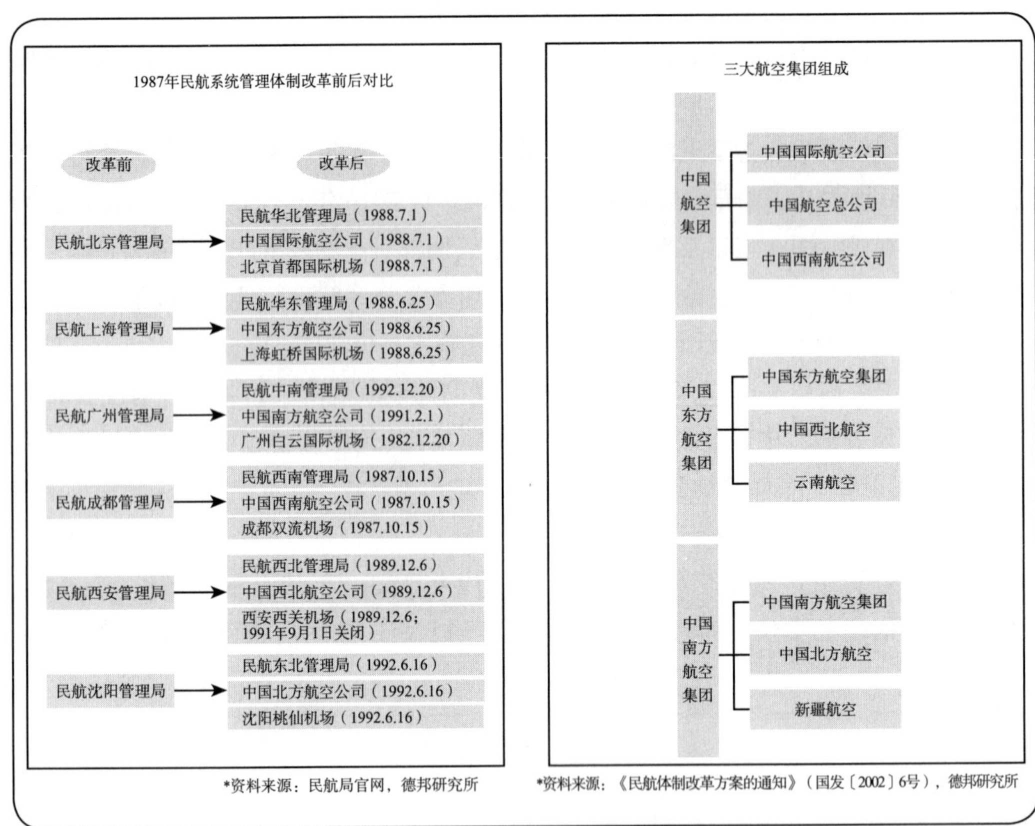


## 8.3 春秋航空2020年年报解读

我们对春秋航空有了基本的了解，下面，我们就来解读春秋航空 2020 年年报。

### 8.3.1 经营分析

公司主营航空运输业（表 8-2、表 8-3），2020 年由于疫情的影响，国际业务（11.6 亿）营业收入较 2019 年（46.4 亿）大幅减少 75% 左右；国内业务营业收入（79 亿）较 2019 年（93.5 亿）减少了 16% 左右。

2020 年公司业绩如何？

2020 年春秋航空营业收入下降了 37% 左右，利润大幅亏损 5.9 亿，不过经营现金流仍还有 8 个亿左右（表 8-4），在疫情如此严重的情况下取得这样的成绩是非常不易的，可以说是非常优秀！为什么，看看其他两家航空公司（表 8-5）。

**表8-2　公司业绩**

2020-12-31　2020-06-30　2019-12-31　　注：通常在中报、年报时披露

| 业务名称 | | 营业收入(元) | 收入比例 | 营业成本(元) | 成本比例 | 利润比例 | 毛利率 |
|---|---|---|---|---|---|---|---|
| 按行业 | 航空运输业 | 91.67亿 | 97.80% | 98.79亿 | 99.03% | 118.13% | -7.77% |
| | 其他业务 | 2.06亿 | 2.20% | 9654.28万 | 0.97% | -18.13% | 53.10% |
| 按产品 | 航空客运 | 90.19亿 | 96.23% | - | - | - | - |
| | 其他业务 | 2.06亿 | 2.20% | 9654.28万 | 100.00% | 100.00% | 53.10% |
| | 航空货运 | 1.48亿 | 1.58% | - | - | - | - |
| 按地区 | 国内 | 79.20亿 | 84.49% | 89.65亿 | 89.87% | 173.51% | -13.21% |
| | 国际 | 11.56亿 | 12.33% | 8.32亿 | 8.34% | -53.73% | 28.02% |
| | 其他业务 | 2.06亿 | 2.20% | 9654.28万 | 0.97% | -18.13% | 53.10% |
| | 港澳台地区 | 9171.34万 | 0.98% | 8178.75万 | 0.82% | -1.65% | 10.82% |

**表8-3　2019年主营业务分地区情况**

| 分地区 | 营业收入 | 营业成本 | 毛利率（%） | 营业收入比上年增减（%） | 营业成本比上年增减（%） | 毛利率比上年增减（%） |
|---|---|---|---|---|---|---|
| 国内 | 9, 345, 654, 404 | 8, 353, 643, 370 | 10.61 | 10.40 | 8.47 | 1.59% |
| 国际 | 4, 637, 321, 723 | 4, 156, 378, 821 | 10.37 | 18.65 | 14.97 | 2.87% |
| 港澳台地区 | 499, 713, 167 | 483, 290, 410 | 3.29 | 6.72 | 12.28 | -4.79% |

**表8-4　经营业绩**

| 主要会计数据 | 2020年 | 2019年 | 本期比上年同期增减(%) | 2018年 |
|---|---|---|---|---|
| 营业收入 | 9, 372, 918, 140 | 14, 803, 517, 124 | -36. 68 | 13, 114, 041, 327 |
| 扣除与主营业务无关的业务收入和不具备商业实质的收入后的营业收入 | 9, 212, 676, 607 | / | / | / |
| 归属于上市公司股东的净利润 | -588, 413, 004 | 1, 841, 007, 063 | -131. 96 | 1, 502, 840, 034 |
| 归属于上市公司股东的扣除非经常性损益的净利润 | -800, 178, 003 | 1, 588, 454, 303 | -150. 37 | 1, 217, 926, 116 |
| 经营活动产生的现金流量净额 | 825, 762, 360 | 3, 436, 309, 193 | -75. 97 | 2, 895, 794, 003 |
| | 2020年末 | 2019年末 | 本期末比上年同期末增减（%） | 2018年末 |
| 归属于上市公司股东的净资产 | 14, 180, 855, 764 | 15, 038, 550, 000 | -5. 70 | 13, 324, 678, 277 |
| 总资产 | 32, 430, 080, 969 | 29, 366, 740, 344 | 10. 43 | 26, 575, 393, 475 |

表8-5　中国国航和中国东航2020年业绩

中国国航：2020 年巨亏 144 亿

| 科目\年度 | 2020 | 2019 | 2018 | 2017 | 2016 | 2015 |
|---|---|---|---|---|---|---|
| 成长能力指标 | | | | | | |
| 净利润(元) | -144.09亿 | 64.09亿 | 73.36亿 | 72.40亿 | 68.14亿 | 67.74亿 |
| 净利润同比增长率 | -324.85% | -12.65% | 1.33% | 6.26% | 0.59% | 77.45% |
| 扣非净利润(元) | -147.41亿 | 61.74亿 | 66.20亿 | 72.27亿 | 61.72亿 | 63.44亿 |
| 扣非净利润同比增长率 | -338.76% | -6.74% | -8.40% | 17.10% | -2.71% | 114.76% |
| 营业总收入(元) | 695.04亿 | 1361.81亿 | 1367.74亿 | 1213.63亿 | 1126.77亿 | 1089.29亿 |
| 营业总收入同比增长率 | -48.96% | -0.43% | 12.70% | 7.71% | 4.62% | 3.85% |

中国东航：2020 年巨亏 118 亿

| 科目\年度 | 2020 | 2019 | 2018 | 2017 | 2016 | 2015 |
|---|---|---|---|---|---|---|
| 成长能力指标 | | | | | | |
| 净利润(元) | -118.35亿 | 31.95亿 | 27.09亿 | 63.52亿 | 45.08亿 | 45.41亿 |
| 净利润同比增长率 | -470.42% | 17.94% | -57.35% | 40.91% | -0.73% | 32.89% |
| 扣非净利润(元) | -126.78亿 | 25.67亿 | 19.34亿 | 44.93亿 | 34.00亿 | 31.92亿 |
| 扣非净利润同比增长率 | -593.88% | 32.73% | -56.96% | 32.15% | 6.52% | 1487.83% |
| 营业总收入(元) | 586.39亿 | 1208.60亿 | 1149.30亿 | 1017.21亿 | 985.60亿 | 938.44亿 |
| 营业总收入同比增长率 | -51.48% | 5.16% | 12.99% | 3.21% | 5.03% | 4.57% |

事实上，春秋航空远比我们想象中的还要优秀：2020 年，扣除对春秋航空日本长期股权投资减值，公司实现净利润 1.4 亿左右（图 8-7），在疫情如此严重的情况下自身航空业务能够盈利，非常不易！

2020 年，公司完成运输总周转量 281,596.8 万吨公里，同比减少 21.8%；旅客周转 3,014,832.1 万人公里，同比减少 24.0%；运输旅客 1,859.2 万人次，同比减少 17.0%；客座率为 79.7%，同比下降 11.1 个百分点，恢复情况优于行业。2020 年，公司实现营业收入 9,372,918,140 元，实现净利润为-591,179,147 元，扣除公司于 2020 年对春秋航空日本长期股权投资确认投资亏损及计提减值事项影响后，实现净利润 139,704,853 元，自身航空运输业务在 2020 年全年实现盈利，体现了低成本航空模式的韧性。

图8-7　经营情况说明

下面来研究下公司的资产与负债情况。

## 8.3.2　资产

（1）货币资金：2020 年公司账上现金 92 亿，占总资产（324 亿）28%，账上现金一般（图 8-8）。

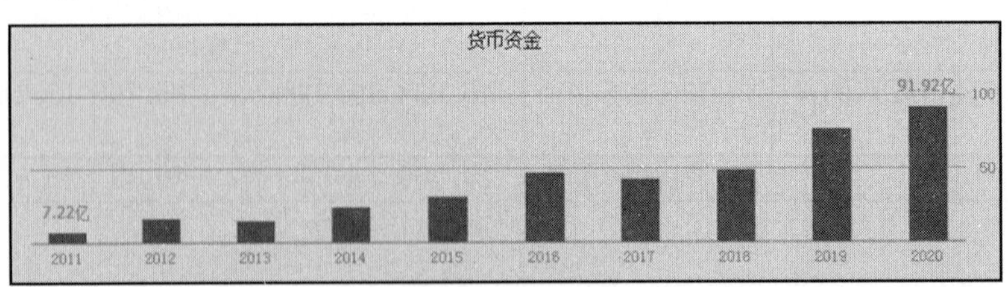


图8-8　货币资金

（2）应收款：金额太少，忽略不计。

（3）预付款项：在 2019 年我们看到这个预付款项大幅增长（图 8-9）。查看附注，我们了解到公司预付款项的大幅增长主要是来于新增预付土地出让款，是当时春秋航空花了 7 个多亿买入上海虹桥全自持商办用地。

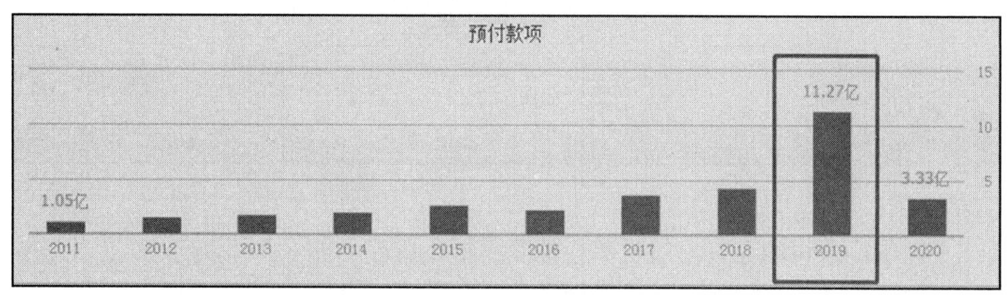


图8-9　预付款项

（4）其他应收款：这个其他应收款又是什么？为什么 2018 年有 34 亿，到了 2019 年只有 5 亿左右（图 8-10）。

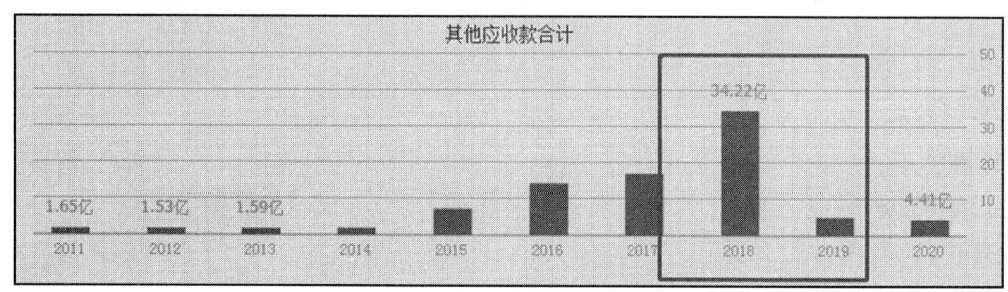


图8-10　其他应收款

**表8-6　按欠款方归集的期末余额前五名的其他应收款情况**

**(10).　按欠款方归集的期末余额前五名的其他应收款情况**

√适用　□不适用

单位：元　币种：人民币

| 单位名称 | 款项的性质 | 期末余额 | 账龄 | 占其他应收款期末余额合计数的比例(%) | 坏账准备期末余额 |
|---|---|---|---|---|---|
| 第一名 | 应收结构性存款 | 1,200,000,000 | 一年以内 | 35.42 | - |
| 第二名 | 应收结构性存款 | 1,200,000,000 | 一年以内 | 35.42 | - |
| 第三名 | 应收结构性存款 | 300,000,000 | 一年以内 | 8.86 | - |
| 第四名 | 应收结构性存款 | 215,000,000 | 一年以内 | 6.35 | - |
| 第五名 | 应收航线补贴款 | 91,287,640 | 两年以内 | 2.69 | - |
| 合计 | / | 3,006,287,640 | / | 88.74 | |

2018 年共 30 亿左右的结构性存款（表 8-6）。再看看公司的货币资金 2018 年 49 亿到了 2019 年货币资金增加到 77 亿，中间差额差不多 28 个亿左右（表 8-7）。为什么公司不把现金存在银行继续做理财呢？因为 2020 年年初疫情十分严重，需要大把资金周

转；在下面我们还会看到公司的有息负债 2020 年大幅提升，主要是为了购买更多的飞机，在行业低迷时期进行大幅扩张，所以公司账上的现金只能满足公司目前的运营需要，并没有多余的资金购买理财产品。

**表8-7 货币资金**

| 科目\年度 | 2020 | 2019 | 2018 | 2017 | 2016 |
|---|---|---|---|---|---|
| 流动资产(元) | | | | | |
| 货币资金(元) | 91.92亿 | 77.19亿 | 48.93亿 | 42.69亿 | 47.09亿 |

（5）存货：公司的存货是航材消耗件及机上供应品（图 8-11）。

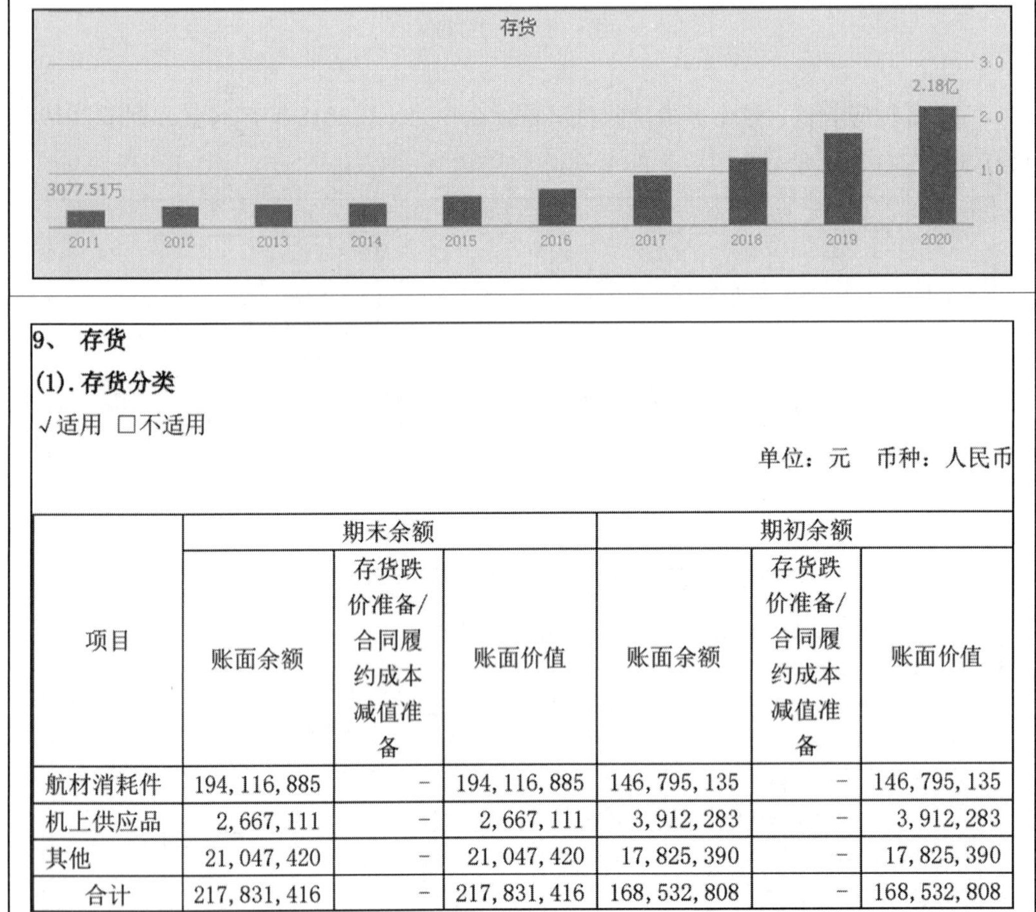


9、 **存货**

(1). **存货分类**

√适用 □不适用

单位：元 币种：人民币

| 项目 | 期末余额 | | | 期初余额 | | |
|---|---|---|---|---|---|---|
| | 账面余额 | 存货跌价准备/合同履约成本减值准备 | 账面价值 | 账面余额 | 存货跌价准备/合同履约成本减值准备 | 账面价值 |
| 航材消耗件 | 194,116,885 | - | 194,116,885 | 146,795,135 | - | 146,795,135 |
| 机上供应品 | 2,667,111 | - | 2,667,111 | 3,912,283 | - | 3,912,283 |
| 其他 | 21,047,420 | - | 21,047,420 | 17,825,390 | - | 17,825,390 |
| 合计 | 217,831,416 | - | 217,831,416 | 168,532,808 | - | 168,532,808 |

图8-11 存货

（6）其他权益工具投资：其他权益工具投资（图 8-12），就是公司持有南方航空的股权，去年 10 个亿，今年只有 8.4 亿左右，亏损了不少，不过这部分股权的亏损是不计入当期损益的，只有分红才会计入当期损益。

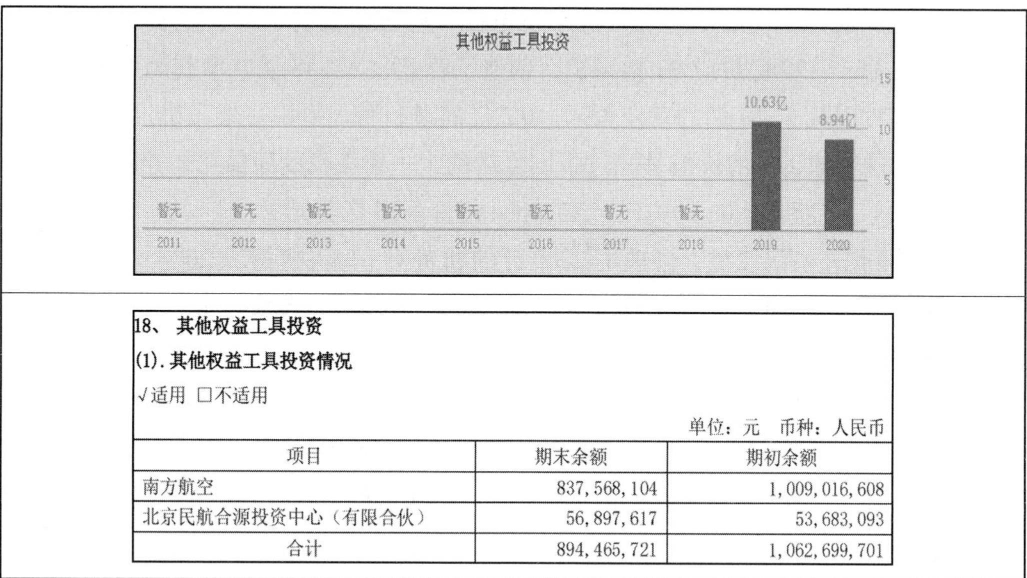


18、 其他权益工具投资

(1). 其他权益工具投资情况

√适用 □不适用

单位：元　币种：人民币

| 项目 | 期末余额 | 期初余额 |
|---|---|---|
| 南方航空 | 837,568,104 | 1,009,016,608 |
| 北京民航合源投资中心（有限合伙） | 56,897,617 | 53,683,093 |
| 合计 | 894,465,721 | 1,062,699,701 |

图8-12　其他权益工具投资

（7）固定资产：

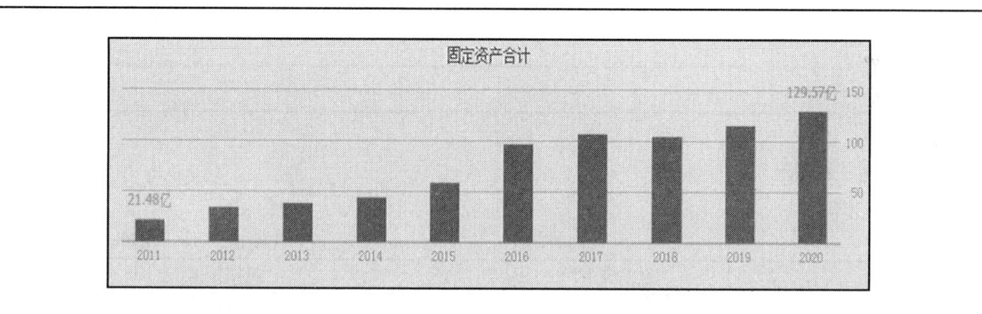


(2). 折旧方法

√适用 □不适用

| 类别 | 折旧方法 | 折旧年限（年） | 残值率 | 年折旧率 |
|---|---|---|---|---|
| 飞机、发动机核心件及模拟机 | 年限平均法 | 20 年 | 0%至 5% | 4.75%至 5% |
| 与飞机及发动机大修相关的替换件-年限平均法部分 | 年限平均法 | 6 年 | 0% | 16.67% |
| 与飞机及发动机大修相关的替换件-工作量法部分 | 工作量法 | 27 千小时 | 0% | 3.70% |
| 高价周转件 | 年限平均法 | 10 年 | 0% | 10% |
| 运输设备 | 年限平均法 | 4 年 | 1% | 24.75% |
| 办公及其他设备 | 年限平均法 | 3-10 年 | 1% | 9.9%至 33% |

公司实现旅客运输量与净利润的快速增长，将公司从开航时仅 2 架飞机机队规模发展成报告期末运营 102 架飞机机队的中大型航空公司，充分体现了公司管理团队卓越的运营与管理能力。

图8-13　固定资产

固定资产就是公司的102架飞机，还包括一些运输设备、办公设备（图8-13）。2019年固定资产129亿对应93架飞机，创造了营业收入148亿，净利润18.4亿，相当于一架飞机创造了1.6亿的营业收入，0.2亿的净利润。平均一架飞机价值为1.4亿左右（注意这里的飞机的价值是经过折旧之后的，一架飞机的原值可不止这些，一架A320ceo飞机目前报价1.06亿美元，A320neo报价1.15亿美元）。

一架1.4亿左右的飞机，创造了2000万的利润（一架飞机折旧20年），你说这样的一架飞机盈利能力差吗？在我眼里已经算是很不错的了。当然公司的利润也包括了政府的补贴（后面会详细解答）。

（8）在建工程：从2018年开始公司大幅扩张，在疫情如此严重的2020年公司仍然坚持着扩张的战略（图8-14），未来这些引进的飞机能否带来更多的利润，是我们判断公司未来成长性最关键最重要的因素，也是我们作为投资者所需要深入思考的地方。

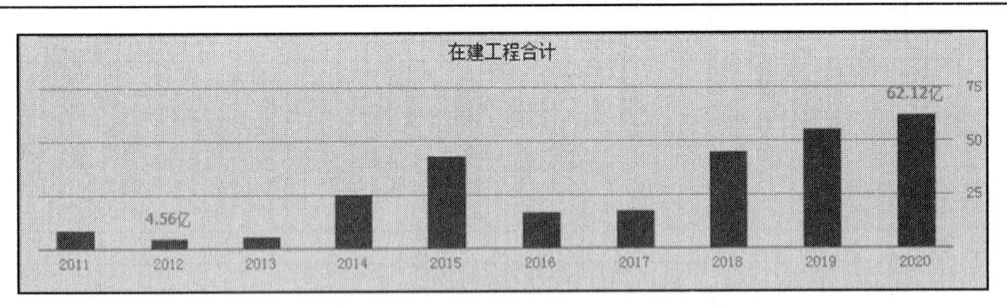


**在建工程**

**(1). 在建工程情况**

√适用 □不适用

单位：元　币种：人民币

| 项目 | 期末余额 | | | 期初余额 | | |
|---|---|---|---|---|---|---|
| | 账面余额 | 减值准备 | 账面价值 | 账面余额 | 减值准备 | 账面价值 |
| 购买飞机预付款 | 6,123,935,866 | - | 6,123,935,866 | 5,479,813,215 | - | 5,479,813,215 |
| 飞机改装预付款 | 44,396,750 | - | 44,396,750 | 58,328,999 | - | 58,328,999 |
| 房屋及建筑物 | 43,700,322 | - | 43,700,322 | 2,025,770 | - | 2,025,770 |
| 合计 | 6,212,032,938 | - | 6,212,032,938 | 5,540,167,984 | - | 5,540,167,984 |

| 引进方式 | 2021年 | 2022年 | 2023年 |
|---|---|---|---|
| **引进** | 11架A320系列 | 14架A320系列 | 16架A320系列 |
| **经营租赁到期** | 1架A320系列 | 9架A320系列 | 4架A320系列 |

图8-14　在建工程

（9）无形资产：这个无形资产指的是 2019 年预付土地款（图 8-15）。

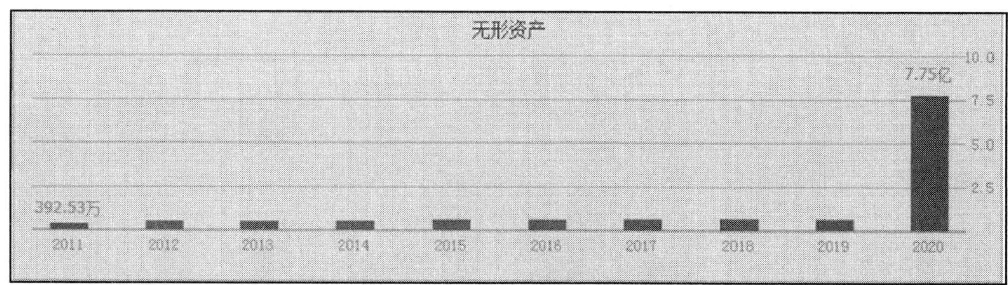


图8-15　无形资产

（10）其他非流动资产：主要是经营租赁飞机大修储备金（图 8-16）。

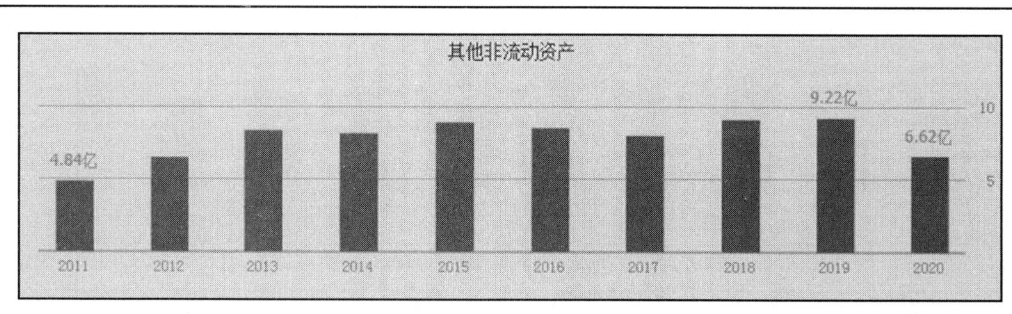


**31、 其他非流动资产**

√适用 □不适用

单位：元　币种：人民币

| 项目 | 期末余额 | | | 期初余额 | | |
|---|---|---|---|---|---|---|
| | 账面余额 | 减值准备 | 账面价值 | 账面余额 | 减值准备 | 账面价值 |
| 经营租赁飞机大修储备金 | 613,542,269 | - | 613,542,269 | 811,279,697 | - | 811,279,697 |
| 经营租赁飞机押金 | 48,845,052 | - | 48,845,052 | 64,712,789 | - | 64,712,789 |
| 运输营运押金及履约保证金 | 35,277 | - | 35,277 | 35,355 | - | 35,355 |
| 房屋租赁押金 | - | - | | 45,750,000 | - | 45,750,000 |
| 合计 | 662,422,598 | - | 662,422,598 | 921,777,841 | - | 921,777,841 |

图8-16　其他非流动资产

## 8.3.3 负债

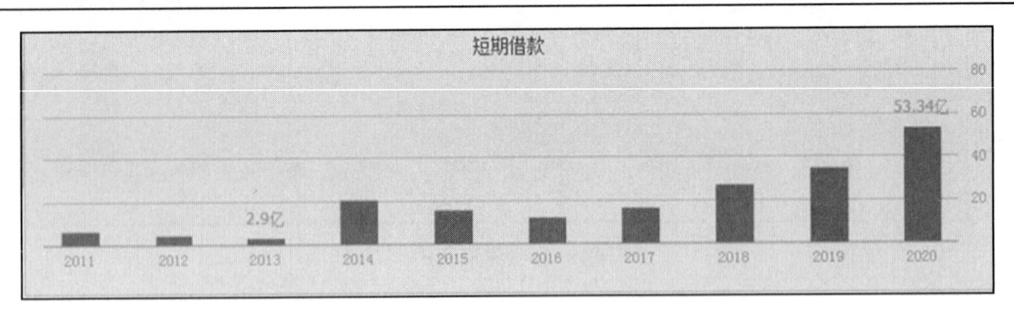


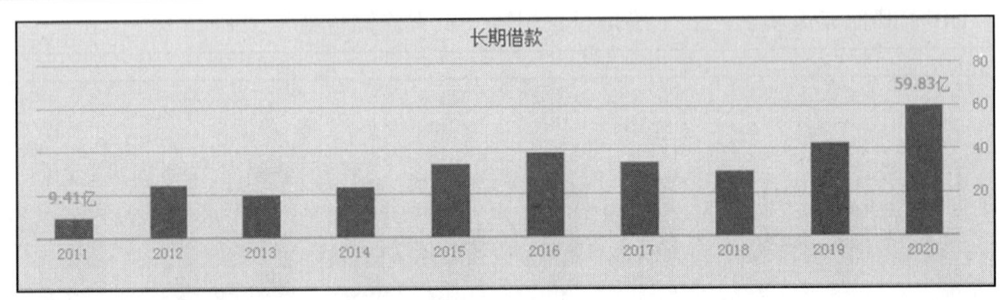


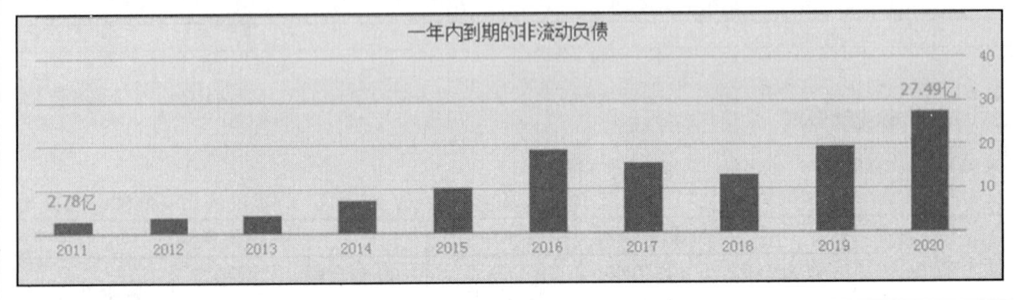


**(2).应付债券的增减变动：（不包括划分为金融负债的优先股、永续债等其他金融工具）**

√适用 □不适用

单位：元 币种：人民币

| 债券名称 | 面值 | 发行日期 | 债券期限 | 发行金额 | 期初余额 | 本期发行 | 按面值计提利息 | 溢折价摊销 | 本期偿还 | 重分类至一年内到期的非流动负债 | 期末余额 |
|---|---|---|---|---|---|---|---|---|---|---|---|
| 公司债券 | 100 | 2016/6/2 | 5年 | 2,285,128,343 | 192,273,500 | - | 7,303,600 | 7,323,956 | - | 192,293,856 | - |
| 合计 | / | / | / | 2,285,128,343 | 192,273,500 | - | 7,303,600 | 7,323,956 | - | 192,293,856 | - |

经中国证券监督管理委员会证监许可[2016]629号文核准，本公司于2016年6月2日发行公司债券，此债券采用单利按年计息，固定年利率为3.65%，每年付息一次。于2019年6月3日，本公司根据申报回售公司债券的数量偿还债券本金人民币2,107,800,000元。

于2020年12月31日，短期借款的利率区间为0.926%至3.2%(2019年12月31日：3.045%至3.915%)。

于2020年12月31日，长期借款的利率区间为1.064%至4.41%(2019年12月31日：1.45%至4.475%)。

图8-17 有息负债

（1）有息负债：2020 年公司有息负债共 140.5 亿占总资产（324 亿）的 43%（图 8-17），有息负债占总资产比例不小。为什么公司 2020 年的有息负债增长那么快？主要有两方面的原因，一方面是由于疫情的影响新增一些借款；另一方面是在行业低迷时期持续扩张，继续占领市场，提高市占率，增加有息负债，以防不时之需，而且公司的融资利率非常低，说明公司的信用等级非常高！

（2）应付账款：公司的应付账款主要是飞机的起降费、飞机及发动机修理费（图 8-18）。

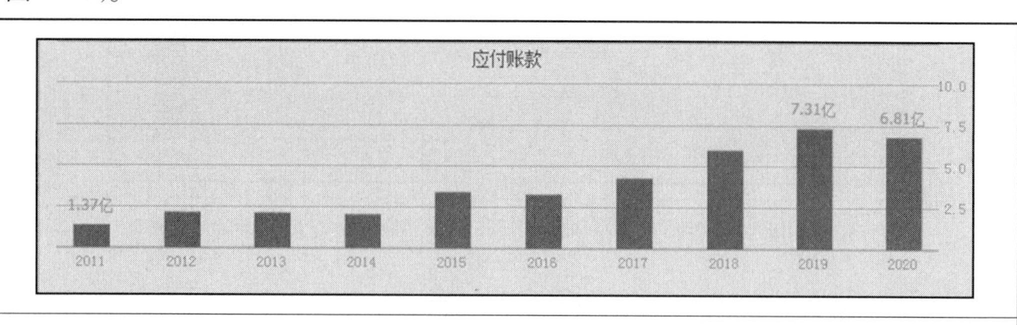


**37、 应付账款**

**(1). 应付账款列示**

√适用 □不适用

单位：元　币种：人民币

| 项目 | 期末余额 | 期初余额 |
|---|---|---|
| 应付起降费 | 335,292,107 | 396,162,477 |
| 飞机及发动机修理费 | 111,251,157 | 60,118,148 |
| 应付通用物资采购款 | 70,484,368 | 84,627,798 |
| 应付日常维修款 | 64,598,639 | 28,583,463 |
| 应付航材采购款 | 43,762,060 | 63,638,203 |
| 应付机供品采购款 | 10,741,962 | 24,597,810 |
| 应付租赁费 | 4,667,960 | 4,298,235 |
| 应付航油费 | 2,538,992 | 32,406,007 |
| 应付其他款项 | 38,114,486 | 37,003,371 |
| 合计 | 681,451,731 | 731,435,512 |

图8-18　应付账款

（3）预收款、合同负债：2020 年公司预收款项执行新收入准则重分类为合同负债（图 8-19）。

从资产负债表我们可以看出，公司目前账上现金一般，占总资产 28%；有息负债大幅增加，占总资产 43%，公司有息负债率较高，但公司融资利率较低，信用等级非常高！从固定资产来看，过去公司的盈利能力非常不错，单架飞机可盈利 0.2 亿左右，盈利性较好；过去两年公司在建工程大幅增加，表明公司持续扩张，购买更多的飞机，为了在行业低迷时期占领更多的市场，提高市占率。

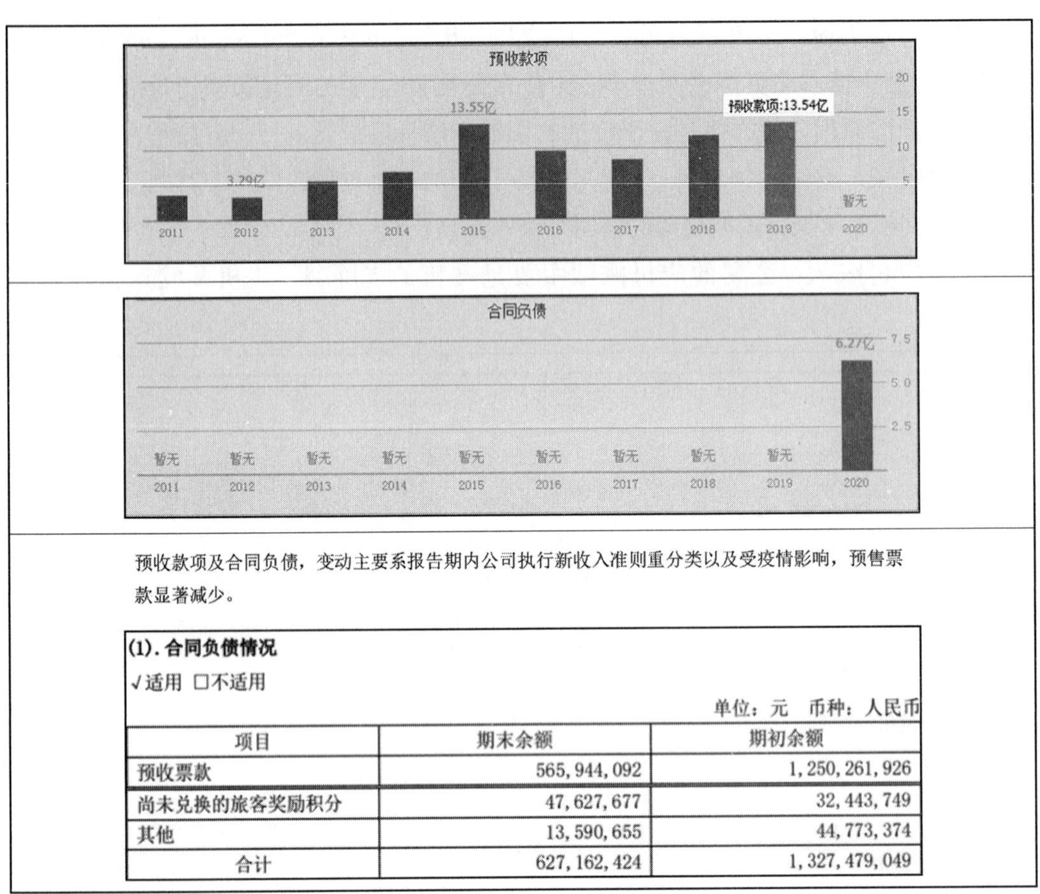


预收款项及合同负债，变动主要系报告期内公司执行新收入准则重分类以及受疫情影响，预售票款显著减少。

**(1). 合同负债情况**

√适用 □不适用

单位：元 币种：人民币

| 项目 | 期末余额 | 期初余额 |
|---|---|---|
| 预收票款 | 565, 944, 092 | 1, 250, 261, 926 |
| 尚未兑换的旅客奖励积分 | 47, 627, 677 | 32, 443, 749 |
| 其他 | 13, 590, 655 | 44, 773, 374 |
| 合计 | 627, 162, 424 | 1, 327, 479, 049 |

图8-19 预收款和合同负债

## 8.3.4 利润表解读

在研究春秋航空利润表时（表 8-8），“其他收益”这一科目引起我的好奇，每年都有十几个亿的收益，可真不小。那么这个其他收益指的是什么呢？我们带着这个好奇心往下看。

这个其他收益指的是航线补贴与财政补贴（表 8-9）。

关于航线补贴的历史笔者认为我们应该也要了解下：我国的航空公司补贴始于 20 世纪 80 年代，那时政府主要对新成立航空公司进行补贴。在 1998 年和 2008 年的两次金融危机时，我国政府开始加大对航空公司的补贴；在高油价时期，政府对航空公司进行燃油附加补贴，此后补贴渐成惯例，即便是在 2017 年航企效益较好之时，我国四大航仍获得 114.57 亿元补贴，占利润总额的 68%。政府补贴对行业的发展起到了一定的推动作用，但是当前，国内外也有政府和主流媒体对航空补贴持质疑态度，其主要疑虑在于，在航线补贴“温室”中成长起来的航空公司是否会因被过度保护而缺乏对外竞争力？未乘机人也间接为航空旅行支付了费用，这样是否公平？

**表8-8　利润表**

| 科目\年度 | 2020 | 2019 | 2018 | 2017 | 2016 » |
|---|---|---|---|---|---|
| 一、营业总收入(元) | 93.73亿 | 148.04亿 | 131.14亿 | 109.71亿 | 84.29亿 |
| 其中：营业收入(元) | 93.73亿 | 148.04亿 | 131.14亿 | 109.71亿 | 84.29亿 |
| 二、营业总成本(元) | 108.91亿 | 138.46亿 | 125.10亿 | 103.94亿 | 80.50亿 |
| 其中：营业成本(元) | 99.76亿 | 131.15亿 | 118.44亿 | 96.38亿 | 73.50亿 |
| 营业税金及附加(元) | 1409.95万 | 1742.59万 | 1545.76万 | 1434.16万 | 668.35万 |
| 销售费用(元) | 2.06亿 | 2.61亿 | 2.60亿 | 2.98亿 | 2.58亿 |
| 管理费用(元) | 1.59亿 | 1.82亿 | 2.02亿 | 1.87亿 | 1.88亿 |
| 研发费用(元) | 1.07亿 | 1.25亿 | 1.05亿 | 6431.60万 | -- |
| 财务费用(元) | 7967.91万 | 1.10亿 | 8370.89万 | 1.92亿 | 2.46亿 |
| 其中：利息费用(元) | 2.59亿 | 2.40亿 | 2.31亿 | 2.81亿 | -- |
| 利息收入(元) | 1.85亿 | 1.89亿 | 2.29亿 | 1.31亿 | -- |
| 资产减值损失(元) | 3.48亿 | 376.51万 | -- | -- | -- |
| 信用减值损失(元) | 74.66万 | 3233.01万 | -- | -- | -- |
| 加：公允价值变动收益(元) | -63.66万 | -1626.17万 | 2553.80万 | -1235.09万 | -- |
| 投资收益(元) | -3.79亿 | 1233.56万 | -2139.23万 | -1480.40万 | -9070.08万 |
| 其中：联营企业和合营企业的投资收益(元) | -4.02亿 | -178.14万 | -548.70万 | 115.08万 | -9070.08万 |
| 资产处置收益(元) | 301.72万 | 383.38万 | 673.40万 | 2886.43万 | 6479.79万 |
| 其他收益(元) | 12.69亿 | 13.54亿 | 13.03亿 | 10.19亿 | -- |
| 三、营业利润(元) | -6.26亿 | 23.11亿 | 19.18亿 | 15.97亿 | 3.54亿 |

**表8-9　其他收益**

**69、其他收益**

√适用 □不适用

单位：元币种：人民币

| 项目 | 本期发生额 | 上期发生额 |
|---|---|---|
| 航线补贴 | 938, 822, 143 | 1, 105, 037, 258 |
| 财政补贴 | 330, 079, 187 | 248, 605, 943 |
| 合计 | 1, 268, 901, 330 | 1, 353, 643, 201 |

其他说明：

航线补贴包括各地方政府或机场给予本公司经营某些航线的补贴以及中国民用航空局给予本公司的航线补贴。

而对于春秋航空由于公司自身盈利能力增强，政府补贴依存度持续下降（图 8-20）：公司航线下沉，在二三线城市的航线安排可以获得当地政府航线补贴，政府补贴也一度高于公司经营利润。最近三年随着公司自身盈利水平的提升，对外部政府补贴的依赖程度逐渐降低，但政府补贴也为公司增厚了利润基础，在行业“黑天鹅”时期政府补贴是公司稳定的外部保障。

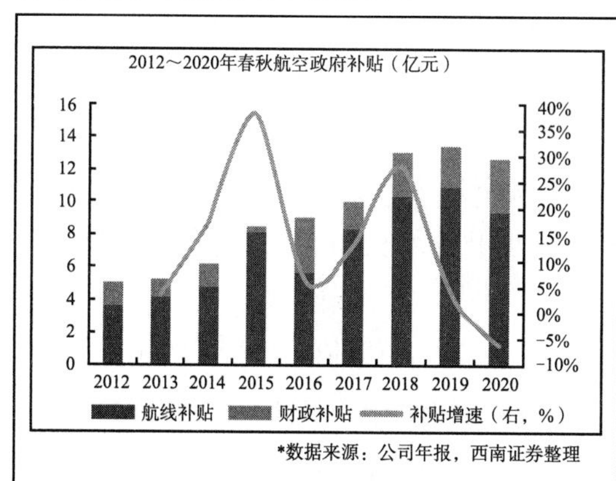


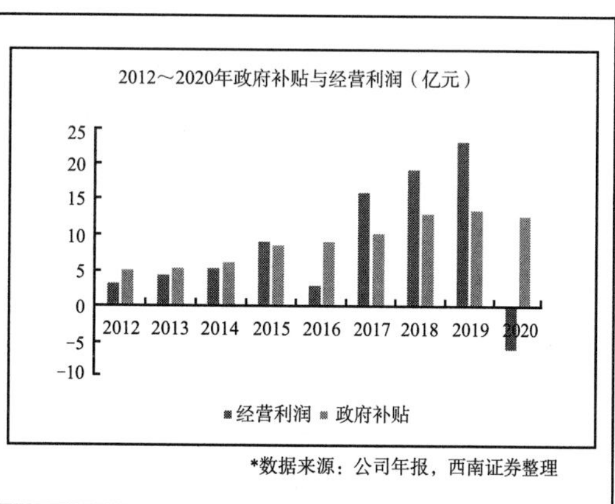


图8-20　春秋航空对政府补贴依存度下降

看完了资产负债表和利润表，各位读者朋友们，你会评估公司的内在价值吗？

## 8.4 春秋航空竞争力分析

在评估公司内在价值之前第一步我们就要分析公司的竞争力。

为什么春秋航空营业收入会从 2011 年 44.63 亿增长到 2019 年 148 亿，8 年时间增长了 3.3 倍？净利润从 2011 年 4.83 亿增长到 2019 年 18.41 亿，8 年时间增长了 3.8 倍（图 8–21）？它的秘诀到底是什么？

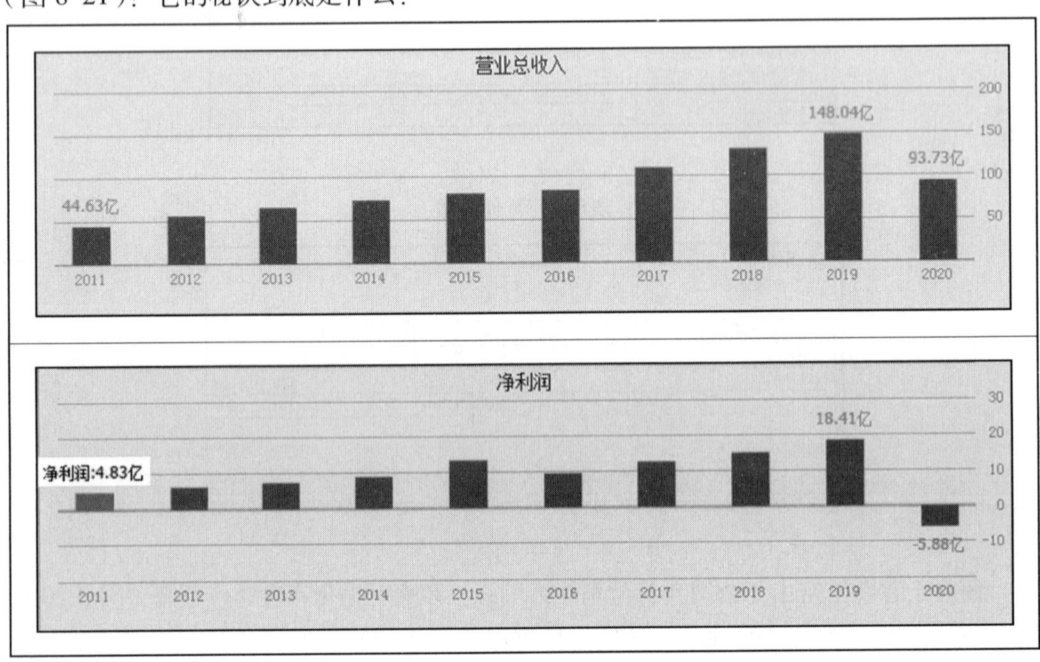


图8–21　营业总收入和净利润

答案是公司的“成本”非常低。

我们先来解释下投资航空股的基本逻辑：我国民航运价持续走低的经验表明，在宏观经济持续放缓的情况下，如任由航空公司之间自由竞争，在迈过一轮周期中的盈利高点后，供给大概率是持续过剩的，各航司很难自发的以持续提价的方式获取利润，价格战难以避免，成本端的优势将成为一家航空公司能否穿越周期的关键所在。

毛利率：春秋航空的毛利率在整个行业是处于较低位置，可以说是最低的了（2020 年是异常值剔除）（图 8–22）。

春秋航空毛利率在整个行业排到最后，但净利率却排在最前面（图 8–23）。

春秋航空拥有最好的净利率，主要是来于全行业最低的销售费用率与管理费用率，正因为春秋航空拥有行业最高的净利率才构成了春秋航空持续而稳定的较为不错的 ROE（图 8–24）。

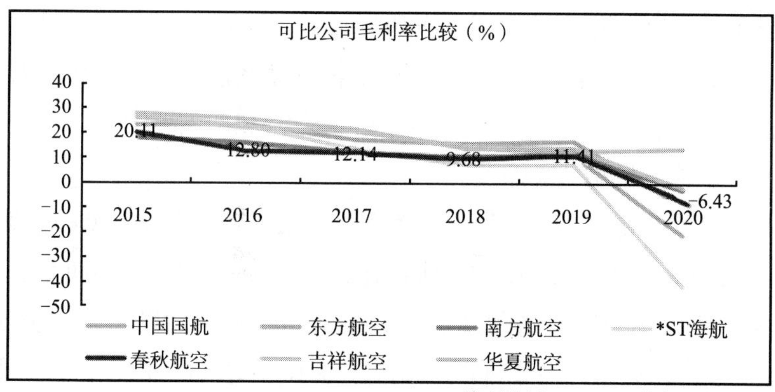


*资料来源：WIND，德邦研究所

图8−22　毛利率对比

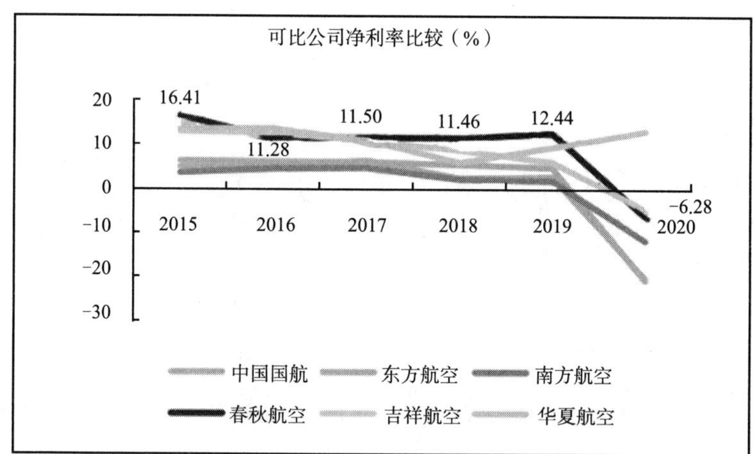


*净利率=归母净利润/营业总收入
*资料来源：WIND，德邦研究所

图8−23　净利率对比

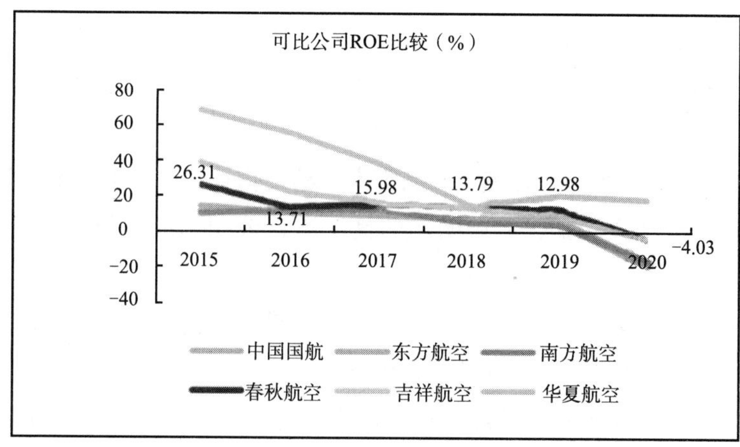


*资料来源：WIND，德邦研究所

图8−24　ROE对比

那么春秋航空是如何构成持续而稳定的较为不错的ROE呢？这就涉及公司的商业模式：春秋航空以低廉的票价闻名于世，低票价下盈利能力全面领先的背后是对成本端管控的极致努力，其主要特点可简单概括为“两单”“两高”“两低”。

（1）“两单”：单一机型与单一舱位。

单一机型：公司全部采用空客A320系列机型飞机，统一配备CFM发动机。使用同一种机型和发动机可通过集中采购降低飞机购买和租赁成本、飞机自选设备项目成本、自备航材采购成本及减少备用发动机数量。春秋单位维修成本显著低于三大航，2019年三大航平均维修成本为每单位0.021，春秋为0.014，相较三大航低30%以上（图8-25）。

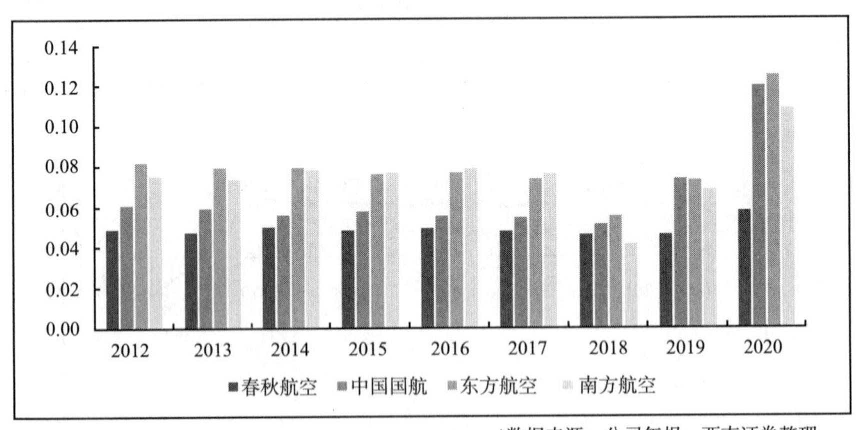


图8-25　春秋航空单位摊销折旧租赁成本低于三大航平均水平（元/座公里）

单一舱位：公司飞机只设置单一的经济舱位，不设头等舱与公务舱。可提供座位数较通常采用两舱布局运营A320机型飞机的航空公司高15%～20%。2015年9月起，公司开始引进空客新客舱布局的A320机型飞机，座位数量在保持间隔不变的情况下由180座增至186座，截至2020年末，已有65架186座客舱布局飞机。此外，公司于2020年9月引进首架A321neo飞机，也是目前国内首架座位数量为240座的A321客机，截至2020年末，公司拥有4架A321neo飞机。

（2）“两高”：高客座率与高飞机日利用率，精细化管理有效提升运营效率。

高客座率：在机队扩张、运力增加的情况下，公司始终保持较高的客座率水平（图8-26）。

高飞机日用率：科学规划，保证安全的前提下最大化航班运营效率（图8-27）。

（3）“两低”：低销售费用，低管理费用。

低销售费用：公司机票主要通过电子商务直销，代理费用保持在极低水平，进而拉低销售费用。2019年非包机包座业务外电商直销占比达到91.9%（图8-28），销售费用率仅为1.76%（图8-29），远低于同业平均水平。

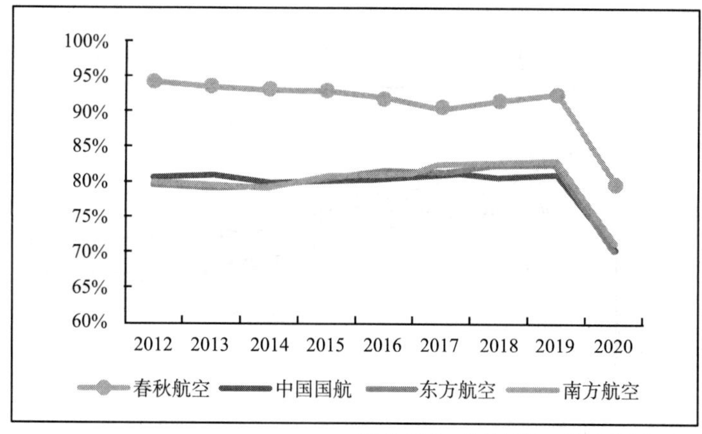


*数据来源：公司年报，西南证券整理

图8-26　2012～2020年春秋客座率显著高于三大航

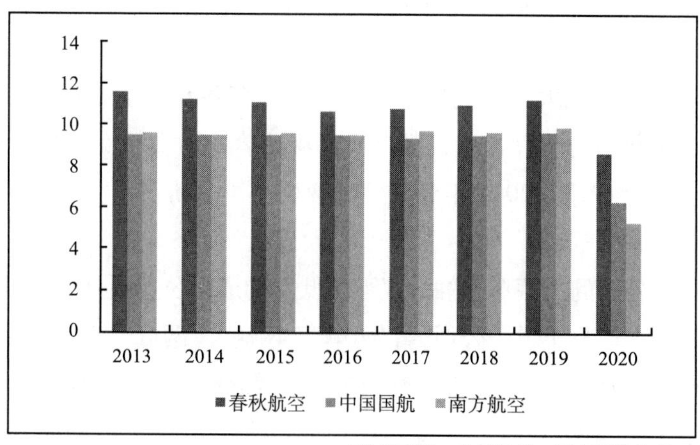


*数据来源：公司年报，西南证券整理

图8-27　2013～2020年春秋飞机日利用率（小时）高于其他航司

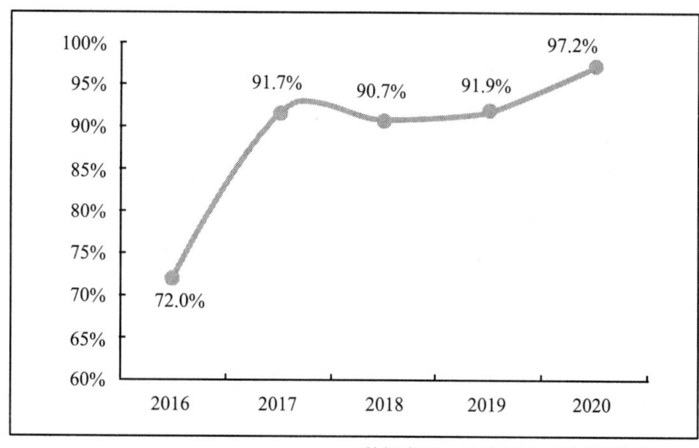


*数据来源：公司年报，西南证券整理

图8-28　2016～2020年公司线上电子直销比例

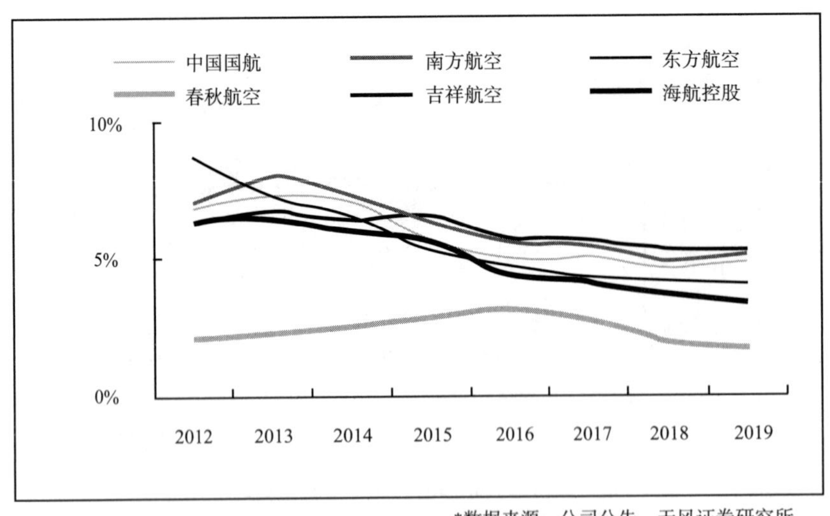


*数据来源：公司公告，天风证券研究所

图8-29　2019年各航司销售费用率水平

低管理费用：公司最大程度利用第三方服务商在各地机场的资源与服务，降低日常管理费用，通过严格的预算管理、费控管理及科学的绩效考核及人机比的合理控制，降低人力成本及日常费用，2019 年公司管理费用率（含研发）仅为 2.07%，同样低于同业平均水平。

从上面分析，公司的“两单”“两高”“两低”构成了公司最强大的竞争力，那就是把成本压缩到极致。但我想说，公司的“两单”“两高”“两低”它这只是一种结果，而背后的根本逻辑我认为是公司的企业文化与公司刚成立起就已经刻烙着互联网的基因：

当你仔细阅读公司年报时，你就会发觉公司无所不在都在透露着对成本极致的追求。

这种节俭是刻在骨子里的。第一财经日报曾报道：春秋航空老板王正华的办公室是与其 CEO 在同一间，面积不到 10 平方米。他的衣服一穿就是八到十年，出差从不坐头等舱，也不用专车、备车，住宿一般也只住三星级以下的酒店。

这样的“抠门”老板你喜欢吗?

老板很“抠门”但是对于员工可不会“抠门”哦。

根据春秋航空的招股说明书，春秋航空的四大股东公司，主要由自然人持股，其中，大股东春秋国旅有包括春秋航空董事长、CEO 等在内的 24 名自然人持股，二股东春秋包机也由同样的 24 名公司高管持股。

另外两家股东公司春翔投资和春翼投资也主要是为更多的员工分享公司上市的红利而成立。其中，春翔投资是由春秋航空的 48 个中高级管理人员、核心技术人员、飞行员等业务骨干设立的公司，春翼投资则是由春秋航空和春秋国旅的 39 个管理层人士和骨干设立的公司。

从 2018 年开始公司连续三年实施员工持股计划，迈出了航空公司上市后在 A 股实施股权激励的里程碑式步伐。

如果你是公司的员工，你喜欢这样的老板吗？

公司自成立起就刻烙着互联网基因，从信息技术团队的自主建设，到电商直销平台的推广，以及全流程核心业务运营系统的研发，公司始终走在行业前列。公司拥有国内最早独立于中航信体系的分销、订座、结算和离港系统，每年为公司节省大量的销售费用支出。此外，公司还拥有自主研发的收益管理系统、航线网络系统、航班调配系统、机组排班系统、维修管理系统、地面管控系统和安全管理系统等，覆盖主要业务流程点，并仍在不断优化和完善。凭借自身强大的互联网航空信息系统的全面开发、运营和维护能力，公司已经具备向国内其他航空公司输出具有自主知识产权的系统解决方案的技术能力。

所以有投资者这样评价：春秋航空不像是一家航空公司，更像是一家 IT 公司！

通过几家航空公司研发费用对比，春秋航空研发费用最高，而且逐年增长（表 8-10）。

春秋航空竞争力还体现在：客公里收入稳定，市占率逐步提升。公司主打低成本出行，客公里收益稳定在 0.3 ～ 0.35 元，2020 年客公里收益为 0.304 元 / 客公里。2020 年以旅客运输量为计算口径公司市占率提升到 4.5%。

**表8-10　研发费用对比**

春秋航空

| 年度 | 2017 | 2018 | 2019 | 2020 |
|---|---|---|---|---|
| 营业收入 / 亿元 | 109.7 | 131.1 | 148 | 93.7 |
| 研发投入 / 亿元 | 0.64 | 1.05 | 1.25 | 1.07 |
| 研发投入占比营业收入 | 0.58% | 0.80% | 0.80% | 1.10% |

中国国航

| 年度 | 2017 | 2018 | 2019 | 2020 |
|---|---|---|---|---|
| 营业收入 / 亿元 | 1213.6 | 1367.7 | 1361.8 | 695 |
| 研发投入 / 亿元 | 0.95 | 1.1 | 4.9 | 1.8 |
| 研发投入占比营业收入 | 0.08% | 0.08% | 0.35% | 0.26% |

中国东航

| 年度 | 2017 | 2018 | 2019 | 2020 |
|---|---|---|---|---|
| 营业收入 / 亿元 | 1017.2 | 1149.3 | 1208.6 | 586.4 |
| 研发投入 / 亿元 | 0.9 | 1.4 | 1.6 | 1.8 |
| 研发投入占比营业收入 | 0.08% | 0.12% | 0.13% | 0.30% |

## 8.5 春秋航空未来的发展空间及思考

看完之前的内容，相信读者朋友们对春秋航空的理解应该是更深入了，特别是对春秋航空的竞争力有了更为深刻的理解，可以说未来的春秋航空有望复制西南航空一步步走下去，特别是在2020年行业发生危机时，公司的市占率大幅提高，所以判断一个公司的好坏，特别重要的一点，在行业困境时，它能否抓住机会，迅速占领市场，并且盈利能力不能弱化。春秋航空完全符合这一点。

所以我们判断春秋航空未来能否成长到多大？从长期角度来看，是看行业的发展空间有多大；如果从短期来看，就看公司目前引进飞机的数量。

（1）行业发展空间。从渗透率看，中国LCA长期处于蓝海市场：

一方面，全球低成本航空市场份额持续扩大，中国市场具有极大的发展空间。根据亚太航空中心统计，2011～2020年十年间，全球低成本航空的区域内航线市场份额从27.5%提高至35.1%，国际航线市场份额从7.6%提升至16.6%；亚太地区的国内航线市场份额从20.5%攀升至31.5%，国际航线市场份额从4.6%提升至13.3%（图8-3、图8-4）。根据亚太航空中心统计，2020年我国低成本航空占国内航线市场份额为11.1%，较2019年上升1%，低成本航空公司无论从数量还是市场份额来看仍然较少，然而疫情期间上升的市场份额显示了市场结构化、差异化需求的刚性趋势，随着疫情逐渐好转，我国大众化航空出行需求将日益旺盛，未来市场前景广阔，潜力巨大。

另一方面，对比美国，我国民航行业多项数据仍有提升空间。从旅客周转量来看，我国2019年旅客周转量为11705.3亿人公里，与美国2004年数据相当，近年来虽持续增长，然而较美国水平仍有超5000亿人公里的差距（图8-30）。人均乘机次数方面，

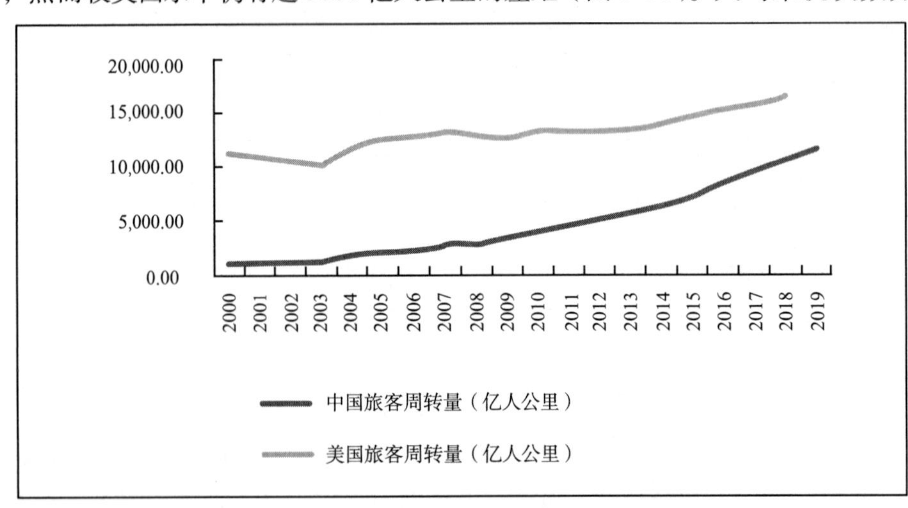


*数据来源：Wind，德邦研究所

**图8-30 中美旅客周转量对比**

根据《2020 中国副省级以下城市航空通达性报告》，美国、加拿大、澳大利亚等国家人均超过2次，2019 年，我国人均乘机次数为0.47次，也有较大提升空间。

这里还有一个问题，有投资者担心：高铁会不会取代飞机啊？这句话的意思说有没有替代品抢占航空的市场份额，我们来分析一下：

民航运输替代品主要来自两个层面，其一是其他交通方式，包括铁路、公路及水路运输等，另一方面是来自如线上视频会议 APP 等应用的普及。其他交通方式中，高铁因其较高便捷性和更亲民的价格在短距离运输上对民航产生了一定程度的冲击，远距离运输（通常认为大于 1000 千米）上，民航地位仍不可动摇。根据交通运输部数据，2013 ～ 2019 年，民航旅客周转量及其占比均持续提升，2019 年，民航旅客周转量 11705 亿公里，同比增长 9.3%，旅客周转量占比约 33%，主要受到挤占的是公路运输份额（图 8-31）；2020 年，根据国家统计局发布的《2020 年国民经济和社会发展统计公报》，全年旅客运输周转量为 19251.4 亿人公里，受疫情影响，同比下降 45.5%，民航旅客周转量 6311.2 亿人公里，同比下降 46.1%，占比为 32.8%，同比下降 0.3%，在综合交通运输体系中仍占据重要地位。线上视频会议方面，主要影响部分商务出行，旅游、探亲等需求仍需通过民航运输实现。预计未来民航需通过降低价格（价格方面，低成本航空较全服务航空有明显优势）、提升服务、“空铁联运”等方式来保持并提升市场份额，与上述替代品或将保持竞争与互补的双重关系，寻求合作共赢的解决方式。

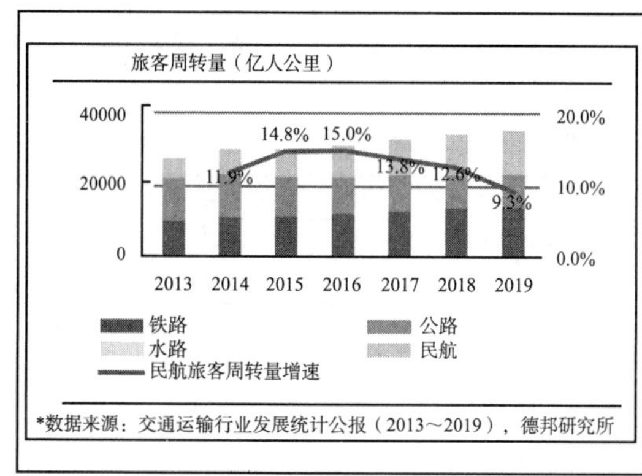


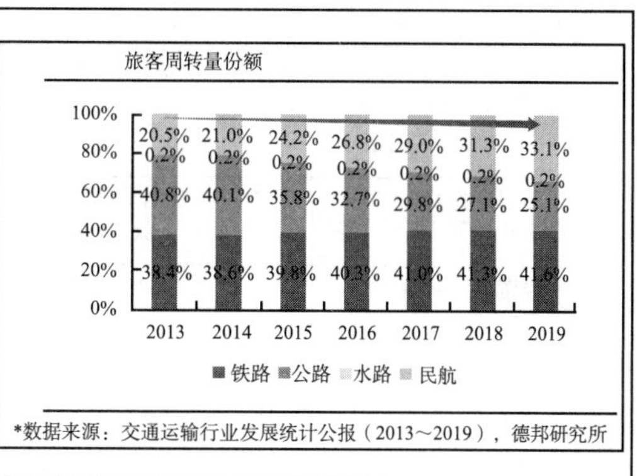


图8-31　旅客周转量和旅客周转量份额

（2）公司引进飞机的数量。截至2021年，公司拥有A320系列飞机104架（图8-32）。

统计过去五年（2014 ～ 2019 年），一架飞机对应固定资产 1.4 亿左右，对应营业收入 1.6 亿左右，净利润 0.2 亿左右（表 8-11）。所以我们判断春秋航空未来几年的利润增速，就看公司引进了多少架飞机（表 8-12）。

2020 年公司 102 架飞机，2021 年计划引进 11 架，经营租赁到期 1 架，那么 2021 年共 114（=102+11+1）架飞机。

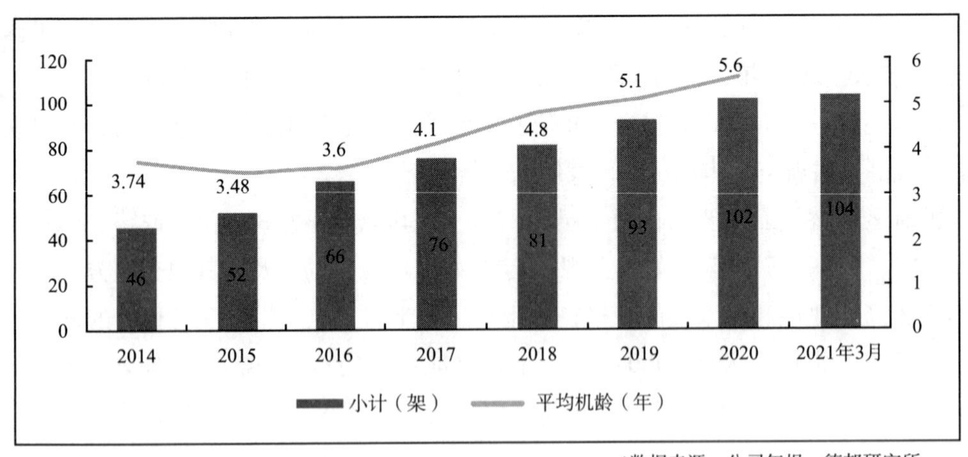


*数据来源：公司年报，德邦研究所

图8-32　春秋航空A320系列机队

表8-11　单架飞机的价值

| 年度 | 2014 年 | 2015 年 | 2016 年 | 2017 年 | 2018 年 | 2019 年 |
|---|---|---|---|---|---|---|
| 飞机量 / 架 | 46 | 52 | 66 | 76 | 81 | 93 |
| 固定资产 / 亿元 | 43.7 | 58.6 | 96.7 | 106.9 | 104.5 | 115.5 |
| 营业收入 / 亿元 | 73.3 | 80.9 | 84.3 | 109.7 | 131.1 | 148 |
| 净利润 / 亿元 | 8.8 | 13.3 | 9.5 | 12.6 | 15 | 18.4 |
| 单架飞机对应固定资产 / 亿元 | 1.05 | 1.1 | 1.47 | 1.4 | 1.3 | 1.6 |
| 单架飞机对应营业收入 / 亿元 | 1.6 | 1.6 | 1.27 | 1.44 | 1.62 | 1.6 |
| 单架飞机对应净利润 / 亿元 | 0.19 | 0.26 | 0.14 | 0.17 | 0.19 | 0.2 |

表8-12　引进情况

| 引进方式 | 2021 年 | 2022 年 | 2023 年 |
|---|---|---|---|
| 引进 | 11 架 A320 系列 | 14 架 A320 系列 | 16 架 A320 系列 |
| 经营租赁到期 | 1 架 A320 系列 | 9 架 A320 系列 | 1 架 A320 系列 |

2022 年计划引进 14 架，经营租赁到期 9 架，2020 年共 137（=114+14+9）架飞机。

2023 年计划引进 16 架，经营租赁到期 4 架，2023 年共 157（=137+16+4）架飞机。

平均一架飞机产生 0.2 亿左右的净利润，157 架飞机产生的净利润为 31.4（=0.2 × 157）亿左右。

通过分析，我们对春秋航空应该会有一个较为深刻的理解，特别是对春秋航空竞争力的理解，既然春秋拥有非常强大的竞争力，那么我对春秋航空未来的预测就变得相对简单一点，对利润的判断也变得简单与相对可靠。虽然对公司利润的计算是比较线性的，但也符合一定的逻辑。假设 2023 年公司净利润大约 30 亿左右，对春秋航空这样有竞争力的企业，你愿意给多少估值，这是作为投资者所需要思考的问题（如果是按我的理解，我一般会给 25 倍 PE，对应市值 750 亿）。

# 第9章　上海机场

## 9.1　百年上海机场

没研究上海机场之前我不太理解上海机场股价近几年涨幅巨大的逻辑（图 9-1）。后来听说上海机场有免税业务，投资逻辑从公共事业股演变成了消费股，估值也得到快速提升，而且确定性很强，我没有仔细研究，所以没有发言权，直到近期我有了大量的时间，看了大量的资料，我才慢慢理解。

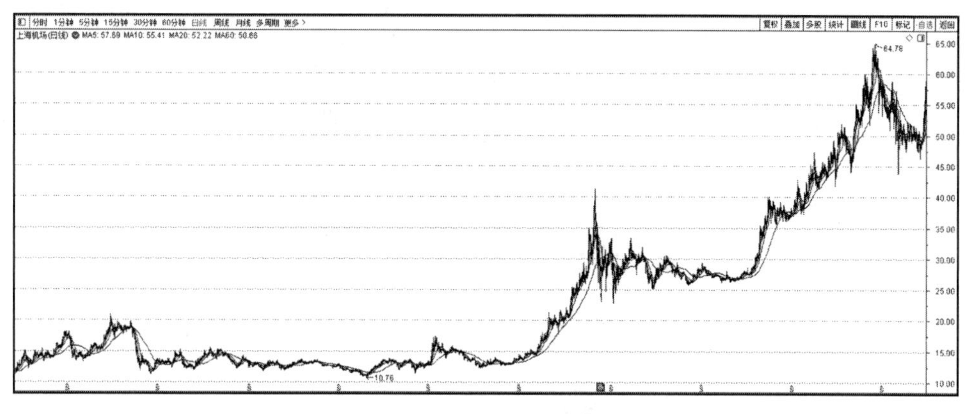


图9-1　上海机场K线图

对比国内四大上市机场（图 9-2），上海机场的收入在 2019 年一举超过首都机场，成为国内营收规模最大的机场；从盈利情况来看，上海机场 2019 年净利润规模（50.3 亿）约为首都机场（24.2 亿）的两倍，是国内盈利能力最强的机场，高密度的国际航班及高比例的国际旅客是其超越其他机场的重要原因。上海机场 2019 年的净资产收益率为 16.7%，在四大机场中位居首位，比第二名的首都机场高出 6.7%。

此时我最感兴趣的是，凭什么上海机场的盈利性这么好？当我在年报看到下面这段话的时候我瞬间就明白——优越的地理位置和丰富的市场资源——上海是我国最大的经济中心城市，位于亚洲、欧洲和北美大三角航线的端点，飞往欧洲和北美西海岸的航行时间约为 10 小时，飞往亚洲主要城市的时间在 2 ～ 5 小时内，航程适中。上海直接服务的长三角地区是我国经济最具活力、开放程度最高、创新能力最强的区域之一，是“一带一路”和“长江经济带”的重要交汇点。上海机场半径 300 公里的腹地内覆盖了长三角地区的 8 个主要工业、科技园区，相关产业航空关联度高，主要产业为电子信息、汽车、石化、成套设备、精品钢材和生物医药等。

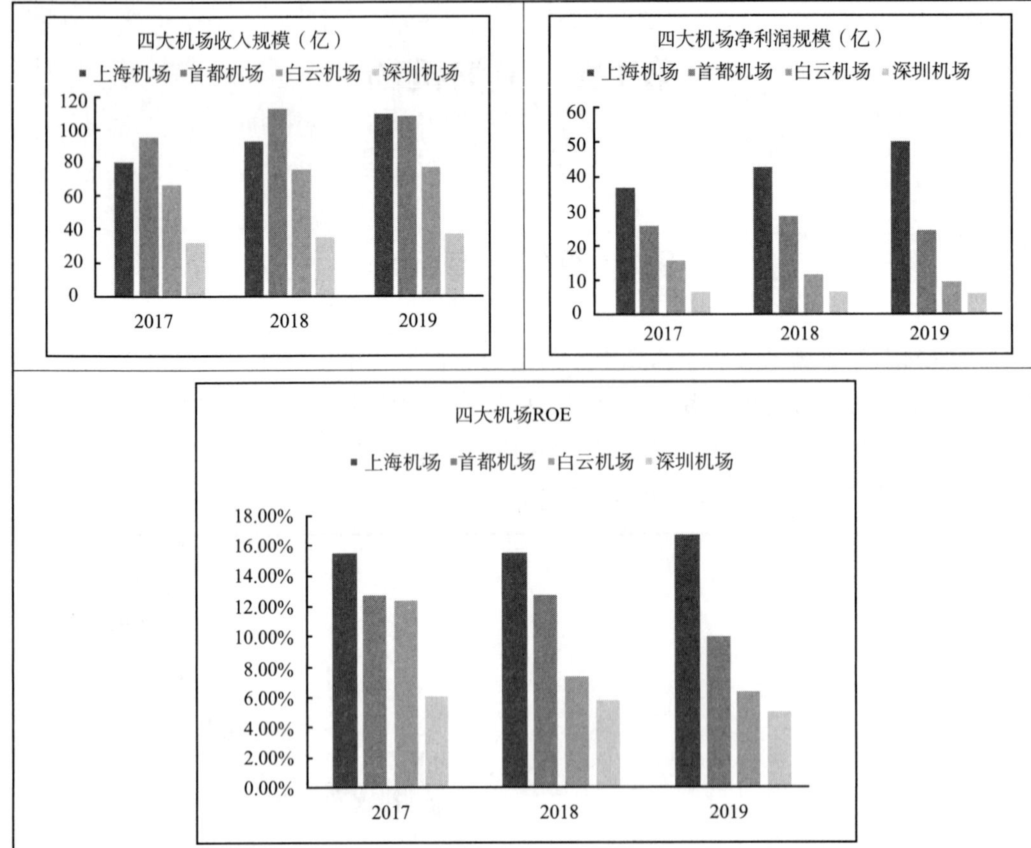


*来源：Wind，中泰证券研究所

图9–2　四大机场对比

不过本节的主题是先了解下上海机场的历史，然后我们再来仔细分析。

**历史沿革**[1]**：**

上海机场的前身是“上海虹桥国际机场股份有限公司”，是上海机场控股（集团）公司独家发起，拟采用募集方式而设立的一家股份有限公司，于 1997 年 6 月 9 日成立，注册资本金为人民币 46.9 亿元，主要从事于机场建设、施工、运营管理和与国内外航空运输有关的地面服务和国内贸易。原上海虹桥国际机场为其全资子公司。

1921 年（民国十年），北洋政府鉴于京沪两地“缩毂南北”，决定先行筹建京沪航空线，于 6 月 29 日竣工，但“扼于经费不足”，仅建成一条土质飞机跑道，未能正式通航。

1929 年（民国十八年），机场开通沪宁段航线，由南京国民政府交通部沪蓉航空管

[1] 此部分内容来源于网络。

理处经营。

1934 年（民国二十三年），机场再次征地 890 亩进行扩建。

1937 年（民国二十六年）8 月 9 日，两名进行侦察、挑衅的日军官兵在机场附近被击毙，此事即为引发八一三淞沪战争导火线的虹桥机场事件。上海沦陷后，机场为日军占领，强行圈地 1356 亩，加建跑道和机库，以适应日军侵华战事之需。

抗战胜利后，机场由南京国民政府空军接收，成为军用机场。

1946 年（民国三十五年），机场划归民航。同年 11 月，机场由中美合资中国航空公司接管，并新建旅客休息室。

1947 年（民国三十六年），机场由国民政府交通部民用航空局技术员训练所接管，机场占地面积 2500 亩。

1948 年（民国三十七年），机场直属交通部民用航空局。

1949 年 5 月 22 日，虹桥机场解放，由中国人民解放军接管，成为军用机场。

1950 年 4 月，中共中央华东局决定重建虹桥机场。

1963 年，中国和巴基斯坦两国政府决定开通上海—卡拉奇国际航空线。同年 10 月，经国务院批准，开始扩建军用虹桥机场为军民合用国际机场。

1971 年，虹桥国际机场由军民合用改为民航专用。

1984 年 3 月，上海虹桥机场候机楼工程再度扩建，扩建后的候机楼，使用面积比过去扩大了一倍。

1988 年 6 月 25 日，在上海民航管理体制改革中，虹桥机场作为独立的经济实体从中国民航上海管理局分出。

1988 年 12 月，机场候机楼进行第三次扩建，新建 T 型结构的国际候机楼。

1994 年 12 月 26 日，机场由中国民航总局交给上海市人民政府管理。

1995 年海市政府决定在浦东修建国际机场，为了适应上海地区民用航空业的高速增长及其对机场设施之未来需求。

1997 年 6 月 9 日上海市政府正式成立了上海国际机场控股（集团）公司，对上海地区民用航空机场（包括虹桥国际机场和在建中的浦东国际机场）实行统一管理。

**上海机场上市：**

上海机场于 1998 年 2 月 18 日在上海证券交易所上市，其上市以来至 2021 年 2 月 2 日股价变动如图 9-3 所示，最低复权收盘价 2.86 元每股，最高复权收盘价 86.62 元每股，最高复权收盘价是最低复权收盘价的 30 倍以上（不考虑分红）。

**上海机场上市后的发展：**

上海机场于 1998 年上市，2004 年资产置换之后，浦东机场成为公司的主要资产。2005年，第二跑道正式启用。随着客流量的增加， T2 航站楼及第三跑道于 2008 年正式启用。公司随即开始修建第四跑道，2015 年第四跑道正式启用。2019 年 1 号、2 号卫星厅正式投入使用。公司的控股股东为上海机场（集团）有限公司，持股比例为53.25%，公司的实际控制人为上海市国资委。

图9-3　股价变动图

新产能的投放直接影响到机场的旅客吞吐量及飞机起降架次，当可容纳旅客容量、机场跑道起降架次逐渐达到饱和时，机场一般会及时投运新的航站楼及跑道，不断提升机场的容量。上海机场 2005 ～ 2019 年之间共有 5 次新产能投运（图 9-4）。

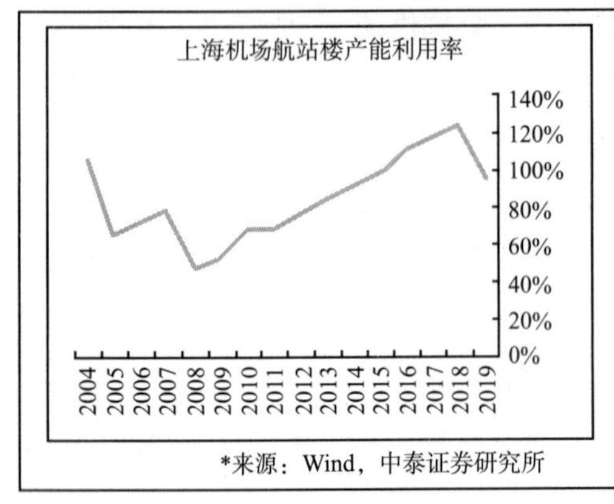


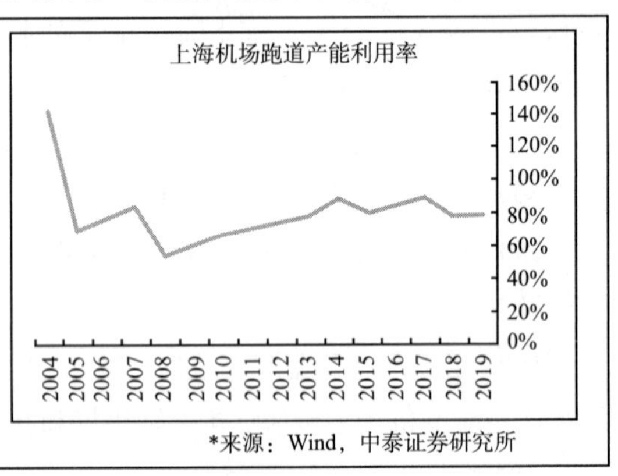


图9-4　上海机场航站楼及跑道产能利用率

第一次，2005 年。旅客吞吐量增速及飞机起降架次增速放缓，航站楼及跑道产能利用率在 2003 年已达 100% 以上，T1 航站楼扩建以及 2 号跑道于 2005 年正式投运，使当年航站楼及跑道产能利用率下降。

第二次，2008 年。旅客吞吐量增速经过两年增长已达到容量极限，飞机起降架次增速也逐渐降低，当年 T2 航站楼及 3 号跑道正式投运，之后两年伴随着机场旅客和飞机起降次数的快速增长，航站楼及跑道的产能利用率不断提升。

第三次，2015 年。旅客吞吐量及飞机起降架次增速达顶峰，为缓解跑道运行压力，4 号跑道投运，航站楼产能利用率仍在保持上升态势，跑道产能利用率略下降。

第四次，2018 年。机场第 5 跑道正式投运，根据其可研报告，第 5 跑道将主要作为大型客机的专用跑道，承担首飞、部分调整试飞以及生产试飞。

第五次，2019 年。S1、S2 卫星厅投运，机场的容量获得提升，预计今后两年航站楼利用率及跑道利用率将再次迎来爬坡期。

为什么上海机场会持续地增加产能供给，当你仔细阅读年报的时候，每年总会有这样的一段话："航空运输业与宏观经济周期密切相关，航空运输业的增长态势带动了机场业务量的增长，×××× 年浦东机场努力提高运营效率，业务量稳步增长，完成情况好于年初预期，继续巩固全球特大繁忙机场地位，预计未来一段时间景气状况将继续得以维持，但同时也面临高位运行和资源紧缺的新常态。一般而言，节假日是航空运输市场的旺季，因此机场行业也具有类似的季节性，而随着上海航空运输市场的迅速增长，浦东机场在高位运行的态势下季节性的波动正逐步减小。"

上海机场的主要矛盾是由于供给不足，而供给不足产生的原因主要是上海航空运输市场的迅速增长。所以判断上海机场未来能够产生多大的利润，问题变得不是特别复杂了。特别是在 2018 年 9 月 8 日跟日上上海签订重大合同（图 9–5），更让上海机场插上了翅膀，下有保底，上无封顶，这是价值投资者的最爱，上海机场未来的发展具有非常大的确定性。

三、合同主要条款

（一）合同金额和收费方式

合同金额自相应区域合同起始之日起计收，按月结算支付。月实收费用采用月实际销售提成和月保底销售提成两者取高的模式：

当月实际销售提成≥月保底销售提成时：月实收费用=月实际销售提成

当月实际销售提成＜月保底销售提成时：月实收费用=月保底销售提成

月实际销售提成=Σ（各分类月实际销售额×对应分类销售提成比例）

对应分类销售提成比例见下表：

| 分类 | 综合销售提成比例 | 分类销售提成比例 |
| --- | --- | --- |
| 香化、烟酒、食品 | 42.5% | （42.5%-12.5%×25%）/87.5% |
| 百货 | | 25% |

月保底销售提成=Σ(场地所处各区域各年保底销售提成报价×10000÷规划使用月份数)

| 合同期间 | 预计每年保底销售提成（亿元） |
| --- | --- |
| 2019 | 35.25 |
| 2020 | 41.58 |
| 2021 | 45.59 |
| 2022 | 62.88 |
| 2023 | 68.59 |
| 2024 | 74.64 |
| 2025 | 81.48 |
| 合计 | 410 |

**图9–5　与日上上海签订重大合同**

为什么日上上海会跟上海机场签上这份合同？主要还是上海机场拥有非常庞大的用户流量与优质的用户群体，为日上上海带来了大量的收益。当然上海机场也是最大受益者。

2015 ～ 2017 年日上上海向公司支付的免税店租金分别为 14.6 亿元、16.94 亿元和 25.55 亿元，占公司 2015 ～ 2017 年营业收入的比重分别为 23.30%、24.38% 和 31.69%。

2017 ～ 2019 年日上上海向公司支付的免税店租金分别为 25.55 亿元、36.81 亿元和 52.10 亿元，占公司 2017 ～ 2019 年营业收入比重分别为 23.30%、39.53% 和 47.60%。

看完这些数字，我的感觉是：上海机场赚钱太容易了，而且是越赚越容易！你仔细观察，就会发现，每年的增长率是逐年大幅增长，不会因为规模大了而放缓，几年时间租金收入从 2015 年的 14.6 亿，增长到 2019 年 52.1 亿，五年时间租金收入增长了接近四倍，这个复合增长率可真不慢啊！

此时我们就要思考，这个“免税”怎么增长那么快啊？现在我们来看下全球免税与国内免税的情况。

国内免税增速领先世界，行业增量空间巨大。全球免税行业始于 1947 年，到 2018 年市场体量已达 5341.88 亿元。近几年仍保持稳中有升，2016 ～ 2018 年增速分别为 2.42%、7.87%、13.68%。分地区看，2018 年销售额，亚太地区以 2627.14 亿元占比 49.18%，并以 27.00% 的增速领跑市场，而其他地区均保持稳定。而在亚太地区中，中国增速持续领跑（图 9-6）。2015 ～ 2018 年，中国免税销售额以 17.74% 的复合增长率增速领先亚太地区 15.38% 的水平。2019 年，中国免税销售额高达 545 亿元，增速进一步抬升至 37.97%（图 9-7）。

上海机场赶上了中国免税行业的浪潮！而且增速远高于行业的增速，公司股价节节攀升。

为了增加产能供给，公司 2019 年才刚刚把卫星厅建成启用，可满足年旅客吞吐量 8, 000 万人次的运行需求，实现上海航空枢纽建设新的里程碑。

然而，史无前例的疫情改变了上海机场所有的一切，原来看好的逻辑慢慢随着疫情变得不确定起来了。2021 年 1 月 30 日，公司签订免税店项目经营权转让合同之外补充协议的公告（图 9-8），让上海机场更加雪上加霜。

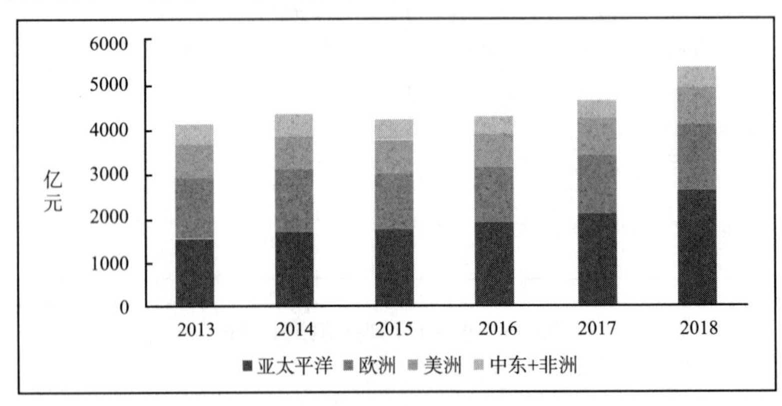


*资料来源：Statista，长城证券研究所

图9-6　全球免税销售额构成

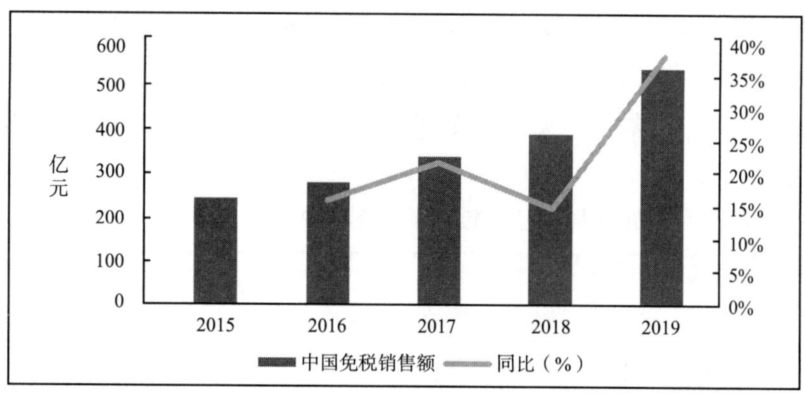


*资料来源：前瞻产业研究院，长城证券研究所

图9-7　中国免税销售额

四、主要条款

（一）当月实际国际客流≤2019年月均实际国际客流×80%时，“月实收费用”按照“月实际销售提成”收取，“月实际销售提成”按以下公式确定：

月实际销售提成＝人均贡献×月实际国际客流×客流调节系数×面积调节系数

其中：“人均贡献”参照2019年人均贡献水平设定为135.28元，“客流调节系数”按月实际国际客流与2019年同月实际国际客流之比从低于30%至高于120%分别由高到低递减对应不同系数，“面积调节系数”按实际开业面积占免税场地总面积的比例从低于10%至高于70%分别由高到低递减对应不同系数，当实际开业面积占免税场地总面积的比例为0时，面积调节系数为0。

（二）当月实际国际客流＞2019年月均实际国际客流×80%时，“月实收费用”按照“月保底销售提成”收取，“月保底销售提成”按以下公式确定：

月保底销售提成＝当年保底销售提成÷12个月

其中，“当年保底销售提成”按如下顺序确定：

若当年实际国际客流（X）大于下表中当年度对应的客流区间最小值，则取当年度对应的年保底销售提成；

若当年实际国际客流（X）小于等于下表中当年度对应的客流区间最小值，则取X所在区间对应的年保底销售提成额。

若2022年以后（含）的年实际国际客流（X）在2019-2021年所对应的区间内，则对应年度的年保底销售提成的计算公式为：

年保底销售提成=对应年度保底销售提成×（1+24.11%）

（注：24.11%为原合同中T1航站楼免税店规划面积与T2航站楼+S1卫星厅+S2卫星厅免税店规划面积之比。）

| 年度 | 年实际国际客流 X（单位：万人次） | 年保底销售提成（单位：亿元） |
| --- | --- | --- |
| 2019 | X≤4172 | 35.25 |
| 2020 | 4172＜X≤4404 | 41.58 |
| 2021 | 4404＜X≤4636 | 45.59 |
| 2022 | 4636＜X≤4868 | 62.88 |
| 2023 | 4868＜X≤5100 | 68.59 |
| 2024 | 5100＜X≤5360 | 74.64 |
| 2025 | 5360＜X | 81.48 |

图9-8　补充协议

这份补充协议改变了上海机场核心地位，从“下有保底，上无封顶”变成“下无保底，上有封顶”。由于疫情的影响，上海机场的竞争力逐渐弱化，已经让投资者内心感到非常疲惫了。可事情仍然没有结束，在公司 2020 年年报中这次特别披露了行业政策风险：受到海南的离岛免税、市内的免税店以及跨境电商，还有进口关税持续下降等多重因素的影响，机场口岸免税消费的购买力已经发生了变化，浦东机场此前免税红利难以为继。

从高点下来，上海机场股价已经腰斩了（图 9–9）。

图9–9　上海机场K线图

此时此刻你还会相信上海机场的免税业务真的能否重演当年的辉煌吗？

在困境中永远考验着你的投资信仰、认知、决心。

上海机场能否在困境中走出，一切都是未知数。

## 9.2　上海机场2020年年报解读

下面，我们来解读下上海机场 2020 年的年报。在解读年报之前我们先来看看上海机场的商业模式。

### 9.2.1　商业模式

上海机场商业模式中的核心业务是免税商业，核心驱动因素是旅客吞吐量，旅客吞吐量给非航空性收入带来的边际贡献高于航空性收入（图 9–10）。

空港本质属服务业，无需向上游供应商采购。上海机场收入分航空性收入及非航空性收入，所以公司基本上没有多少预付账款与应付账款（图 9–11）。

航空性业务是与飞机、旅客及货物服务直接关联的基础性业务，包括架次相关收入（起降费、停场费、客桥费）及旅客相关收入（旅客服务费、安检费）。航空性业务具有公共属性，其价格受政府管制。

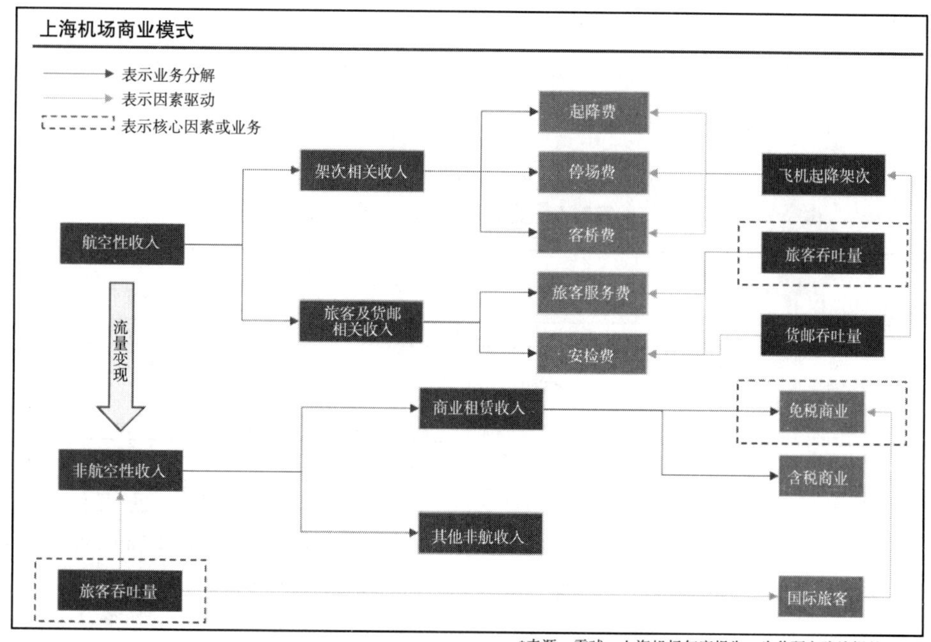


图9-10　商业模式

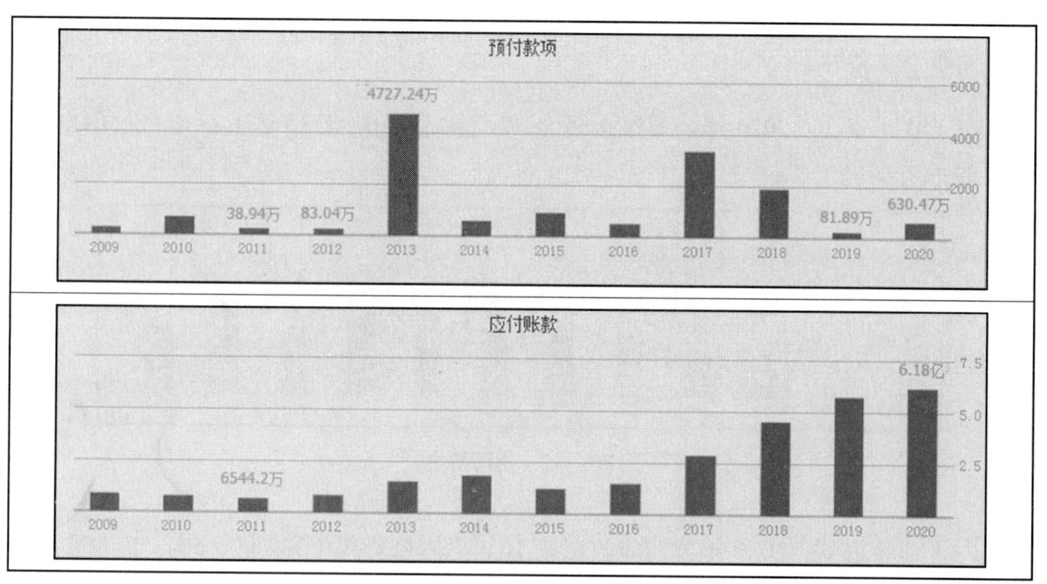


图9-11　预付款项、应付账款

非航空性业务是航空性业务的拓展，包括商业租赁收入及其他非航收入，其定价可根据市场调节，具备流量变现的能力。

上海机场商业模式中的核心业务是免税商业，核心驱动因素是旅客吞吐量。一方面国际旅客增加直接给免税商业带来增长，另一方面旅客吞吐量随航空性收入增加为非航空性收入提供持续流量。因此，旅客吞吐量给非航空性收入带来的边际贡献高于航空性收入。

由于疫情的影响，公司营业收入大幅下滑，净利润大幅亏损 12.7 亿，是公司上市后首个年度亏损（表 9-1）。

**表9-1　上海机场2020年年报**

| 主要会计数据 | 2020年 | 2019年 | 本期比上年同期增减(%) | 2018年 |
|---|---|---|---|---|
| 营业收入 | 4,303,465,087.94 | 10,944,668,477.76 | -60.68 | 9,313,114,686.74 |
| 扣除与主营业务无关的业务收入和不具备商业实质的收入后的营业收入 | 4,303,465,087.94 | 10,944,668,477.76 | -60.68 | 9,313,114,686.74 |
| 归属于上市公司股东的净利润 | -1,266,651,387.56 | 5,030,210,052.62 | -125.18 | 4,231,432,034.89 |
| 归属于上市公司股东的扣除非经常性损益的净利润 | -1,381,919,631.30 | 4,984,816,236.15 | -127.72 | 4,234,595,026.51 |
| 经营活动产生的现金流量净额 | -1,217,659,313.81 | 4,885,045,782.80 | -124.93 | 4,467,517,029.72 |
|  | 2020年末 | 2019年末 | 本期末比上年同期末增减（%） | 2018年末 |
| 归属于上市公司股东的净资产 | 29,215,475,240.60 | 32,004,423,802.08 | -8.71 | 28,246,006,325.14 |
| 总资产 | 33,202,181,016.40 | 37,171,229,055.74 | -10.68 | 30,928,729,156.92 |

下面再来看看公司的资产与负债情况。

## 9.2.2　资产

（1）货币资金：2020 年公司账上现金 77 亿占总资产（332 亿）23%，公司账上现金一般（图 9-12）。

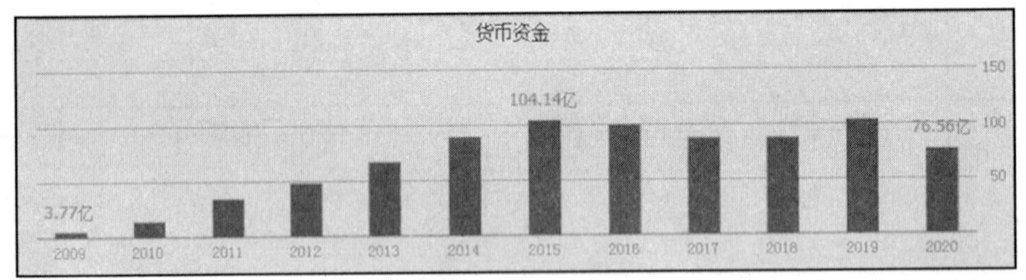


**图9-12　货币资金**

（2）应收账款：2020 年公司应收账款 16.5 亿占总资产（332 亿）5%，应收账款占总资产不大（图 9-13）。

**图9-13　应收账款**

从账龄披露来看，1 年以上的账龄金额非常少，就可以表明公司的应收账款问题不大（表 9-2）。

**表9-2　账龄披露**

（五）应收账款

1、　按账龄披露

√适用　□不适用

单位：元　币种：人民币

| 账龄 | 期末账面余额 | 上年年末账面余额 |
|---|---|---|
| 1 年以内 | | |
| 其中：1 年以内分项 | | |
| 1 年以内 | 1, 582, 341, 681. 15 | 1, 642, 573, 663. 29 |
| 1 年以内小计 | 1, 582, 341, 681. 15 | 1, 642, 573, 663. 29 |
| 1 至 2 年 | 68, 290, 513. 49 | 23, 319, 740. 53 |
| 2 至 3 年 | 1, 348, 895. 09 | 13, 443, 185. 27 |
| 3 年以上 | 21, 972, 843. 03 | 8, 880, 361. 32 |
| 3 至 4 年 | | |
| 4 至 5 年 | | |
| 5 年以上 | | |
| 合计 | 1, 673, 953, 932. 76 | 1, 688, 216, 950. 41 |

（3）长期股权投资：2020 年长期股权投资 29.66 亿占总资产（332 亿）9% 左右，长期股权投资 2020 年较 2019 年下降了不少，从明细来看长期投资减少主要是德高动量与航空油料发放现金股利（图 9-14）。

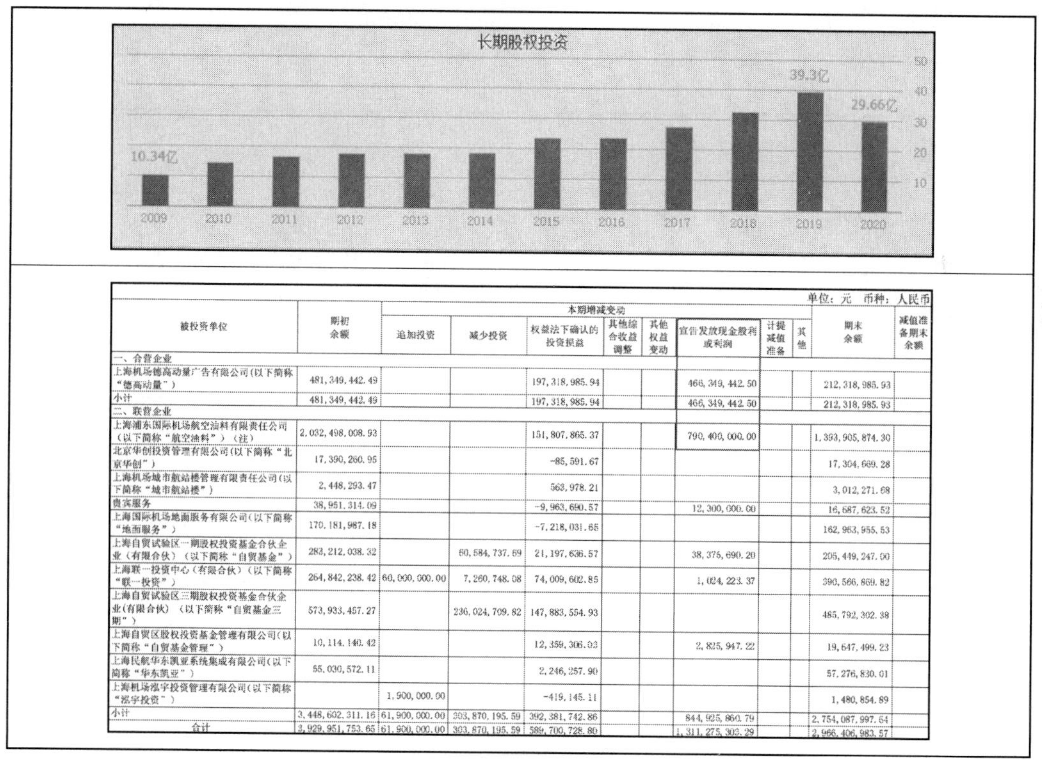


单位：元　币种：人民币

| 被投资单位 | 期初余额 | 本期增减变动 | | | | | | | | 期末余额 | 减值准备期末余额 |
|---|---|---|---|---|---|---|---|---|---|---|---|
| | | 追加投资 | 减少投资 | 权益法下确认的投资损益 | 其他综合收益调整 | 其他权益变动 | 宣告发放现金股利或利润 | 计提减值准备 | 其他 | | |
| 一、合营企业 | | | | | | | | | | | |
| 上海机场德高动量广告有限公司(以下简称“德高动量”) | 481, 349, 442. 49 | | | 197, 318, 985. 94 | | | 466, 349, 442. 50 | | | 212, 318, 985. 93 | |
| 小计 | 481, 349, 442. 49 | | | 197, 318, 985. 94 | | | 466, 349, 442. 50 | | | 212, 318, 985. 93 | |
| 二、联营企业 | | | | | | | | | | | |
| 上海浦东国际机场航空油料有限责任公司（以下简称“航空油料”）（注） | 2, 032, 498, 008. 93 | | | 151, 807, 865. 37 | | | 790, 400, 000. 00 | | | 1, 393, 905, 874. 30 | |
| 北京华创投资管理有限公司(以下简称“北京华创”) | 17, 390, 260. 95 | | | -85, 591. 67 | | | | | | 17, 304, 669. 28 | |
| 上海机场城市航站楼管理有限责任公司(以下简称“城市航站楼”) | 2, 448, 293. 47 | | | 563, 978. 21 | | | | | | 3, 012, 271. 68 | |
| 贵宾服务 | 38, 951, 314. 09 | | | -9, 963, 690. 57 | | | 12, 300, 000. 00 | | | 16, 687, 623. 52 | |
| 上海国际机场地面服务有限公司(以下简称“地面服务”) | 170, 181, 987. 18 | | | -7, 218, 031. 65 | | | | | | 162, 963, 955. 53 | |
| 上海自贸试验区一期股权投资基金合伙企业（有限合伙）（以下简称“自贸基金”） | 283, 212, 038. 32 | | 60, 584, 737. 69 | 21, 197, 636. 57 | | | 38, 375, 690. 20 | | | 205, 449, 247. 00 | |
| 上海联一投资中心（有限合伙）（以下简称“联一投资”） | 264, 842, 238. 42 | 60, 000, 000. 00 | 7, 260, 748. 08 | 74, 009, 602. 85 | | | 1, 024, 223. 37 | | | 390, 566, 869. 82 | |
| 上海自贸试验区三期股权投资基金合伙企业(有限合伙)（以下简称“自贸基金三期”） | 573, 933, 457. 27 | | 236, 024, 709. 82 | 147, 883, 554. 93 | | | | | | 485, 792, 302. 38 | |
| 上海自贸区股权投资基金管理有限公司(以下简称“自贸基金管理”) | 10, 114, 140. 42 | | | 12, 359, 306. 03 | | | 2, 825, 947. 22 | | | 19, 647, 499. 23 | |
| 上海民航华东凯亚系统集成有限公司(以下简称“华东凯亚”) | 55, 030, 572. 11 | | | 2, 246, 257. 90 | | | | | | 57, 276, 830. 01 | |
| 上海机场泓宇投资管理有限公司(以下简称“泓宇投资”) | | 1, 900, 000. 00 | | -419, 145. 11 | | | | | | 1, 480, 854. 89 | |
| 小计 | 3, 448, 602, 311. 16 | 61, 900, 000. 00 | 303, 870, 195. 59 | 392, 381, 742. 86 | | | 844, 925, 860. 79 | | | 2, 754, 087, 997. 64 | |
| 合计 | 3, 929, 951, 753. 65 | 61, 900, 000. 00 | 303, 870, 195. 59 | 589, 700, 728. 80 | | | 1, 311, 275, 303. 29 | | | 2, 966, 406, 983. 57 | |

图9-14　长期股权投资

过去公司的长期股权投资收益一直还算是不错的，2020 年投资收益大幅下跌，主要是由于疫情的影响（图 9-15）。

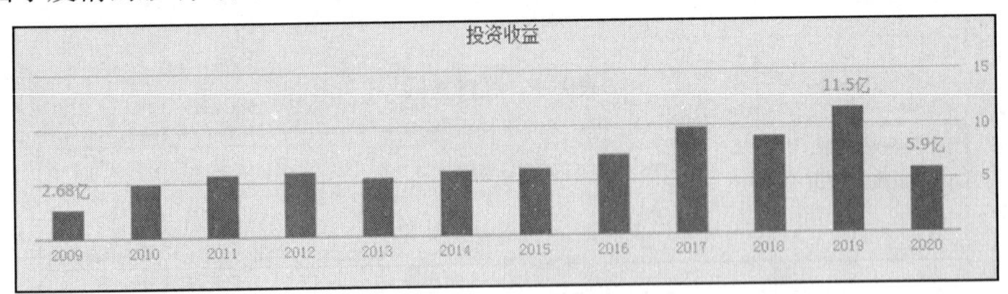


图9-15 投资收益

（4）固定资产、在建工程：2020 年公司固定资产 190 亿占总资产（332 亿）57%，固定资产占总资产比较重（图 9-16）。近两年上海机场固定资产大幅增加，主要是浦东机场三期扩建、飞行区下穿通道及 5 号机坪改造项目，新建工程共花了 186 亿，而浦东机场三期扩建工程这个项目就花了 167 亿。

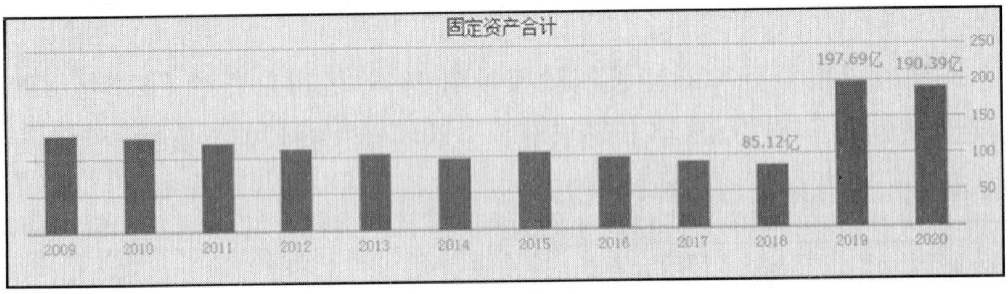

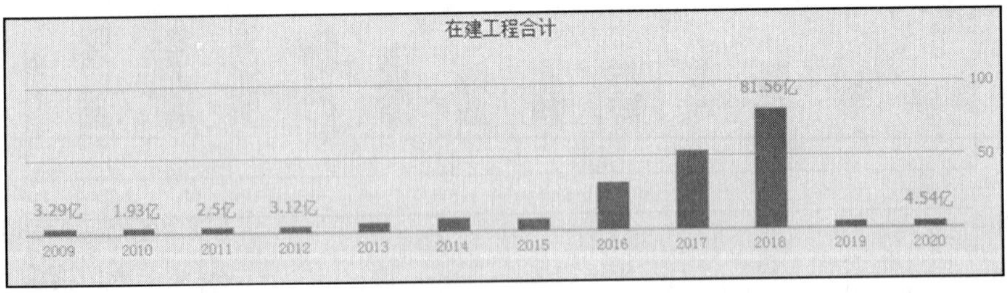

**3、 重要在建工程项目本期变动情况**

√适用 □不适用

单位：元 币种：人民币

| 项目名称 | 预算数 | 期初余额 | 本期增加金额 | 本期转入固定资产金额 | 本期其他减少金额 | 期末余额 | 工程累计投入占预算比例(%) | 工程进度 | 利息资本化累计金额 | 其中：本期利息资本化金额 | 本期利息资本化率(%) | 资金来源 |
|---|---|---|---|---|---|---|---|---|---|---|---|---|
| 上海浦东机场三期扩建工程 | 16,700,000,000.00 | 4,217,800,000.00 | 2,772,594,977.39 | | | 6,990,394,977.39 | 41.86 | 80.00% | | | | 自有资金 |
| 飞行区下穿通道及 5 号机坪改造项目 | 1,902,710,000.00 | 850,200,000.00 | 7,238,475.71 | | | 857,438,475.71 | 45.06 | 95.00% | | | | 自有资金 |
| 合计 | 18,602,710,000.00 | 5,068,000,000.00 | 2,779,833,453.10 | | | 7,847,833,453.10 | / | / | | | / | / |

图9-16 固定资产、在建工程

到了 2019 年这些在建工程已完结，转入固定资产，公司的营业成本大幅增加。2019 年营业成本增长 18.69%（表 9-3）。

表9-3　经营情况

| 科目 | 本期数 | 上年同期数 | 变动比例（%） |
|---|---|---|---|
| 营业收入 | 10,944,668,477.76 | 9,313,114,686.74 | 17.52 |
| 营业成本 | 5,340,221,124.91 | 4,499,345,858.59 | 18.69 |
| 销售费用 | 75,738.82 | 1,073,931.14 | -92.95 |
| 管理费用 | 265,034,895.54 | 243,300,866.37 | 8.93 |
| 财务费用 | -208,705,251.58 | -193,987,281.35 | -7.59 |
| 经营活动产生的现金流量净额 | 4,885,045,782.80 | 4,467,517,029.72 | 9.35 |
| 投资活动产生的现金流量净额 | -1,809,685,855.02 | -3,202,548,592.86 | 43.49 |
| 筹资活动产生的现金流量净额 | -1,481,095,483.90 | -1,263,489,056.78 | -17.22 |

从营业成本明细里可以看出：运营维护成本增长最快，增长 25%，占营业成本比例最重。运营维护成本的上升主要是浦东机场三期扩建工程项目投入运营（表 9-4）。

表9-4　成本分析表

**(3) 成本分析表**

单位：元

| 分行业情况 | | | | | | |
|---|---|---|---|---|---|---|
| 分行业 | 成本构成项目 | 本期金额 | 本期占总成本比例(%) | 上年同期金额 | 上年同期占总成本比例(%) | 本期金额较上年同期变动比例(%) |
| 航空运输业 | 人工成本 | 1,882,603,887.74 | 34.82 | 1,677,301,711.06 | 36.69 | 12.24 |
| | 摊销成本 | 887,044,362.67 | 16.41 | 784,206,071.00 | 17.15 | 13.11 |
| | 运营维护成本 | 2,780,958,596.55 | 51.44 | 2,228,979,071.10 | 48.75 | 24.76 |
| | 管理成本 | 33,528,815.90 | 0.62 | 29,703,841.70 | 0.65 | 12.88 |
| | 财务成本 | -208,705,251.58 | -3.86 | -193,987,281.35 | -4.24 | -7.59 |
| | 其他成本 | 31,262,204.37 | 0.58 | 45,710,292.02 | 1.00 | -31.61 |
| | 合计 | 5,406,692,615.65 | 100.00 | 4,571,913,705.53 | 100.00 | 18.26 |

成本分析其他情况说明

1）人工成本同比增长主要是员工结构调整及薪酬同比增加所致；

2）摊销成本同比减少主要是浦东机场三期扩建工程项目主体工程投入运营，折旧费用同比增加所致；

3）运营维护成本同比增加的主要原因是浦东机场三期扩建工程项目主体工程投入运营，委托管理费、场地及资产租赁费等运营费用同比增加所致；

4）管理成本同比增加主要是本期公司咨询费等管理支出同比增加所致；

5）财务成本同比减少主要是本期公司银行存款利息收入同比增加所致；

6）其他成本同比减少主要是本期公司税金及附加同比减少所致。

那么 2020 年呢？营业成本大幅增长 23%（表 9-5）。

表9-5　经营情况

| 科目 | 本期数 | 上年同期数 | 变动比例（%） |
|---|---|---|---|
| 营业收入 | 4,303,465,087.94 | 10,944,668,477.76 | -60.68 |
| 营业成本 | 6,600,710,345.64 | 5,340,221,124.91 | 23.60 |
| 销售费用 | - | 75,738.82 | -100.00 |
| 管理费用 | 233,434,413.63 | 265,034,895.54 | -11.92 |
| 财务费用 | -276,065,448.35 | -208,705,251.58 | -32.28 |
| 经营活动产生的现金流量净额 | -1,217,659,313.81 | 4,885,045,782.80 | -124.93 |
| 投资活动产生的现金流量净额 | 215,723,861.02 | -1,809,685,855.02 | - |
| 筹资活动产生的现金流量净额 | -1,702,073,732.15 | -1,481,095,483.90 | -14.92 |

2020 年在公司营业收入大幅下降的情况下，营业成本持续大幅上涨；营业成本大幅上涨主要由两部分组成，一是摊销成本大幅增长 47.5%，二是运营维护成本增长 25%（表 9-6）。

表9-6　成本分析

| 分行业情况 | | | | | | |
|---|---|---|---|---|---|---|
| 分行业 | 成本构成项目 | 本期金额 | 本期占总成本比例(%) | 上年同期金额 | 上年同期占总成本比例(%) | 本期金额较上年同期变动比例(%) |
| 航空运输业 | 人工成本 | 1,968,531,943.07 | 30.00 | 1,882,603,887.74 | 34.82 | 4.56 |
| | 摊销成本 | 1,308,485,986.74 | 19.94 | 887,044,362.67 | 16.41 | 47.51 |
| | 运营维护成本 | 3,487,161,249.20 | 53.14 | 2,780,958,596.55 | 51.44 | 25.39 |
| | 管理成本 | 42,191,836.13 | 0.64 | 33,528,815.90 | 0.62 | 25.84 |
| | 财务成本 | -276,065,448.35 | -4.21 | -208,705,251.58 | -3.86 | -32.28 |
| | 其他成本 | 32,262,944.23 | 0.49 | 31,262,204.37 | 0.58 | 3.20 |
| | 合计 | 6,562,568,511.02 | 100.00 | 5,406,692,615.65 | 100.00 | 21.38 |

成本分析其他情况说明

1）人工成本同比增加主要是本期公司员工结构调整及薪酬同比增加所致；

2）摊销成本同比增加主要是浦东机场三期扩建工程项目主体工程投入运营，资产折旧摊销费用同比增加所致；

3）运营维护成本同比增加主要是浦东机场三期扩建工程项目主体工程投入运营，租赁费、维护费等运营费用支出同比增加以及新增大量新冠肺炎疫情防控支出所致；

4）管理成本同比增加主要是本期公司业务咨询同比增加所致；

5）财务成本同比减少主要是本期公司银行存款利息收入同比增加所致；

6）其他成本同比增加主要是本期公司其他营业成本同比增加所致。

成本的大幅上涨，导致了公司 2020 年利润大幅亏损。

### 9.2.3　负债

（1）有息负债：公司没有任何的有息负债，经营十分稳健。

（2）应付账款：公司的应付账款金额不多，忽略不计（图 9-17）。

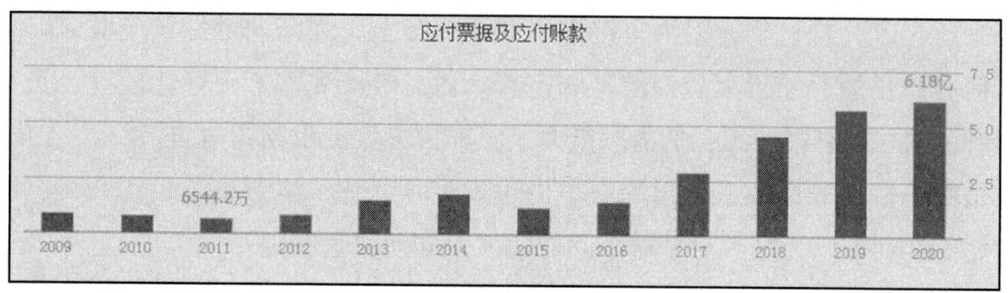


图9-17　应付票据及应付账款

（3）预收款项：预收款金额不大，忽略不计（图 9-18）。

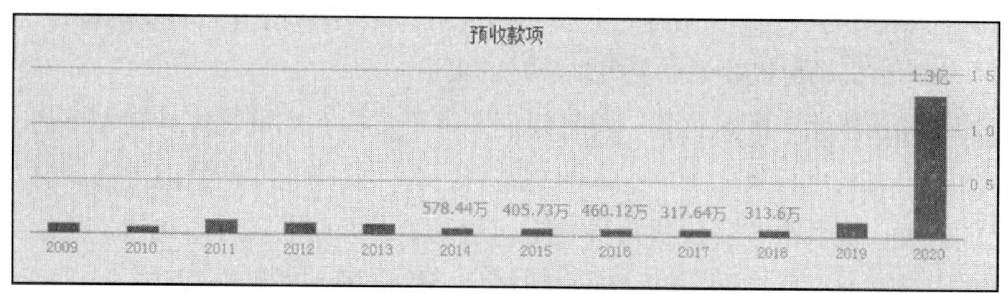


图9-18　预收款项

（4）其他应付款：基本就是工程款（图 9-19）。

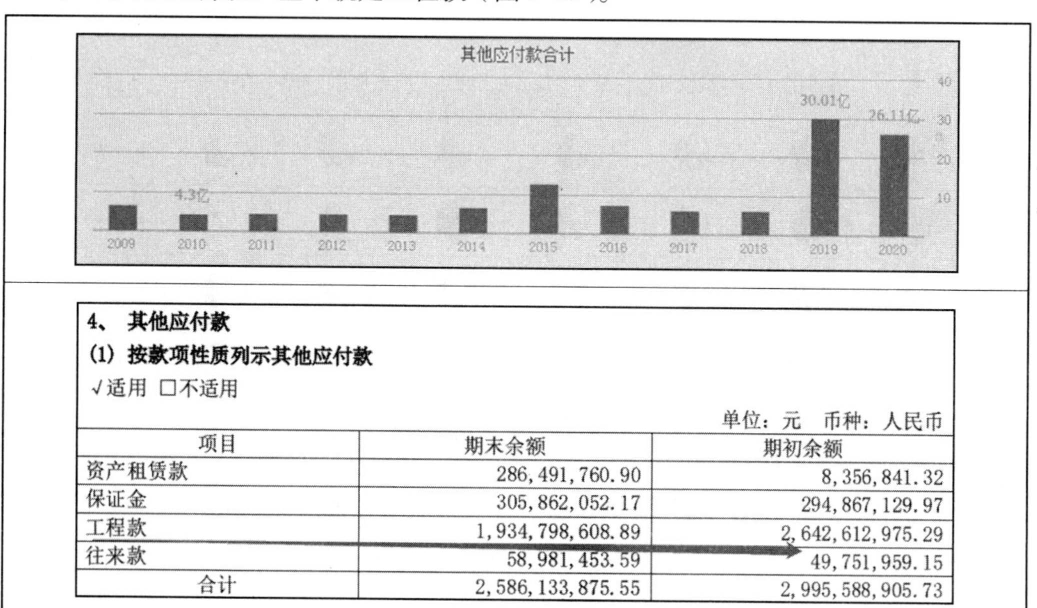


**4、　其他应付款**

**(1) 按款项性质列示其他应付款**

√适用　□不适用

单位：元　币种：人民币

| 项目 | 期末余额 | 期初余额 |
|---|---|---|
| 资产租赁款 | 286,491,760.90 | 8,356,841.32 |
| 保证金 | 305,862,052.17 | 294,867,129.97 |
| 工程款 | 1,934,798,608.89 | 2,642,612,975.29 |
| 往来款 | 58,981,453.59 | 49,751,959.15 |
| 合计 | 2,586,133,875.55 | 2,995,588,905.73 |

图9-19　其他应付款

### 9.2.4 小结

从这张资产负债表我们可以看出公司账上现金占总资产 23%，账上现金一般；长期投资占总资产 9%，投资收益不错，不过 2020 年由于疫情的影响，大幅下降；公司没有多少应付款、预付款，因为空港本质属于服务业，无需向上游供应商采购；公司没有任何有息负债，经营十分稳健；固定资产占总资产 57%，资产比较重，正是由于这块资产公司才拥有独一无二的盈利能力及其非常强大的市场竞争力。

但是由于疫情的原因，公司的竞争力也发生了变化，连董事长也在强调：浦东机场此前免税红利难以为继。对于这个问题你又是如何思考的呢？

## 9.3 是那落难的王子吗

对于上海机场是否是那“落难的王子”，首先我们先来研究下上海机场的核心竞争力。

（1）为什么机场免税业务在国内是最好的渠道？

与其他场景相比，机场具备一段时间内数目可观的客流量及维持其停留的良好封闭性；由于乘飞机出行属非刚性需求的高消费行为，机场人群消费能力高，比其他场景更具区分度；值机乘客需预留充裕时间到达机场，可用空闲时间充沛，此外机场内部通常集中城市的高端商圈，其商业空间富足，故机场人群消费意愿高，机场综合业态发展前景好（图 9-20）。

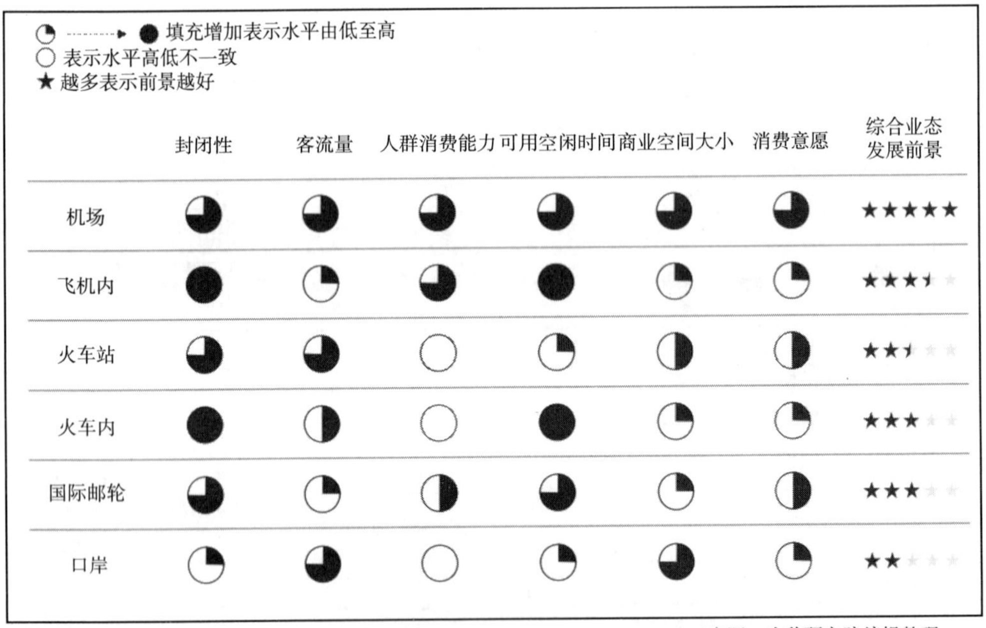

◔ ·········▸ ● 填充增加表示水平由低至高
○ 表示水平高低不一致
★ 越多表示前景越好

| | 封闭性 | 客流量 | 人群消费能力 | 可用空闲时间 | 商业空间大小 | 消费意愿 | 综合业态发展前景 |
|---|---|---|---|---|---|---|---|
| 机场 | ◕ | ◕ | ◕ | ◕ | ◕ | ◕ | ★★★★★ |
| 飞机内 | ● | ◔ | ◕ | ● | ◔ | ◔ | ★★★½ |
| 火车站 | ◕ | ◕ | ○ | ◔ | ◑ | ◑ | ★★½ |
| 火车内 | ● | ◑ | ○ | ● | ◔ | ◔ | ★★★ |
| 国际邮轮 | ◕ | ◔ | ◑ | ◕ | ◔ | ◑ | ★★★ |
| 口岸 | ◔ | ◕ | ○ | ◔ | ◕ | ◔ | ★★ |

*来源：头豹研究院编辑整理

图9-20 机场及典型交通运输综合业态对比图

（2）上海机场的盈利能力在机场行业排名第一。

我们前面讲过，对比国内四大上市机场，上海机场的收入、净利润规模国内同行业居首位。

（3）为什么上海机场的盈利能力远超同行业？

第一，优越的地理位置和丰富的市场资源。这一点之前我们也讲到过。

第二，上海机场地处长三角地区的核心。根据 2019 年的民航机场统计公报，长三角地区目前已建成通航民用机场 23 个，其中上海市 2 个，江苏省 9 个，浙江省 7 个，安徽省 5 个。上海机场处于整个长三角地区的中部位置，从空间距离上看，上海机场与杭州萧山机场、南京禄口机场距离较近，两个二类机场分流了部分国内航线客流，但是上海机场以国际航空枢纽为定位，拥有长三角地区最高的机场等级、最高的旅客吞吐量和最密集的国际航班，是整个长三角地区机场的核心。

（4）上海机场拥有最优质的客户群体。

由于上海定位为国际航空枢纽，能够带来大量的国际旅客，而这个国际旅客则是构成上海机场最有价值的用户流量。2019 年年报中提道：由于浦东机场国际（地区）航线占比高，2019 年旅客吞吐量中出入境旅客占比超过 50%，根据机场收费政策，相应航线航空性业务收费标准高于国内航线（图 9–21）；叠加出行旅客消费意愿增强等带动非航空性业务增长等因素，目前公司盈利能力好于 A 股同类上市机场公司。

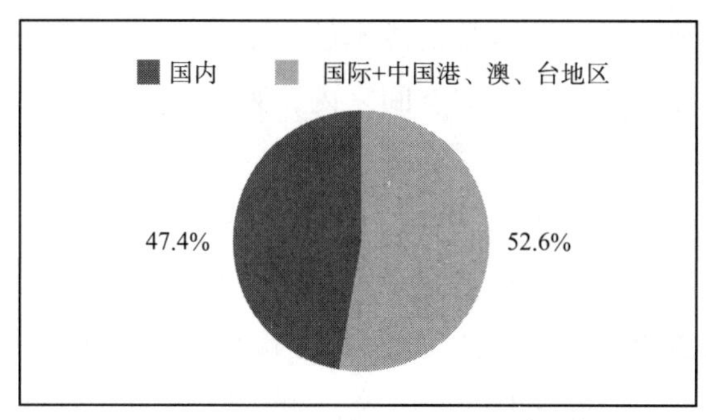


*来源：Wind，中泰证券研究所

**图9–21　上海机场2019年国内及国际+中国港、澳、台航班占比**

上面对上海机场的竞争力做出了分析，但是这个分析只是针对过往，由于疫情的原因，市场对上海机场的竞争力慢慢产生了怀疑，特别是上海机场的补充协议的签订，甚至连上海机场董事长莘澍钧在 2020 年度业绩说明会上也表示："浦东机场此前免税红利难以为继。"

为什么莘澍钧会作出这样的一个判断：浦东机场此前免税红利难以为继，他凭什么作出这样的一个判断。四点原因：一是海南的离岛免税，二是市内的免税店，三是跨境电商，四是进口关税。这四个原因目前我们是很难证伪的，下面大概说下我的看法：

第一，海南的离岛免税我认为冲击有限，一个是在长三角，一个是在中国的最南边，距离相差那么远，影响会很大吗？

第二，全球来看，机场为免税业主要渠道。2017 年全球免税销售中 56% 在机场发生，37% 在市内和边境店发生。以中国香港为例，中国香港全岛免税，香港机场 2010 年至今零售特许经营权及广告收益复合增速为 9%，明显超过同期旅客吞吐量 4.9% 的复合增速，及香港零售业总销货价值 5.1% 的复合增速。说明在全岛免税下，机场仍为核心销售渠道。

第三，目前来看免税店在价格上仍然处于优势，因为免税是指关税、消费税、增值税三税都免，而跨境电商则是免关税，未来跨境电商能否在价格上取得优势仍需观察。

第四，进口关税跟跨境电商一样，未来能否在价格上取得优势仍需观察。

最后还有一个与日上上海的补充协议让市场对上海机场未来的前景产生了非常大的分歧。那么作为投资该如何去评估目前的上海机场呢？

下面说说我的看法，并不一定正确。

首先，我还是觉得有必要再重申下基金经理张坤关于上海机场的看法："上海机场本质是流量生意，把所有的基础设施、跑道建好后，平台上的所有流量都可以变现，变现模式可以是商业，也可以是广告。第一，它的流量是独享的，没有人跟它竞争。第二，它的流量是零成本的，甚至是负成本的。第三，它的流量价值巨大，因为它的流量是被筛选过的，而且是在封闭的空间之内，乘客没法走，它的流量变现的单客价值是很大的。"

我认为评估上海机场最重要的一点，上海机场的用户流量未来能否持续增长与优质的客户群体能否持续增长。这也就是说，等疫情结束了，上海机场在国际航空枢纽这个行业的市场地位能否保持或者持续增强。因为我一直觉得在一个半封闭的、人满为患的环境里，又拥有一个良好的购物体验，"购物"本身它是具有传染性，何况又是"免税"。所以我一直都不觉得海南免税、市内免税、跨境电商、进口关税对机场的冲击性有多强。

所以目前我对上海机场的评估很简单，2019 年利润是 50 亿，目前市值 900 亿，18 倍的 PE，这个价格我只是认为较为合理。什么叫作便宜，2014 年的茅台，PE 才只有 10 倍左右啊，那么强的竞争力 PE 只有才 10 倍，一眼就看得见的便宜。为了对冲上海机场的不确定性，900 亿左右市值，我不太建议太多仓位参与，因为你不知道疫情什么时候结束，但是疫情结束了，未来上海机场还是可以值得期待的，因为疫情只是削弱一小部分上海机场的竞争力，核心竞争力仍然存在着，等某一天我们看到上海机场的国际枢纽中心被取代了，我想这个才是我们更应该思考的、更关心的，因为这个就是上海机场的核心竞争力。

# 第10章　百润股份

## 10.1　复盘“RIO”跌宕起伏的经营历史

要如何建立非常有效快速反应的系统，这不但是管理者需要思考的问题，也是我们作为投资者要进行深入思考的问题。

巴克斯酒业成立于 2003 年，主营业务就是预调鸡尾酒的生产和销售，主要品牌为锐澳 RIO。因为当时预调鸡尾酒还属于高档消费，存在于酒吧、夜店等场所，较少的消费人群和高昂的进场费用阻碍了公司的经营，经过三次增资，股权最终于 2009 年全部转让给了百润股东刘晓东等人。2014 年 9 月百润公司公告拟增发股份收购巴克斯酒业 100% 股权，2015 年完成收购后，公司正式从上游的香精业务扩展延伸到下游的预调鸡尾酒行业。

收购巴克斯之前，国内预调鸡尾酒市场自 2011 年以后进入快速增长阶段，年销售规模由 2006 年的近百万箱逐步增至 2013 年的近千万箱。在这样的市场大环境推动下，巴克斯酒业生产的炫彩瓶、靓彩瓶等系列鸡尾酒受到了消费者的追捧，产品销量快速增长，从 2012 年到 2014 年，销售总量分别为 50.27、150.17 和 725.64 万箱。营业收入和盈利能力也获得了快速提高（图 10-1）。

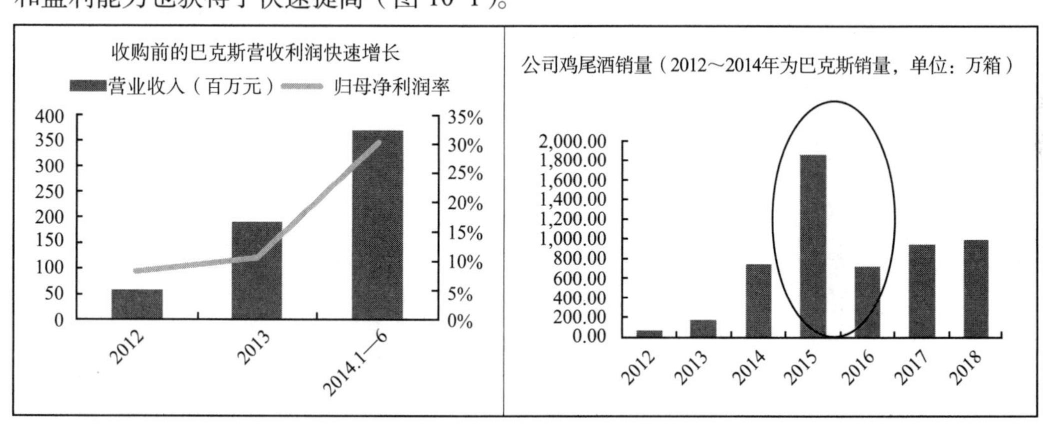


*资料来源：公司公告、华金证券研究所

**图10-1　巴克斯营业收入和盈利能力快速提高**

当我看到 2012 ～ 2014 年销量 50.27、150.17 和 725.64 万箱，这串数字的时候，

我感到非常吃惊，这个成长性太夸张了吧，三年多的时间营收增长了十几倍。公司于2014 年 7 月 28 日筹划重大资产重组。停牌一个半月于 2014 年 9 月 12 日发布购买上海巴克斯酒业，并作价约 55.6 亿收购。

百润正式登陆资本市场，随之股价大幅上涨，股价区间涨幅达十倍左右，公司市值达 800 亿左右（2015 年公司收购 RIO，总股本接近 9 亿股）。而 2015 年公司的净利润才 5 个亿，PE 接近 160 倍（表 10-1）。

**表10-1　经营情况**

| | 2015 年 | 2014 年 | | 本年比上年增减 | 2013 年 | |
|---|---|---|---|---|---|---|
| | | 调整前 | 调整后 | 调整后 | 调整前 | 调整后 |
| 营业收入（元） | 2,351,197,709.72 | 157,183,975.74 | 1,134,305,297.08 | 107.28% | 128,451,196.96 | 312,882,191.81 |
| 归属于上市公司股东的净利润（元） | 500,197,668.22 | 57,004,609.80 | 286,880,245.15 | 74.36% | 41,875,766.83 | 62,083,899.65 |
| 归属于上市公司股东的扣除非经常性损益的净利润（元） | -88,393,710.65 | 55,077,977.54 | 55,077,977.54 | -260.49% | 38,851,938.54 | 38,851,938.54 |
| 经营活动产生的现金流量净额（元） | 383,295,303.49 | 58,686,141.34 | 520,105,301.26 | -26.30% | 56,193,658.05 | 74,037,624.63 |

为什么市场会给那么高的估值?

一是，2019 年日本、澳大利亚、美国的预调酒占酒饮料销量比重已达到 16.6%、8.1% 和 4.5%，中国预调酒销量占比仅 0.2% 左右，市场渗透率较低，市场空间非常富有想象力（图 10-2）。

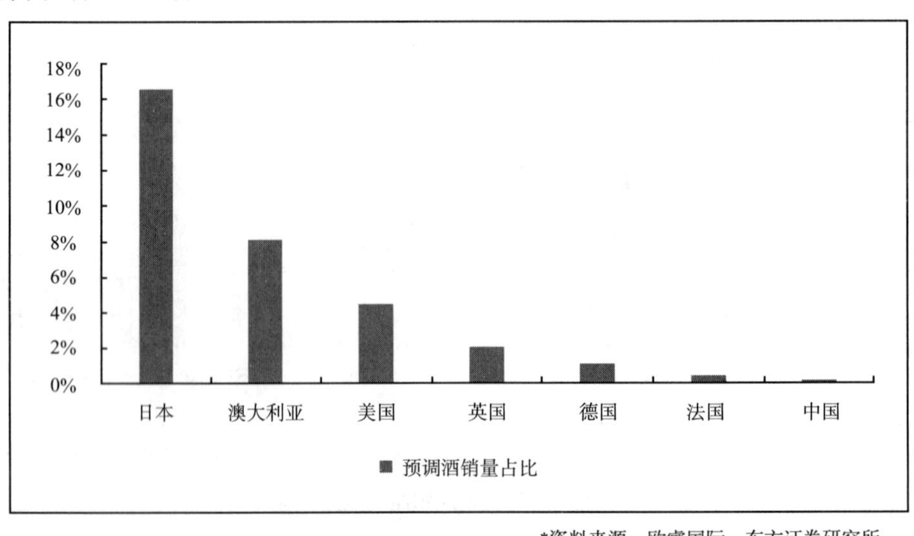


图10-2　各国酒类饮料销量中预调酒销量占比

二是，2013 ～ 2015 年预调酒市场大幅扩容，出现井喷阶段（图 10-3）。

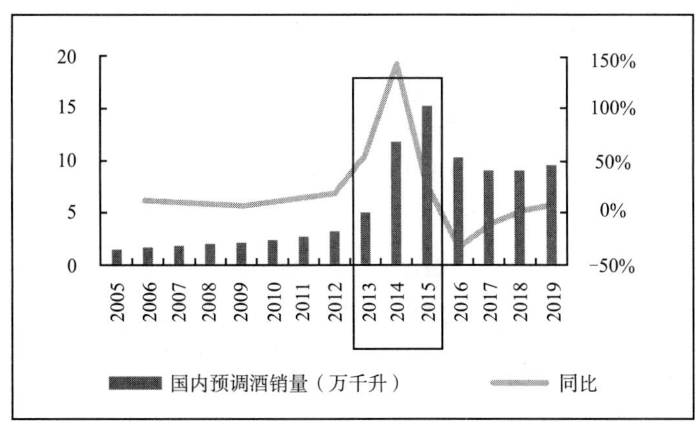


*资料来源：欧睿国际、东方证券研究所

图10-3　国内预调酒市场销量情况

三是，公司的增长更是迅速，远高于行业的增长。2012 ～ 2015 年期间伴随着预调酒行业的快速增长，巴克斯酒业营业收入实现了年复合 236.5% 的高速增长（图 10-4）。

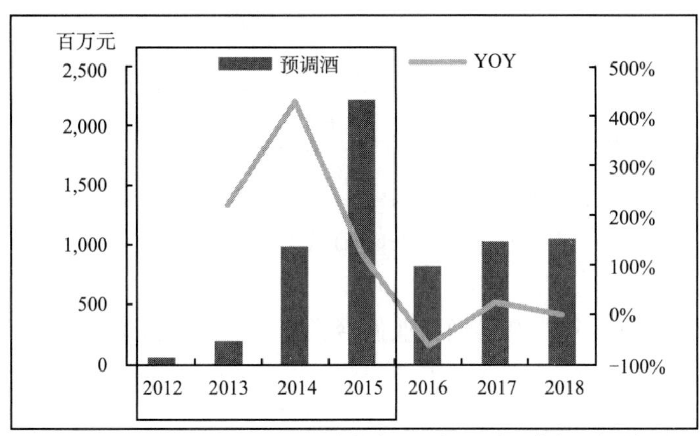


*资料来源：公司公告、华泰证券研究所

图10-4　2012～2018年巴克斯酒业预调酒收入及增速

2015 年随着公司营收的大幅增长，经营质量也是非常高的，体现在预收款项大幅增长（图 10-5）。

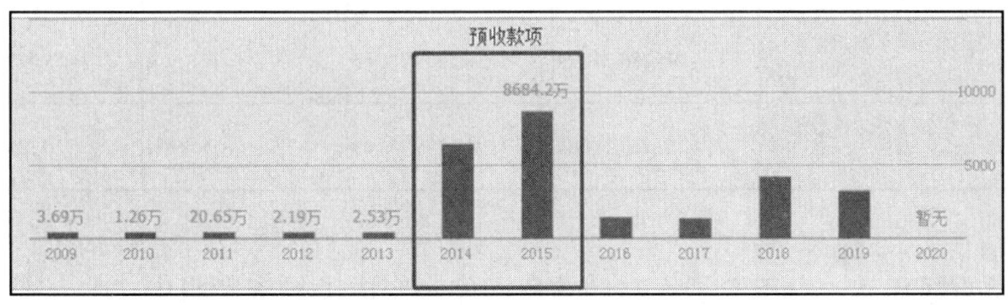


图10-5　预收款项

在 2015 年公司年报里我们看到援引当时中国酒业协会《中国酒业研究报告 2013》对未来预调鸡尾酒的预测：预计 2020 年销售量将达到 1.5 亿箱以上。从现在的时间点反观，这个预测是多么的不符合实际与异想天开！

2015 年公司销售 1800 万箱，当然按照公司这样的增长速度，2020 年销售量将达到 1.5 亿箱是没有任何问题的（表 10-2）。

表10-2　数量情况

| 行业分类 | 项目 | 单位 | 2015 年 | 2014 年 | 同比增减 |
|---|---|---|---|---|---|
| 预调鸡尾酒 | 销售量 | 箱 | 18,385,716 | 7,256,367 | 153.37% |
| | 生产量 | 箱 | 18,829,693 | 8,173,021 | 130.39% |
| | 库存量 | 箱 | 1,265,153 | 910,134 | 39.01% |

管理层对未来也是充满着信心的，大幅增加产能供给（图 10-6）。

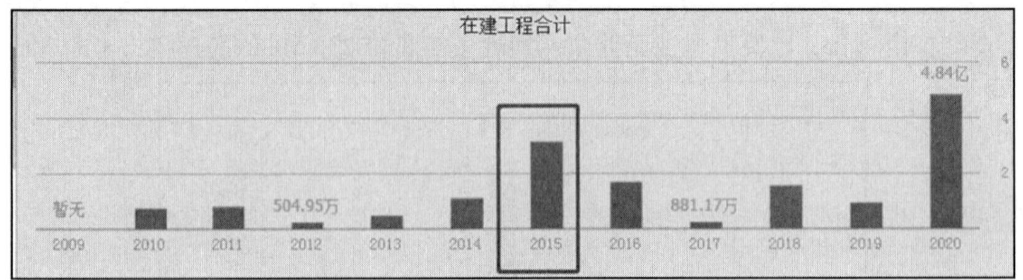


图10-6　在建工程

可事实上到了 2016 年，鸡尾酒行业遇冷，公司营业收入断崖式下滑，下降幅度达 60%（表 10-3）。

表10-3　经营情况

| | 2016 年 | 2015 年 | 本年比上年增减 | 2014 年 |
|---|---|---|---|---|
| 营业收入（元） | 925,422,509.88 | 2,351,197,709.72 | -60.64% | 1,134,305,297.08 |
| 归属于上市公司股东的净利润（元） | -147,021,918.02 | 500,197,668.22 | -129.39% | 286,880,245.15 |
| 归属于上市公司股东的扣除非经常性损益的净利润（元） | -195,886,240.29 | -88,393,710.65 | 121.61% | 55,077,977.54 |
| 经营活动产生的现金流量净额（元） | -263,263,111.03 | 383,295,303.49 | -168.68% | 520,105,301.26 |

曾经的好赛道，由于给了太高的估值，如今变成了投资者眼中“吃人不吐骨头”的垃圾公司，股价从最高峰 89 元，跌到 7 元左右，跌幅达 92%（图 10-7）。杀业绩、

杀估值、杀逻辑，在百润股份这瓶鸡尾酒身上体现得淋漓尽致。躲都躲不及，谁还敢去抄底啊（从市值来讲，实际跌幅远不止 92%，因为 2015 年公司的股本 9 亿多股，中间注销了 3.8 亿股，到了 2019 年股本才 5.2 亿股）。

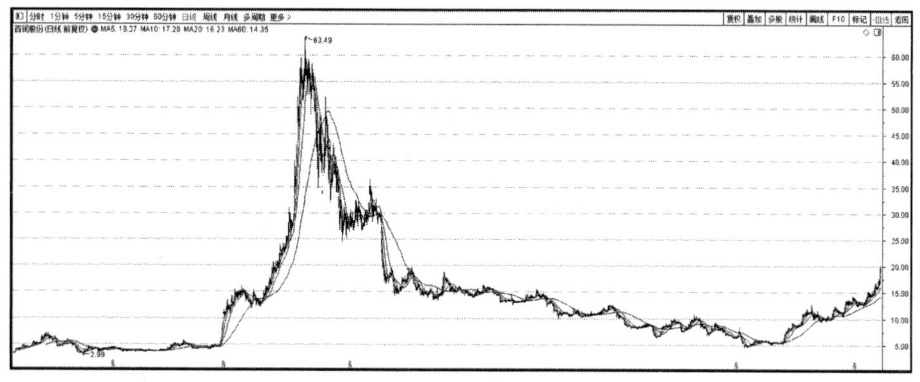


图10-7　百润股份K线图

此时不管对于投资者还是经营者都必须要反思，到底是什么力量让一个新生的品类，出现大涨大跌！让人猝不及防！

预调鸡尾酒过去主要是出现夜店、酒吧等即饮场所，这些特定的消费渠道局限了大众消费者对产品的认知，主要以都市年轻人为主，所以巴克斯公司 2007 年完成了“大三角”营销布局（以上海为中心，辐射长三角；以广州为中心，辐射华南、华中市场；以北京为中心，辐射华北、西南市场），逐渐完成大部分省级市场的布局，在商超等非即饮渠道树立品牌的同时也扩宽了自身的消费者。

为了全面打响品牌，公司从 2013 年开始，对主流媒体进行了密集又大规模的广告宣传，明艳亮丽的主题色彩，配上欢脱的背景音乐，让“RIO”广告广为流传（图 10-8）。在定位上，将产品瞄准年轻人，主要是年轻人的聚饮，加大广告费的投入，赞助了《天天向上》《奔跑吧兄弟》《中国新歌声》等热门综艺，并在《何以笙箫默》《杉杉来了》等热门电视剧中进行广告植入；电视广告也随时能映入眼帘，周迅、杨洋、郭采洁等先后作为广告代言人，迅速将锐澳的知名度打响，获得了年轻人尤其是年轻女性的喜爱。“RIO”也通过巨额的广告费确立先行者的优势，销量和销售额迅速攀升，2014 年反超冰锐，2015 年市占率接近 60%，冰锐的份额缩减到 20%（图 10-9）。

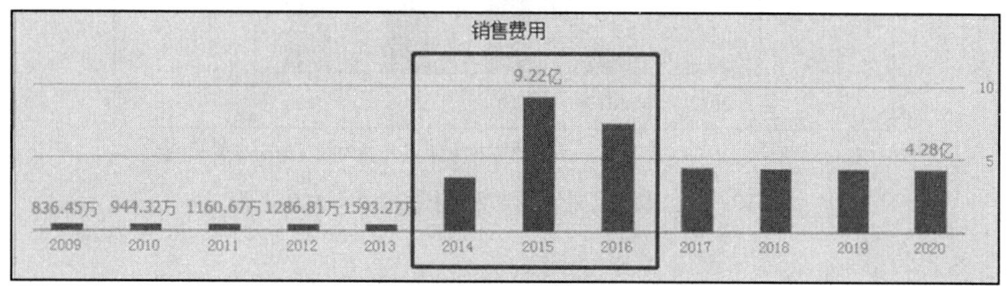


图10-8　销售费用

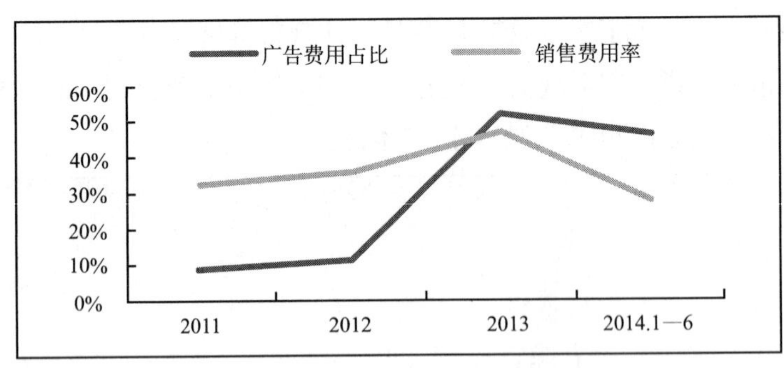


图10-9　巴克斯酒业广告费用率2013年快速提升

**RIO 鸡尾酒经历过山车式的发展**[1]**：**

尝鲜消费能带来一时的销售，但难以产生黏性。公司对于渠道铺货，除一二线以外的年轻消费者，因为缺少酒吧、夜店的场景熏陶，本身对于潮流性质的鸡尾酒认知没有那么深，快速的铺货，后续并没有跟上渠道管理和消费者培育，市场消化速度并没有达到大家的预期；一二线靠广告和潮流感带来的尝鲜感，顾客结束了购买以后，复购率较低，产品销售速度也开始下降。以近几年爆火的茶饮市场为例，单品或者元素的风潮能够带来一时爆发性的消费，但是尝鲜消费劲头总会过去，所以单靠新鲜度难以产生客户黏性。喜茶创始人聂云宸在接受新闻专访时也提到过："现在的消费者很聪明，试过全世界各地的东西，已经没有像以前那样子会有盲目崇拜或是跟风的心理。"

市场的狂热退潮和渠道铺货囤货的无序。经销商方面，2015 年上半年行情火爆，部分地区出现断货现象，市场存在对预调鸡尾酒行业增速翻倍的预期，经销商也在不断囤货，动销能力的下降导致经销商的库存居高不下，最终体现在报表上呈现业绩的断崖式下跌。2016 年公司主力在消化经销商库存，积极开辟新渠道，当年鸡尾酒实现收入 8.13 亿元，同比下降 63.26%，出货量在 711.9 万箱，同比下降 61.28%；净利润亏损 -1.47 亿元（图 10-10）。

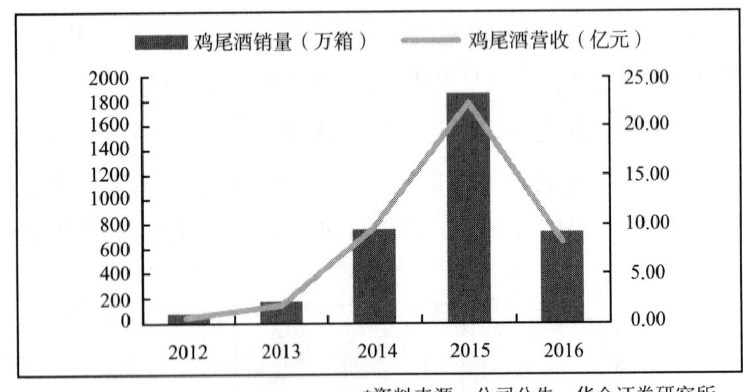


图10-10　RIO鸡尾酒营收和销量2016年大幅下滑

[1] 此部分内容摘自华金证券。

山寨产品损伤品牌知名度。不仅仅是消费者的消费视野在扩大，而且随着现在技术越来越发达，市场上渠道和销售方式越来越多样化，新鲜的事物一旦有市场，很快就会招引来许多的模仿者，很多食品饮料相关企业的盲目跟风涌入市场，产能急速增加，从供给端打破这种新鲜感的格局。因此短暂的尝鲜并没有真正占领消费者的心智，比当时普通饮料和啤酒更高的价位也逐渐失去了一些消费群体。同时由于尚无可行有效的行业标准来规范，山寨产品的层出不穷，品牌商没有有效的防伪标识，渠道不完善，也损伤了市场的消费。

因此鸡尾酒在经历了短暂的热潮之后，市场消费迅速冷却，销售量在 2015 年中达到巅峰，而后迅速向下（图 10-11）。渠道因为在 2015 年的大量囤货，造成了市场价格混乱、资本开始退出市场、部分小鸡尾酒企业陆续退出行业的竞争，行业进入调整期。

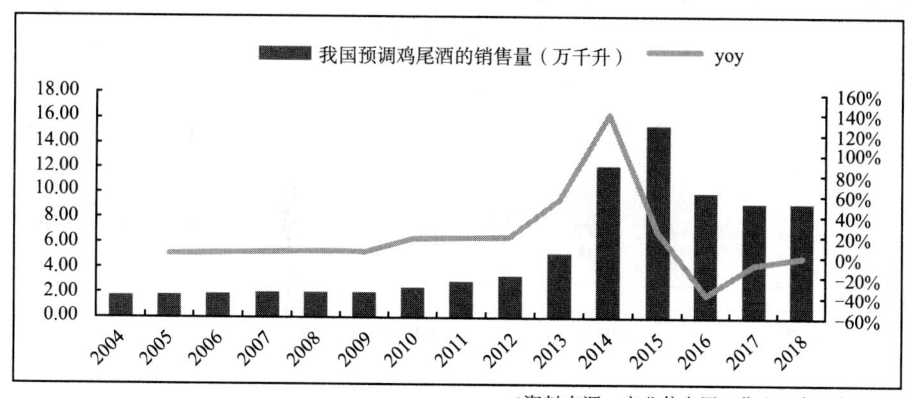


*资料来源：产业信息网、华金证券研究所

**图10-11　我国预调鸡尾酒的销量及增长**

总体来说，RIO 也跟随市场经历了过山车式的颠簸，在颠簸中快速发展，通过渠道的大量铺货和广告费用的大量投入，乘势将品牌迅速确立起来，成为鸡尾酒领导品牌并且地位保持稳固。但是由于当时市场的狂热退潮和渠道铺货囤货的无序，公司也进入较为低迷的去库存调整期。

2016 年公司营业收入大幅下降，利润大幅亏损（表 10-4）。

**表10-4　经营情况**

| | 2016 年 | 2015 年 | 本年比上年增减 | 2014 年 |
|---|---|---|---|---|
| 营业收入（元） | 925,422,509.88 | 2,351,197,709.72 | -60.64% | 1,134,305,297.08 |
| 归属于上市公司股东的净利润（元） | -147,021,918.02 | 500,197,668.22 | -129.39% | 286,880,245.15 |
| 归属于上市公司股东的扣除非经常性损益的净利润（元） | -195,886,240.29 | -88,393,710.65 | 121.61% | 55,077,977.54 |
| 经营活动产生的现金流量净额（元） | -263,263,111.03 | 383,295,303.49 | -168.68% | 520,105,301.26 |

此时公司坚持了长期主义：实施了短期调整、巩固促进长期健康发展的经营策略，消化经销商库存、优化渠道结构，公司营业收入大幅下降，管理和销售费用率并没有大幅缩减，最终导致利润大幅亏损（图 10-12）。

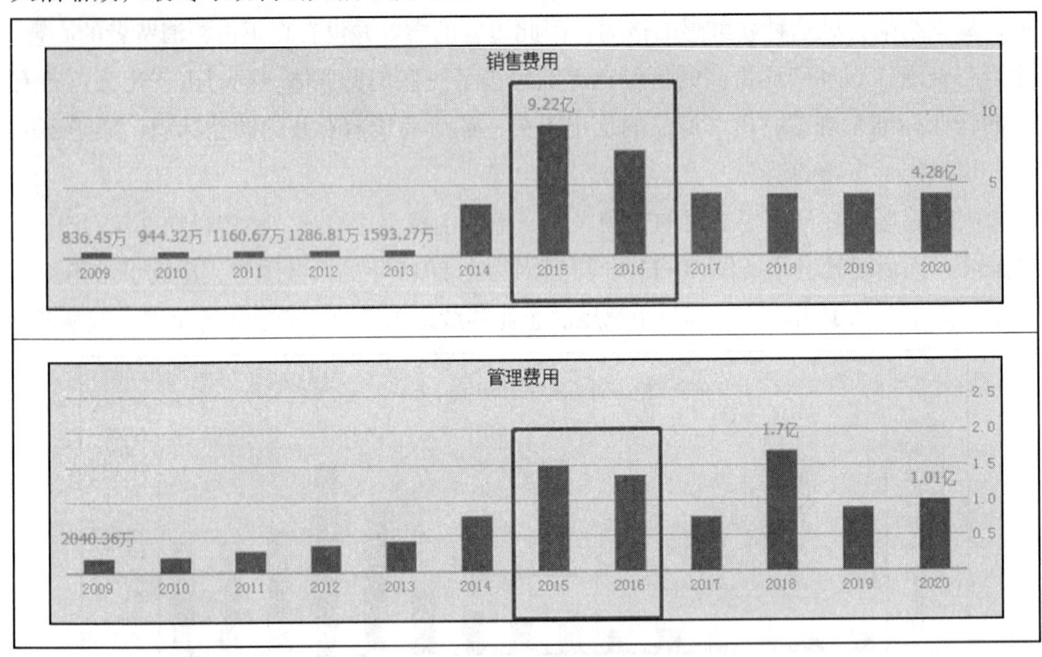


图10-12　销售费用和管理费用

但是，根据成熟市场经验和国内市场客观数据分析，公司认为国内预调鸡尾酒行业发展趋势和市场潜力没有发生根本变化，且公司预调鸡尾酒业务的行业地位得到了进一步巩固，公司预调鸡尾酒业务具有长期持续的增长潜力（图 10-13）。

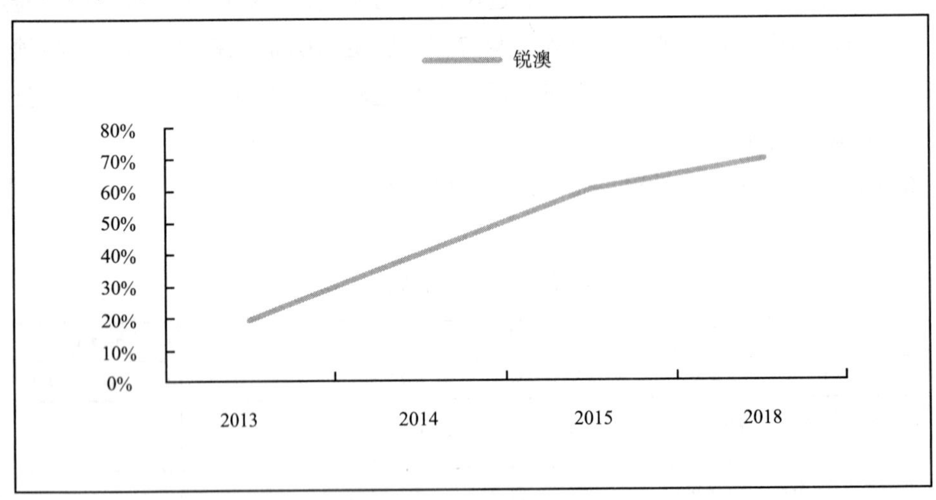


图10-13　锐澳的市占率

2017 年公司业绩实现较高质量的恢复性增长（表 10-5）。

表10-5　经营情况

| | 2017 年 | 2016 年 | 本年比上年增减 |
|---|---|---|---|
| 营业收入（元） | 1,171,925,681.31 | 925,422,509.88 | 26.64% |
| 归属于上市公司股东的净利润（元） | 182,645,282.37 | -147,021,918.02 | 224.23% |
| 归属于上市公司股东的扣除非经常性损益的净利润（元） | 164,613,833.47 | -195,886,240.29 | 184.04% |
| 经营活动产生的现金流量净额（元） | 244,919,326.56 | -263,263,111.03 | 193.03% |

管理更加高效，各项期间费用大幅优化，费用率回归正常水平（图 10-14）。

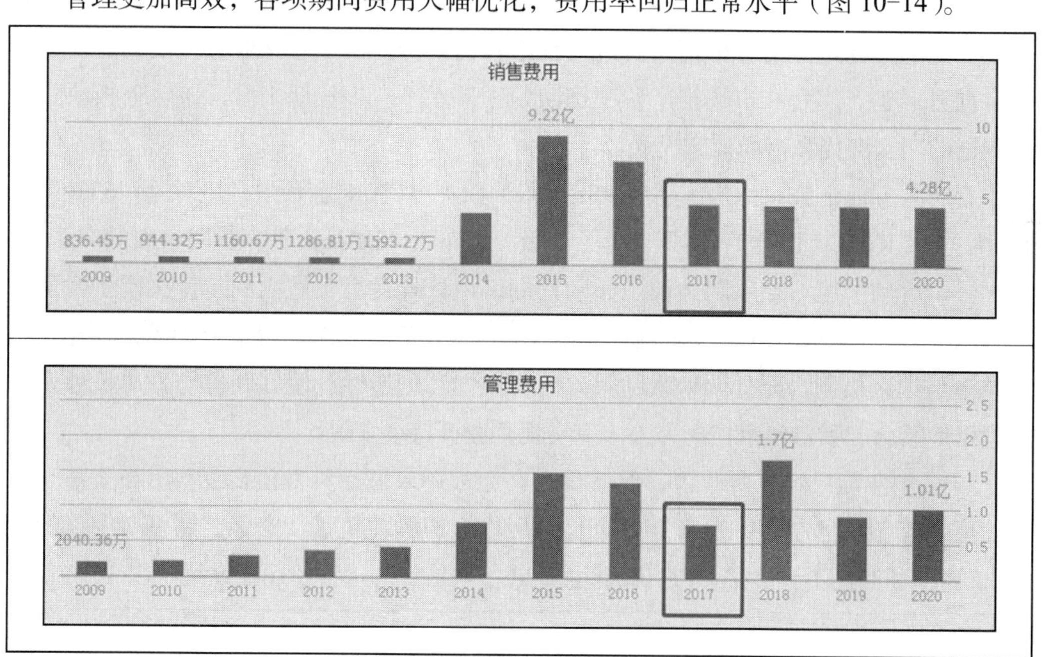


图10-14　销售费用和管理费用

预调鸡尾酒业务板块（含气泡水业务），按计划推进渠道改革、产品创新，大力拓展目标消费人群和消费场景，同时不断优化组织架构、提高运营效率，产品收入实现了 26.56% 的恢复性增长（表 10-6）。

渠道建设方面，现代渠道继续深耕，加强管理和资源投放，提高费效比；传统渠道推进分层管理，优化区域策略和重点，逐步实现高质量的覆盖和拓展；电商渠道积极拥抱变化，通过多层次的跨平台协同营销，滚动推进产品组合的优化和升级，继续保持高速发展；即饮渠道各项工作稳步推进，夜店渠道市场覆盖率、单店售卖量进一步提升，成绩优异；餐饮渠道在完成多个城市的初步布局后，陆续开展深度营销试点，系统有效的餐饮渠道将逐步形成。

表10-6 营业收入

| | 2017年 | | 2016年 | | 同比增减 |
|---|---|---|---|---|---|
| | 金额 | 占营业收入比重 | 金额 | 占营业收入比重 | |
| 营业收入合计 | 1,171,925,681.31 | 100% | 925,422,509.88 | 100% | 26.64% |
| 分行业 | | | | | |
| 食用香精 | 139,402,041.55 | 11.89% | 111,858,359.61 | 12.09% | 24.62% |
| 预调鸡尾酒（含气泡水） | 1,029,044,249.70 | 87.81% | 813,115,910.06 | 87.86% | 26.56% |

品牌建设方面，公司主动推进行业细分，持续培养消费者饮用习惯，积极采用费效比更好的传播形式对目标消费者进行精准宣传和推广；随着该业务板块的经营步入正常回升通道，广告和市场推广费率也回归正常水平；中长期来看，该业务板块将保持积极的广告宣传和市场推广投入。

新产品方面，公司推出了“POPSS（帕泊斯）”牌气泡水系列，并对原“STRONG（强爽）”“LIGHT（微醺）”系列进行了升级，发布了“LINE”等多款限量版的产品。

公司启动了第一期限制性股票激励计划，该计划后续实施顺利，首次授予股份已于2018年2月9日上市。该计划的实施，将形成良好、均衡的价值分配体系，建立利益共享与约束机制，充分调动激励对象的积极性和创造性，使其利益与公司长远发展更紧密地结合，吸引和留住优秀人才，实现企业可持续发展。

2017年业绩已经有所改善，但股价呢？远远还未见底。为什么呢？因为公司当时的市值仍有140亿左右（2015年9个亿的股本，回购注销了2个亿，剩下7个亿的股本），而净利润还不到2亿，PE仍高达70倍，杀估值的进程仍还在继续（图10-15）。

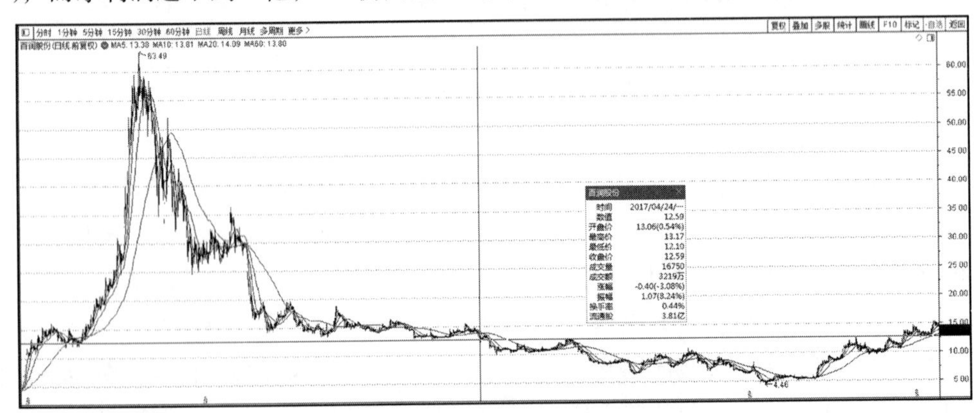

图10-15 百润股份K线图

2018 年公司营业收入稳健回升，但净利润却大幅下降（表 10–7），为什么呢？

**表10–7 经营情况**

| | 2018 年 | 2017 年 | 本年比上年增减 | 2016 年 |
|---|---|---|---|---|
| 营业收入（元） | 1,229,991,312.76 | 1,171,925,681.31 | 4.95% | 925,422,509.88 |
| 归属于上市公司股东的净利润（元） | 123,760,929.10 | 182,645,282.37 | -32.24% | -147,021,918.02 |
| 归属于上市公司股东的扣除非经常性损益的净利润（元） | 86,621,154.90 | 164,613,833.47 | -47.38% | -195,886,240.29 |
| 经营活动产生的现金流量净额（元） | 342,336,665.10 | 244,919,326.56 | 39.78% | -263,263,111.03 |
| 基本每股收益（元/股） | 0.20 | 0.22 | -9.09% | -0.16 |
| 稀释每股收益（元/股） | 0.20 | 0.22 | -9.09% | -0.16 |

主要是公司的股权激励产生的费用，公司如果剔除终止实施股票激励计划的会计处理方式对当期报表利润的影响，公司实现利润总额25,080.40万元，同比增长7.73%，实现净利润 20,137.09 万元，同比增长 10.25%（表 10–8）。

**表10–8 费用影响**

| | 2018 年 | 2017 年 | 同比增减 | 重大变动说明 |
|---|---|---|---|---|
| 销售费用 | 431,785,769.13 | 437,053,255.74 | -1.21% | |
| 管理费用 | 170,416,641.84 | 76,452,894.72 | 122.90% | 主要系公司终止股票激励计划，视同加速行权，确认股权激励费用 7,761 万元。 |
| 财务费用 | -4,185,544.00 | 4,215,860.38 | -199.28% | 主要系公司归还借款，利息支出减少所致。 |
| 研发费用 | 62,879,573.33 | 51,442,591.03 | 22.23% | |

2018 年公司的经营现金流是一大亮点（表 10–9）。

**表10–9 经营现金流**

| 年度 | 2016 | 2017 | 2018 | 2019 | 2020 |
|---|---|---|---|---|---|
| 经营现金流（亿） | –2.63 | 2.45 | 3.42 | 5.3 | 7.23 |

报告期内，调预鸡尾酒业务板块，发展路径更为清晰，消费者研究不断深入，品类建设逐步完善，产品覆盖稳步推进，组织构架进一步整合优化，运营效率显著提升。

品牌建设方面，公司新产品较好地满足了消费者的需求，市场反馈良好；公司积极投入，执行了一系列高质量的营销活动，进一步培养了消费者的饮用习惯和品牌忠诚度，有效地推动了行业细分发展。

渠道建设方面，现代渠道强化 SKU 覆盖，加强资源投放管理，因地制宜提高费效比；电商渠道在持续提升纯电商平台运营效率的同时，积极拥抱线上线下融合带来的新变化；即饮渠道各项工作稳步推进，其中夜店渠道积极适应市场变化，加强渠道下沉，餐饮渠道根据市场需求打磨提升，并将继续选择重点城市进行深度营销推广；出口渠道初见成效，“锐澳 RIO”牌预调鸡尾酒现已出口至多个国家，当地市场反馈良好。品类建设方面，公司坚持多品类发展方向，开发全系列产品线。公司消费者研究中心，进行多维度消费者研究，反复验证产品，对多品类发展提供了有效的指引和支持。

新产品方面，公司按计划推进新产品在线下零售渠道的铺市、推广和销售工作，覆盖率持续提升，已有多条产品线逐步成为公司增长引擎。

在2018年年报中，公司对未来作出一个判断：公司在恢复性增长通道内稳健运行，公司的业务结构发生了质的变化。

作为一个投资者，笔者每看到“质的变化”这个字眼，我都会惊喜万分，只要是管理层是相当可靠的，所判断的东西比我们“外来汉”强很多了，而我们作为投资者就要学会评估管理层是否可靠、诚实。

而此时的资本市场已经先知先觉，从底部 6.75 元涨到 14 元左右，涨幅一倍（图 10-16），2018 年如果剔除股权激励的费用，利润 2 个亿，此时公司的市值 75 亿左右，PE37 倍，仍然不便宜，如果公司不剔除股权激励 1.2 亿，那么公司 PE 高达 62 倍。目前的资本市场是非常高效的，它不会给你非常便宜、非常舒服的价格介入。作为投资者的你，此时对这个价格你怎么看呢？

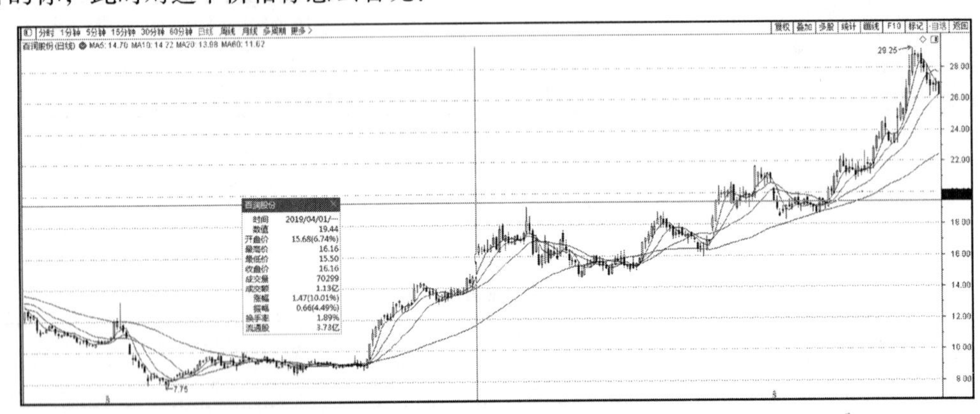


图10-16　百润股份K线图

2019 年，公司营业收入增长 19%，净利润大幅增长 142%（表 10-10），此时公司已经实现真正意义上的困境反转！

表10-10　经营情况

| | 2019 年 | 2018 年 | 本年比上年增减 | 2017 年 |
|---|---|---|---|---|
| 营业收入（元） | 1,468,439,608.33 | 1,229,991,312.76 | 19.39% | 1,171,925,681.31 |
| 归属于上市公司股东的净利润（元） | 300,330,286.74 | 123,760,929.10 | 142.67% | 182,645,282.37 |
| 归属于上市公司股东的扣除非经常性损益的净利润（元） | 278,580,629.87 | 86,621,154.90 | 221.61% | 164,613,833.47 |
| 经营活动产生的现金流量净额（元） | 530,492,224.04 | 342,336,665.10 | 54.96% | 244,919,326.56 |

经营活动现金流创出历史新高（图 10-17）。

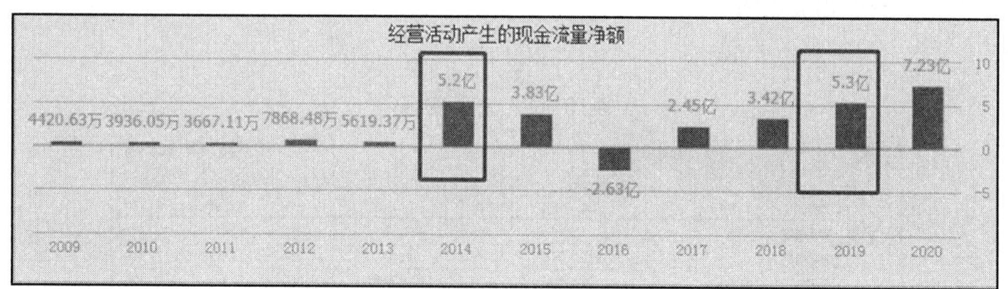


图10-17　现金流量

品牌建设方面，公司快速提升各子品牌影响力，主动拓展细分市场，针对相应的细分市场实施有节奏、有重点的营销计划。

渠道建设方面，公司实现多渠道共同发展。现代渠道顺应社区化、便利化和平台化的发展趋势，调整资源投放重点；传统渠道将加强拓展，分层次分重点提升渠道覆盖率和覆盖质量；电商渠道持续提升纯电商平台运营效率，通过个性化新产品的不断推出，促进该渠道的快速发展，同时积极拥抱线上线下融合带来的新变化，进一步推进公司新零售业务的发展。即饮渠道稳步推进，丰富即饮渠道产品线，同时积极向三四线城市拓展，逐步建立系统有效的即饮终端。

品类建设方面，公司坚持多品类发展方向，开发全系列产品线。公司消费者研究中心，进行多维度消费者研究，反复验证产品，对多品类发展提供了有效的指引和支持。

新产品方面，公司分阶段有步骤地推出新产品并对原部分系列产品进行了升级，按计划积极推进重点新产品铺市，在线下零售渠道的铺市、推广和销售工作，覆盖率持续提升。此外，公司加强厂商合作，建设良好的厂商文化，共创共赢。

2019 年，公司巴克斯酒业（佛山）生产基地已建设完成。公司上海、天津、成都、佛山四大生产基地，将辐射全国，满足全国多渠道渗透需求，大幅度优化物流成本；同时，公司将加快伏特加及威士忌生产项目建设，伏特加及威士忌是预调鸡尾酒产品的重要原料基酒，增强公司预调鸡尾酒产品的核心竞争力，稳固巴克斯酒业在预调鸡尾酒行业的龙头地位。

## 10.2 百润股份2020年年报解读

### 10.2.1 经营分析

2020 年公司预调鸡尾酒营业收入占比 89% 左右，利润占比 89% 左右，所以分析百润的时候我只侧重“这瓶鸡尾酒”了，因为它占的权重太重了，而华东地区则是公司业绩最重要的来源（表 10-11）。

2020 年公司业绩如何？

**表10-11 公司业绩**

2020-12-31 | 2020-06-30 | 2019-12-31　　注：通常在中报、年报时披露

| | 业务名称 | 营业收入(元) | 收入比例 | 营业成本(元) | 成本比例 | 利润比例 | 毛利率 |
|---|---|---|---|---|---|---|---|
| 按行业 | 预调鸡尾酒(含气泡水) | 17.12亿 | 88.86% | 5.93亿 | 89.20% | 88.68% | 65.37% |
| | 食用香精 | 1.99亿 | 10.30% | 6697.07万 | 10.08% | 10.42% | 66.27% |
| | 其他业务 | 1612.11万 | 0.84% | 478.65万 | 0.72% | 0.90% | 70.31% |
| 按产品 | 预调鸡尾酒(含气泡水) | 17.12亿 | 88.86% | 5.93亿 | 89.20% | 88.68% | 65.37% |
| | 食用香精 | 1.99亿 | 10.30% | 6697.07万 | 10.08% | 10.42% | 66.27% |
| | 其他业务 | 1612.11万 | 0.84% | 478.65万 | 0.72% | 0.90% | 70.31% |
| 按地区 | 华东区域 | 8.39亿 | 43.57% | 2.89亿 | 43.52% | 43.59% | 65.54% |
| | 华南区域 | 4.94亿 | 25.64% | 1.71亿 | 25.66% | 25.63% | 65.48% |
| | 华西区域 | 3.32亿 | 17.21% | 1.15亿 | 17.25% | 17.19% | 65.43% |
| | 华北区域 | 2.46亿 | 12.74% | 8538.22万 | 12.85% | 12.69% | 65.23% |
| | 其他 | 1612.11万 | 0.84% | 478.65万 | 0.72% | 0.90% | 70.31% |

2020 年公司营业收入增长 31%，净利润增长 78%，经营现金流增长 36%，非常不错（表 10-12）！公司的利润持续释放。下面来看看公司 2020 年单个季度的增长率（表 10-13）。

**表10-12 经营情况**

| | 2020 年 | 2019 年 | 本年比上年增减 | 2018 年 |
|---|---|---|---|---|
| 营业收入（元） | 1,926,643,196.25 | 1,468,439,608.33 | 31.20% | 1,229,991,312.76 |
| 归属于上市公司股东的净利润（元） | 535,507,699.76 | 300,330,286.74 | 78.31% | 123,760,929.10 |
| 归属于上市公司股东的扣除非经常性损益的净利润（元） | 460,761,592.65 | 278,580,629.87 | 65.40% | 86,621,154.90 |
| 经营活动产生的现金流量净额（元） | 723,366,906.29 | 530,492,224.04 | 36.36% | 342,336,665.10 |
| 基本每股收益（元/股） | 1.03 | 0.58 | 77.59% | 0.20 |
| 稀释每股收益（元/股） | 1.03 | 0.58 | 77.59% | 0.20 |
| 加权平均净资产收益率 | 23.82% | 15.08% | 8.74% | 6.77% |
| | 2020 年末 | 2019 年末 | 本年末比上年末增减 | 2018 年末 |
| 总资产（元） | 3,886,865,771.98 | 2,561,519,233.85 | 51.74% | 2,425,091,649.80 |

表10-13 成长能力指标

| 科目\年度 | 2021-03-31 | 2020-12-31 | 2020-09-30 | 2020-06-30 | 2020-03-31 | 2019-12-31 |
|---|---|---|---|---|---|---|
| 成长能力指标 | | | | | | |
| 净利润(元) | 1.31亿 | 1.52亿 | 1.71亿 | 1.50亿 | 6173.49万 | 7178.53万 |
| 净利润同比增长率 | 112.15% | 112.23% | 86.47% | 59.46% | 45.16% | 1176.96% |
| 扣非净利润(元) | 1.30亿 | 1.47亿 | 1.33亿 | 1.25亿 | 5608.11万 | 7790.29万 |
| 扣非净利润同比增长率 | 132.28% | 88.38% | 59.49% | 58.08% | 46.58% | 634.69% |
| 营业总收入(元) | 5.17亿 | 6.02亿 | 5.37亿 | 4.50亿 | 3.38亿 | 4.52亿 |
| 营业总收入同比增长率 | 52.88% | 33.08% | 40.94% | 28.00% | 19.12% | 20.07% |

看到扣非净利润同比增长率这串数字的时候，我不知道各位读者有什么感觉，对我来讲还是用“惊叹”来描述我的心情，每个季度公司都处于一种加速状态，而且是越来越快，如果我们有生之年能够持续找到这类能够持续不断释放业绩的公司，作为投资者的我们应该会感到“自豪”“成就”“幸福”。当然公司所赚的都是要真金白银才行。

下面再来看看公司的资产与负债情况。

## 10.2.2 资产

（1）货币资金：2020 年公司账上现金 15 亿占总资产（39 亿）38%，账上现金非常充足，不过公司账上的现金主要是非公开发股票募集资金（图 10-18）。为什么要募集资金？这个是我们要思考的问题之一。

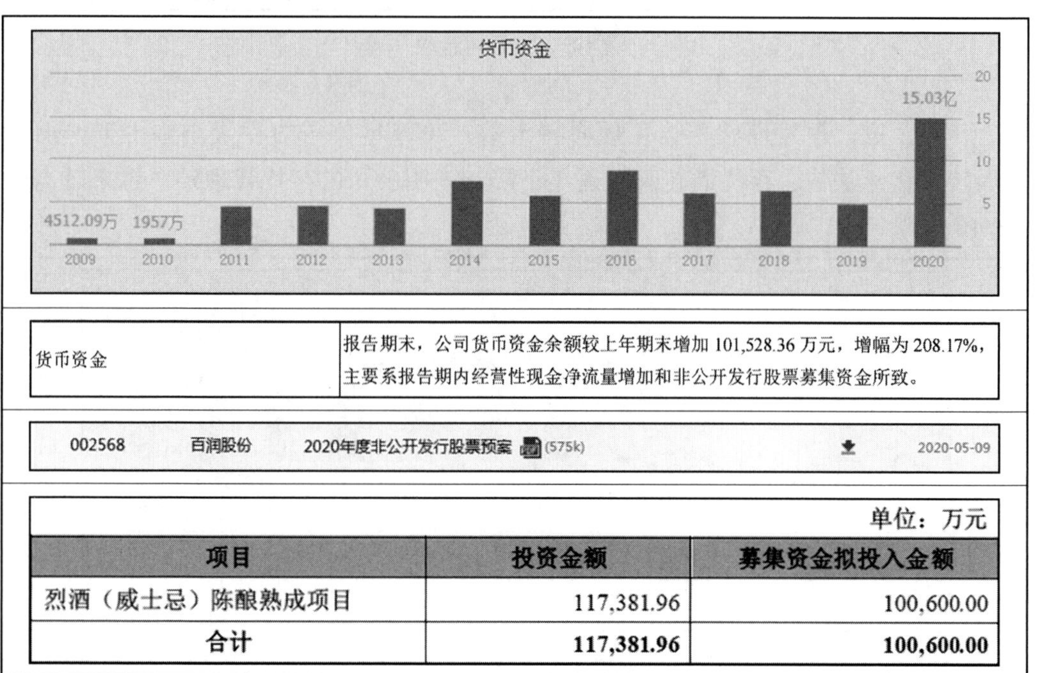


| 货币资金 | 报告期末，公司货币资金余额较上年期末增加 101,528.36 万元，增幅为 208.17%，主要系报告期内经营性现金净流量增加和非公开发行股票募集资金所致。 |
|---|---|

002568　百润股份　2020年度非公开发行股票预案 (575k)　2020-05-09

单位：万元

| 项目 | 投资金额 | 募集资金拟投入金额 |
|---|---|---|
| 烈酒（威士忌）陈酿熟成项目 | 117,381.96 | 100,600.00 |
| 合计 | **117,381.96** | **100,600.00** |

图10-18 货币资金

（2）应收账款、应收账款周转天数：2020 年公司营业收入大幅增长，但应收账款较 2019 年有所下降，应收账款周转天数较 2019 年大幅下降，表明公司随着营业收入的增长对下游客户的话语权大幅增强（图 10-19）。

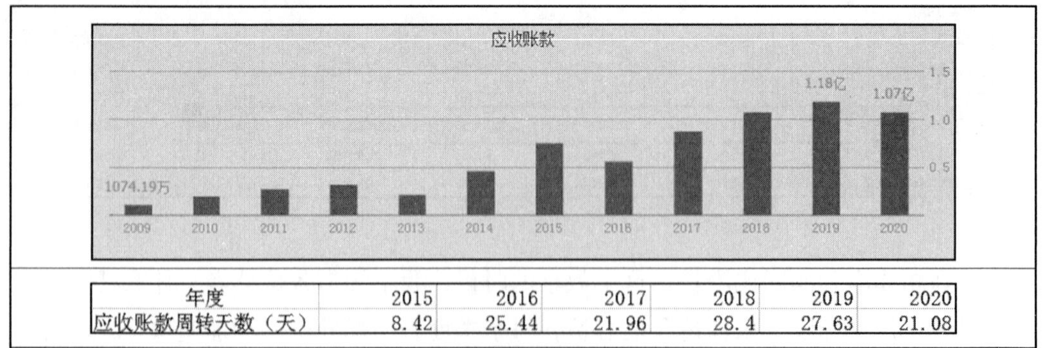


| 年度 | 2015 | 2016 | 2017 | 2018 | 2019 | 2020 |
|---|---|---|---|---|---|---|
| 应收账款周转天数（天） | 8.42 | 25.44 | 21.96 | 28.4 | 27.63 | 21.08 |

图10-19　应收账款

（3）预付款项：2020 年预付款项并没有随着营业收入的增长而增加，而且预付款项非常少，表明公司对上游客户的话语权得到增强（图 10-20）。

图10-20　预付款项

（4）存货、存货周转率、存货周转天数：2020 年公司的存货小幅上升，但存货周转率逐年加快、存货周转天数逐年下降，表明公司的存货管理效率越来越高效（图 10-21）。

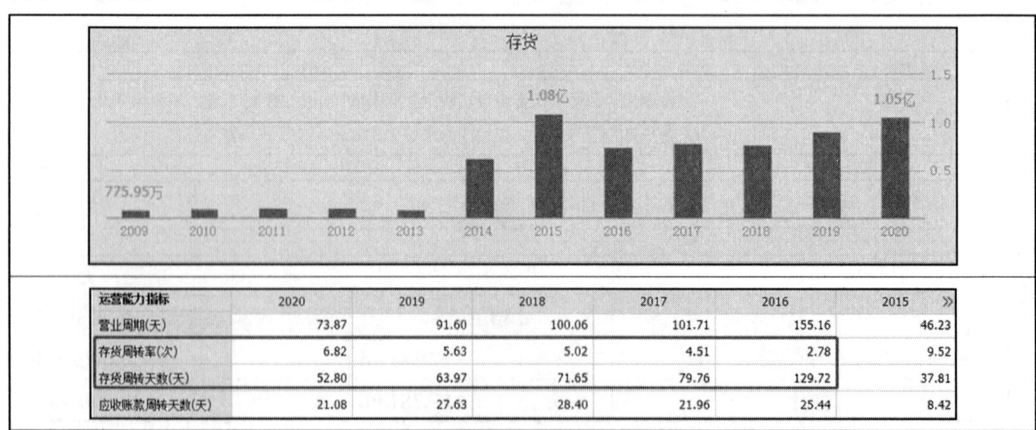


| 运营能力指标 | 2020 | 2019 | 2018 | 2017 | 2016 | 2015 |
|---|---|---|---|---|---|---|
| 营业周期(天) | 73.87 | 91.60 | 100.06 | 101.71 | 155.16 | 46.23 |
| 存货周转率(次) | 6.82 | 5.63 | 5.02 | 4.51 | 2.78 | 9.52 |
| 存货周转天数(天) | 52.80 | 63.97 | 71.65 | 79.76 | 129.72 | 37.81 |
| 应收账款周转天数(天) | 21.08 | 27.63 | 28.40 | 21.96 | 25.44 | 8.42 |

图10-21　存货指标

（5）固定资产、在建工程：2020 年公司固定资产 11 亿左右占总资产（39 亿）28%，资产不重（图 10-22）。

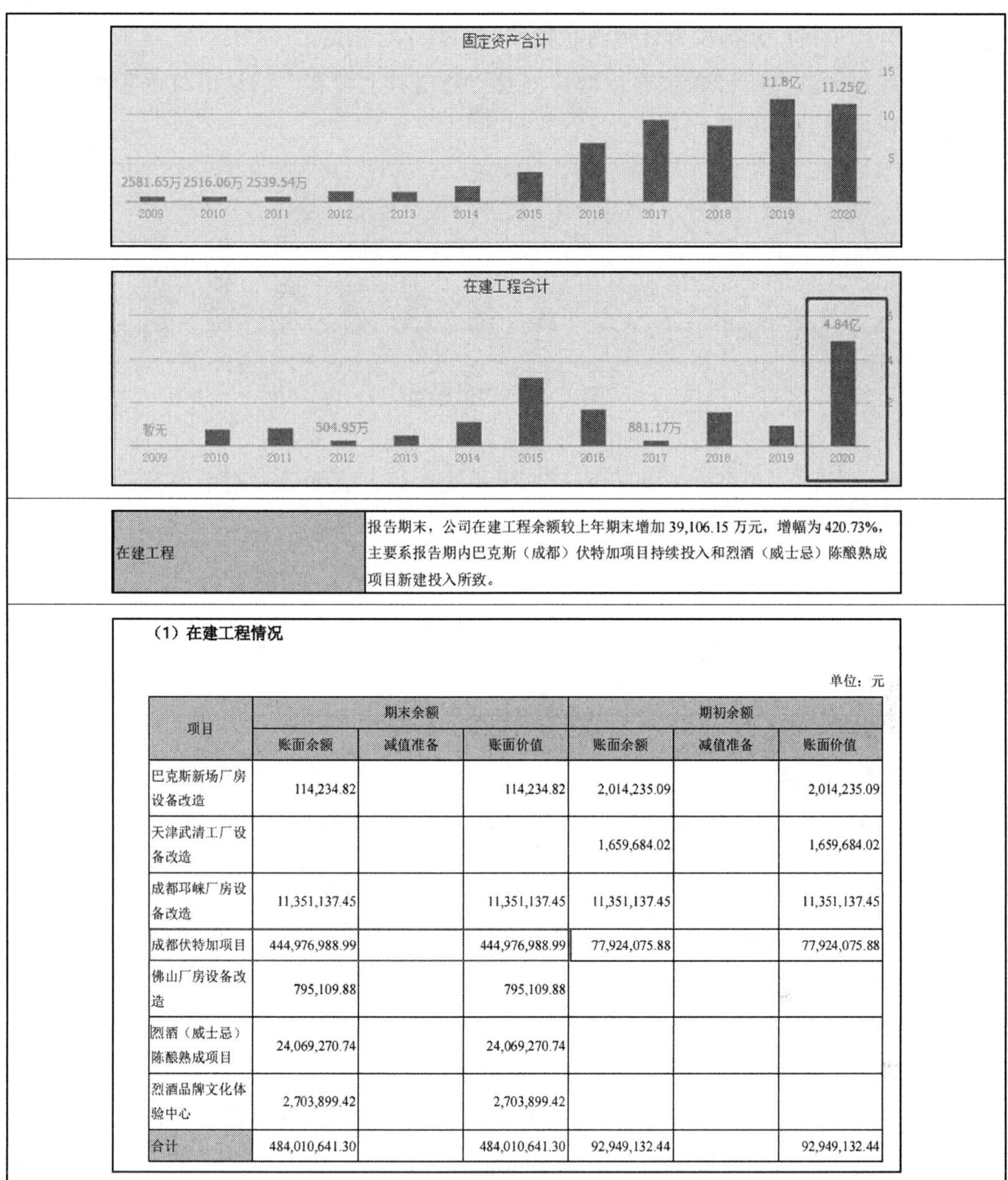


| 在建工程 | 报告期末，公司在建工程余额较上年期末增加 39,106.15 万元，增幅为 420.73%，主要系报告期内巴克斯（成都）伏特加项目持续投入和烈酒（威士忌）陈酿熟成项目新建投入所致。 |
|---|---|

**（1）在建工程情况**

单位：元

| 项目 | 期末余额 | | | 期初余额 | | |
|---|---|---|---|---|---|---|
| | 账面余额 | 减值准备 | 账面价值 | 账面余额 | 减值准备 | 账面价值 |
| 巴克斯新场厂房设备改造 | 114,234.82 | | 114,234.82 | 2,014,235.09 | | 2,014,235.09 |
| 天津武清工厂设备改造 | | | | 1,659,684.02 | | 1,659,684.02 |
| 成都邛崃厂房设备改造 | 11,351,137.45 | | 11,351,137.45 | 11,351,137.45 | | 11,351,137.45 |
| 成都伏特加项目 | 444,976,988.99 | | 444,976,988.99 | 77,924,075.88 | | 77,924,075.88 |
| 佛山厂房设备改造 | 795,109.88 | | 795,109.88 | | | |
| 烈酒（威士忌）陈酿熟成项目 | 24,069,270.74 | | 24,069,270.74 | | | |
| 烈酒品牌文化体验中心 | 2,703,899.42 | | 2,703,899.42 | | | |
| 合计 | 484,010,641.30 | | 484,010,641.30 | 92,949,132.44 | | 92,949,132.44 |

图10-22　固定资产、在建工程

随着公司经营业绩持续向好，2020 年公司在建工程大幅扩张，向上游延伸，烈酒基地的建成不仅可以降低预调鸡尾酒产品成本，还能保证基酒高质高效供应，更使产品可控度高、可追溯性强，产品安全更有保障；同时也为公司推广烈酒及配制酒新品奠定良好基础。那么这些项目未来能否给公司带来多大的收益？这是我们作为投资者所需要思考的地方。

### 10.2.3 负债

（1）有息负债：公司没有任何有息负债，经营十分稳健。

（2）应付账款：应付账款逐年增长，表明公司对上游客户的话语权逐年增加，这个跟预付款项相对应（图 10-23）。

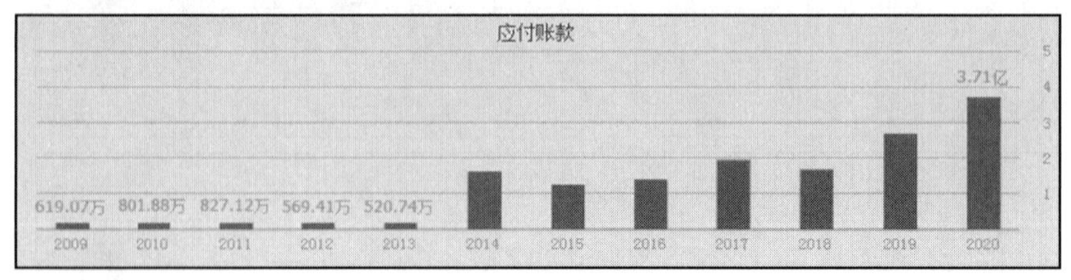


图10-23 应付账款

（3）预收款：2020 年公司的预收款创出历史新高，表明公司对下游客户的话语权得到增加，这跟应收款相对应（表 10-14）。

表10-14 预收款

| 年度 | 2016 | 2017 | 2018 | 2019 | 2020 |
|---|---|---|---|---|---|
| 预收款（万） | 1436 | 1369 | 4201 | 3246 | 4453 |

### 10.2.4 小结

从资产负债表我们可以得出一个简单的结论：2020 年公司账上现金非常充足，主要是非公开发行募集了 10 个亿。从存货周转率逐年加快及存货周转天数逐年下降，表明公司的存货管理效率越来越高。上下游产业链呢？从应收账款，应收账款周转天数下降，预收款创出历史新高来看，公司对下游客户的话语权随着公司的发展不断增强，预付账款比较稳定，应付账款逐年增长，表明公司对上游客户的话语权随着公司的发展不断增强，从这里可以看出公司在上下游产业链中占主导地位，有着较强的话语权。正是基于这一点，2020 年公司的在建工程大幅扩张，增加产能供给，在建工程创出历史新高，为公司未来快速发展打下了坚实的基础。

## 10.3 百润股份竞争力分析及对未来的思考

### 10.3.1 市场竞争力

现在我们解读下这瓶鸡尾酒的竞争力到底有多强！

在公司年报里公司的核心竞争力已经写着很清楚了，我做下搬运工，来分享我对公司核心竞争力的理解。

（1）全产业链布局优势。“公司全产业链布局已具一定规模，战略性协同效应充分显现。公司预调鸡尾酒业务和香精香料业务，在基础技术研究、新产品开发、供应链管理等方面共享资源、协同增效，共同提升双品牌知名度和市场占有率，实现业务协同发展，提升公司整体价值。烈酒基地的建成不仅降低预调鸡尾酒产品成本，保证基酒高质高效供应，更使产品可控度高、可追溯性强，产品安全更有保障；同时也为公司推广烈酒及配制酒新品奠定良好基础。低酒精度饮料及烈酒文化体验中心的建设，有助于公司实现产业升级、体验升级、品牌升级。公司全产业链布局将以下游消费端带动全产业链发展，巩固行业龙头地位，强化核心竞争力。”

公司全产业链布局已具有一定规模，战略性协同效应显现，那么公司成本应该可以降低，毛利率会提升，为什么 2020 年公司的毛利率会降低呢（表 10-15）？

**表10-15　毛利率下降**

| 盈利能力指标 | 2020 | 2019 | 2018 | 2017 | 2016 | 2015 » |
|---|---|---|---|---|---|---|
| 销售净利率 | 27.79% | 20.44% | 10.06% | 15.59% | -15.89% | 21.27% |
| 销售毛利率 | 65.50% | 68.27% | 68.68% | 70.97% | 72.82% | 76.34% |
| 净资产收益率 | 23.82% | 15.08% | 6.77% | 10.80% | -15.93% | 46.22% |

仔细阅读财报原来公司这一年实行新的收入准则，把预调鸡尾酒运输费调整至营业成本。影响毛利率 4.28%，也就是说如果把运输费用还原回去，2020 年公司的毛利率较 2019 年是小幅上升的（表 10-16）。

**表10-16　经营情况**

| 产品类别 | 营业收入（元） | 营业成本（元） | 毛利率 | 营业收入与上年同期增减 | 营业成本与上年同期增减 | 毛利率与上年同期增减 |
|---|---|---|---|---|---|---|
| 预调鸡尾酒（含气泡水） | 1,711,992,331.61 | 592,863,181.41 | 65.37% | 33.82% | 47.37% | -3.18% |
| 食用香精 | 198,529,796.13 | 66,970,718.64 | 66.27% | 9.68% | 11.90% | -0.66% |
| 合计 | 1,910,522,127.74 | 659,833,900.05 | 65.46% | 30.83% | 42.78% | -2.89% |
| 注：本报告期适用新收入准则，将预调鸡尾酒运输费73,209,037.19元调整至营业成本，影响毛利率4.28%；将食用香精运输费2,353,048.29元调整至营业成本，影响毛利率1.19%。 | | | | | | |

（2）品牌优势。“近年来，公司持续加大品牌推广力度，加强品牌建设。公司旗下的‘RIO（锐澳）’牌预调鸡尾酒为国家驰名商标、上海市著名商标、长三角名优食品、上海市名牌产品、上海名优食品，国内预调鸡尾酒行业市场占有率第一，是预调鸡尾酒行业的领导品牌，品牌先发优势明显；‘百润’是上海市著名商标、上海市名牌产品，公司是中国香精香料行业十强企业；两大品牌均获得客户的广泛认可，具有巨大的品牌价值。”

2019 年锐澳的市占率提升至 84%（图 10-13），已经处于绝对龙头。随着行业的发展，公司的市占率持续得到提升，表明公司的市场竞争力非常强大，说是预调鸡尾酒行业的领导品牌一点都不为过。

过去几年公司发生的重大诉讼非常多，有兴趣的读者朋友们可以搜索一下。仔细阅读发现这些重大诉讼都是擅自使用知名商品包装、装潢（RIO 鸡尾酒商品），可想而知，竞争对手只能通过抄袭的方式进行，体现了公司在市场中有着非常强大的品牌效应。

（3）从利润表看公司的竞争力：公司随着营业收入的不断增长，公司的销售费用并没有大幅增长，表明公司的产品在市场拥有非常强大的竞争力，不用多少费用就能推动营业收入的增长，非常强悍；而管理费（18 年除外）这几年也没有随着营收的增长而增长，表明公司的内部管理效率越来越高。也正因为公司有着非常强的产品竞争力与良好的内部管理效率，公司的净利率才得到大幅提升，进而推动 ROE 的不断提升（表 10-17）。

（4）从资产负债表看公司产业链地位：在上一节已经有所解读，现在我们来看看公司的现金周期。

**表10-17　利润表和盈利能力指标**

| 科目\年度 | 2020 | 2019 | 2018 | 2017 | 2016 » |
|---|---|---|---|---|---|
| **一、营业总收入(元)** | 19.27亿 | 14.68亿 | 12.30亿 | 11.72亿 | 9.25亿 |
| 其中：营业收入(元) | 19.27亿 | 14.68亿 | 12.30亿 | 11.72亿 | 9.25亿 |
| **二、营业总成本(元)** | 13.50亿 | 11.16亿 | 11.06亿 | 9.62亿 | 11.98亿 |
| 其中：营业成本(元) | 6.65亿 | 4.66亿 | 3.85亿 | 3.40亿 | 2.52亿 |
| 营业税金及附加(元) | 1.00亿 | 7215.54万 | 5723.48万 | 5192.63万 | 4773.13万 |
| 销售费用(元) | **4.28亿** | **4.29亿** | **4.32亿** | **4.37亿** | **7.41亿** |
| 管理费用(元) | 1.01亿 | 8975.48万 | 1.70亿 | 7645.29万 | 1.36亿 |
| 研发费用(元) | 6382.95万 | 6374.27万 | 6287.96万 | 5144.26万 | -- |
| 财务费用(元) | -788.44万 | -545.51万 | -418.55万 | 421.59万 | 2138.71万 |

| **盈利能力指标** | 2020 | 2019 | 2018 | 2017 | 2016 | 2015 » |
|---|---|---|---|---|---|---|
| 销售净利率 | 27.79% | 20.44% | 10.06% | 15.59% | -15.89% | 21.27% |
| 销售毛利率 | 65.50% | 68.27% | 68.68% | 70.97% | 72.82% | 76.34% |
| 净资产收益率 | 23.82% | 15.08% | 6.77% | 10.80% | -15.93% | 46.22% |

2019 年现金周期基本为 0，2020 年公司在上下游话语客户的话语更加强势，由此可以判断 2020 年公司的现金周期为负（图 10-24）。现金周期为负的意思是不用自己的现金，通过占用上下游的资金就能维持公司的运转。现金周期为负已经体现了公司强大的盈利能力以及市场竞争力。

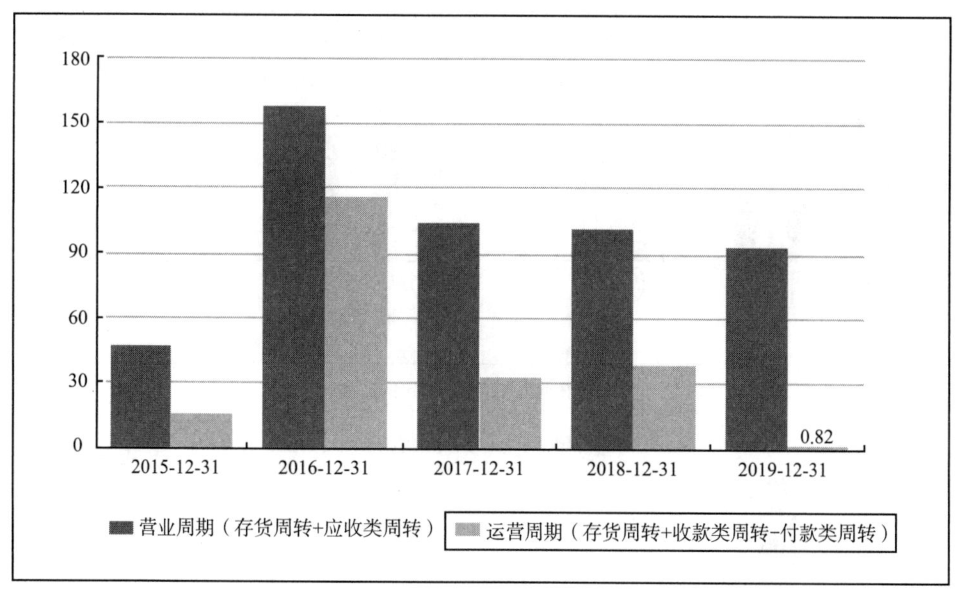


图10-24　运营周期和营业周期天数

既然公司拥有非常强大的市场竞争力，那么我们如何判断公司未来会成长到什么地步？只有一个变量，那就是未来这个市场空间到底有多大。

### 10.3.2　行业空间

行业尚处发展初期，扩容空间较大。我国与其他主要国家及地区相比，预调酒的消费量仍然有较大的提升空间。根据欧睿数据库的统计，2018 年我国预调酒销量为 9.03 万千升，仅为日本消费量的 7%，美国消费量的 9%，西欧地区消费量的 1/6。从人均年消费量的角度来看，2018 年我国预调酒人均年消费量为 0.1 升，仅为日本、澳大利亚等预调酒消费氛围较浓厚国家的 1% 左右，与美国、西欧等地区相比也有很大的提升空间。此外，2018 年我国预调酒销量占酒精饮料总量的比例仅为 0.2%，日本、澳大利亚、美国、加拿大等国该比例分别为 15.7%、8.5%、3.7% 和 2.9%，由此可见我国预调酒行业尚处于发展初期，未来行业扩容空间较大（图 10-25）。

由于我国与日本的饮食相近，我们来研究下日本鸡尾酒的产业发展。自 2009 年以来，预调酒在日本市场出现持续增长，2011 ～ 2016 年日本预调酒市场已经连续五年加速成长，2016 年增长 12%，达到 1.68 亿箱，行业规模折合人民币 125 亿元。截至 2018 年，RTD（预调酒）市场连续增长 11 年，市场规模在过去 10 年几乎翻番，2018 年突破 2 亿箱（单箱 250mL × 24），人均消费每年 1.6 箱（2013 年人均约 1 箱）。从总量上看，日本 RTD 市场 2009 ～ 2018 年复合增长率在 7.8%，近三年同比在 10% 左右（图 10-26）。预调酒能够保持平稳增长，一是年轻一代消费者成为主力消费人群，二是预调酒性价比较高，三是其消费场景广阔，且仍在不断扩容。

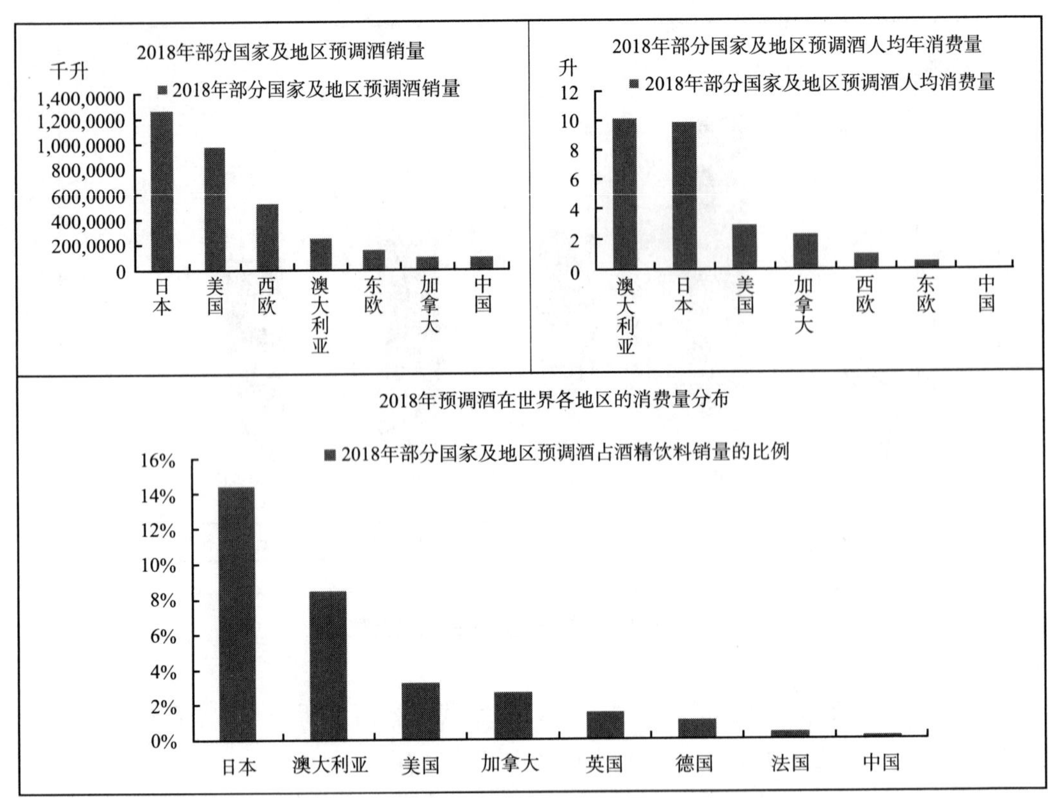


*资料来源：Euromonitor，华泰证券研究所

图10-25　行业空间

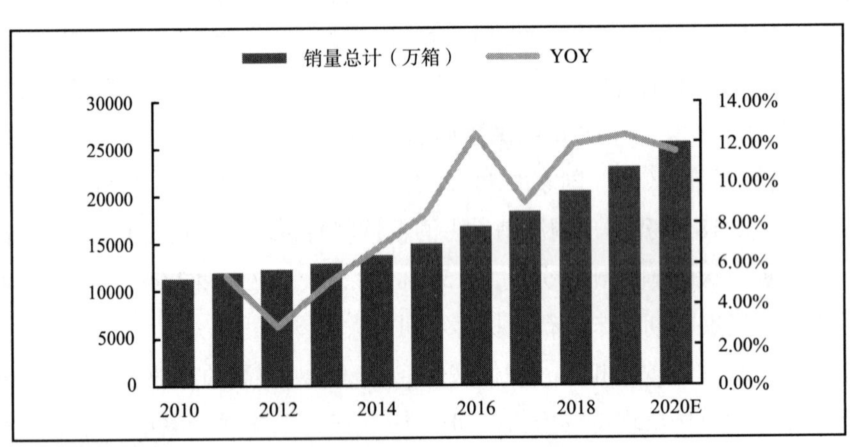


*资料来源：日本三得利市场调查报告，Wind，天风证券研究所

图10-26　2009～2020E年日本RTD市场规模以及构成（万箱）

## 10.3.3　估值

估值处于历史估值上方（图 10-27）。

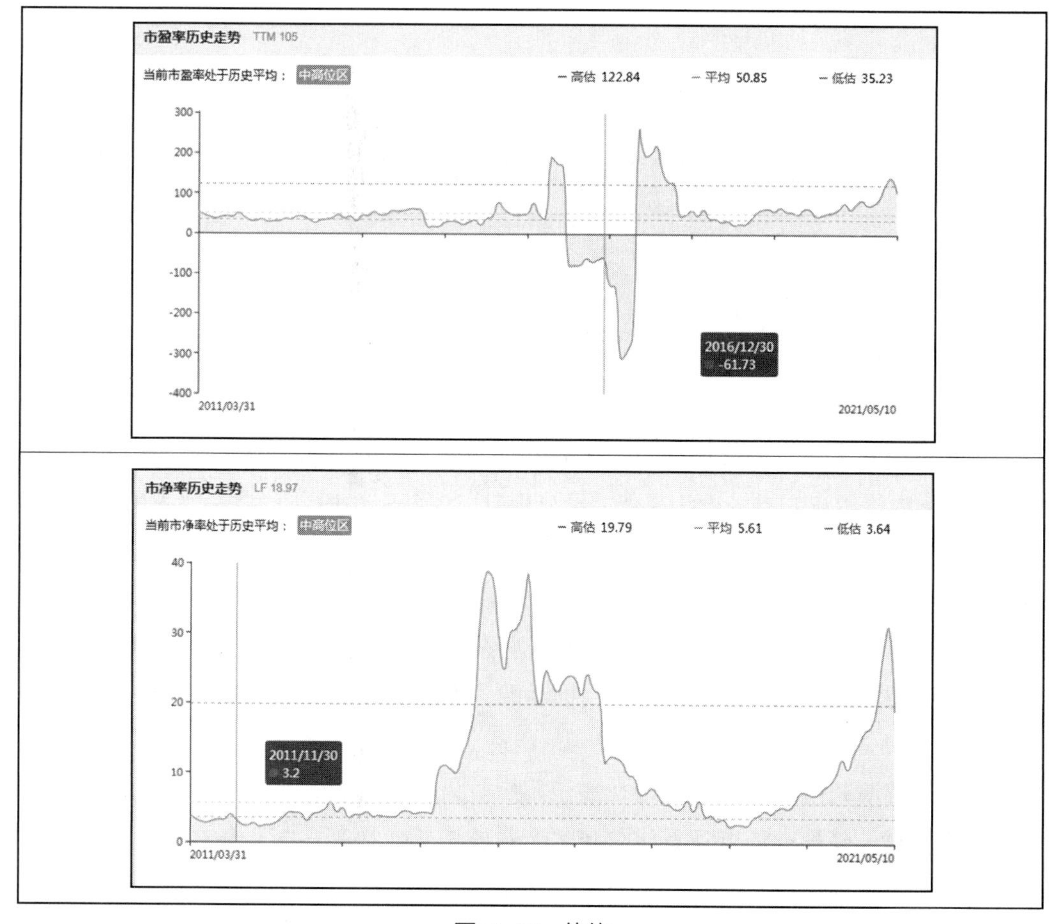


图10-27　估值

## 10.3.4　总结

本章展示了公司的发展历程、内部管理效率及市场的竞争力，我们就可以能够比较清晰的判断公司未来能够成长多大，唯一的变量就是这个市场空间能否能够持续扩容，消费场景能否持续扩大。在国内预调酒销量占酒精饮料总量的比例仅为 0.2%，对标日本，人均消费量仅为日本的 1%，而日本在 2009 ～ 2018 年复合增长率在 7.8%，近三年同比在 10% 左右，这个增速在日本算是相当高的了，中国能否对标日本，从复盘历史可以看出，过于乐观的判断并不是一件好事情。截至 2021 年 5 月，公司的估值处于历史估值上方，PE 高达 120 倍，股价也创出历史新高。

最后说一点，由于鸡尾酒处于行业发展初期，未来的市场空间不好预测，有些投资人选择与这个行业共同进退，如果未来这个行业市场空间可以达到几百亿甚至上千亿，那么这些选择与这个行业共同进退的投资人可以说是未来人生的赢家，因为现在公司的市值仍然不够大，如果真有那么大的市场空间，未来公司的股价仍有几十倍的上涨，如果从底部开始测算，那就是几百倍的涨幅了。

# 第11章 宋城演艺

## 11.1 旅游演艺是个好行业吗

我们来看看旅游演艺这个行业：赛道不错，市场竞争仍然十分激烈：根据道略文旅统计，国内旅游演艺市场近年来保持稳步上升，2015～2019年，票房收入由36.45亿元上升至68.02亿元，复合年均增长率达16.9%。旅游演艺场次数和旅游演艺剧目数都在逐步增加，2015～2019年，旅游演艺场次数由7.67万场增至14.67万场，实现翻倍增长，复合年均增长率达13.8%，旅游演艺剧目数由225台增至340台。这两者的增长主要是由旅游演艺观众人次的逐年上升推动的，本质是市场需求。2019年旅游演艺观众人次为9583.2万，相较2015年实现翻倍增长，复合年均增长率达18.6%（图11-1）。过去几年旅游演艺市场复合增速增长高于票房收入复合增长，可以说明，过去几年人均旅游票房收入并没有随着观看旅游演艺人数的增长而提高，甚至还有所下降，表明市场竞争十分激烈。

旅游演艺类型按照演出方式、场所可以分为主题公园类、实景类、剧场旅游类三大类。在旅游演艺的细分子行业中，主题公园类的旅游演艺商业模式最优、占比最高、增长最快（表11-1）。

道略文旅统计，2014～2018年，主题公园旅游演艺的票房占比从31%快速提升至46.8%，但实景旅游演艺的票房占比持续下降，从43.9%一路降至26.4%；剧场旅游演艺的票房占比基本维持在25%左右。2018年主题公园旅游演艺票房27.7亿元，增速20.4%，远高于旅游演艺行业整体13.5%的增速。与之鲜明对比的是，实景旅游演艺票房15.6亿元，增长仅5.7%，不到行业增速的一半；剧场旅游演艺票房15.8亿元，增长10.2%，也低于行业增速3%（图11-2）。

旅游演艺行业呈现"一超多强"格局，宋城演艺市占率超30%为最大：近几年来，旅游演艺行业集中度逐步提升。国内旅游演艺主要包括4大派系：宋城系、印象系、山水系和长隆系，合计占据国内旅游演艺60%的票房份额（阶段因新项目有所波动）。其中，宋城演艺的市场份额最高，占比30%以上，处于行业绝对龙头地位（图11-3、表11-2）。

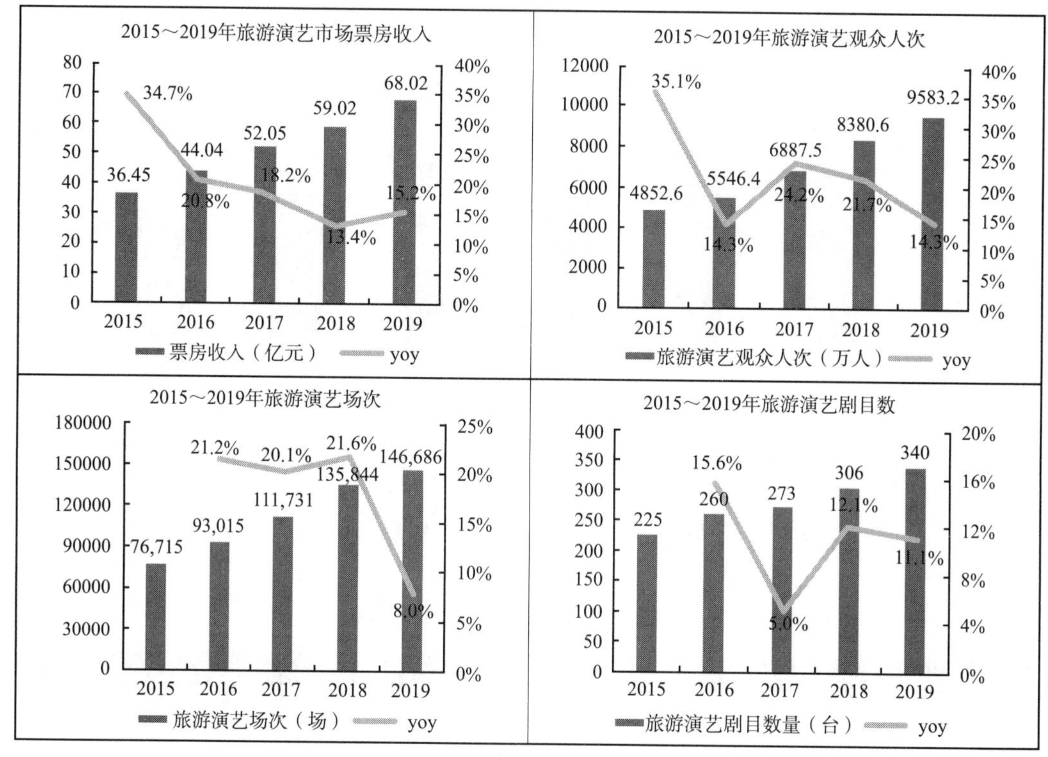


* 数据来源：道略文旅，东北证券

图11-1　旅游演艺市场

**表11-1　我国旅游演艺主要分类**

| 类型 | 依托 | 特点 |
| --- | --- | --- |
| 主题公园旅游演艺 | 主题公园 | 通常为小型主题公园+演艺剧场的形式，多实行一票制。游客既可以观看剧场演出，了解当地历史文化，又可以在主题公园景区内游玩，延长停留时间，实现二次消费。剧场演出摆脱了天气因素的限制，可以实现旺季一天多场演出。 |
| 实景旅游演艺 | 自然景区 | 依托传统自然景区打造室外演艺，以秀美的自然风光为舞台背景，演出规模宏大，但缺点是易受天气因素影响；演出多为夜场，演出场次受时间限制。 |
| 剧场旅游演艺 | 旅游城市 | 多为当地政府参与投资的名片性产品，演出形式以歌舞、马戏为主，更注重对当地旅游形象宣传效果，对经济效益追求放在其次。往往存在缺少专业的演艺管理人才，节目更新创作不及时等问题。 |

* 资料来源：文旅部，新时代证券研究所

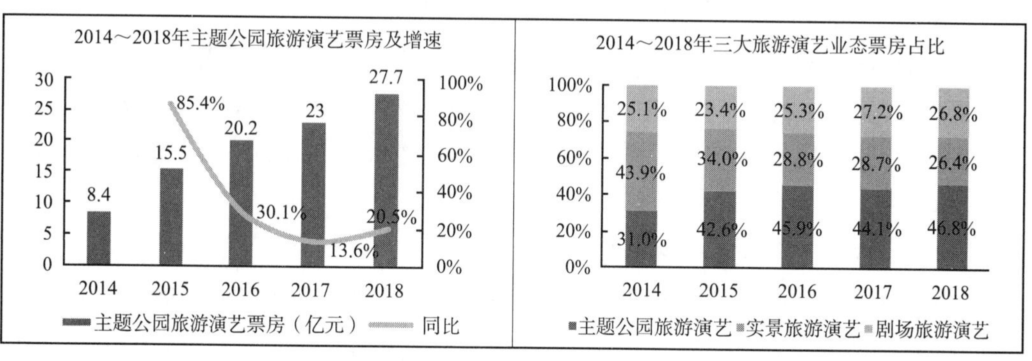


* 资料来源：道略文旅，新时代证券研究所

图11-2　行业发展情况

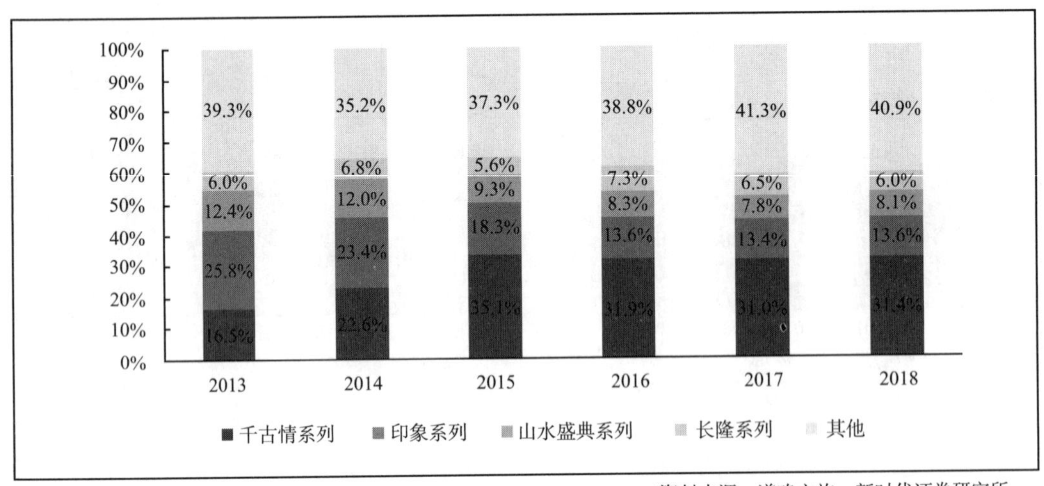


*资料来源：道略文旅，新时代证券研究所

图11-3　2013～2018年国内旅游演艺主要系列票房占比

表11-2　国内旅游演艺主要派系情况

| 系别 | 演出类型 | 导演 | 代表作 | 演出特点 | 目标受众 |
|---|---|---|---|---|---|
| 宋城系 | 主题公园旅游演艺 | 黄巧灵 | 《宋城千古情》《丽江千古情》《三亚千古情》《炭河千古情》等 | 室内演出 | 雅俗共赏，集歌舞、杂技、灯光特效于一体，包括战争与爱情等故事情节，通俗易懂，受众较广 |
| 印象系 | 室外大型实景演出 | 张艺谋、王潮歌、樊跃 | 《印象·刘三姐》《印象·丽江》《又见平遥》《最忆是杭州》等 | 室外演出 | 艺术感较强，区域民族特色鲜明，结合山水实景给人以感染力 |
| 山水系 | 室外大型实景演出 | 梅帅元 | 《天山狐仙·新刘海砍樵》《禅宗少林·音乐大典》《文成公主》等 | 室外演出 | 艺术特色和区域民族特色鲜明，结合山水实景给人以感染力 |
| 长隆系 | 主题公园旅游演艺 | - | 长隆国际大马戏、长隆横琴国际马戏城 | 室内演出 | 主要以马戏表演、杂技特效表现为主，包括部分动物互动等环节，场面宏大 |

* 资料来源：道略文旅，新时代证券研究所

综上所述，旅游演艺行业 2015 ～ 2019 年，票房收入复合增长达 16.9%；而旅游演艺细分行业主题公园又是增长最快的细分子行业，2014 ～ 2018 年行业复合增长 35%，从而带动了主题公园旅游演艺市占率从 2014 年的 31% 提高到 2018 年的 46.8%，发展迅速，但由于进入门槛不高，市场仍面临着非常大的竞争压力。2015 ～ 2019 年，票房收入复合增长达 16.9%，旅游演艺观众人次复合增速达 18.6%。旅游人次复合增速增长高于票房收入复合增长，可以说明过去几年人均旅游票房收入并没有随着观看旅游演艺人数的增长而提高，甚至还有所下降，表明市场竞争十分激烈。一句话：旅游演艺行业赛道不错，但市场竞争仍非常激烈。

下面我们来了解下旅游演艺行业“二八原则”。

根据道略文旅，2015 ～ 2019 年全国实景演出真正实现盈利的只约占 9%，另外 11% 的项目能收支平衡，其余 80% 则处于亏损状态。演艺行业的现状符合“二八原则”，少数优质的演艺项目吸引了一大批的游客，实现了创新—盈利—再创新的正向循环，不符合市场需求的产品则遭到淘汰。成功的旅游演艺产品一般具备以下几个要素：一线核心景区的引流；内容与时俱进，视听效果优良，符合观众的喜好和欣赏水平；出品方的营销、管理、运营能力强。

下面我们来复盘下，印象系列：从崛起到衰落，"印象"做错了什么[1]？

"印象系列"为国内山水实景演出的鼻祖，该系列以当地旅游景区的山水景观和地质风貌作为演出舞台，结合当地人文传说、民俗风情，为观众打造了一场集合光、影、舞、美和乐的艺术视听盛宴。演出由张艺谋、王潮歌、樊跃三位知名导演担任主创，以传统的音乐剧、舞台剧作为剧情的基本载体，以天然山水背景作为幕布，加入极富想象力和视觉震撼效果的灯光特技，打造精美作品。

《印象·刘三姐》在上演后大获成功，为当地带来经济增长。2004 年 3 月，大型山水实景演出《印象·刘三姐》于桂林漓江正式上演，是"印象"系列的开端。该部山水实景演出由 600 多名演职人员参演，经过 109 次修改演出方案，67 位中外著名艺术家创作，依托 2 公里漓江水域和 12 座山峰为表演舞台，被称为全世界第一部全新概念的"山水实景演出"。自公演以来，《印象·刘三姐》已成功演出 17 年，累计演出超 8000 场次，接待观众近 1900 万人次，实现营业收入超 28 亿元。演出的巨大成功也使得广西阳朔县一夜成名，带来巨大的附加价值。2003 ～ 2007 年，阳朔县 GDP 由 12.08 亿元增至 33.07 亿元，复合年均增长率达 28.63%，实现飞速增长。当地游客数量由 282 万人增长至 516 万人，演出为当地带来了大量客流，同时带动了当地餐饮酒店、房地产及其他商业项目的发展，产生良性的联动效应，为当地带来了巨大的经济回报。

《印象·刘三姐》就是竞争力的代表，它能够让一座小镇出名，并能够带动当地的 GDP 快速增长，旅游人数的不断增长，都是慕名而来，只为了一睹其"精彩"。

《印象·刘三姐》的巨大成功使得印象系列走上了快速扩张道路，以每年一部的步调在全国各著名旅游目的地开展复制。《印象·丽江》于 2006 年 5 月演出在玉龙雪山上拉开帷幕，2007 年《印象·西湖》坐落杭州，2009 年《印象·海南岛》于海南海口市正式开演，之后的《印象·大红袍》《印象·普陀》《印象·武隆》《印象·国乐》也相继在市场上亮相。

印象系列的各剧目辉煌一时，却在十几年的运营过程中遭受了不同程度的打击。

2017 年 8 月 15 日，运营《印象·刘三姐》项目的公司广维文华旅游文化产业有限公司因资不抵债向广西高院申请破产重整，当时公司实际负债累计近 15 亿元，主要源于公司大额的关联担保债务和投资。《印象·丽江》的营收在 2011 ～ 2014 年稳步小幅提升，而自 2014 年《丽江千古情》开演后，《印象·丽江》业绩开始滑坡。之前稳定在

[1] 此部分内容摘自东北证券研报。

70% 水平的毛利率持续走低，2020 年跌破 40%，仅有 34.8%。而竞争对手《丽江千古情》的毛利率则自 2014 年飞速上升，2016 年后始终稳定在 70% 以上。短短几年，《印象·丽江》就不敌《丽江千古情》的强势竞争，被全面超越（图 11-4）。

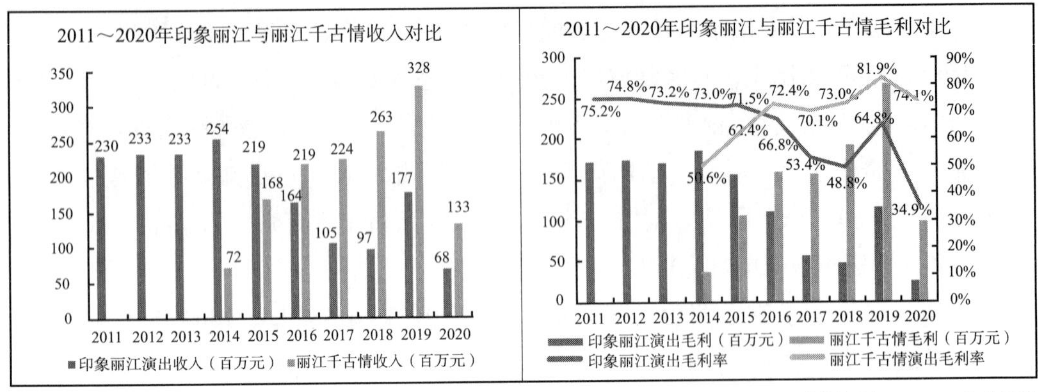


*数据来源：Wind，东北证券

图11-4　印象丽江与丽江千古情对比

《印象·海南岛》运作一年后持续亏损，1500 多座位的剧场，上座率通常只有 30%，现已停演。2013 ～ 2019 年，《印象·普陀》连续 7 年亏损，净亏损由 308 万元上升至 854 万元。《印象·大红袍》虽一直保持盈利状态，但营收和毛利的增速也在持续放缓。

回溯印象系列，归纳其未能延续辉煌的主要原因：

一是，产品形式单一老化，缺乏创新。在旅游演艺市场高速发展和竞争对手不断涌入时，印象系列未对其产品内容和运营模式进行更新迭代。印象系列每年春节前停演一个月，仅仅是对超期服役的灯光、音响等设备进行更新更换，并没有对产品内容及形式进行创新，消费者逐渐感到审美疲劳。

二是，单一的轻资产运营模式难以和投资方形成利益绑定。印象系列在旅演艺产业链中仅完成编创环节，对后续演出的效益不承担风险，难以和投资方形成利益共同体，使得项目后续运营不佳。

三是，室外山水实景演出易受天气影响。一旦演出场地遭受恶劣天气就无法正常开演，游客制定路线也将天气因素纳入考虑，演出频次下降，客流和业绩都难以获得保障。

从复盘“印象系列”来看，旅游演艺行业并不算是一个比较好行业，行业中的定律显现“二八”格局，当然“二八”格局也没什么不好，关键是演艺内容要不断创新，要迎合时代的发展，也就是要迎合主流人士的喜好，不同的时期有不同的偏好，需要内容创作者对其有着深刻的见解与洞察，因为一不小心就容易被时代所淘汰。但从旅游演艺行业过去几年增速来看，这个行业的发展还是非常不错的，特别主题公园旅游演艺行业规模过去几年复合增长高达 35%，市占率从 2014 年的 31% 提高到 2018 年的

46.8%，但从过去几年人均旅游票房收入并没有随着观看旅游演艺人数的增长而提高，甚至还有所下降，表明市场竞争十分激烈。

## 11.2　宋城演艺是好公司吗

宋城演艺这家公司，以前经常听一些投资人说，是一家非常不错的公司，竞争力非常强，当然我也有经常关注，但没有仔细深入研究。我对这家公司的判断也只是一种感观的认识，只知道这是家还不错的公司，现在终于有机会好好研究一下。在研究的过程中，发现原来宋城演艺这家上市公司并没有我想象中的那么美好，还是有些瑕疵，公司的竞争力、确定性也没有我想象中的那么强。但也还好，宋城演艺这家上市公司并不弱，在这个旅游演艺行业中，宋城演艺也算是最有潜力中的一个。

好了，现在我们先看下宋城演艺的三张报表，之后再仔细分析、思考。

盈利能力指标分析：公司过去几年 ROE 保持在 15% 左右，算是比较不错；毛利率稳定在 60% 以上，净利率 35% 以上，表明公司商业特点属于高毛利率、高净利率（表 11-3）。

**表11-3　盈利能力指标**

| 年度 | 2010 | 2011 | 2012 | 2013 | 2014 | 2015 | 2016 | 2017 | 2018 | 2019 |
|---|---|---|---|---|---|---|---|---|---|---|
| 销售毛利率 | 76.30% | 75.20% | 69.70% | 70.80% | 67.20% | 65.60% | 61.65% | 63.20% | 66.40% | 71.40% |
| 销售净利率 | 36.70% | 44.04% | 43.74% | 45.49% | 39.00% | 38.09% | 34.66% | 35.36% | 39.78% | 52.26% |
| 净资产收益率 | 32.54% | 8.50% | 9.22% | 9.72% | 11.01% | 15.15% | 15.07% | 15.60% | 16.38% | 14.52% |

成长能力指标分析：2010 年公司营收从 4.5 亿元增长至 2019 年 26.1 亿元，复合年均增长率达 21.73%；归母净利润由 1.6 亿元增至 13.4 亿元，复合年均增长率达 26.37%，成长性还算不错。净利润复合增速高于营收增速，表明公司随着营收的增长，利润释放较快，有一定的规模效应（图 11-5）。

盈利质量：公司经营性现金流充沛，上市之后经营活动现金净流量 / 净利润比值始终高于 110%，净利润质量较高（图 11-6）。

自由现金流：2011 ～ 2019 年，九年间公司共创造了 34.1( =7.6+9.8+12.2+3.3+6.8+0.7−1.7−1−3.6）亿自由现金流（表 11-4），这个数值并不高，属于偏低。从购建固定资产所支付的现金来看，公司的发展是有依赖于固定资产的增长而成长。

应收账款周转天数：公司应收账款周转天数非常低，因为公司主要收入来源是来于门票，基本上没有拖欠（表 11-5）。

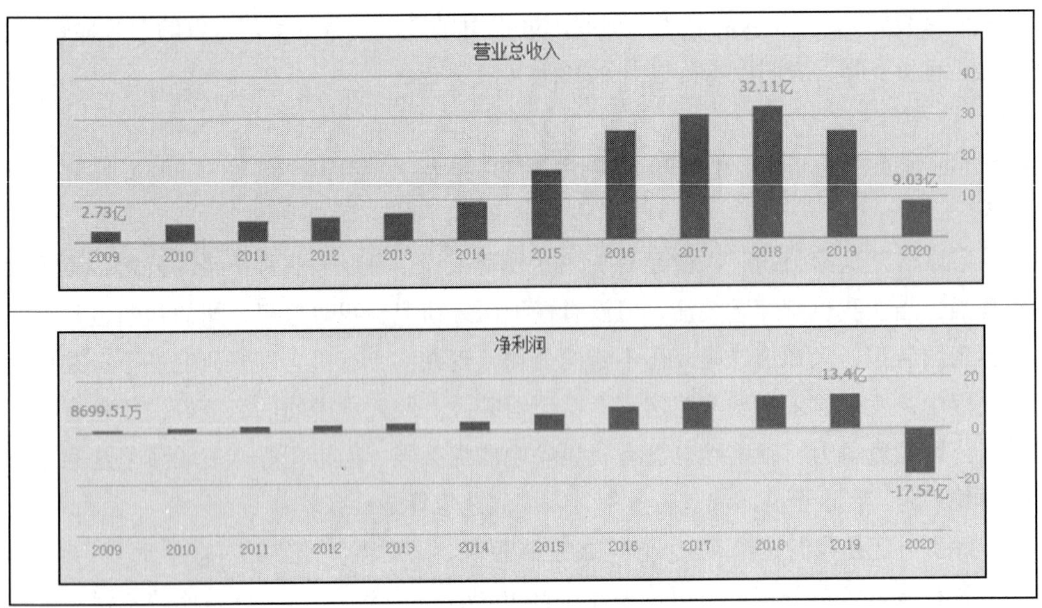


图11-5　营业总收入和净利润

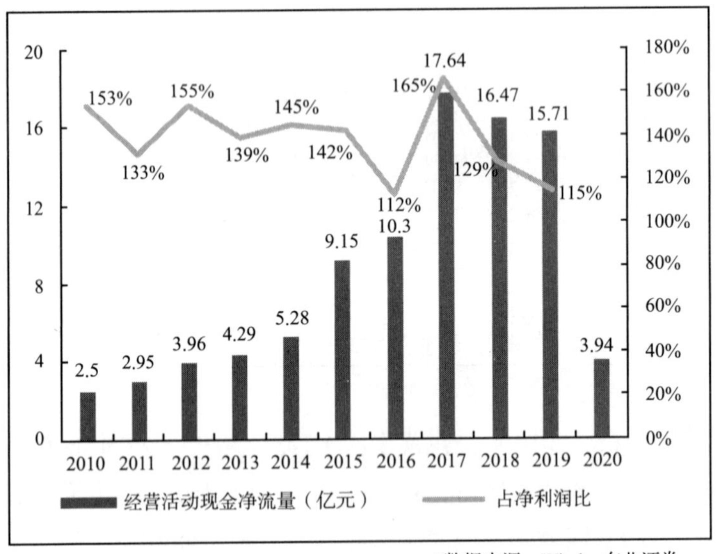


*数据来源：Wind，东北证券

图11-6　2010～2020年公司经营活动现金流及占比

表11-4　现金流

| 年度 | 2011 | 2012 | 2013 | 2014 | 2015 | 2016 | 2017 | 2018 | 2019 |
|---|---|---|---|---|---|---|---|---|---|
| 经营现金流（亿） | 3 | 4 | 4.3 | 5.3 | 9.2 | 10.3 | 17.6 | 16.5 | 15.7 |
| 购建固定资产、无形资产和其他长期资产支付的现金（亿） | 6.6 | 5 | 6 | 4.6 | 2.4 | 7 | 5.4 | 6.7 | 8.1 |
| 自由现金流（亿） | −3.6 | −1 | −1.7 | 0.7 | 6.8 | 3.3 | 12.2 | 9.8 | 7.6 |

表11-5　应收账款周转天数

| 年度 | 2015 | 2016 | 2017 | 2018 | 2010 | 2020 |
|---|---|---|---|---|---|---|
| 应收账款周转天数（天） | 2.25 | 2.36 | 3.11 | 5.62 | 4.97 | 2.24 |

在建工程：由于公司的成长是带有重资产属性，要想大幅扩张，在建工程就会有所反映。所以我们看到公司2020年在建工程大幅增长，表明公司大幅扩张非常强烈（图11-7）。而评估公司未来的业绩，最重要的一点是我们要如何去判断这些在建工程未来能否为股东创造源源不断的利润。这是我们作为投资者所需要思考的，也是最重要问题之一。

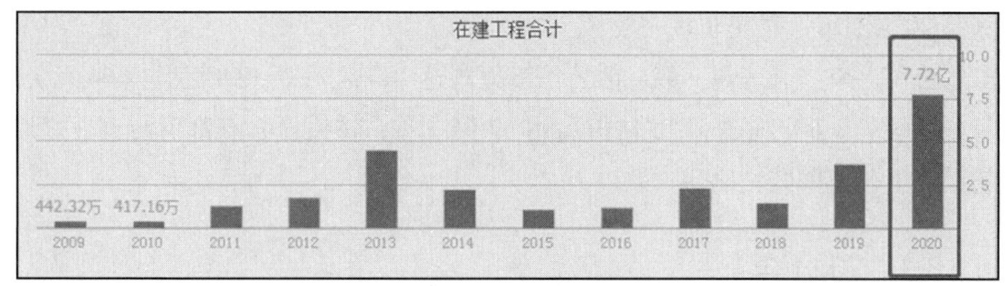


图11-7　在建工程

经营稳健性：公司没有短期借款，只有些长期借款，经营十分稳健（图11-8）。

分析完这三张报表及一些指标，作为投资者的你是否能判断公司是较好的还是较差的。答案应该是属于较好的，但仍然还不算是属于顶级股权，因为ROE只有15%左右，创造自由现金流的能力差一点，成长性仍然还不够快。当然如果估值合理，也算是一个不错的标的。

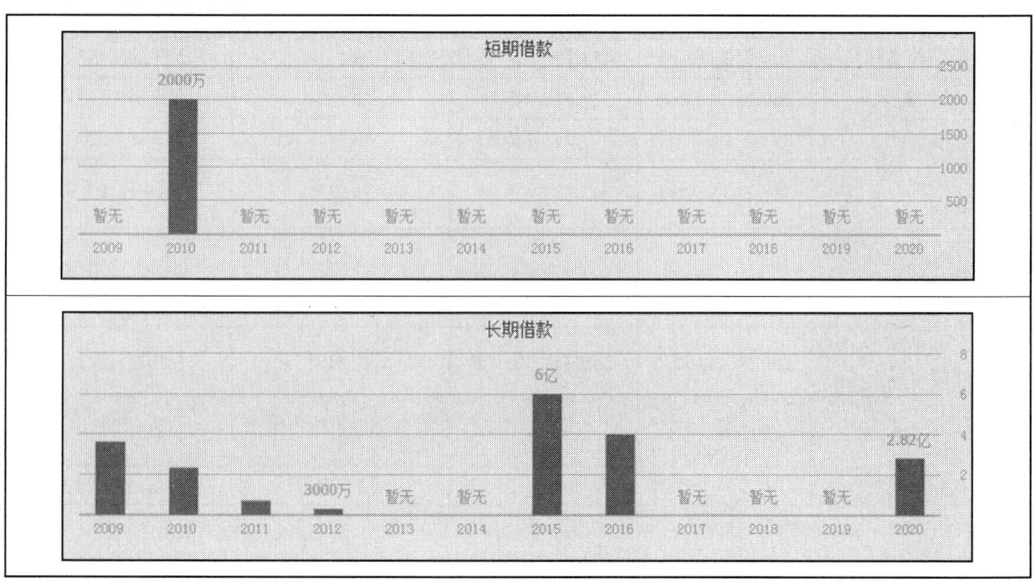


图11-8　短期、长期借款

## 11.3　宋城演艺发展史

1994 年公司成立，前身为宋城置业。

1996 年 5 月首个宋城景区于杭州开园。

1997 年正式推出《宋城千古情》。

2006 年，千古情联合宋城景区统一对外售票。

2010 年公司赴创业板上市，成为国内演艺第一股。

2010 年 12 月 9 日公司正式登陆资本市场，不过当时二级市场不太景气，公司上市当天涨幅 20% 左右，表现非常一般。

虽然公司上市当天表现一般，但公司市值高达 107 亿元（=1.68 亿股 ×64 元），而公司当年利润仅为 1.6 亿左右，PE 估值高达 67 倍左右，估值可一点都不便宜，之后公司股价就走上了价值回归之路。

### 11.3.1　2011 年

2011 年公司营收增长 13.4%，净利润增长较快 36%（表 11-6）。公司业绩增长主要是宋城景区推出的 2011 版《宋城千古情》，并持续创新民俗活动提升景区口碑，结合入园和观演联票价格的适度提升以及散客比例和人数的上涨；杭州乐园改扩建项目全新亮相，游客量增长较大。

**表11-6　经营情况**

| | 2011 年 | 2010 年 | 本年比上年增减（%） | 2009 年 |
|---|---|---|---|---|
| 营业总收入（元） | 504,532,175.14 | 444,756,661.95 | 13.44% | 273,295,452.89 |
| 营业利润（元） | 280,687,584.04 | 228,618,049.14 | 22.78% | 116,549,545.41 |
| 利润总额（元） | 297,411,678.61 | 217,983,446.67 | 36.44% | 117,483,620.34 |
| 归属于上市公司股东的净利润（元） | 222,218,569.82 | 163,337,928.84 | 36.05% | 86,995,069.55 |
| 归属于上市公司股东的扣除非经常性损益的净利润（元） | 209,675,498.90 | 171,313,880.69 | 22.39% | 85,376,530.98 |
| 经营活动产生的现金流量净额（元） | 294,952,116.57 | 250,359,905.77 | 17.81% | 150,712,242.96 |
| | 2011 年末 | 2010 年末 | 本年末比上年末增减（%） | 2009 年末 |
| 资产总额（元） | 3,041,521,161.34 | 2,974,434,455.71 | 2.26% | 710,155,088.34 |

2011 年公司相继成立了三亚千古情旅游演艺有限公司、泰安千古情旅游演艺有限

公司、丽江茶马古城旅游发展有限公司、石林宋城旅游演艺有限公司等子公司，并与武夷山等地政府达成了项目合作意向（图 11-9）。

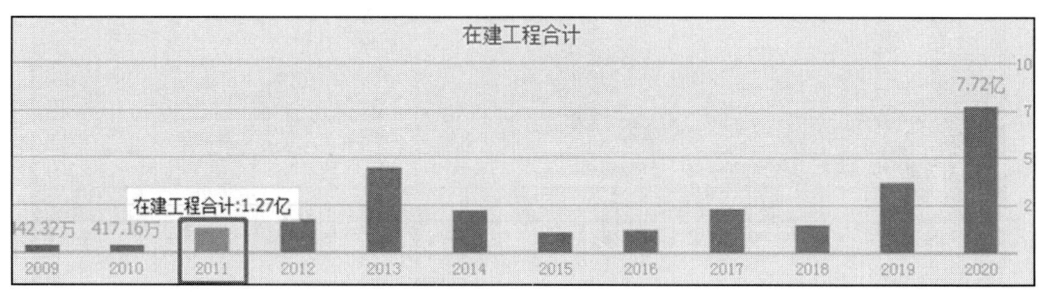


图11-9　在建工程

宋城景区：2011 年度共计接待游客 595.4 万人次，其中入园游客 332.7 万人次，观看旅游文化演艺产品《宋城千古情》游客 262.7 万人次。

杭州乐园：杭州乐园入园游客达 106 万人次，经营期的 9 个月与上一年 11 个月相比游客，人数增长 36.77%。

### 11.3.2　2012 年

2012 年公司营收增长还不错，但扣非净利润增长有所放缓（表 11-7）。

扣非净利润增长放缓主要是由毛利率下降所致（表 11-8）。

毛利率的下降主要是来自成本的上升（表 11-9）。

公司成本上升的主要原因：

一是，薪酬及劳务费同比增长 34.83%，主要系公司加大演员储备以及烂苹果乐园开园等因素所致。

二是，折旧费用同比增长 71.04%，主要系宋城景区、杭州乐园、烂苹果乐园等部分项目达到预定可使用状态转入固定资产并开始计提折旧所致。

表11-7　经营情况

| | 2012 年 | 2011 年 | 本年比上年增减(%) | 2010 年 |
|---|---|---|---|---|
| 营业总收入（元） | 586,157,062.80 | 504,532,175.14 | 16.18% | 444,756,661.95 |
| 营业利润（元） | 300,445,018.89 | 280,687,584.04 | 7.04% | 228,618,049.14 |
| 利润总额（元） | 341,199,281.31 | 297,411,678.61 | 14.72% | 217,983,446.67 |
| 归属于上市公司股东的净利润（元） | 256,545,865.98 | 222,218,569.82 | 15.45% | 163,337,928.84 |
| 归属于上市公司股东的扣除非经常性损益的净利润（元） | 224,442,499.07 | 209,675,498.90 | 7.04% | 171,313,880.69 |
| 经营活动产生的现金流量净额（元） | 395,550,930.71 | 294,952,116.57 | 34.11% | 250,359,905.77 |

表11-8 毛利率下降

| | 营业收入 | 营业成本 | 毛利率(%) | 营业收入比上年同期增减（%） | 营业成本比上年同期增减（%） | 毛利率比上年同期增减（%） |
|---|---|---|---|---|---|---|
| **分行业** | | | | | | |
| 旅游服务业 | 558,533,359.05 | 173,880,047.56 | 68.87% | 19.43% | 46.19% | -5.70% |
| **分产品** | | | | | | |
| 杭州宋城景区 | 394,991,410.92 | 82,654,985.00 | 79.07% | 15.75% | 36.51% | -3.18% |
| 杭州动漫馆门票收入 | | | | -100.00% | -100.00% | |
| 杭州乐园景区 | 122,246,791.53 | 76,603,891.80 | 37.34% | 1.43% | 43.52% | -18.38% |
| 烂苹果乐园景区 | 41,295,156.60 | 14,621,170.76 | 64.59% | | | |
| 合计 | 558,533,359.05 | 173,880,047.56 | 68.87% | 19.43% | 46.19% | -5.70% |

表11-9 成本上升

| 行业分类 | 项目 | 2012年 | | 2011年 | | 同比增减(%) |
|---|---|---|---|---|---|---|
| | | 金额 | 占营业成本比重（%） | 金额 | 占营业成本比重（%） | |
| 旅游服务业 | 薪酬及劳务费 | 54,148,765.51 | 31.14% | 40,161,629.31 | 33.77% | 34.83% |
| 旅游服务业 | 折旧 | 74,000,684.44 | 42.56% | 43,265,801.53 | 36.38% | 71.04% |
| 旅游服务业 | 水电费 | 9,449,671.73 | 5.43% | 7,165,845.85 | 6.02% | 31.87% |
| 旅游服务业 | 其他 | 36,280,925.88 | 20.87% | 28,344,762.66 | 23.83% | 28.00% |
| 旅游服务业 | 合计 | 173,880,047.56 | 100.00% | 118,938,039.35 | 100.00% | 46.19% |

从这里可以看出，只要新建项目，公司的利润增长就会有所放缓，因为完成的项目要计提折旧还有招聘更多的员工导致员工薪酬的增长。

新项目烂苹果乐园也以市场的强烈热捧为公司赢得了超预期的口碑和收益；大型歌舞《吴越千古情》于2012年2月14日在杭州乐园大剧院隆重上演。公司稳健推进对外项目拓展，实现了九寨沟、武夷山两个新项目的落地，公司接待入园和观演的游客共计810万人次，同比增长15%。

三亚项目：三亚项目于本年3月正式动工。三亚市2012全年接待过游客1102万人次，同比增长8%，占全省总接待量的33%；实现旅游总收入192.2亿元，同比增长11%，占全省旅游总收入的51%。

丽江项目：丽江项目于2012年2月开始动工。2012年，丽江市共接待游客1599.1万人次，比去年同期增长35.05%；旅游业总收入211.21亿元人民币，比去年同期增长36.69%

九寨沟项目：公司于2012年9月通过收购的方式，实现了九寨沟项目的全线落地。

泰安项目：2012 年，公司泰安项目入选“山东省重点文化产业项目”和“山东省泰安市重点项目”。

武夷山项目：武夷山项目实现了项目的全线落地。

石林项目：石林项目完成了石林宋城旅游演艺有限公司的工商注册，项目有序推进。

推进营销方式蝶变转型：公司成立了全资子公司独木桥网络科技有限公司，独木桥电子商务平台的设立突破传统的旅游电子商务模式。

2012 年杭州市接待游客总量为 8568 万人次，其中国内旅游人数 8236.9 万人次，增长 14.7%，杭州市旅游数据增长迅速，但文化演艺类产品接待能力趋于饱和，基于黄金时段不可再生的规律，新建千古情大剧院是实现景区接待量突破性提升迫在眉睫的关键举措。

## 11.3.3　2013 年

2013 年公司营收增长 16%，利润释放较快，增长 20%（表 11-10）。营收的增长主要是三亚项目的成功推出，三亚项目一炮打响，被盛赞为“三亚旅游演艺大片时代的到来”“开创海南旅游演艺新时代的标杆之作”，验证了宋城“主题公园 + 文化演艺”的核心商业模式具备在国内一线黄金旅游资源城市的复制能力，也为丽江和九寨沟项目未来的成功拓展提供了参考。

表11-10　经营情况

| | 2013 年 | 2012 年 | 本年比上年增减(%) | 2011 年 |
|---|---|---|---|---|
| 营业收入（元） | 678,715,861.77 | 586,157,062.80 | 15.79% | 504,532,175.14 |
| 营业成本（元） | 198,128,917.91 | 177,879,156.28 | 11.38% | 125,278,040.84 |
| 营业利润（元） | 380,890,521.86 | 300,445,018.89 | 26.78% | 280,687,584.04 |
| 利润总额（元） | 418,462,444.42 | 341,199,281.31 | 22.64% | 297,411,678.61 |
| 归属于上市公司普通股股东的净利润（元） | 308,423,861.72 | 256,545,865.98 | 20.22% | 222,218,569.82 |
| 归属于上市公司普通股股东的扣除非经常性损益后的净利润（元） | 280,175,771.81 | 224,442,499.07 | 24.83% | 209,675,498.90 |
| 经营活动产生的现金流量净额（元） | 429,346,660.83 | 395,550,930.71 | 8.54% | 294,952,116.57 |
| 每股经营活动产生的现金流量净额（元/股） | 0.77 | 0.71 | 8.45% | 0.8 |
| 基本每股收益（元/股） | 0.55 | 0.46 | 19.57% | 0.4 |
| 稀释每股收益（元/股） | 0.55 | 0.46 | 19.57% | 0.4 |
| 加权平均净资产收益率（%） | 9.72% | 9.22% | 0.50% | 8.5% |
| 扣除非经常性损益后的加权平均净资产收益率（%） | 8.83% | 8.06% | 0.77% | 8.02% |

2013 年 5 月 2 日，公司实施了股权激励，完成了对 144 名激励对象限制性股票的授予；12 月，公司签约拟投资约 1.2 亿元获得电影《小时代》制片公司大盛国际的 35% 股权，对大盛国际的投资是宋城股份兼并收购的第一单。

城市演艺集群硬件雏形初现：话剧《盗墓笔记》全国巡演首站在中国演艺谷启幕，三天创下逾 6000 人的票房，是宋城股份凭借“中国演艺谷”从旅游演艺进军城市演艺市场的一次成功试水。

演艺输出开启轻资产盈利模式：公司在原有主题公园和文化演艺自主经营的基础上，先后承接了福州“浪浪浪”水公园项目的委托经营管理业务和“榕树湾”项目的文化演艺委托编导业务，首次开辟了演艺、管理等软实力输出的业务模式。

2013 年全年，公司接待入园和观演的游客共计 827 万人次，同比小幅增长 2%。

### 11.3.4　2014 年

2014 年公司营收增长 38%，净利润增长低于营收的增长，不过公司净利润表现仍还算不错（表 11-11）。

表11-11　经营情况

| | 2014 年 | 2013 年 | 本年比上年增减 | 2012 年 |
|---|---|---|---|---|
| 营业收入（元） | 935,119,130.20 | 678,715,861.77 | 37.78% | 586,157,062.80 |
| 营业成本（元） | 306,886,789.69 | 198,128,917.91 | 54.89% | 177,879,156.28 |
| 营业利润（元） | 471,988,594.84 | 380,890,521.86 | 23.92% | 300,445,018.89 |
| 利润总额（元） | 491,413,178.20 | 418,462,444.42 | 17.43% | 341,199,281.31 |
| 归属于上市公司普通股股东的净利润（元） | 361,183,249.79 | 308,423,861.72 | 17.11% | 256,545,865.98 |
| 归属于上市公司普通股股东的扣除非经常性损益后的净利润（元） | 345,448,557.30 | 280,175,771.81 | 23.30% | 224,442,499.07 |
| 经营活动产生的现金流量净额（元） | 528,002,593.37 | 429,346,660.83 | 22.98% | 395,550,930.71 |
| 每股经营活动产生的现金流量净额（元/股） | 0.9466 | 0.7697 | 22.98% | 0.7135 |
| 基本每股收益（元/股） | 0.65 | 0.55 | 18.18% | 0.46 |
| 稀释每股收益（元/股） | 0.65 | 0.55 | 18.18% | 0.46 |
| 加权平均净资产收益率 | 11.01% | 9.72% | 1.29% | 9.22% |
| 扣除非经常性损益后的加权平均净资产收益率 | 10.53% | 8.83% | 1.70% | 8.06% |

公司净利润增长低于营收的增长，主要是来于固定资产的增加，所产生的折旧费，员工薪酬的增加（图 11-10、表 11-12）。

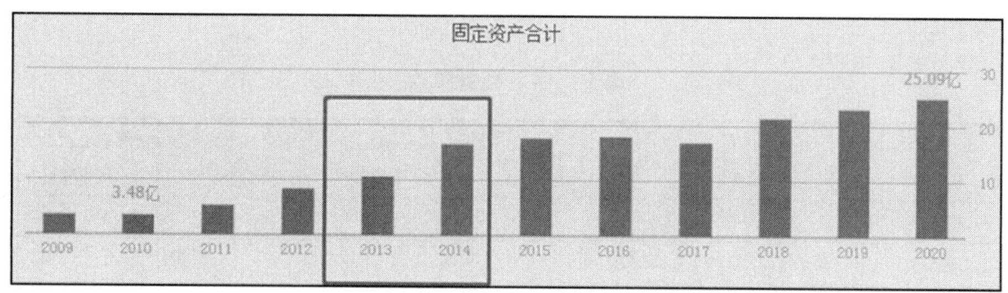


图11-10　固定资产

表11-12　成本

单位：元

| 项目 | 2014 年 | | 2013 年 | | 同比增减 |
|---|---|---|---|---|---|
| | 金额 | 占营业成本比重 | 金额 | 占营业成本比重 | |
| 薪酬及劳务费 | 97,278,707.41 | 31.70% | 53,583,584.44 | 27.04% | 81.55% |
| 折旧 | 122,733,577.07 | 39.99% | 90,418,075.17 | 45.64% | 35.74% |
| 水电费 | 14,398,362.90 | 4.69% | 10,220,215.60 | 5.16% | 40.88% |
| 其他 | 72,476,142.31 | 23.62% | 43,909,556.56 | 22.16% | 65.06% |
| 合计 | 306,886,789.69 | 100.00% | 198,131,431.77 | 100.00% | 54.89% |

简单来讲，固定资产的大幅增长，会产生大量的折旧费，新项目的完工也需要招募更多的员工，员工薪酬也会随之大幅增长，从而导致的成本的上升，毛利率也会随之下降（表 11-13）。

表11-13　销售毛利率

| 年度 | 2013 | 2014 | 2015 | 2016 | 2017 | 2018 |
|---|---|---|---|---|---|---|
| 销售毛利率 | 70.81% | 67.18% | 65.65% | 61.65% | 63.19% | 66.43% |

分产品研究：2014 年公司营收大幅增长主要是来自三亚千古情景区收入，三亚是在 2013 年 9 月刚开业的，刚开业的第二年就爆发了非常惊人的增长潜力。关于这块后面会分析，公司项目新开业前三年是这些项目的成长期，爆发完之后会进入成熟期，增长会慢慢放缓（表 11-14）。

2013 年 9 月三亚项目的开业，2014 年 3 月和 5 月丽江、九寨沟项目的先后亮相，实现了千古情系列的百花齐放，初步在杭州、三亚、丽江和九寨建立起覆盖全国一线旅游休闲目的地的线下演艺网络，全年共计接待游客和观众 1456 万人次，大幅增长 76.1%。

在国际主题公园及景点行业权威组织 TEA 及顾问集团 AECOM 联合发布的《2013 年全球主题公园调查报告》排名中，宋城景区跃升至大陆第一、亚太第十，成为全国人气最旺的主题公园。

表11-14 经营情况

| | 营业收入 | 营业成本 | 毛利率 | 营业收入比上年同期增减 | 营业成本比上年同期增减 | 毛利率比上年同期增减 |
|---|---|---|---|---|---|---|
| 分行业 | | | | | | |
| 旅游服务业 | 886,738,125.53 | 306,886,789.69 | 65.39% | 39.59% | 54.89% | -3.42% |
| 分产品 | | | | | | |
| （1）旅游服务业一杭州宋城景区收入 | 372,280,600.45 | 90,802,080.19 | 75.61% | 4.88% | 10.08% | -1.15% |
| （2）旅游服务业一杭州乐园景区收入 | 129,513,111.23 | 67,235,796.01 | 48.09% | -12.64% | -2.63% | -5.34% |
| （3）旅游服务业一三亚千古情景区收入 | 155,070,194.34 | 47,703,917.11 | 69.24% | 361.96% | 209.73% | 15.12% |

三亚千古情二期项目冰雪世界于 2015 年 2 月 15 日盛大开业，在热带地区为游客提供独特的冰雪体验。

2014 年 3 月 24 日，公司发布公告投资 1100 万元与海润影视共同投拍电视剧《遇见爱情的利先生》，此次以合作投资方式涉足电视剧内容领域，是公司影视拓展战略的又一次尝试。

### 11.3.5 2015 年

2015 年公司营业收入、净利润大幅增长（表 11-15），主要是并购了六间房，并产生了 24 个亿的商誉（图 11-11）。

表11-15 经营情况

| | 2015 年 | 2014 年 | 本年比上年增减 | 2013 年 |
|---|---|---|---|---|
| 营业收入（元） | 1,694,513,980.00 | 935,119,130.20 | 81.21% | 678,715,861.77 |
| 归属于上市公司股东的净利润（元） | 630,560,934.02 | 361,183,249.79 | 74.58% | 308,423,861.72 |
| 归属于上市公司股东的扣除非经常性损益的净利润（元） | 634,352,230.87 | 345,448,557.30 | 83.63% | 280,175,771.81 |
| 经营活动产生的现金流量净额（元） | 915,321,127.36 | 528,002,593.37 | 73.36% | 429,346,660.83 |
| 基本每股收益（元/股） | 0.45 | 0.27 | 66.67% | 0.23 |
| 稀释每股收益（元/股） | 0.45 | 0.27 | 66.67% | 0.23 |
| 加权平均净资产收益率 | 15.15% | 11.01% | 4.14% | 9.72% |

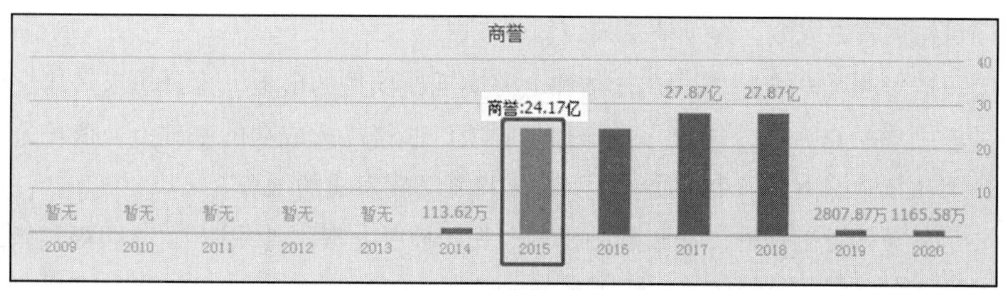


图11-11　商誉

如果没有并购六间房，公司的营业收入增长表现也是非常不错的，主要是新开业的三亚、丽江、九寨项目爆发了惊人的增长潜力（表 11-16）。

表11-16　旅游区收入

| 分产品 | | | | | |
|---|---|---|---|---|---|
| （1）杭州宋城旅游区收入 | 700,754,733.73 | 41.35% | 609,812,284.90 | 65.21% | 14.91% |
| （2）三亚宋城旅游区收入 | 257,852,071.96 | 15.22% | 159,582,817.34 | 17.07% | 61.58% |
| （3）丽江宋城旅游区收入 | 171,198,719.31 | 10.10% | 73,933,364.82 | 7.91% | 131.56% |
| （4）九寨宋城旅游区收入 | 131,115,944.74 | 7.74% | 63,465,841.31 | 6.79% | 106.59% |

当年公司整体观演人数 2, 233.83 万人次，大幅增长 53.42%。其中：宋城千古情观演人数增幅创近 5 年新高，8 月 16 日更是创造了单日演出 15 场的奇迹；三亚千古情观演人数同比增长 87.56%，连续第二年保持高速增长；丽江千古情观演人数同比增长 181.82%，成为增长最快的项目；九寨千古情观演人数同比增长近 60%，成为当地最具竞争力的演艺企业。

不过不是所有的项目都能成功：泰安、石林就是失败的例子，2015 年公司清算注销泰安、石林募投项目。

线上方面，六间房作为中国最大的互联网演艺平台网站，拥有超过 8 万名签约主播，其中月活跃用户已攀升到近 3, 000 万。2015 年，六间房月均页面浏览量达 5.34 亿，注册用户数达 3, 518 万，网页端月均访问用户达到 2, 857 万，较 2014 年月均增长约 45%，移动端月均访问量较 2014 年增长 79.9%，月人均充值金额为 702 元。

在国际主题公园及景点行业权威组织 TEA 及顾问集团 AECOM 联合发布的《2014 年全球主题公园调查报告》中，公司与迪士尼集团、环球娱乐集团等列入“全球主题公园集团十强”，成为前十强中增幅最为强劲的公司。公司旗下杭州宋城景区 2014 年游客人数在大陆主题公园中继 2013 年后再次排名第一，无愧为中国大陆主题公园中的“人气王”，在亚太范围内位列第八，比肩东京迪士尼乐园和香港迪士尼乐园，在全球范围内位列第十八位。

项目拓展求新求变，线下流量入口加速发展：

公司通过强强联合的方式在桂林和上海实现新项目的落地，为公司未来的发展打造新的业绩增长点，在公司第一批异地复制项目取得巨大成功的基础上，依托公司强大的品牌和复制能力，上海、漓江项目未来将延续爆发式的增长。

公司还开始尝试轻资产和收购的模式，先后控股九寨沟《藏谜》、收购福州旅游演艺资产、并以轻资产扩张模式完成了泰安项目。

公司未来发展战略规划：未来五年是公司第五个“五年计划”，公司将致力于实现两个目标，一是在品牌上，成为“世界演艺第一”，在规模上跻身“全球主题公园集团”前三；二是成功打造“以演艺为核心的跨媒体跨区域的泛娱乐生态圈”。

未来，公司将以凝聚粉丝为核心，以做大用户为基础；着力构建旅游休闲、现场娱乐、互联网娱乐三大消费场景；通过多样化的投资手段参与打造文学、动漫、音乐系列 IP，利用 IP 连接用户和消费场景，实现用户变现和消费场景的货币化。在战略执行过程中，公司将更加注重国际化，积极“走出去”“引进来”。

### 11.3.6 2016 年

2016 年公司营业收入、净利润增长非常不错（表 11–17）！

表11–17 经营情况

| | 2016 年 | 2015 年 | 本年比上年增减 | 2014 年 |
|---|---|---|---|---|
| 营业收入（元） | 2,644,228,901.65 | 1,694,513,980.00 | 56.05% | 935,119,130.20 |
| 归属于上市公司股东的净利润（元） | 902,305,171.91 | 630,560,934.02 | 43.10% | 361,183,249.79 |
| 归属于上市公司股东的扣除非经常性损益的净利润（元） | 887,139,909.34 | 634,352,230.87 | 39.85% | 345,448,557.30 |
| 经营活动产生的现金流量净额（元） | 1,030,251,692.17 | 915,321,127.36 | 12.56% | 528,002,593.37 |
| 基本每股收益（元/股） | 0.62 | 0.45 | 37.78% | 0.27 |
| 稀释每股收益（元/股） | 0.62 | 0.45 | 37.78% | 0.27 |
| 加权平均净资产收益率 | 15.07% | 15.15% | -0.08% | 11.01% |

公司营业收入、净利润增长不错，主要是六间房处于高速成长期（表 11–18）。

当年平台年客流量超过 3, 000 万人次；线上六间房作为中国最大的互联网演艺平台，拥有超过 22 万名签约主播，其月活跃用户数已超过 4, 000 万，六间房月均页面浏览量达 6.65 亿，注册用户数超 5, 000 万。其中，公司的月均访问用户达到 4，350 万，网页端较 2015 年月均增长约 23%，移动端月均访问量较 2015 年增长约 248%。同时由于用户基数的扩大，月人均充值金额由 2015 年的 702 元下降至 681 元。

**表11-18　分产品收入**

| 分产品 | | | | | |
|---|---|---|---|---|---|
| （1）杭州宋城旅游区收入 | 687,874,826.89 | 26.01% | 700,754,733.73 | 41.35% | -1.84% |
| （2）三亚宋城旅游区收入 | 307,467,248.97 | 11.63% | 257,852,071.96 | 15.22% | 19.24% |
| （3）丽江宋城旅游区收入 | 222,559,993.77 | 8.42% | 171,198,719.31 | 10.10% | 30.00% |
| （4）九寨宋城旅游区收入 | 149,279,367.16 | 5.64% | 131,115,944.74 | 7.74% | 13.85% |
| （5）泰山千古情剧院收入 | 3,611,972.78 | 0.14% | 3,602,460.00 | 0.21% | 0.26% |
| （6）6.cn 互联网演艺平台收入 | 1,090,212,510.98 | 41.23% | 369,099,362.92 | 21.78% | 195.37% |
| （7）电子商务手续费收入 | 60,018,274.36 | 2.27% | 43,827,382.16 | 2.59% | 36.94% |
| （8）设计策划费收入 | 123,204,706.74 | 4.66% | 17,063,305.18 | 1.01% | 622.04% |

新项目建设及剧目编创有序推进：

一是，公司与湖南省张家界市人民政府于 2016 年 5 月正式签约《张家界千古情》项目，上海、桂林等项目正在积极推进中，已基本完成各大项目所有演出的策划和编创及景区的规划和设计工作。另外，基于公司战略考虑，经与当地政府积极沟通，并从全体股东利益的角度出发，公司决定终止泰山大剧院托管合同及武夷山项目，根据公司第一轮复制项目的经验，公司认为除了旅游目的地的选择外，项目所处的具体位置也是极其重要的，武夷山项目所处的位置远离核心景区，经过评估，公司决定终止该项目。

二是，公司于 2016 年 7 月成立杭州宋城科技发展有限公司，在机器人、无人机、VR、多媒体影像板块深入开展研究。12 月，宋城演艺发布战略投资美国科技公司 SPACES 及开展业务合作的公告，宋城演艺将作为领投方投资 410 万美元，获得 SPACES11.23% 的股份及一个董事会席位。

三是，2016 年 7 月由公司旗下现场娱乐基金和六间房共同发起成立“北京蜜枝科技有限公司”，以积极进军二次元动画漫画游戏 ACG（Animation Comic Game 的缩写，以下简称 ACG）领域为方向，正式推出“蜜枝—ACG 配音社区 App”。

开启轻资产输出模式：2016 年 6 月，公司全资子公司杭州宋城旅游发展有限公司与长沙宁乡县炭河古城文化旅游投资建设开发有限公司、宁乡县人民政府就“宋城 • 宁乡炭河里文化主题公园”项目签署《项目合作协议》。

敲定第一个海外项目：2016 年 11 月 9 日，宋城演艺发布公告，成立全资子公司 Songcheng（Australia）Entertainment PTY LTD（简称“澳洲公司”），在澳大利亚昆士兰州黄金海岸市建设澳大利亚传奇王国项目，该项目集旅游、文化演艺、娱乐休闲为一体。宋城澳洲传奇项目一期投资 4 亿澳元，宋城将用自己最为擅长的“文化演艺 + 主题公园”的经营理念，全新打造 3 大演艺秀和 4 个主题公园。

从旅游演艺向城市演艺拓展：公司在国内的项目复制都着眼于一线旅游目的地，上海项目的签约，标志着公司从旅游演艺向城市演艺迈出了历史性的一步，是发展战略上的重大突破。

### 11.3.7 2017 年

2017 年公司营业收入、净利润有所放缓，但仍还有两位数的增长，还是非常不错的（表 11-19）。

六间房作为以互联网在线演艺为核心的多元化数字娱乐平台，截至 2017 年 12 月 31 日，六间房签约主播人数超过 29 万，同比增长 32%；月均页面浏览量超过 7.03 亿，同比增长 6%；注册用户超过 5920 万，同比增长 18.4%；月度活跃用户达到 5621 万，同比增长 41%，其中：网页端月度活跃用户达到 4512 万，移动端月度活跃用户达到 1109 万；日演艺直播总时长超过 6 万小时；月人均 ARPU 值达到 674 元。

**表11-19 经营情况**

| | 2017 年 | 2016 年 | 本年比上年增减 | 2015 年 |
|---|---|---|---|---|
| 营业收入（元） | 3,023,831,231.26 | 2,644,228,901.65 | 14.36% | 1,694,513,980.00 |
| 归属于上市公司股东的净利润（元） | 1,067,612,066.93 | 902,305,171.91 | 18.32% | 630,560,934.02 |
| 归属于上市公司股东的扣除非经常性损益的净利润（元） | 1,106,871,681.74 | 887,139,909.34 | 24.77% | 634,352,230.87 |
| 经营活动产生的现金流量净额（元） | 1,764,016,869.38 | 1,030,251,692.17 | 71.22% | 915,321,127.36 |
| 基本每股收益（元/股） | 0.73 | 0.62 | 17.74% | 0.45 |
| 稀释每股收益（元/股） | 0.73 | 0.62 | 17.74% | 0.45 |
| 加权平均净资产收益率 | 15.60% | 15.07% | 0.53% | 15.15% |

新项目推进：

桂林阳朔项目预计 2018 年三季度开业。

张家界项目已于 2017 年 12 月取得项目用地，预期项目将于 2019 年年中亮相。

西安项目已于 2018 年 3 月与西安世园投资（集团）有限公司签署项目合作协议，预计将于 2019 年 6 月前推出。

澳大利亚项目的规划总体设计方案已完成，并已收到澳大利亚黄金海岸市政府的项目规划受理函，目前已进入全面正式评审阶段。

上海项目已完成上海市规划批复、项目发改立项、建设方案意见批复以及总体设计方案批复等相关审批手续。

西塘演艺小镇正在稳步推进中，未来将成为长三角文化演艺产业新高地，成为世界艺术小镇新标杆。

### 11.3.8　2018 年

2018 年公司营业收入进一步放缓，但净利润增长仍然不错（表 11-20）。

公司营业收入放缓主要是九寨宋城旅游由于地震，还需整顿；还有就是数字娱乐平台陷入瓶颈区，没有增长（表 11-21）。

为了适应行业变革，增强平台竞争力，六间房和密境和风达成战略重组。2018 年 12 月 27 日重组首次交割已完成。2019 年重组完成后，两家平台发挥各自优势，实现 PC 端和移动端优势互补（图 11-12）。

**表11-20　经营情况**

| | 2018 年 | 2017 年 | 本年比上年增减 | 2016 年 |
|---|---|---|---|---|
| 营业收入（元） | 3,211,192,814.48 | 3,023,831,231.26 | 6.20% | 2,644,228,901.65 |
| 归属于上市公司股东的净利润（元） | 1,287,186,547.41 | 1,067,612,066.93 | 20.57% | 902,305,171.91 |
| 归属于上市公司股东的扣除非经常性损益的净利润（元） | 1,279,733,108.31 | 1,106,871,681.74 | 15.62% | 887,139,909.34 |
| 经营活动产生的现金流量净额（元） | 1,647,243,748.01 | 1,764,016,869.38 | -6.62% | 1,030,251,692.17 |
| 基本每股收益（元/股） | 0.89 | 0.73 | 21.92% | 0.62 |
| 稀释每股收益（元/股） | 0.89 | 0.73 | 21.92% | 0.62 |
| 加权平均净资产收益率 | 16.38% | 15.60% | 0.78% | 15.07% |

**表11-21　分产品对比**

| 分产品 | | | | | |
|---|---|---|---|---|---|
| （1）杭州宋城旅游区 | 935,878,252.93 | 29.14% | 842,165,471.05 | 27.85% | 11.13% |
| （2）三亚宋城旅游区 | 426,722,284.00 | 13.29% | 339,980,121.21 | 11.24% | 25.51% |
| （3）丽江宋城旅游区 | 266,958,976.73 | 8.31% | 227,236,394.38 | 7.51% | 17.48% |
| （4）九寨宋城旅游区 | 1,778,339.57 | 0.06% | 90,585,086.01 | 3.00% | -98.04% |
| （5）桂林宋城旅游区 | 42,659,643.26 | 1.33% | | 0.00% | |
| （6）数字娱乐平台 | 1,233,596,141.03 | 38.42% | 1,240,133,995.36 | 41.01% | -0.53% |
| （7）电子商务手续费 | 173,487,760.90 | 5.40% | 120,577,904.10 | 3.99% | 43.88% |
| （8）设计策划费 | 126,677,207.77 | 3.94% | 163,152,259.15 | 5.40% | -22.36% |
| （9）景区配套交通服务 | 3,434,208.29 | 0.11% | | 0.00% | |

新项目建设：

3 月 31 日，《中华千古情》项目在西安举办启动仪式；

4 月 24 日，宋城龙泉山旅游区缆车正式开通运营；

4 月 26 日，张家界项目奠基；

7 月 27 日，桂林千古情景区正式营业；

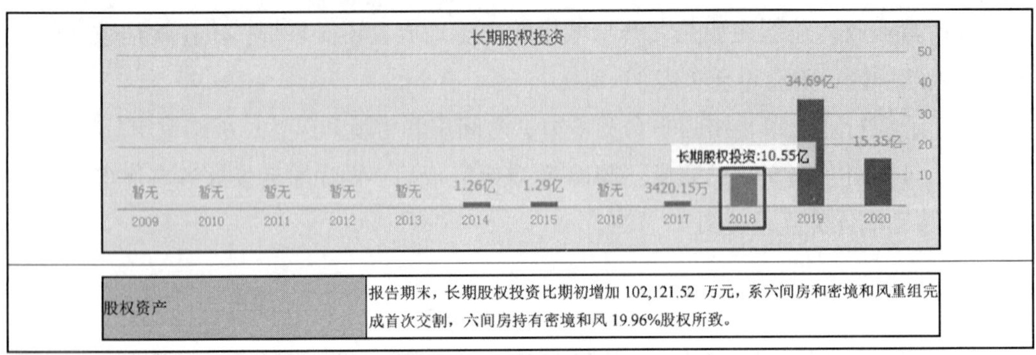


| 股权资产 | 报告期末，长期股权投资比期初增加 102,121.52 万元，系六间房和密境和风重组完成首次交割，六间房持有密境和风 19.96%股权所致。 |
|---|---|

**图11-12　长期股权投资**

9 月 27 日，上海项目正式开工建设；

12 月 27 日，受让佛山千古情景区项目公司 100% 股权；

12 月 30 日，西塘项目举办开工奠基仪式

西塘 • 宋城演艺谷：目前公司已通过招拍挂摘得位于西塘镇西塘港南侧首期约 132 亩的土地使用权，并决定在嘉善县西塘镇首期投资 10 亿建设西塘 • 宋城演艺谷项目。

九寨千古情景区：目前在工程上已达到了开业预期，后续项目重新开业时间将综合考虑九寨沟灾后恢复情况、政府的统筹安排和淡旺季特点、以及进入九寨的游客量等因素来确定。

桂林千古情景区：桂林千古情景区于 2018 年 7 月 27 日正式营业，实现了“宋城”和“千古情”文化品牌华南区域的落地生根。

杭州宋城景区：宋城景区以提升游客满意度为重点，升级改造各类软硬件设施。利用播控系统一键控制、全景大尺寸 LED 屏等技术和设备全面升级《宋城千古情》，舞台视觉更加震撼，演出效果更加紧凑，全新打造 5D 实景剧《大地震》、全息幻影秀《白蛇传》、传统文化剧《水上婚礼》等剧目，演艺集群格局初步形成，丰富了游客的体验内容。

轻资产输出：

2018 年 7 月 3 日，宁乡炭河千古情正式开园一周年，累计接待游客超过 400 万人次，营业收入突破 1.6 亿元，核心演出《炭河千古情》演出 1000 余场，刷新了湖南省大型旅游演出年场次最高、观众数量最多的两项纪录。

《明月千古情》于 2018 年 12 月 28 日在宜春成功首演，明月千古情景区开园迎客，成为江西文旅跨时代发展的里程碑。

### 11.3.9　2019 年

2019 年公司营业收入、净利润下滑，主要是转让了六间房部分股权。

若同比均不考虑数字娱乐平台及六间房与密境和风重组的财务数据，则公司备考利润表情况如下：公司实现营业收入 222, 834.09 万元，同比增长 12.68%；归属于上市公司股东的净利润 104, 449.44 万元，同比增长 18.05%；归属于上市公司股东的扣除非经常性损益后的净利润 107, 554.39 万元，同比增长 23.03%（表 11–22）。

**表11–22　经营情况**

| | 2019 年 | 2018 年 | 本年比上年增减 | 2017 年 |
|---|---|---|---|---|
| 营业收入（元） | 2,611,753,208.86 | 3,211,192,814.48 | -18.67% | 3,023,831,231.26 |
| 归属于上市公司股东的净利润（元） | 1,339,790,994.94 | 1,287,186,547.41 | 4.09% | 1,067,612,066.93 |
| 归属于上市公司股东的扣除非经常性损益的净利润（元） | 1,222,100,617.31 | 1,279,733,108.31 | -4.50% | 1,106,871,681.74 |
| 经营活动产生的现金流量净额（元） | 1,571,451,499.51 | 1,647,243,748.01 | -4.60% | 1,764,016,869.38 |
| 基本每股收益（元/股） | 0.9223 | 0.8861 | 4.09% | 0.7345 |
| 稀释每股收益（元/股） | 0.9223 | 0.8861 | 4.09% | 0.7345 |
| 加权平均净资产收益率 | 14.52% | 16.38% | -1.86% | 15.60% |

六间房与花椒直播完成重组，六间房和花椒直播发挥各自优势，实现 PC 端和移动端优势互补（图 11–13）。

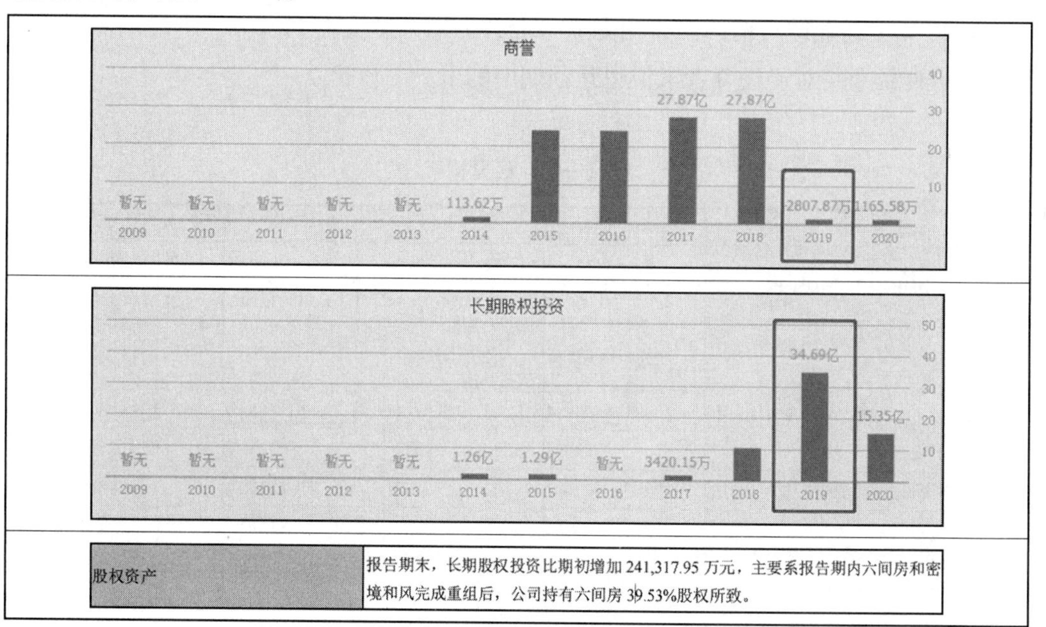


图11–13　六间房和密境和风完成重组

贡献营收的主力则是开业不久的丽江宋城旅游，与新开业的桂林宋城旅游，再次表明新开业的前几年这些项目很快就会进入成长期，之后就会进入成熟区，很难再得到快速增长（表 11–23）。

表11–23　分产品对比

| 分产品 | | | | | |
|---|---|---|---|---|---|
| （1）杭州宋城旅游区 | 918,884,614.29 | 35.18% | 935,878,252.93 | 29.14% | -1.82% |
| （2）三亚宋城旅游区 | 392,729,155.06 | 15.04% | 426,722,284.00 | 13.29% | -7.97% |
| （3）丽江宋城旅游区 | 333,433,832.57 | 12.77% | 266,958,976.73 | 8.31% | 24.90% |
| （4）九寨宋城旅游区 | | | 1,778,339.57 | 0.06% | -100.00% |
| （5）桂林宋城旅游区 | 160,649,726.51 | 6.15% | 42,659,643.26 | 1.33% | 276.58% |
| （6）张家界宋城旅游区 | 65,470,605.66 | 2.51% | | | |
| （7）数字娱乐平台 | 383,412,284.25 | 14.68% | 1,233,596,141.03 | 38.42% | -68.92% |
| （8）电子商务手续费 | 180,426,687.71 | 6.91% | 173,487,760.90 | 5.40% | 4.00% |
| （9）设计策划费 | 173,281,416.46 | 6.63% | 126,677,207.77 | 3.94% | 36.79% |
| （10）景区配套交通服务 | 3,464,886.35 | 0.13% | 3,434,208.29 | 0.11% | 0.89% |

# 11.4　宋城演艺2020年年报解读

## 11.4.1　公司业绩

2020 年公司业绩可谓惨淡，用暴跌来形容也不为过（表 11–24）。不过考虑到疫情因素，这样的业绩对于投资者来说也是预期中的事。

表11–24　经营情况

| | 2020 年 | 2019 年 | 本年比上年增减 | 2018 年 |
|---|---|---|---|---|
| 营业收入（元） | 902,586,125.63 | 2,611,753,208.86 | -65.44% | 3,211,192,814.48 |
| 归属于上市公司股东的净利润（元） | -1,752,398,009.60 | 1,339,790,994.94 | -230.80% | 1,287,186,547.41 |
| 归属于上市公司股东的扣除非经常性损益的净利润（元） | -1,767,861,638.68 | 1,222,100,617.31 | -244.66% | 1,279,733,108.31 |
| 经营活动产生的现金流量净额（元） | 393,941,899.94 | 1,571,451,499.51 | -74.93% | 1,647,243,748.01 |
| 基本每股收益（元/股） | -0.6702 | 0.5124 | -230.80% | 0.8861 |
| 稀释每股收益（元/股） | -0.6702 | 0.5124 | -230.80% | 0.8861 |
| 加权平均净资产收益率 | -20.50% | 14.52% | -35.02% | 16.38% |
| | 2020 年末 | 2019 年末 | 本年末比上年末增减 | 2018 年末 |
| 资产总额（元） | 9,195,342,831.06 | 11,041,076,933.58 | -16.72% | 10,817,160,458.62 |
| 归属于上市公司股东的净资产（元） | 7,412,287,432.06 | 9,614,069,166.64 | -22.90% | 8,471,075,013.49 |

从公司对业绩的说明中我们看到：如果不考虑数字娱乐平台及花房科技长期股权减值的影响（表 11–25），公司的净利润为 1.1 亿，这是一个非常不错的成绩！因为公司旗下各景区于 2020 年 1 月 24 日起暂停运营，并于 2020 年 6 月 12 日全面恢复营业，近半年时间没有营业，你说取得这样的业绩还不让人惊喜吗？公司的经营业绩韧性十足！

**表11–25　资产减值**

| 科目\年度 | 2020 | 2019 | 2018 | 2017 | 2016 » |
|---|---|---|---|---|---|
| 一、营业总收入(元) | 9.03亿 | 26.12亿 | 32.11亿 | 30.24亿 | 26.44亿 |
| 其中：营业收入(元) | 9.03亿 | 26.12亿 | 32.11亿 | 30.24亿 | 26.44亿 |
| 二、营业总成本(元) | 26.51亿 | 11.64亿 | 17.02亿 | 17.01亿 | 15.11亿 |
| 其中：营业成本(元) | 3.53亿 | 7.47亿 | 10.78亿 | 11.13亿 | 10.14亿 |
| 营业税金及附加(元) | 1193.35万 | 3616.48万 | 3202.81万 | 3038.16万 | 3426.28万 |
| 销售费用(元) | 6364.98万 | 1.46亿 | 2.88亿 | 3.25亿 | 2.77亿 |
| 管理费用(元) | 2.88亿 | 1.88亿 | 2.03亿 | 1.59亿 | 1.69亿 |
| 研发费用(元) | 3748.80万 | 4842.45万 | 7056.76万 | 5288.88万 | -- |
| 财务费用(元) | -1284.34万 | -1774.39万 | -108.66万 | 1155.09万 | 1342.55万 |
| 其中：利息费用(元) | 782.30万 | -- | 275.50万 | 1121.36万 | -- |
| 利息收入(元) | 3257.21万 | 2264.84万 | 899.50万 | 824.63万 | -- |
| 资产减值损失(元) | 18.78亿 | 1742.60万 | 3189.94万 | 895.88万 | 301.19万 |
| 信用减值损失(元) | 3274.00万 | -132.60万 | -- | -- | -- |
| 加：公允价值变动收益(元) | 24.77万 | 99.19万 | 966.03万 | 111.01万 | 11.38万 |
| 投资收益(元) | 1401.49万 | 2.73亿 | 6328.08万 | 1770.27万 | 1445.19万 |
| 其中：联营企业和合营企业的投资收益(元) | -535.70万 | 7252.33万 | 325.52万 | 420.15万 | 156.94万 |
| 资产处置收益(元) | 67.64万 | -76.78万 | 1913.52万 | 5.44万 | 251.79万 |
| 其他收益(元) | 3457.22万 | 428.52万 | 159.16万 | 453.65万 | -- |

下面再来看看公司的资产与负债情况。

### 11.4.2　资产

（1）类现金：2020 年公司类现金共 16.73（=13.38+3.35）亿占总资产（92 亿）18%，账上类现金并不算多（图 11–14）。

（2）应收账款：非常少，略。

（3）预付款：非常少，略。

（4）存货：非常少，略。

（5）长期股权投资：2020 年公司长期股权投资大幅减少，主要是公司大幅计提了花房科技长期股权投资减值所致（图 11–15）。

（6）固定资产：公司 2020 年固定资产 25 亿占总资产 27%（92 亿），固定资产占总资产并不算太重（图 11–16）。

（7）在建工程：2020 年公司在建工程大幅增长，表明公司又迎来新一轮的扩张，这些项目能否取得成功，对公司未来的业绩将会产生直接的影响，非常关键（图 11–17）。从在建工程明细表中，我们可以看到在建工程的主要项目是：上海世博大剧院、西塘演艺谷项目、西樵山岭南千古情项目等。作为投资者要如何评估这些项目，是我们投资这家公司的最重要最核心的问题，这个问题留到后面再来讨论。

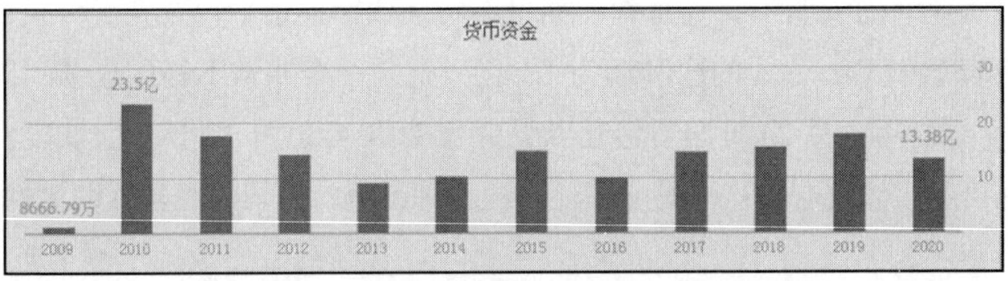

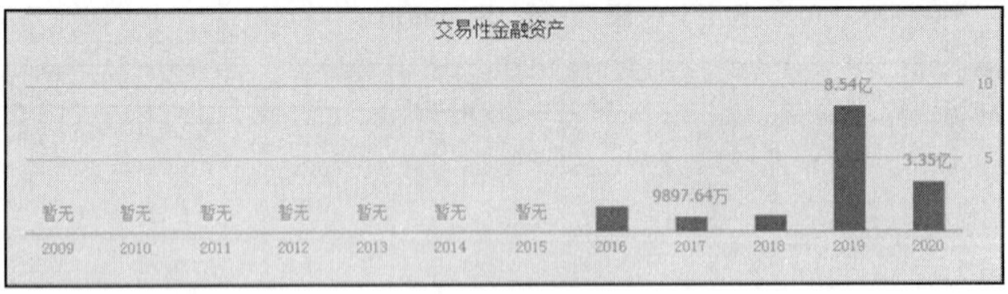

货币资金
23.5亿
13.38亿
8666.79万
30
20
10
2009 2010 2011 2012 2013 2014 2015 2016 2017 2018 2019 2020

交易性金融资产
8.54亿
3.35亿
9897.64万
暂无 暂无 暂无 暂无 暂无 暂无 暂无
10
5
2009 2010 2011 2012 2013 2014 2015 2016 2017 2018 2019 2020

**2、交易性金融资产**

单位：元

| 项目 | 期末余额 | 期初余额 |
|---|---|---|
| 以公允价值计量且其变动计入当期损益的金融资产 | 335,217,557.68 | 854,108,086.54 |
| 其中： | | |
| 权益工具投资 | 172,445,378.26 | 110,024,148.79 |
| 衍生金融资产 | 6,589,730.08 | |
| 银行理财产品 | 156,182,449.34 | 744,083,937.75 |
| 指定以公允价值计量且其变动计入当期损益的金融资产 | | |
| 其中： | | |
| 合计 | 335,217,557.68 | 854,108,086.54 |

图11-14　交易性金融资产

长期股权投资
34.69亿
15.35亿
暂无 暂无 暂无 暂无 暂无 1.26亿 1.29亿 暂无 3420.15万
50
40
30
20
10
2009 2010 2011 2012 2013 2014 2015 2016 2017 2018 2019 2020

图11-15　长期股权投资

固定资产合计
25.09亿
3.48亿
30
20
10
2009 2010 2011 2012 2013 2014 2015 2016 2017 2018 2019 2020

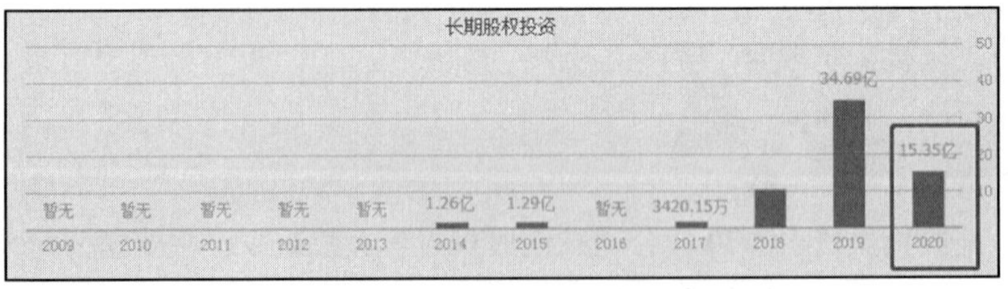

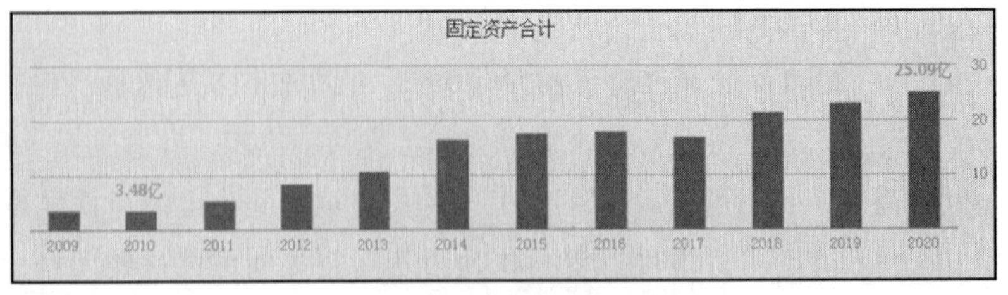

图11-16　固定资产

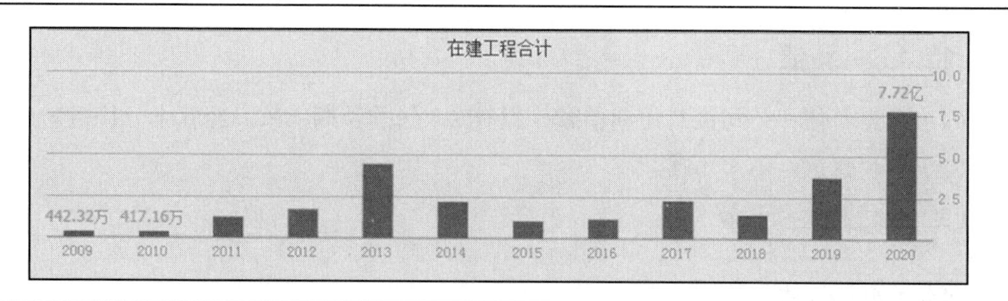


**（1）在建工程情况**

单位：元

| 项目 | 期末余额 | | | 期初余额 | | |
|---|---|---|---|---|---|---|
| | 账面余额 | 减值准备 | 账面价值 | 账面余额 | 减值准备 | 账面价值 |
| 宋城景区 3、4 号剧院整改项目 | | | | 58,199,776.60 | | 58,199,776.60 |
| 宋城景区整改项目 | 31,455,175.30 | | 31,455,175.30 | | | |
| 烂苹果整改项目 | | | | 1,131,346.00 | | 1,131,346.00 |
| 杭州乐园索道工程 | | | | 21,377,209.00 | | 21,377,209.00 |
| 杭州乐园提升改造工程项目 | | | | 1,338,840.00 | | 1,338,840.00 |
| 三亚千古情项目 | 67,799,438.26 | | 67,799,438.26 | 68,079,547.97 | | 68,079,547.97 |
| 丽江茶马古城整改项目 | | | | 84,480.00 | | 84,480.00 |
| 九寨千古情整改项目 | | | | 7,464,874.00 | | 7,464,874.00 |
| 龙泉山旅游开发项目 | 350,943.40 | | 350,943.40 | 350,943.40 | | 350,943.40 |
| 澳洲传奇项目 | 8,051,137.07 | | 8,051,137.07 | 7,378,436.19 | | 7,378,436.19 |
| 上海世博大剧院 | 294,784,853.21 | | 294,784,853.21 | 102,352,040.40 | | 102,352,040.40 |
| 桂林漓江千古情整改项目 | | | | | | |
| 张家界千古情整改项目 | 57,752,884.45 | | 57,752,884.45 | 6,525,333.52 | | 6,525,333.52 |
| 西安千古情项目 | 44,575,845.40 | | 44,575,845.40 | 46,062,519.11 | | 46,062,519.11 |
| 西塘演艺谷项目 | 101,251,838.34 | | 101,251,838.34 | 32,110,163.81 | | 32,110,163.81 |
| 西樵山岭南千古情项目 | 100,613,590.87 | | 100,613,590.87 | 17,544,723.10 | | 17,544,723.10 |
| 珠海演艺王国项目 | 65,235,857.43 | | 65,235,857.43 | | | |
| 合计 | 771,871,563.73 | | 771,871,563.73 | 370,000,233.10 | | 370,000,233.10 |

图11–17　在建工程

### 11.4.3 负债

（1）有息负债：公司没有短期借款，只有 2.8 亿的长期借款，经营十分稳健。

（2）应付账款：不多，略。

（3）预付账款：不多，略。

### 11.4.4 小结

公司的资产负债表非常简单、干净，这样的报表跟茅台一样，简单、干净、清晰。其实选择任何一家企业投资，我们一定要选择简单的、清晰的、容易懂的，这样我们所投资的企业胜率会比较高。因为大牛股从来都是简单、清晰、易懂。但是能够做到简单、清晰，是一件非常不容易的事。“大道至简”看起来非常容易，其实是非常难的。从资产负债表我们可以看出，公司账上现金不多，也没多少有息负债，经营十分稳健，而在 2020 年在建工程大幅增加，表明公司要大幅扩张，只有扩张，公司才能成长，未来公司在这些项目能否取得成功，是作为投资者需要认真考虑、评估公司未来价值所在。

## 11.5 宋城演艺的竞争力分析及未来思考

下面，我们来研究下宋城演艺的竞争力体现在哪里？然后才能对公司未来能否持续发展有一个简单的认识。

宋城演艺的竞争力强吗？

从行业角度来看旅游演艺这个行业：旅游演艺行业发展较快、前景不错。

主题公园旅游演艺市占率从 2014 年占比 31%，增长到 2018 年 46.8%，表明主题公园旅游演艺在这个细分领域行业发展非常快（图 11–2）。

宋城演艺受益于主题公园旅游演艺行业的快速发展，但公司 2013 年市占率 16.5% 增长到 2015 年 35.1% 之后，就一直保持在 31% 左右（图 11–3）；其他系列则表现更加糟糕，所以从这一点来看，宋城演艺在这个细分行业里是有着一定的竞争力，但公司的竞争力并没有我们想象中的那么强。

关于公司的竞争力并没有我们想象中的强，这个结论我想了很久，发觉这个用词并不太准确，公司的市占率不能得到快速提升，有两方面原因：

一个是整个行业处于快速发展之中，2014 ～ 2018 年复合增长 35%（图 11–2），而公司的发展速度并没有远远跑赢市场的增长速度（图 11–18），这个是属于成长性的问题，当然成长性跟竞争力是有着一定的联系。

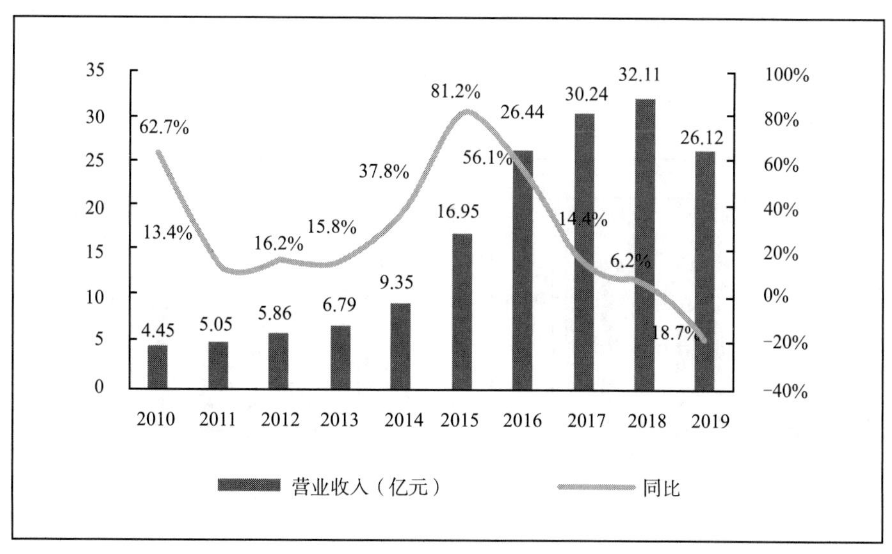


*资料来源：Wind，新时代证券研究所

图11-18　公司2010～2019年营收及增速

另一方面是行业的竞争异常激烈，渗透率并不快。这个“其他”票房从 2013 ～ 2018 年票房占比一直保持在 40% 左右，供给端竞争激烈，还有前文所说的，人均票房过去几年并没有得到提升。渗透率过去几年增长十分缓慢（图 11-19）。

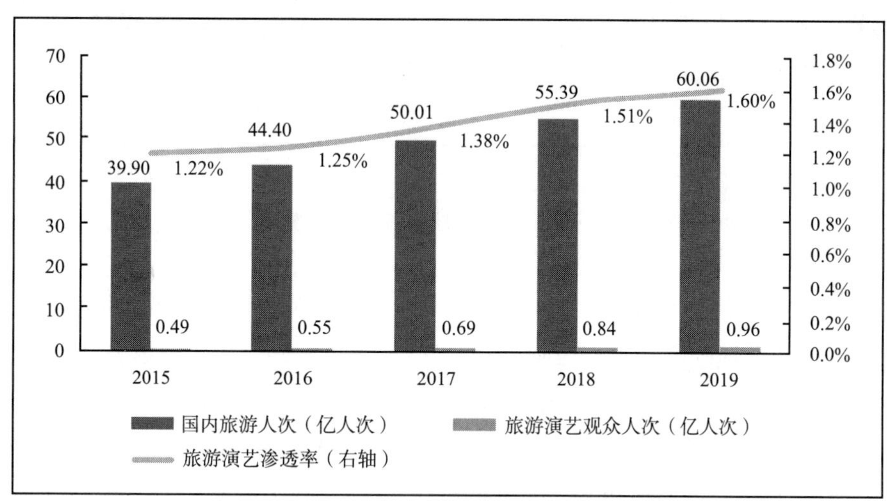


*资料来源：国家统计局，道略文旅，新时代证券研究所

图11-19　2015～2019年中国旅游演艺渗透率

我们在前文曾指出宋城演艺的发展依赖于新的景点建设。如果单靠一个景点，过几年公司成长性就基本上消失了。

三亚千古情：前三年进入快速成长期。

丽江千古情：前三年进入快速成长期。

桂林千古情：刚开业进入快速成长期。

从这里可以看出，公司的发展依赖于新的景区建设（图 11-20）。但是公司为什么不能大力扩张呢？

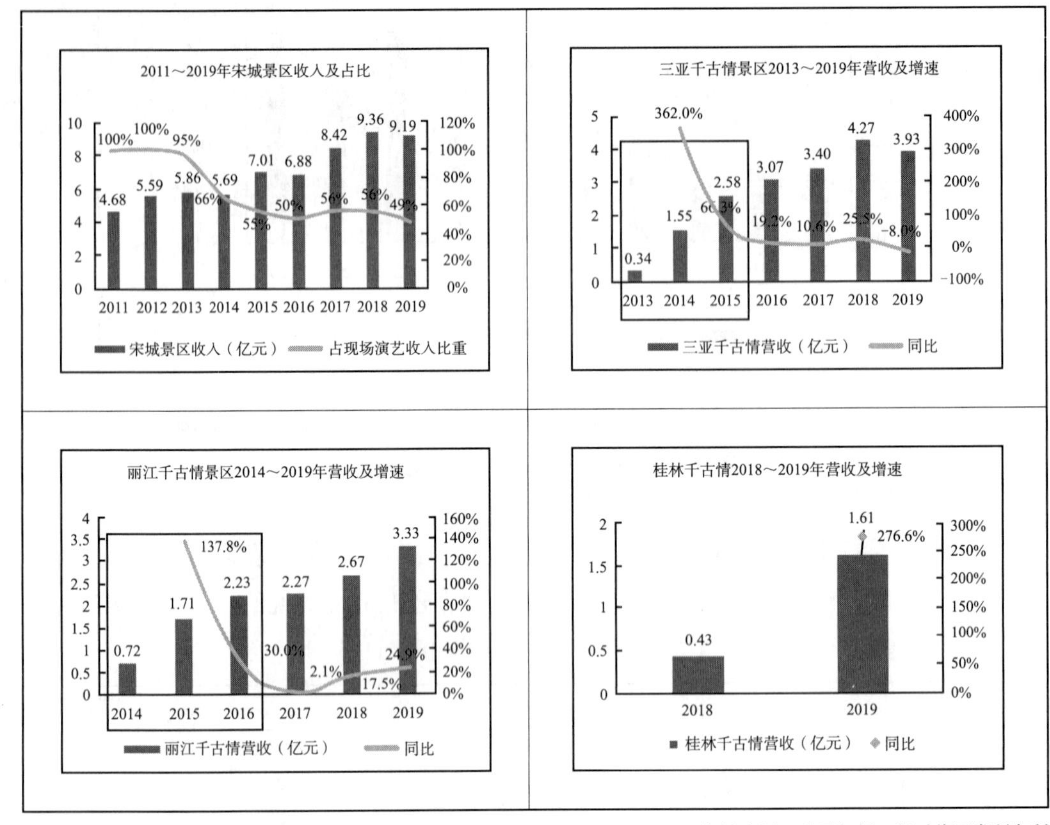


*资料来源：公司年报，新时代证券研究所

**图11-20　公司发展依赖新景区建设**

首先这个大力扩张可不是一件容易的事，重点景区稀缺、人流量需要特别庞大。因为这个行业的潜规则是“二八原则”，如果选址选得不好，项目就很容易就夭折。

公司首轮异地扩张中，就有五个项目夭折，所以这就是为什么行业处于快速发展，而公司增速慢于行业的重要原因之。异地扩张并不容易，这也解释了为什么在 2013 ～ 2018 年，“其他”票房占比一直稳定在 40% 左右（表 11-26）。

从表 11-26 也可以看出，在第二轮异地扩张中，失败的案例并不多，一个是陕西延安（未定），另一个是澳大利亚昆士兰。

通过这一两轮异地扩张中我们可以得出一个简单的结论：公司能在第一轮异地扩张中吸取经验教训，并能在第二轮异地扩张中大量减少失败的项目，表明公司管理层是个相当可靠，而有能力的管理层。

表11-26　宋城演艺主题公园发展的三个阶段

| 发展阶段 | 位置 | 景区 | 公园类型 | （预计）开业时间 |
|---|---|---|---|---|
| 杭州大本营 | 浙江 · 杭州 | 杭州宋城 | 宋文化主题公园 | 1996 年 5 月 |
| | 浙江 · 杭州 | 杭州乐园 | 机动乐园 | 2007 年 12 月 |
| | | 烂苹果乐园 | 室内亲子乐园 | 2012 年 7 月 |
| | | 浪浪浪水公园 | 水乐园 | 2014 年 7 月 |
| 首轮异地扩张 | 海南 · 三亚 | 三亚千古情 | 热带风情主题公园+冰雪世界 | 2013 年 9 月 |
| | 云南 · 丽江 | 丽江千古情 | 纳西风情主题公园+映像丽江实景演出 | 2014 年 3 月 |
| | 四川 · 九寨沟 | 九寨千古情 | 藏羌风情主题公园+藏秘剧院 | 2014 年 5 月 |
| | 四川 · 峨眉 | 峨眉千古情 | | 未开业 |
| | 云南 · 昆明 | 石林千古情 | | 未开业 |
| | 浙江 · 杭州 | 吴越千古情 | | 关闭 |
| | 山东 · 泰安 | 泰山千古情 | | 关闭 |
| | 福建 · 南平 | 武夷千古情 | | 未开业 |
| 二轮异地扩张 | 湖南 · 宁乡 | 宁乡炭河千古情 | 西周文化主题公园 | 2017 年 7 月 |
| | 广西 · 桂林 · 阳朔 | 桂林千古情 | 漓江风情主题公园 | 2018 年 7 月 |
| | 江西 · 宜春 | 宜春明月千古情 | 宋文化主题公园 | 2019 年 1 月 |
| | 湖南 · 张家界 | 张家界千古情 | 武陵风情主题公园 | 2019 年 6 月 |
| | 陕西 · 西安 | 中华千古情 | 黄河风情主题公园 | 2020 年 6 月 |
| | 河南 · 新郑 | 黄帝千古情 | 黄河流域文化主题公园 | 2020 年 9 月 |
| | 上海 | 上海宋城演艺 | 新型城市演艺 | 2021 年 4 月 29 日 |
| | 广东 · 佛山 | 佛山千古情 | 岭南风情主题公园 | 预计 2021 年下半年 |
| | 浙江 · 嘉善 | 西塘 · 宋城演艺谷 | 多层次旅游目的地 | 预计 2022 年 |
| | 广东 · 珠海 | 珠海 · 宋城演艺谷 | 多层次旅游目的地 | 预计 2023 年 |
| | 陕西 · 延安 | 延安千古情 | 红色文化+陕北文化 | 未定 |
| | 澳大利亚 · 昆士兰 | 澳洲传奇 | | 考虑转让 |

*资料来源：公司公告，万联证券研究所整理

所以从上面分析中，笔者认为宋城演艺的竞争力不是体现在发展速度上，更多的是体现在项目的盈利上，最简单的指标就是较高的 ROE 以及高毛率、高净利率上，在国内旅游演艺这个行业能有这个盈利性的除了宋城演艺，找不出第二家了（表 11-27）。

表11-27　盈利能力指标

| 盈利能力指标 | 2019 | 2018 | 2017 | 2016 | 2015 | 2014 |
|---|---|---|---|---|---|---|
| 销售净利率 | 52.26% | 39.78% | 35.36% | 34.66% | 38.09% | 39.00% |
| 销售毛利率 | 71.39% | 66.43% | 63.19% | 61.65% | 65.65% | 67.18% |
| 净资产收益率 | 14.52% | 16.38% | 15.60% | 15.07% | 15.15% | 11.01% |

公司竞争力的体现还有一个指标：就是轻资产项目，轻资产项目即在不参与项目前期投资的前提下，仅凭借品牌、管理和创意输出等一揽子服务获取一定额度服务费，并将在后续管理中在合同规定的委托期限内按一定比例收取管理费。目前签约的 4 个

轻资产项目，费用收取方式相同，包括 2.6 亿元的一揽子服务费用，并在项目开业后 5 年期间（宜春项目为 10 年），每年按照景区收入的 20% 提取管理费（表 11–28）。

表11–28　宋城演艺轻资产项目梳理

| 项目名称 | 合作方 | 持股比例 | 委托经营时间 | 分成方式 |
|---|---|---|---|---|
| 宁乡炭河千古情 | 炭河文化旅游公司 | 0% | 5+5 年 | 2.6 亿+管理费（景区收入的 20%） |
| 宜春明月千古情 | 明月山旅游公司 | 0% | 10 年 | 2.6 亿+管理费（景区收入的 20%） |
| 新郑黄帝千古情 | 龙桂文化旅游公司 | 0% | 5 年 | 2.6 亿+管理费（景区收入的 20%） |
| 延安千古情 | 太乙农业发展集团 | 0% | 5 年 | 2.6 亿+管理费（景区收入的 20%） |
| *备注：宁乡千古情已续签 5 年委托经营期* | | | | |

笔者认为轻资产项目是衡量一个演艺项目是否具备竞争力最重要的指标之一，这意味着公司不用支出多少费用，只输出品牌、管理和创意，成本非常低，不需要多少投入，就能获得非常高的利润率。但为什么公司不能大力发展轻资产项目？答案也是很简单，项目方也是要评估下自己能否获得多少利润率水平，利润率水平太低，根本合作不了。还是回归到原来的说法：旅游演艺行业是个竞争非常激烈的行业，一个项目有好的利润率，选址非常重要，因为这个选址是个流量的入口，没有了这个流量入口，想凭借"口碑""慕名而来"非常不容易，宋城演艺做到了吗？我觉得不一定。但《印象刘三姐》做到了，不过后面却失败了。

所以公司要想大幅扩张并不容易，为了企业持续发展，公司增加新的演艺模式，试水城市演艺、演艺谷。

城市演艺：为什么要选择上海？主要是上海国内旅游人数与旅游收入均逐年增加，且分别保持 6%、10% 左右的增速，预计未来仍有 5000 多亿元的市场（图 11–21）。上海对标百老汇（表 11–29）。

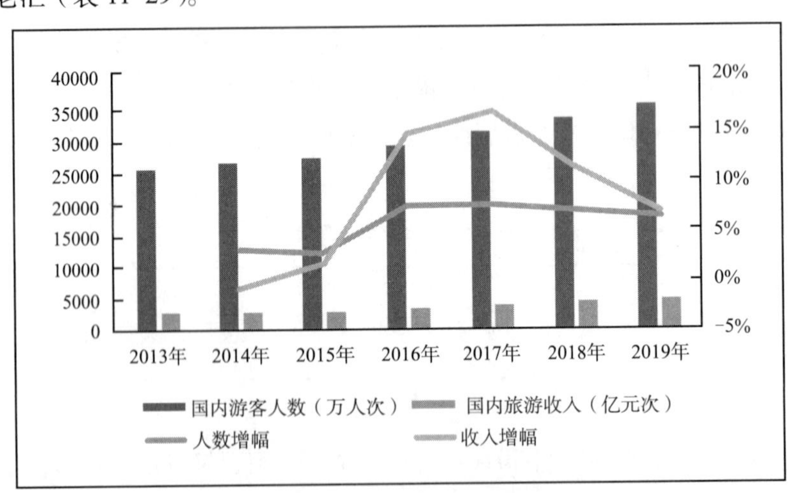


*资料来源：上海市文化和旅游局，万联证券研究所整理

图11–21　上海旅游业相关情况

表11-29　上海对标百老汇

| 表21:　北京上海城市演艺未来增长空间巨大 | | | |
|---|---|---|---|
| 城市 | 人口 | 票房 | 观众人数 |
| 北京 | 2154 万 | 17.76 亿元 | 1120.2 万 |
| 上海 | 2415 万 | 18 亿元 | 1613.5 万 |
| 纽约（百老汇） | 840 万 | 18.25 亿美元 | 1437 万 |
| 伦敦西区 | 880 万 | 7.65 亿英镑 | 1550 万 |

* 资料来源：各文旅局、百老汇联盟、美国剧院等，新时代证券研究所

演艺谷：为什么要选择西塘、珠海？也是因为庞大的旅客资源（图 11-22）。

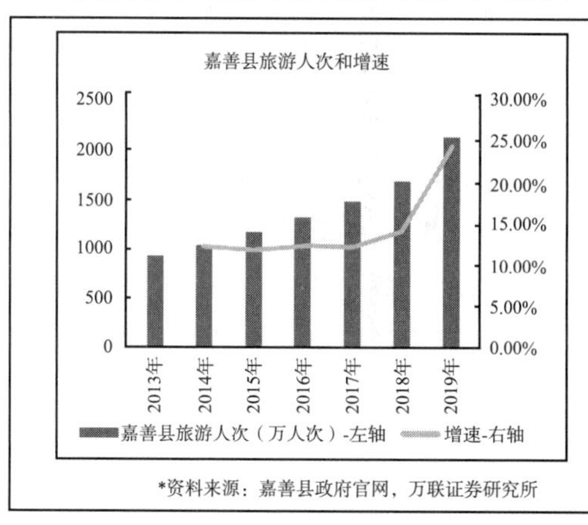


*资料来源：嘉善县政府官网，万联证券研究所

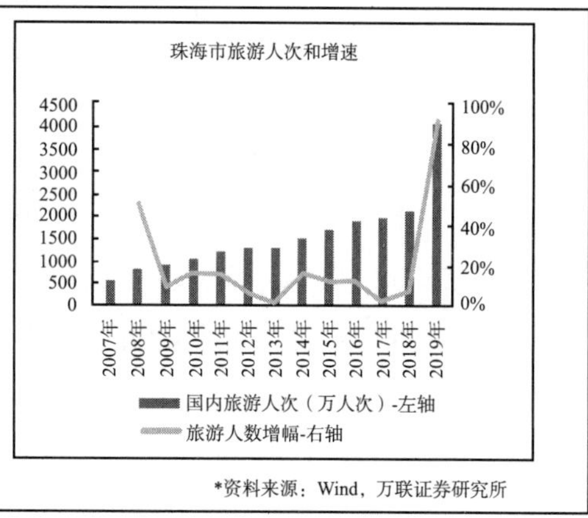


*资料来源：Wind，万联证券研究所

图11-22　两地旅游人次和增速

演艺谷对标法国狂人国。法国狂人国主题乐园又名榉木山主题公园，其前身创立于 1977 年，发展 40 多年来已成为拥有 17 个表演项目、11 家主题餐厅和 5 家主题酒店的大型沉浸式主题乐园。乐园占地超过 300 公顷，2018 年接待游客数量达到 230 万人，重游率超过 60%，曾多次获得“世界最佳主题公园”奖项。由于冬季需要闭园，狂人国每年仅有不到七个月的运营期，却可以吸引 200 多万游客造访，收入超过 1 亿欧元，是世界演艺型主题乐园中的佼佼者。

目前这些项目投资力度非常大，这是未来公司成长的关键（表 11-30）。

表11-30　二轮扩张重资产项目概况

| 项目名称 | 开业时间 | 位置 | 建设规模 | 计划投资金额 | 经营模式 |
|---|---|---|---|---|---|
| 桂林千古情 | 2018 年 7 月 | 广西桂林 | 161 亩 | 5 亿元 | 宋城演艺 70%，桂林旅游 30% |
| 张家界千古情 | 2019 年 6 月 | 湖南张家界 | 147 亩 | 6 亿元 | 100% |
| 西安千古情 | 2020 年 6 月 | 陕西西安 | 100 亩 | 6 亿元 | 宋城演艺 80%，西安世园投资公司 20% |
| 上海项目 | 2021 年 4 月 | 上海浦东 | | 7 亿元 | 宋城演艺 88%，世博东迪 12% |
| 佛山千古情 | 预计 2021 年 | 广东佛山 | 90 亩 | 一期 7 亿元 | 100% |
| 西塘演艺谷 | 预计 2022 年 | 浙江嘉兴 | 350 亩 | 一期 7 亿元 | 100% |
| 珠海演艺谷 | 预计 2024 年 | 广东珠海 | 1500 亩 | 30 亿元 | 100% |

* 数据来源：公司公告，东北证券

对宋城演艺我们从行业到公司都做了比较深入的研究分析。首先旅游演艺行业算是不错的行业，增速较快，发展前景非常不错，但由于竞争非常激烈，导致行业中的公司盈利性并不高，而宋城演艺是属于这个行业中的佼佼者。但这个“佼佼者”的竞争力仍然还不足够大，仍然需要庞大的流量入口，而且这个庞大的流量入口是个非常稀缺的资源，这就造成宋城演艺要想快速发展并不容易。从宋城演艺的发展史来看，公司的经营非常稳健，基本上没有有息负债，扩张也并没有太大的冒进，能够从第一轮失败的案例中吸取经验并能找到解决问题的办法，在第二轮扩张中项目失败的案例少了很多，表明管理层是个相对比较可靠与有能力的。正是由于“千古情”“轻资产”扩张不易，目前公司不断寻找新的扩张方式，大手笔进军城市演艺、演艺谷，为公司打开新的成长空间。2020 年的疫情让公司大幅亏损，但如果没有资产减值的情况下，公司仍然是盈利的，说明公司盈利性、企业经营韧性非常强。目前公司市值 330 亿左右，按 2019 年净利润 13 亿左右计算的话，PE25 倍左右，这个估值不算贵。当然如果未来这几个重点项目出现非常可观的盈利性，这个估值可算是相当便宜了。但由于目前疫情的不确定性，什么时候可以恢复正常的人员流动，尚不可知，作为投资者，就是在等待好的资产被人们所抛弃，你能够慢慢地、从容而淡定地去捡便宜，然后静静地去等待开花结果。

# 第12章　东阿阿胶

## 12.1　东阿阿胶经营史

在东阿阿胶 2015 年年报中我们可以看到这组数字——十年间，东阿阿胶的销售收入从 2005 年的 9.4 亿元变成了 2015 年的 54.5 亿元，增长了 4.8 倍；净利润从 2005 年的 1.14 亿元变成了 2015 年的 16.4 亿元，增长了 13.4 倍；市值从 2005 年的 22 亿元变成了 2015 年的 342 亿元，增长了 14.5 倍；品牌价值从 2005 年的 26.75 亿元变成了 2015 年的 106.05 亿元，增长了 3 倍。

10 年间公司营收增长 4.8 倍，净利润增长 13.4 倍，这个数据非常不错！但是这个漂亮数据背后公司的经营质量怎么样呢？下面看我统计的这张表（表 12-1）。

**表12-1　净现比**

| 年度 | 2005 | 2006 | 2007 | 2008 | 2009 | 2010 | 2011 | 2012 | 2013 | 2014 | 2015 | 2016 | 2017 | 2018 |
|---|---|---|---|---|---|---|---|---|---|---|---|---|---|---|
| 净利润（亿元） | 1.1 | 1.49 | 2.06 | 2.87 | 3.92 | 5.82 | 8.56 | 10.4 | 12.03 | 13.66 | 16.25 | 18.52 | 20.44 | 20.85 |
| 经营现金流（亿元） | 0.67 | 3.12 | 2.4 | 2.97 | 8.12 | 6.36 | 7.1 | 8.58 | 8.79 | 6.57 | 9.78 | 6.25 | 17.57 | 10.09 |
| 净现比 | 0.6 | 2.1 | 1.2 | 1 | 2.1 | 1.1 | 0.8 | 0.8 | 0.7 | 0.5 | 0.6 | 0.3 | 0.9 | 0.5 |

2011 年之前公司的净现比大于 1（只有 2005 年小于 1），表明公司赚到了真金白银；到了 2011 年之后，公司的净现比年年小于 1，低的接近 0.3，表明公司所赚的利润，只是账上的利润，没能完全转化为现金。那么公司账上的利润到哪里去了呢？

**表12-2　经营数据**

应收账款：

| 年度 | 2006 | 2007 | 2008 | 2009 | 2010 | 2011 | 2012 | 2013 | 2014 | 2015 |
|---|---|---|---|---|---|---|---|---|---|---|
| 应收账款（亿元） | 0.21 | 0.32 | 0.46 | 0.59 | 0.49 | 0.56 | 1.04 | 1.8 | 1.17 | 3.08 |

预付款：

| 年度 | 2006 | 2007 | 2008 | 2009 | 2010 | 2011 | 2012 | 2013 | 2014 | 2015 |
|---|---|---|---|---|---|---|---|---|---|---|
| 预付款项（亿元） | 0.23 | 0.27 | 0.34 | 0.16 | 0.25 | 0.82 | 0.86 | 1.46 | 2.13 | 3.01 |

存货：

| 年度 | 2006 | 2007 | 2008 | 2009 | 2010 | 2011 | 2012 | 2013 | 2014 | 2015 |
|---|---|---|---|---|---|---|---|---|---|---|
| 存货（亿元） | 1.28 | 1.5 | 1.91 | 2.04 | 1.94 | 3.11 | 4.01 | 5.51 | 14.64 | 17.25 |

仔细观察表12-2你会发现2011年之后公司的经营质量已经慢慢恶化，而不是说利润增长了多少倍就多少倍，公司带给股东的可不是真金白银。作为投资者的我们要学会思考为什么预付款、存货会逐年大幅增长？

在公司的年报里我们看到，公司的预付款、存货都是在购买驴皮原材料。原因是国内毛驴的存栏量是逐年下降的，也就是说原材料毛驴是一种稀缺资源（图12-1）。

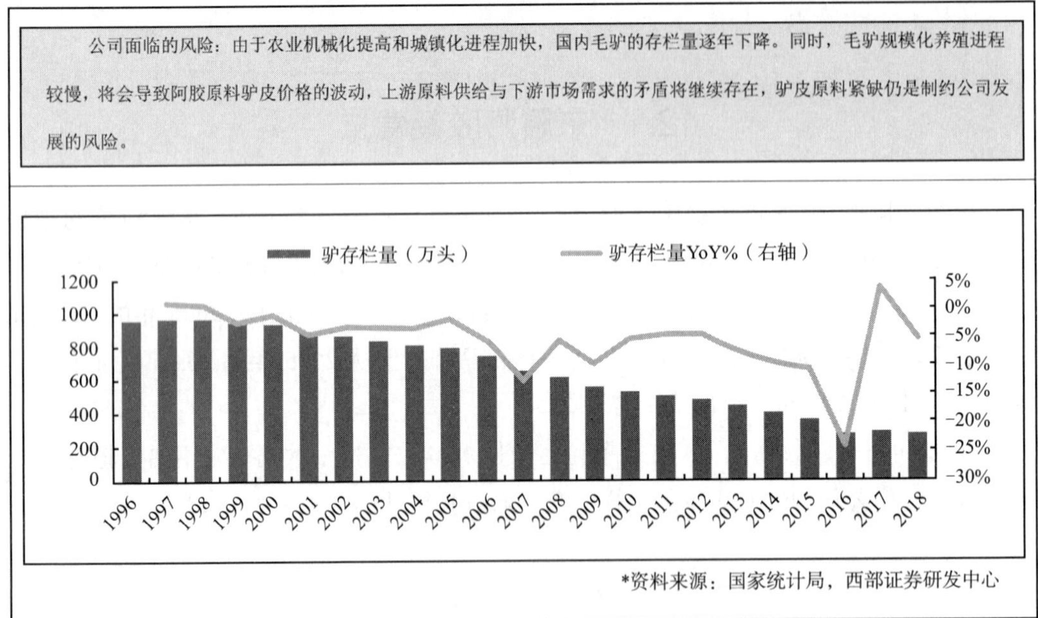


图12-1 国内毛驴存栏量持续下降

毛驴的存栏量逐年下降，那么毛驴的价格也是因为稀缺而不断上涨。为了控制原材料的价格，公司不断地"囤驴皮"，提高产品价格，以应对原材料成本的上升。所以公司阿胶块的毛利率一直保持在71%左右。2006～2017年，阿胶块年复合提价高达28%（图12-2）。

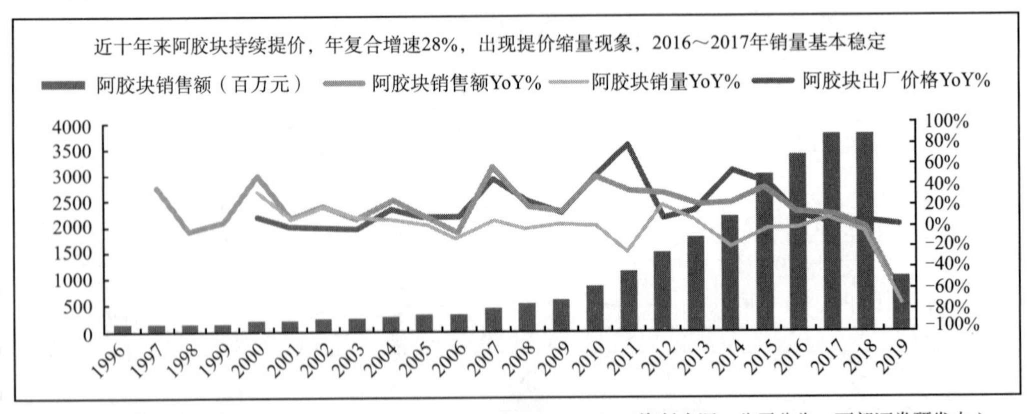


图12-2 阿胶块持续提价

过去十年，阿胶块年复合提价 28%，这是一个不可思议的现象，仔细观察图 12-2，你会发现，阿胶块过去十年销量并没有多少增长，到了 2017 阿胶块销售开始负增长；前期阿胶块销售额不断增长的原因主要来于阿胶块的不断提价。这种不依靠终端销量引起的量价“齐升”，总有一天会发生“崩盘”，这也就不足为奇了，因为它不符合商业逻辑、也不符合常识。我们在应收账款逐年大幅增长及应收账款周转天数逐年大幅增加可以看出，公司对下游客户的掌控力是越来越弱了（图 12-3）。

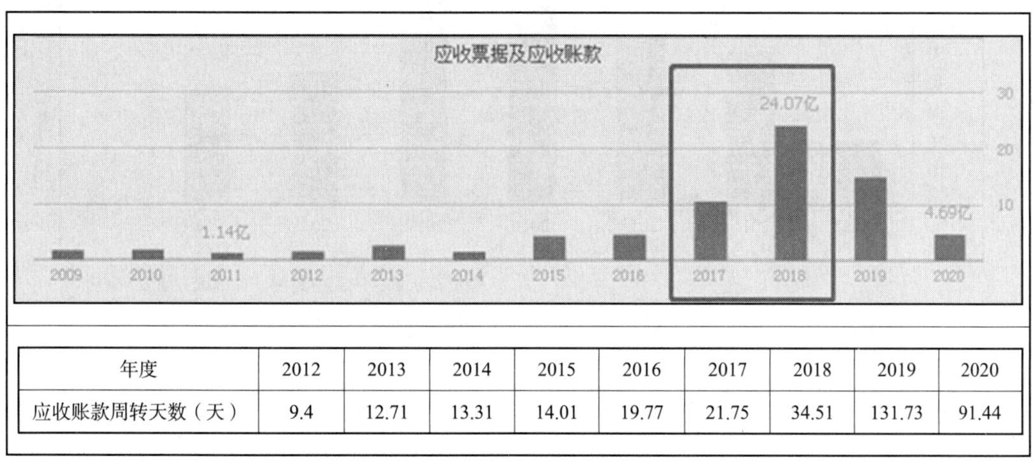


| 年度 | 2012 | 2013 | 2014 | 2015 | 2016 | 2017 | 2018 | 2019 | 2020 |
|---|---|---|---|---|---|---|---|---|---|
| 应收账款周转天数（天） | 9.4 | 12.71 | 13.31 | 14.01 | 19.77 | 21.75 | 34.51 | 131.73 | 91.44 |

图12-3　应收票据及应收账款周转天数

而此时公司囤“驴皮”的热情仍然保持高昂，表现在：预付款项保持高位和存货持续增加（图 12-4）。

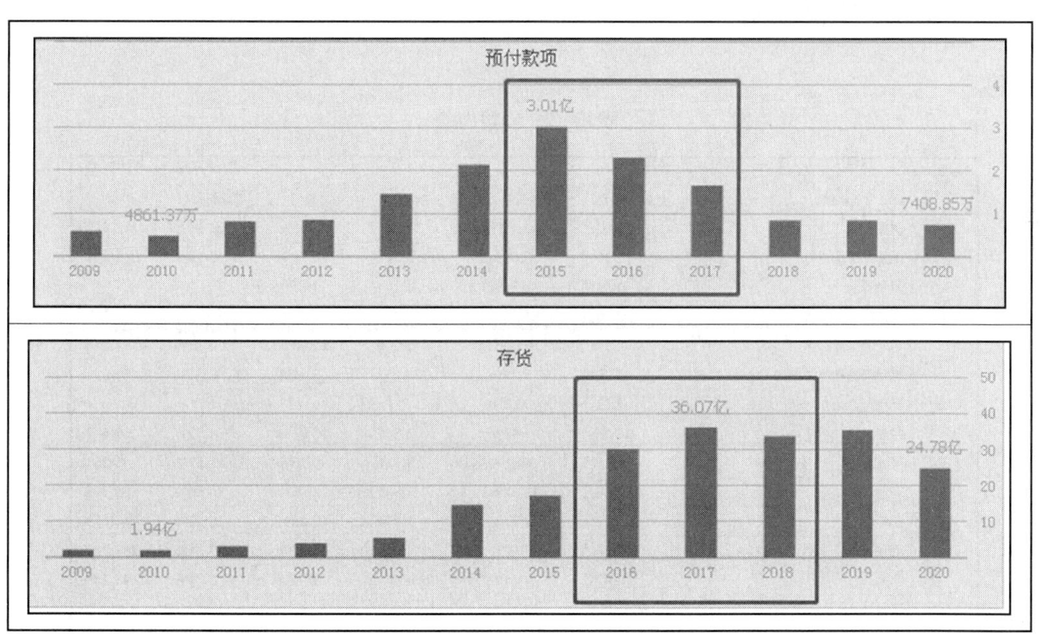


图12-4　预付款项、存货

实际上阿胶这个产业有可能远比你我想象中的复杂。看看图 12-1：驴存栏量逐年下滑，如果按照常识思考的话：毛驴的价格会逐年上涨。这个逻辑会错吗？而事实上，毛驴价格也会发生“崩盘”（图 12-5）。

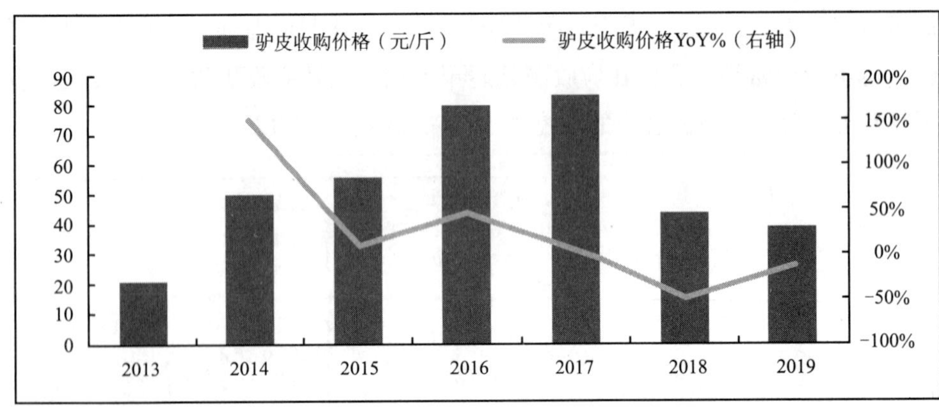


*资料来源：康美中药网，西部证券研发中心

**图12-5　驴皮收购价格走势**

那么这个毛驴价格的“崩盘”在这个产业中代表着什么呢？这个问题留给各位读者朋友先思考下。

# 12.2　东阿阿胶2020年年报解读

## 12.2.1　主营业务

**表12-3　公司业绩**

2020-12-31　2020-06-30　2019-12-31　注：通常在中报、年报时披露

| | 业务名称 | 营业收入(元) | 收入比例 | 营业成本(元) | 成本比例 | 利润比例 | 毛利率 |
|---|---|---|---|---|---|---|---|
| 按行业 | 医药工业 | 30.02亿 | 88.05% | 11.31亿 | 79.06% | 100.18% | 62.32% |
| | 毛驴养殖及贸易 | 2.96亿 | 8.69% | 3.00亿 | 20.94% | -0.18% | -1.14% |
| | 其他行业 | 1.11亿 | 3.26% | - | - | - | - |
| 按产品 | 阿胶及系列产品 | 27.90亿 | 81.82% | 10.39亿 | 72.65% | 93.72% | 62.74% |
| | 毛驴养殖及销售 | 2.96亿 | 8.69% | 3.00亿 | 20.94% | -0.18% | -1.14% |
| | 其他药品及保健品 | 2.12亿 | 6.23% | 9171.91万 | 6.41% | 6.46% | 56.82% |
| | 其他 | 1.11亿 | 3.26% | - | - | - | - |
| 按地区 | 华东 | 15.16亿 | 44.46% | 5.53亿 | 36.97% | 51.90% | 63.54% |
| | 华北 | 5.05亿 | 14.81% | 2.71亿 | 18.15% | 12.59% | 46.26% |
| | 华南 | 4.66亿 | 13.67% | 1.94亿 | 12.98% | 14.66% | 58.37% |
| | 华中 | 4.16亿 | 12.21% | 2.29亿 | 15.29% | 10.12% | 45.11% |
| | 西南 | 2.54亿 | 7.44% | 1.35亿 | 9.04% | 6.38% | 46.72% |
| | 东北 | 1.47亿 | 4.31% | 8564.58万 | 5.73% | 3.31% | 41.78% |
| | 其他 | 5863.87万 | 1.72% | - | - | - | - |
| | 西北 | 4683.00万 | 1.37% | 2750.75万 | 1.84% | 1.04% | 41.26% |

2020 年阿胶系列产品占营收的 81.82%，利润占 93.72%；按地区分：华东营收占 44.46%，净润占 51.9%，华东地区算是东阿阿胶的大本营了（表 12-3）。

表12-4　营业收入

| | 2019年 | 2018年 |
| --- | --- | --- |
| 主营业务收入 | 2,943,557,376.76 | 7,320,064,369.37 |
| 其中：阿胶系列产品 | 2,043,148,866.37 | 6,316,799,588.93 |
| 医药贸易 | 4,320,263.93 | 56,719,829.18 |
| 毛驴养殖及销售 | 734,618,851.08 | 717,040,599.55 |
| 其他 | 161,469,395.38 | 229,504,351.71 |
| 其他业务收入 | 15,064,962.86 | 18,251,853.81 |
| | 2,958,622,339.62 | 7,338,316,223.18 |

阿胶系列产品对比 2019 年 20 亿营收，2020 年营收达 27.9 亿，增长接近 40%，恢复算是不错；毛驴养殖及销售对比 2019 年 7.3 亿营收，2020 年为 2.96 亿，减少了 60% 左右，表明公司逐渐剥离养殖业务（表 12-4）。

2020 年公司业绩如何？

表12-5　经营情况

| | 2020 年 | 2019 年 | | 本年比上年增减 | 2018 年 | |
| --- | --- | --- | --- | --- | --- | --- |
| | | 调整前 | 调整后 | 调整后 | 调整前 | 调整后 |
| 营业收入（元） | 3,409,437,164.01 | 2,958,622,339.62 | 2,970,075,665.15 | 14.79% | 7,338,316,223.18 | 7,350,146,619.56 |
| 归属于上市公司股东的净利润（元） | 43,289,251.31 | -443,915,811.52 | -454,830,581.98 | 109.52% | 2,084,866,052.69 | 2,073,642,482.36 |
| 归属于上市公司股东的扣除非经常性损益的净利润（元） | -39,462,110.08 | -536,791,921.24 | -536,791,921.24 | 92.65% | 1,915,104,462.00 | 1,915,104,462.00 |
| 经营活动产生的现金流量净额（元） | 800,834,183.65 | -1,119,993,996.91 | -1,119,276,002.38 | 171.55% | 1,009,049,053.07 | 1,006,540,537.61 |
| 基本每股收益（元/股） | 0.07 | -0.68 | -0.70 | 110.00% | 3.19 | 3.17 |
| 稀释每股收益（元/股） | 0.07 | -0.68 | -0.70 | 110.00% | 3.19 | 3.17 |
| 加权平均净资产收益率 | 0.44% | -4.13% | -4.22% | 4.66% | 19.72% | 19.59% |
| | 2020 年末 | 2019 年末 | | 本年末比上年末增减 | 2018 年末 | |
| | | 调整前 | 调整后 | 调整后 | 调整前 | 调整后 |
| 总资产（元） | 10,950,024,729.95 | 11,653,674,527.93 | 11,702,477,592.24 | -6.43% | 13,869,959,247.35 | 13,908,570,615.08 |
| 归属于上市公司股东的净资产（元） | 9,731,407,793.03 | 9,974,925,867.75 | 9,980,806,584.28 | -2.50% | 11,302,058,975.94 | 11,318,854,462.93 |

2020 年营收增长了 14.79%，净利润只有 0.43 亿，扣非净利润仍然保持亏损状态 -0.39 亿，最大的亮点是经营活动现金流 8 亿（表 12-5）。

下面再来看看公司的资产与负债情况。

### 12.2.2 资产

（1）类现金：2020 年公司账上类现金 28.88 亿（=14.52+14.36）占总资产（110 亿）26%，账上类现金一般（图 12-6）。

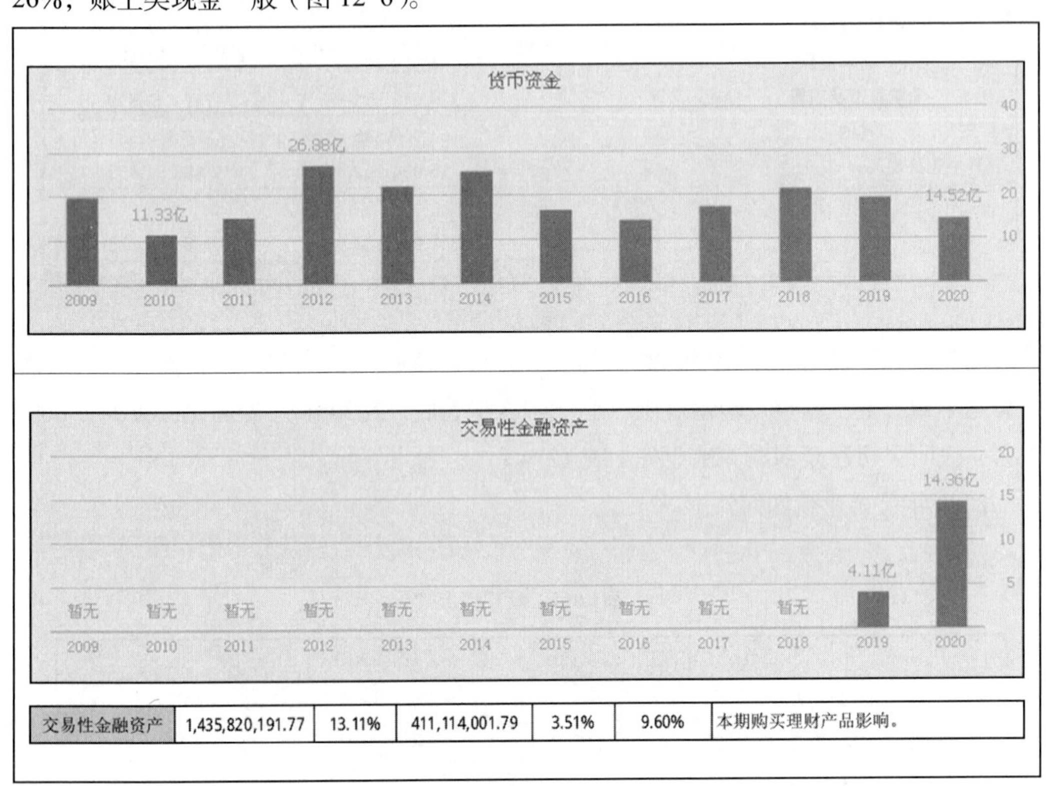


| 交易性金融资产 | 1,435,820,191.77 | 13.11% | 411,114,001.79 | 3.51% | 9.60% | 本期购买理财产品影响。 |
|---|---|---|---|---|---|---|

图12-6　货币资金、交易性金融资产

（2）应收账款：应收账款占总资产比例 4% 左右，较 2019 年 14.89 亿大幅减少（图 12-7），非常不错！

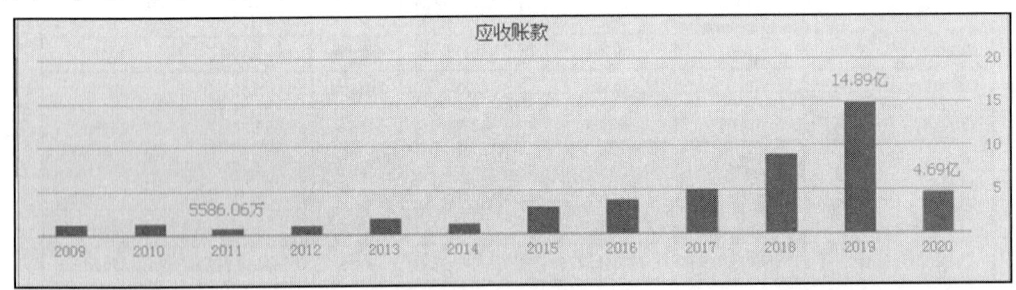


图12-7　应收账款

表12-6　应收账款的账龄分析

应收账款的账龄分析如下：

| | 2020年 | 2019年 |
|---|---|---|
| 1年以内 | 437,310,511.15 | 638,738,197.28 |
| 1年至2年 | 57,825,422.19 | 710,225,813.74 |
| 2年至3年 | 68,177,127.01 | 138,645,045.09 |
| 3年以上 | 319,541,722.11 | 224,860,767.65 |
| | 882,854,782.46 | 1,712,469,823.76 |
| 减：应收账款坏账准备 | 413,826,331.13 | 223,661,205.75 |
| | 469,028,451.33 | 1,488,808,618.01 |

| | | | | | | |
|---|---|---|---|---|---|---|
| 应收账款 | 469,028,451.33 | 4.28% | 1,488,808,618.01 | 12.72% | -8.44% | 公司加大客户欠款清收，部分客户货款到期收回。 |

现在看看应收账款的质量：2020 年公司应收账款计提了 4.14 亿，2019 年公司应收账款只计提了 2.23 亿，也就 3 年以上的应收账款全部计提；1 年至 2 年的应收账款 2019 年 7.1 亿下降到 0.57 亿，表明公司加大催款力度，接近 3 年或 3 年以上应收账款基本无望，公司全部计提（表 12-6）。

仔细研究 2020 年公司计提了 4.14 亿，而 3 年以上就有 3.2 亿左右，这个计提是把客户欠款 1 年以上几乎全部计提，这是公司为了 2021 年的经营业绩做了准备，也是现金经营流好转的其中一个方面，加大计提比例。

另外，公司有大量的应收款项融资，属于银行承兑汇票，资产质量较高。如果把它归于类现金，那么公司账上的类现金是属于非常充足的（表 12-7）。

表12-7　应收款

| | | | | | | |
|---|---|---|---|---|---|---|
| 应收款项融资 | 1,807,989,165.88 | 16.51% | 638,872,410.57 | 5.46% | 11.05% | 本期销售收到的银行承兑汇票尚未到期。 |

（3）预付款项：公司经历过暴雷后，预付款项保持低位 0.74 亿。没有再通过预付款继续大量囤驴皮了（图 12-8）。

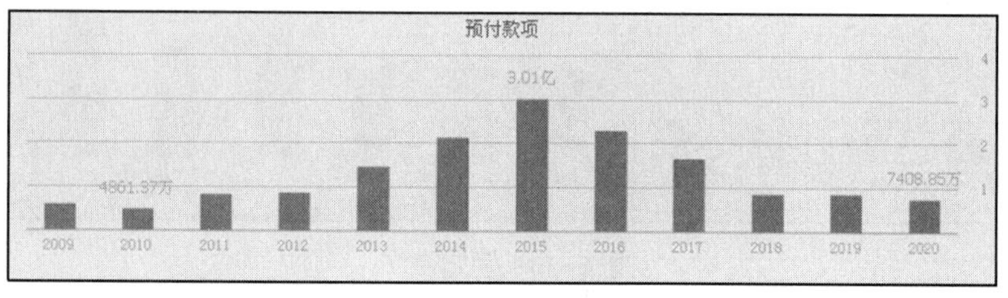


图12-8　预付款项

（4）存货：2020 年公司存货较 2019 年大幅下降（图 12-9）。

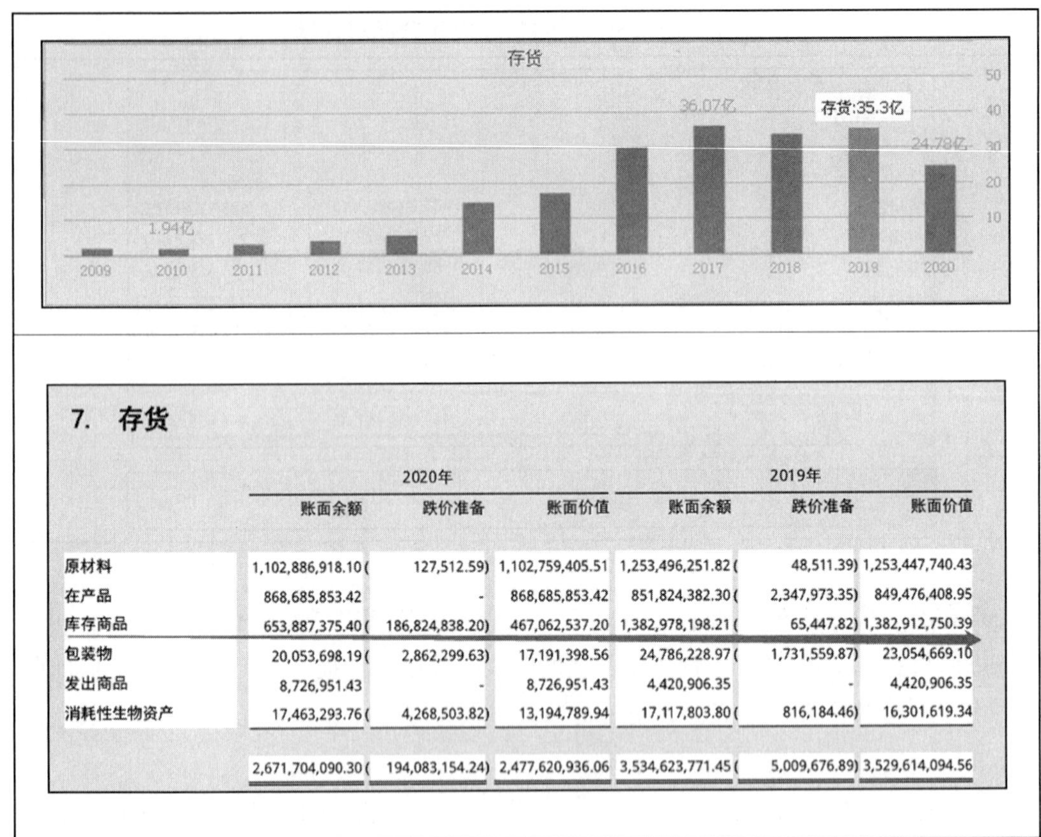


**7. 存货**

| | 2020年 | | | 2019年 | | |
|---|---|---|---|---|---|---|
| | 账面余额 | 跌价准备 | 账面价值 | 账面余额 | 跌价准备 | 账面价值 |
| 原材料 | 1,102,886,918.10 | (127,512.59) | 1,102,759,405.51 | 1,253,496,251.82 | (48,511.39) | 1,253,447,740.43 |
| 在产品 | 868,685,853.42 | - | 868,685,853.42 | 851,824,382.30 | (2,347,973.35) | 849,476,408.95 |
| 库存商品 | 653,887,375.40 | (186,824,838.20) | 467,062,537.20 | 1,382,978,198.21 | (65,447.82) | 1,382,912,750.39 |
| 包装物 | 20,053,698.19 | (2,862,299.63) | 17,191,398.56 | 24,786,228.97 | (1,731,559.87) | 23,054,669.10 |
| 发出商品 | 8,726,951.43 | - | 8,726,951.43 | 4,420,906.35 | - | 4,420,906.35 |
| 消耗性生物资产 | 17,463,293.76 | (4,268,503.82) | 13,194,789.94 | 17,117,803.80 | (816,184.46) | 16,301,619.34 |
| | 2,671,704,090.30 | (194,083,154.24) | 2,477,620,936.06 | 3,534,623,771.45 | (5,009,676.89) | 3,529,614,094.56 |

图12-9　存货

从图中我们可以看出公司的存货原材料占了绝大部分，表明公司驴皮的储备还是很丰厚的。我们再仔细观察发现：2019 年公司存货余额 35 亿左右只计提了 0.05 亿，但 2020 年公司存货余额 26.7 亿，公司大幅计提了 1.94 亿，最后存货账面价值 24.78 亿。大幅减值是公司的库存商品。公司在存货减值这块大幅计提，也是为了 2021 年公司经营业绩做了准备。这也是经营现金流好转的一个方面。

（5）固定资产：固定资产占总资产比例 20% 左右，表明公司属于轻资产（图 12-10）。

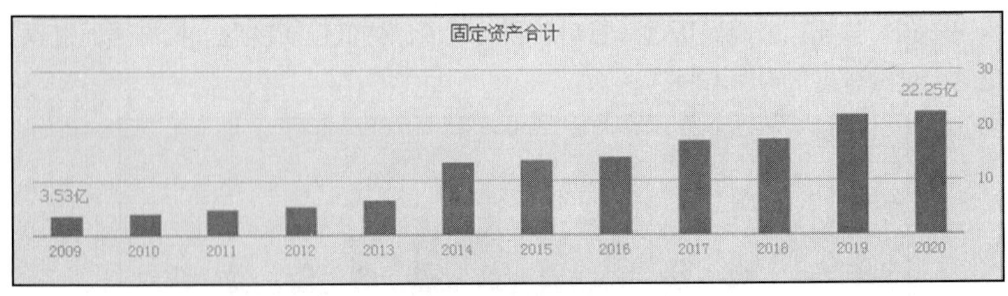


图12-10　固定资产

（6）在建工程：从这张在建工程来看，公司的项目可真不少（图 12-11）。不过这些在建工程都接近尾声。

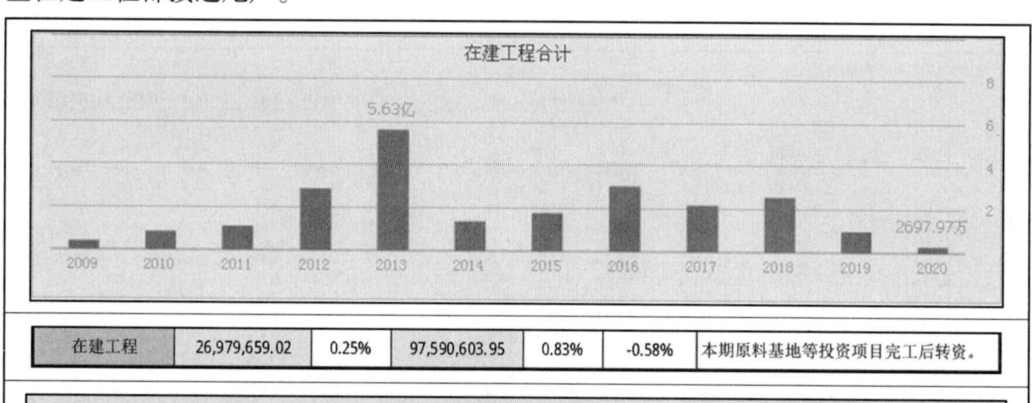


| 在建工程 | 26,979,659.02 | 0.25% | 97,590,603.95 | 0.83% | -0.58% | 本期原料基地等投资项目完工后转资。 |
|---|---|---|---|---|---|---|

| | 2020年 | | | 2019年 | | |
|---|---|---|---|---|---|---|
| | 账面余额 | 减值准备 | 账面价值 | 账面余额 | 减值准备 | 账面价值 |
| 鹿产品深加工建筑工程 | 8,450,189.31 | - | 8,450,189.31 | 8,470,189.31 | - | 8,470,189.31 |
| 驴屠宰加工项目 | 8,198,522.94 | - | 8,198,522.94 | 4,893,272.24 | - | 4,893,272.24 |
| 养生酒店 | 3,739,384.80 | - | 3,739,384.80 | 11,100,414.03 | - | 11,100,414.03 |
| 阿胶生物科技产业项目 | 1,469,392.07 | - | 1,469,392.07 | 1,290,566.01 | - | 1,290,566.01 |
| 东阿阿胶乐活中心 | 1,036,774.51 | - | 1,036,774.51 | 22,380.00 | - | 22,380.00 |
| 东阿阿胶领导力提升与员工发展中心改造 | 972,735.84 | - | 972,735.84 | - | - | - |
| 济南鲁商国奥城装修项目 | 804,966.43 | - | 804,966.43 | - | - | - |
| 异味治理项目 | 752,212.41 | - | 752,212.41 | 477,876.12 | - | 477,876.12 |
| 北京电商东阿仓库建设项目 | 471,651.56 | - | 471,651.56 | - | - | - |
| 旅游服务区景观 | 280,046.78 | - | 280,046.78 | 712,655.45 | - | 712,655.45 |
| 老厂房改造项目 | 232,394.83 | - | 232,394.83 | 1,510,088.11 | - | 1,510,088.11 |
| 原料基地建设项目 | - | - | - | 21,879,044.23 | - | 21,879,044.23 |
| 东阿阿胶养殖基地扩建工程 | - | - | - | 12,641,030.01 | - | 12,641,030.01 |
| 4D及飞行影院影片 | - | - | - | 9,905,660.28 | - | 9,905,660.28 |
| 阿胶小镇建设项目设计 | - | - | - | 3,234,905.57 | - | 3,234,905.57 |
| 立体仓库改造工程项目 | - | - | - | 2,759,633.11 | - | 2,759,633.11 |
| 净干驴皮阴凉仓库 | - | - | - | 2,742,301.11 | - | 2,742,301.11 |
| 双辽基地建设项目 | - | - | - | 1,510,668.90 | - | 1,510,668.90 |
| 驴互联网项目 | - | - | - | 566,037.72 | - | 566,037.72 |
| 济南绿地缤纷城5楼房产购置项目 | - | - | - | 478,772.86 | - | 478,772.86 |
| 技术中心综合楼 | - | - | - | 276,792.00 | - | 276,792.00 |
| 英克企业综合管理系统 | - | - | - | 229,380.54 | - | 229,380.54 |
| 生产制造执行（MES）系统 | - | - | - | 3,205,128.27 | - | 3,205,128.27 |
| 其他 | 571,387.54 | - | 571,387.54 | 9,683,808.08 | - | 9,683,808.08 |
| | 26,979,659.02 | - | 26,979,659.02 | 97,590,603.95 | - | 97,590,603.95 |

图12-11　在建工程

我们看看过去的在建工程（表 12-8）。公司在这些项目投入了 24.6 亿，其中阿胶科技产业园投入了接近 16 亿，目前已完工，能否实现“游客变顾客、顾客变游客”这是评估东阿阿胶未来发展的重要因素之一。

表12-8　在建工程变动情况

重要在建工程2019年变动如下：

| | 预算 | 年初余额 | 本年增加 | 本年转入固定资产 | 本年转入长期待摊费用/无形资产 | 年末余额 | 资金来源 | 工程投入占预算比例（%） | 工程进度(%) | 本年利息利息资本化率 |
|---|---|---|---|---|---|---|---|---|---|---|
| 驴皮原料搬迁项目 | 76,710,000.00 | 40,889,411.11 | 1,675,293.03 | (42,564,704.14) | - | - | 自筹 | 55.48 | 65.00 | - |
| 驴屠宰加工项目 | 118,029,200.00 | 37,919,763.90 | 9,204,196.21 | (42,230,687.87) | - | 4,893,272.24 | 自筹 | 69.10 | 80.00 | - |
| 养驴场 | 42,260,000.00 | 35,445,151.63 | - | (35,445,151.63) | - | - | 自筹 | 83.87 | 93.00 | - |
| 技术中心综合楼 | 28,645,000.00 | 21,072,542.73 | 5,151,736.61 | (25,947,487.34) | - | 276,792.00 | 自筹 | 91.54 | 94.00 | - |
| 原料基地建设项目 | 144,490,700.00 | 20,272,883.38 | 1,606,160.85 | - | - | 21,879,044.23 | 自筹 | 31.09 | 90.00 | - |
| 阿胶科技产业项目 | 1,598,890,000.00 | 18,089,920.22 | 81,704,231.46 | (98,503,585.67) | - | 1,290,566.01 | 募集+自筹 | 85.27 | 100.00(一期)<br>91.00(二期) | - |
| IT核心网络升级及机房建设 | 15,400,000.00 | 11,350,555.43 | 1,197,413.79 | (12,547,969.22) | - | - | 自筹 | 81.48 | 84.00 | - |
| 毛驴交易中心工程项目 | 54,706,500.00 | 9,986,719.63 | 5,101,475.44 | (15,088,195.07) | - | - | 自筹 | 78.71 | 98.00 | - |
| 东阿阿胶养殖基地扩建工程 | 30,000,000.00 | 9,341,294.98 | 3,299,735.03 | - | - | 12,641,030.01 | 自筹 | 87.90 | 76.00 | - |
| 毛驴博物馆装修、展陈项目 | 7,987,000.00 | 6,130,570.64 | - | (6,130,570.64) | - | - | 自筹 | 82.14 | 87.00 | - |
| 东阿阿胶聊城博物馆 | 7,525,400.00 | 6,065,738.09 | - | - | (6,065,738.09) | - | 自筹 | 80.60 | 87.00 | - |
| 旅游服务区景观 | 28,610,000.00 | 4,896,385.71 | 5,258,110.00 | (9,441,840.26) | - | 712,655.45 | 自筹 | 81.80 | 60.00 | - |
| 养生酒店 | 150,000,000.00 | 3,556,455.03 | 100,816,994.64 | (93,273,035.64) | - | 11,100,414.03 | 自筹 | 69.58 | 85.00 | - |
| 生产制造执行（MES）系统 | 6,000,000.00 | 3,205,128.27 | - | (3,205,128.27) | - | - | 自筹 | 53.42 | 60.00 | - |
| 老厂房改造项目 | 54,900,000.00 | 1,678,779.77 | 235,553.62 | (404,245.28) | - | 1,510,088.11 | 自筹 | 58.39 | 90.00 | - |
| 东阿阿胶乐活中心 | 45,753,000.00 | 1,226,710.02 | 1,660,799.89 | (2,865,129.91) | - | 22,380.00 | 自筹 | 93.90 | 99.00 | - |
| 财务共享集成项目 | 8,890,000.00 | 891,998.87 | - | (891,998.87) | - | - | 自筹 | 74.40 | 100.00 | - |
| 4D及飞行影院影片 | 15,000,000.00 | - | 9,905,660.28 | - | - | 9,905,660.28 | 自筹 | 66.04 | 66.00 | - |
| 仓库改造工程款 | 11,500,000.00 | - | 2,759,633.11 | - | - | 2,759,633.11 | 自筹 | 24.00 | 80.00 | - |
| 鹿产品深加工建筑工程 | 15,600,000.00 | - | 8,470,189.31 | - | - | 8,470,189.31 | 自筹 | 54.30 | 50.00 | - |
| | 2,460,896,800.00 | 232,020,009.41 | 238,047,183.27 | (388,539,729.81) | (6,065,738.09) | 75,461,724.78 | | | | |

三是按照国家5A级工业旅游标准、设计理念全球领先的阿胶科技产业园二期项目开工建设，有望实现“游客变顾客、顾客变游客”，打造体验营销新模式。

## 12.2.3　负债

（1）有息负债：公司没有长短期借款，经营非常稳健。

（2）应付账款：由于公司有大量的存货,2020年的应付账款没多大解读意义（图12-12）。

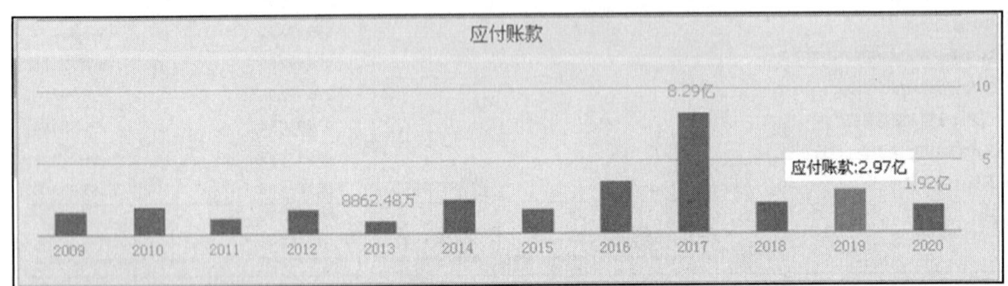


图12-12　应付账款

（3）预收款：预收款2020年较2019年下滑了24%左右，表明公司对下游客户的话语没有得到增强。不过从预收款最高的年份2018年4.65亿来看，目前的预收款还有3个亿左右已属不易，公司目前最重要的是处理渠道库存（表12-9）。

表12-9　预收款

**23. 合同负债**

| | 2020年 | 2019年 |
|---|---|---|
| 预收货款 | 296,598,877.57 | 386,984,231.07 |
| 预收服务款 | 2,261,400.85 | 2,243,357.64 |
| 奖励积分 | - | 1,199,368.68 |
| 其他 | - | 3,283,859.66 |
| | 298,860,278.42 | 393,710,817.05 |

## 12.2.4　从经营现金流看存货

表12-10　现金流量表

按报告期　按年度　按单季度　显示同比

| 科目\年度 | 2020 | 2019 | 2018 | 2017 | 2016 |
|---|---|---|---|---|---|
| 一、经营活动产生的现金流量(元) | | | | | |
| 销售商品、提供劳务收到的现金(元) | 34.98亿 | 34.61亿 | 69.10亿 | 76.27亿 | 61.86亿 |
| 收到的税费与返还(元) | 440.02万 | 16.83万 | 47.46万 | 20.21万 | 13.91万 |
| 收到其他与经营活动有关的现金(元) | 3.71亿 | 2.38亿 | 2.62亿 | 2.01亿 | 3.21亿 |
| 经营活动现金流入小计(元) | 38.73亿 | 36.99亿 | 71.72亿 | 78.28亿 | 65.07亿 |
| 购买商品、接受劳务支付的现金(元) | 10.35亿 | 18.97亿 | 27.35亿 | 27.26亿 | 27.32亿 |
| 支付给职工以及为职工支付的现金(元) | 5.13亿 | 6.32亿 | 5.82亿 | 5.08亿 | 4.25亿 |
| 支付的各项税费(元) | 2.14亿 | 9.38亿 | 9.96亿 | 9.30亿 | 9.01亿 |
| 支付其他与经营活动有关的现金(元) | 13.10亿 | 13.50亿 | 18.50亿 | 19.06亿 | 18.24亿 |
| 经营活动现金流出小计(元) | 30.72亿 | 48.18亿 | 61.63亿 | 60.71亿 | 58.83亿 |
| 经营活动产生的现金流量净额(元) | 8.01亿 | -11.19亿 | 10.09亿 | 17.57亿 | 6.25亿 |

从这张现金流量表（表 12-10）可以看出，2020 年公司的经营现金流大幅好转的原因有两个：一个是购买商品、接受劳务支付的现金较 2019 年减少了 8.6 亿左右，主要是 2020 年没有新增存货（表 12-11）；另一个是支付的税费也大幅减少，这才产生了 2020 年公司经营现金流的大幅好转。

表12-11　存货

| 年度 | 2019 | 2020 |
|---|---|---|
| 存货（亿元） | 35.3 | 24.78 |

## 12.2.5 从利润表看资产减值、信用减值、所得税费用

表12-12 利润表

| 科目\年度 | 2020 | 2019 | 2018 | 2017 | 2016 |
|---|---|---|---|---|---|
| **一、营业总收入(元)** | 34.09亿 | 29.70亿 | 73.38亿 | 73.72亿 | 63.17亿 |
| 其中：营业收入(元) | 34.09亿 | 29.70亿 | 73.38亿 | 73.72亿 | 63.17亿 |
| **二、营业总成本(元)** | 33.38亿 | 35.90亿 | 50.86亿 | 50.99亿 | 42.61亿 |
| 其中：营业成本(元) | 15.34亿 | 15.57亿 | 24.96亿 | 25.77亿 | 20.88亿 |
| 营业税金及附加(元) | 3931.18万 | 3395.96万 | 1.21亿 | 9191.02万 | 6955.07万 |
| 销售费用(元) | 8.38亿 | 13.27亿 | 17.76亿 | 18.05亿 | 16.18亿 |
| 管理费用(元) | 3.93亿 | 3.06亿 | 3.63亿 | 3.53亿 | 4.93亿 |
| 研发费用(元) | 1.54亿 | 2.05亿 | 2.41亿 | 2.26亿 | -- |
| 财务费用(元) | -1355.32万 | 3762.64万 | 1566.37万 | 1178.56万 | -1650.35万 |
| 其中：利息费用(元) | 1457.91万 | 6138.61万 | 3168.23万 | 2522.42万 | -- |
| 利息收入(元) | 3102.31万 | 2493.97万 | 1869.99万 | 1505.07万 | -- |
| 资产减值损失(元) | 2.06亿 | 499.22万 | 7443.06万 | 3485.22万 | 967.53万 |
| 信用减值损失(元) | 1.88亿 | 1.18亿 | -- | -- | -- |
| 加：公允价值变动收益(元) | 143.58万 | 306.20万 | -- | -- | -- |
| 投资收益(元) | 1638.23万 | 6872.51万 | 1.65亿 | 1.20亿 | 1.07亿 |
| 其中：联营企业和合营企业的投资收益(元) | -349.54万 | -348.39万 | 281.41万 | 3427.31万 | 322.69万 |
| 资产处置收益(元) | 78.41万 | -16.58万 | -424.62万 | -18.49万 | -211.13万 |
| 其他收益(元) | 6245.64万 | 2536.77万 | 2705.24万 | 1665.13万 | -- |
| **三、营业利润(元)** | 1.52亿 | -5.23亿 | 24.41亿 | 24.10亿 | 21.61亿 |
| 加：营业外收入(元) | 2279.50万 | 1462.19万 | 1075.51万 | 354.32万 | 3879.26万 |
| 其中：非流动资产处置利得(元) | -- | -- | -- | -- | -- |
| 减：营业外支出(元) | 922.48万 | 775.82万 | 745.21万 | 509.91万 | 355.40万 |
| 其中：非流动资产处置损失(元) | -- | -- | -- | -- | -- |
| **四、利润总额(元)** | 1.66亿 | -5.16亿 | 24.44亿 | 24.08亿 | 21.96亿 |
| 减：所得税费用(元) | 1.25亿 | -6009.80万 | 3.57亿 | 3.64亿 | 3.41亿 |
| **五、净利润(元)** | **4096.89万** | **-4.56亿** | **20.87亿** | **20.44亿** | **18.55亿** |

从这张利润表（表12-12）可以看出2020年公司的资产减值+信用减值差不多4个亿，减值力度相当大，这是为了2021年的经营业绩做好准备。当然还不止从这方面，公司还从税收方面也做足了功课，利润总额1.66亿，所得税费用1.25亿，这个税可真不少（表12-13）!

表12-13 所得税与利润总额

所得税费用与利润/（亏损）总额的关系列示如下：

| | 2020年 | 2019年 |
|---|---|---|
| 利润/（亏损）总额 | 165,650,967.81 | (516,397,269.78) |
| 按适用税率15%计算的所得税费用 | 24,847,645.17 | (77,459,590.47) |
| 某些子公司适用不同税率的影响 | (47,001,115.64) | 10,460,937.46 |
| 对以前期间当期所得税的调整 | 4,814,473.10 | (43,407.09) |
| 无须纳税的收益 | (46,159.45) | (564,016.23) |
| 不可抵扣的费用 | 11,592,768.61 | 1,063,714.87 |
| 税率变动对期初递延所得税余额的影响 | 29,454.16 | - |
| 研发费用加计扣除 | (8,056,114.64) | (8,836,459.79) |
| 利用以前年度可抵扣亏损 | (2,114,278.10) | (734,510.85) |
| 未确认的可抵扣暂时性差异的影响和可抵扣亏损 | 140,615,380.18 | 16,015,351.62 |
| 按本集团实际税率计算的所得税费用 | 124,682,053.39 | (60,097,980.48) |

### 12.2.6 小结

从这三张表大概可以看出：公司账上类现金占总资产 26%，账上类现金还可以，如果把应收款项融资归于类现金，那么公司账上类现金收占总资产比例达 42% 左右，公司账上类现金非常充足；经营现金流是个亮点，表示公司造血功能不错；公司没有任何有息负债，经营非常稳健；在应收账款方面，公司加大了应收账款催款力度，还加大应收账款的计提比例；在存货方面，公司仍然有着大量的存货，不过绝大部分是属于原材料，库存商品剩下 4 个亿左右，公司也大量计提了库存商品的减值；税收方面，公司增加了未确认可抵扣暂时性差异，总之公司目前所做的一切都是为 2021 年的经营业绩做好准备。

## 12.3 东阿阿胶暴雷因素解析及未来的思考

如果以上节的小结来推断公司“困境反转”或公司经营业绩有望保持高增长，我认为是不够谨慎。下面我们再来看看现金流量表（表 12-14）。

表12-14　现金流量表

| 科目\年度 | 2020 | 2019 | 2018 | 2017 | 2016 » |
|---|---|---|---|---|---|
| 一、经营活动产生的现金流量(元) | | | | | |
| 销售商品、提供劳务收到的现金(元) | 34.98亿 | 34.61亿 | 69.10亿 | 76.27亿 | 61.86亿 |
| 收到的税费与返还(元) | 440.02万 | 16.83万 | 47.46万 | 20.21万 | 13.91万 |
| 收到其他与经营活动有关的现金(元) | 3.71亿 | 2.38亿 | 2.62亿 | 2.01亿 | 3.21亿 |
| 经营活动现金流入小计(元) | 38.73亿 | 36.99亿 | 71.72亿 | 78.28亿 | 65.07亿 |
| 购买商品、接受劳务支付的现金(元) | 10.35亿 | 18.97亿 | 27.35亿 | 27.26亿 | 27.32亿 |
| 支付给职工以及为职工支付的现金(元) | 5.13亿 | 6.32亿 | 5.82亿 | 5.08亿 | 4.25亿 |
| 支付的各项税费(元) | 2.14亿 | 9.38亿 | 9.96亿 | 9.30亿 | 9.01亿 |
| 支付其他与经营活动有关的现金(元) | 13.10亿 | 13.50亿 | 18.50亿 | 19.06亿 | 18.24亿 |
| 经营活动现金流出小计(元) | 30.72亿 | 48.18亿 | 61.63亿 | 60.71亿 | 58.83亿 |
| 经营活动产生的现金流量净额(元) | 8.01亿 | -11.19亿 | 10.09亿 | 17.57亿 | 6.25亿 |

从这张表中我们可以看出公司经营现金流大幅好转的本质是来于购买商品、接受劳务支付的现金与支付的各项税费大幅减少，才产生了公司经营现金流大幅好转的迹象。那么为什么公司购买商品、接受劳务支付的现金会在 2019 年大幅减少呢？那是因为公司已经有大量的存货（表 12-15），所以根本不需要像以前购买大量的原材料。

表12-15　存货

| | 2020 年末 | | 2019 年末 | | 比重增减 | 重大变动说明 |
|---|---|---|---|---|---|---|
| | 金额 | 占总资产比例 | 金额 | 占总资产比例 | | |
| 存货 | 2,477,620,936.06 | 22.63% | 3,529,614,094.56 | 30.16% | -7.53% | 本期销售增加影响。 |

在预付款项里可以看出：预付款项较以前支出非常少了（图 12-13）。

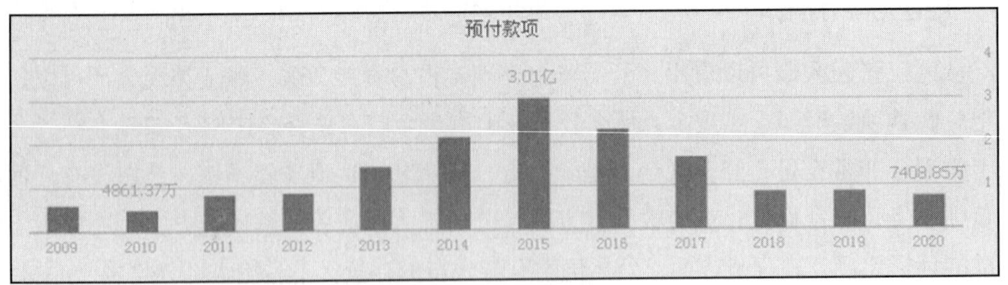


图12-13　预付款项

而应付款呢？ 2020 年应付款较 2019 年大幅减少，在这里我们可以有个推断，公司 2020 年没有大幅购买原材料，从而导致应付款的大幅减少（图 12-14）。

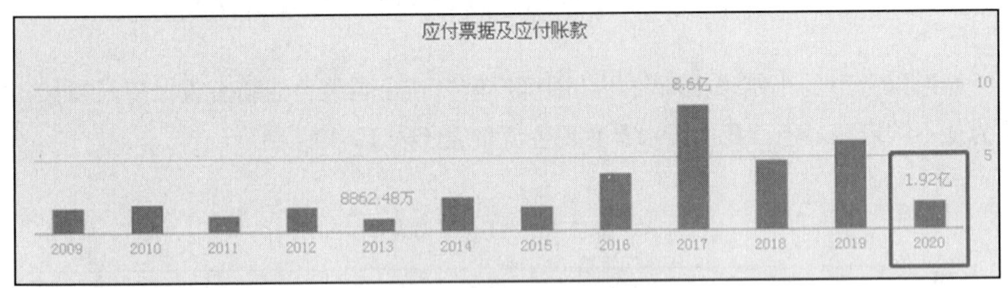


图12-14　应付票据及应付账款

应交税费 2020 年较 2019 年大幅减少 7 个亿左右。

我们再看下销售商品、提供劳务收到的现金：2020 年跟 2019 年基本没有多少变化，2020 年公司的营收还增长了 15% 左右，但是销售商品、提供劳务收到的现金没有发生多少改变，表明公司商品销售出去了，“钱”还没到账啊！为什么会“钱”还没到账，我们来看看应收账款周转天数（图 12-15）。

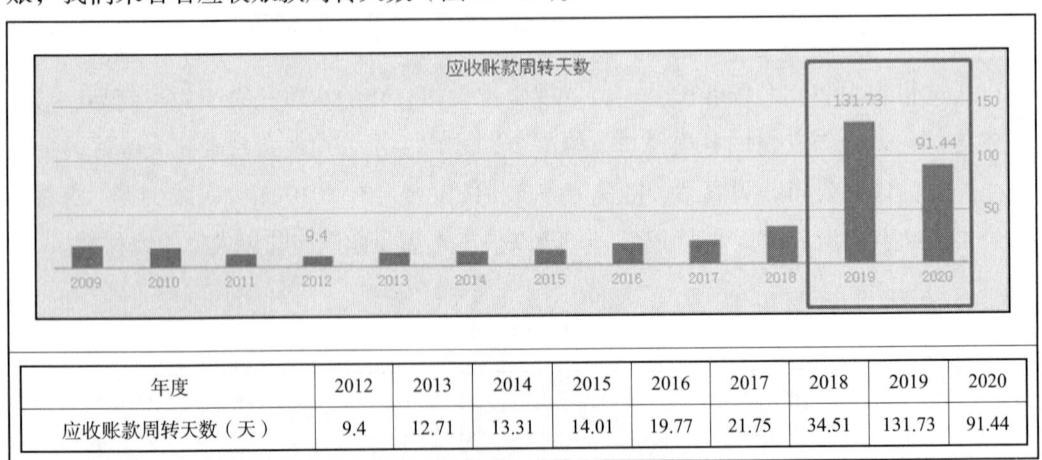


| 年度 | 2012 | 2013 | 2014 | 2015 | 2016 | 2017 | 2018 | 2019 | 2020 |
|---|---|---|---|---|---|---|---|---|---|
| 应收账款周转天数（天） | 9.4 | 12.71 | 13.31 | 14.01 | 19.77 | 21.75 | 34.51 | 131.73 | 91.44 |

图12-15　应收账款周转天数

从应收账款周转天数来看 2019 年 131 天，下降到 2020 年 91 天，下降了 40 天左右，非常不错。但是对比过去十年十几二十天的应收账款天数，仍然保持在高位。以前被下游客户欠款半个月左右，现在被欠款三个月，虽然应收账款收回来了不少（图 12-16）。

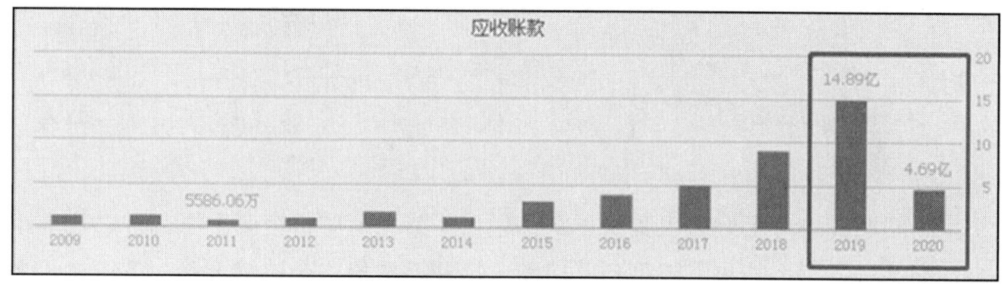


**图12-16　应收账款**

清理历史旧账问题，这个是做得不错的，但能说现在东阿阿胶大幅好转吗？我只能说：已经在改善的路上。

不知各位读者朋友看到这里，能否想象下这样的一个场景：商品卖出了，“钱”没有全部到账，2020 年账上现金流不错的原因是不用去购买太多的材料，还有税钱少交了。这就能从中判断公司“困境反转”或未来公司业绩保持高速增长吗？当然，公司 2020 年还是有些亮点：阿胶系列产品从 19 年的 19 亿增长到 2020 年 28 亿，增长 46.23%；剥离了低毛率的医药贸易；毛驴养殖这块也大幅减少（表 12-16）。

**表12-16　公司数据**

| | 2020 年 | | 2019 年 | | 同比增减 |
|---|---|---|---|---|---|
| | 金额 | 占营业收入比重 | 金额 | 占营业收入比重 | |
| 营业收入合计 | 3,409,437,164.01 | 100% | 2,970,075,665.15 | 100% | 14.79% |
| 阿胶及系列产品 | 2,789,704,140.86 | 81.82% | 1,907,743,699.37 | 64.23% | 46.23% |
| 医药贸易 | 0.00 | 0.00% | 4,320,263.93 | 0.15% | -100.00% |
| 其他药品及保健品 | 212,421,992.95 | 6.23% | 182,692,155.55 | 6.15% | 16.27% |
| 毛驴养殖及销售 | 296,290,039.69 | 8.69% | 738,939,095.69 | 24.88% | -59.90% |
| 其他 | 111,020,990.51 | 3.26% | 136,380,450.61 | 4.59% | -18.59% |

从这里我们可以看出公司应该是更加专注于阿胶产品。销售量较 19 年增长 25%，库存量较 19 年大幅减少 32.66%（表 12-17）。

所以这从这里来看公司未必如此之好，也未必如此之差。

下面我们来思考之前的一个问题：驴存栏量逐年下滑，如果按照常识思考的话，毛驴的价格会逐年上涨。这个逻辑会错吗？而事实上，毛驴价格也会发生“崩盘”，这个毛驴价格的“崩盘”在这个产业中代表着什么呢？

表12-17　数量对比

| 行业分类 | 项目 | 单位 | 2020年 | 2019年 | 同比增减 |
|---|---|---|---|---|---|
| 医药工业 | 销售量 | 吨 | 7,019 | 5,609 | 25.14% |
| | 生产量 | 吨 | 6,115 | 7,547 | -18.98% |
| | 库存量 | 吨 | 1,864 | 2,768 | -32.66% |

这个问题我思考了好久，我认可驴存栏量下降，毛驴价格会上涨，过去几十年都已经证明了，这是个趋势。但是到了后期，这种毛驴价格会持续上涨，已经被认为是一种“真理”，那么“毛驴”被囤起来炒作，也是情理之中。当时收购“毛驴”的大户应该有可能是东阿阿胶、福胶这些企业大户。当终端销售不振，甚至下滑的时候，“毛驴”就开始崩盘了，这也就不足为奇了。

那么阿胶销量下滑（图12-17），背后的因素又是什么呢？我们来看图12-18。

从图中我们可以看出：中成药产量2018年产量大幅下滑，中成药生产企业2017年收入、利润开始下滑。所以我认为阿胶销量大幅下滑的背后是来于中药这个产业的不景气。而中药行业不景气的背后我认为跟国人对中药的认知有着很大的关系。目前在A股表现最好的只剩下片仔癀了，云南白药盈利最好的是牙膏，同仁堂、白云山、天士力、羚锐制药、广誉远等，这些都表现平平，再还有的就是康美药业造假了。

如果从这个产业链来看，东阿阿胶的暴雷除了内部管理之外，还有行业本身的原因。“振兴中药”谈何容易！

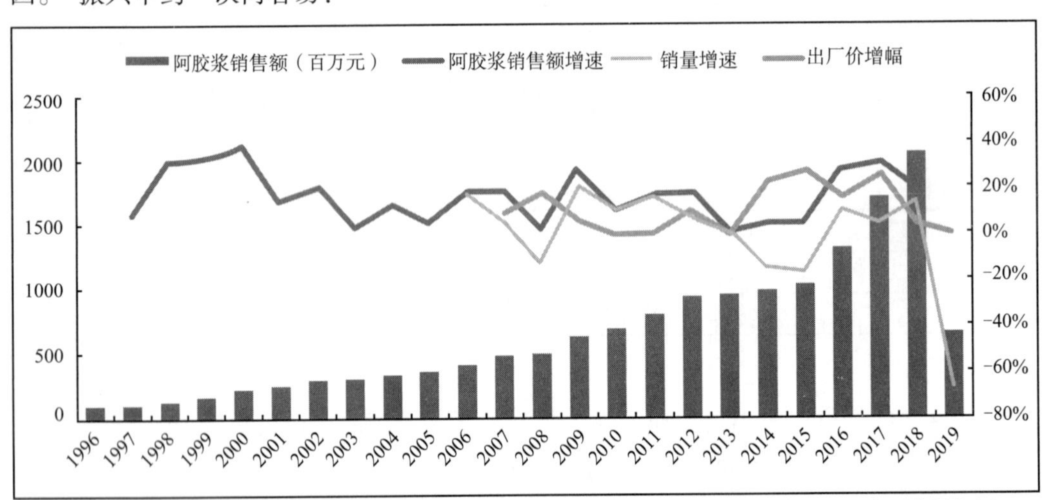


*资料来源：公司公告，渠道调研，西部证券研发中心

图12-17　1996～2019年阿胶浆销售情况

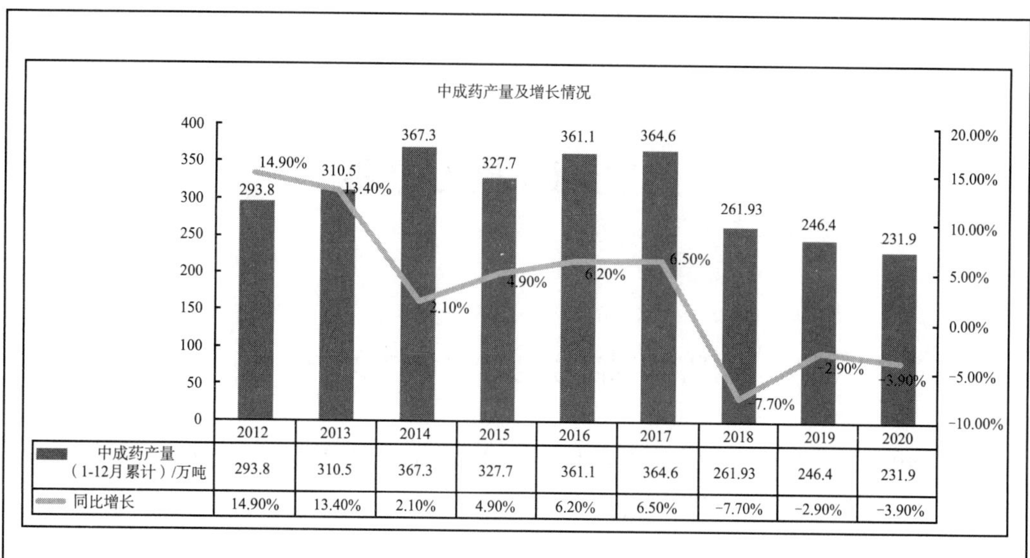


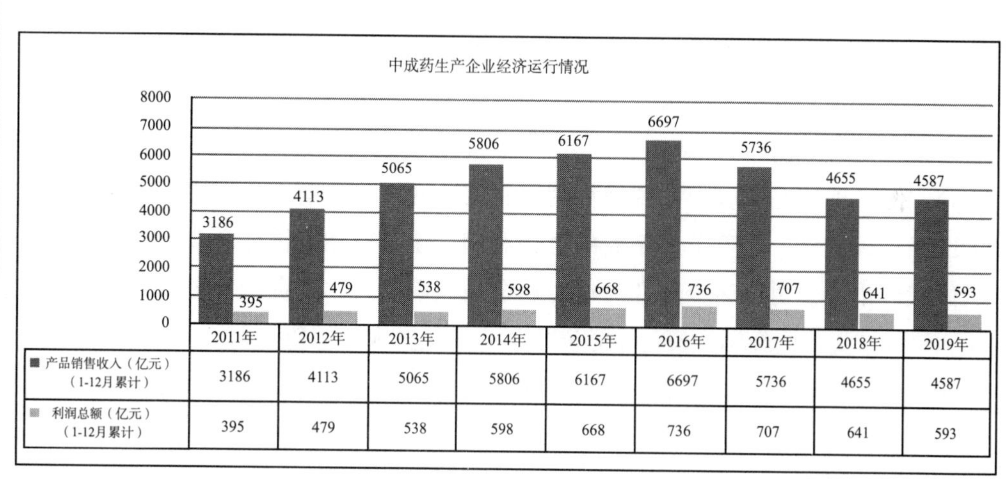


图12−18　中成药生产企业经营情况

# 第13章 格力电器

## 13.1 格力电器发展史之一

格力电器，全称珠海格力电器股份有限公司，成立于1989年，成立初期主要业务为组装生产家用空调。在这段时期（1989～1997年），中国空调行业处于导入期，人均可支配收入的快速提升，带来了空调需求的飞速增长。空调购买者从社会团体开始向个人消费者转变。格力电器以销售员推销的模式进行销售。1994年开始，格力电器率先在家电行业出台淡季返利和年终返利政策，鼓励经销商在淡季打款提货。公司于1996年年底正式登陆资本市场。

1997年，“湖北格力空调销售公司”正式成立。这种由厂商联合代理商组成的股份制公司，统一了湖北全省的空调销售网络和服务网络，使销售公司成为格力在当地市场的二级管理机构，保障了经销商的合理利润，使工厂和经销商利益一致。随后，这种“区域性销售公司”逐步转变为格力和全国经销商设立合资销售公司，从而减少了内斗，聚拢了优势的经销商资源，培养出了一批规模大的销售公司。

2001年后，格力加强对销售公司的管控。在2001年之前，格力只在销售公司中占少许股份，但格力认为部分区域销售公司借格力品牌搞“体外循环”，从中谋取暴利。为了加强对区域销售公司的控制，格力针对渠道管理进行了改革：一方面加强控股，即吸收小经销商参股和加大总部的持股比例，从而削弱原经销商大股东的地位；另一方面，总部派遣管理人员到各销售公司管理层任职。

上市之后的几年里，格力电器发展并不快，四平八稳，营收、净利润表现并不突出（表13-1）。

表13-1 成长能力指标（1997～2002）

| 科目\年度 | « 2002 | 2001 | 2000 | 1999 | 1998 | 1997 » |
|---|---|---|---|---|---|---|
| 成长能力指标 | | | | | | |
| 净利润(元) | 2.97亿 | 2.61亿 | 2.50亿 | 2.29亿 | 2.15亿 | 1.98亿 |
| 净利润同比增长率 | 13.75% | 4.67% | 8.93% | 6.55% | 8.43% | 6.45% |
| 扣非净利润(元) | 3.12亿 | 2.75亿 | 2.66亿 | 2.29亿 | -- | -- |
| 扣非净利润同比增长率 | 13.42% | 3.75% | 15.86% | -- | -- | -- |
| 营业总收入(元) | 70.30亿 | 65.88亿 | 61.78亿 | 49.08亿 | 36.18亿 | 34.52亿 |
| 营业总收入同比增长率 | 6.70% | 6.64% | 25.87% | 19.60% | 4.81% | 21.49% |

说是不突出，但如果是站在当时的角度来看，应该也算是相当不错的了。当时整个空调行业供求关系严重失衡，生产量远远大于市场需求，市场价格持续下降，市场竞争十分激烈，秩序混乱，出现低价倾销的现象。在严峻的市场环境下，公司依靠严格有效的管理，依靠专业化的优势，依靠长期提供品质过硬的产品，依靠在消费者中树立的良好口碑，依靠在实践中独创的区域销售公司销售模式，实现了规模与效益同时增长。

2003 年开始，公司营收大幅增长，正式进入快速发展期（表 13-2）。

**表13-2　成长能力指标（2002～2007）**

| 科目\年度 | « 2007 | 2006 | 2005 | 2004 | 2003 | 2002 » |
|---|---|---|---|---|---|---|
| **成长能力指标** | | | | | | |
| 净利润(元) | **12.70亿** | **6.92亿** | **5.07亿** | **4.21亿** | **3.43亿** | **2.97亿** |
| 净利润同比增长率 | 83.56% | 36.42% | 20.50% | 22.74% | 15.34% | 13.75% |
| 扣非净利润(元) | 11.06亿 | 6.17亿 | 5.08亿 | 4.10亿 | 3.24亿 | 3.12亿 |
| 扣非净利润同比增长率 | 79.30% | 21.46% | 24.04% | 26.56% | 3.57% | 13.42% |
| 营业总收入(元) | 380.41亿 | 263.58亿 | 182.65亿 | 138.33亿 | 100.42亿 | 70.30亿 |
| 营业总收入同比增长率 | 44.33% | 44.31% | 31.92% | 37.74% | 42.86% | 6.70% |

2003 年空调行业仍然处于供过于求的局面，市场竞争仍然十分激烈，市场价格持续下降。另一方面，原材料钢、铜、铝等价格大幅上涨，导致空调行业毛利率持续下降，市场开始淘汰行业中规模较小的企业，市场集中度进一步集中。而公司仍不断加大淡季销售力度，提升网络灵活应变的能力，格力空调专卖店发展迅速，网络结构更加合理，增强了竞争能力。这段时期格力电器虽然利润跟不上营收的增长，但利润也非常不错，而且公司市场份额又大幅提升，提高了公司的竞争力，格力电器受益于市场集中度的提升。

2005 年年初公司宣布："从 2005 年 1 月 1 日起，格力家用空调售后包修期正式调整为整机免费包修 6 年。"这体现了公司坚持质量取胜的实力和信心，树立了空调售后服务的新标准，充分反映了公司售后服务的理念——不需要售后服务就是最好的售后服务。

2007 年 4 月，公司大股东珠海格力集团公司将 8054.1 万股"格力电器"股票转让给由公司核心经销商投资成立的河北京海担保投资有限公司，本次股权转让成功引进经销商作为公司的战略投资者，通过产权关系有效地将公司与经销商的利益牢牢地捆绑在一起，对公司的经营产生了深远的影响，进一步提升了公司网络的优势（表 13-3）。

表13-3　格力电器股权转让

| 股东名称 | 年初限售股数 | 本年解除限售股数 | 本年增加限售股数 | 年末限售股数 | 限售原因 | 解除限售日期 |
|---|---|---|---|---|---|---|
| 珠海格力集团公司 | 328,890,000 | 140,354,325 | 0 | 188,535,675 | 按股改承诺解限40,270,500股。偿还格力房产股改垫付对价8,847,825股；引进战略投资者京海公司转让限售股份80,541,000股；实施股权激励出让10,695,000股给本公司激励对象。 | 2007年03月29日 |
| 珠海格力房产有限公司 | 46,674,300 | 40,270,500 | 8,847,825 | 15,251,625 | 股改承诺 | 2007年03月29日 |
| 河北京海担保投资有限公司 | 0 | 0 | 80,541,000 | 80,541,000 | 受让格力集团股权承诺 | 2009年03月08日 |

2008年是困难重重的一年，南方冰冻雨雪及四川汶川大地震等自然灾害频发、原材料价格巨幅波动、人民币快速升值、反常的气候等因素给公司的生产经营带来了很多困难，尤其是全球性的金融危机给各行各业都带来了前所未有的困难。空调行业整体上呈现负增长，行业内的企业间竞争更加激烈，行业整合继续深化，公司营收增长11%，市场集中度进一步提高。

2009年，在金融危机的影响下，我国空调行业出口下滑严重，行业内的企业间竞争更加激烈，行业整合继续深化，市场集中度也进一步得到提高。

2010年公司营收大幅增长，主要是2009年国家出台家电行业系列扶持政策的落实，如家电下乡、以旧换新、节能惠民等，内需消费增长带动空调行业强劲增长，同时由于新兴国家市场的需求以及部分发达国家的经济复苏，使得空调出口快速增长。

2011年中国空调市场在原有扩大内需、刺激消费政策背景下，继续保持高速增长（表13-4）。

表13-4　成长能力指标

| 科目\年度 | « 2013 | 2012 | 2011 | 2010 | 2009 |
|---|---|---|---|---|---|
| **成长能力指标** | | | | | |
| 净利润(元) | **108.70亿** | **73.80亿** | **52.37亿** | **42.76亿** | **29.13亿** |
| 净利润同比增长率 | 47.30% | 40.92% | 22.48% | 46.76% | 48.15% |
| 扣非净利润(元) | 89.08亿 | 69.95亿 | 51.06亿 | 40.27亿 | 27.56亿 |
| 扣非净利润同比增长率 | 27.34% | 36.99% | 26.80% | 46.15% | 34.49% |
| 营业总收入(元) | 1200.43亿 | 1001.10亿 | 835.17亿 | 608.07亿 | 426.37亿 |
| 营业总收入同比增长率 | 19.91% | 19.87% | 37.35% | 42.62% | 1.04% |

2001年格力电器的营业收入从66亿增长到2012年的1000亿，12年时间营业收入增长了15倍；净利润从2.6亿左右增长到2012年的73.8亿，12年时间净利润增长了28倍！

资料卡：

**格力电器研发史**

2002 年，公司仅用两年时间自主研发了 GMV 数码多联中央空调系列以及超级变频多联式空调系列，填补了国内技术空白，标志着格力中央空调拥有了自己的核心技术并开始向高端市场迈进。

2005 年，格力研制出离心式大型中央空调、世界上第一台热回收式多联机组以及世界第一台数码多联低温热泵机组，标志着格力中央空调技术已经达到国际领先水平。

2006 年 10 月，格力磁悬浮直流变频离心机研发成功。该机组采用多项世界领先技术，如无油磁悬浮压缩机、直流高变频驱动等，具有节能、可靠、环保等多方面优势，其各类技术指标处于世界领先水平。

2007 年，格力热回收数码多联空调机组研发成功，它是世界上第一台热回收数码多联空调机组，并列入 2007 年度国家级火炬计划项目。

2008 年 2 月，格力电器智能化霜专利技术获得了第十届中国专利奖优秀奖，该项技术已广泛应用于格力多联机、风冷模块等各类中央空调机组。同年，格力自行研制开发的二氧化碳传感器装置，可以实现对空气质量有效的监控。

2009 年格力电器自主研发生产的新型离心式冷水机组（该项目来源于“十一五”国家科技支撑计划——“出水温度 16~18℃高效离心式冷水机组”），采用温、湿度独立控制的中央空调系统，公司拥有 100% 的自主知识产权，最高 COP（能效比）达到 9.18，在相同工况条件下，比现有离心式冷水机组节能 30%，是迄今为止最节能的大型中央空调。该机组不但能有效解决当前我国大型公共建筑能耗居高不下的难题，而且大大提高了我国大型中央空调技术水平，使我国自主研发的大型中央空调在节能技术上一举达到了国际领先水平。

2010 年公司自主研发的 R290 天然环保制冷剂空调，得到了国际权威机构德国 VED 认证机构的认可，获得德国国家电气安全认证标志 VDE 证书。这标志着，公司生产的 R290 天然冷媒空调获得了德国乃至欧洲市场的通行证，可以在欧盟国家大规模上市。公司离心式冷水机组和螺杆式冷水机组共 29 款水冷冷水机组全部通过了美国空调供热制冷协会 AHRI 认证。由此公司成为国内首家获得水冷冷水机组 AHRI 认证的中国空调生产商，也是目前唯一一家取得该认证的中国空调生产商，填补了国内空白。美国制冷空调供热工业协会是目前国际制冷行业最高水平的行业组织，这意味着，从即日起，格力水冷冷水机组拥有了欧美乃至全球市场的“金质名片”和“通行证”。

2012 年 2 月 14 日，格力变频空调关键技术的研究和应用（包括自动转矩控制技术、软件全程功率因数校正技术、单芯片集成模块、自制变频压缩机）荣获 2011 年度国家科技进步奖二等奖，成为该奖项设立以来唯一获奖的专业化空调企业。2011 年 12 月 17 日，格力电器全球首台双级高效永磁同步变频离心式冷水机组（简称“高效直流变频离心机组”）顺利通过专家组评审，包括周远院士、江亿院士、陶文铨院士、王浚院士、饶芳权院士在内的近 20 名与会专家一致认定该机组达到“国际领先”水平。该项技术共取得 32 项专利，其中 12 项为发明专利。该机组的问世，不仅冲破了发达国家在国内大型水冷机组市场上的垄断，而且代表国产空调摘取了大型冷水机组领域的节能桂冠：攻克了中央空调领域的多项世界难题，比普通离心式冷水机组节能 40%，机组效率提升 65% 以上，远超国内外同类产品。格力电器研制出我国首台自主研发的专门用于集装箱冷藏运输的冷藏集装箱制冷机组。这一产品填补了国内空白，在冷藏集装箱领域中首次拥有了民族自主品牌。

## 13.2　格力电器发展史之二

2012 年，格力电器确定了未来的发展战略以及下一年度的经营目标：力争 2013 年实现销售收入 1200 亿，力求未来五年年均销售收入增长 200 亿，实现五年再造一个“格力”。

2013 年，公司营收果然在 1200 亿，多了点小数点。公司营收增长不错，净利润也增长不错。

2013 年公司对下个年度定的目标：力争 2014 年实现销售收入 1400 亿。结果 2014 年营收刚刚 1400 亿，又多了一点小数点（表 13-5）。

**表13-5　成长能力指标（2011～2016）**

| 科目\年度 | « 2016 | 2015 | 2014 | 2013 | 2012 | 2011 » |
|---|---|---|---|---|---|---|
| 成长能力指标 | | | | | | |
| 净利润(元) | 154.64亿 | 125.32亿 | 141.55亿 | 108.70亿 | 73.80亿 | 52.37亿 |
| 净利润同比增长率 | 23.39% | -11.46% | 30.22% | 47.30% | 40.92% | 22.48% |
| 扣非净利润(元) | 156.01亿 | 123.14亿 | 141.45亿 | 89.08亿 | 69.95亿 | 51.06亿 |
| 扣非净利润同比增长率 | 26.69% | -12.95% | 58.79% | 27.34% | 36.99% | 26.80% |
| 营业总收入(元) | 1101.13亿 | 1005.64亿 | 1400.05亿 | 1200.43亿 | 1001.10亿 | 835.17亿 |
| 营业总收入同比增长率 | 9.50% | -28.17% | 16.63% | 19.91% | 19.87% | 37.35% |

仔细研究，公司的市场竞争力可能并不是我们想象中的那么强（表 13-6）。

表13-6　销售费用

2012 年公司的销售费用大幅增长：

| 项 目 | 2012 年 | 2011 年 | 同比增减（%） | 变化原因 |
|---|---|---|---|---|
| 销售费用 | 14,626,228,488.10 | 8,050,408,236.13 | 81.68 | 公司加大市场销售力度所致 |
| 管理费用 | 4,055,809,619.26 | 2,783,266,091.12 | 45.72 | 公司规模扩大导致管理费用增加 |

2013 年公司的销售费用同样也大幅增长：

| 项 目 | 2013 年 | 2012 年 | 同比增减（%） | 变化原因 |
|---|---|---|---|---|
| 销售费用 | 22,508,931,701.70 | 14,626,228,488.10 | 53.89% | 销售增长对应销售费用增长以及加大市场销售力度所致 |

2014 年公司的销售费用增长有所放缓，但仍远高于营收的增长：

| 费用项目 | 本年金额 | 上年金额 | 变动金额 | 变动幅度 |
|---|---|---|---|---|
| 销售费用 | 28,889,995,658.43 | 22,508,931,701.70 | 6,381,063,956.73 | 28.35% |

公司从 2012 ～ 2014 年利润增速大于营收增速，主要是来于毛利率的大幅上涨（图 13-1），毛利率的大幅上涨，主要由于原材料价格下降以及公司的规模效应。

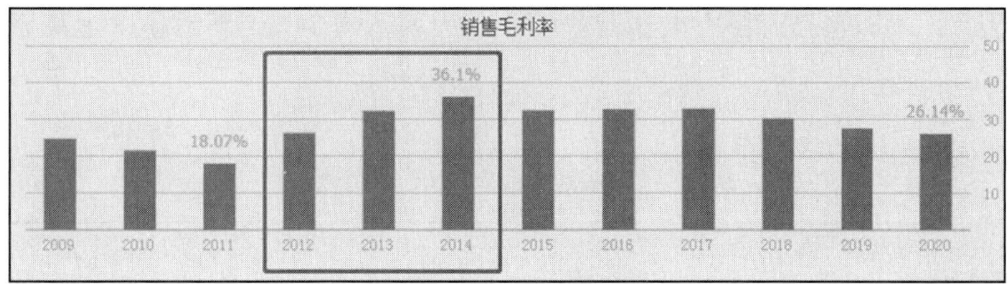


图13-1　销售毛利率

在 2014 年年报核心竞争力分析中，我们已经看到格力已经有多元化的想法——进军智能家居、延伸上下游产业链——“一方面，构建智能家电生态系统，发展智能家居。早在两年前公司就开始布局智能家居，目前格力的智能环保家居系统已基本成型，该系统在能源管理和智能终端控制方面有明显的竞争优势；另一方面，建设垂直产业链，塑造多个世界品牌。公司正在大力发展由空调技术延伸出来的上下游产业，包括上游的压缩机、电机、自动化设备等工业制品，下游的再生资源产业链，以及由空调技术延伸出来的相关产品的开发，这些都将成为格力电器发展的新的增长点。”

那么格力为什么要进军智能家居，在 2018 年年报里我们看到，智能家居这个行业发展非常迅速，且空间非常大，在中国的渗透率较低："据全球知名市场情报咨询公司 Mordor Intelligence 预计，2019～2023 年间的复合年均增长率为 26.9%，到 2023 年将达到 1, 506 亿美元，其中美国、欧洲、中国将成为智能家居最大市场，市场增长速度远超国际平均水平。据国际知名数据分析公司 Statista 数据，2018 年智能家居市场渗透率排名前五的国家分别为美国 32.0%、挪威 31.6%、爱沙尼亚 26.8%、丹麦 22.5%、瑞典 22.3%，中国仅为 4.9%。据互联网数据咨询聚合平台艾瑞咨询预计，2018 年中国智能家居市场规模为 3, 900 亿元，未来两年市场将保持 21.4% 的年均增长率，到 2020 年市场规模将达到 5, 819.3 亿元。"

在延伸出来的上下游产业，格力电器也进军高端装备，同样高端装备行业规模非常大，且增长迅速："根据工信部发布的《智能制造发展规划（2016—2020 年）》，到 2020 年，智能制造发展基础和支撑能力明显增强，传统制造业重点领域基本实现数字化制造；到 2025 年，智能制造支撑体系基本建立，重点产业初步实现智能转型。据前瞻产业研究院数据，2018 年国内智能装备市场规模达到 1.67 万亿元，相较于 2010 年的 3, 400 亿元，8 年间增长了近 5 倍，预计到 2023 年行业市场规模将达到 2.81 万亿元。据国际机器人联合会（IFR）数据，2018 年中国机器人安装量占全球约 35% 的市场，到 2019 年，中国安装量比重将进一步上升至 38.6%。3C、家电等领域将是继汽车行业后，包括工业机器人在内的智能装备最大的市场需求方。"

2015 年公司业绩大幅下降，空调行业从 2014 年急速冲量，到了 2015 年国内空调行业下降 8.6%，而格力电器营业收入却大幅下降 28%，下滑速度远高于行业（表 13-7）。

**表13-7　成长能力指标（2014～2019）**

| 科目\年度 | « 2019 | 2018 | 2017 | 2016 | 2015 | 2014 » |
|---|---|---|---|---|---|---|
| 成长能力指标 | | | | | | |
| 净利润(元) | 246.97亿 | 262.03亿 | 224.00亿 | 154.64亿 | 125.32亿 | 141.55亿 |
| 净利润同比增长率 | -5.75% | 16.97% | 44.86% | 23.39% | -11.46% | 30.22% |
| 扣非净利润(元) | 241.72亿 | 255.81亿 | 211.70亿 | 156.01亿 | 123.14亿 | 141.45亿 |
| 扣非净利润同比增长率 | -5.51% | 20.83% | 35.70% | 26.69% | -12.95% | 58.79% |
| 营业总收入(元) | 2005.08亿 | 2000.24亿 | 1500.20亿 | 1101.13亿 | 1005.64亿 | 1400.05亿 |
| 营业总收入同比增长率 | 0.24% | 33.33% | 36.24% | 9.50% | -28.17% | 16.63% |

2015 年公司营业收入大幅下降 28%，但扣非净利润只下降了 13% 左右，这是为什么呢？在年报里我注意到销售费用大幅减少（图 13-2）。

为什么销售费用可以压缩得那么厉害呢？在年报里我们可以了解到：2014 年年底格力官方商城正式上线，2015 年全面发力，格力电商成功上线之后，销售费用大幅降低。

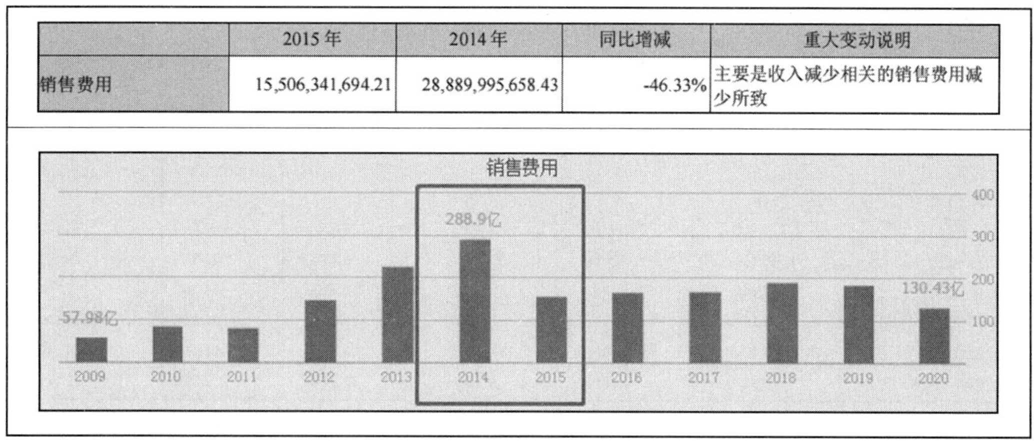

| | 2015 年 | 2014 年 | 同比增减 | 重大变动说明 |
|---|---|---|---|---|
| 销售费用 | 15,506,341,694.21 | 28,889,995,658.43 | -46.33% | 主要是收入减少相关的销售费用减少所致 |



图13–2　销售费用大幅降低

正是因为线上业务的崛起，渠道费用大幅减少。那么公司为什么要全面发展线上业务呢？因为线上渠道 ROI（投资回报率）相比线下渠道投资回报率更高，也是未来家电行业或者应该说是绝大多数行业都必须争夺的渠道之一，线上业务渠道发展有可能会影响一家企业的生死存亡（表 13–8）。

表13–8　零售口径下各渠道回报率测算（自然年）

| | 线上渠道 | KA 渠道 | 经销商渠道-行业整体 | 经销商渠道-格力 | 核心假设 |
|---|---|---|---|---|---|
| 制造商出货量（台） | 1.00 | 1.17 | 1.25 | 1.42 | 零售端每卖出一台空调，其他制造商在线上渠道出货量为 1，在 KA 渠道出货量为 1.17(压 2 个月的货)，在经销商渠道为 1.25（压 3 个月的货），格力在经销商渠道出货量为 1.42（压 5 个月的货） |
| 单台空调出货价（元） | 2,586 | 2,419 | 2,308 | 2,400 | 同一产品零售价相同，线上及 KA 渠道采用倒扣制（线上扣点率为 16%，KA 扣点率为 24%，经销商渠道加价率约为 30%，格力的经销商渠道加价率约为 25%） |
| 制造商收入（元） | 2,586 | 2,831 | 2,885 | 3,400 | 出货量乘以单台空调出货价 |
| 单台空调成本（元） | 1,615 | 1,615 | 1,615 | 1,615 | 经销渠道毛利率 30%，成本相同 |
| 制造商成本（元） | 1,615 | 1,890 | 2,019 | 2,288 | 单台空调成本乘以出货量 |
| 制造商利润（元） | 971 | 941 | 865 | 1,112 | 收入-成本 |
| ***制造商利润率(%)*** | ***38*** | ***33*** | ***30*** | ***33*** | ***利润除以收入*** |
| 制造商库存（元） | 0 | (269) | (404) | (673) | 线上不囤货，KA、行业经销商和格力经销商分别囤货 2 个月、3 个月和 5 个月 |
| 制造商给予渠道返利（元） | 0 | 142 | 288 | 510 | 线上无返点，KA、行业经销商和格力经销商分别返点 5%、10%和 15% |
| 制造商净现金流入（元） | 755 | 563 | 817 | 885 | 收入减返利减成本，再减去一个月应收货款（经销商渠道为加上一个月预收货款） |
| ***制造商现金回报率(%)*** | ***29*** | ***20*** | ***28*** | ***26*** | ***净现金流入除以收入*** |
| 单台空调零售价（元） | 3,000 | 3,000 | 3,000 | 3,000 | 线上线下同价。零售价均为 3000 元 |
| 空调零售数量（台） | 1 | 1 | 1 | 1 | 均为 1 |
| 渠道商收入（元） | 3,000 | 3,000 | 3,000 | 3,000 | 零售单价乘以零售量 |
| 渠道商单台空调提货价（元） | 2,586 | 2,419 | 2,308 | 2,400 | 等于制造商出货价 |
| 渠道商利润（元） | 414 | 722 | 981 | 1,110 | 零售收入-零售成本+返利 |
| ***渠道商利润率(%)*** | ***16*** | ***24*** | ***33*** | ***37*** | ***利润除以收入*** |
| 渠道库存（元） | 0 | 167 | 250 | 517 | 线上不囤货，KA 及经销商分别囤货 2 和 3 个月 |
| 渠道商净现金流入（元） | 629 | 547 | 163 | (131) | 零售收入加返利减零售成本，再加去一个月应付货款（经销商渠道为减去一个月预付货款） |
| ***渠道商现金回报率(%)*** | ***21*** | ***18*** | ***5*** | ***(4)*** | ***净现金流入除以收入*** |

*资料来源：中银证券测算（注：上表测算均为假设）

2016 年公司营业收入、净利润开始回暖（表 13-9）。

**表13-9　成长能力指标（2015～2020）**

| 科目\年度 | 2020 | 2019 | 2018 | 2017 | 2016 | 2015 |
|---|---|---|---|---|---|---|
| **成长能力指标** | | | | | | |
| 净利润(元) | 221.75亿 | 246.97亿 | 262.03亿 | 224.00亿 | 154.64亿 | 125.32亿 |
| 净利润同比增长率 | -10.21% | -5.75% | 16.97% | 44.86% | 23.39% | -11.46% |
| 扣非净利润(元) | 202.86亿 | 241.72亿 | 255.81亿 | 211.70亿 | 156.01亿 | 123.14亿 |
| 扣非净利润同比增长率 | -16.08% | -5.51% | 20.83% | 35.70% | 26.69% | -12.95% |
| 营业总收入(元) | 1704.97亿 | 2005.08亿 | 2000.24亿 | 1500.20亿 | 1101.13亿 | 1005.64亿 |
| 营业总收入同比增长率 | -14.97% | 0.24% | 33.33% | 36.24% | 9.50% | -28.17% |

2016 年，是格力调整转型的关键年，为什么这样讲呢？2016 年 7 月 23 日，在第二届中国制造高峰论坛上，格力正式宣布进入多元化时代。围绕智能家电和智能制造两大板块，格力从造空调的技术延伸出去，发挥从产品到设备的协同效应，达到多条赛道上并驾齐驱的发展目标——在家电制造等传统领域迈向纵深，在智能装备制造等新兴领域不断开疆拓土（表 13-10）。

**表13-10　营业收入占比**

| | 2016 年 | | 2015 年 | | 同比增减 |
|---|---|---|---|---|---|
| | 金额 | 占营业收入比重 | 金额 | 占营业收入比重 | |
| 营业收入合计 | 108,302,565,293.70 | 100% | 97,745,137,194.16 | 100% | 10.80% |
| 分行业 | | | | | |
| 家电制造 | 93,187,780,602.40 | 86.04% | 87,930,981,568.34 | 89.96% | 5.98% |
| 其他业务 | 15,114,784,691.30 | 13.96% | 9,814,155,625.82 | 10.04% | 54.01% |
| 分产品 | | | | | |
| 空调 | 88,085,431,144.00 | 81.33% | 83,717,936,071.67 | 85.65% | 5.22% |
| 生活电器 | 1,717,749,799.40 | 1.59% | 1,522,676,680.86 | 1.56% | 12.81% |
| 其他主营业务 | 3,384,599,659.00 | 3.13% | 2,690,368,815.81 | 2.75% | 25.80% |
| 其他业务 | 15,114,784,691.30 | 13.96% | 9,814,155,625.82 | 10.04% | 54.01% |

2016 年公司已经对新能源车、手机非常感兴趣了，格力电器一旦多元化，所布局的面，所延伸的产业链是否太长了呢？格力专注的精神是否存在？

在 2017 年年报中的主要业务及行业地位里，公司就已经明确把自己定义为：是一家多元化的全球型工业集团。

2017 年世界经济增速 3%，较 2016 年显著上升，是 2011 年以来增长最快的一年。在供给侧改革及消费升级带动下，中国经济形势趋于好转，2017 年中国经济增速达 6.9%，好于预期。2015 年以来，消费升级和产品升级换代带动了空调需求，同时，连续一年多房地产市场的火热及其带来的延续效应刺激了国内空调市场高速增长。根据产业在线数据：2017 年中国家用空调产量 14350 万台，同比增长 28.7%；销售 14170 万台，同比增长 31%，其中国内 8875 万台，同比增长 46.8%，出口 5295 万台，同比增长 11%（表 13-11）。

受益于行业的景气度，格力电器营收、净利也保持较快增长。

**表13-11　成长能力指标（2015～2020）**

| 科目\年度 | 2020 | 2019 | 2018 | 2017 | 2016 | 2015 |
|---|---|---|---|---|---|---|
| 成长能力指标 | | | | | | |
| 净利润(元) | 221.75亿 | 246.97亿 | 262.03亿 | 224.00亿 | 154.64亿 | 125.32亿 |
| 净利润同比增长率 | -10.21% | -5.75% | 16.97% | 44.86% | 23.39% | -11.46% |
| 扣非净利润(元) | 202.86亿 | 241.72亿 | 255.81亿 | 211.70亿 | 156.01亿 | 123.14亿 |
| 扣非净利润同比增长率 | -16.08% | -5.51% | 20.83% | 35.70% | 26.69% | -12.95% |
| 营业总收入(元) | 1704.97亿 | 2005.08亿 | 2000.24亿 | 1500.20亿 | 1101.13亿 | 1005.64亿 |
| 营业总收入同比增长率 | -14.97% | 0.24% | 33.33% | 36.24% | 9.50% | -28.17% |

2017 年由于行业景气度，各个板块发展都比较不错，特别是智能装备，更是爆发性增长（表 13-12）。

**表13-12　营业收入占比**

| | 2017 年 | | 2016 年 | | 同比增减 |
|---|---|---|---|---|---|
| | 金额 | 占营业收入比重 | 金额 | 占营业收入比重 | |
| 营业收入合计 | 148,286,450,009.18 | 100% | 108,302,565,293.70 | 100% | 36.92% |
| 分行业 | | | | | |
| 制造业 | 132,189,595,255.70 | 89.14% | 93,187,780,602.40 | 86.04% | 41.85% |
| 其他业务 | 16,096,854,753.48 | 10.86% | 15,114,784,691.30 | 13.96% | 6.50% |
| 分产品 | | | | | |
| 空调 | 123,409,767,128.48 | 83.22% | 88,085,431,144.00 | 81.33% | 40.10% |
| 生活电器 | 2,300,898,577.78 | 1.55% | 1,717,749,799.40 | 1.59% | 33.95% |
| 智能装备 | 2,126,418,528.67 | 1.43% | 161,059,363.01 | 0.15% | 1,220.27% |
| 其他主营 | 4,352,511,020.77 | 2.94% | 3,223,540,295.99 | 2.97% | 35.02% |
| 其他业务 | 16,096,854,753.48 | 10.86% | 15,114,784,691.30 | 13.96% | 6.50% |

2018 公司再次把各个板块做了比较细致的划分：空调、生活电器、高端装备、通信设备。

2018 年由于去杠杆、贸易战，中国的经济处于深度调整，而家用电器国内外市场却逆势增长，行业各项指标总体超出预期。受益于行业景气度，公司旗下的各个板块发展都非常不错（表 13-13）。

**表13-13　营业收入占比**

| 项目 | 2018年 | | 2017年 | | 同比增减 |
|---|---|---|---|---|---|
| | 金额 | 占营业收入比重 | 金额 | 占营业收入比重 | |
| 营业收入合计 | 198,123,177,056.84 | 100% | 148,286,450,009.18 | 100% | 33.61% |
| 空调 | 155,682,359,475.59 | 78.58% | 123,409,767,128.48 | 83.22% | 26.15% |
| 生活电器 | 3,794,087,435.54 | 1.91% | 2,300,898,577.78 | 1.55% | 64.90% |
| 智能装备 | 3,108,531,271.87 | 1.57% | 2,126,418,528.67 | 1.43% | 46.19% |
| 其他主营 | 8,007,450,306.17 | 4.04% | 4,352,511,020.77 | 2.94% | 83.97% |
| 其他业务 | 27,530,748,567.67 | 13.90% | 16,096,854,753.48 | 10.86% | 71.03% |

2018公司营业收入增长33%，扣非净利润增长20.8%（表13-14）。为什么扣非净利润增速变慢了呢?

**表13-14　成长能力指标（2015～2020）**

| 科目\年度 | 2020 | 2019 | 2018 | 2017 | 2016 | 2015 » |
|---|---|---|---|---|---|---|
| 成长能力指标 | | | | | | |
| 净利润(元) | 221.75亿 | 246.97亿 | 262.03亿 | 224.00亿 | 154.64亿 | 125.32亿 |
| 净利润同比增长率 | -10.21% | -5.75% | 16.97% | 44.86% | 23.39% | -11.46% |
| 扣非净利润(元) | 202.86亿 | 241.72亿 | 255.81亿 | 211.70亿 | 156.01亿 | 123.14亿 |
| 扣非净利润同比增长率 | -16.08% | -5.51% | 20.83% | 35.70% | 26.69% | -12.95% |
| 营业总收入(元) | 1704.97亿 | 2005.08亿 | 2000.24亿 | 1500.20亿 | 1101.13亿 | 1005.64亿 |
| 营业总收入同比增长率 | -14.97% | 0.24% | 33.33% | 36.24% | 9.50% | -28.17% |

2018年由于供给侧改革，导致了原材料的上涨，成本上升，毛利率降低（表13-15）。

**表13-15　销售毛利率**

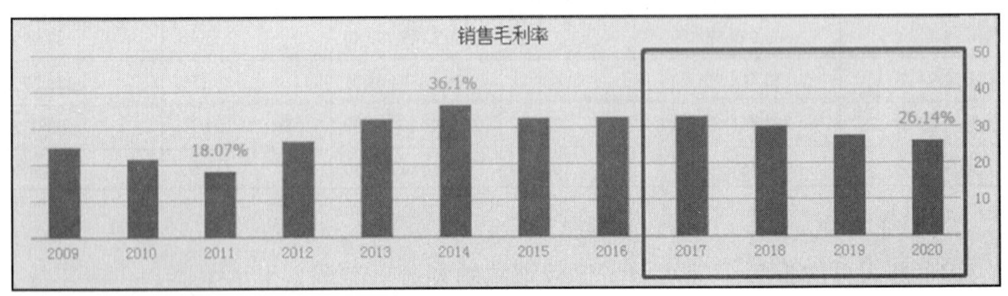


不过此时公司的营业收入终于在2000亿以上，实现了公司在2012年定下的发展规划——力争五年内再造一个格力——虽然现在已经是第六年，但对于投资者来讲，还是非常不错。

2019 年公司营业收入大幅放缓，或者应该说是停止增长了，利润开始进入负增长（表 13-16）。

**表13-16　经营情况**

| | 2019 年 | 2018 年 | 本年比上年增减 | 2017 年 |
|---|---|---|---|---|
| 营业收入（元） | 198,153,027,540.35 | 198,123,177,056.84 | 0.02% | 148,286,450,009.18 |
| 归属于上市公司股东的净利润（元） | 24,696,641,368.84 | 26,202,787,681.42 | -5.75% | 22,400,484,001.26 |
| 归属于上市公司股东的扣除非经常性损益的净利润（元） | 24,171,511,911.32 | 25,580,865,501.38 | -5.51% | 21,170,184,740.88 |
| 经营活动产生的现金流量净额（元） | 27,893,714,093.59 | 26,940,791,542.98 | 3.54% | 16,338,082,774.25 |

当时空调业处于调整期，但市场集中度仍然在提升中。“中商产业研究院发布的《2019 家用空调年度行业分析报告》显示，2019 年行业总产量同比增长 1.21%，行业总体销售额同比下降 0.74%，行业总出口量同比下降 0.82%，行业总内销量同比下降 0.69%。2019 年，行业在总体销售、出口、内销上都同比下降，空调全行业都感受到了来自市场的压力。另一方面，全国家用电器工业信息中心数据，2019 年，线下空调市场 TOP3 品牌的零售市场份额由 2018 年的 73.6% 扩大到 76.39%，TOP5 品牌的零售市场份额由 2018 年的 83.8% 扩大到 85.74%。”

而格力电器却在这个市场集中度落伍了，因为公司在 2019 年空调营业收入大幅下降了 11%，而行业只下降了不到 1%（表 13-17）。为什么格力电器在这个市场集中度落伍了呢?

**表13-17　营业收入占比**

| | 2019 年 | | 2018 年 | | 同比增减 |
|---|---|---|---|---|---|
| | 金额 | 占营业收入比重 | 金额 | 占营业收入比重 | |
| 营业收入合计 | 198,153,027,540.35 | 100% | 198,123,177,056.84 | 100% | 0.02% |
| 空调 | 138,665,055,103.82 | 69.99% | 155,682,359,475.59 | 78.58% | -10.93% |
| 生活电器 | 5,575,911,375.57 | 2.81% | 3,794,087,435.54 | 1.91% | 46.96% |
| 智能装备 | 2,141,285,558.55 | 1.08% | 3,108,531,271.87 | 1.57% | -31.12% |
| 其他主营 | 10,506,406,978.19 | 5.30% | 8,007,450,306.17 | 4.04% | 31.21% |
| 其他业务 | 41,264,368,524.22 | 20.82% | 27,530,748,567.67 | 13.90% | 49.88% |

2019 年家电行业线上仍然处于增长之中，市场份额持续扩大，而线下却处于负增长。格力电器曾经引以为傲的线下渠道优势在此时已不再是一种优势了，将来有可能会成为一种负担，渠道改革已经迫在眉睫。

2019 年年底，格力集团迎来了高瓴资本的入股。格力集团向珠海明骏（高瓴资本的子公司）转让其所持有的 15% 格力电器股份获得珠海国资委批复，格力集团与珠海明骏正式达成协议。自此，珠海明骏成为格力电器除陆股通以外的第一大股东。格力电器管理层在珠海明骏中持股比例达 11%，加上珠海明骏未来推动的股权激励改革，管理层在格力电器的最高持股比例可超过 6%。

股权改革对管理层与上市公司之间起到了深度绑定作用，也激发了格力电器的活力与决心。2019 年“双十一”，格力电器通过其线上销售平台“董明珠的店”进行让利销售活动，正式掀开了格力渠道变革的序幕。股价也引来了一波反弹（图 13-3）。

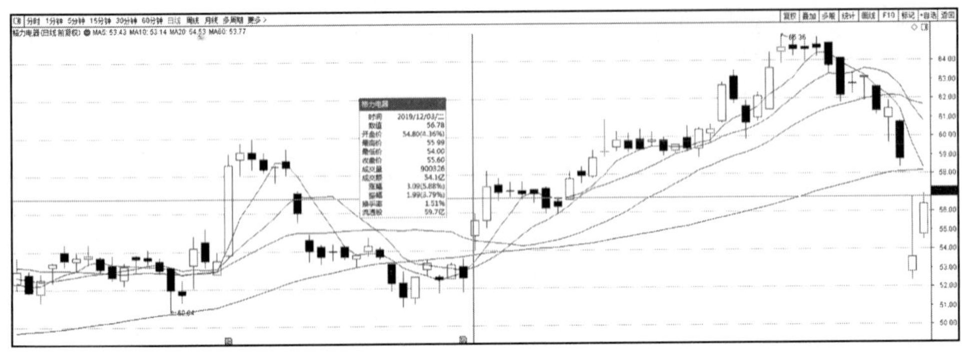

图13-3　格力电器K线图

# 13.3　格力电器2020年年报解读

## 13.3.1　经营分析

表13-18　营业收入

2020-12-31　2020-06-30　2019-12-31　　注：通常在中报、年报时披露

| 业务名称 | | 营业收入(元) | 收入比例 | 营业成本(元) | 成本比例 | 利润比例 | 毛利率 |
|---|---|---|---|---|---|---|---|
| 按行业 | 制造业 | 1304.28亿 | 77.54% | 879.21亿 | 70.77% | 96.67% | 32.59% |
| | 其他业务 | 377.71亿 | 22.46% | 363.08亿 | 29.23% | 3.33% | 3.87% |
| 按产品 | 空调 | 1178.82亿 | 70.08% | 774.30亿 | 62.33% | 92.00% | 34.32% |
| | 其他业务 | 377.71亿 | 22.46% | 363.08亿 | 29.23% | 3.33% | 3.87% |
| | 其他 | 72.33亿 | 4.30% | 68.04亿 | 5.48% | 0.98% | 5.94% |
| | 生活电器 | 45.22亿 | 2.69% | 30.83亿 | 2.48% | 3.27% | 31.81% |
| | 智能装备 | 7.91亿 | 0.47% | 6.04亿 | 0.49% | 0.43% | 23.70% |
| 按地区 | 内销-主营业务 | 1104.07亿 | 65.64% | 703.30亿 | 56.61% | 91.15% | 36.30% |
| | 其他业务 | 377.71亿 | 22.46% | 363.08亿 | 29.23% | 3.33% | 3.87% |
| | 外销-主营业务 | 200.21亿 | 11.90% | 175.91亿 | 14.16% | 5.53% | 12.13% |

2020 年空调营业收入占比 70%，利润占比 92%（表 13-18）。

我统计了公司过去几年空调营收占比，可以看出空调营业收入占比呈现逐年下降的趋势（表 13-19）。

表13-19 空调营业收入占比

| 年度 | 2015 | 2016 | 2017 | 2018 | 2019 | 2020 |
|---|---|---|---|---|---|---|
| 空调营业收入占比 | 85.65% | 81.33% | 83.22% | 78.58% | 69.99% | 70.08% |

但如果以此证明格力电器的多元化是成功的，我认为是大错特错了，空调营业收入占比下降，但核心利润仍然还是空调板块。格力电器多元化的道路仍然还很远。

2020 年公司业绩如何？2020 年公司营业收入、净利润、经营现金流全面下降（表 13-20）。而竞争对手美的集团和海尔智家，都保持着增长态势（表 13-21）。

表13-20 经营情况

单位：人民币元

| 项目 | 2020 年 | 2019 年 | 本年比上年增减 | 2018 年 |
|---|---|---|---|---|
| 营业收入（元） | 168,199,204,404.53 | 198,153,027,540.35 | -15.12% | 198,123,177,056.84 |
| 归属于上市公司股东的净利润（元） | 22,175,108,137.32 | 24,696,641,368.84 | -10.21% | 26,202,787,681.42 |
| 归属于上市公司股东的扣除非经常性损益的净利润（元） | 20,285,816,036.00 | 24,171,511,911.32 | -16.08% | 25,580,865,501.38 |
| 经营活动产生的现金流量净额（元） | 19,238,637,309.16 | 27,893,714,093.59 | -31.03% | 26,940,791,542.98 |
| 基本每股收益（元/股） | 3.71 | 4.11 | -9.73% | 4.36 |
| 稀释每股收益（元/股） | 3.71 | 4.11 | -9.73% | 4.36 |
| 加权平均净资产收益率 | 18.88% | 25.72% | -6.84% | 33.36% |
| 项目 | 2020 年末 | 2019 年末 | 本年末比上年末增减 | 2018 年末 |
| 总资产（元） | 279,217,923,628.27 | 282,972,157,415.28 | -1.33% | 251,234,157,276.81 |
| 归属于上市公司股东的净资产（元） | 115,190,211,206.76 | 110,153,573,282.67 | 4.57% | 91,327,095,069.10 |

表13-21 美的集团、海尔智家成长能力指标

美的集团

| 科目\年度 | 2020 | 2019 | 2018 | 2017 | 2016 | 2015 |
|---|---|---|---|---|---|---|
| 成长能力指标 | | | | | | |
| 净利润(元) | 272.23亿 | 242.11亿 | 202.31亿 | 172.84亿 | 146.84亿 | 127.07亿 |
| 净利润同比增长率 | 12.44% | 19.68% | 17.05% | 17.70% | 15.56% | 20.99% |
| 扣非净利润(元) | 246.15亿 | 227.24亿 | 200.58亿 | 156.14亿 | 134.93亿 | 109.11亿 |
| 扣非净利润同比增长率 | 8.32% | 13.29% | 28.46% | 15.72% | 23.66% | 15.14% |
| 营业总收入(元) | 2857.10亿 | 2793.81亿 | 2618.20亿 | 2419.19亿 | 1598.42亿 | 1393.47亿 |
| 营业总收入同比增长率 | 2.27% | 6.71% | 8.23% | 51.35% | 14.71% | -2.08% |

海尔智家

| 科目\年度 | 2020 | 2019 | 2018 | 2017 | 2016 | 2015 |
|---|---|---|---|---|---|---|
| 成长能力指标 | | | | | | |
| 净利润(元) | 88.77亿 | 82.06亿 | 74.84亿 | 69.08亿 | 50.42亿 | 43.04亿 |
| 净利润同比增长率 | 8.17% | 9.66% | 8.34% | 37.01% | 17.15% | -19.37% |
| 扣非净利润(元) | 64.58亿 | 57.65亿 | 66.02亿 | 56.24亿 | 43.32亿 | 36.75亿 |
| 扣非净利润同比增长率 | 12.01% | -12.67% | 17.38% | 29.81% | 17.89% | -15.01% |
| 营业总收入(元) | 2097.26亿 | 2007.62亿 | 1841.08亿 | 1634.29亿 | 1191.32亿 | 897.97亿 |
| 营业总收入同比增长率 | 4.46% | 9.05% | 12.17% | 33.68% | 32.59% | -7.41% |

下面再来看看公司的资产与负债情况。

### 13.3.2 资产

（1）类现金：2020年公司类现金＝货币资金1364亿＋应收款项融资210亿＋其他流动资产128亿＋其他非流动金融资产20亿=1722亿，占总资产（2792亿）62%（图13-4），公司账上类现金富得流油！所以近期当你看到公司大笔分红、大笔回购，你就不会再惊讶了，因为公司那么有钱！

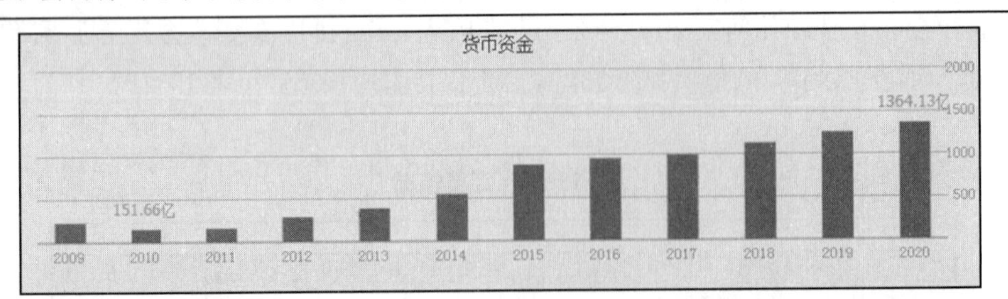


**5、应收款项融资**

（1）应收款项融资分类列示

| 项目 | 期末余额 | 期初余额 |
|---|---|---|
| 以公允价值计量的应收票据 | 20,973,404,595.49 | 28,226,248,997.12 |
| 其中：银行承兑票据 | 20,972,269,154.21 | 28,180,783,659.30 |
| 其中：格力财务公司承兑的票据 | 1,105,774,342.96 | 3,534,750,791.04 |
| 商业承兑票据 | 1,135,441.28 | 45,465,337.82 |
| 合　计 | 20,973,404,595.49 | 28,226,248,997.12 |

**11、其他流动资产**

| 项目 | 期末余额 | 期初余额 |
|---|---|---|
| 结构性存款及理财产品 | 8,274,000,000.00 | 16,211,800,000.00 |
| 待抵扣进项税及预缴税费 | 2,532,692,156.12 | 3,744,248,963.45 |
| 已背书或贴现尚未到期的票据【注】 | 4,588,589,780.94 | 2,876,918,995.36 |
| 套期工具及其他 | 104,308,689.13 | 37,399,876.25 |
| 小　计 | 15,499,590,626.19 | 22,870,367,835.06 |
| 应计利息 | 117,711,287.68 | 220,776,381.62 |
| 合　计 | 15,617,301,913.87 | 23,091,144,216.68 |

【注】截至本报告对外报出日，已背书或贴现尚未到期的票据中已承兑金额为1,695,817,500.00元。

**16、其他非流动金融资产**

| 项目 | 期末余额 | 期初余额 |
|---|---|---|
| 以公允价值计量且其变动计入当期损益的金融资产 | 2,003,483,333.33 | 2,003,483,333.33 |
| 其中：信托产品 | 2,003,483,333.33 | 2,003,483,333.33 |
| 合　计 | 2,003,483,333.33 | 2,003,483,333.33 |

图13-4　类现金

（2）应收账款、应收账款周转天数：2020 年公司应收账款 87 亿占总资产（2792 亿）3% 左右，应收账款占总资产比例不高。但从应收账款周转天数来看，公司对下游客户的话语权逐年减弱，但要说恶化也不至于，因为应收账款周转天数才 18 天左右（图 13–5）。

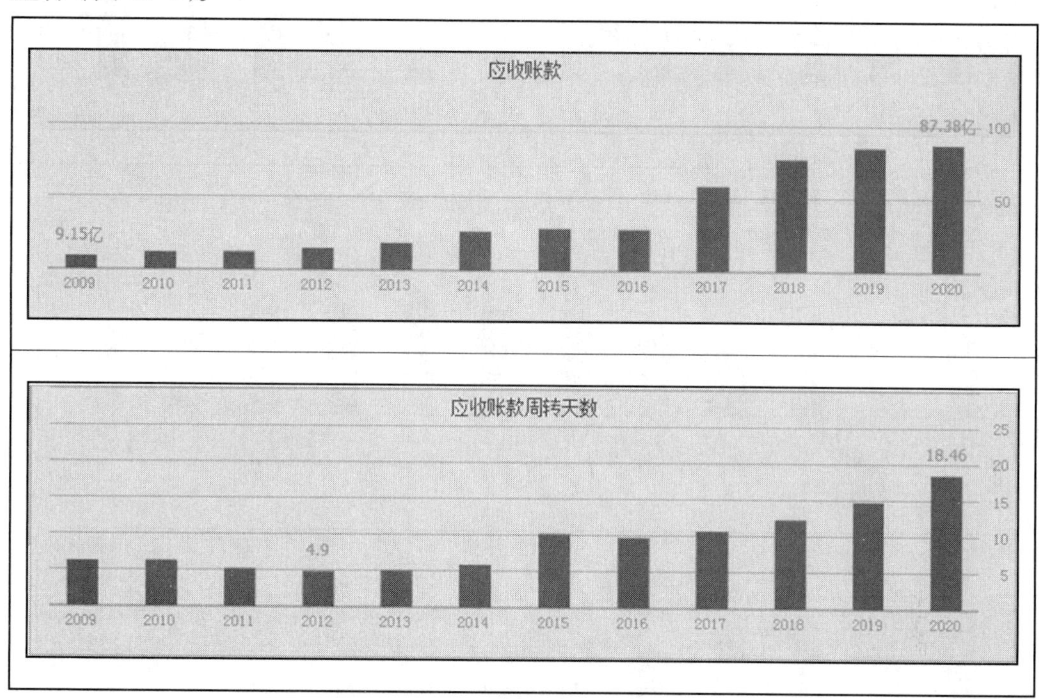


图13–5　应收账款及周转天数

（3）预付款项：2020 年公司营业收入下降，预付款项持续增长，表明公司对上游客户的话语权有所减弱（图 13–6）。

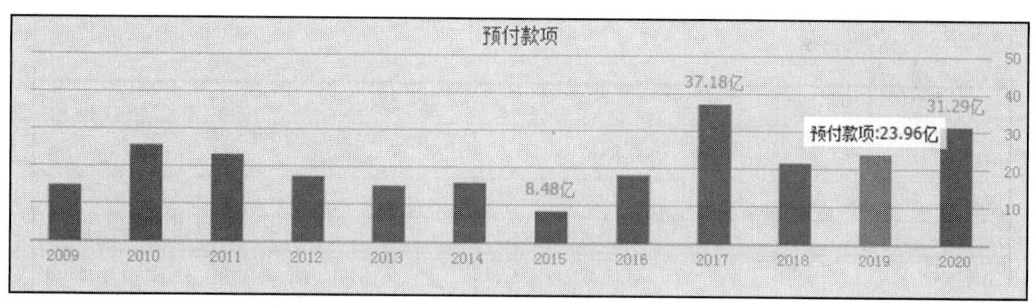


图13–6　预付款项

（4）存货：2020 年公司存货 279 亿占总资产（2792 亿）10% 左右，存货基本以产成品形式存在，从存货周转天数近几年逐年上升，存货周转率近几年逐年下降来看，公司的存货管理仍有待提高（图 13–7）。

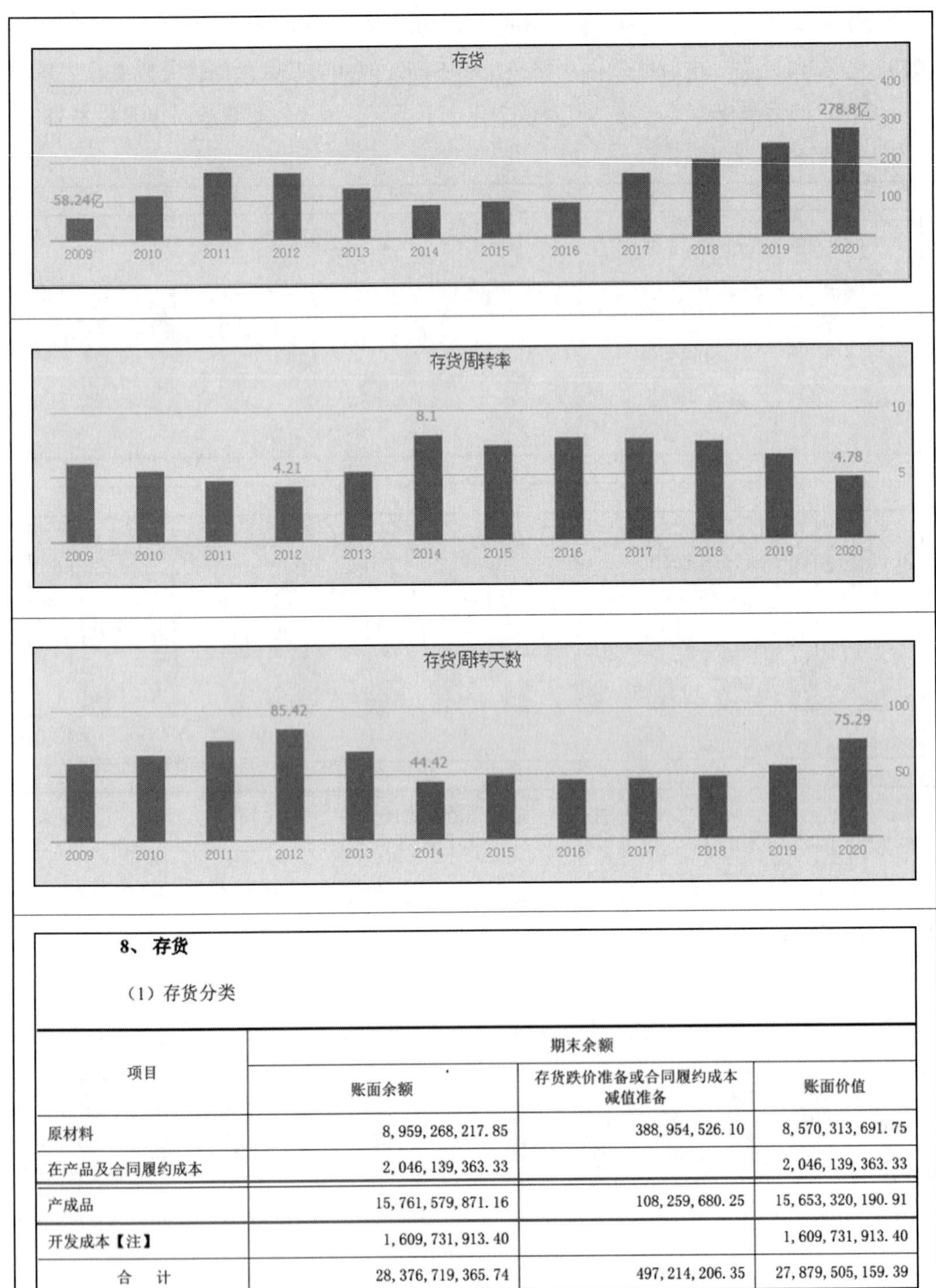


**8、存货**

（1）存货分类

| 项目 | 期末余额 | | |
|---|---|---|---|
| | 账面余额 | 存货跌价准备或合同履约成本减值准备 | 账面价值 |
| 原材料 | 8,959,268,217.85 | 388,954,526.10 | 8,570,313,691.75 |
| 在产品及合同履约成本 | 2,046,139,363.33 | | 2,046,139,363.33 |
| 产成品 | 15,761,579,871.16 | 108,259,680.25 | 15,653,320,190.91 |
| 开发成本【注】 | 1,609,731,913.40 | | 1,609,731,913.40 |
| 合　计 | 28,376,719,365.74 | 497,214,206.35 | 27,879,505,159.39 |

图13-7　存货

公司近几年的毛利率也逐年往下降（图 13-8），原材料成本持续上升，公司能否应对？这是否是公司产品的竞争力出现了问题或是渠道出现问题？

图13-8　销售毛利率

（5）长期股权投资（图 13-9）：

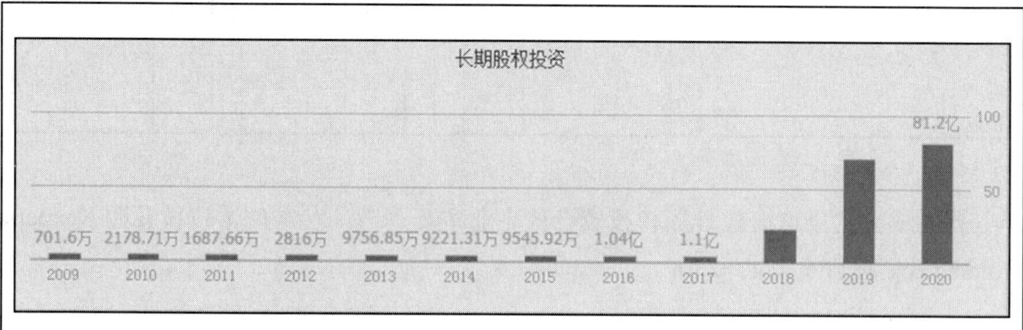


**14、长期股权投资**

| 被投资单位 | 期初余额 | | 本期增减变动 | | | | | | | | 期末余额 | |
|---|---|---|---|---|---|---|---|---|---|---|---|---|
| | 原值 | 减值准备 | 追加投资 | 减少投资 | 权益法下确认的投资损益 | 其他综合收益调整 | 其他权益变动 | 宣告发放现金股利或利润 | 减值准备 | 其他 | 原值 | 减值准备 |
| 一、合营企业 | | | | | | | | | | | | |
| 松原粮食集团有限公司【注1】 | 74,672,147.86 | | 150,000,000.00 | | 24,532,722.21 | | | 2,932,373.42 | | -246,272,496.65 | | |
| 小计 | 74,672,147.86 | | 150,000,000.00 | | 24,532,722.21 | | | 2,932,373.42 | | -246,272,496.65 | | |
| 二、联营企业 | | | | | | | | | | | | |
| （越南）格力电器股份有限公司 | 1,940,009.35 | 1,940,009.35 | | | | | | | | | 1,940,009.35 | 1,940,009. |
| 瞭望全媒体传播有限公司 | 31,511,790.36 | | | | 1,574,756.85 | | 2,966,412.88 | | | | 36,052,960.09 | |
| 北京格力科技有限公司 | 2,701,833.71 | | | | -407,582.62 | | | | | | 2,294,251.09 | |
| 重庆派格机械设备有限责任公司 | 11,565,505.21 | | | | -316,275.18 | | | | | | 11,249,230.03 | |
| 华融格力（香港）有限公司 | 924,327.19 | | | 1,169,388.58 | 427,819.56 | -182,758.17 | | | | | | |
| 武汉数字化设计与制造创新中心有限公司 | 14,574,841.85 | | | | 154,246.07 | | | | | | 14,729,087.92 | |
| 湖南国芯半导体科技有限公司 | 10,010,170.50 | | 10,000,000.00 | | 89,674.97 | | | | | | 20,099,845.47 | |
| 珠海融林股权投资合伙企业（有限合伙） | 6,867,715,580.60 | | | | -21,142,722.89 | 215,136,201.85 | | | | | 7,061,709,059.56 | |
| 河南豫泽融资租赁有限公司 | 50,509,964.01 | | | | 1,286,191.49 | | | 509,963.75 | | | 51,286,191.75 | |
| 珠海瀚凌股权投资合伙企业（有限合伙）【注2】 | | | 920,000,000.00 | | 29,115,512.75 | | | 26,695,076.52 | | | 922,420,436.23 | |
| 小计 | 6,991,454,022.78 | 1,940,009.35 | 930,000,000.00 | 1,169,388.58 | 10,781,621.00 | 214,953,443.68 | 2,966,412.88 | 27,205,040.27 | | | 8,121,781,071.49 | 1,940,009. |
| 合　计 | 7,066,126,170.64 | 1,940,009.35 | 1,080,000,000.00 | 1,169,388.58 | 35,314,343.21 | 214,953,443.68 | 2,966,412.88 | 30,137,413.69 | | -246,272,496.65 | 8,121,781,071.49 | 1,940,009. |

【注1】2020年9月，根据公司与合营企业松原粮食集团有限公司（以下简称“松原粮食”）股东松原市财政投资管理中心签订的增资扩股协议，本公司对松原粮食增资150,000,000.00元，持有股权比例从50.00%增加至75.00%，2020年9月14日完成工商登记变更；2020年12月31日，松原粮食董事会成员改选，董事会成员5名，本公司推选董事4名，占全部董事会成员80.00%，根据松原粮食公司章程，本公司对松原粮食享有控制权，本期末松原粮食纳入合并范围，长期股权投资从权益法改按成本法核算，原长期股权投资账面价值转入成本法核算长期股权投资初始投资成本。

【注2】本期公司全资子公司珠海艾维普信息技术有限公司以有限合伙人身份出资920,000,000.00元入伙珠海瀚凌股权投资合伙企业（有限合伙），该合伙企业主要从事与半导体、5G技术相关产业链企业的股权投资。

图13-9　长期股权投资

在长期股权投资中我们看到珠海融林股权投资合伙企业就有 70 亿左右，那么这家企业到底是什么来头？

在 2018 年年报中我们发现珠海融林股权投资合伙企业是才刚刚成立的（表 13-22）。

**表13-22　珠海融林**

| | | | | | | | | | | | | | | |
|---|---|---|---|---|---|---|---|---|---|---|---|---|---|---|
| 珠海融林股权投资合伙企业（有限合伙） | 股权投资、投资管理。 | 新设 | 2,115,000,000.00 | 91.27% | 自有资金 | 无 | 长期 | 半导体 | 完成 | 不适用 | -1,662,187.31 | 否 | -- | -- |

当时成立这家珠海融林股权投资合伙企业主要是为了参与闻泰科技收购 Nexperia Holding B.V 项目（表 13-23）。

**表13-23　长期股权投资**

11.**长期股权投资**

| 被投资单位 | 期初余额 | | 本期增减变动 | | | | | | | | 期末余额 | |
|---|---|---|---|---|---|---|---|---|---|---|---|---|
| | 原值 | 减值准备 | 追加投资 | 减少投资 | 权益法下确认的投资损益 | 其他综合收益调整 | 其他权益变动 | 宣告发放现金股利或利润 | 计提减值准备 | 其他 | 原值 | 减值准备 |
| 一、合营企业 | | | | | | | | | | | | |
| 松原粮食集团有限公司 | 68,873,468.00 | | | | 2,031,111.15 | | | | | | 70,904,579.15 | |
| 合肥晶弘三菱电机家电技术开发有限公司【注 1】 | | | | 2,093,633.70 | 430,971.91 | | | | | 1,662,661.79 | | |
| 小计 | 68,873,468.00 | | | 2,093,633.70 | 2,462,083.06 | | | | | 1,662,661.79 | 70,904,579.15 | |
| 二、联营企业 | | | | | | | | | | | | |
| （越南）格力电器股份有限公司 | 1,940,009.35 | 1,940,009.35 | | | | | | | | | 1,940,009.35 | 1,940,009.35 |
| 瞳望全媒体传播有限公司 | 28,307,489.70 | | | | -249,606.41 | | | | | | 28,057,883.29 | |
| 北京格力科技有限公司 | 1,755,857.06 | | | | 553,650.07 | | | | | | 2,309,507.13 | |
| 重庆派格机械设备有限责任公司 | 10,690,058.26 | | | | 25,401.17 | | | | | | 10,715,459.43 | |
| 华腾格力（香港）有限公司 | 764,495.84 | | | | 20,947.13 | 187,494.29 | | | | | 972,937.26 | |
| 武汉数字化设计与制造创新中心有限公司 | | | 15,024,056.60 | | -540,095.52 | | | | | | 14,483,961.08 | |
| 湖南国芯半导体科技有限公司 | | | 10,000,000.00 | | -49,678.32 | | | | | | 9,950,321.68 | |
| 珠海融林股权投资合伙企业（有限合伙）【注 2】 | | | 2,115,000,000.00 | | -1,662,187.31 | | | | | | 2,113,337,812.69 | |
| 小计 | 43,457,910.21 | 1,940,009.35 | 2,140,024,056.60 | | -1,901,569.19 | 187,494.29 | | | | | 2,181,767,891.91 | 1,940,009.35 |
| 合计 | 112,331,378.21 | 1,940,009.35 | 2,140,024,056.60 | 2,093,633.70 | 560,513.87 | 187,494.29 | | | | 1,662,661.79 | 2,252,672,471.06 | 1,940,009.35 |

【注 1】公司本期收购合肥晶弘电器有限公司（以下简称合肥晶弘）100.00%股权，合肥晶弘三菱电机家电技术开发有限公司（以下简称“晶弘三菱”）为合肥晶弘之合营企业，合并日合肥晶弘持有晶弘三菱股权账面价值为 1,662,661.79 元，2018 年 11 月 23 日，晶弘三菱完成注销手续；

【注 2】根据珠海融林股权投资合伙企业（有限合伙）（以下简称“珠海融林”）合伙协议，本公司持有珠海融林 91.27%份额，本公司通过投资珠海融林方式参与闻泰科技股份有限公司（股票代码：600745，股票简称：闻泰科技）收购 Nexperia Holding B.V 项目，对珠海融林不具有控制权，本报表期间珠海融林不纳入本公司报表合并范围。

从时点来看，闻泰科技当时也是牛股之一，当然格力电器也收获不少（图 13-10）。

（6）其他权益投资：从长期股权投资、其他权益工具投资来看，格力电器在股权投资上动作频频（图 13-11）。

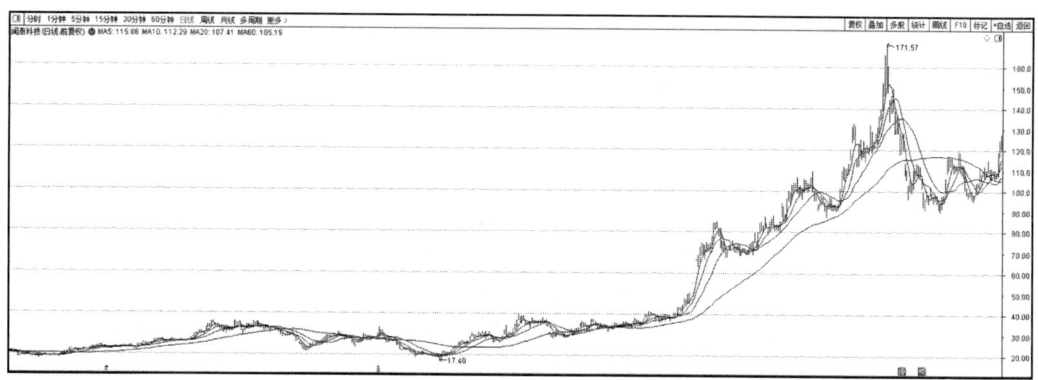

图13-10　闻泰科技K线图

**15、 其他权益工具投资**

（1）其他权益工具投资情况

| 项目 | 期末余额 | 期初余额 |
|---|---|---|
| 上海海立(集团)股份有限公司 | 667,802,216.81 | 775,199,650.33 |
| 新疆众和股份有限公司 | 215,172,336.36 | 210,550,455.81 |
| 闻泰科技股份有限公司【注 1】 | 3,550,040,505.00 | 3,316,957,037.50 |
| RSMACALLINE-HSHS | 254,461,858.93 | 341,894,553.87 |
| 三安光电股份有限公司【注 2】 | 3,093,928,974.37 | |
| 中粮贸易（绥滨）农业发展有限公司 | 7,000,000.00 | |
| 合　计 | 7,788,405,891.47 | 4,644,601,697.51 |

【注 1】公司直接持有闻泰科技股份有限公司股份数为 35,858,995 股，该股票自新增股份登记之日起限售 36 个月；

【注 2】本期公司以自有资金 2,000,000,000.00 元认购三安光电股份有限公司非公开发行股票 114,547,537 股，持股比例为 2.56%，该股票自新增股份登记之日起限售 36 个月。

| 其他权益工具投资 | 较上年末增长 67.69%，主要是公司增加对三安光电股份有限公司股权投资，及股权投资公允价值变动所致。 |
|---|---|

图13-11　其他权益工具投资

（7）固定资产：2020年固定资产190亿占总资产（2792亿）7%，从资产属性来看，公司算是轻资产公司了，过去那么多年，固定资产也没怎么增长，主要是公司的在建工程没有大幅扩张（图13-12）。

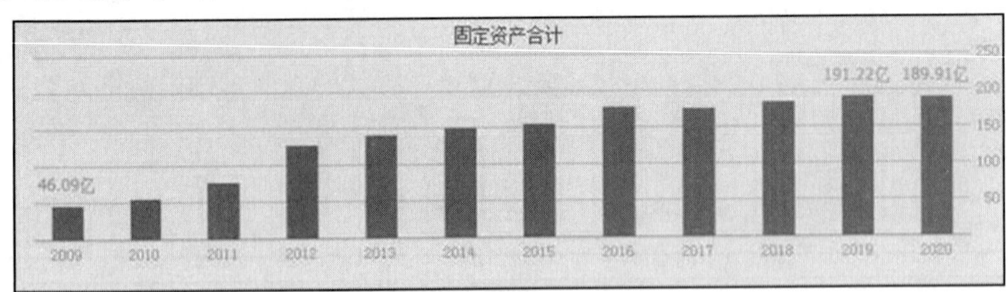


图13-12　固定资产

（8）在建工程：2020年在建工程大幅增加，创出历史新高（图13-13）。

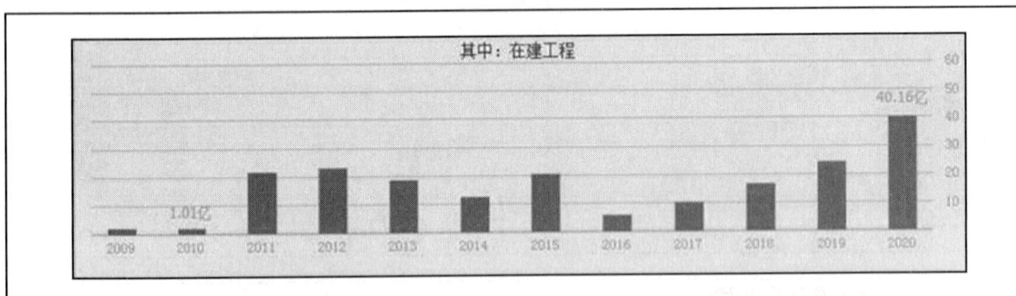


（1）在建工程情况

| 项目 | 期末余额 | | | 期初余额 | | |
|---|---|---|---|---|---|---|
| | 账面余额 | 减值准备 | 账面价值 | 账面余额 | 减值准备 | 账面价值 |
| 南京格力工程 | 1,141,086,342.69 | | 1,141,086,342.69 | 333,459,029.75 | | 333,459,029.75 |
| 洛阳格力工程 | 1,046,021,393.89 | | 1,046,021,393.89 | 442,202,237.46 | | 442,202,237.46 |
| 格力总部工程 | 570,077,306.55 | | 570,077,306.55 | 262,245,182.66 | | 262,245,182.66 |
| 成都格力工程 | 260,766,823.26 | | 260,766,823.26 | 36,203,794.46 | | 36,203,794.46 |
| 武汉格力工程 | 201,062,491.78 | | 201,062,491.78 | 104,859,292.68 | | 104,859,292.68 |
| 格力能源工程 | 150,133,461.00 | | 150,133,461.00 | 8,781,438.20 | | 8,781,438.20 |
| 杭州格力工程 | 145,541,748.96 | | 145,541,748.96 | 638,157,589.99 | | 638,157,589.99 |
| 武安精密工程 | 130,390,603.41 | | 130,390,603.41 | 113,318,790.64 | | 113,318,790.64 |
| 珠海凌达工程 | 79,117,085.15 | | 79,117,085.15 | 132,330,042.15 | | 132,330,042.15 |
| 高栏港格力工程 | 62,939,878.48 | | 62,939,878.48 | | | |
| 郑州格力工程 | 43,680,322.62 | | 43,680,322.62 | 59,928,438.47 | | 59,928,438.47 |
| 其他 | 185,265,272.28 | | 185,265,272.28 | 299,565,573.48 | | 299,565,573.48 |
| 项目 | 期末余额 | | | 期初余额 | | |
| | 账面余额 | 减值准备 | 账面价值 | 账面余额 | 减值准备 | 账面价值 |
| 合　计 | 4,016,082,730.07 | | 4,016,082,730.07 | 2,431,051,409.94 | | 2,431,051,409.94 |

图13-13　在建工程

为什么公司在建工程近两年大幅增加呢？我在想，这是否是为了那 6000 亿的目标而奋斗！2018 年年底，格力电器董事长兼总裁董明珠提出未来五年实现营业额 6000 亿元的目标。2020 年 4 月 29 日晚间，董明珠表示，“6000 亿依然是我的目标，没有变，这是给我们政府的一个承诺。”“如果因为发生了一些情况，我们就把目标就改掉了，那就是没有方向。如果现在设定随手就可以得到的东西，哪里叫目标？那就不叫目标。”

### 13.3.3 负债

（1）有息负债：短期借款 203 亿 + 长期借款 18 亿共 221 亿，占总资产（2792 亿）8%，有息负债占总资产比例非常低，而且利率较低，经营十分稳健（表 13-24）。

表13-24 资金的利率水平

| 报表项目 | 金额 | 利率区间 | 备注 |
|---|---|---|---|
| 短期借款 | 20,304,384,742.34 | 0.63%-6.525% | 浮动利率 |
| 吸收存款及同业存放 | 261,006,708.24 | 0.35%-3.65% | 浮动利率 |
| 拆入资金 | 300,020,250.00 | 2.43% | |
| 长期借款 | 1,860,713,816.09 | 0.41%-6.18% | 浮动利率 |
| 卖出回购金融资产款项 | 475,033,835.62 | 2.60% | |
| 合　计 | 23,201,159,352.29 | | |

（2）应付账款：2020 应付账款较 2019 年大幅减少，从上面预付款逐年增长，可以看出公司对上游的话语权是在减弱的（图 13-14）。

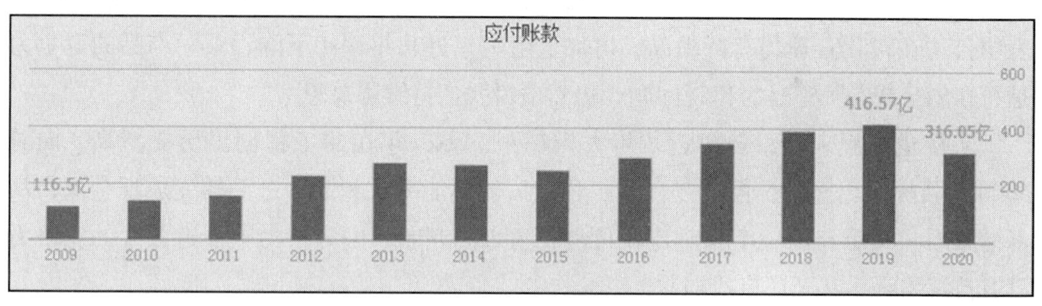


图13-14 应付账款

（3）预收款项、合同负债：虽然预收款近几年逐年往下降，公司对下游客户的话语权逐年降低，但 2020 年的合同负债大幅增长，表明公司对下游客户的话语权并没有我们想象中的弱（图 13-15）。

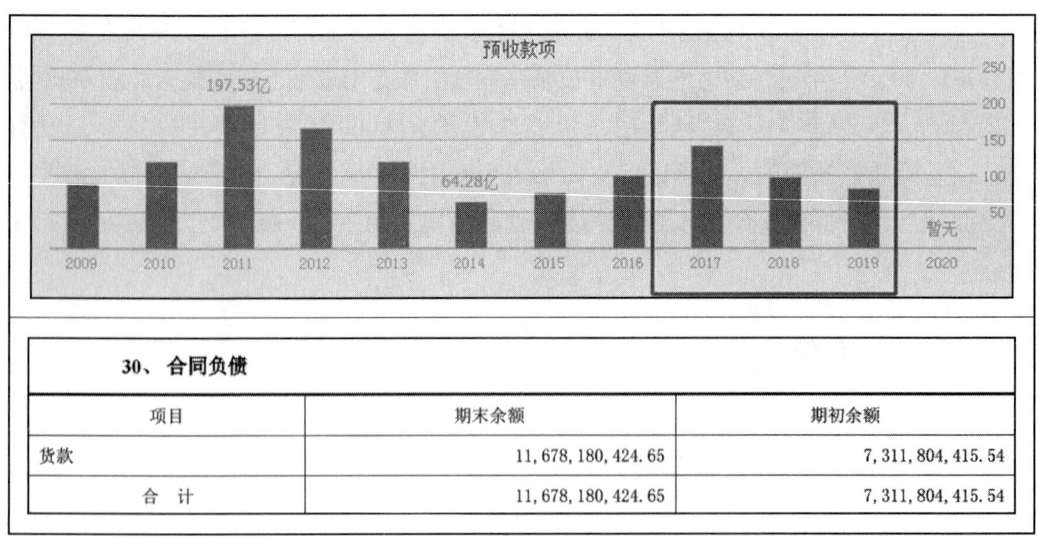


**30、 合同负债**

| 项目 | 期末余额 | 期初余额 |
|---|---|---|
| 货款 | 11,678,180,424.65 | 7,311,804,415.54 |
| 合 计 | 11,678,180,424.65 | 7,311,804,415.54 |

图13–15 预收款项、合同负债

### 13.3.4 小结

在经营分析中，从空调业务板块利润占比来看，空调业务利润在整个业务板块中仍是最核心利润的来源，格力电器的多元化还有很长的路要走；从资产负债表来看，公司账上类现金非常多，可以说是富得流油，我们能看到公司有大笔分红、大笔回购，原因是公司账上现金太多了，当你理解了这一点，也就不会有什么惊讶或激动了。

从上下游产业链来看，公司对上游客户的话语权有所减弱，同样对下游客户也是一样，但要说格力电器基本面出现恶化，我认为这个判断还是值得商榷的，至少我不这么认为。

从存货管理来看，存货周转率近几年逐年下降、存货周转天数近几年逐年上升，表明公司在存货管理仍有待提高，再加上毛利率近几年逐年下降，公司产品的竞争力是否在弱化或是渠道是否出现问题？仍然值得我们持续跟踪思考。

从在建工程来看，公司近几年大幅扩张，2020 年在建工程创出历史新高，向着 6000 亿目标做出努力，但这些在建工程最后能不能变成利润，进而转变成现金流，从目前来看，很难作出一个相对比较可靠、清晰的判断，因为格力电器近两年的竞争力没有持续增强，甚至还有所弱化。

格力电器能否走出第二条成长曲线？这是我们作为投资者所需要思考的！

## 13.4 格力电器竞争力分析及未来思考

为什么要评估格力的竞争力呢？因为公司只有非常强的竞争力，我们才能对公司的未来有所判断，或者应该说判断的难度就会变小。举个例子，一家公司如果没有任何竞争力，你会觉得它的未来能够变得越来越大或越来越强吗？答案是肯定很难判断的。有人说格力电器的竞争力很强啊，我家的空调都是用格力的。但是没有数据来证明这一点，而且这种说法有可能是静态的、感性的。市场在变，环境在变，公司的竞争力也在发生变化。

当你看到下面这段话，各位读者朋友们有何看法？

在 5 月 24 日召开的格力电器 2020 年业绩说明会上，有投资者问：格力（空调）价差和市场份额何时能和竞争对手拉开差距？

董明珠答：我从来不认为家电我是龙头老大……我们希望明年尽力做到。

此次业绩说明会恐怕是格力历史上最受市场及股东们关注的大会。因为就在发布 2020 年财报后，格力因为全年空调营收落后于美的集团，丢掉了保持 24 年“国内空调行业老大”的位置。

（1）营收规模、研发优势：从表 13-25 可以看出曾经是差不多的竞争对手，随着时间的推移，不管在营收上，还是研发费用上美的集团一直在前进，而格力电器营收规模近两年已经不再增长了，甚至还有所下滑，研发投入也并没有我们想象中的高，2018 年研发费用 70 亿，到了 2020 年还下降到 61 亿。

**表13-25　美的集团与格力电器比较**

美的集团与格力电器营收规模比较

| 年度 | 2014 | 2015 | 2016 | 2017 | 2018 | 2019 | 2020 |
|---|---|---|---|---|---|---|---|
| 美的集团（亿元） | 1423 | 1393 | 1598 | 2419 | 2618 | 2794 | 2857 |
| 格力电器（亿元） | 1400 | 1005 | 1101 | 1500 | 2000 | 2005 | 1704 |

美的集团与格力电器营收研发费用比较

| 年度 | 2017 | 2018 | 2019 | 2020 |
|---|---|---|---|---|
| 美的集团（亿元） | 73 | 84 | 96 | 101 |
| 格力电器（亿元） | 36 | 70 | 59 | 61 |

（2）格力的线下品牌溢价在下降：2019 年开始，格力终端零售市场的份额优势在美的降价的情况下不断丧失，甚至一度被美的反超。我们认为，格力零售市场份额的下降，主要是由于相比竞争对手而言，格力的性价比在下降。我们用品牌溢价（份额差 + 价差）来衡量格力与美的品牌力、产品力和渠道力之间的综合差距。以往格力在

线下的溢价约为 20%，相比线上溢价（10%）较高，我们认为这是格力线下渠道优势所带来的。2019 年在美的价格战的驱动下，格力线下溢价下降，格力在丧失渠道优势后显得比美的更“贵”。疫情修复后，格力线下溢价恢复至约 10%，低于 2019 年价格战期间的 15%，明显低于行业上升周期时约 20% 的溢价（图 13-16）。

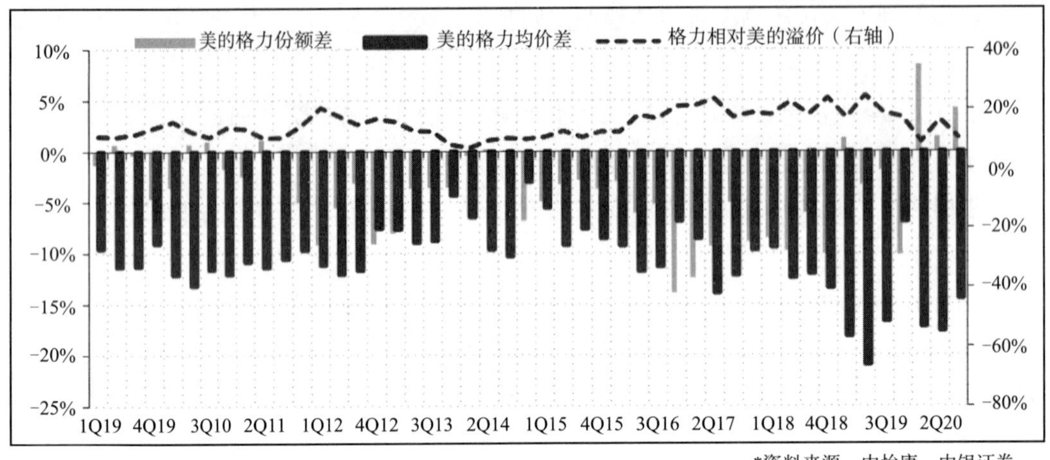


图13-16　2019年以来，格力的线下品牌溢价在下降

（3）毛利率：中国空调出货均价下滑，格力电器毛利率下降幅度大。2019 年由于空调行业内销不景气，厂商纷纷为了去库存而主动采取降价措施，其中美的率先发起促销活动，在 3 月开始推出性价比突出的变频空调，定价在 2000 ～ 3000 元；海尔、海信、奥克斯等纷纷跟进，格力也在 11 月开始由“防守”转向“进攻”的价格策略。据艾肯家电网数据显示，2019 年我国空调出货均价下跌至 2470 元，同比下降 17.11%，由于价格战的原因，空调厂商毛利率也出现了下滑的迹象。相较于海尔和美的，格力电器下降幅度最大，从 2018 年的 36.48% 下降至 30.16%；部分中小厂商也面临着亏损的压力。

（4）外销毛利率：我统计了过去几年格力电器外销毛利率，从表 13-26 可以看出近几年外销毛利率是逐年往下降的，而且本来就不高的毛低率，现在变得更低了，格力电器在全球市场的竞争力这个问题还是值得我们继续保持思考。中国只有华为在国外的毛利率大于国内的毛利率，简单讲就是华为的产品在国外卖得比国内贵，而且还卖得好，这就是竞争力。全球市场的竞争力，格力还有很长的路要走！

表13-26　格力电器外销毛利率

| 年度 | 2015 | 2016 | 2017 | 2018 | 2019 | 2020 |
|---|---|---|---|---|---|---|
| 外销毛利率 | 16.60% | 17.20% | 10.50% | 16.60% | 13.50% | 12.10% |

（5）市场份额：

**表13-27　市场份额**

格力电器中央空调市场份额

| 年度 | 2014 | 2015 | 2016 | 2017 | 2018 | 2019 | 2020 |
|---|---|---|---|---|---|---|---|
| 中央空调市场占有率 | 16.70% | — | 16.20% | — | — | 13.90% | 14.70% |

格力电器家用市场国内市场占有率

| 年度 | 2014 | 2015 | 2016 | 2017 | 2018 | 2019 | 2020 |
|---|---|---|---|---|---|---|---|
| 家用市场国内市场占有率 | 43.25% | 43.58% | 42.73% | 38.57% | 38.10% | 36.70% | 36.90% |

格力电器全球市场占有率

| 年度 | 2017 | 2018 | 2019 | 2020 |
|---|---|---|---|---|
| 全球市场占有率 | — | 21.90% | 20.60% | — |

我们从表 13-27 能看出来，格力电器，不管是中央空调、国内家用、全球市场等其市占率，是逐年下降的。在这里我们就要思考格力电器产品竞争优势未来能否持续增强，因为目前看到的数据显示格力电器的竞争力并非我们所理解的那么强，甚至已经在减弱了。

为什么格力电器市场份额会被对手蚕食？那是因为格力曾经引以为豪的渠道优势已经不再适应目前的市场。

中国空调线上渠道销售占比不断增加。近年来，随着互联网覆盖面的持续提升以及我国消费者年龄结构的变化，再加上“618”“双十一”“双十二”等各大网购活动的推广，线上消费已经成为一种趋势。我国空调厂商也纷纷布局线上渠道，2018 年格力在“双十一”推出“再掀 11·11 百亿大让利”，美的、海尔、海信等也纷纷推出线上活动。据奥维云网数据显示，我国空调线上渠道销售占比从 2016 年的 15% 上升至 2019 年的 35%（图 13-17）。

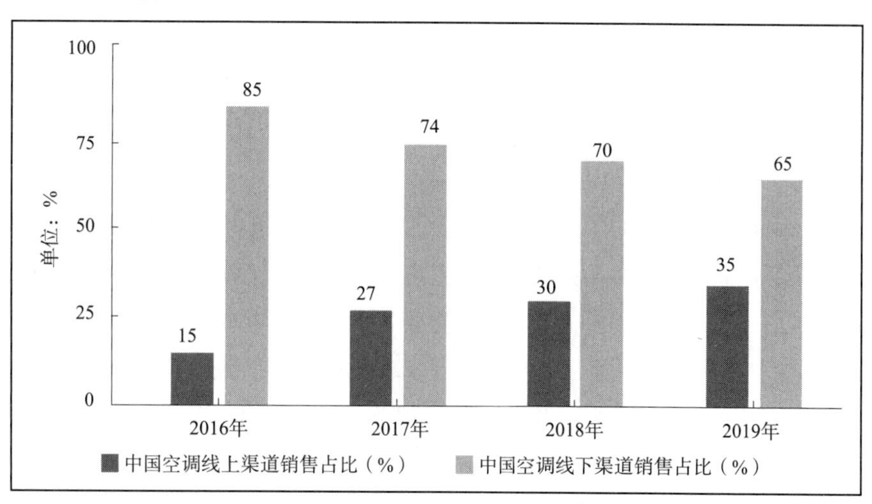


*资料来源：前瞻产业研究院整理

图13-17　2016～2019年中国空调线上、线下渠道销售占比变化情况

尽管格力很早开始布局电商，但由于格力与线下渠道绑定较深，线上渠道发展并不顺利。2013 年格力销售公司便自建电商入驻京东渠道，2014 年设立电商团队，开设天猫旗舰店。2014 年 12 月格力电器官方电商渠道“格力商城”正式上线。由于线下渠道层级较多，终端价格高于线上，且格力与线下渠道的深度绑定，在一定程度上拖累了线上渠道发展的脚步。从空调线上市占率来看，格力的线上销量市占率在 2019 年“双十一”期间出现短暂提升，在 2020 年 2 月，又降到与奥克斯、海尔同一梯队，明显落后于美的集团（图 13-18）。

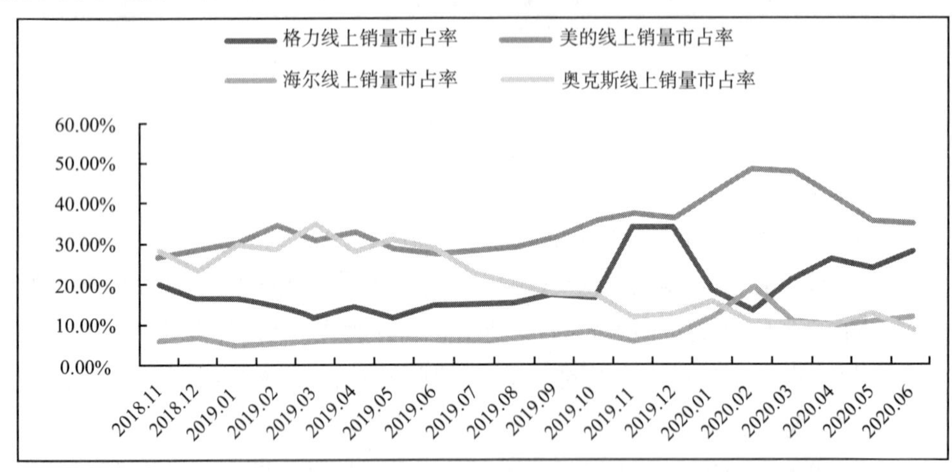


*资料来源：奥维云网，开源证券研究所

**图13-18　格力电器线上销量市占率超越奥克斯，紧逼美的**

所以格力电器要进行渠道改革：格力渠道改革朝着扁平化方向前进，竞争力有望提升。“格力董明珠店”实质上是格力对网批系统的探索，其对终端消费者和经销商都开放了下单窗口。通过推进渠道扁平化建设，构建总部和各地分销商的直接联系，格力将弱化销售公司和代理商的职能，削减渠道中间层级，减少渠道冗余费用，从而提高渠道效率，并且探索促成线上和线下的融合。我们认为，格力凭借其在产业链中的强势话语权有望主导渠道利润的再分配，实现出厂价的提升和终端零售价的下降，增强公司的盈利能力和市场竞争力。

销售公司和中间经销商的职能将转变为管理和售后服务。格力传统的线下渠道中，销售公司和中间经销商的职能为负责区域销售推广和物流仓储工作，其利润来源为批发货物赚取价差（图 13-19）。而新零售模式下，销售公司的职能将转向区域经销商管理和售后服务，利润来源为管理服务费，蓄水池功能则更多地靠末端经销商去承接（图 13-20）。

当我们分析出格力电器竞争力出现了一些问题之后，我们来看财报（图 13-21），财报中关于格力未来的发展空间我就没有多大的兴趣了，比如：

如果市场空间还要这样测算的话，那就可以证明一点，未来这个市场空间增速不会大，而且现在的人均保有量已经达到 100%，这个人均保有量已经不低了，你想空调这个行业还能保持高增长，这种概率大吗？这也是为什么格力要多元化的重要原因之一。

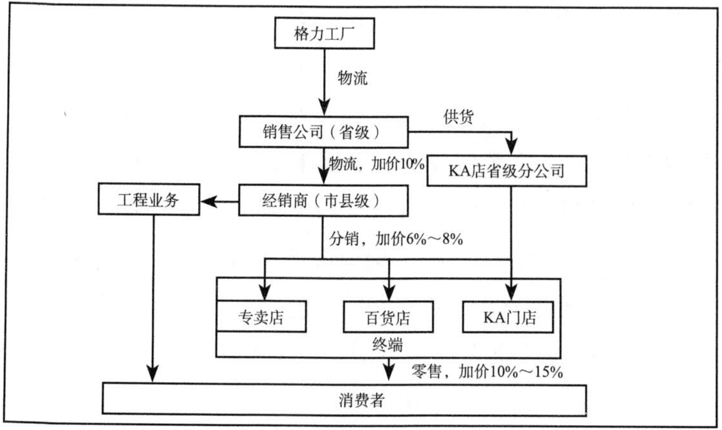


*说明：渠道加价率为渠道调研后的假设数据。

*资料来源：安信证券研究中心

图13-19　格力传统线下销售模式

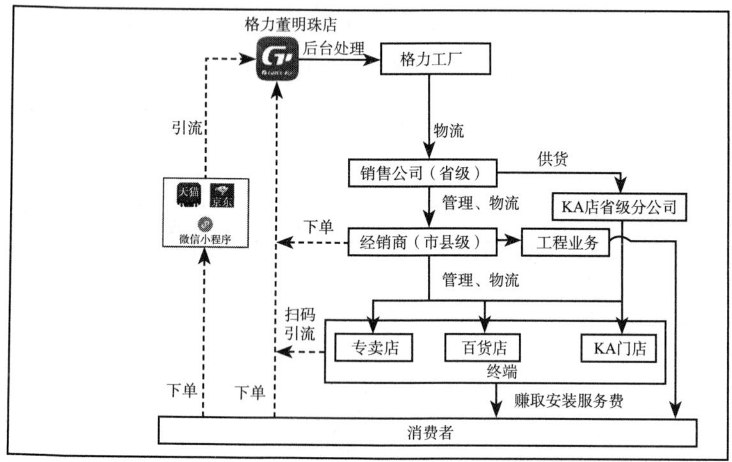


*资料来源：安信证券研究中心

图13-20　格力新零售模式

**空调行业天花板仍高，长期来看将进入低速增长通道**

长期来看，中国家用空调保有量约在 2040 年达到天花板（约 14 亿台）。考虑到当前空调普及率已基本达到 100%（百户保有量超过 120 台），空调出货量增长将进入低速通道，尤其是在 2023 年更新需求成为主导之后。

***中国家用空调保有量尚有 140% 的增长空间***

根据我们的测算，到 2040 年左右，中国家用空调保有量将达到稳态，总规模增长至超过 14 亿台，相比 2019 年增长超过 140%；百户保有量增长至超过 240 台，相比 2019 年增长接近 1 倍。

中国未来空调保有量的增长空间，主要受以下 2 个因素影响：1）**百户保有量的增长。**根据统计局城乡空调百户保有量测算，当前中国空调百户保有量约为 124 台，相比日本（2014 年已达到 241 台，并在缓慢增长），美国（以中央空调为主，若以一台中央空调等于三台家用式分体空调计算，百户保有量约为 300 台）尚有 1 倍左右的增长空间。2）**家庭户数的增长。**当前中国家庭户均人数呈现下降的趋势，主要来源于城镇化后家庭常住人口的减少以及独居家庭比例的提升。

图13-21　财报分析

下面来讲讲我对格力未来的一些思考：我们对格力电器作出了全面系统的分析，在年报解读里我们可以看出公司账上现金非常多，多到它可以不断去试错，直到成功为止，因为它有这个本钱！

既然格力账上现金那么多，可以不断去试错，未来能否走出第二条成长曲线呢？

首先在渠道改革上，“格力董明珠店”已经跟董明珠深度绑定在一起了，这种绑定本身就具有很强的不确定性。另外是格力电器的改革：一是，选择高瓴资本入股格力电器。二是，这两年全面扩张建厂。三是，渠道改革和门店系统数字化改革。四是，全面开始回购激励。五是，加强各个新领域的产品推进。

目前来看，格力电器的竞争力正在下滑，渠道改革还在进行中，面对那么多的不确定性，我们如何投资呢？来看公司的历史估值（图 13–22）。

市场对格力电器的估值一直都给得不高，平均 PE 在 11 倍左右，当我们回顾历史，当年格力处于较高速增长，市场也只是给了格力十几倍的估值，当时的格力是被低估的，对于投资人来讲，那个时候赚钱太容易了，而如今面对那么多的不确定性，市场仍然还是给了格力 16 倍的 PE，而且是历史估值的上方。对于这个价格我认为格力不太便宜，顶多算是合理估值。在我的投资理念里，越不确定，估值我会打得比较低，特别是在竞争力还出了些问题，所以对于目前的格力，我会在这个合理估值打个八折以上才会有所考虑。

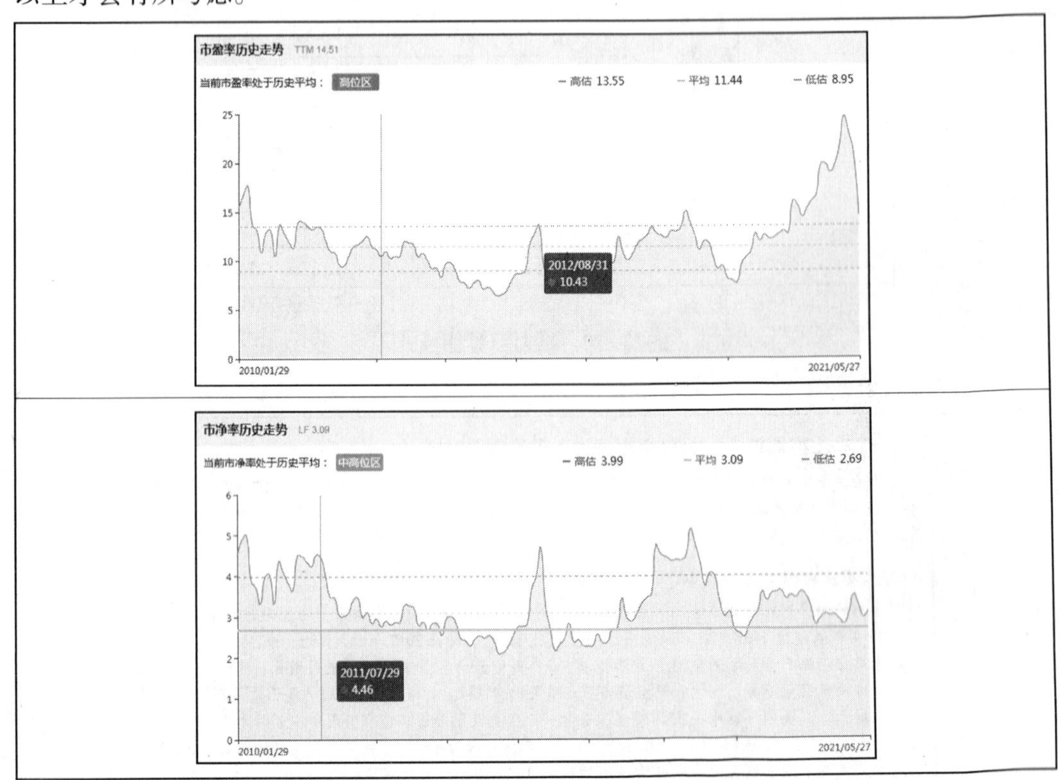


图13–22　历史估值